Neu-alter Judenhass

Neu-alter Judenhass

Antisemitismus, arabisch-israelischer Konflikt

und europäische Politik

Herausgegeben von

Klaus Faber, Julius H. Schoeps und Sacha Stawski

Verlag für Berlin-Brandenburg

Eine Publikation des Moses Mendelssohn Zentrums
für europäisch-jüdische Studien an der Universität Potsdam.

Diese Publikation wurde durch die Axel Springer Stiftung gefördert.

2. Auflage 2007

Stresemannstraße 30, D–10963 Berlin
www.verlagberlinbrandenburg.de

Druck: Druckhaus Nomos, Sinzheim
Gestaltung: Klaus Keller, Berlin

ISBN: 978-3-86650-163-8

Inhalt

Abschnitt III

Perspektiven
Herausforderungen für die deutsche und europäische Politik

Die Entscheidung für die eine oder andere Variante der Rechtschreibung blieb den Autorinnen und Autoren überlassen.

Für Lektorats- und Formatierungsarbeiten sind die Herausgeber Milena Uhlmann, Berlin, zu großem Dank verpflichtet.

Geleitwort

von Dr. h.c. Arno Lustiger

Am 17. September 2006 fanden Wahlen zu den Landesparlamenten in Berlin und Mecklenburg-Vorpommern statt. Mit über sieben Prozent Wähleranteil ist die NPD wie zuvor in Sachsen jetzt auch in Mecklenburg-Vorpommern in den Landtag eingezogen. Fast 60 000 Wählerinnen und Wähler haben in Mecklenburg-Vorpommern die NPD gewählt. 16 Jahre nach der Wiedervereinigung kann das damit gegebene politische Signal nicht mehr als Zeichen für eine bald wieder verschwindende, protestorientierte Irritation interpretiert werden. Die NPD hat sich in den vergangenen Jahren auch in der Propagandasprache radikalisiert. Es war demnach bekannt, wen und was man wählte.

In meiner Rede vor dem Deutschen Bundestag zum Tag des Gedenkens an die Opfer des Nationalsozialismus am 27. Januar 2004 sagte ich unter anderem: »Die Vorgänge in Ostdeutschland bestätigen leider die Sorgen vieler Demokraten in unserer Republik. Ist es nicht an der Zeit, daß deutsche Verfassungsrichter ihre Samthandschuhe ausziehen, wenn es sich um Feinde unserer Verfassung und Demokratie handelt?«

An dieser Stelle meiner Rede gab es einen starken Applaus. Leider hat der gescheiterte Verbotsantrag an das Bundesverfassungsgericht die NPD nicht veranlaßt, sich zurückzuhalten, sondern diese Partei zu noch aggressiverem Verhalten animiert. Es ist also legitim, eine Erneuerung des Verbotsverfahrens zu fordern. Daran ändern auch die Schwierigkeiten nichts, die manche in den neuen Anforderungen des Gerichts für ein Parteienverbot erkennen. Auch diese Probleme müssen gegebenenfalls zum Gegenstand einer kritischen öffentlichen Debatte gemacht werden. Sie dürfen nicht dazu führen, ein NPD-Verbot ganz aus dem Kreis der Handlungsoptionen auszuschließen.

Der von Klaus Faber, Julius H. Schoeps und Sacha Stawski herausgegebene Sammelband »Neu-alter Judenhass. Antisemitismus, arabisch-israelischer Konflikt und europäische Politik« behandelt in diesem Zusammenhang einen wichtigen Aspekt: die Verbindungen zwischen den Antisemitismusvarianten im islamischen und im christlich-westlichen Kulturkreis. Hitlerdeutschland hat seinen rassistischen Antisemitismus in der arabischen Nationalbewegung und im Islam verbreitet. Es wurde dabei, bis hin zu Plänen des Völkermords an den Juden Palästinas, durch den damaligen Führer der palästinensischen Araber unterstützt. Bis heute lehnt eine Mehrheit der

Palästinenser eine Anerkennung Israels ab. Der deutsche Schuldabwehr-Antisemitismus, u. a. in der von vielen geteilten Meinung zu erkennen, Israels Politik gegenüber den Palästinensern sei Hitlerdeutschlands Verbrechen an den Juden gleichzustellen, wird von der islamisch-arabischen Propaganda gefördert. Es geht dabei nicht nur um ein Problem im rechtsradikalen Milieu.

Hierzu eine Reflexion, als Erinnerungsposten sozusagen: Die Existenz Israels in sicheren Grenzen und die Unterstützung des Judenstaates gehören zu den Konstanten der bundesrepublikanischen Politik. Deutschland ist nach den USA der wichtigste Verbündete und Partner Israels. Das war und ist hier immer Konsens gewesen und dafür bin ich als deutscher Jude sehr dankbar. Beachtliche Teile der radikalen deutschen Linken und anderer politischer Formationen, auch in den Volksparteien, haben leider oft an diesem politischen Konsens gerüttelt. Deshalb schrieb der bekannte Literaturhistoriker und engagierte Linke Hans Mayer 1975, schon vor über 30 Jahren: »Wer den ›Zionismus‹ angreift, aber beileibe nichts gegen die ›Juden‹ sagen möchte, macht sich und anderen etwas vor. Der Staat Israel ist ein Judenstaat. Wer ihn zerstören möchte, erklärtermaßen oder durch eine Politik, die nichts anderes bewirken kann als solche Vernichtung, betreibt den Judenhaß von einst und von jeher.«

Der Antisemitismus und besonders dessen islamische Prägung sollte nicht alleine die Sorge der Juden sein, denn in Europa wirken Kräfte, die unsere gemeinsame Zivilisation ins Mittelalter zurückbomben wollen. Einen großen Beitrag zur Desinformation über Israel leisten leider auch einige Medien mit ihrer einseitigen und überzogenen Kritik an Israel, wo sich über 800 Auslandskorrespondenten gegenseitig auf die Füße treten.

Als ich vor über 50 Jahren die Jüdische Gemeinde in Frankfurt mitgründete, wäre mir nicht im Traum eingefallen, daß unsere Synagogen und Gemeindehäuser noch heute polizeilich bewacht werden müssen. Gott, Jesus und Mohammed sei Dank, daß Moscheen und Kirchen dieses Schutzes nicht bedürfen.

31 Autorinnen und Autoren ganz unterschiedlicher Herkunft und Orientierung – Wissenschaftler, Politiker und andere im Kampf gegen den Antisemitismus Engagierte – äußern sich in dem Sammelband zu verschiedenen Aspekten des neu-alten Judenhasses, zu den Themen deutsche Medien und Nahostkonflikt, islamischer Antisemitismus und Handlungsbedarf in der Politik. Ich kenne im deutschen Sprachraum keine im Informationsgehalt und in der Vielfalt vergleichbare Studie. Sie hat inzwischen auch außerhalb Deutschlands Anerkennung gefunden und verdient eine weite Verbreitung. Wie notwendig die Publikation ist, zeigen übrigens unerfreuliche Vorgänge in Deutschland im Zusammenhang mit dem jüngsten Nahostkrieg, die von den Herausgebern in ihrem Vorwort zur 2. Auflage zu Recht kritisch erwähnt werden.

Als Auschwitz-Überlebender und Historiker der Schoa bin ich der Meinung, daß die Erinnerung an den Holocaust uns alle verpflichtet. Vor dem Hintergrund aktueller Gefahren unterstütze ich deshalb die politische Forderung an die Bundesregierung, in Anlehnung an das Vorgehen anderer Staaten einen jährlichen Bericht zur Antisemitismusbekämpfung herauszugeben. Der Bericht sollte, unter Beteiligung des Innenministeriums und des Auswärtigen Amtes, über die Verbreitung antisemitischer Strömungen in allen Gesellschaftsteilen und -institutionen einschließlich der Medien Auskunft geben sowie darlegen, welche Gegenmaßnahmen eingeleitet wurden. Aufgenommen werden sollte ebenso die Berichterstattung über die antisemitische Propaganda in den Herkunftsländern der muslimischen Einwanderer, die über viele Wege zu uns kommt, und über die Maßnahmen, die die Bundesregierung dagegen ergreift oder ergreifen wird.

Frankfurt am Main, Dezember 2006

Vorwort zur 2. Auflage

Zum Libanon-Israel-Konflikt und den Folgen

Nach dem Erscheinen der 1. Auflage dieses Buchs hat der jüngste Libanon-Israel-Krieg stattgefunden. Es hat sich wiederholt, was Autorinnen und Autoren des Sammelbandes zur Mediendarstellung des arabisch-israelischen Konflikts in früheren Zeitphasen berichten – Ulrich Sahm etwa in seinem Beitrag auch unter besonderer Berücksichtigung der problematischen Rolle von Nachrichtenagenturen. Vor allem öffentlich-rechtliche Medien in Deutschland bezogen während des Libanon-Israel-Krieges überwiegend israelkritische Positionen. Die Fernsehbilder zeigten oft nur libanesische Opfer – meist ohne Überprüfung der aus Hisbollah-kontrolliertem Gebiet stammenden Quellen – und selten israelische Zivilopfer. Eine Nachrichtensprecherin des ZDF erklärte in einer Nachrichtensendung (offenbar kritische Einwände vorwegnehmend), man zeige jetzt nur Bilder über libanesische Flüchtlinge; auch in Israel gebe es Tausende von Flüchtlingen, dort herrschten aber, anders als im Libanon, keine chaotischen Verhältnisse. Die aus dem Libanon gemeldeten falschen Zahlen über die Toten in Kana wurden in politischen Kommentaren ohne Überprüfung für wahr gehalten und zur Grundlage von eiligen Israelverurteilungen gemacht. Ganz anders war übrigens die deutsche Medienreaktion zum Kosovo-Krieg 1999 ausgefallen – trotz hoher Opferzahlen unter der serbischen Zivilbevölkerung als Folge des mit deutscher Beteiligung geführten Luftkriegs.

In den deutschen elektronischen Medien wurde und wird fast nie erwähnt, daß es sich bei der Anti-Israel-Koalition von Hisbollah, Syrien und Iran um ein Bündnis von antisemitischen Partnern handelt. Alle drei verbreiten über Printmedien und ihre Fernsehstationen antisemitische Propaganda, z. B. Ritualmordszenen, in denen Juden – nicht Israelis – einem arabischen Kind die Kehle durchschneiden, um mit dessen in einer Schale aufgefangenem Blut Mazzeh-Brot zu backen (Szenen, die Jugendlichen im Umfeld Berliner Schulen gut bekannt sind, wie Untersuchungen der Berliner Alice-Salomon-Fachhochschule ergeben haben), oder Druck- und Filmversionen der antisemitischen Fälschung der »Protokolle der Weisen von Zion«. Diese im arabischsprachigen und iranischen Raum in Buchform viel gehandelten, von einem zaristischen Agenten erfundenen »Protokolle«, die auch Adolf Hitler sehr empfohlen hatte, erzählen bekanntlich von einer Verschwörung zur Erringung der jüdischen Weltherrschaft.

Medien- und Politikerkritik richtet sich oft einseitig gegen den Einsatz von Streubomben durch Israel, ohne ein einziges Wort über die Raketensprengsätze von Hisbollah, Syrien und Iran zu verlieren, die nach öffentlichen Hisbollah-Erklärungen unter Verletzung des Völkerrechts ausdrücklich die Zivilbevölkerung in den Städten Israels treffen sollten – und getroffen haben. Teile der völkerrechtlich nicht verbotenen Streubombenwaffe, mit der auch die Bundeswehr ausgerüstet ist und die auch im Kosovo-Krieg eingesetzt worden war, werden übrigens in Deutschland hergestellt. Eine deutsche Bundesministerin hat, um »Solidarität« zu bekunden, die libanesische, nicht aber die Regierung Israels besucht. Von libanesischem Staatsgebiet, für das die libanesische Regierung völkerrechtlich verantwortlich ist, an der sich bis vor kurzem die antisemitische Terrororganisation Hisbollah mit Ministern beteiligt hatte, waren die Hisbollah-Angriffe ausgegangen, die zum jüngsten Libanon-Israel-Krieg geführt hatten. Die libanesische Regierung ist in gleicher Weise für die antisemitische Hisbollah-Agitation verantwortlich, die auf ihrem Hoheitsgebiet gesendet und verbreitet wird. Diese antisemitische Agitation verletzt auch vom Libanon unterzeichnete Menschenrechtskonventionen der Vereinten Nationen.

Der Versuch, solche Vorgänge und Verhaltensweisen zu »verstehen«, führt zunächst zur Ratlosigkeit. Gibt es eine andere Erklärung für derart einseitige Positionen als das Motiv der Schuldabwehr, das letztlich geschichtsrevisionistischen Zielsetzungen dient?

Potsdam und Frankfurt am Main, Dezember 2006
Klaus Faber, Julius H. Schoeps und Sacha Stawski

Vorwort zur 1. Auflage

Grundfragen einer Diskussion

Antisemitismus, arabisch-israelischer Konflikt und europäische Politik

Der Aufruf des Präsidenten der Islamischen Republik Iran, Mahmud Ahmadinedschad, vom Oktober 2005, Israel von der Landkarte zu tilgen, hat in den meisten westlichen Ländern zu deutlichen Protesten geführt. Etwas später als andere Länder hatte auch Deutschland offizielle diplomatische Schritte gegen die Islamische Republik eingeleitet. In inoffiziellen öffentlichen Reaktionen aus der deutschen Politik waren zuvor die iranischen Erklärungen als inakzeptabel bezeichnet worden.

Auch wenn die Islamische Republik nach einem bekannten taktischen Muster in einer Zwischenphase ihre Position mit der Erklärung etwas »abgemildert« hatte, es gehe ihr im wesentlichen darum, antiisraelische Terrororganisationen »ideell« zu unterstützen, ändert dies selbstverständlich nichts an der israelfeindlichen Ausrichtung der iranischen Politik. Dafür bedarf es nicht des Belegs durch die späteren antiisraelischen Haßausbrüche des iranischen Präsidenten.

Für deutsche Verhältnisse war es ein Novum, daß an der Berichterstattung des Zweiten Deutschen Fernsehens vom Oktober 2005 über die Position des Präsidenten der Islamischen Republik Iran und kurz danach über die palästinensischen Terroranschläge im israelischen Hadera öffentlich wahrnehmbar Kritik geübt wurde. Das ZDF hatte in den Nachrichtensendungen die Bedeutung der Äußerungen des iranischen Präsidenten relativiert und in die Nähe bereits früher verbreiteter iranischer Propaganda gerückt, die man offenbar nicht so ernst zu nehmen habe; mit ähnlicher Tendenz wurden, wie zuvor schon in vielen vergleichbaren ZDF-Nachrichtensendungen, die Attentäter von Hadera und ihre Organisation nicht mit der zutreffenden Qualifikation als »Terroristen« angesprochen, sondern durch das unkommentierte Zitat einer Propaganda-Erklärung dieser Organisation der Eindruck vermittelt, die Terrortat sei mit einer Aktion zu vergleichen, die nach militärischen Regeln durchgeführt wurde.

Media-Watch-Institutionen und andere hatten in den vergangenen Jahren häufig derartige Tendenzen in der Berichterstattung deutscher Medien (nicht nur des ZDF) kritisiert, waren damit – vor allem in den Medien selbst –

aber kaum gehört worden. Experten jeder Provenienz in Medien, Politik und Wissenschaft kennen natürlich seit langem das nicht nur antiisraelisch, sondern offen antisemitisch grundierte Politikverständnis der staatlich kontrollierten Medien in der Islamischen Republik Iran.

Ähnliches gilt für das politische Klima in vielen arabischen Ländern, wie etwa die Massenpublikation der »Protokolle der Weisen von Zion« in arabischer und englischer Sprache oder deren filmische Verarbeitung und Verbreitung in ägyptischen, syrischen, libanesischen oder jordanischen Fernsehsendungen belegen.

Die »Protokolle« sind eine antisemitische Fälschung aus dem zaristischen Rußland, die beweisen soll, daß es eine Verschwörung zur Errichtung einer jüdischen Weltherrschaft gibt. Es handelt sich dabei also nicht um einen Grenzfall zwischen Antiisraelismus und Antisemitismus (mit derartigen Übergängen und mit der Grenzziehung selbst befassen sich mehrere Beiträge in diesem Buch), sondern um eine klassische, auch von Adolf Hitler geschätzte antisemitische Hetzschrift.

Über die iranischen Absichten, eine Atombombe zu bauen, und über die Verwendungsoptionen konnte es ebenso seit längerer Zeit keine ernsthaften Zweifel geben. Die Bombe war nicht als Gleichgewichtsinstrument gegen die atomar bewaffneten Länder Pakistan, Indien, Rußland oder Israel gedacht, von denen Iran nicht bedroht war, schon gar nicht atomar. Nur wer nicht hören wollte, hat nicht verstanden, was (keinesfalls defensiv-hypothetisch) gemeint war, wenn iranische Amtsträger in den vergangenen Jahren öffentlich erklärten, die Islamische Republik könne einen atomaren Angriff überleben, für Israel reiche aber eine Atombombe aus.

Der Sammelband »Alt-neuer Judenhaß – Antisemitismus, arabisch-israelischer Konflikt und europäische Politik« befaßt sich mit einem Thema, das leider aktuell bleiben wird. Antisemitismus im islamischen und im christlich-jüdisch-westlichen Kulturkreis sind längst unheilige Verbindungen eingegangen, nicht erst seit der islamischen Einwanderung nach Europa und nicht nur dort. Hitlerdeutschland hat im Bündnis mit größeren Teilen der damaligen arabischen Nationalbewegung zur Verbreitung seines antisemitischen Weltverständnisses im Islam einen wesentlichen Beitrag geleistet.

Der deutsche Schuldabwehr-Antisemitismus, der z. B. in der deutschen Mehrheitsmeinung sichtbar wird, Israels Verhalten gegenüber »den Palästinensern« sei mit Hitlerdeutschlands Verbrechen an den Juden vergleichbar, erhält viele Stichworte aus der islamisch-arabischen Propaganda.

Eine eher israelkritische Äquidistanz kennzeichnet vielleicht die Mehrheit der deutschen Meinungen in Medien und Politik – eine »Äquidistanz« zwischen den Zielen der direkt oder mittelbar verfolgten Staatsauslöschung und verschiedenen israelischen Positionen in einem per se (wie Clinton und Barak

2000 zeigten) lösbaren Territorialkonflikt. Unter dem antizionistischen Mantel tauchen in Deutschland und im übrigen Europa alte antisemitische Argumentationsmuster auf: »Die Juden« sind daran »selber schuld«, wie grundsätzlich ebenso an allen negativen Wendungen der Nahostpolitik, einschließlich der atomaren Bewaffnung Irans. Antizionismus und Antisemitismus sind vielfach kaum mehr zu trennende symbiotische Verhältnisse eingegangen.

Der vorliegende Sammelband gibt zu der damit beschriebenen komplexen Problematik unterschiedliche Positionen wieder. Er behandelt das Thema in Beiträgen zu drei verschiedenen Abschnitten (deutsche Medien und Nahostkonflikt, islamischer Antisemitismus, Perspektiven), wobei die Verknüpfung der Teilansätze mit den übergreifenden Aspekten in den einzelnen Darstellungen häufig sichtbar bleibt.

Jüdische und nicht-jüdische Deutsche, Deutsche arabischer, iranischer und türkischer Abstammung, Israelis, US-Staatsbürger und Österreicher – insgesamt Christen, Juden, Muslime und Menschen anderer Glaubens- oder Nicht-Glaubens-Zugehörigkeit – befassen sich in dem Band mit verschiedenen Fragen zum »neu-alten Judenhaß«. Sie kommen im einzelnen (auch zu wichtigen Aspekten) zu voneinander abweichenden Ergebnissen, stimmen aber in einem Punkt wahrscheinlich überein: Es besteht Anlaß zum Handeln gegen die neu-alte Antisemitismus-Koalition – in ganz Europa, vor allem in Deutschland, und auch in Nahost.

Idee und Konzeption der Publikation beruhen u. a. auf zwei Veranstaltungen in Berlin: 2003 im Bundestag zum Thema »Antisemitismus, deutsche Medien und der Nahostkonflikt« sowie 2004 im Centrum Judaicum über den »islamischen Antisemitismus«. Verschiedene Personen, Organisationen und Institutionen waren in unterschiedlicher Zusammensetzung Mitträger der beiden Veranstaltungen oder Beteiligte, unter ihnen das Moses Mendelssohn Zentrum für europäisch-jüdische Studien in Potsdam, das Wissenschaftsforum der Sozialdemokratie in Berlin, Brandenburg und Mecklenburg-Vorpommern e.V., die Medieninitiative Honestly Concerned e.V., das Berliner Büro des American Jewish Committee, das Kulturforum der Sozialdemokratie, die Zeitung *Die Welt*, das Middle East Media Research Institute (MEMRI) und *perspektive 21 – Brandenburgische Hefte für Wissenschaft & Politik*.

Eine besondere Rolle als Mitveranstalter und Förderer spielte der Bundestagsabgeordnete Gert Weisskirchen. Zu den Teilnehmern an beiden Veranstaltungen gehörten Politiker, u.a. aus allen im Bundestag der letzten Wahlperiode vertretenen Fraktionen, die in ihrer Bundestagsfraktion oder in anderem Zusammenhang für das Thema wichtige Funktionen wahrnahmen (und wahrnehmen), sowie Experten, Wissenschaftler oder Repräsentanten von in der Sache engagierten Institutionen und Vereinigungen (siehe dazu im Anhang den Überblick über den Ablauf der Podiumsrunden, die Teilnehmer und die Veranstalter).

Der größere Teil der Mitwirkenden und Mitveranstalter der Podiumsdiskussionen in den Jahren 2003 und 2004 ist auch mit Beiträgen im Sammelband vertreten; das gilt vor allem für die Beteiligten aus der Politik.

Ihnen allen sowie den weiteren Autoren und den Förderern des Projekts gilt der Dank der Herausgeber.

Potsdam und Frankfurt am Main, Dezember 2005
Klaus Faber, Julius H. Schoeps und Sacha Stawski

Abschnitt I

Deutsche Medien und der Nahostkonflikt

Grenzziehung zur antisemitischen Israelkritik

Klaus Faber

Einleitung

Autoren: Rolf Behrens, Lars Rensmann, Yves Pallade, Esther Schapira/Georg M. Hafner, Johann Michael Möller, Tobias Kaufmann, Klaus-Jürgen Scherer, Sacha Stawski, Ulrich W. Sahm, Katrin Kemmler, Rabbi Andrew Baker

Die »Al-Aqsa-Intifada« hat ab 2000 zu einer Verschärfung des Kritik-Tons in den deutsch-israelischen Presseverhältnissen geführt. Was sich zuvor bereits angekündigt hatte, wurde nach Arafats Ablehnung der Clinton-Barak-Vorschläge (deren Nichtannahme intern auch Jacques Chirac empfohlen haben soll) in der Mehrheitssicht der deutschen Medien ganz klar: Israel war für die anhaltende »Besatzung« an den Pranger zu stellen und arabische Terroristen waren zunehmend alles mögliche, aber eben keine Terroristen mehr. Nachrichtenagenturen und ihnen folgend andere Medien vertraten immer häufiger parteilich die arabisch-palästinensische Version der »Wahrheit« – ohne dies, wie das einige für die deutschen Printmedien annehmen, immer genau zu erkennen.

Im ersten Abschnitt dieses Buchs geht es um die Bewertung dieser Bewegungen. Welche Rolle spielte der (»sekundäre«) Schuldabwehr-Antisemitismus der nicht-jüdischen Deutschen, die sich durch einen (maßlosen) Vergleich zwischen Israel und Hitlerdeutschland oder durch andere Belastungen Israels vielleicht entlastet fühlen wollten? Lars Rensmann, Yves Pallade, Esther Schapira und Georg M. Hafner befassen sich intensiv mit den damit zusammenhängenden Fragen. Lars Rensmann beschreibt die verbreiteten antisemitischen Deutungsmuster zum Nahostkonflikt. Yves Pallade spricht in diesem Kontext von einem erneuten Versagen der deutschen Eliten. Esther Schapira und Georg M. Hafner schildern u.a. anhand von beeindruckenden Einzelfällen Manipulationsgefahren und -praktiken in den Medien. Die Problematik betrifft eine deutsche Strömung, die, wie Umfragen oder die Themenaufnahme in den Medien belegen, inzwischen nicht mehr als Minderheitsbewegung angesprochen werden kann; das zeigen auch, mit verschiedenen Akzentsetzungen, die Artikel von Johann Michael Möller und Tobias Kaufmann.

Der Beitrag von Rolf Behrens kommt in diesem Zusammenhang, was die Nahostberichterstattung des *Spiegels* anbelangt, zu einem vernichtenden Ergebnis. Selbst wenn man ihm nicht in den Nuancen folgen wollte, beeindruckt der Gesamtbefund. Man kann verstehen, weshalb der von Rolf Behrens zitierte Hellmuth Karasek heute im Rückblick auf seine Verantwortung als früherer *Spiegel*-Redakteur die ausgeprägt antiisraelische *Spiegel*-Linie indirekt als antisemitisch qualifiziert.

Klaus-Jürgen Scherer sowie, zum Teil von einem anderen Ansatz ausgehend, auch andere Autoren weisen auf die breite kulturelle Verankerung derartiger Positionslinien hin – und auf die Anfänge in der 68er-Bewegung. Antiwestliche, antizionistische und sehr früh offen antisemitische Neigungen prägten das politische Profil von größeren Teilen dieser Jugendrevolte-Formation. Was heute in vielen Redaktionen und Zirkeln der politischen Beratung (»Beratung« im weitesten Sinne) Mehrheitsauffassung ist, fand seine Einstimmung in jener Zeit.

Welche Stichworte gab hierfür der Antisemitismus im arabisch-islamischen Nationalismus und wie wurden diese Stichworte von den deutschen Medien transportiert? Sacha Stawski und Ulrich W. Sahm schildern die Transferprozesse der antizionistischen und antisemitischen Propaganda in Nahost und in Europa. Sacha Stawski greift im Schwerpunkt Media-Watch Fragen an die Printmedien, aber auch zum islamischen Antisemitismus auf. Ulrich W. Sahm befaßt sich im selben Themenbereich kritisch insbesondere mit der »Vermittlungs«-Tätigkeit von Nachrichtenagenturen. Katrin Kemmler weist in einem exemplarischen Fall nach, was antiisraelische Voreingenommenheit, die auch bei Oskar Lafontaine zu erkennen ist, aus einem Churchill-Zitat machen kann, das sich in der Originalfassung für die jüdische Einwanderung in das spätere Israel und gegen Besitzansprüche anderer ausspricht, die der Immigration angeblich entgegenstehen.

Die Antworten auf die aufgeworfenen Fragen stimmen in diesem wie in den anderen Buchabschnitten in der Gewichtung oder im Detail natürlich nicht in allen Punkten überein. Aber es gibt in weiten Bereichen auch Konsens. Rabbi Andrew Bakers Beitrag (ursprünglich für einen Unterausschuß des US-Senats) befaßt sich aus amerikanischer Sicht mit dem Antisemitismus in Europa (nicht nur in den Medien); er kommt durchaus zu ähnlichen Bewertungsergebnissen wie die anderen Autoren des Sammelbandes.

Ein in die umgekehrte Richtung zielender Blick auf die Medien- und Stimmungsverhältnisse in den USA zeigt Gemeinsamkeiten und Differenzen in der Gegenüberstellung mit Europa. Auch in den USA gibt es – ein Fall nicht unproblematischer Strukturähnlichkeit – Stimmungsströmungen in Medien und an Hochschulen, die mit den negativen Aspekten der westeuropäischen 68er verglichen werden können. Sie haben dort freilich ein deutlich geringeres Gewicht in der allgemeinen Politik als die entsprechenden Formationen in Europa.

Rolf Behrens

»Sie schießen, um zu töten.«

Die Berichterstattung über Israel bedroht das »besondere Verhältnis«

Der *Spiegel* hat den Aggressor ausgemacht. Unter der Überschrift »Neue Attacke?« berichtet das Magazin am 18. August 2003 über einen »militärischen Rundumschlag«, den Israels Ministerpräsident Ariel Scharon nach Erkenntnissen arabischer Sicherheitsdienste plane. Ziel dieses »Angriffskriegs« seien die »syrischen Armee-Einheiten, die den inneren Frieden« im Libanon sicherstellten. Der Artikel endet mit einem vermeintlichen Schreckensszenario: »Ein israelischer Überfall auf Syrien werde ernste Konsequenzen auslösen und die politischen Gegebenheiten im Nahen Osten ›grundlegend und nachhaltig‹ verändern.« Garniert wird das Ganze mit dem Foto einer feuernden israelischen Haubitze »auf den Golanhöhen« (*Der Spiegel* 34/2003: S. 94). Israel – die Bedrohung in Nahost? Ein Staat, der Nachbarn grundlos überfällt und mit Angriffskriegen überzieht? Ariel Scharon – ein Kriegstreiber? Die mittlerweile unter internationalem Druck abgezogenen syrischen Besatzungstruppen im Libanon, deren Stationierung gegen das libanesisch-israelische Waffenstillstandsabkommen vom Mai 1983 verstieß – verdienstvolle Friedenshüter?

»Ich habe mich eben getäuscht. Wir waren blind damals«, antwortete der ehemalige *Spiegel*-Redakteur Hellmuth Karasek auf die Frage der *Frankfurter Allgemeinen Sonntagszeitung*, warum er Mitte der 80er Jahre bestritten habe, das Magazin sei antisemitisch. Karaseks für viele Leser vermutlich überraschende Aussage lässt sich empirisch belegen. Eine Inhaltsanalyse von 345 Artikeln des Nachrichtenmagazins *Der Spiegel* – als meistzitiertes Medium erwiesenermaßen der wichtigste Meinungsführer und Themensetzer in der deutschen Presse- und Rundfunklandschaft – führt nicht nur die populäre Klage, Kritik an Israel sei in Deutschland tabu, ad absurdum. Während des gesamten Untersuchungszeitraums, der Intifada 1987–1992 und der »Al-Aqsa-Intifada« 2000–2002, stellt das Magazin den Staat Israel stereotyp als brutalen, expansiven und gar rassistischen Staat voller Missstände dar, dessen Gesellschaft innerlich zerrissen sei und sich im Niedergang befinde. Es zeigt sich auch, dass der *Spiegel* dabei mehr als einmal die Grenze überschreitet, die legitime Israel-Kritik von Antizionismus und Antisemitismus trennt.

»Israel am Abgrund«

Regelmäßig stellt der *Spiegel* das Scheitern des Zionismus fest und den Fortbestand des Judenstaates in Frage. So schreibt der verstorbene *Spiegel*-Herausgeber Rudolf Augstein in Ausgabe 11/1988, S. 180: »Man wird dem Faschismusforscher Ernst Nolte recht geben müssen (...), der schon 1978 von einem ›Scheitern‹ der großen Ideologie des Zionismus schrieb«. Anlässlich des irakischen Überfalls auf Kuwait im Jahr 1990 fragt *Spiegel*-Autor Dieter Wild in der Überschrift zu seinem Essay: »Kann Israel untergehen?« Er antwortet sich selbst wie folgt: »Die DDR und Kuwait sind untergegangen (...). Aber Israel? (...) Darf Israel untergehen? Nein. Kann Israel untergehen? Ja. (...) Ist Israel noch der ›unsinkbare Flugzeugträger der USA in Nahost‹, zu dem es der frühere US-Vizepräsident Walter Mondale ernannt hatte? Er musste wissen, dass Flugzeugträger noch nie unsinkbar waren.« (*Der Spiegel* 52/1990, S. 120f.) Dass Israel die Intifada – wider Erwarten? – überstand, gibt dem *Spiegel* ein Jahrzehnt später die Möglichkeit, seine Thesen während der sogenannten »Al-Aqsa-Intifada« zu wiederholen. So wird in Ausgabe 48/2000, S. 228 »der Leiter des norwegischen Ärzteteams im Gaza-Streifen« zitiert: »Israel wird sich noch zu Tode siegen.«. 2002 – noch immer lebt Israel – veröffentlicht Reuwen Moskowitz seinen Text mit dem Titel »Israel am Abgrund« im *Spiegel*. Er berichtet: »So malen manche Intellektuelle jetzt das schreckliche Szenario eines Untergangs Israels an die Wand: In einer Welt des wachsenden islamischen Fundamentalismus und der arabischen Frustration durch die stets ungeheure israelische Überlegenheit kann Israel nicht überleben.« (*Der Spiegel* 2/2002, S. 127) Sieben Wochen später sekundiert der US-amerikanische Sozialwissenschaftler Norman Birnbaum, indem er von Israels »Marsch in die Selbstzerstörung« schreibt. Als im Jahr 2003 27 israelische Luftwaffenoffiziere erklärten, sie stünden für gezielte Schläge gegen palästinensische Terroristen nicht mehr zur Verfügung, berichtet das Magazin, das »Karzinom des Zweifels« habe bereits »viele Metastasen« in der israelischen Gesellschaft (*Der Spiegel* 40/2003, S. 125). Äußert sich hier Wunschdenken? Zumindest war es dem *Spiegel* keine Meldung wert, als die israelische Armee im November 2004 meldete, die Zahl der Wehrpflichtigen, die in Kampfeinheiten dienen wollen, habe mit 92 Prozent einen Rekordwert erreicht: Keine Spur von einem Krebs, der die Kampfbereitschaft der Israelis zerfrisst.

Israels bevorstehendes Verderben wird im *Spiegel* immer wieder auf verschiedene militärische und gesellschaftliche Entwicklungen zurückgeführt. Ähnlich wie im eingangs dargestellten Beispiel wird ein baldiger großer Krieg zwischen Israel und den arabischen Staaten mehrfach als wahrscheinlich geschildert. Schon während der Intifada 1988 schreibt das Magazin, ein

Wahlsieg der Likud-Partei würde »vielleicht sogar zu einem erneuten Krieg führen – schon im kommenden Sommer mit Syrien« (*Der Spiegel* 44/1988, S. 201). Der Likud blieb an der Macht, der Krieg blieb aus. Und 13 Jahre später hat das Magazin erneut die gleiche Schreckensvision: »Tatsächlich steht die Region vor dem Abgrund. Mehrfach schon ist die israelische Luftwaffe Angriffe auf Stellungen der Syrer im Libanon geflogen.« (*Der Spiegel* 28/2001, S. 114)

Rudolf Augstein prophezeite regelmäßig einen von Israel ausgelösten »ebenso entsetzlichen, wie in seinen Auswirkungen unüberschaubaren Krieg« (*Der Spiegel* 42/1990, S. 188), in den »alle Länder und Völker hineingezogen würden« (*Der Spiegel* 11/1988, S. 181). Schon 1981, anlässlich der Zerstörung des irakischen Reaktors durch einen israelischen Präventivschlag, der die Welt vor Saddam Husseins Atombombe rettete, weissagte der *Spiegel* unter der Überschrift »Verrückt geworden?« grotesk Anmutendes: »Weit bedenklicher schien, dass ausgerechnet der aus dem Holocaust geborene Staat Israel den ersten Schritt tat zu einer Entwicklung, die in einem neuen größeren Holocaust enden könnte: dem Atomtod von Millionen, im Krieg mit Atomwaffen oder um Atomreaktoren.« (*Der Spiegel* 25/1981, S. 123)

Eine weitere »Horrorvision«, die sich häufig im *Spiegel* findet, besagt, Israel drohe sich selbst durch einen moralischen Verfall der Gesellschaft zu zerstören. So schreibt die britische Gastautorin Swee Chai Ang in einem Beitrag über »die brutale Unterdrückung des Palästinenseraufstandes durch Israels Armee«: »Israel, ein Land, das ich mein Leben lang geliebt und geachtet hatte, war plötzlich zu einem erbarmungslosen Ungeheuer geworden.« (*Der Spiegel* 6/1989, S. 128) Ganz ähnlich klingt die Ankündigung eines Textes im Inhaltsverzeichnis von *Der Spiegel* 37/2001: »Eine Nation verroht«.

Darüber hinaus wird Israels Existenz durch Wirtschaftskrisen (»Die Kosten dieses militärischen Engagements belaufen sich schon auf 300 Millionen Dollar. Wie lange kann Israels angeschlagene Wirtschaft diesen Aderlass noch aushalten?« (*Der Spiegel* 50/1988, S. 148), drohende Bürgerkriege – abwechselnd zwischen Siedlern und Soldaten (*Der Spiegel* 26/1989, S. 165f.) und zwischen Religiösen und Weltlichen (*Der Spiegel* 38/2000, S. 208) – und schließlich durch eine Massenauswanderung enttäuschter Bürger in Frage gestellt: »Viele Israelis fühlen sich schon als Fremde im eigenen Land und wandern aus.« (*Der Spiegel* 27/1990, S. 132) Einen Bericht über die steigende Zahl von Anträgen auf Einbürgerung, die bei der deutschen Botschaft in Tel Aviv seit Beginn der »Al-Aqsa-Intifada« eingegangen seien, versieht das Magazin ausgerechnet mit einem Foto ultraorthodoxer Juden an der Klagemauer und der Überschrift: »Zuflucht in Deutschland?« Gerade so, als drohe Deutschland eine Einwanderungswelle schläfengelockter Klischee-Juden.

Gründe zum Auswandern aus dem Judenstaat findet man im *Spiegel* reichlich. Negativismus scheint in Bezug auf Israel einer der wichtigsten Nachrichtenwerte zu sein. Allein 45-mal sind Missstände in Israel Hauptthema eines Artikels, sogar 72-mal Langzeitthema. Zwischen 1987 und 1989 befasst sich die Hälfte aller Langzeitthemen mit israelischen Missständen. Überschriften wie »Verkehrsrowdys in Israel«, »Armut in Israel« und »Wassernotstand in Israel« sind durchaus als charakteristisch zu bezeichnen.

Der hässliche Israeli

Stereotype dominieren die Berichterstattung. Kaum ein Text kommt ohne feststehende und bewertende Vorstellungsbilder aus, die den vorgefassten Meinungen von Journalisten und Lesern entsprechen (Mittelwert: 0,96 Stereotype pro Artikel).

Ein zentrales Motiv der Berichterstattung ist die Schilderung der vermeintlich brutalen Tradition des Judentums. Gewalt erscheint gleichsam als Wert, Ideal und feststehendes Merkmal jüdischer Überlieferung: »Schon seit den Königen David und Salomo strotzt die Geschichte der Israeliten von Krieg, Mord und Totschlag.« (*Der Spiegel* 41/2001, S. 162).

Auffällig ist, dass der Konflikt in einer Titelgeschichte des *Spiegels* im April 2002 unter das Motto »Auge um Auge« gestellt wird. Die *Süddeutsche Zeitung* merkte dazu an: »Wenn Journalisten und Politikern zum Thema nichts mehr einfällt, dann werden sie gerne biblisch und zitieren aus einer Passage des Buches Exodus, Kapitel 21, Vers 23/24: ›Auge um Auge, Zahn um Zahn‹. Eine ideale Beschreibung der Situation in Israel, meinen sie, weshalb diese Formel gerne für Artikelüberschriften oder ganze Titelseiten verwendet wird. Denn sie ist knapp und angeblich treffend: Die Israelis seien nämlich ebenso rachsüchtig wie ihr alttestamentarischer Gott, meinen jene Bibelkenner. Das jüdische Prinzip ›Rache‹ stünde also der christlichen ›Nächstenliebe‹ diametral gegenüber (…). Auf diese Weise werden 2000 Jahre christlicher Antijudaismus in einem Zitat aufgefangen, und niemand fragt danach, ob dessen populäre Interpretation überhaupt richtig ist.«[1]

Dass die vielzitierte Formel eine Errungenschaft des Judentums darstellt und als Mittel gegen maßlose Rache die Verhältnismäßigkeit der Schadenersatzforderungen regelte, erwähnt der *Spiegel* nicht. Stattdessen wird der vermeintliche Ausdruck eines archaischen Racheprinzips mehrfach mit einem griffigen Zusatz versehen: » (…) geradezu biblische Vergeltungspolitik Scharons – Auge um Auge, Wahn um Wahn (…)« (*Der Spiegel* 15/2002, S. 139)

Zur angeblichen Rachsucht der Juden passt die oft wiederholte Darstellung, das israelische Militär wende grundlos Gewalt an. Während der Intifada scheint es der Instinkt des israelischen Soldaten zu sein, auf Widerspruch und Spott mit tödlicher Brutalität zu reagieren. So berichtet der *Spiegel* von Palästinenserkindern, die einem Esel die Fahne Israels an den Schwanz gebunden hätten: »Unter dem Gelächter der Passanten wurde das Tier durch die Straßen gejagt, erbitterte israelische Soldaten setzten ihm in voller Feldausrüstung nach und schossen es schließlich nieder.« (*Der Spiegel* 15/1988, S. 164)

Andere Beispiele stellen die israelischen Soldaten als blutrünstige Mörder dar, die Spaß daran haben, Unschuldige auf grausame Art zu quälen und zu töten. So berichtet der *Spiegel* von einem palästinensischen Jungen, dem israelische Soldaten etwas zugeworfen hätten, das »wie dunkle Schokoladenstücke« ausgesehen habe. Als er den Gegenstand aufgehoben habe, sei ihm eine Stichflamme ins Gesicht geschossen und habe ihm Haut und Haar verbrannt. »Für die Ärzte und das Pflegepersonal (…) besteht kein Zweifel: Die israelischen Besatzer hätten sich eine neue teuflische Waffe einfallen lassen, um die Bevölkerung der besetzten Gebiete zu terrorisieren.« (*Der Spiegel* 50/1988, S. 148) Die Israelis – kaltblütige, hinterhältige Kindermörder. Im gleichen Artikel heißt es: »Hin und wieder schoss die Armee, als wolle sie etwas Abwechslung ins Spiel bringen, an den Kindern vorbei, statt direkt auf sie zu zielen. Damit löste sie Panik aus; die Kinder flohen. In ihrer Angst kletterten sie Mauern hoch, um den Soldaten zu entkommen. Die schossen dann erneut und zwangen die Kinder so, von der Mauer herunterzuspringen. Dabei brachen sie sich oft Füße und Beine«.

Die vielleicht drastischsten Schilderungen und Vorwürfe enthält ein Artikel über eine Studie der US-Soziologin Anne Elisabeth Nixon, die sich mit der Lage palästinensischer Kinder während der Intifada beschäftigt: »›Die hier beschriebenen Verletzungen können nicht als ein paar Fälle von Willkür einzelner Soldaten abgetan werden. Sie wurden massiv und systematisch begangen und spiegeln Regierungspolitik wider.‹ (…) Andere [Kinder] starben an den Verletzungen durch Sprengsätze oder wurden schlicht erschlagen, wobei Soldaten ihre Holzknüppel (…) schon mal mit Nägeln und Rasierklingen nachrüsteten. (…) Die Anlässe für die tödlichen Einsätze der Israelis erwiesen sich häufig als nichtig. Oft reichte es, dass Kinder ›das V-Zeichen für Victory machten, nationalistische Reime sangen, Soldaten hänselten oder beschimpften (…)‹.« (*Der Spiegel* 26/1990, S. 140–148)

Das gleiche Motiv taucht im *Spiegel* augenblicklich auf, als es Ende September 2000 erneut zu gewaltsamen Zusammenstößen zwischen Israelis und Palästinensern kommt: »Mit brutaler Gegengewalt versuchten die israelische Polizei und das Militär, den Massenaufstand niederzuschlagen. (…) Mit jedem Toten kehrt das Bild vom hässlichen Israeli zurück, der seinen Staat ohne jede Rücksicht verteidigt. (...) ›Die Israelis zielen auf Kopf und Nacken, nicht auf Arme und Beine‹, berichtet Taufik Nassir, Direktor des Auguste-Viktoria-Hospitals in Ost-Jerusalem. Sein Kollege Mustafa Barghuti warf den Israelis vor: ›Sie schießen, um zu töten.‹« *(Der Spiegel* 41/2000, S. 170–173) Das Magazin fragt nicht, warum bei den ersten Zusammenstößen »nur« vier Palästinenser starben – schossen die Israelis womöglich doch nicht in Mordabsicht?

Keine Bedrohung, nirgends – der Sechstagekrieg im *Spiegel*

Israels Armee erscheint im *Spiegel* als aggressive Streitmacht, die grundlos und unangemessen exzessive Gewalt ausübt. Diesen Eindruck nährt ein charakteristisches Berichterstattungsmuster des Magazins: In den untersuchten Artikeln werden extrem selten Hintergründe zu Israels Kriegen genannt. Insgesamt 23-mal werden die Waffengänge ohne Nennung von Ursachen erwähnt, in nur drei Fällen werden überhaupt – und dann lückenhaft und tendenziös – Erklärungen für den Ausbruch und/oder die Resultate eines Krieges genannt. Im Allgemeinen jedoch wird der Leser im Dunkeln gelassen über Kriegsgründe und Kampfverläufe. So heißt es im *Spiegel* etwa: »Als der Spross einer armenischen Familie 1950 in der Altstadt geboren wurde, gab es dort keine Juden. Die ersten Israelis, die Aghassarian kennen lernte, waren die Soldaten, die 1967 die Altstadt eroberten.« (*Der Spiegel* 3/2001, S. 127)

Das Magazin verschweigt typischerweise, warum es 1950 in der Jerusalemer Altstadt keine Juden gab: Sie waren zwei Jahre zuvor nach jahrhundertelanger, ununterbrochener Präsenz von jordanischen Truppen vertrieben worden. Jene wiederum hatten zusammen mit den Soldaten vier weiterer arabischer Staaten Israel unmittelbar nach der Unabhängigkeitserklärung angegriffen, mit dem Ziel, den neuen Judenstaat zu zerschlagen. Nicht der Rede wert für den *Spiegel*.

Insgesamt 17-mal wird der für die heutige Situation maßgebliche Sechstagekrieg ohne Nennung von Gründen und Anlass erwähnt. Schlimmer noch: In der bereits erwähnten Titelgeschichte unter der Überschrift »Auge um Auge. Der biblische Krieg«, die im April 2002 – während Israels Militäroffensive »Operation Schutzwall« in der Westbank – dazu dienen soll, dem Leser die Vorgeschichte des Nahostkonflikts zu erklären, beschreibt das Magazin den Sechstagekrieg (und den Suezkrieg 1956) als israelischen Angriffskrieg, der von Israel mit ausdrücklicher Expansionsabsicht geführt worden sei: »Getrieben von der Urangst vor Vernichtung und zugleich berauscht von ihren militärischen Erfolgen, tappten die jungen Feldherren nach dem ›Befreiungskrieg‹ in eine regelrechte Expansionsfalle. Erzzionisten wie der heutige Premier Scharon verstiegen sich – mal als Vergeltung, mal zur Prävention – zu immer neuen Militäraktionen gegen die arabischen Nachbarn. Die führten 1956 zum Krieg mit Ägypten um den Suez-Kanal. (...) Vergrößern konnte sich Israel erst 1967 mit dem durch Zwischenfälle an der Grenze zu Syrien und Drohungen aus Ägypten ausgelösten Sechstagekrieg. Damit aber wurde der junge Staat 70 Jahre nach dem Zionisten-Kongress von Basel, auf dem die Opfer von Diktatur und Unterdrückung den Aufbruch in eine bessere Welt proklamiert hatten, selbst zu einem Unterdrücker.« (*Der Spiegel* 15/2002, S. 150f.)

Dass Ägypten Anfang Juni 1967 die Zufahrt zu Israels Hafen Eilat blockierte, 100 000 Soldaten, 1000 Panzer und 500 Artillerie-Geschütze auf die Sinai-Halbinsel nahe Israels Grenze verlegte, Ägyptens Präsident Nasser ankündigte, dieses Mal werde Israel vernichtet, und Truppen aus Jordanien, Syrien und dem Irak Israel in einer Überzahl von 3:1 an allen Grenzen umzingelten, schreibt der *Spiegel* nicht.

In der stereotypen Darstellung des Sechstagekriegs 1967 als israelischen Eroberungsfeldzug – meist ohne Nennung von Anlass und Hintergrund – liegt die vielleicht folgenschwerste Verfälschung der gesamten Berichterstattung: Der Leser, der diesen Krieg als aggressiven Schlag mit Expansionsabsicht sieht, wird mit großer Wahrscheinlichkeit keinerlei Verständnis für das israelische Gefühl der Bedrohung aufbringen können. Zumal das Magazin auch versäumt zu erwähnen, wie die arabischen Staaten reagierten, als Israels Außenminister Abba Eban unmittelbar nach dem Krieg vor der Sonderversammlung der UNO anbot, mit den Nachbarstaaten über »gerechte Lösungen« zu verhandeln: Auf der Konferenz der Arabischen Liga im August 1967 wurden die »Drei Neins von Khartum« – keine Verhandlungen mit Israel, keine Anerkennung Israels, kein Frieden mit Israel – als Doktrin beschlossen. Stattdessen schreibt der *Spiegel* den Israelis »Drei Neins« zu, um deren vermeintliche Unnachgiebigkeit und Unwillen zum Frieden zu betonen: »Da half auch nicht, dass Shultz (...) einem dreifachen Nein der Israelis zustimmte und versprach: Es werde keinen palästinensischen Staat geben, keine Verhandlungen mit der PLO, keinen Rückzug auf die Grenzen vor 1967.« (*Der Spiegel* 15/1988, S. 163)

»Arik, der Schreckliche«

Wenn der *Spiegel* Israel wiederholt als aggressiven, »ethnisch definierte[n] Staat, der ein anderes Volk unterdrückt« (*Der Spiegel* 9/2002, S. 168) darstellt, so ist es nur folgerichtig, den Judenstaat offen mit dem Apartheidregime in Südafrika zu vergleichen. So wird Israel 1988 etwa unterstellt, »Terror als Herrschaftsmittel einzusetzen, wie das rassistische Weißen-Relikt Südafrika«. (*Der Spiegel* 12/1988, S. 175)

Insgesamt 20-mal finden sich in *Spiegel*-Texten auch Vergleiche zwischen Israel und dem nationalsozialistischen Deutschland. Explizite Analogien transportiert das Magazin meist in Zitaten. Mit einer besonders geschmacklosen Aussage zitiert der *Spiegel* 1988 den norwegischen Botschafter in Israel: »Was die Deutschen getan haben, war etwas ganz Übles. Aber wir können uns nicht erinnern, dass sie auf die Straße gegangen wären, um Leuten die Arme und Beine zu brechen.« (*Der Spiegel* 12/1988, S. 175)

Ähnlich drastisch lesen sich jene Attribute, mit denen der *Spiegel* über alle Jahre hinweg ein Feindbild des amtierenden israelischen Ministerpräsidenten zeichnet: »Superfalke«, »Schlächter«, »nationalistischer Demagoge, der seine Karriere auf der Angst, dem Fremdenhass und den Vorurteilen der Massen aufbaut« und »Arik, der Schreckliche« sind nur einige Beispiele. In vielen Fällen wird Ariel Scharon auf einen Aspekt seines Lebens reduziert: Allein zehnmal spielen *Spiegel*-Redakteure in den untersuchten Texten auf Scharons Rolle bei den Massakern von Sabra und Schatila an. Im Libanon-Krieg 1982 hatte er als israelischer Verteidigungsminister nicht verhindert, dass arabische Verbündete Israels hunderte Palästinenser ermordeten. Die häufige Betonung dieses Vorfalls ist umso bemerkenswerter, als die Terror-Vergangenheit des im November 2004 verstorbenen ehemaligen Palästinenserpräsidenten Jassir Arafat dem Magazin kaum eine Erwähnung wert ist. Statistisch wird Scharon in 93 Prozent aller Fälle negativ bewertet, bei Arafat entfallen 48 Prozent auf negative, 52 Prozent auf positive Wertungen.

Sympathien nur für wehrlose Juden

Doch das Negativ-Image Israels ist nicht an die Person Ariel Scharons allein gebunden. In der Analyse zeigt sich, dass Veränderungen des Images vor allem vom Verteidigungsverhalten des Judenstaates abhängen. Wenn sich Israel trotz Bedrohung nicht militärisch verteidigt, wird das Land positiv bewertet. Bei Anwendung von Gewalt wird Israel dagegen generell negativ dargestellt. So wird auch der ehemalige Ministerpräsident Ehud Barak nur so lange positiv bewertet, wie er sich um beinahe jeden Preis um eine friedliche Lösung bemüht. Als er jedoch auf Gewalt mit Gegengewalt reagiert, mehren sich die negativen Aussagen. Als Israel 1991 die Raketen-Angriffe von Saddam Husseins Irak nicht mit einem Gegenschlag beantwortet, erhält selbst der eigentlich als Hardliner verschrieene Regierungschef Jizchak Schamir vom *Spiegel* positive Bewertungen.

Die Rolle des wehrlosen Opfers bringt Israel demnach offenbar allgemeine Sympathien ein. Dieser Umstand lässt Israels Bemühungen um ein besseres Medien-Image in Europa als beinahe vollkommen aussichtslos erscheinen. Im Ernstfall wird es aktuelle und zukünftige israelische Regierungsmitglieder kaum interessieren, ob ihnen europäische Medien ein Recht auf Selbstverteidigung zuerkennen oder nicht: Denn dann kämpft Israel nicht um sein Image, sondern um sein Leben, wie Shimon Peres schon während der Intifada anmerkte.

Postmoderne, zweierlei Maß, schuldige Opfer und Selbstzensur

»Nicht der totalitäre Arafat mit seinem Terrorkrieg, sondern das demokratische Israel steht inzwischen am europäischen Pranger«, schrieb Wolf Biermann schon 2002 ausgerechnet im *Spiegel*. Mit dieser Einschätzung stimmen die Ergebnisse der vorliegenden Untersuchung überein. Doch wie lässt sich der Befund erklären? Für die nach Meinung des Autors defizitäre, einseitige und in einigen Fällen antisemitische Ideologeme nutzende und/oder bedienende Berichterstattung des *Spiegel* werden hier fünf Erklärungsmuster vorgeschlagen.

1. Europa lebt in der Postmoderne, scheinbar in einer Oase des paradiesischen Friedens. Israel wird als Störenfried angesehen, der diesen Frieden durch egoistisches und fanatisches Handeln gefährdet. Die Entwicklung Europas nach dem Zweiten Weltkrieg bezeichnet Yaacov Lozowick, Direktor des Yad-Vashem-Archivs, in seinem Buch »Right to exist«[2] treffend als »Abschaffung der Geschichte im Namen des Friedens«[3]: Die westeuropäischen Nationen haben den Gebrauch von Gewalt in ihren zwischenstaatlichen Beziehungen geächtet. Unter dem Schutzschirm amerikanischer Macht erschufen sie ein Gemeinwesen, in dem alle Streitigkeiten mit friedlichen Verhandlungen geregelt werden können. Dieses Projekt beinhaltet das Opfern von nationalen Traditionen, Interessen und Staatlichkeit. Jeder soll mit jedem versöhnt werden, ideologische Unterschiede werden um des Friedens Willen nivelliert. Viele Europäer erwarten nun, dass die friedliche Entwicklung Europas weltweit als Vorbild zu fungieren habe und allerorten funktionieren müsse. Nationen, die darauf bestehen, Werte und Traditionen zu haben, für die sie bereit sind zu kämpfen, werden deshalb als primitiv und anachronistisch angesehen. Eine dieser Nationen ist Israel (die zweite: die USA). Israel wird mit der Vergangenheit Europas gleichgesetzt – Engstirnigkeit, Militarismus, Nationalismus. Dieses Stadium glauben die

Europäer durch ihre erfolgreiche Vergangenheitsbewältigung längst überwunden zu haben. Dass arabische Nachbarstaaten und Islamisten Israels Existenzrecht verneinen und den Judenstaat tödlich bedrohen, wird ignoriert.

Für Israel bedeutet dies, dass das eigene Bedrohungsgefühl nicht verstanden und das israelische Verteidigungsverhalten abgelehnt wird, ständig Verhandlungen als oberste Maxime eingefordert werden und Europa sich auf eine Position der Äquidistanz zwischen Israel und Terroristen zurückgezogen hat. Der europäische Journalismus ist Teil dieser gesellschaftlichen Grundhaltung und multipliziert israelkritische Meinungen.

2. Heutige Medienmacher richten ihr Handeln meist nicht mehr in erster Linie an ihrer gesellschaftlichen Verantwortung aus. Stattdessen ist die Ertragsorientierung des Unternehmens oft wichtiger als politische und gesellschaftliche Standpunkte. Medien richten ihre Aussagen folglich häufig am tatsächlichen oder angenommenen Publikumsgeschmack aus. Nur wenige Veröffentlichungen wagen es, ihre Rezipienten mit Informationen und Einschätzungen zu konfrontieren, die deren vermeintlichen Erwartungen widersprechen. Als Folge dessen ähnelt die Berichterstattung häufig jenen Mustern, die sich auch in Meinungsumfragen zeigen. So stimmten zum Beispiel der Aussage »Israel führt einen Vernichtungskrieg gegen die Palästinenser« im Jahre 2004 68,3 Prozent der befragten Deutschen zu[4]. Ob Medienberichterstattung letztlich durch diese Einstellungen in der deutschen Öffentlichkeit geprägt wird oder ob umgekehrt die öffentliche Meinung erst durch die Medien generiert wurde, ist schwer zu ermitteln. Offensichtlich scheint jedoch, dass einseitige Berichterstattungsmuster, die auch kommerziellen Überlegungen entsprechen, in der Lage sind, Überzeugungen der Rezipienten zu bestätigen und zu verstärken.
3. Den Berichten über Israel/Palästina liegt oftmals ein subtiler Rassismus zugrunde – allerdings in vielen Fällen nicht gegenüber Juden, sondern gegenüber »den Arabern«. Nach Ansicht des verstorbenen palästinensischen Schriftstellers Edward Said wird »der Orientale« im Westen – bewusst oder unbewusst – oftmals als rückständiger Mensch angesehen, dessen Handeln nicht an den »zivilisierten« Maßstäben des Westens zu messen sei. An Israel werden dagegen besonders hohe moralische Maßstäbe angelegt. Vielleicht kann dieser Umstand erklären, warum das Massaker von Sabra und Schatila 1982 noch heute Eingang in die Berichterstattung findet, während ein ähnliches Gemetzel drei Jahre später am gleichen Ort, bei dem mit Syrien verbündete Libanesen hunderte Palästinenser töteten, in den westlichen Medien überhaupt nicht erwähnt wird. Auch sucht man im *Spiegel* und anderen europäischen Publikationen weitgehend

vergeblich nach Artikeln über den staatlich organisierten Antisemitismus, der in fast allen arabischen Nachbarstaaten Israels vorherrscht: »In der Berichterstattung über Arafats Herrschaft und die arabische Welt klafft eine bemerkenswerte Lücke: deren unaufhörliche antisemitische Propaganda«, schreibt der niederländische Autor Leon de Winter in der *Zeit* [5].

4. Eine Reihe von Autoren versucht, die eigene Schuld und/oder Verantwortung, die aus der Tradition der Judenverfolgung und vor allem dem Holocaust resultiert, zu relativieren. Zur Linderung der Last der Vergangenheit interessiert man sich für jedes Detail, das Juden in ein schlechtes Licht rücken kann – und vermeintlich Opfer zu Tätern macht.
Besonders offen tritt dieses Motiv in den Kommentaren Rudolf Augsteins zutage, die mitunter deutlich von antisemitischen Ideologemen geprägt sind: »Aber es dürfen sich nun nicht dieselben Leute, die uns und denen, die nach uns kommen, die Erinnerung an die Rampe von Auschwitz für immer ins Gedächtnis brennen wollen – was nach aller menschlichen Erfahrung erfolglos bleiben muss –, den Palästinensern gegenüber als ›Herrenmenschen‹ aufführen. (...) Seit dem Ausbruch der Intifada wurden Hunderte [Palästinenser] erschossen (...). Sie wurden Opfer der Anmaßung von Leuten, die in der eigenen Geschichte erfahren haben, wie man mit Minderheiten nicht umgehen sollte und wohin der Mangel an Toleranz führt.« (*Der Spiegel* 42/1990, S. 188)
Als Ariel Scharon 1988 in eine Wohnung im arabischen Teil der Jerusalemer Altstadt zieht, schreibt Augstein: »Es geht nicht, dass der Industrieminister Ariel Scharon, Mitverantwortlicher des Schlachtens in den Lagern von Sabra und Schatila, sich wie ein ungekrönter König in der eroberten arabischen Altstadt niederlässt, gepanzert und bewacht (während wir in der Bundesrepublik noch dem letzten damals achtzehnjährigen SS-Schergen hinterherspüren, der sich 1945 an Leib und Leben diskriminierter Feinde vergangen hat).« (*Der Spiegel* 11/1988, S. 180) Man hat den Eindruck, auf Augstein treffe eine pointierte Aussage von Zwi Rix zu: »Auschwitz werden uns die Deutschen niemals verzeihen.«
Im *Spiegel* wird die rastlose Suche nach »schuldigen Juden« soweit getrieben, dass man sogar einen Juden heranzieht, der vermeintlich genauso verachtenswert wie die Attentäter vom 11. September ist, auch wenn seine Tat mehr als 3000 Jahre zurück liegt: »Der erste Selbstmordattentäter der abrahamitischen Religionsgeschichte war ein Jude: Samson (...). Bei dem todesverachtenden Kraftakt starben 3000 Männer und Frauen. So jedenfalls berichtet es das Buch der Richter – makabre Parallele zum Terroranschlag auf die Türme des World Trade Center in New York.« (*Der Spiegel* 41/2001, S. 162)

5. Auch die Arbeitsbedingungen in Israel/Palästina spielen eine Rolle. So stammen fast alle Fernsehbilder aus den Palästinensergebieten, an denen sich auch Printjournalisten orientieren, von palästinensischen Kameraleuten, die genau wissen, was sie im eigenen Interesse filmen können und was nicht. Dies trägt zu einer verzerrten Berichterstattung bei. Andererseits sind Journalisten mitunter frustriert darüber, dass die israelische Armee ihnen nicht immer freien Zutritt zu allen Kampfgebieten gewährt. Gleichsam als »Vergeltung« für als Einschränkung der Pressefreiheit empfundene Maßnahmen könnten Journalisten betont negativ über Israel berichten. Dies wurde vor allem in der Berichterstattung zu den angeblichen Massakern im Flüchtlingslager von Jenin während der israelischen Militäroffensive im April 2002 offenbar: Als Israel das Schlachtfeld für Journalisten weiträumig abriegelte, übernahmen viele Medien weitgehend ungeprüft die teilweise abstrusen Schilderungen und Opferzahlen der palästinensischen Seite. Eine Untersuchung der Vereinten Nationen stellte später fest: 52 Palästinenser waren getötet worden, davon mindestens 30 Kämpfer. Ein Massaker hatte nicht stattgefunden. Der *Spiegel* thematisiert die Arbeitsbedingungen in Israel und den Palästinensergebieten fast gar nicht: In nur einem einzigen Fall schreibt das Magazin, dass palästinensische Polizei Kameraleute festgesetzt habe, die am 11. September 2001 jubelnde Palästinenser gefilmt hatten. Unerwähnt bleibt, dass das palästinensische Kabinettsmitglied Ahmed Abdel Rahman am selben Tag die Vertreter internationaler Nachrichtenagenturen anrief und mitteilte, er könne für die Sicherheit ihres Personals nicht mehr garantieren, falls sie die Bilder jubelnder palästinensischer Polizisten nicht zurückzögen. Einschüchterung und Bedrohung von Journalisten sind alltägliche Praxis in den Palästinensergebieten, sei es durch Angehörige der Palästinensischen Autonomiebehörde oder durch Terror-Gruppen. Die weitgehende Auslassung dieses Aspekts in der Berichterstattung ist bedauerlich, da Kenntnisse über die Bedingungen, unter denen Nachrichten aus Nahost entstehen, zentral für ein Verständnis der Situation und ihrer medialen Darstellung sind.

Das Ende des »besonderen Verhältnisses«?

Die dramatischste Erkenntnis dieser Analyse geht über das vermittelte Israel-Bild hinaus und betrifft die politischen und gesellschaftlichen Folgen der Berichterstattung: Den beiden Nationen Deutschland und Israel kommt in zunehmendem Maße die gemeinsame historische und aktuelle Sichtweise abhanden. Während sich die meisten Israelis von ihren Nachbarn bedroht fühlen, sieht die Mehrheit der Europäer Israel heute als Aggressor und Störenfried. Auf mittelfristige Sicht muss eine Berichterstattung über Israel, wie sie der *Spiegel* und die Mehrzahl der europäischen Medien praktizieren, dazu führen, dass das heute noch häufig beschworene »besondere Verhältnis« zwischen Deutschland und Israel ein Ende findet. Es liegt in unser aller Verantwortung, dieser Entwicklung entschieden zu begegnen.

Lars Rensmann

Der Nahost-Konflikt in der Perzeption des Rechts- und Linksextremismus[6]

Einleitung

Seit 2000 und der so genannten »Al-Aqsa Intifada« ist der Nahost-Konflikt allgemein ins Zentrum öffentlicher Aufmerksamkeit gerückt. Im Besonderen ist er zu einem zentralen Agitations- und Mobilisierungsthema extremistischer Kräfte in Europa geworden, die sich des Nahen Ostens als einer Art Projektionsfläche bedienen und sich über besonders radikale, anti-israelische Deutungen mit diesem Zeitgeist-Thema neue politische Erfolge erhoffen. Neben islamistischen Akteuren treten dabei in jüngerer Zeit vor allem Mobilisierungen der extremen Rechten, aber auch von Teilen der extremen Linken hervor, die sich beide als »antizionistisch« und »antiimperialistisch« definieren, wobei ein radikaler Antizionismus in Deutschland seit je hoch mit Antisemitismus korreliert.[7]

Die ideologische Interpretationsfolie der Israelfeindschaft[8] spricht stereotyp (ausschließlich) dem jüdischen Staat das Existenzrecht und Recht auf Selbstverteidigung ab, wobei Israel in toto als »kollektiver Jude« erscheint und folgerichtig zumeist mit entsprechenden tradierten antijüdischen Negativattributen belegt wird (»künstlich«, »rücksichtslos«, »kaltblütig«, »Aggressor«, »zersetzend« etc).[9] Israelfeindschaft ist nicht auf Formen des Ausgleichs oder der Vermittlung bedacht, sondern will das Verschwinden des jüdischen Staates. Der Nahost-Konflikt dient dabei vielfach, wie auf Dauer kein anderer internationaler Konflikt, als eine externe Folie politisch mobilisierbarer Ressentiments bei extremistischen Akteuren in Deutschland und Europa. Ein Grund für neue Mobilisierungen eines israelfeindlichen politischen Antisemitismus seitens der extremen Rechten und Linken und für ideologische Konvergenzen liegt bei jenen Akteuren, so meine These, in veränderten politisch-kulturellen Gelegenheitsstrukturen, im Besonderen in einer gestiegenen Opportunität israelfeindlicher und antisemitischer Ideologeme und Verschwörungstheorien im öffentlichen Diskurs sowie in Veränderungen auf der Einstellungsebene im Elektorat (Nachfrageseite) im Zuge neuer soziokultureller Transformationen und Konfliktlinien. Im Folgenden werden nun knapp neue links- und rechtsextreme Mobilisierungen zum Nahost-Konflikt skizziert und daraufhin abschließend ihre politisch-kulturellen Gelegenheitsstrukturen und Mobilisierungschancen in Deutschland und Europa thematisiert.

Die extreme Rechte

Der Antisemitismus spielt in allen Bereichen gerade des deutschen Rechtsextremismus eine herausragende, konstitutive ideologische Rolle.[10] Dies schließt sowohl die »Deutsche Volksunion« (DVU) (in Bremen und Brandenburg im Landesparlament), die »Republikaner« (REP) (zwischenzeitlich zwei Legislaturperioden im baden-württembergischen Landtag) und die »neo-nationalsozialistische Bewegungspartei«[11] »Nationaldemokratische Partei Deutschlands« (NPD) (2004 mit 9,2 Prozent in den sächsischen Landtag eingezogen) ein. Es betrifft ohnehin rechtsextreme Skinheads, entsprechende jugendkulturelle Milieus und neonazistische, so genannte »freie Kameradschaften«. Der politische Antisemitismus der extremen Rechten bedient dabei zunehmend zuvörderst das Medium der Israelfeindschaft (aber auch des Antiamerikanismus und der Globalisierungskritik). Insgesamt gewinnen die Projektionsfläche Nahost und der Hass auf Israel als »kollektivem Juden« genauso wie die Vorstellung einer in den USA und Israel verankerten »zionistisch-jüdischen Weltverschwörung« seit Jahren auch international an Bedeutung. »Antiimperialistische« Israelfeindschaft und korrespondierende Formen des Antisemitismus avancieren seit 2000 nunmehr zu einem zentralen Mobilisierungsfeld und ideologischen Bindeglied der ost- und westdeutschen, aber auch der europäischen extremen Rechten. So trat etwa der ungarische Rechtsextremist Istvan Czurkas mit offen antisemitischen Parolen zur Parlamentswahl 2002 an, in Italien hat sich die neonazistische Gruppe Forza Nuova gemeinsam mit den ultraklerikalen Abtreibungsgegnern Militia Christi dem »Kampf gegen den Zionismus« verschrieben.[12] Im internationalen Rechtsextremismus erscheinen internationale Organisationen wie WHO, WTO oder Weltwirtschaftsforum als »jüdische Agenturen«, die USA vielfach als ein »Zionist Occupied Government« (ZOG).

Heute wird zunehmend offener und ideologisch radikaler gegen »Zionisten und Juden« agitiert. Der Neo-Nationalsozialist und von Rechtsextremen und Islamisten weltweit gepriesene NPD-Vordenker Horst Mahler etwa begrüßt nicht nur islamistische Terrorattentate gegen Juden und Amerikaner, sondern er fordert mit der »Deutschland-Bewegung« offen den Kampf gegen den »Pseudo-Staat« Israel, den »Judäo-Amerikanischen Imperialismus« und – bisher ohne strafrechtliche Ahndung – die »Endlösung der Judenfrage«.[13] Gerade die politische Agitation gegen »Zionismus« ist dabei dem ideologischen Arsenal linksextremer »antizionistischer« Propaganda und Symbolik aus den 1960er bis 1980er Jahren entlehnt (»Zionisten raus aus Palästina«, »zionistenfreie Zone«, »Kampf dem weltweiten Zionismus« etc.).[14] Gleiches gilt für die Verherrlichung von terroristischer Gewalt gegen

Juden und Israel. Jene adaptiert die eingeschliffene linksextrem-antiimperialistische und »antizionistische« Glorifizierung von Terror gegen Zivilbevölkerung als »Intifada« und »Widerstand der Völker«.

Die antisemitische Agitation hat sich zugleich auch in Teilen weiter modernisiert; sie ist facettenreicher geworden und sucht den Anschluss an Zeitgeist-Themen und -Ideologien. Kinderfeste der NPD gegen »zionistischen Terror« greifen dabei nationalprotektionistische, personifizierende und verallgemeinerte Formen einer Globalisierungsfeindschaft auf, die sich entlang neuer soziokultureller cleavages zwischen nationalistischen und globalisierungsfreundlichen Orientierungen bewegt[15], ebenso wie die in Deutschland und Europa gesellschaftlich besonders virulent gewordene Wut auf Israel.

Die »nationalrevolutionäre« NPD/JN verbindet diese antisemitische Globalisierungs- und Israelfeindschaft programmatisch mit einer seit längerem mobilisierten antikapitalistischen und antisemitischen sozialen Gerechtigkeitsrhetorik[16] und der Forderung nach »Überwindung der kapitalistischen Zinswirtschaft«.[17] Juden, das vermeintlich »jüdisch dominierte Amerika« und insbesondere Israel stehen dabei als Personifizierung der mit der postindustriellen Globalisierung verknüpften, ökonomisch und technologisch induzierten soziokulturellen Mobilität, Migration und Modernität. Sie verkörpern in antisemitischen Attribuierungen zudem die mit jener Modernisierung verknüpften westlich-individualistischen, liberal-demokratischen und universalistischen Rechtsnormen[18] und Freiheitsversprechen.[19]

Israel, der jüdische Staat, erscheint dabei bei allen Akteuren als ein besonderes Zentrum der »heimatlosen« Globalisierung, des »multinationalen Finanzkapitalismus«, des »kriegstreiberischen Imperialismus« und der »zionistisch-jüdischen Weltverschwörung« mit dem Ziel der »Weltherrschaft über die Völker«[20]; andererseits als »künstlicher« und »wurzelloser Staat« eines »Nicht-Volkes« und »Feindes«, welcher die vorgeblich »verwurzelten Völker«, im Besonderen »das palästinensische Volk«, unterdrückt. Auf diesen »Befreiungskampf« als Befreiung von Juden bezieht sich die extreme Rechte explizit und bedient sich zugleich »linker« antizionistischer Ideologien wie rechtsintellektueller »ethnopluralistischer« Vorstellungen. Exemplarisch verkündet die NPD-Zeitung *Deutsche Stimme* erfreut, unter Berufung auf die »achtenswerte Traditionslinie« des linken Antiimperialismus, die »Überwindung der Rechts-Links-Gegensätze im Gefolge des Irak-Krieges« und die Konzentration auf den »gemeinsamen Feind«, den »judeo-amerikanischen Weltherrschaftsapparat mit seiner stets gut geölten Völkermordmaschine!«[21] Deshalb proklamiert die *National-Zeitung*, der »palästinensische Befreiungskampf« sei »zentral« für den »Kampf gegen Globalisierung«, und fragt wie die Linke: »Bin Laden oder Bush – wer ist der Schurke?«[22]

Der Antisemitismus paart sich dergestalt heute in der extremen Rechten mit dem offen proklamierten Kampf gegen die Globalisierung, oft portraitiert als »jüdischer Globalismus«, »Amerikanisierung« oder das »judäo-amerikanische Imperium«. Die nationalistisch-partikularistische, anti-modernistische und verschwörungstheoretische Mobilisierung gegen »gleichmacherischen«, »jüdischen« »amerikanischen Kulturimperialismus« ist dabei ebenfalls seit langem ein ideologisches Bindemittel der ansonsten auch über ideologische Differenzen zersplitterten europäischen extremen Rechten[23]; dies ist aber seit dem 11.9.2001 umso mehr der Fall und beginnt nunmehr, die anti-europäische Ausrichtung des Rechtsextremismus teils zu substituieren; mit Israelfeindschaft, Pro-Islamismus und »Anti-Imperialismus« scheint sich eine neue gemeinsame Plattform der ansonsten vielfach aus nationalistischen Gründen konfligierenden rechtsextremen Akteure zu bilden.[24]

Neu ist hierbei der Grad der teils noch umkämpften, teils aber begeisterten Unterstützung der internationalen extremen Rechten für den islamistischen Antisemitismus[25], insbesondere in seinen als »Widerstand« verklärten terroristischen Varianten und Aktionen, und die entsprechende Denunzierung der USA und Israels als »wahre Terroristen«. Dabei avisieren zahlreiche rechtsextreme Akteure heute den ideologisch-praktischen Brückenschlag sowohl zum Islamismus als auch zur extremen »antiimperialistischen«, antiamerikanischen und »antizionistischen« Linken (sowie zu entsprechenden Teilen der Friedensbewegung und zu »linken« Globalisierungsgegnern, die für diese Positionen offen erscheinen oder sie derzeit als »Hauptwiderspruch« deklarieren). Die Vision ist hier in Teilen bereits explizit die einer gemeinsamen rechts- und linksextremen sowie islamistischen »antisemitischen Internationale« gegen den »jüdischen« »liberalistischen Kapitalismus« und Imperialismus über das Mobilisierungsfeld Israelfeindschaft und Anti-Globalisierung.[26]

Die extreme Linke

Das von der extremen Rechten im Rahmen eines politischen Antisemitismus adaptierte »antiimperialistische« und »antizionistische Weltbild«, das in einer manichäischen Freund-Feind-Logik das gute, »verwurzelte« Volk den bösen »globalen« »zionistischen« »Fremdherrschern« kontrastiert, diese anti-modernistisch und verschwörungstheoretisch personifiziert und eine radikale Feindschaft gegen Israel zeitigt[27], ist historisch ein Produkt der nach-1967er extremen Linken in Europa.[28] Es kann darüber hinaus angenommen werden, dass die seit Ende der 1960er Jahre etablierte radikale antizionistische Linke, die bedeutenden Einfluss hatte auf Haltungen zur

»Palästina-Frage« in der »antiautoritären« Neuen Linken sowie linksliberalen und linksalternativen politischen Milieus[29], zeitweise eine Art Stellvertreter-Funktion für einen ansonsten politisch diskreditierten Antisemitismus im öffentlichen Raum eingenommen hatte.[30] So konnte ein teils bis in die Wortwahl deckungsgleicher, synchroner politischer Diskurs von rechtem Antisemitismus und linkem Antizionismus durch letzteren schon in den 1970er Jahren Legitimität gewinnen[31], während der politische Antisemitismus der extremen Rechten in der Bundesrepublik (wie im demokratischen Europa) zumindest bis in die späten 1980er Jahre gänzlich marginalisiert geblieben ist. Seit den 1980er Jahren haben indes entsprechende Akteure einen sukzessiven Niedergang erfahren, und antizionistische Positionen sowie das »antiimperialistische Weltbild« (Thomas Haury) stießen seither innerhalb der extremen Linken auf zunehmend scharfe Kritik. Neben etlichen normativen und ideologischen Differenzen und auch wegen der selbstkritischen politischen Auseinandersetzungen und universalistischen Zielsetzungen ist die extreme Linke nicht mit der extremen Rechten gleichzusetzen.

In Deutschland und Europa haben radikal antizionistische Positionen seit 2000 in der extremen Linken allerdings eine enorme Renaissance und Rehabilitierung erfahren. »Antiimperialismus« und »Antizionismus« sind seither über politische Sekten hinaus wieder zentrale Mobilisierungsideologien zahlreicher linksextremer Akteure geworden, wenn auch vornehmlich im links-orthodoxen und stalinistisch orientierten Milieu. Das Spektrum umfasst etliche Organisationen, Gruppen und Parteien, die das Weltbild in unterschiedlicher Radikalität vertreten; Akteure sind die DKP, trotz einer kritischen Haltung der Parteispitze und des Bundestagswahlprogramms auch Teile der PDS und kleine, aber effektiv politisch mobilisierende und international vernetzte Gruppen wie die italienisch-deutsche »Campo Antiimperialista«, die österreichisch-deutsche »Antiimperialistische Koordination« (AIK) oder der trotzkistische »Linksruck« und die britische »International Socialist Tendency«. Publizistisch sind linke Websites sowie die Tageszeitung *Junge Welt* und die Wochenzeitung *Freitag* hervorzuheben, die »antiimperialistischen« und antiisraelischen Positionen des Linksextremismus eine Plattform bieten. »Linksruck« hat wie die PDS ideologische Bedeutung für die breite Linke, für die Bewegung der Globalisierungskritiker und für die Friedensbewegung. Auch diese Bewegungen bieten teilweise Einfallstore für israelfeindliche, verschwörungstheoretische und antisemitische Positionen und Querfront-Bestrebungen.

Eine signifikante Differenz zur extremen Rechten stellt hierbei freilich die Verknüpfung der Betonung der »Freiheit der Völker« von »Zionismus«, »Imperialismus« und »Fremdherrschaft« mit einem universalistischen Menschenrechtsdiskurs dar. Dieser zeitigt allerdings oftmals partikularistische

Tendenzen eines »singling out«, wenn der Anspruch auf Frieden und Menschenrechte ausschließlich gegen Menschenrechtsverstöße der USA und Israel gewendet wird sowie u.a. islamische Diktaturen und Genozide (z.B. im Sudan) oder Terrorismus gegen Zivilbevölkerungen dethematisiert oder sogar als »Widerstand« verklärt werden.[32]

Die radikalsten »antiimperialistischen« und »antizionistischen« Akteure lehnen allerdings auch Menschenrechte prinzipiell als »imperialistisch« ab. Ihre Argumentation ist analog zur extremen Rechten kulturalistisch-ethnopluralistisch. Sie bezeichnen Wahlen als »imperialistisches Spektakel«, unterstützen überdies wie die extreme Rechte jede Form des islamistischen Terrorismus im Irak und in Israel, welcher als »legitime« Konsequenz des »wahren Terrors« »zionistisch-imperialistischer Politik« gedeutet wird, und sehen Selbstmordattentate als »Widerstand«, über dessen Mittel die europäische Linke nicht negativ (»eurozentristisch«) urteilen dürfe. Die in Wien verortete, aber auch eng mit deutschen und italienischen »antiimperialistisch-antizionistischen« Gruppen kooperierende »Antiimperialistische Koordination« (AIK), die für jenes Milieu eine wichtige propagandistische Rolle spielt[33], stellt eine Avantgarde einer ebenso radikalen Israelfeindschaft wie eines radikalen Antiamerikanismus dar. Die AIK fordert u.a. »Solidarität mit Hamas!« und mit allen terroristischen Gruppen – für sie der heroisierte »legitime bewaffnete Widerstand« –, die mit Gewalt gegen die USA, Israel und »Zionisten« vorgehen, sowie die »Zerstörung« des »so genannten Staates Israel«. Aber nicht nur ihre Forderung nach »Solidarität mit der Hamas!«, laut EU und USA eine Terrororganisation mit antisemitischem Profil, macht ihre eigene antisemitische Motivik deutlich. Die AIK steht besonders für die programmatische Öffnung der antiimperialistischen Linken zu »religiösen Orientierungen« des »islamischen Widerstandes« gegen den Westen und sucht, wie neo-nationalsozialistische Teile der extremen Rechten, die konkrete Kooperation mit dem radikalen Islamismus[34], weshalb Demonstrationen teils auch mit islamischer Gebetsstunde beginnen. Affirmiert werden islamistische Vorstellungen, für die Israel eine »jüdische Personifikation« der westlichen Moderne und eine Konkretisierung dieses Feindbildes im muslimischen Raum des Nahen Ostens darstellt.[35] Geteilt wird mit dem Islamismus und der extremen Rechten zudem die Ablehnung westlicher Dekadenz, des Individualismus und Kapitalismus, der universellen Rechtsgleichheit und der liberalen Demokratie, vor allem aber das Feindbild des »US-Imperialismus« und »Zionismus«: »Die Zerstörung des Zionismus und eines so genannten Staates Israel ist der einzige Weg zur Gerechtigkeit.«[36] Die AIK-Schwesterorganisation der »Revolutionär Kommunistischen Liga« fordert analog hierzu ein »arabisches Palästina vom Jordan bis ans Mittelmeer«.[37]

Ein besonders aktiver Akteur innerhalb von Attac und der globalisierungskritischen Bewegung ist die 1000 Mitglieder starke Organisation »Linksruck«. »Linksruck« will eine »weltweite Intifada« nach Vorbild des palästinensischen »Widerstands« und fordert »Schluss, Schluss, Schluss mit dem Krieg – Intifada bis zum Sieg!«, sieht in den USA die »internationale Völkermordzentrale« sowie in »Bush-Scharon Terrorist No. 1«. Die Organisation feiert die antisemitische und antiisraelische Terrorgruppe Hamas als Befreiungsorganisation.[38] Die politische Weltdeutung folgt einem »campistischen« bzw. manichäischen Muster.

In diesen Bereich gehört in Deutschland auch die linke deutsche Tageszeitung *Junge Welt*, immerhin mit einer täglichen Auflage von 15 000. Auch die *Junge Welt* unterstützt und sammelt für als »bewaffneten Widerstand« glorifizierten Terrorismus gegen »Zionismus und Imperialismus« in Israel und im Irak, der sich de facto zumeist in Terrorattentaten gegen die Zivilbevölkerung erschöpft. Unter der Überschrift »Einen anderen Zionismus gibt es nicht« erklärt Leitartikler Werner Pirker in der *Jungen Welt* darüber hinaus regelmäßig das menschenfeindliche »Wesen« des Zionismus hinter seinem demokratischen Antlitz: Wer den »Zionismus« und das Existenzrecht Israels anerkenne – für Pirker ein »Staat aus der Retorte«, ein »Nationalstaat ohne Nation« sowie »Apartheid-Staat« und der »letzte verbliebene Kolonialstaat« – stünde »in fundamentalem Gegensatz zum antiimperialistischen Befreiungskampf«.[39] Mit Heroisierungen und Idealisierungen des »palästinensischen Volkes« geht die »radikale Dämonisierung« des israelischen Staates einher.[40]

In der Partei des demokratischen Sozialismus (PDS), die kaum der extremen Linken zugerechnet werden kann, stellt sich das Bild differenzierter dar. Doch auch hier gibt es, wenn auch umstrittene, Öffnungen zum extremen Antiimperialismus. So geriet der ehemalige Bundestagskandidat der PDS Christian Sedlmair (PDS Dachau/Fürstenfeldbruck) in die Kritik einer PDS-Hochschulgruppe. Sedlmair behauptete: »Zionismus ist Rassismus. Rassismus ist keine Meinung, sondern ein Verbrechen.«[41] Eine signifikante Offenheit gegenüber nationalistisch-antisemitischen Weltdeutungen und eine aggressive, mit Antiamerikanismus korrespondierende Israelfeindschaft findet sich schließlich in der Kapitalismus- und Imperialismuskritik bestimmter globalisierungskritischer Gruppen und Teile neuer linker, friedensorientierter Bewegungen, die erst in jüngster Zeit intern kritischeren Diskussionen ausgesetzt sind. Insbesondere »in ihrer Parteinahme für die Palästinenser und gegen den jüdischen Staat propagieren Teile dieser Bewegung die gleichen antizionistischen Positionen wie die orthodoxen Antiimperialisten«.[42] Eine Erklärung der globalisierungskritischen Organisation »Attac« vom 18.Oktober 2003 belegt, dass für »Attac« die Parteinahme für die Palästinenser integraler Bestandteil des Kampfes gegen die neoliberale Globalisierung sei, ja dieser sei mit jenem »untrennbar verbunden«.[43] Israelfeindschaft und Boykotte Israels waren auch Themen bei den globalisierungskritischen »Europäischen Sozialforen«, die auch radikalen Islamisten eine Plattform boten. Dies ermöglicht einen »linken« Antisemitismus, der sich nicht als solcher definiert.[44] Typisch ist hierfür u. a. die Bagatellisierung oder Leugnung antisemitischer Gewalt von Muslimen. Exemplarisch behauptet eine »globale Widerstandskämpferin« in der linken Wochenzeitung *Freitag*: »Falls es – selten belegt – Überfälle auf jüdische Bürger oder Übergriffe auf jüdische Einrichtungen durch arabisch-stämmige Europäer oder aufgrund religiöser (muslimischer) Motive gegeben hat, wäre dies (...) nicht unbesehen mit dem Begriff des Antisemitismus zu belegen.«[45]

Politisch-ideologische Affinitäten und Verbindungslinien

Antisemitische »linke« Positionen stützen sich teils auf tradierte Identifizierungen von Juden mit Geld, Macht, Zinswirtschaft und Kapitalismus und auf die einflussreiche »Definition« Stalins, Juden seien »kein Volk«. Der »nationale Befreiungskampf« gegen Israel wird in solcher orthodox-antiimperialistischer bzw. stalinistischer Ideologie verklärt.[46] Hier spiegeln sich Vorstellungen einer globalen Zersetzung als »organisch« konstruierter Völker durch internationale Verschwörungen und Kriege, hinter denen Juden oder »Zionisten« vermutet werden[47], die wiederum ursprünglich typisch für den modernen politischen Antisemitismus der extremen Rechten im 20. Jahrhundert waren.

Die Verharmlosung von antisemitischer Gewalt, die Zubilligung mildernder Umstände für Terrorismus[48] sowie ein dynamisch radikalisiertes totalitäres Denken, welches Israel als Quelle des Bösen in der Welt oder der »großen Weltkonflikte« dämonisiert (und das längst auch in der extremen Linken bearbeitet und »bewältigt« schien), wird somit auch durch Teile der Linken repräsentiert. Ideologisch signalisiert sich an diesem Punkt eine »unheilige Allianz zwischen der extremen Rechten, der extremen Linken und Muslime«[49]. Im linken und rechten antiimperialistischen Weltbild ist alles gut und richtig, was dem »Imperialismus der USA und Israels« schadet, einschließlich willkürlicher Terrorakte gegen die Zivilbevölkerung wie im Irak und Israel, die als »Widerstand« verherrlicht werden. Entsprechende Querfront-Ideologien sind insbesondere bei so genannten Palästina-Solidaritätsgruppen vermehrt zu finden. So empfiehlt beispielsweise die antizionistische »Freie Palästina-Stimme« des Bonner Aktivisten Izzeddin Musa, die gegen »Hirnwäsche und eingepflanzte Schuldgefühle« agitiert, auf ihrer

Website (www.palaestina-stimme.de) als explizit »empfehlenswerte Bücher und Neuerscheinungen« sowohl »linke« und verschwörungstheoretische Literatur als auch antisemitische Bücher rechtsextremer Verlage, wie etwa »Die Israel Lobby« aus der rechtsextremen Starnberger »Verlagsgemeinschaft Berg« unter deren Dach drei rechtsextremistische Verlage arbeiten, oder »Roosevelt und die internationale Hochfinanz: Die Verschwörung in der Wallstreet Nr. 120« aus dem rechtsextremen Tübinger Grabert-Verlag. Auch das linksextreme Internet-Portal www.nadeshda.org publiziert rechtsextreme Literatur auf den Nahost-Seiten, wie Auszüge aus Paul Findleys »Die Israel-Lobby«.[50]

Organisatorisch sind entsprechende Querfrontstrategien noch nicht weit gediehen und stecken überwiegend allenfalls in den Anfängen.[51] Doch es gibt Anzeichen von verstärkten Bemühungen.[52] Gemeinsame antiisraelische Demonstrationen von Islamisten und Linken sind Alarmsignale.[53]

Politische Mobilisierungschancen und Grenzen

Abschließend soll die doppelte Frage diskutiert werden, inwieweit solche Bestrebungen und neuen Mobilisierungen einer »Projektionsfläche Nahost« selbst von veränderten politisch-kulturellen Gelegenheitsstrukturen profitieren und was dies für derzeitige Mobilisierungschancen impliziert. Der politikwissenschaftliche Begriff der politisch-kulturellen Gelegenheitsstrukturen umfasst nach meiner Konzeptionalisierung neben:

a) politischen Gelegenheitsstrukturen (political opportunity structures) im engeren Sinn für anti-demokratische Ideologeme und Akteure (u.a. Offenheit des Parteiensystems für neue Akteure, Reaktionsbildungen des politischen Systems und der Parteien gegenüber anti-demokratischen Akteuren und Positionen, Wahlsystem/Mehrheits- und Verhältniswahlrecht, Verfassungskultur im Umgang mit demokratiefeindlichen Bestrebungen, Regierungskonstellation etc.)
b) der Relevanz und Wirkungsmächtigkeit anti-demokratischer Mobilisierungen bzw. Mobilisierungsfähigkeit entsprechender Akteure (Angebotsseite) auch politisch-kulturelle Aspekte. Hierzu zähle ich zunächst:
c) die Entwicklung des öffentlichen politischen Diskurses und die Verschiebung von Grenzen im Bereich des »legitimen Gesprächs« (hier in Bezug auf Juden und Minderheiten) sowie im Verhältnis zu vorherrschenden politischen Selbstverständnissen. Von maßgeblicher Bedeutung für das Verhältnis von Politik, politischer Kultur und Diskurs ist hierbei das Wechselverhältnis zu und die Entwicklung von

d) Haltungen, Werten, soziokulturellen Wertkonflikten und politischen Selbstverständnissen bzw. Polarisierungen im Elektorat und der Gesellschaft (Nachfrageseite, hierzu zählen z.B. vorherrschende Nationsverständnisse, konflikt- oder konsenskulturelle gesellschaftliche Erwartungshaltungen zur Politik, Formen des Umgangs mit einer problematischen kollektiven Vergangenheit, Haltungen und Konflikte zu konventioneller oder post-konventioneller nationaler Identität und Globalisierung/Europäisierung sowie Wertekonflikte zu moralisch-kulturellen Fragen, im Besonderen hier zu Juden und zu Israel). Hierein spielen:
e) soziokulturelle, politische und gesellschaftliche Transformationsprozesse und die Rolle rapiden sozialen Wandels (heute induziert durch Globalisierung und Europäisierung), im Besonderen in ihrer kulturellen bzw. subjektiven Verarbeitung und Wahrnehmung im Hinblick auf die Bereitschaft, Veränderungen pauschal abzulehnen oder äußere Feinde als Drahtzieher der Veränderung oder neuer Konflikte zu personifizieren.

Im Blick auf diese fünf Parameter lassen sich fünf Entwicklungstrends profilieren, die verbesserte Gelegenheitsstrukturen für die genannten antisemitischen, antiisraelischen und antidemokratischen Mobilisierungen im Bereich des extremistischen Spektrums bereitstellen könnten:

a) Es ist in West- und Osteuropa in der post-industriellen Epoche ein Parteiensystemwandel und eine partielle Neuordnung der Parteienlandschaft zu beobachten. In diesem Rahmen formieren sich politische Akteure neu und es entstehen neue Akteure. Neue Akteure suchen teils auf Seiten neuer rechtsextremer, aber auch linksextremer Parteien und Organisationen von entstandenen politischen Vakuen zu profitieren und sich neu zu positionieren. Jene Akteure reagieren und nutzen hierbei eine zunehmende Politik- und Demokratieverdrossenheit, die nach Meinung etlicher Autoren u.a. mit dem Institutionenumbau im Zuge der Schaffung der EU-Polity und der Transnationalisierung politischer Systeme sowie mit einer Strukturkrise demokratischer Repräsentationssysteme verbunden ist.[54] Der Grad der Offenheit parlamentarischer Systeme gegenüber neuen Akteuren ist, wie angedeutet, von verschiedenen politischen, institutionellen und verfassungskulturellen Faktoren und Zugangschancen abhängig (Mehrheitswahlrecht, Struktur und Diffusion konkordanz- oder konkurrenzdemokratischer politischer Systeme, Konsens-, Konflikt- und Rechtskulturen, Stabilität der Parteiensysteme etc.). Hierbei haben sich in den letzten zwanzig Jahren, nicht zuletzt im Zuge der entstehenden EU-Polity, die Parteienlandschaften und Systembedingungen nicht nur Ost-, sondern auch Westeuropas teils signifikant verändert. Um sich im Parteien- bzw. politischen Spektrum und entstehenden Repräsentations-Vakuen indes als neuer Akteur zu etablieren, ist freilich nahezu ausnahmslos – wenn auch in unterschiedlichem Maße – gerade zu Beginn eine ideologische Polarisierungsleistung vonnöten.[55] Dies begünstigt die politischen Spielräume auch für geschlossen rechts- und linksextremistische Akteure, für die der Rückgriff auf polarisierende Mobilisierungen gegen »äußere Feinde« (hier: im Besonderen Israel und die USA) und »korrupte Eliten« ohnehin zum ideologischen Arsenal zählt.

b) Dieser Kontext hat auch die ohnehin gestiegene Mobilisierungsfähigkeit links- und rechtsextremer sowie islamistischer Gruppen verbessert, die sich der neuen oder revitalisierten Themenfelder (Nahost-Konflikt, Globalisierung, Imperialismus, »Islamophobie« und Krieg) und Konfliktachsen bedienen und sie teilweise stereotyp antisemitisch, verschwörungstheoretisch, antiamerikanisch oder »antiimperialistisch« im Sinne einer personifizierenden Feindbildmobilisation deuten, u. a. um »demokratieverdrossene« Bevölkerungsteile anzusprechen.

   Radikal-islamistische Ideologien und terroristische Aktionen (die immerhin nach allen Maßstäben politikwissenschaftlicher Analyse und universalistischer Normen als in Gehalt, Zielsetzung und Methode geschlossen rechtsextremistisch, anti-universalistisch und antisemitisch zu klassifizieren sind) gelten in einem ideologischen Annäherungsprozess relevanten Teilen sowohl des heutigen Rechts- als auch des Linksextremismus als legitime oder verständliche »Abwehrreaktion« auf »den Nahost-Konflikt« – und somit auf israelisches/jüdisches Verhalten – und als »Selbstverteidigung« der unterdrückten Völker.

c) Dabei profitieren entsprechende Mobilisierungschancen auf der Ebene des öffentlich-politischen Diskurses und der Medien von korrespondierenden neuen Zeitgeist-Themen und neuen, teils hegemonialen Wahrnehmungsmustern (zum Nahost-Konflikt, internationalen Konflikten/Irak-Krieg, Globalisierung etc.) sowie insgesamt einer gestiegenen Legitimität stereotyp verkürzter, polarisierender Deutungsmuster im öffentlichen Raum, also einer Verschiebung oder Erosion bestimmter mühsam etablierter politisch-kultureller Vorurteilsrepressionen und Diskursgrenzen. Die empirische Forschung zeigt u. a., dass die politische Skandalisierungsschwelle sich gegenüber Antisemitismus und Israelfeindschaft seit 2000 sukzessiv erhöht hat. Bis in die 1990er Jahre wurden antisemitische Ideologeme in der liberal-demokratischen politischen Öffentlichkeit weitgehend skandalisiert und waren tabuisiert oder in eine Kommunikationslatenz bzw. in die Privatsphäre abgedrängt; die politisch-psychologische Dynamik antisemitischer Diskriminierungsbereitschaft wurde stillgestellt und reduziert. In verschiedenen Schüben hat diese Tabuisierung

des Antisemitismus und der Israelfeindschaft in Deutschland seit der deutschen Wiedervereinigung eine Erosion erfahren, und zwar hierzulande insbesondere seit der Walser-Debatte 1998, europaweit signifikant mit der Eskalation des Nahost-Konfliktes im Jahr 2000[56], trotz eines in Deutschland nach wie vor vorherrschenden Konsenses der relevanten demokratischen politischen Eliten (der zeitweise von der FDP und Möllemann gebrochen wurde), nicht israelfeindlich oder antisemitisch zu agitieren. Der Grenzbereich des im demokratischen Raum »legitimen« pejorativen Diskurses über Juden und Israel hat sich indes ausgeweitet, die politische Opportunität judenfeindlicher Vorurteile erhöht. Der eskalierende Nahost-Konflikt wirkt als entscheidender Katalysator dieser Entwicklung. Zumindest aber ist beim Thema Israel eine Polarisierung und Entdifferenzierung des öffentlichen Diskurses sowie eine hegemonial negative Medienberichterstattung wahrnehmbar[57], durch die Israel und »der Zionismus« auch in der demokratischen Öffentlichkeit zunehmend ausschließlich über Militäraktionen definiert werden und mithin Israel als verbrecherischer Militärstaat dämonisiert und delegitimiert wird, der für Terrorattentate gegen die Zivilbevölkerung sowie für gestiegenen Antisemitismus im Nahen Osten und in Europa selbst verantwortlich sei.[58]
Auch wenn die Diskurspositionen umstritten bleiben und nicht behauptet werden kann, die Berichterstattung in Deutschland und Europa sei ausschließlich »israelfeindlich«: Quantität, Legitimität und Opportunität solcher Positionen haben sich ausgeweitet. Verschwörungstheoretische – und in Teilen antisemitische – Bücher erreichen heute Bestseller-Niveau und israelfeindliche Berichterstattung findet nunmehr auch einen »legitimen« Platz in etablierten (linksliberalen) Leitmedien; so fragt etwa das Feuilleton der *Süddeutschen Zeitung*, ob nicht »der Zionismus der wahre Feind der Juden«[59] sei (und nicht der Antisemitismus), und in der gleichen Zeitung wird ein dicker Jude mit Kippah und Davidstern auf dem Rücken karikiert, der gerade ein französisches Café zertrampelt hat und fragt: »Wieso spüre ich keine Sympathie?« Hier wird dem »kollektiven Juden« die Schuld an Antipathien und Vorurteilen gegen sie zugeschoben.[60] Auch Terrorismus gegen die (israelische) Zivilbevölkerung erfährt heute mithin Sinnzuschreibungen in Leitmedien; in Reaktion auf die Terroranschläge in London wird in der *Süddeutschen Zeitung* behauptet: »Innerhalb der ebenso komplexen wie völlig verkommenen Innenpolitik des Nahen Ostens gibt es Orte, an denen die jüngsten Gräueltaten einen Sinn ergeben.«[61]
Analog hierzu gibt es Entwicklungen in den europäischen Medien: In der bedeutenden französischen Tageszeitung *Le Monde* erschien 2002 ein antisemitischer Artikel unter dem Titel »Israel-Palästina: Der Krebs«,

der jüngst von einem französischen Gericht wegen »rassistischer Diskriminierung« geahndet worden ist; die führende spanische Tageszeitung *El Pais* publizierte einen Cartoon mit Scharon und Hitler-Bart; die führende linksliberale italienische Tageszeitung *La Repubblica* veröffentlichte schon im Oktober 2001 auf ihrer Website die antisemitischen »Protokolle der Weisen von Zion«, ohne jegliche historische Erklärung, aber mit dem Hinweis, sie würden dem Leser helfen zu verstehen, warum die USA militärische Aktionen in Afghanistan unternehmen – um nur einige Beispiele dieser Diskursöffnung und Polarisierung zu nennen.[62]
Im Bereich der demokratischen Politik funktioniert der Eliten-Konsens gegen Antisemitismus zwar noch weitgehend; Jürgen W. Möllemanns antisemitische Kampagne im Bundestagswahlkampf 2002 hat, wenn auch verspätet, politische Sanktionen nach sich gezogen.[63] Die wiederholte öffentliche Behauptung des CDU-Politikers und ehemaligen Arbeitsministers Norbert Blüm, Israel betreibe einen »Vernichtungskrieg gegen die Palästinenser«, wie die Teilnahme bei »antiimperialistisch«-antiisraelischen politischen Konferenzen (»Stop the Wall« in Köln) blieben indes ohne öffentliche Konsequenzen.

d) Dieser relative Erosionsprozess korrespondiert auf der Werte- und Einstellungsebene in den europäischen Gesellschaften mit der Entstehung neuer kultureller cleavages, die sich mit konventionellen Konfliktlinien (u.a. soziale Klassen) überlagern und diese neu konfigurieren. Im Zuge der Globalisierung und Europäisierung ist hierbei u.a. eine Konfliktlinie zwischen nationalistischen Orientierungen einerseits, globalisierungsfreundlichen, post-nationalen und post-konventionellen Orientierungen andererseits entstanden.[64] Hierbei zeigt sich zudem der Hang von Teilen der Bevölkerung, die komplexen Prozesse der Globalisierung und neue weltpolitische Konflikte durch griffige, personifizierende Schuldzuschreibungen zu erklären (Verschwörungstheorien, Antisemitismus, Israel und die USA als Ursache des »Bösen« in der Welt etc.). Laut einer Studie von Heitmeyer et al. ist insbesondere ein signifikanter Anstieg antisemitischer Einstellungen im Kontext von Israelfeindschaft zu beobachten, die auch bei Jugendlichen eine »negative Entwicklung des Meinungsklimas«[65] in Bezug auf Antisemitismus induziert hat. 51,2 Prozent der Deutschen meinen demzufolge eher oder voll und ganz, dass das Verhalten Israels gegenüber Palästinensern »im Prinzip auch nichts anderes ist als das, was die Nazis im Dritten Reich mit den Juden gemacht haben.« 68,3 Prozent der Deutschen stimmen eher oder voll und ganz der Aussage zu, dass Israel einen »Vernichtungskrieg« gegen die Palästinenser führe. Solche Gleichsetzungen relativieren den Holocaust und dämonisieren den jüdischen Staat. Immerhin fast die Hälfte der Bevölkerung, 44,4 Prozent, meint, dass es ihr aufgrund der Politik Israels verständlich sei, warum Juden gehasst werden. Demnach sind israelfeindliche Einstellungen in die Mitte der deutschen Gesellschaft eingedrungen.[66] In einer quantitativen Erhebung sehen Elmar Brähler und Horst-Eberhard Richter einen »dramatischen Anstieg des Antisemitismus« von 1999 bis 2002.[67] So wird die antisemitische Welterklärung, Juden seien für die Probleme der Welt verantwortlich, nun von mehr Menschen geteilt: 22 Prozent meinten im Jahre 2002 (1999: 14 Prozent), die Juden seien »daran schuld, dass wir so große Weltkonflikte haben«.[68] Heute ist es 36 Prozent der Befragten verständlich (gegenüber 20 Prozent 1999), dass »manchen Leuten Juden unangenehm sind«, nur noch 38 Prozent ist dies unverständlich – die Minderheit (statt 56 Prozent; 26 Prozent sind unentschieden). Darunter ist jeder Vierte PDS- oder Grünen-Wähler, 40 Prozent sind es bei der CDU.[69] Diese Auffassungen korrelieren vielfach mit grundsätzlich globalisierungsfeindlichen, autoritären und nationalprotektionistischen Haltungen auf der neuen soziokulturellen Konfliktachse.

e) Die soziokulturellen, sozioökonomischen und politischen Transformationen und Modernisierungen selbst, also der tatsächlich enorme und rapide soziale Wandel der Gegenwart, können entsprechende Dispositionen und die Sehnsucht nach »welterklärenden« Wahrnehmungsmustern oder eindeutigen moralischen Zuordnungen und Verantwortlichkeiten im Sinne einer Logik der Entdifferenzierung noch verstärken. Diskurse und Einstellungsmuster selbst werden von strukturellen sozialen Wandlungsprozessen in der post-industriellen, globalisierten Gesellschaft begünstigt. Neue Akteure und Mobilisierungen können diese Transformationen nutzen, indem sie personifizierende Erklärungen für objektive Veränderungen bieten. Doch weder die Globalisierung noch internationale Konflikte führen notwendig zu bestimmten anti-modernistischen oder antisemitischen Reaktionsbildungen.[70] Sondern diese Veränderungen werden von vorstrukturierten Wahrnehmungen erst entsprechend gedeutet, die jenen Bedeutungen zumessen oder sie personifizieren.

Politisch-kulturelle Gelegenheitsstrukturen antisemitischer Ideologeme und Mobilisierung *

POS (Political Opportunity Structures)
Neue Chancen für neue Akteure (rechts und links) in post-industriellen Demokratien Europas; Parteiensystemwandel und politischer Systemwandel durch EU

Politische Angebote, Mobilisierungsfähigkeit
Nahost-Konflikt, Israelfeindschaft, Globalisierung, Antiimperialismus als neue Felder der Mobilisierung seitens neuer Akteure

Öffentlicher Diskurs
Neue öffentliche Kampagnen (z. B. Möllemann), gestiegene öffentliche Legitimität und Quantität antizionistischer Ideologeme, Gleichsetzungen NS/Israel

Einstellungen und cleavages
Neue soziokulturelle cleavages zwischen Globalisierung/Nationalismus, gestiegene Bedeutung von Israelfeindschaft/Antisemitismus

Sozialer Wandel
Globalisierung, Migration, Diffusion konventioneller Identitäten durch EU, neue internationale Konflikte

---

* *Quelle: Rensmann: Demokratie und Judenbild, S. 55ff.*

Inwieweit die extremistischen Akteure die veränderten Gelegenheitsstrukturen, Mediendiskurse und Mobilisierungschancen sowie die zweifellos vorhandenen Resonanzböden für antisemitische und israelfeindliche Ideologeme langfristig auch für elektorale Erfolge werden nutzen können, dürfte auch von ihrer Fähigkeit zum agenda setting, zu Adaption und Moderation und von interner politischer Effektivität abhängen; vor allem aber davon, wie die demokratischen Akteure und Medien künftig auf diese Herausforderung reagieren und welche Grenzen sie setzen.

Yves Pallade

Medialer Sekundärantisemitismus, öffentliche Meinung und das Versagen gesellschaftlicher Eliten als bundesdeutscher Normalfall

»Jede Feierstunde in Westberlin und in der BRD unterschlägt, dass die Kristallnacht von 1938 heute tagtäglich von den Zionisten in den besetzten Gebieten, in den Flüchtlingslagern und in den israelischen Gefängnissen wiederholt wird. Aus den vom Faschismus vertriebenen Juden sind selbst Faschisten geworden, die in Kollaboration mit dem amerikanischen Kapital das palästinensische Volk ausradieren wollen.«

* *Aus einem Bekennerschreiben der linksradikalen Gruppe »Schwarze Ratten (Tupamaros Westberlin)« zur Beschmierung jüdischer Mahnmale und zur Deponierung einer Brandbombe im Jüdischen Gemeindehaus in der Nacht vom 9. zum 10. November 1969, welche die Teilnehmer einer Gedenkveranstaltung treffen sollte.* [71]

»Wenn wir sehen, wie israelische Panzer durch palästinensische Dörfer fahren und sich die verzweifelten Menschen mit Steinen wehren, dann müssen wir im Blick auf Warschau und im Blick auf den Aufstand der Juden im Warschauer Ghetto auch fragen dürfen, war das dann nicht auch Terror?«

* *Udo Steinbach, Direktor des Deutschen Orient-Instituts, auf dem Epiphanias-Empfang der Evangelischen Propstei Salzgitter am 6. Januar 2003.* [72]

Steinbach musste bis heute seinen Posten nicht räumen. Allen von ihren Protagonisten bekundeten Ablehnungen und Verurteilungen solcher NS-Vergleiche zum Trotz war Deutschlands politische Elite nicht willens, ein Zeichen zu setzen und den Leiter des aus staatlichen Mitteln finanzierten Orient-Instituts in den wohlverdienten Ruhestand zu befördern. Zwar gab es durchaus die Zusage, sich mittels des Kuratoriums des Instituts, welches von hochrangigen Vertretern diverser gesellschaftlicher Gruppen – darunter auch der politischen Klasse – besetzt ist, um den Fall zu kümmern. Doch nahmen sich die Konsequenzen eher mager aus. Die Grünen-Politikerin und damalige Menschenrechtsbeauftragte der Bundesregierung, Claudia Roth, die in ihrer Rede anlässlich der Aussprache zum Thema »Antisemitismus« im Bundestag gerade vor derartigen Vergleichen besonders warnte[73], teilte Steinbach in einem persönlichen Schreiben hingegen lediglich mit, dass sie dessen Bemerkungen »nicht unproblematisch« fände, und erbat, ebenso wie ihr CDU-Kollege im Kuratorium, Ruprecht Polenz, der seinerseits solche Vergleiche für »unangebracht und verfehlt« hielt, eine Erklärung.[74] Beide gaben sich schließlich mit ähnlich lautenden Stellungnahmen Steinbachs zufrieden, in denen dieser seinen Vergleich de facto wiederholte.[75] Proteste, die vor allem seitens jüdischer Vertreter und einer nichtjüdischen zivilgesellschaftlichen Initiative erhoben wurden[76], sowie eine Online-Unterschriftenaktion, die ebenfalls Steinbachs Rücktritt forderte[77], wurden vom Kuratorium schlichtweg ignoriert. Von einigen jüdischen und linken israelsolidarischen Medien abgesehen griff der Mainstream der Presse den Fall gar nicht erst auf. Hingegen war ein munteres Echo aus dem braunen Wald zu vernehmen: Eine Online-Newsplattform im rechtsextremen Störtebeker-Netz solidarisierte sich mit dem Professor[78] und spann dessen Ausführungen munter weiter.[79]

Statt lediglich Kritik an israelischer Politik zu üben, die niemandem passen muss, projizierte Steinbach die Israelis in die Rolle von Nazi-Tätern. Dadurch verharmloste er zum einen den palästinensischen Terrorismus und den tiefen antisemitischen Fundus europäischer Provenienz, aus welchem dieser schöpft; zum anderen relativierte oder – wie es das Wiesenthal Centre formulierte – »banalisierte«[80] er durch seinen Vergleich die Shoah, die sich gemäß seiner Logik tagtäglich mit den Juden nunmehr in der Täterrolle im Gazastreifen und dem Westjordanland wiederholt.[81] Wenngleich als rhetorische Frage formuliert und akademisch verbrämt, unterscheidet er sich in der Sache nicht von antizionistischen Positionen des linksextremistischen Mainstreams, wie der der Schwarzen Ratten (Tupamaros Westberlin), die solche Vergleiche bereits in den späten 1960er Jahren zur Legitimierung von Gewalt gegen den jüdischen Staat sowie gegen jüdische Einrichtungen und Menschen in der Bundesrepublik anstrengten.[82] Zwar streitet Steinbach als Reaktion auf Kritik selbstverständlich ab, einen derartigen Vergleich gezogen zu haben, wiederholt ihn dann jedoch zwanghaft in seiner Replik:

»Ich gehe von dem Film ›Der Pianist‹ von Polanski aus und habe festgestellt, dass mich das dort Gezeigte tief beeindruckt hat. Nur könne ich es nicht mehr nur ausschließlich auf mein Verhältnis zur Vergangenheit beziehen; angesichts der mir täglich vor Augen tretenden Brutalitäten der israelischen Armee in den besetzten Gebieten empfinde ich eine Betroffenheit, das im Film Gesehene (die Greueltaten der SS in Warschau) in eine Verpflichtung umzusetzen, gerade im Nahen Osten im Verhältnis zwischen Israel und den Palästinensern auf einen friedlichen Ausgleich hinzuarbeiten.«

Es stellt sich die Frage: Wieso um alles in der Welt rekurriert Steinbach gerade auf das Beispiel des Warschauer Ghettoaufstands, wenn er doch auf einen »Ausgleich« zwischen Israelis und Palästinensern hinarbeiten möchte, der sich auch noch »friedlich« gestalten soll? Nolens volens impliziert er, dass die Möglichkeit eines derartigen »Ausgleichs« zwischen Nazis und Juden im Warschauer Ghetto bestanden habe, sie allerdings bedauerlicherweise nicht wahrgenommen worden sei, derzeit jedoch eine vergleichbare Situation im Nahen Osten bestehe, die es zu nutzen gelte. Deshalb, so gibt er vor, möchte er Ursachenforschung betreiben und die Motivation der Wandlung eines jungen Mannes zum Selbstmordattentäter ergründen, wobei für ihn von vornherein feststeht, dass »Verzweiflung« – wie bei den Juden im Ghetto auch – dabei entscheidend sei. So vermeidet er es, vom arabischen und islamischen Antisemitismus sowie seiner Ideengeschichte reden zu müssen, obwohl dessen Existenz ihm als »Experten« wohlbekannt sein müsste. Letztlich dient der Nahe Osten Steinbach als Projektionsfläche zur Entlastung der eigenen deutschen Vergangenheit durch die Verharmlosung der Nazi-Verbrechen und die Schuldprojektion auf die Opfer und ihre Nachkommen. Um den von ihm gezogenen Vergleich zu legitimieren, den er selber nicht explizit auszusprechen wagt, bedient er sich Petitionen von Holocaust-Überlebenden und »zahlreiche[r] Zuschriften jüdischer Wissenschaftler«, die ihm »z.T. mit Einschränkungen« zugestimmt hätten. Schließlich versucht Steinbach sich aus der Affäre zu ziehen, indem er die Auseinandersetzung zu einem »innerjüdischen Diskurs« erklärt, zu welchem er »keine Stellungnahme abgeben« möchte.[83] Nach dem Motto »Seht her – die Juden sagen es ja selber!« stellt er sich somit selbst den Koscherstempel aus, um sich dann umso unbefangener erneut der vermeintlichen Ursachenforschung zuwenden zu können.

Steinbach erfüllte gleich mehrfach klassische sekundärantisemitische Verhaltensmuster, die eigentlich auch in der Öffentlichkeit als solche bekannt sein müssten. Wieso legten die gesellschaftlichen und politischen Entscheidungsträger der Bundesrepublik angesichts solcher Absurditäten eine derartige Janusköpfigkeit an den Tag, als Sanktionen gegen Steinbach eingefordert wurden? Kann es sein, dass Markus Ströhlein recht hat, wenn er schreibt: »Den Beweis, wie ein mit Steinen bewaffneter Widerstand vollbesetzte Busse zur Detonation bringen kann und wo sich die israelischen Vernichtungslager befinden, ist Steinbach bislang schuldig geblieben. Denn wo ohnehin Zustimmung herrscht, braucht der Wahn keine Rationalisierung mehr.«?[84] Wie sieht es folglich mit der öffentlichen Meinung und dem medialen Diskurs in Deutschland aus? Sind sie einfach nur, wie häufig angeführt wurde, israelkritisch bzw. pro-palästinensisch, oder wird der Konflikt durch eine vergangenheitsgeprägte Brille betrachtet, und wenn ja, wie ist diese getönt?

Fängt man mit der Ebene prominenter Einzelpersonen an, dann muss zunächst einmal festgestellt werden, dass neben dem Leiter des Orient-Instituts auch andere mediale Multiplikatoren unlängst vormachten, wie sich unter Zuhilfenahme des Nahostkonflikts und im Zusammenspiel mit der allgemeinen Berichterstattung der Medien zum einen die Shoah und zum anderen die antisemitischen Komponenten des palästinensischen Terrorismus und der arabischen Propaganda relativieren lassen und man dabei selber ungeschoren davonkommt. So warf der frühere Arbeits- und Sozialminister Norbert Blüm (CDU) Israel Anfang April 2002 vor, einen »hemmungslosen Vernichtungskrieg« zu führen.[85] Er benutzte damit eine Begrifflichkeit, die einen deutlichen Bezug zum Dritten Reich hatte. Seinen Vorwurf wiederholte er mehrfach[86], obwohl ihm spätestens in der Zwischenzeit zugetragen worden sein musste, aus welchem historischen Bezugsrahmen das Konzept des »Vernichtungskriegs« stammt. Es ist somit davon auszugehen, dass er ganz bewusst damit hantierte.

Trotz einiger Distanzierungen seitens prominenter Parteifreunde[87] musste Blüm keine Konsequenzen fürchten, wahrscheinlich nicht zuletzt deswegen, weil sich zeitgleich in einer bereits allgemein israelkritischen Atmosphäre einige Politikerkollegen zu ähnlich gelagerten – wenngleich teilweise sensationeller verpackten – Aussagen hinreißen ließen. So zeigte der FDP-Vizevorsitzende Jürgen Möllemann Verständnis für palästinensische Selbstmordattentäter und behauptete: »Was würde man denn selber tun, wenn Deutschland besetzt würde? Ich würde mich auch wehren, und zwar mit Gewalt. Ich bin Fallschirmjägeroffizier der Reserve (…). Und ich würde das nicht nur im eigenen Land tun, sondern auch im Land des Aggressors.«[88] Dabei musste Möllemann den Nazi-Vergleich nicht einmal selber aussprechen. Denn das hatte schon ein anderer für ihn getan: Jamal Karsli. Dieser hatte noch als Abgeordneter der Grünen im Landtag von NRW der israelischen Armee »Nazi-Methoden« vorgeworfen. Daraufhin war er von seinen Parteikollegen zum Austritt gedrängt und sodann von Möllemann und seinen Konsorten mit offenen Armen in die Düsseldorfer FDP-Fraktion und die Partei aufgenommen worden.[89] So wie Steinbach später auch hatte er sich auf »jüdische Kronzeugen« berufen, indem er den Brief eines angeblichen israelischen Journalisten als »sehr lesenswert« weiterverbreitete, in dem dieser Zustimmung zu Karslis Angriff auf »die israelischen Nazi-Methoden« geäußert und behauptet hatte, »dass genügend überzeugende Beweise vorliegen, die den Vergleich zwischen der NS-Judenpolitik und der jetzigen israelischen Palästinapolitik absolut rechtfertigen«.[90] In dieselbe Richtung ging auch sein Besuch im Nahen Osten im Juli 2002, bei dem er mit einer angeblich von Juden – darunter auch einem KZ-Überlebenden – unterschriebenen Unterstützerpetition vor den Pressevertretern wedelte und lauthals verkündete, dass er den »drohenden Völkermord« an den Palästinensern verhindern wolle.[91]

Ende März 2002 berichteten deutsche Tageszeitungen in ihren Schlagzeilen darüber, dass Ariel Scharon vom »totalen Krieg« gesprochen habe.[92] Der assoziative Bezug zu Goebbels Sportpalastrede war praktisch unvermeidbar. Als sich jedoch herausstellte, dass das Zitat auf einem Übersetzungsfehler beruhte und Scharon tatsächlich von einem »kompromisslosen Kampf gegen den Terror« radikaler palästinensischer Organisationen gesprochen hatte, wurden entsprechende Richtigstellungen von den Medien an weitaus weniger prominenter Stelle als die Falschmeldung platziert.[93] Während die israelische Botschaft zahlreiche feindselige E-Mails aufgrund der Scharon fälschlicherweise zugeschriebenen Begrifflichkeit erhielt[94], schlug sich im deutschen politischen Diskurs die Falschmeldung konsequent nieder, als der außenpolitische Sprecher der Union, Karl Lamers, Scharon »Nazi-Jargon« vorwarf.[95] In einer Bundestagsdebatte zum Nahen Osten machte er deutlich, dass durch die Art und Weise der Reaktion von Scharons Regierung »die Existenz Israels in Frage gestellt wird«.[96] Angesichts solcher Direktheit fiel Blüms eigener, in der Sprache der Nächstenliebe verklausulierter Ansatz, Israels Existenzrecht ebenfalls infrage zu stellen, kaum weiter auf: »Die Frage ist: Was tun wir, damit diese über die Jahrhunderte in die Diaspora verstreuten, gequälten, geschundenen Juden endlich ein Stück Land finden, das ihres ist?«[97]

Blüm sah sich später zwar genötigt, seine Vokabel vom »hemmungslosen Vernichtungskrieg« zurückzuziehen[98], doch tat dies seinem nahostpolitischen Engagement keinen Abbruch. So schrieb er das Vorwort für das Buch »Ich will nicht mehr schweigen« des Gründers der Hilfsorganisationen »Cap Anamur« und »Grünhelme«, Rupert Neudeck[99], der zwischenzeitlich auch den Nahen Osten als moralpolitisches Betätigungsfeld entdeckt hat. Neudecks Werk ist insofern bemerkenswert, als dass sein Autor als selbsternannter Weltkenner Israel in die Nähe des südafrikanischen Apartheid-Regimes rückt[100], selber jedoch vor einem direkten NS-Vergleich zurückschreckt. Letzteres übernehmen andere für ihn. So vor allem der jüdische Holocaust-Überlebende Hajo Meyer, der von Neudeck für seinen unverschämten Mut in den höchsten Tönen gepriesen wird.[101] Denn er sagt das, was Neudeck selber – hier wird der Titel seines Werks ad absurdum geführt – sich offenbar nicht zu sagen traut. Meyer indes nimmt kein Blatt vor den Mund: »[Warum] darf ich dann nicht auch meine Erinnerungen an das Leid der Juden unter dem Nazi-Regime, noch bevor von Massenmord die Rede war, heranziehen, um deutlich zu machen, was die Palästinenser nun schon sechsunddreißig Jahre lang erdulden?«[102] Und auch Neudecks jüdischer Verleger Abraham Melzer bläst in seinem Nachwort ins selbe Horn: »Wo bleibt die besondere Verantwortung gegenüber den Palästinensern? Den Palästinensern als Opfer der Opfer und insofern auch Opfer der Deutschen?«[103] Für Neudeck hingegen, der darauf bedacht ist, eine gewisse Distanz zu dem von ihm in den höchsten Tönen gepriesenen und gegen jegliche Kritik in Schutz genommenen Meyer zu bewahren, ist der Holocaust zwar als »einmalig, nämlich als ausschließlich von den Deutschen – den Nazis und der SS – gemacht anzusehen«[104], doch scheint Israel sich in seinem Modell einem Nazi-Staat zumindest immer mehr anzunähern, wobei es die Stufe eines Apartheid-Staats offensichtlich bereits erreicht hat. Auch Vergleiche mit Beispielen von diversen Völkermorden aus der Geschichte liegen für Neudeck nicht fern: »Ein Staat, der mit der einheimischen Bevölkerung fast so umgeht wie die Nordamerikaner 100 Jahre zuvor mit ›ihren‹ Indianern (…). Der Staat, der das Andenken an die Opfer des Holocaust als seinen Daseinsgrund benennt, baut seine eigenen Ghettos und zieht seinen ›Draht‹ durchs ganze Land.«[105] Trotz solcher deutlichen Verweise auf allgegenwärtige Sinnbilder des Nationalsozialismus schützt Neudeck die Hoffnung vor, dass der jüdische Staat nicht soweit degenerieren möge: »Ich bin fest davon überzeugt, dass es in Israel zu einem inneren Aufruhr kommen würde, wenn alle Bürger, auch diejenigen, die dem Holocaust und den Ghettos entkamen, mit eigenen Augen sehen und vor allem erkennen würden: Was wir Juden mit den Palästinensern machen, ist die Einmauerung dieser Menschen, ist deren Vertreibung in ein immer kleiner werdendes Ghetto!«[106] Immer wieder beruft sich der Autor ausgerechnet auf den Holocaust als entscheidenden Argumentationsfaktor, warum er zur Politik Israels nicht schweigen dürfe. Neudecks Masche ist es, andere wohlwollend zu zitieren, um nicht selber Tacheles reden zu müssen. So findet man z. B. einen Auszug aus einem Brief von Wilhelm Goller, einem ehemaligen Lehrer der deutschen evangelischen Missionsschule »Talitha Kumi« der Kaiserswerther Diakonissen im palästinensischen Beit Schala, in dem er schreibt: »Ein Volk, das seinen Staat erst nach dem Holocaust und wohl auch durch diesen erhalten hat – könnte dieses Volk nicht genau die gegenteilige Lektion aus seiner Geschichte gelernt haben?« Neudeck fährt fort, indem er Goller paraphrasiert: »Müsste dieses Volk nicht, so fragt er als einer der wenigen tapferen Deutschen in Palästina weiter, nach seinen eigenen Holocaust-, Apartheids- und Vernichtungserfahrungen, mit Menschen anderen Glaubens, anderer Herkunft genau gegenteilig umgehen?«[107] Man könnte – was Neudeck betrifft – von einem »Fast-NS-Vergleich« sprechen, denn so ganz mutig ist er offenbar letztlich doch nicht. Dies ist auch gar nicht nötig, denn das, was er sich als Deutscher nicht zu leisten wagt, erledigen schon seine von ihm hochbewunderten und vielzitierten jüdischen Kronzeugen Meyer und Melzer. Wie schon im Fall Steinbach versagten hier ebenfalls die Elitenvertreter, die als Kuratoriumsmitglieder in Neudecks eingetragenem Verein »Grünhelme« auf seinen auf der vereinseigenen Website veröffentlichten Artikel, welcher einen Apartheid-Vergleich beinhaltete, von Kritikern mit Bitte um eine Stellungnahme angesprochen worden waren. Zwar distanzierten sie sich von selbigem, jedoch wollten sie keine Konsequenzen für ihr Ehrenamt ziehen. Sowohl Marieluise Beck von den Grünen als auch Ruprecht Polenz von der CDU meinten, dass ihre Pflicht mit einer kurzen Stellungnahme getan sei. Der Parlamentarische Staatssekretär im Ministerium für Bildung und Forschung, Ulrich Kasparick (SPD), spielte gar den Ball zurück und empfahl einer Kritikerin, sich in der Sache doch direkt mit Neudeck auszutauschen. »Mein Vorschlag: Treffen Sie ihn mal, lernen Sie ihn kennen, hören Sie ihm zu, dann merken Sie, wie sehr ›mit dem Herzen‹ er denkt und spricht. Ich bin sicher, dass Sie seinen Text dann ganz neu verstehen.«[108] Neudecks Haltung mochte nicht derjenigen der prominenten Kuratoriumsmitglieder entsprechen, doch wurde sie von ihnen offensichtlich als legitime Meinungsäußerung erachtet, die kein weiteres Tätigwerden – z. B. in Form einer Thematisierung im Rahmen des Vereins oder eines Rückzugs aus seinem Kuratorium – verlangte.

Der Taktik, zwecks »Nazifizierung« Israels jüdische Kronzeugen anzuführen, wie Steinbach und Neudeck es tun, bediente man sich ebenfalls bei einer Veranstaltung des Düsseldorfer »museum kunst palast«, einer Public-Private-Partnership der Stadt und diverser Großunternehmen, im Februar 2005. Das Symposium mit dem Titel »Deutschland, Israel und Palästina – Geschichte und Gegenwart kollektiver Verdrängung« diente sowohl von der Programmgestaltung her als auch von der Referentenauswahl dem Ziel, Shoah und Nakba (Flucht bzw. Vertreibung der Palästinenser) miteinander zu vergleichen. Als Auftakt – und sozusagen als Einstimmung auf den folgenden Veranstaltungstag – wurde am Vorabend der mehrstündige Film »Route 181« des Israelis Eyal Sivan und des Palästinensers Michel Khleifi gezeigt. Dieser Streifen, welcher fast durchgängig Israelis und israelische Araber in einer monotonen Schwarz-Weiß-Dichotomie zu Wort kommen lässt, ist von einer Symbolik durchdrungen, die unverkennbar auf Claude Lanzmanns ebenfalls mehrstündiges Werk »Shoah« anspielt. »Ghetto«, »Stacheldraht«, »Güterbahnhof« und »abgeschnittene Haare« sind nur einige der darin verwendeten Elemente, die in stark verdichteter Form beim Zuschauer eindeutige Assoziationen wecken sollen. Geladen waren zu dem Symposium israelische, deutsche, arabische und jüdische Referenten, die dem jüdischen Staat ausnahmslos kritisch bis ablehnend gegenüberstanden. Im Publikum waren zudem diverse Vertreter einer lokalen antizionistischen bürgerlichen Szene, allen voran Jamal Karsli, vertreten. Zwar versuchte der für die inhaltliche Gestaltung zuständige Fachhochschulprofessor Wolfgang Dreßen prophylaktisch den von ihm befürchteten Vorwurf abzuwehren, es ginge bei der Veranstaltung um eine Gleichsetzung zwischen Nakba und Holocaust, doch wurde in der von ihm gezogenen Differenz – das Fehlen der Gaskammern im Falle Israel/Palästina – der Grundtenor der Vergleichbarkeit beider Ereignisse implizit bestätigt. Die meisten Referenten waren schließlich darum bemüht, die Israelkritiker und die arabische Welt gegen den »Antisemitismusvorwurf« in Schutz zu nehmen bzw. das Problem des Antisemitismus zu marginalisieren. Unter den Vortragenden war auch der Leiter des Richard-Koebner-Zentrums für Deutsche Geschichte an der Hebräischen Universität Jerusalem, Moshe Zimmermann, der in den 1990er Jahren eine Ähnlichkeit zwischen Kindern jüdischer Siedler und der Hitlerjugend konstatiert sowie die Motivation israelischer Soldaten, in den besetzten Gebieten Dienst zu tun, mit der Motivation Deutscher, in die Waffen-SS einzutreten, verglichen hatte.[109]

Eine weitere Argumentationsvariante des NS-Vergleichs, die der Melzers ähnelt, bemühte Bremens Bürgermeister Henning Scherf. Ausgelöst durch die israelische Militäroperation »Schutzwall« empfing Scherf in einem Anflug pro-palästinensischer Solidarität im April 2002 eine größere Gruppe palästinensischer Frauen und Männer, denen er die Möglichkeit geben wollte, »ihre Empörung über ›Scharons Vernichtungspolitik‹, wie sie sagten«, zum Ausdruck zu bringen. Dabei ging seine Identifikation mit der vermeintlich schwächeren Konfliktpartei soweit, dass Scherf sich dabei zu der Aussage verstieg »hier sind die Opfer der Opfer versammelt«.[110] Ähnlich scheint auch der ehemalige SPD-Vorsitzende Oskar Lafontaine zu räsonieren, wenn er im Nachwort des Buchs »Vertreibung aus dem Paradies« von Halima Alaiyan die besondere Pflicht der Deutschen gegenüber den Palästinensern anspricht, weil sie aufgrund des Holocausts auch für die Vertreibung der Palästinenser eine Verantwortung hätten.[111] Der sekundärantisemitische Gehalt dieser These ist bereits hinlänglich analysiert worden.[112] Auch hier scheint der politische Rand Vorreiter für eine Geisteshaltung gewesen zu sein, die heute in der gesellschaftlichen Mitte verankert ist und keinen Widerspruch mehr hervorruft, erst recht dann nicht, wenn sie in dummdreister Weise von Staatsvertretern artikuliert wird.

Norbert Blüm scheint nunmehr den Nahostkonflikt neben Auftritten in Fernsehshows, Karnevalsvereinen und quirligen Werbespots als neues mediales Betätigungsfeld für sich entdeckt zu haben. Nach seinem Ausscheiden aus der aktiven Politik trat er als Gastredner bei der antizionistischen »Stop-the-Wall«-Konferenz im Juni 2004 in Köln auf[113], wo er mittels einer seinem Vortrag vorangeschickten Bemerkung weitere Einblicke in sein Seelenleben zum Besten gab: »Ich kann kein Antisemit sein, schließlich ist Jesus mein Boss.«[114] In diesem Sinne stellte er auch Rupert Neudeck in dessen Buch einen Koscher-Stempel aus: »Ein Antisemit kann er gar nicht sein, weil der, an den er glaubt, selbst ein Semit war, und dieser Jesus ist nicht nur für die Juden gestorben, sondern für alle Menschen.«[115]

Eine ähnliche apologetische Logik bedient der in Nahostfragen medial omnipräsente Peter Scholl-Latour. In einem Interview mit der Zeitschrift *konkret* meinte er ernsthaft und in dem ihm eigenen Brustton der Überzeugung, dass Araber als »authentische Semiten« gar nicht antisemitisch sein könnten. »Abdallah Franghi sieht doch semitischer aus als Scharon«.[116] Einen ähnlichen semantischen Eiertanz vollführte auch Jürgen Möllemann in einem Interview mit Ulrich Wickert, in dem er behauptete, der syrischstämmige Ex-Grüne Jamal Karsli könne kein Antisemit sein, er sei doch »selbst ein Semit«.[117] Nicht nur, dass derartige dummdreiste und dazu noch falsche Binsenweisheiten nicht besonders originell sind – schließlich hat schon der jüdische Antizionist Erich Fried sie seinerzeit gerne benutzt[118], wodurch die Dummheit keineswegs richtiger wurde; ihre Protagonisten machen sich damit zudem die Logik der Arabischen Liga und ihrer Verbündeten zu Eigen, die bei der Anti-Rassismus-Konferenz der UNO in Durban im September 2001 darauf bestanden, den Begriff »Antisemitismus« ebenfalls für Feindschaft gegenüber Arabern zu verwenden.[119] Durch die Verallgemeinerung einer allgemein üblichen Bezeichnung für einen spezifisch gegen Juden gerichteten Hass sollte dieser zum einen einer ihn benennenden Terminologie beraubt und die Gruppe der durch ihn betroffenen Opfer um einige hundert Millionen Araber erweitert werden. Absicht war es zum anderen auch, die Existenz eines genuin arabischen Judenhasses zu leugnen und den Terror gegen Israel sowie die zunehmenden Übergriffe auf Juden in der Diaspora durch muslimische Migranten als eine unschöne Folge des Nahostkonflikts zu rationalisieren. Darüber hinaus wurde der Begriff »Holocaust« von der Liga als Verhandlungsmasse zur Disposition gestellt. Die Forderung lief darauf hinaus, ihn entweder aus dem Entwurf einer gemeinsamen Erklärung der Konferenz zu entfernen oder ebenfalls zur Charakterisierung der Behandlung der Palästinenser durch die Israelis zu verwenden.[120]

Scholl-Latour ist in dieser Hinsicht keine Ausnahme. So wird der arabische und islamische Antisemitismus vom Gros der deutschen Nahost-Experten geradezu ignoriert.[121] In Beirut trafen sich im Februar 2004 unter der Ägide der SPD-nahen Friedrich-Ebert-Stiftung und mit Genehmigung des Kanzleramts[122] namhafte Akademiker und Vertreter deutscher Think Tanks[123], um mit Vertretern von Hamas und Hisbollah den Dialog zu pflegen. Der aggressive Antisemitismus dieser Gruppen und die von ihnen gerne verwendete Nazi-Symbolik standen nicht explizit auf dem Programm, wohl aber das Thema »Besatzung und Widerstand« und damit auch Israel, wodurch er sich von vorneherein wunderbar rationalisieren ließ.[124] Udo Steinbach seinerseits unterstützte den Bremer Bürgermeister Henning Scherf »nachdrücklich« in seinem lokalen interreligiösen Integrationskurs gegenüber der türkisch-islamistischen Milli Görüs Gemeinschaft[125], welche antisemitisches Gedankengut pflegt.[126]

Omer Bartov hat das moralische Versagen eines solchen sich wissenschaftlich gerierenden Relativismus auf den Punkt gebracht: »Wo die Klarheit aufhört, da beginnt die Mittäterschaft.«[127] Derartige Begriffsverwirrungsversuche tragen zur Verharmlosung des arabischen und islamischen Antisemitismus bei. Eben diese Verharmlosung stellt jedoch die Kehrseite – wenn nicht gar Vorbedingung – der nicht selten von denselben Personen propagierten NS-Vergleiche dar. Denn die These von den »Opfern der Opfer« lässt sich nur aufrechterhalten, solange die Palästinenser nicht ihrerseits weitgehend frei von antijüdischen Ressentiments sind, wie sie auch die Nazis hegten. Lassen sich diese Ressentiments jedoch als Folge des Nahost-Konflikts rationalisieren und verharmlosen, so steht damit plötzlich die Hintertür zur Entlastung der eigenen deutschen Vergangenheit sperrangelweit offen. Den Juden kann nun für ihre Verfolgung durch die Nazis zumindest eine Mitschuld zugewiesen werden, indem der Nahost-Konflikt als Feigenblatt herangezogen wird. Die an Lächerlichkeit grenzende Zurschaustellung eigener Blindheit durch deutsche Nahost-Experten, der von Regierungsseite Vorschub geleistet wird, ist zugleich auch Folge einer weiteren Geschichtsverdrängung, weisen doch zentrale Ideologeme eben dieses Antisemitismus ideengeschichtlich direkt in die deutsche Geschichte zurück.

In diesem Zusammenhang ist nicht zuletzt die von Ludwig Watzal bemühte Charakterisierung der israelisch-palästinensischen Endstatusverhandlungen von Camp David im Jahr 2000 als »palästinensisches Versailles«[128] in der *Zeitschrift für Friedenspolitik (Friz)* zu erwähnen. Der Nazi-Vergleich ist hier implizit und anders als üblich angelegt. Nichtsdestotrotz erfüllt er seine Entlastungsfunktion im deutschen Kontext: Denn wenn die von Watzal als für die Palästinenser ungerecht wahrgenommenen Verhandlungen einem »Diktatfrieden« à la Versailles entsprechen, wie er auch von deutschen Nationalisten häufig als Ursache für den Aufstieg des Nationalsozialismus, den Ausbruch des Zweiten Weltkriegs und in letzter Konsequenz auch die Shoah angeführt wird, dann erscheint nicht nur das Ausbleiben eines Friedensschlusses im Nahen Osten, sondern auch die fortwährende antisemitische Hetze in der palästinensischen Öffentlichkeit und der Terrorismus als verständlich, zumal der Versailler »Schmachfrieden« selber gerne auf gegen Deutschland gerichtete jüdische Machenschaften zurückgeführt wird. Der Nationalsozialismus in all seinen Implikationen wird demgemäß zur logischen – gar zwingenden – Folge der harten Politik der Sieger des Ersten Weltkriegs gegenüber den Deutschen. Analog dazu verhält sich die politische Entwicklung bei den Palästinensern, die für Watzal eine »Reaktion« auf die israelische Besatzungspolitik ist. Die Urschuld an Nationalsozialismus bzw. Terrorismus geht bei dieser Denkfigur von den Alliierten bzw. von Israel aus, die somit implizit noch schlimmer als der Nationalsozialismus erscheinen müssen, wodurch sich Schuld und Verantwortung der Deutschen und der Palästinenser relativieren lassen. So schreibt Watzal vordergründig im Hinblick auf die Palästinenser: »Ein Volk kann immer nur bis zu einem gewissen Grad gedemütigt werden.« Zugleich meint er jedoch – einen anderen Schluss lässt das im Titel seines Beitrags evozierte und in seinem Inhalt durchdeklinierte Topos des Versailler Vertrags gar nicht erst zu – Deutschland. Dadurch praktiziert er nicht nur einen Schulterschluss zwischen den in ihrem Nationalstolz gedemütigten Deutschen und den Palästinensern als den impliziten »Opfern der Opfer«; es gelingt ihm zugleich ein »Brückenschlag« zwischen Ideologemen der Neuen Rechten und der antizionistischen Linken innerhalb der deutschen Gesellschaft.[129] Watzals Wirkungsfeld erstreckt sich allerdings aufgrund seiner Tätigkeit bei der Bundeszentrale für politische Bildung und seiner Beiträge für die Zeitung *Das Parlament* bis unmittelbar in die gesellschaftliche Mitte. Maßregelungen seitens seiner Vorgesetzten sind hingegen nicht bekannt.[130]

Derartige Diskursmuster wiederholen sich bei den Medien auch auf struktureller Ebene. Sowohl in der Fernseh- als auch in der Printmedienberichterstattung wurde kaum über die permanente offene antisemitische Hasspropaganda in den palästinensischen und anderen arabischen Medien informiert.[131] Offenkundig wird dies als Nebensächlichkeit bewertet oder als Folge der Zustände im Nahen Osten rationalisiert. Die implizite Prämisse hierbei ist, dass die Palästinenser nicht in der Lage sind zu differenzieren und moralisch-freie Entscheidungen zu treffen. Ein subtiler Rassismus gegenüber Arabern kommt hier zum Vorschein.[132]

Soweit, so schlecht. »Antisemitismus und Fremdenfeindlichkeit haben« jedoch, wie Henryk M. Broder schon vor langer Zeit feststellte, »so viel miteinander gemeinsam wie Äpfel und Birnen.«[133] Das Vorhandensein rassistischer Stereotype gegenüber Arabern und Muslimen wiegt keineswegs die judenfeindlichen Stereotype auf, relativiert sie auch nicht und ist nicht mit ihnen gleichzusetzen. Im Gegenteil: Mittels solcher Rassismen nach dem Motto »Sie können doch gar nicht anders!« wird der israelisch-jüdischen Seite, »welche es – nicht zuletzt aufgrund der eigenen Erfahrung als Opfer – doch besser wissen sollte«, die Verantwortung für den fortwährenden Konflikt, der Muslime weltweit bis in die entlegensten Provinzen Indonesiens reize und islamistischen Terror fördere, zugeschoben. Nur weil nach beiden Seiten hin ausgeteilt wird, bedeutet dies noch lange nicht, dass hier aus deutscher Sicht, wie von Pressevertretern gerne behauptet wird, eine Äquidistanz oder Symmetrie gegeben wäre.

Dies spiegelt sich auch auf demoskopischer Ebene wider. Eine Umfrage des *International Herald Tribune* aus der ersten Hälfte des Jahres 2002 fand heraus, dass in der Bundesrepublik Deutschland 67 Prozent den Standpunkt Palästinas im Konflikt unterstützen.[134] Die Studie »2003 Transatlantic Trends« des German Marshall Fund of the United States ergab, dass 61 Prozent der Deutschen befürworteten, Druck auf Israel in Form ökonomischer Sanktionen auszuüben, um dieses zu einem Rückzug aus den palästinensischen Gebieten zu zwingen. Hingegen waren lediglich 49 Prozent dafür, solchen Druck auf die Palästinenser auszuüben, um sie zur Beendigung der Selbstmordattentate gegen israelische Zivilisten zu zwingen. Die Tendenz, Israel zu Zugeständnissen zu zwingen, überwog.[135]

Deutsche Medienberichterstattung über Israel ist in der Tat weitgehend kritisch bis negativ: Eine weitere Medien-Tenor-Studie, die zwischen dem 1. Oktober 2001 und dem 31. März 2002 durchgeführt wurde, stellte fest, dass 45,2 Prozent aller Berichte über Israel, die im deutschen Fernsehen liefen, negativ waren, während 49,5 Prozent als neutral und lediglich 5,3 Prozent als positiv charakterisiert werden konnten.[136] Diese Tendenz zeigte sich auch im Printmedienbereich. Eine Studie des Forschungsbereichs Öffentlichkeit und Gesellschaft (fög) der Universität Zürich ergab, dass Israel in 50 Prozent der Berichte über den Nahostkonflikt in der *Frankfurter Allgemeinen Zeitung* negative Bewertungen und nur in einem Prozent positive erhielt.[137] Weiteres Zahlenmaterial, welches eine negativ-kritische Berichterstattung über Israel belegt, ließe sich anführen, doch wäre dies für sich genommen keineswegs ein Beleg für medialen Antisemitismus.

Die bereits erwähnte Studie förderte allerdings noch tiefere Einsichten in das deutsche Israelbild zutage: 43 Prozent stimmten der Aussage zu, dass Israel ihre Unterstützung verdiene aufgrund der Tatsache, dass es die einzige Demokratie im Nahen Osten sei. 53 Prozent hingegen lehnten sie ab – unter allen sieben befragten europäischen Ländern der höchste Wert.[138] Zwei mögliche Erklärungen bieten sich hier an: Entweder wird das Kriterium »Demokratie« von der deutschen Bevölkerung nicht als Grund betrachtet, den jüdischen Staat zu unterstützen. Oder aber Israel wird nicht wirklich als ein demokratischer Staat wahrgenommen, der sich von seiner regionalen Umgebung markant unterscheidet. Letztere Sichtweise artikulierte der ZDF-Korrespondent Alexander von Sobeck auf einer Podiumsdiskussion der Bundeszentrale für politische Bildung, als er einem Vertreter der israelischen Botschaft erläuterte, »dass er Schwierigkeiten habe, einzusehen, dass Israel der einzige demokratische Rechtsstaat im Nahen Osten sei, wenn der Staat gegen die Menschenrechte verstoße«. Interessanterweise verwendete er in diesem Zusammenhang Begrifflichkeiten wie »Internierungslager« und »Kollektivstrafen«[139], die aus dem NS-Kontext bekannt sind.

Schon zu Beginn der 1990er Jahre – kurz nach der Wiedervereinigung – ergab eine Umfrage in Ost und West, dass durchschnittlich 32 Prozent der Deutschen teilweise (24 Prozent) oder stark (acht Prozent) der Aussage »Zionismus ist Rassismus« zustimmten. Dass dieses Ergebnis keineswegs ausschließlich auf die antizionistische Sozialisation in der ehemaligen DDR zurückzuführen war, machte die 33-prozentige Zustimmung unter den Westdeutschen deutlich.[140] Eine Forsa-Umfrage aus dem Jahr 1998 stellte fest, dass 36 Prozent der Bürger in den neuen Bundesländern der Meinung waren, dass das, was Israel im Nahost-Konflikt mit den Palästinensern mache, im Prinzip nichts anderes sei als das, was die Nazis mit den Juden gemacht hätten. Einerseits mag dieses Ergebnis nur bedingt überrascht haben, war doch die Projektion Israels in die Rolle eines imperialistisch-faschistischen Staats ein elementarer Bestandteil der kommunistischen Propaganda des Ostblocks gewesen. Andererseits erhielt die Aussage auch bundesweit im Durchschnitt eine 29-prozentige Zustimmung. Wenngleich immerhin 54 Prozent der Bundesbürger dem nicht zustimmten[141], so war doch deutlich geworden, dass solche Vergleiche, die einst an den Rändern des politischen Spektrums beheimatet waren, längst auch in Teilen der bürgerlichen Mitte Fuß gefasst haben mussten. Die Konstanz derartiger Denkstrukturen wurde einmal mehr von einer Befragung durch NFO Infratest im Mai 2002 bestätigt: 25 Prozent der Deutschen hielten den Vergleich zwischen dem Verhalten Israels und dem der Nazis für gültig. Während 68 Prozent diese Meinung eher nicht teilten, fiel vor allem die 35-prozentige Zustimmung in der jungen Generation der 18- bis 20-Jährigen auf.[142]

Obwohl sich durch die zu verschiedenen Zeitpunkten durchgeführten Studien ein harter Kern von Befürwortern solcher Vergleiche manifestierte, wehrten sich Vertreter meinungsbildender staatlicher Einrichtungen beharrlich gegen die Ergebnisse. Bei einer von der Bundeszentrale für politische Bildung veranstalteten Podiumsdiskussion zur Thematik der Fernsehberichterstattung über den Nahost-Konflikt widersprach der Moderator Heino Gröf der Ansicht, dass die Journalisten vor Ort Verantwortung dafür trügen, dass Israelis mit Nazis gleichgesetzt würden.[143] Was wollte Gröf damit sagen? Etwa, dass die Israelis selber schuld daran seien, dass man sie als Nazis betrachte?

Dabei dürfte ihm die Studie des Duisburger Instituts für Sprach- und Sozialforschung zur jüngeren Berichterstattung über den Nahost-Konflikt in den bedeutendsten überregionalen bundesdeutschen Printmedien bekannt gewesen sein. Diese hatte nämlich aufgezeigt, dass die Printmedienberichterstattung Bilder der israelischen Seite evozierte, die in Deutschland mit dem Nationalsozialismus in Verbindung gebracht werden. Abschließend hatte sie festgestellt: »Die Shoah kann sogar als Metapher, als Vergleichsmaterial zu Vorwürfen gegen Israel dienen, was wiederum auf die Interpretation der Shoah zurückwirkt.«[144] Die meinungsbildende Funktion der Medien wurde somit sehr wohl erkannt. Auch eine diskursanalytische Studie, die sich ausschließlich mit der Berichterstattung des *Spiegels* beschäftigt und dabei ebenfalls Gleichsetzungen zwischen israelischer Politik und dem Verhalten der Nationalsozialisten entdeckt hat, geht von einer langfristigen Wirkung einer solchen Berichterstattung auf die öffentliche Meinung aus.[145]

So verlangte bei der jährlichen öffentlichen Lesung der Namen für die von den Nazis deportierten Berliner Juden jemand: »Lest doch mal ein paar Palästinenser-Namen vor.«[146] Und bei einer pro-palästinensischen Demonstration wurden mit Hakenkreuzen versehene israelische Flaggen geschwenkt. Der Zentralrat der Juden veröffentlichte im April 2002 in der *Jüdischen Allgemeinen Wochenzeitung* antisemitische Zuschriften, die er erhalten hatte, darunter mehrere, die sich NS-Vergleichen bedienten.[147]

Was allerdings die bei der Veranstaltung der Bundeszentrale für politische Bildung schließlich geäußerten Zweifel an den von der zitierten demoskopischen Studie ermittelten 25 Prozent betrifft[148], so lag man mit ihnen gar nicht so falsch, auch wenn man es anders meinte. Im weiteren Verlauf der zweiten Intifada schlugen sich die erwähnten qualitativen Veränderungen des öffentlichen Diskurses nämlich zunehmend quantitativ in der Demoskopie nieder. Während sich die diskursive Tendenz zu einem derartigen Meinungsbild bereits seit längerem abgezeichnet hatte, erreichte der besagte Israel-Nazi-Vergleich in einer Umfrage des Projektes »Gruppenbezogene Menschenfeindlichkeit« des Instituts für interdisziplinäre Konflikt- und Gewaltforschung der Universität Bielefeld im Jahr 2004 eine bis dato unerreichte Zustimmung: 51,2 Prozent der Befragten waren tendenziell (23,9 Prozent) oder ganz (27,3 Prozent) der auch von Steinbach implizit propagierten Ansicht, dass »der Staat Israel heute mit den Palästinensern (...) im Prinzip auch nichts anderes als das [macht], was die Nazis im Dritten Reich mit den Juden gemacht haben«. Dem von Blüm in den Mainstream des deutschen öffentlichen Diskurses neu eingeführten Begriff des »Vernichtungskriegs« zur Charakterisierung der israelischen Politik gegenüber den Palästinensern stimmten sogar 68,3 Prozent der Befragten »eher« (33,2 Prozent) oder »voll und ganz« (35,1 Prozent) zu.[149] Die Brisanz dieser Werte muss den Forschern um den Projektleiter Wilhelm Heitmeyer bewusst gewesen sein – nicht zuletzt aufgrund der öffentlichen Diskussionen, die um eben diese Ergebnisse geführt wurden. Bemerkenswert ist in diesem Zusammenhang, dass in der jüngsten Folge des von ihm herausgegebenen Sammelbands »Deutsche Zustände« entsprechende israelbezogene Fragen gar nicht mehr auftauchen, sondern nur noch klassische Fragen der deutschen Antisemitismusforschung, wie z. B. nach übermäßigem jüdischem Einfluss oder Mitschuld der Juden an ihren Verfolgungen, welche die altbekannten Ergebnisse von rund 20 Prozent (latenter und manifester Antisemiten) zu Tage förderten.[150] Ist bei all den dauerhaft geführten Debatten darüber, wo Israelkritik aufhört und Antisemitismus beginnt, die Ermittlung relevanter Meinungsbilder in der deutschen Bevölkerung gerade in diesem Punkt derart uninteressant geworden?

Bereits Ende 2001 hatte der Chefredakteur des Forschungsdienstes Medien Tenor, Roland Schatz, die entsprechende Befürchtung ausgesprochen: »Der bösartige Vergleich zwischen den Machthabern im Dritten Reich und denen in Israel wurde Ende der sechziger Jahre von den so genannten Intellektuellen der linken Szene kultiviert. In den letzten Jahren könnte die selektive Berichterstattung solch sektiererischen Irrsinn zur Mehrheitsmeinung machen.«[151] Und auch Anat Peri hatte kurz nach den Ergebnissen der *Spiegel*-Umfrage von 2002 erkannt: »Der Kampf gegen den Antisemitismus muss sich jetzt auf die Verurteilung der Vergleiche zwischen Israel und dem Dritten Reich konzentrieren, die, weil sie bei den meisten Deutschen nicht als antisemitisch gelten, immer verbreiteter werden.«[152]

Angesichts der Tatsache, dass Steinbachs und Blüms Positionen in Deutschland nunmehr in der Tat mehrheitsfähig geworden sind, müsste konsequenterweise auch die ewige Diskussion über die Motivation und Legitimität von Israelkritik neu justiert werden. »Aus der Tatsache, dass wie bei keinem anderen politischen Konflikt Israels Politik in den Vergleichshorizont des Nationalsozialismus gestellt wird und man ihr die Absicht eines ›Vernichtungskriegs‹ unterstellt, lässt sich das Motiv ablesen, durch Täter/Opfer-Umkehr den Status der Juden als Opfer des Holocaust zu relativieren.«[153] Zwar liegen die ebenfalls durch die Umfrage ermittelten Werte der Zustimmung zu Positionen, die für sich alleine genommen ausschließlich als israelkritisch bezeichnet werden können, da sie Israels Verhalten gegenüber den Palästinensern als »ungerecht« kritisieren oder »Wut« darüber zum Ausdruck bringen, mit 82 Prozent und 86 Prozent respektive weitaus höher.[154] Doch müssen die Überschneidungen zwischen solchen israelkritischen Positionen und sekundärantisemitischen Projektionen, die den jüdischen Staat in die Rolle der Nazis halluzinieren, zwangsläufig beträchtlich sein.

Vor diesem Hintergrund gewinnt auch die umstrittene Eurobarometer-Studie von Anfang November 2003 eine neue Qualität. Sie hatte festgestellt, dass 65 Prozent der Deutschen Israel »vollkommen« (16 Prozent) oder »eher« (49 Prozent) als »Bedrohung des Weltfriedens« betrachten. Damit rangierte der jüdische Staat an erster Stelle gleichauf mit Nordkorea.[155] Die in Erklärungsnot geratene EU und die deutsche Bundesregierung machten daraufhin jedoch methodische Fehler der eigenen Umfrage geltend: Die palästinensische Autonomiebehörde habe, weil sie kein Staat sei, als Auswahlmöglichkeit für die Befragten nicht zur Verfügung gestanden.[156] Angesichts der Tatsache, dass eine Mehrheit der Deutschen Israel mehr oder minder als aggressiven Nazistaat betrachtet, der einen »Vernichtungskrieg« führt, nehmen sich die nachträglichen Erklärungsversuche der Offiziellen als wenig glaubwürdige Schönwäscherei aus. Dass Israelkritik in einer Mehrheit der Fälle sogar mit einer Rationalisierung von primärem Antisemitismus einhergeht, zeigte eine Emnid-Umfrage im Auftrag der *Berliner Morgenpost* im Jahr 2003, die ergeben hatte, dass 65 Prozent der Befragten in der »Politik Israels in den besetzten Gebieten« einen Grund dafür sehen, dass Deutsche Anstoß an Juden nehmen.[157] Unwillkürlich fühlt man sich an Henryk M. Broders unangenehme Feststellung erinnert: »Der Antisemitismus ist kein abweichendes, sondern das Normalverhalten, nicht die Ausnahme von der Regel, sondern die Regel selbst.«[158]

Auch den Antisemitismusforschern im staatlichen Auftrag dürfte eine andere Interpretation nunmehr schwer fallen. Hatte Werner Bergmann vom Zentrum für Antisemitismusforschung an der Technischen Universität Berlin das Ergebnis der *Spiegel*-Umfrage von 2002 eher als ein Anzeichen für mit den Palästinensern empfundenes Mitleid zu deuten versucht[159], so musste er spätestens als Mitautor der im Auftrag des Europäischen Beobachtungszentrums für Rassismus und Fremdenfeindlichkeit erstellten Länderstudie »Manifestations of anti-Semitism in the European Union« einräumen, dass Vergleiche zwischen israelischem Verhalten und dem des NS-Regimes antisemitisch seien.[160] Und sein Kollege Wolfgang Benz bejahte die Frage, ob Blüms Formulierung vom »hemmungslosen Vernichtungskrieg« antisemitisch sei, eindeutig.[161] Das American Jewish Committee und die Heinrich-Böll-Stiftung stellten in einem gemeinsamen Papier zur Bekämpfung antisemitischer Tendenzen im Juli 2004 ebenfalls fest, dass »die Grenze zum Antisemitismus überschritten« sei, »wenn die israelische Besatzungspolitik gar in die Tradition der nationalsozialistischen Vertreibungs- und Vernichtungspolitik gestellt wird«. Beide Organisationen appellierten »an Wissenschaftlerinnen und Wissenschaftler sowie an Studierende, der Delegitimierung Israels als einem »rassistischen Staat« und »imperialistischen Vorposten im Nahen Osten« entgegenzutreten und jede pseudowissenschaftliche Rechtfertigung von Terroranschlägen gegen die jüdische Zivilbevölkerung zu kritisieren.[162] Auch in der vom Europäischen Beobachtungszentrum für Rassismus und Fremdenfeindlichkeit der EU und dem Büro für Demokratische Institutionen und Menschenrechte der OSZE entwickelten und im Januar 2005 publik gewordenen Arbeitsdefinition des Antisemitismus taucht der Vergleich zwischen gegenwärtiger israelischer Politik und der der Nazis als eine mögliche Manifestation von Judenhass auf.[163]

Die Diskrepanz zum offiziellen repräsentativen Deutschland könnte kaum größer sein, wie beim Israelbesuch von Bundespräsident Horst Köhler im Februar 2005 deutlich wurde. Seine Verurteilung von Antisemitismus und die in den deutschen Medien wiedergegebene Diskussion mit den israelischen Gastgebern über die Wahlerfolge der Rechtsradikalen sowie eine mögliche Neuauflage des NPD-Verbotsverfahrens schienen den Antisemitismus in Deutschland einmal mehr zu einem mehr oder minder ausschließlichen Problem eines – wenngleich wachsenden – rechten Rands zu konstruieren. Die ebenfalls projektive Logik – »Nicht ich war's – die Nazis sind's gewesen!« – ist altbekannt. Hingegen berichtete die *Jerusalem Post*, dass der israelische Premierminister das deutsche Staatsoberhaupt direkt auf die Bielefelder Studie ansprach.[164] Köhlers Reaktion ist nicht überliefert. Nur schwer lässt sich der Eindruck leugnen, dass die durchaus notwendige Diskussion über die Gefahr des Rechtsextremismus mitunter auch dazu dient, den Blick auf fest verankerte sekundärantisemitische Positionen in der politischen Mitte zu versperren, die vom bundesrepublikanischen Establishment toleriert, ab und zu milde gerügt und nur in den seltensten Fällen sanktioniert werden. Dementsprechend wirkt auch die durchaus richtige und ernste Feststellung vom Vorstand der Heinrich-Böll-Stiftung, Ralf Fücks, es müsse dabei bleiben, »dass niemand mit antisemitischer Stimmungsmache Karriere machen kann«[165], ungewollt erheiternd angesichts der schier grenzenlosen Toleranz, welche die gesellschaftlichen Eliten den aus ihrer Mitte stammenden Protagonisten von NS-Vergleichen und den nahöstlichen Propagatoren eines kruden primären Antisemitismus als Dialogpartnern entgegenbringen und der Tatsache, dass die Grünen-nahe Stiftung in dieser Hinsicht keineswegs eine Ausnahme darstellt. So hatte die Vertreterin ihres Büros in Ramallah, Kirsten Maas, während eines Gesprächs mit »Israel-Experten« in Berlin im Oktober 2000 den israelischen Premierminister einen »Faschisten« genannt.[166] Maßregelungen seitens ihrer Vorgesetzten sind nicht bekannt. Diese diskursive Entkontextualisierung von Shoah und Antisemitismus ist in der Bundesrepublik bereits soweit fortgeschritten, dass NS-Vergleiche nicht zwangsläufig im Hinblick auf israelische Politik verwendet werden, sondern auch im sozialpolitischen Alltagsstreit mit zunehmender Häufigkeit Verwendung finden.[167]

Vor diesem Hintergrund sollte Lars Rensmanns zutreffende Beobachtung zugleich als Warnung verstanden werden: »Während Antisemitismus als geschlossene politische Ideologie nur von einer kleinen Minderheit virulent vertreten wird und überdies weitgehend politisch-kulturell tabuiert bleibt, so ist die Skandalisierungsbereitschaft gegenüber antijüdischen Vorurteilen insgesamt heute höherschwelliger als noch vor zehn Jahren, die politische Gelegenheitsstruktur insgesamt heute günstiger.«[168] Der viel beschworene

Einsatz für den Schutz der Juden verkommt zur Makulatur, solange die gesellschaftlichen Entscheidungsträger nicht willens sind, öffentlichkeitswirksam ein Zeichen zu setzen, indem sie ihre diskursive Machtposition bewusst nutzen und Antisemiten – gleich ob in Teheran oder in der eigenen Partei – scharf sanktionieren. Die politischen Eliten, die sich lautstark des Themas »Antisemitismus« angenommen haben, müssten sich zu einer ernsthaften und unbequemen Auseinandersetzung mit dem Problem in seinen verschiedenen Facetten durchringen, wenn sie nicht selber Teil des Problems sein wollen. Statt Endlosdiskussionen über die bereits zum Selbstzweck gewordene Frage zu führen, wo genau denn jetzt Israel-Kritik aufhöre und Antisemitismus beginne, ließe sich ein Handlungsansatzpunkt in der Prämisse finden: Antisemitismus beginnt genau dort, wo er ignoriert und verharmlost wird. Nicht selten geschieht das vor der eigenen Haustür oder im eigenen Hinterzimmer.

Esther Schapira/Georg M. Hafner

Entlastungsantisemitismus in Deutschland

Am 20. Juli 2005 wird ein palästinensischer Junge südlich von Nablus erstochen. Ein furchtbarer Mord. Nun sterben zwar weltweit eine ganze Menge Menschen jeden Tag auf ähnlich unfriedliche Weise, ohne dass ein Hahn danach kräht, doch ausgerechnet diese Meldung gelangt in Windeseile in die Redaktionsstuben und die Redakteure wissen bereits, wer der Mörder des kleinen Jungen ist, jedenfalls melden sie es: »Jugendliche Siedler erstechen 13-jährigen Palästinenser«. Ein vergleichbarer Vorfall in Kaschmir oder in Darfur hätte keine Chance einer derartig teilnahmsvollen Wahrnehmung, aber diese Schlagzeile findet sich bald in mehr als 60 relevanten Agenturen fast gleich lautend und am nächsten Tag in vielen Zeitungen. Fanatische jüdische Siedler haben ein palästinensisches Kind auf dem Gewissen. Keiner der Leser erfährt, dass diese Nachricht ohne jede eigene Recherche zustande gekommen ist, sondern schlicht auf den ersten Mutmaßungen der palästinensischen Behörden beruht. Als am nächsten Tag die palästinensische Polizei einen Tatverdächtigen festnimmt, stellt sich heraus, der Junge war Opfer einer Familienfehde geworden. Von einem Siedler keine Spur mehr. Statt nun aber die alte Faktenlage zu korrigieren, geht man zur Tagesordnung über. Von wenigen Ausnahmen abgesehen (z. B. *Focus*, AFP, dpa) bleibt die Meldung »Jugendliche Siedler erstechen 13-jährigen Palästinenser« unkorrigiert und haftet fortan nicht nur in den Köpfen der Journalisten, sondern auch in denen der Leser und Radiohörer. Ins Fernsehen schaffte es die Meldung nicht mehr.

Taugt dieses Beispiel, deutschen Journalisten Antisemitismus vorzuwerfen? Auf den ersten Blick wirkt dieser Vorwurf absurd und als generelle Behauptung ist er es sicherlich, aber wenn die Hälfte der Deutschen der Meinung ist, dass Israel den Palästinensern das antut, was die Nazis den Juden angetan haben, und wenn 52,1 Prozent glauben, dass sich das Verhalten Israels gegenüber den Palästinensern grundsätzlich nicht von dem der Nazis im Dritten Reich gegenüber den Juden unterscheidet, und wenn schließlich 68 Prozent der Deutschen sagen, Israel führe einen »Vernichtungskrieg« gegen die Palästinenser, dann wäre es schon verwunderlich, wenn ausgerechnet deutsche Journalisten in diesem Punkt anderer Meinung wären als ihre Kunden. Natürlich sind sie damit mehrheitlich noch keine Antisemiten. Aber in Anbetracht der andauernden Diskussion in der deutschen Öffentlichkeit über die Grenzen zwischen Antisemitismus und legitimer Kritik am

Staate Israel zeigt diese Studie der Universität Bielefeld unter der Leitung von Dr. Wilhelm Heitmeyer, wie leicht sich insbesondere nach Beginn der zweiten Intifada in Deutschland, aber nicht nur hier, deutlich vernehmbar antisemitische Untertöne in die Kritik an Israel mischen und dies dann in politischen Kreisen, in der Presse und auch in der breiten Öffentlichkeit ihren Ausdruck findet.

Die Verfasser der Studie kommen zu dem Schluss, dass antisemitische Einstellungen gegen Juden und gegen Israel in das Zentrum der deutschen Gesellschaft vorgedrungen seien, und zwar in allen Altersgruppen und gleichgültig ob in Ost- oder Westdeutschland. In diesen Kontext gehört auch, dass 62,2 Prozent der Befragten sagen, sie hätten es satt, von den Verbrechen der Deutschen an den Juden zu hören. Damit befindet sich die Mehrheit endlich bei der Elite und auf geistiger Augenhöhe mit Martin Walser, den es bekanntermaßen anödet, ständig an die deutsche Schande erinnert zu werden. Oder aber mit dem Philosophen Peter Sloterdijk, der in diesem Zusammenhang von einer insgesamt »hysterisierten Öffentlichkeit« spricht und damit versucht, die antisemitischen Grundströmungen in diesem Land vom Tisch zu wischen. Alles halb so schlimm, meint Sloterdijk, schlimm alleine sei Israel, der eigentliche »Schurkenstaat«, zusammen mit den USA natürlich. Antiamerikanismus und Antizionismus, die bewährten Verwandten, die dem Antisemiten Paten stehen. Außerdem läßt er seine Gemeinde wissen, er gehöre »Gott sei Dank einer Gruppe von Menschen an, die mit dem 11. September seit jeher den Geburtstag Theodor W. Adornos verbunden haben,« und er halte »an der Einschätzung fest, dass diese Assoziation unter kulturgeschichtlichen Gesichtspunkten weiterhin die wichtigere bleibt«. Schöner kann sich ein Geisteswissenschaftler nicht aus der Realität verabschieden.

Damit ist er in gefährlicher Nachbarschaft derer, die den 11. September ohnehin für eine jüdische Verschwörung halten, eine Brunnenvergiftungslegende, die sich in diversen Varianten monatelang in den deutschen Bestsellerlisten gehalten hat. Und weder die Verlagsleiter von Knaur, Zweitausendeins oder Piper werden sich für Antisemiten halten und trotzdem machen sie genau damit ordentlich Umsatz.

Nicht viel besser die elektronischen Medien. Im Fernsehen durfte der selbst ernannte Verschwörungsfachmann Gerhard Wisnewski, der schon die Landung der Amerikaner auf dem Mond für nicht unstrittig hält (»Die Akte Apollo«), in einer groß angelegten Dokumentation (»Aktenzeichen 11.9. ungelöst – Lügen und Wahrheiten zum 11. September«) der Frage nachgehen, ob nicht doch die Amerikaner selbst hinter dem Terroranschlag gesteckt haben könnten: »Auch in Deutschland wächst die Zahl derjenigen, die die Bush-Regierung hinter den Terrorakten vermuten« (Pressetext).

Immerhin zog der Sender dann doch die Bremse und wies dem Autor – nach der Ausstrahlung – barsch die Tür.

Die Antisemitismusforscherin Juliane Wetzel hat erst jüngst eine Zunahme judenfeindlicher Klischees in der deutschen Gesellschaft beklagt und darauf aufmerksam gemacht, dass das Vorurteil von einer »jüdischen Weltverschwörung« nicht nur von Rechtsextremisten genutzt wird, sondern zunehmend auch von linksorientierten Globalisierungsgegnern.

Nun könnte man, von der anderen Seite der Argumentationslager aus formuliert, sagen, dass auf diesem Gebiet manches übertrieben werde, also häufig doch gelte: viel Wind um nichts. Man könnte auf dieser Linie mit der *Neuen Zürcher Zeitung (NZZ)* beklagen, dass die Antisemitismusvorwürfe gegen Martin Walser drohen, »jedes Maß zu verlieren«, man kann einigen Medien Wichtigtuerei vorwerfen in der übertriebenen Wahrnehmung solcher Vorgänge im Grenzbereich, Alarmismus und Panikmache, weil diese Medien ein Geschäft wittern, eine den Verkauf fördernde Schlagzeile. Verhalten, das dieser Kritik entspricht, gibt es auch. Die Vorgänge in Sebnitz, als eine Horde junger Nazis ein fünfjähriges Kind vor aller Augen in einem öffentlichen Schwimmbad ertränkt haben soll, gehören sicher in diese Kategorie. Aber ein gutes Wort zu Israel und der Stammtisch tanzt. Dabei sitzt nicht ein einziger Antisemit mit am Tisch.

Auch »Amnesty International« ist eigentlich über jeden Verdacht erhaben. Und dennoch verlieh AI in diesem Jahr ihren Menschenrechtspreis ausgerechnet »Paradise Now«, einem Spielfilm, der sich antisemitischer Klischees in plattester Weise bedient und Selbstmordattentate als zwar scheußliches, aber durchaus verständliches Mittel zur Wiedererringung der Freiheit preist. Aber AI ist mit seiner Begeisterung für diesen Film des palästinensischen Filmemachers Hany Abu-Assad nicht alleine. Die Deutsche Filmbewertungsstelle verlieh ihm das Prädikat »besonders wertvoll«, von der *Berliner Morgenpost* bekam er den Preis der Leser-Jury und von der Bundeszentrale für politische Bildung wird er gar zum Einsatz an Schulen weiterempfohlen. Wohlgemerkt einen Film, dessen Held Said (»der Glückliche«) alle Skrupel und Hemmungen überwindet und sich mit seinem Bombengürtel in einem israelischen Linienbus ins Paradies bombt. Empfehlungen für einen Film, der Juden als Menschen zeigt, die für Geld alles machen und infolgedessen auch Selbstmordattentäter eigenhändig zum Tatort fahren, die palästinensische Brunnen vergiften und ansonsten ausschließlich als bescheuerte Siedler oder finster blickende Besatzer erscheinen. In der inhaltlichen Zusammenfassung im Filmheft der Bundeszentrale für politische Bildung werden palästinensische Terroristenführer zu »drahtigen Guerillakämpfern« mit »legendärem Ruf« im eigenen Volk. Eine typische Verklärung, wie sie sich in den meisten Reportagen und Berichten deutscher Medien wieder findet. Dafür gibt es andererseits bemerkenswerte Lücken. So erfahren weder die Schüler noch die Lehrer, für die diese Anleitung gedacht ist, dass es von israelischer Seite bei den Verhandlungen in Camp David ein politisches Angebot zur Zwei-Staaten-Lösung gegeben hat. Aber natürlich sind die Verfasser dieses Heftes keine Antisemiten. Sie leiden eben nur unter der weit verbreiteten selektiven Wahrnehmung, sobald es um Israel geht.

Auch bei der aktuellen Berichterstattung über den Nahostkonflikt sind keine Antisemiten am Werk, sondern gestandene Korrespondenten. Und in Israel sind es besonders viele. Es ist das Land mit der mit Abstand größten Korrespondentendichte und ist doch nicht größer als Hessen. Nach Washington und Moskau ist Israel einer der größten Standorte für die ausländische Presse.

Allerdings zieht Israel daraus keinerlei Vorteile. Auch die Hoffnung, wir würden entsprechend hintergründig über den Nahostkonflikt informiert, erfüllt sich nicht. Das Gegenteil ist der Fall. Die Berichterstattung ist einseitig gegen Israel. Konsequenterweise fehlt Israel auf einer Liste mit von Terrorismus betroffenen Ländern, die AP herausgegeben hat. Auch auf einer eindrucksvollen Tabelle schwerer Terroranschläge der letzten Jahre seit dem 11. September, einer »Chronologie« oder einem »Best of«, die der *Stern* veröffentlichte, fehlte Israel völlig, obwohl in dem fraglichen Zeitraum eine erschütternde Zahl von Verletzten und Terrortoten zu verzeichnen war – hochgerechnet auf die Bewohnerzahl Deutschlands etwa 12000 Tote und 70000 Verletzte. Niemand mag sich vorstellen, in welchem Ausnahmezustand sich unser Land in einer vergleichbaren Lage befände.

Wirkliche Anteilnahme für die getöteten und verletzten Israelis aber wird weder in den Medien noch an den Stammtischen spürbar. Stattdessen werden die Opfer als Verursacher gesehen. Ohne Besatzung kein Terrorismus, ohne Ariel Scharons Besuch auf dem Tempelberg keine zweite Intifada. Genau so liest es sich im Filmheft der Bundeszentrale für politische Bildung zu »Paradise Now«, und so liest es sich in fast allen Medienberichten bis zum heutigen Tag. Dabei ist längst klar, dass der Besuch des damaligen Oppositionsführers Scharon zwar nicht besonders geschickt, aber gleichwohl mit den palästinensischen Behörden abgesprochen war. Arafat selbst hat noch kurz vor seinem Tod eingeräumt, dass die zweite Intifada auch ohne Scharon auf seiner Agenda stand. Damit die zweite Intifada auch ordentlich Fahrt aufnehme, ließ der Friedensnobelpreisträger gleich noch 120 Hamas-Terroristen frei, damit sie an ihr blutiges Handwerk gehen konnten. Aber das erwähnt heute ohnehin niemand mehr, stattdessen bleibt: Scharon ist selbst dran schuld, Israel ebenso.

Schlimmer aber als diese bar jeder historisch-politischen Kenntnis wiedergekäute falsche Verknüpfung ist die dahinterstehende ethische Aussage.

Die behauptete Kausalität, die Erklärung von Selbstmordattentaten als letztes Mittel eines verzweifelten Volkes im ungleichen Kampf, akzeptiert die politische Ideologie, nach der der Zweck die Mittel heiligt und jeder einzelne Zivilist für die Politik des Staates haftbar gemacht werden kann. Danach wäre es auch legitim, wahllos Chinesen wegen der Besatzung Tibets oder Russen wegen der Besatzung Tschetscheniens umzubringen. Jeder Israeli (und erweitert sogar jeder Jude) ist ein legitimes Ziel, unabhängig davon, ob er persönlich für die Rechte der Palästinenser eintritt oder für Groß-Israel.

In keinem anderen Konflikt weltweit gibt es eine Bereitschaft der Öffentlichkeit, dieser Terrorideologie zu folgen. Wo auch immer Attentate verübt werden, ob auf Bali oder in Moskau, ob in Madrid oder London – die Attentäter werden in den Nachrichten als Terroristen bezeichnet. Die Terroristen der Hamas oder des Islamischen Jihad dagegen erhalten zumeist die schmeichelhafte Bezeichnung »Aktivisten«, schlimmstenfalls »militante Islamisten«. Aktivisten klingt nach aktiver Mitgliedschaft in einem Verein, einer Art Kassenwart für Bombenbauer. Ähnlicher sprachlicher Zurückhaltung dürfen sich nur noch die »Aufständischen« und »Rebellen« im Irak erfreuen. Da aber gilt die bekannte Verknüpfung Juden und Amerika (siehe oben). Übrigens sind die deutschen Journalisten dabei keine unrühmliche Ausnahme. Bei AP, der BBC und bei Reuters, den »Leitmedien« für alle Journalisten weltweit, ist der Begriff »Terrorist« in der Nahostberichterstattung sogar offiziell verboten.

In den Richtlinien für Producer der BBC heißt es wörtlich: »Neutrale Sprache ist der Schlüssel (für Glaubwürdigkeit) – selbst das Wort Terrorist kann bewertend erscheinen in Teilen der Welt, in denen kein klarer Konsens über die Legitimität militanter politischer Gruppen besteht.«

Mittlerweile hat sich die EU nach langer Debatte zwar dazu durchgerungen, die vorsätzliche Tötung von Zivilisten als Terrorismus und daher die Hamas offiziell als Terrororganisation einzustufen und die Delegitimierung des Staates Israel und Anschläge auf Juden als Antisemitismus zu definieren, aber in der deutschen Medienrealität findet dies genauso wenig Niederschlag wie zuweilen an deutschen Hochschulen.

Am Tag nach einem verheerenden Selbstmordanschlag in Tel Aviv, bei dem 24 Zivilisten (!) ermordet wurden, sinniert Prof. Dr. Udo Steinbach vom Orientinstitut und allgegenwärtiger Experte in deutschen Redaktionsstuben: »Wir müssen dann auch einmal darüber nachdenken, was wir als Terrorismus bezeichnen wollen. Wenn wir sehen, wie israelische Panzer durch palästinensische Dörfer fahren und sich die verzweifelten Menschen mit Steinen wehren, dann müssen wir im Blick auf Warschau und im Blick auf den Aufstand der Juden im Warschauer Ghetto auch fragen dürfen, war das dann nicht auch Terror?«

Wenn sich also Menschen, die von Deutschen vorsätzlich getötet wurden, nur weil sie Juden waren, dagegen aufbäumen, werden sie von einem ordentlichen, deutschen Hochschullehrer mit Terroristen verglichen, die unschuldige Zivilisten in die Luft jagen. Und keiner empört sich. Stattdessen gilt Steinbach als seriöser Nahostexperte in vielen Nachrichtensendungen und Talkshows.

Wie der Spielfilm »Paradise Now«, der Selbstmordattentate als Ultima ratio versteht, weil sich Israel starrköpfig einer Zweistaatenlösung widersetzt (was angesichts der Angebote von Camp David an sich schon absurd genug ist), sympathisiert die deutsche Öffentlichkeit mit den Tätern aus Verzweiflung. Auch Sigmar Gabriel, Hoffnungsträger der SPD und neuerdings Bundesminister, stellt die Frage: »Wie verzweifelt müssen junge Menschen in Gaza sein, die sich einen Sprengstoffgürtel umschnallen und sich selbst in die Luft sprengen?« Das klingt ebenso verständnisvoll und einleuchtend wie die Einlassungen Prof. Steinbachs und ist genau so simplifizierend. Es ist zugleich die häufigste Darstellung, die sich in der Presse und der öffentlichen Meinung findet, wenn es um die Hintergründe von Selbstmordanschlägen geht. »Sie morden aus Verzweiflung« war der *Stern*-Artikel von Christoph Reuter vom 27. Juni 2002 überschrieben.

Es ist die Brutalität der Besatzung, es ist die erbarmungslose Härte des von Ariel Scharon befehligten Militäreinsatzes, die verzweifelte Menschen dazu treibt, das eigene Leben einzusetzen, um Freiheit zu erlangen. So die gängige Lesart. Tatsächlich aber begann die Welle der Selbstmordanschläge unter den Friedensnobelpreisträgern Yitzhak Rabin und Shimon Peres, und sie steigerte sich ausgerechnet unter Ehud Barak, dem israelischen Ministerpräsidenten, der einen Rückzug aus 98 Prozent der besetzten Gebiete, einschließlich Ostjerusalems, anbot. Es waren die Selbstmordanschläge, es war die hohe Zahl israelischer Zivilisten, die in Bussen, Cafés, in Supermärkten und auf offener Straße durch Bomben zerrissen wurden, die den israelischen Wählern das Vertrauen in den Friedenspartner Arafat, in eine friedliche Lösung des alten Konflikts und in schmerzhafte Zugeständnisse nahmen. Es waren die Selbstmordattentate, die Ariel Scharon an die Macht bombten. In freier Wahl.

In der deutschen Presse aber findet sich dieser Zusammenhang so gut wie nie. Vordergründig liegt dies natürlich daran, dass üblicherweise der aktuelle Stand wiedergegeben wird und nicht jeder Artikel erneut den historischen Kontext referieren kann. In der Konsequenz aber bedeutet dies, dass die immer wiederkehrende Floskel von der »Spirale der Gewalt«, von Rache und Vergeltung, Selbstmordattentate und Militäraktionen auf eine Stufe stellt. Bestenfalls.

Als kurz nach der Liquidierung Scheich Jassins ein palästinensisches Terrorkommando eine hochschwangere Siedlerin und ihre vier Töchter ermordete, war keine Empörung zu vermelden. »Niemand beantragte eine Verurteilung im UN-Sicherheitsrat«, schrieb Joseph Joffe zu Recht in der *Zeit*, »niemand verdammte diese besonders perfide Bluttat auf den Leitartikelseiten der europäischen, geschweige denn der arabischen Presse«. Als sich dann bei der Beerdigung der jüdischen Opfer palästinensische Terroristen als Frauen verkleidet unter die Trauergemeinde mischten und das Feuer eröffneten, meldete dies nur SAT 1, ansonsten wurde dieser Hintergrund unterschlagen. In den ZDF-»heute«-Nachrichten hieß es nur, dass Israel Häuser zerstört und Palästinenser obdachlos gemacht habe. Die Vorgeschichte wurde gestrichen.

»Wir treiben die Juden ins Meer!« – niemand hat das so sehr zu seinem Lebensziel erklärt wie Scheich Jassin, er war der Apostel des Terrors, der Übervater aller Selbstmordattentäter, ein geistiger Brandstifter. Während der »Al-Aqsa-Intifada« verübte die Hamas unter seiner Führung 425 Anschläge auf Israelis. An Jassins Händen klebte das Blut von mindestens 377 Israelis.

Als Jassin durch eine israelische Rakete ums Leben kam, war die Empörung der Kollegen in fast allen meinungsführenden Blättern des Landes groß. Voller Zuneigung und Hochachtung wurde Jassin liebvoll als »Hamas-Gründervater« (*Der Spiegel*), als der »gelähmte und halbblinde Scheich« (*Der Spiegel*), als »spirituelles Oberhaupt« (*Süddeutsche Zeitung*) bezeichnet, der schon auf Grund seines physischen Handicaps zu nichts Argem in der Lage sei. Die *Rheinische Post* lieferte tags darauf das wohl abstruseste Dokument religiöser Verklärung eines Terroristen und schilderte, wie Jassins Bodyguard den gesamten Kühlschrankinhalt Jassins einem hungernden Kind schenkt. »So ist der Scheich«, zitierte die *Rheinische Post* gerührt den Wachmann.

Lediglich Thomas Schmid (*Frankfurter Allgemeine Sonntagszeitung*) beschrieb Jassin als den, der er war: »kein armer Greis, sondern einer, der jeden Friedensversuch hintertrieben und seine Autorität skrupellos dazu genutzt hat, für die Politik der Selbstmordattentate zu werben. Mit dieser ›Pornographie des Todes‹ (Shlomo Avineri) verließ er den Konsens der monotheistischen Religionen, die allesamt den Selbstmord nicht nur nicht propagieren, sondern als Sünde scharf verurteilen.«

Überall sonst schaute uns ein armer, hilfloser Greis vorwurfsvoll an. Mal aus seinem Rollstuhl, mal als Pop-Ikone in einem weißen Umhang vor einer schwarzen Wand (*Stern*). Oder nach seiner Liquidierung: Männer mit den Resten seines Rollstuhls in der Hand. Alleine die *Bild*-Zeitung ordnete die Ermordung Jassins anders ein, nämlich mit den Bildern seiner Opfer, israelischer Zivilisten in zerfetzten Linienbussen.

Eine Ausnahme, denn üblicherweise verkommt die Empathie mit Hunderten von ermordeten Zivilisten und Tausenden von Verletzten, die Empathie mit den Opfern, zur medialen Pflichtübung.

Seit sich nun um Israel auch noch ein unüberwindbarer, meterhoher Zaun zieht, sind auch die deutschen Journalisten kaum noch zu bremsen. »Berliner Mauer«, »Schandmauer« oder »Apartheid-Mauer« lesen und hören wir – und die Bilder belegen das jeweils eindrucksvoll. Dass aber von den geplanten 640 Kilometern nur 37 Kilometer (5,3 Prozent) aus Beton sein werden, erfährt der Leser nicht. Der Zaun wird als Kriegsverbrechen gebrandmarkt, als Verletzung der Menschenrechte, als sei über Nacht der alte DDR-Sperrzaun wiedererrichtet und spalte ein einig Volk von Brüdern und Schwestern. Dabei ist der Zaun ein Zaun und er kann abgebaut oder verändert werden, alle Optionen sind offen. Die durch Selbstmordanschläge getöteten Menschen dagegen werden nie mehr ins Leben zurückfinden können. Und dass die Zahl palästinensischer Selbstmordanschläge durch den Zaunbau deutlich zurückgegangen ist, interessiert in diesem Zusammenhang die wenigsten.

Wenn anderswo ein vergleichbarer Zaun errichtet wird, bringt das keinen Journalisten in Wallung. Der Zaun zwischen Pakistan und Indien ist fast auf den Kilometer genau so lang wie der israelische, bestückt mit Minen und Sensoren, und er schafft einseitig Fakten, er bringt ebenfalls Beschlagnahmung von Land und die Separierung von unschuldigen Bauern von ihrem Boden mit sich. Aber ein vergleichbarer Aufschrei ist uns nicht bekannt, ebenso wenig bei der Sperrmauer zwischen Katholiken und Protestanten im nordirischen Belfast, auch sie meterhoch und Territorien zerschneidend. Und wenn sich die spanischen Enklaven Ceuta und Melilla gegen schwarze Emigranten aus Mali und Niger abschotten, mit Stacheldraht und Minen und mit bis an die Zähne bewaffneten Soldaten, dann gibt es in Europa diskreten Beifall, und die Flüchtlinge, die bereits an dieser Grenze verblutet sind, werden als tragische, aber keineswegs unschuldige Opfer betrachtet. Schließlich gibt es kein Recht auf ein besseres Leben.

Und warum regen sich die Kollegen nicht gleichermaßen auf über die vielen anderen und die wirklich üblen Schlachtfelder dieser Erde? Kaschmir, Tschetschenien, Ruanda, Kongo, jetzt wieder Sudan. Wann gab es den letzten Bericht über die systematische Auslöschung Tibets durch die Chinesen, wo bleibt der Bericht über die Kinder aus Sierra Leone, die statt mit Teddybären mit Kalaschnikows spielen müssen? Über den Iran und Nordkorea wurde im Zusammenhang mit möglichen Bedrohungen zusammen nicht halb soviel berichtet wie über den Konflikt zwischen Israelis und Palästinensern. Gleichzeitig wird aber jeder, der versucht, ein differenzierteres Bild

Israels zu zeichnen, der Parteilichkeit geziehen, weil er das unermessliche Leid des palästinensischen Volkes unterschlage.

Dass es übrigens bei der Empörung über Israel nur scheinbar um Empathie mit dem unterdrückten Volk der Palästinenser geht, zeigt die Gleichgültigkeit gegenüber dem Schicksal der Palästinenser, wenn auf der anderen Seite keine Juden stehen, sondern Araber. Dass der jordanische König im September 1970 etwa 20000 Palästinenser in einem infernalischen Massaker umbringen ließ, ist ebenso wenig Allgemeingut wie der Umstand, dass der Libanon den Palästinensern in den Flüchtlingslagern auch nach über fünf Jahrzehnten jede Integrationschance verweigert.

1982 ließ der syrische Präsident Assad die Stadt Hama ausradieren. 10000 Palästinenser wurden dabei ermordet. Aber Assad wurde deswegen weder angeklagt noch vorgeführt als Kriegsverbrecher, sondern weltweit als Präsident hofiert. Auch in Deutschland war er noch kurz vor seinem Tod. Als ein israelischer Journalist in der Bundespressekonferenz kritische Fragen stellen wollte, wurde er von Assad abgekanzelt und als Jude diffamiert, während die deutschen Kollegen betreten schwiegen. Dass Syrien bis heute dem letzten großen NS-Kriegsverbrecher Asyl gewährt, nämlich Alois Brunner, einem 120000-fachen Mörder, findet ohnehin niemand eine Zeile wert, wenn Syriens Präsident im Lande ist.

Die Palästinenser wollen einen eigenen Staat. Völlig zu Recht. Aber warum treten die Berichterstatter für dieses Recht nicht genauso vehement ein bei 25 Millionen Kurden, denen schon seit 1920 im Abkommen von Sèvres ein eigener Staat zugesichert worden ist, oder für die Basken, die Tibeter, die Tschetschenen, die Kaschmiris und viele andere ethnische Gruppen? Und nicht zu vergessen: Als Ägypten den Gazastreifen widerrechtlich besetzte oder Jordanien die Westbank, fühlte sich niemand bemüßigt, das Recht der Palästinenser auf einen eigenen Staat zu fordern, bis 1967 nicht. Wer weiß überhaupt noch, dass die Palästinenser bis 1967 unter ägyptischer und jordanischer Obhut ohne israelische Einmischung ihren Staat hätten gründen können? Erst nachdem Israel diese Gebiete erobert und besetzt hatte, fand die Sehnsucht der Palästinenser nach einem eigenen Staat öffentlichen und publizistischen Sympathiewiderhall.

Es ist keine Solidarität mit den Palästinensern, sondern ein Zusammenschluss gegen Israel und das heißt: gegen die Juden. Unsinn, heißt es an dieser Stelle, wenn von Israel die Rede ist, sind doch nicht automatisch »die Juden« gemeint. Wirklich nicht? Warum wird wie selbstverständlich immer von »jüdischen Siedlungen« geschrieben und gesprochen, obwohl sie doch streng genommen »israelische Siedlungen« heißen müssten? Warum wird in einer unverdächtigen Zeitung wie der *Süddeutschen Zeitung* ein demokratisch gewählter Ministerpräsident mehrfach als Jude karikiert? Warum nicken viel zu viele verständnisvoll, wenn Bin Laden behauptet, ohne den Judenstaat müsse er die Welt nicht mit seinem Terror überziehen? Warum ist es, außer der *Frankfurter Rundschau*, keiner überregionalen Zeitung eine Titelseite wert, wenn der iranische Präsident Ahmadinedschad sein Land dazu aufruft, Israel von der Landkarte zu tilgen? Warum wird stattdessen nicht nur in den Leserbriefspalten, sondern auch an intellektuellen Stammtischen in diesem Land ernsthaft das Existenzrecht Israels in Frage gestellt? Kein anderes Land der Welt wird in seinem Existenzrecht überhaupt in Frage gestellt. Warum aber Israel?

Fleißig gedenkt das Land zu festgelegten Zeiten der Opfer des Holocaust, gleichzeitig gelten die Hamas oder der islamische Jihad als die wahren Befreier des palästinensischen Volkes, deren Schlachtruf »Wir treiben die Juden ins Meer!« als eine Art revolutionären Befreiungspathos oder orientalischer Folklore gern geflissentlich überhört wird.

Der ideologisch verengte Blick, wonach Israelis schlechte und Palästinenser gute Menschen sind, lässt sich besonders eindrucksvoll am Beispiel der Räumung des Gazastreifens beschreiben. Der *Stern* veröffentlichte Anfang September 2005 in seiner Rubrik »Bilder der Woche« ein doppelseitiges Foto eines Trümmerfelds, das bis zum Horizont reicht, unter dem Titel »Ruinöse Hinterlassenschaften«. In der dazugehörigen Bildzeile erfährt der Leser: »Nur Trümmer liegen dort, wo einst eine Reihe schmucker Häuser stand«, zerstört von den Planierraupen der israelischen Armee. Was der Leser nicht erfährt: Die palästinensische Autonomiebehörde hatte ausdrücklich auf der völligen Zerstörung der Siedlungen bestanden, um die daniederliegende heimische Bauwirtschaft mit Neuaufträgen wieder zu beleben. Bewusst oder unbewusst unterschlagen? Es spielt keine Rolle. Grundsätzlich gilt nämlich, dass viele Zuschauer auf der Suche nach der Bestätigung für vorgefasste Meinungen sind und die Journalisten sich als Bildbeschaffer verstehen für die eigenen Bilder im Kopf.

Doch selten tritt dieser Mechanismus so offen zutage wie im Nahostkonflikt. Und selten sind Journalisten so willig dabei, diese Rolle zu spielen, weil sie vielfach übereinstimmt mit der eigenen Haltung. Dass diese nicht antisemitisch ist, lässt man sich am besten durch prominente Juden, noch besser Israelis bestätigen, z.B. durch Uri Avnery. Der Umstand, dass seine Familie im Holocaust geblieben und er selbst, als Helmut Ostermann, in Westfalen geboren ist und nach wie vor fließend Deutsch spricht, erleichtert die Sache. Dass Avnery in der Friedensbewegung in Israel eine eher isolierte Rolle spielt, das erfährt hier niemand.

Dass sich die Berichterstattung, von Ausnahmen einmal wie immer abgesehen, beharrlich weigert, die Vernichtungsdrohung der Hamas ernst zu nehmen, kann man Gefühlskälte gegen Israel nennen, Verdrängung und Verleugnung, aber man kann es eben auch Antisemitismus nennen. Natürlich sitzen in deutschen Redaktionsstuben keine erklärten Antisemiten, von den einschlägigen Publikationen einmal abgesehen. Aber bei jenen, die den empörten Zeigefinger auf Israel richten, mischt sich vielfach auch das Bedürfnis nach Entlastung von der eigenen Schuld oder Verantwortung für die Ermordung von sechs Millionen Juden in die Kritik. Endlich sind die Juden nachweisbar keine besseren Menschen, sie sind Täter, Scharon ist Hitler. Unter Berufung auf die jüdischen Opfer von gestern werden die Mörder von Juden heute legitimiert. Solidarität mit »den Opfern« um jeden Preis, auch den der Verleugnung der Wahrheit. Das ist praktisch. Aber perfide ist es eben auch.

Johann Michael Möller

Medien, Israel und Antisemitismus

Die Geschichte des deutsch-jüdischen Zwiegesprächs beginnt durch eine Hintertür. An einem bitterkalten Herbsttag des Jahres 1743, so erzählt es die Legende, steht ein frierender, halb verhungerter Junge vor dem Rosenthaler Tor in Berlin, dem einzigen, durch das Juden die Stadt betreten durften, und begehrt Einlass. Es ist Moses, der Sohn Mendels aus Dessau, kleinwüchsig und hochbegabt, der seinem Lehrer, dem Oberrabbiner David Fränkel auf eigene Faust in die preußische Hauptstadt folgt. »Heute passierten das Rosenthaler Tor sechs Ochsen, sieben Schweine, ein Jude«, vermerkt das Wachjournal des Torwärters der jüdischen Gemeinde penibel. So nimmt eine beispiellose Gelehrtenkarriere ihren Anfang, die Moses Mendelssohn zu einer Jahrhundertgestalt der europäischen Aufklärung werden ließ und ihm die lebenslange Freundschaft Gotthold Ephraim Lessings einbrachte. Im »Nathan dem Weisen« hat dieser ihm sein literarisches Denkmal gesetzt.

Knapp zweihundert Jahre später steht der Berliner Gymnasialprofessor Otto Morgenstern vor einem seiner Lieblingsschüler und fragt diesen verstört: »Junge, warum gehöre ich nicht mehr zu diesem Volk?« Morgenstern war einer der prägenden Lehrer am legendären Berliner Schiller-Gymnasium gewesen, hatte Generationen von Berliner Kindern eine humanistische Bildung gegeben, war beliebt, verehrt und eine geistige Autorität in der Stadt. Dann kamen die Nationalsozialisten und zwangen den greisen Lehrer, sein Leben mit Straßenkehren zu fristen. Vor den Augen seiner einstigen Schüler, die in den besseren Gegenden des Berliner Südens ihre Anwaltskanzleien und Arztpraxen betrieben. Einige halfen doch. Heimlich schlichen sie sich nachts durch die Kellertür seines Hauses in der Söthstraße, brachten ihm etwas zu essen, die neuesten Nachrichten und leisteten dem einsamen Mann Gesellschaft, der hinter verschlossenen Fensterläden saß und wartete. Bis sie ihn dann spät noch im Kriegsjahr 1943 nach Theresienstadt brachten, wo er starb. Das war die Pforte, durch die der jüdisch-deutsche Dialog wieder auszog aus Deutschland.

Noch einmal sechzig Jahre später feierten Berliner Schüler ihren Schulabschluss und die Lehrer, die sie betreut hatten, ließen eine Klezmer-Band aus Israel aufspielen, als Zeichen der besonderen Bedeutung, die man dem deutsch-jüdisch-israelischen Dialog beimaß. In einer der vorderen Reihen saß ein alter Herr. Er hatte Deutschland einst verlassen müssen und war in amerikanischer Uniform zurückgekehrt. Seine Familie war ermordet worden. Er aber behielt die Erinnerung an die untergegangene Welt des deutschen Judentums. An diesem Abend in Berlin jedoch spielte man Klezmer-Musik. Und kaum einer im Saal wusste noch von der Geschichte des jüdischen Geistes in Berlin, die da an einem kalten Herbsttag des Jahres 1743 am Rosenthaler Tor ihren Anfang genommen hatte.

Nach der Ermordung der Juden in Europa schwand auch die Erinnerung. Obwohl es ungezählte Versuche gab, die Spur jüdischen Lebens in unserem Land wieder aufzunehmen. Manche der Emigranten kehrten heim, wie der Architekturhistoriker Julius Posener. Andere, wie Hannah Arendt, wollten sich auch geistig nie wieder einbürgern lassen. Ernst Cassirer starb bei Kriegsende in New York, kurz nachdem der die Arbeit an seinem letzten Werk, »Vom Mythus des Staates«, abgeschlossen hatte, in dem er die Wiederkehr des politischen Totalitarismus philosophisch begreifen wollte. Sie alle waren einst selbstverständlicher Teil der deutschen Geistesgeschichte gewesen und sind es oft bis zu ihrem Tod geblieben. Kurz vor seinem Tod sprach der Historiker George Mosse, Nachfahre der alten Berliner Zeitungsdynastie, noch mit großer Liebe von seiner Vaterstadt Berlin und der Idee, dass das dort entstandene Jüdische Museum die über die ganze Welt verstreuten Spolien der jüdischen Existenz in Deutschland wieder einsammeln könnte. Es fand sich keine Bitterkeit in seinen Worten.

Oder der Jazzgitarrist Coco Schumann, der an einem warmen Sommerabend bei Freunden in Berlin auf dem Sofa saß, das Programm für sein nächstes Konzert besprach und so ganz nebenbei erzählte, warum er ein bestimmtes Lied nicht so gerne spielen würde: »La Paloma«. Auf die erstaunte Nachfrage schaute er mit seinen blauen Augen hoch und bemerkte ganz nebenbei: Das habe er als »Judenjunge« immer an den Bahngleisen in Theresienstadt spielen müssen, wenn die Züge in die Vernichtungslager fuhren. Er wollte diese Episode lange nicht erzählen. Schließlich war er Musiker, spielte nach dem Krieg mit Helmut Zacharias, wurde Teil des deutschen Wirtschaftswunders. Das war damals keine Zeit für alte Geschichten, meinte er.

Nach neuesten Untersuchungen hat die antisemitische Haltung auch bei Deutschen in den letzten Jahren wieder zugenommen. Jeder Fünfte der Befragten ist heute offenbar der Meinung, dass Juden schuld seien an den großen internationalen Konflikten. Zumindest ein Potential von 15 Prozent der deutschen Bevölkerung neigt zu antisemitischen Einstellungen, schätzen auch andere Studien. Der Bielefelder Konfliktforscher Wilhelm Heitmeyer kommt zu noch besorgniserregenderen Ergebnissen. Er sieht nicht nur neue Formen des Antisemitismus. Er registriert auch eine »Erosion der Kommunikationslatenz«, also der »nachlassenden Effektivität der Vorurteilsrepression« gegenüber antisemitischen Äußerungen.

Das öffentliche Meinungsklima habe lange Zeit gegenüber antisemitischen Ressentiments standgehalten. Das ändere sich durch verschiedene Strategien zunehmend, wie die Historisierung, die »Umwegkommunikation« oder die Europäisierung des Holocausts. Die Tabuisierung antisemitischer Kommunikation habe in der Bundesrepublik zu einer Themenverschiebung geführt, wie der wachsenden Kritik an der israelischen Besatzungspolitik. Auch die internationale Diskussion um den »new antisemitism« sehe das Neue gerade in der Verschiebung auf Israel, das nun »als kollektiver Jude an die Stelle der Juden in der Diaspora« trete: »Aus der Tatsache, dass wie bei keinem anderen politischen Konflikt Israels Politik in den Vergleichshorizont des Nationalsozialismus gestellt wird und man ihr die Absicht eines ›Vernichtungskrieges‹ unterstellt, lässt sich das Motiv ablesen, durch Täter/Opfer-Umkehr den Status der Juden als Opfer des Holocaust zu relativieren.« Wenn Israels Premier Scharon in einer angesehenen deutschen Tageszeitung daher als »Schlächter« bezeichnet wird, an dessen Händen »Blut« klebe, kann man darin ein Indiz für die Abnahme der Kommunikationslatenz erblicken und wie die Antisemitismusforscher Margret und Siegfried Jäger den Schluss ziehen, dass »die Berichterstattung der etablierten deutschen Printmedien verdeckt oder offen antisemitische Zuschreibungen zu den Israelis enthält, die dazu geeignet sein könnten, ›an vorhandene antisemitische Vorurteile anzuknüpfen und diese zu verfestigen oder auch auszuweiten‹«.

Dieses Urteil findet zum Teil eine überraschende Bestätigung in der Untersuchung von Rolf Behrens über das Israelbild im Magazin *Der Spiegel*, die er 2003 unter dem Titel »Raketen gegen Steinewerfer« veröffentlichte. Vor allem die Stereotypisierung der Israelis als Täter und der Palästinenser als Opfer scheint weit verbreitet. Allerdings gilt es dabei drei Dinge zu berücksichtigen. Der Nahostkonflikt ist das, was man einen »Top-Spot« der Krisenberichterstattung nennt. Die Region weist mit Abstand die höchste Journalistendichte weltweit auf, sie ist »overreported«.

Zweitens hat sich das internationale Image Israels seit dem Sechstagekrieg kontinuierlich verschlechtert. Auch die deutsche Öffentlichkeit distanziert sich seither, so Behrens, von Israel. »Standen im Sechstagekrieg fast 70 Prozent der Deutschen auf der Seite der Israelis, so fiel die Sympathie während des Libanonkriegs im Februar 1983 auf 20 Prozent ab.«

Drittens wächst mit dem zeitlichen Abstand zum Holocaust das, was Israels Botschafter Shimon Stein als »natürlichen Revisionismus« bezeichnete. Man kann das aber auch als unvermeidliche Folge des Generationenwechsels sehen, hin zu einer Generation, die sich selber nicht mehr schuldig fühlt. Das muss dennoch keine Schlussstrichmentalität beinhalten. Dennoch bedeutet es natürlich auch eine andere Form von »environmental support« für eine veränderte Berichterstattung, die etwa die *Frankfurter*

Allgemeine Sonntagszeitung auf den Nenner brachte: Im Umgang der deutschen Öffentlichkeit mit Israel sei offenbar die »Zeit der Glacéhandschuhe« vorbei.

Man sollte mit Schlussfolgerungen auf die Motivlage behutsam sein. Die Kommunikationswissenschaft kennt das Phänomen der »journalistischen Konsonanz«, wonach Ereignisse besonders dann aus dem komplexen Nachrichtenstrom ausgewählt werden, wenn sie in den eigenen journalistischen Erwartungshorizont passen (Maximilian Gottschlich). Meinungsforscher wie Elisabeth Noelle-Neumann machen dafür »gleichlaufende Prozesse beruflicher Sozialisation« und journalistisches »Ingroup-Verhalten« verantwortlich, also den simplen Umstand, dass sich der eine am anderen orientiert und dadurch ein bestimmter Meinungsdruck aufgebaut wird, unabhängig von tatsächlichen Ereignislagen und empirischen Daten. Das ist der Grund für bestimmte Meinungskonjunkturen, die nicht immer mit verfestigten Weltanschauungen und Überzeugungen gleichzusetzen sind.

Allerdings wächst die Gefahr der Latenzdurchbrechung auch bei Kommunikationseliten, wenn der »environmental support« aus der Gesellschaft nachlässt oder sich gegen eine bestimmte Berichterstattung zu wenden beginnt. Denn die Medien stehen heutzutage unter einem enormen ökonomischen Erfolgsdruck.

Wie lässt sich aber verhindern, dass daraus ein sich wechselseitig verstärkender Effekt entsteht, aus dem am Ende womöglich doch ein neuer manifester antisemitischer Mainstream entspringen könnte? Heitmeyer und andere Sozialwissenschaftler haben dafür ein elaboriertes Instrumentarium entwickelt, in dessen Zentrum der Begriff der »Gruppenbezogenen Menschenfeindlichkeit« steht, aus dem sie einen GMF- oder Diskriminierungsindikator gewinnen. In der Tat stößt man damit auf besorgniserregende latente Entwicklungen. Dennoch bewegen sich diese Erkenntnisse auf einem Abstraktionsgrad, der auch mediale Probleme aufwirft. Immer wieder wird die deutsche und internationale Öffentlichkeit zwar durch neue Zahlen und Daten zum Thema Antisemitismus und Fremdenfeindlichkeit aufgeschreckt. Aber es fehlt die Vorstellungskraft.

Das Grundproblem dieser Art von Antisemitismusforschung besteht doch darin, dass sie Gefahr läuft, Jahrhunderte deutsch-jüdischer und jüdisch-europäischer Geschichte auf GMF-Koeffizienten zu reduzieren. Natürlich birgt auch jede biographisch-narrative Methode die Gefahr, der Dimension und Komplexität des Themas nicht gerecht zu werden. Dennoch führt die demoskopisch-statistische Herangehensweise zu einer prekären Entfremdung und Versachlichung, um nicht zu sagen Entäußerung. Und sie verstärkt ein sonderbares Missverständnis. Warum wird Antisemitismus eigentlich unter dem begrifflichen Dach der »Fremdenfeindlichkeit« geführt? Gewiss, der

Antisemitismus hatte immer xenophobe Züge. Und die Mechanismen ethnisch-religiöser Ausgrenzung und Selbstbeschränkung, also die bekannte Mehrheits-Minderheits-Konstellation, bestimmten in großen Teilen auch die deutsch-jüdische Geschichte. Aber eben nicht nur.

Methodisch wird doch damit die Trennung, ja Austreibung der jüdischen Geschichte aus der deutschen noch nachträglich manifestiert. Sicher entspricht das einer verbreiteten Haltung unter den Opfern, die das große Kapitel der gemeinsamen Geschichte für beendet halten und allenfalls vorsichtig von einem neuen jüdischen Leben in Deutschland zu sprechen bereit sind. Aber gilt das auch rückwirkend? Wie will man sich die deutsche Literaturgeschichte ohne Heine, Börne oder Kafka vorstellen; wie die Musikgeschichte ohne Mendelssohn-Bartholdy oder Gustav Mahler? Oder umgekehrt: Wie will man die jüdische Philosophie- und Wissenschaftsgeschichte, wie das jüdische Mäzenatentum in Deutschland ohne das Umfeld, ja den Humus der deutschen Gesellschaft denken? Der Antisemitismus richtete sich doch nicht nur gegen eine fremde, fremdartige, wie man in diesem Zusammenhang verräterischerweise sagte, Kultur- und Religionsgemeinschaft, sondern gegen einen Teil der eigenen Geistes- und Kulturgeschichte, ja der eigenen Nation. Über die Zerstörung dieser Tradition und Lebenswelt wird viel zu wenig gesprochen.

Es könnte sein, dass einer der Gründe, warum sich die alten Stereotypen immer wieder aufzuladen beginnen, darin liegt, dass lange Zeit mehr das Trennende als das Verbindende in der deutsch-jüdischen Geschichte hervorgehoben wurde und der Holocaust bis heute die unüberbrückbare Grenze zwischen Tätern und Opfern markiert. Die Bemühungen der nachwachsenden Generationen um Sühne und Gedenken sind zudem von einem merkwürdigen Folklorismus geprägt, der in der Klezmer-Begeisterung seinen sinnfälligen Ausdruck findet und nur einen kleinen Teil dessen repräsentiert, was der Vernichtungswut der Nazis zum Opfer fiel. Nichts davon darf vergessen werden. Aber neben eine methodisch avancierte Sozialforschung und ihre GMF-Indizes gehören die Lebensgeschichten und das Wissen um die einstige Nähe.

Wer einmal nahe dem Ettersberg bei Weimar gelebt hat, wer Tag für Tag mit Buchenwald und der dortigen Gedenkstätte konfrontiert wurde, weiß um die eigenartige Verbindung, die das Gedenken dort mit dem eigenen Leben, der eigenen Alltagserfahrung eingehen kann. Die Geschichte verliert ihre Schemenhaftigkeit, die Menschen gewinnen ihre Räume und ihre Schatten wieder.

Wer zudem auf die Forschungen des Simon-Dubnow-Instituts in Leipzig trifft, entdeckt plötzlich, dass dort nicht nur die Brandspur einer untergegangenen Welt verfolgt wird, sondern über jüdische Geschichte auf eine

Weise nachgedacht wird, die einmal paradigmatisch auch für das deutsche Selbstverständnis unter transnationalen Bedingungen werden könnte.

Die Demoskopie des Antisemitismus ist als Indikator wichtig, aber sie kann das Wissen um die Lebensgeschichte jüdischer Menschen in Deutschland eben nicht ersetzen.

Tobias Kaufmann

In Blüms Dschenin

Journalisten und Politiker fördern durch Fahrlässigkeit, Unterlassung und Vorsatz die israelfeindliche Haltung deutscher Medienkonsumenten

Statistiken können furchtbar sein. Der Aussage »Israel führt einen Vernichtungskrieg gegen die Palästinenser« stimmten 2004 in der dritten Folge der repräsentativen Untersuchung »Deutsche Zustände« des Bielefelder Konfliktforschers Wilhelm Heitmeyer mehr als 68 Prozent der Befragten eher oder voll und ganz zu. Die Aussage »Was der Staat Israel heute mit den Palästinensern macht, ist im Prinzip auch nichts anderes als das, was die Nazis im Dritten Reich mit den Juden gemacht haben« teilte mehr als die Hälfte der Deutschen. Fast 45 Prozent waren eher oder voll und ganz der Ansicht: »Bei der Politik, die Israel macht, kann ich gut verstehen, dass man etwas gegen Juden hat.« Diese Zahlen, die sich auf Israel beziehen, sind im Vergleich zum so genannten klassischen Antisemitismus ausgesprochen hoch. Sätze wie »Juden haben in Deutschland zuviel Einfluss« oder »Durch ihr Verhalten sind die Juden an ihren Verfolgungen mitschuldig« teilten »nur« 21,5 bzw. 17,4 Prozent der Befragten der Langzeitstudie.[169]

Heitmeyers Interpretation: Während die Unterdrückung von klassisch judenfeindlichen Vorurteilen in der Öffentlichkeit funktioniere, gebe es eine »Umwegkommunikation« über die Israelkritik. Solcher Populismus scheint in Deutschland salonfähig, denn Israel ist auch unter den nicht als Antisemiten anzusehenden Befragten aller politischen Richtungen ausgesprochen unbeliebt. 85 Prozent stimmten dem Satz zu: »Es ist ungerecht, dass Israel den Palästinensern Land wegnimmt« – die Interpretation des Nahost-Konflikts als Landraub ist offenbar gar nicht mehr strittig. Woher kommt diese Feindseligkeit in dem Land, das in diesem Jahr mit viel Aufwand das vierzigjährige Jubiläum der deutsch-israelischen diplomatischen Beziehungen feiert und das nach Ansicht beider Seiten Israels bester Freund in Europa ist?

Hat die Forschung Recht, wenn sie Aussagen über einen »Vernichtungskrieg« als »sekundären Antisemitismus« ansieht, modernen Judenhass also, der sich eine Ausdrucksform gesucht hat, die in der Öffentlichkeit weniger tabuisiert wird als klassische antijüdische Stereotype von riesigen Nasen, Raffgier und Ritualmorden? Der Hamburger Wissenschaftler Rolf Hanisch vermutet hinter den beunruhigenden Statistiken etwas ganz anderes.

»Das hat nichts mit Antisemitismus zu tun, sondern beweist nur, dass die Leute zu viel fernsehen«, sagte mir Hanisch in einem Telefoninterview. Hanischs Vorlesung »Der ›neue‹ Antisemitismus – ein Weltproblem?« wurde im vergangenen Semester nach Antisemitismusvorwürfen von der Universitätsleitung abgesetzt.[170] Bei den Affären Möllemann und Hohmann konnte er keinen Judenhass erkennen. Hat er dennoch mit seiner Analyse diesmal Recht? Führt Medienkonsum in Deutschland zu einer mindestens stark israelkritischen, vielleicht sogar judenfeindlichen Haltung?

Was Hanisch suggeriert, um die Deutschen vom Vorwurf der Judenfeindschaft freizusprechen, folgt einem sehr einseitigen Verständnis von der Macht der Medien: Sie sind Manipulator von Menschen, die das glauben, was sie glauben sollen. Dieser Vorwurf ist in der Linken (gegen das angeblich rechte Medienkartell) ebenso verbreitet wie in der Rechten (gegen die vermeintlich linke Journaille). Er ist auch in der akademischen Landschaft tief verwurzelt. Jürgen Habermas beklagte die »Feudalisierung« des öffentlichen Diskurses unter dem Joch des Konsums. Konservative Untersuchungen über den Wahlkampf 1976 kritisierten die Vorliebe von Kamerateams, Helmut Kohl aus seltsamen Perspektiven zu filmen. Am Ende sind immer die Medien schuld.

Der Nachteil an diesem sehr einfachen Weltbild ist: Es kann durch die Rezeptionsanalyse, trotz aller Versuche, nicht belegt werden. Medienberichterstattung und -konsum folgen keinem hierarchischen System von In- und Output, in dem mächtige Journalisten oder Mogule oben etwas hinein geben, was das naive Publikum unten übernimmt. Jeder Journalist, der schon einmal kritische Zuschauer- oder Leserpost bekommen hat, weiß, wie falsch dieses Modell ist. Es spielt oft keine Rolle, was ein Journalist tatsächlich gesagt oder geschrieben hat. Es zählt, was der Rezipient dahinter vermutet. Medienkonsumenten neigen dazu, das zu glauben, was sie glauben wollen. So ergab eine Studie über die »Erklärungskraft der Mediennutzung für Wahlentscheidungen«: »Bei den meisten Wahlentscheidungen verringert sich der Erklärungsbeitrag der Massenkommunikation beträchtlich – teilweise sogar bis zur Insignifikanz –, wenn politische Prädispositionen einbezogen werden. Das deutet auf eine erhebliche Bedeutung der selektiven Rezeption hin: Wähler mit bestimmten politischen Neigungen nutzten bevorzugt Medien, die zu diesen Loyalitäten passten. (...) Politische Botschaften dieser Medien flossen jedoch zumeist gar nicht oder nur wenig in die Entscheidungen der Wähler ein.«[171]

Der gesunde Menschenverstand reicht aus, um dieses Phänomen zu belegen. Wie viel Prozent der Abonnenten der links-alternativen, israelkritischen Tageszeitung *taz* werden wohl konservative CDU-Wähler mit einem höchst positiven Israelbild sein? Nur einmal angenommen, die *taz* hätte

– abgesehen von Berufslesern aus Politik und Medien – tatsächlich viele solcher Abonnenten: Wie viele von ihnen würden wohl dieses Israelbild auf Grund der israelkritischen Berichterstattung der *taz* revidieren, statt an ihrem Weltbild festzuhalten und einfach die Zeitung zu wechseln? 65 Prozent der Deutschen sehen laut einer EU-Umfrage Israel als die größte Bedrohung für den Weltfrieden an. Lesen all diese Menschen die kleine *taz*? Wahrscheinlicher ist, dass viele von ihnen eher die *Bild*-Zeitung lesen, die allerdings nie behauptet hat, Israel sei eine Bedrohung für den Weltfrieden.

Die Meinungen von Menschen werden also auch im Medienzeitalter von ganz verschiedenen Faktoren geprägt. Familie, Freunde, Arbeitskollegen und das, was man so auf der Straße aufschnappt, spielen eine mindestens genauso große Rolle wie die beiläufig konsumierten Leitmedien und jene Medien, die ganz bewusst wahrgenommen werden. All diese Inputs treffen auf mehr oder weniger gebildete Menschen mit mehr oder weniger festen Einstellungen, Vorurteilen und persönlichen Erfahrungen. Da auch sie Menschen sind, gilt dasselbe übrigens für Journalisten.

Natürlich ist die Vorstellung, die Berichterstattung der Medien allein sei verantwortlich für die negative Haltung, die eine Mehrheit der Deutschen gegenüber Israel einnimmt, deshalb naiv und falsch. Die Medien machen die Meinung des Volkes nicht. Aber sie sind, so eine Definition des Bundesverfassungsgerichts, »an der politischen Willensbildung des Volkes« beteiligt. Dieser Verantwortung müssen Journalisten und Medienmacher sich bewusst sein.

In der deutschen Bevölkerung ist Antisemitismus latent vorhanden, eine Abneigung gegen Israel ganz offensichtlich. Diese Haltung wird offenbar, da sie stabil ist und sich zum Teil sogar verstärkt, durch die Berichterstattung der deutschen Medien nicht gebremst. Daraus ergibt sich eine grundlegende Frage: Ist die Berichterstattung mitverantwortlich für diese Situation? Oder bildet die Berichterstattung lediglich eine – von Israel verantwortete – Realität ab, die zur Folge hat, dass viele Menschen Juden und/oder Israelis nicht leiden können?

Medien wirken an der Willensbildung nicht nur dadurch mit, dass sie selbst kommentieren, sondern auch dadurch, dass über sie Kommentare und Wertungen von öffentlichen Akteuren – Politiker, Prominente, zufällig befragte Bürger – transportiert werden. Es ist nicht die Aufgabe von Medien, Nachrichten zu unterdrücken. Wenn ein wichtiger Politiker Israel kritisiert, sollten Medien dies deshalb abbilden. Es liegt aber in ihrem Ermessen, solche Aussagen wohlwollend oder kritisch zu kommentieren, ihnen mehr oder weniger prominenten Platz einzuräumen als gegenteiligen Aussagen.

Wer die Diskussion um den Nahostkonflikt hierzulande verfolgt, stößt auf ein seltsames Phänomen. Sowohl bei deutschen Israelgegnern als auch bei Israelfreunden ist die Ansicht verbreitet, die Medien bevorzugten jeweils die Gegenseite. Ein weiterer Beleg für die selektive Wahrnehmung von Medienkonsumenten. Während eine Studie der Bundeszentrale für politische Bildung 2003 keine Belege für irgendeine Bevorzugung finden konnte, legten zwei andere Studien jedoch wissenschaftlich haltbare Indizien dafür vor, dass Israel in den deutschen Medien ungewöhnlich schlecht wegkommt. Das Duisburger Institut für Sprach- und Sozialforschung (DISS) hatte im Auftrag des American Jewish Committee (AJC) den Nahostdiskurs in sieben großen deutschen Zeitungen vom 28. September 2000 bis zum 8. August 2001 analysiert. Der Branchendienst »Medientenor« prüfte, wie sich die TV-Berichterstattung über Israel seit den Anschlägen vom 11. September 2001 gewandelt hat. Das Ergebnis: Antisemitische Stereotype prägen das Bild Israels in allen Medien, vorurteilsfreier Journalismus findet nicht statt. Israel wird immer häufiger auf Gewalt reduziert.

Grundlage der DISS-Studie waren 427 Artikel aus der *Frankfurter Allgemeinen Zeitung (FAZ)*, der *Frankfurter Rundschau*, der *Süddeutschen Zeitung*, dem *Tagesspiegel*, der *tageszeitung* (*taz*), der *Welt* und dem *Spiegel*. Die Analyse war auf vier wichtige Ereignisse in diesem Zeitraum begrenzt. Das erste Ereignis, zu dem es mit insgesamt 183 Artikeln die größte Resonanz gab, ist der Besuch Ariel Scharons auf dem Tempelberg in Jerusalem am 28. September 2000. In den deutschen Medien herrscht Einigkeit darüber, dass Scharon mit seinem »provokanten« Besuch die zweite Intifada ausgelöst und den Friedensprozess endgültig zum Stillstand gebracht hat. »Die Möglichkeit, dass Arafat die Intifada absichtlich vom Zaun gebrochen habe«, wird in den Zeitungen laut Studie nicht in Erwägung gezogen. Dass der Tempelbergbesuch sowohl mit der damaligen Regierung Barak als auch mit Vertretern der Palästinensischen Autonomiebehörde abgesprochen war und dass es palästinensische Jugendliche waren, die den ersten Stein geworfen haben, findet nur in *FAZ* und *Tagesspiegel* am Rande Erwähnung. Das DISS folgert: Eine optimistische Einschätzung der Entwicklungen im Nahen Osten ist nach dem gewagten Unternehmen Scharons für die deutsche Presse offenbar nicht mehr möglich.

Zwei Tage nach dem Tempelbergbesuch wird in allen deutschen Medien über den Tod des palästinensischen Jungen Mohammed Al Dura berichtet. In den insgesamt 49 Artikeln wird unisono davon ausgegangen, der Tod des Kindes sei durch israelische Soldaten verursacht worden. Andere Möglichkeiten werden nicht in Erwägung gezogen, obwohl von Anfang an erhebliche Zweifel am dargestellten Tathergang bestehen. Auch die Lynchmorde von Ramallah und das Selbstmordattentat vor der Diskothek »Dolphinarium« in Tel Aviv werden in der Studie analysiert.

Der Hauptvorwurf des Instituts gegen alle untersuchten Zeitungen bezieht sich auf die durchgängig negative Beschreibung Israels und der Israelis. Prominenteste Negativgestalt ist Israels Ministerpräsident Ariel Scharon. Er wird in der gesamten Presse mit abwertenden, oft antisemitisch aufgeladenen Begriffen charakterisiert. Da ist vom »Schlächter«, »politischen Pyromanen« »schmerbäuchigen alten Kriegsverbrecher« (*FAZ*), vom »Kriegstreiber«, »hässlichen Israeli« (*FR*) und »Scharfmacher« (*Spiegel*) die Rede. Die Israelis werden in den Zeitungen immer häufiger mit Attributen wie brutal, unversöhnlich, heuchlerisch, überheblich und machthungrig beschrieben. Laut DISS ist es egal, was die Israelis tun: In der deutschen Presse werden sie sowieso in einer negativen Perspektive gezeichnet: »Kämpfen sie, sind sie kriegerisch und brutal, halten sie sich zurück, dann sind sie feige.«

Auch die israelische Armee steht zunehmend in der Kritik der Journalisten. Der *Spiegel* unterstellt: »Sie schießen um zu töten.« Die Soldaten, also auch 18-jährige Wehrpflichtige, werden als »mordlustige« (*taz*) und »erbarmungslose« (*Spiegel*) Monster beschrieben, die nur darauf warten, Blut fließen zu sehen. Der Staat Israel gilt als »Besatzungsmacht« (*taz*), die mit ihrer hervorragend ausgerüsteten Armee ein »brutales Massaker am palästinensischen Volk« (*Welt*) begeht. Mit Hilfe einer ausgedehnten Kriegssymbolik wird in den Texten das Bild eines unfairen Kampfes gezeichnet: »Panzer gegen Steine«. Das Institut prangert in seinem Ergebnis der Studie deshalb auch die Umkehr der Metapher von David und Goliath an.

Obwohl die deutschen Journalisten bemüht sind, auch von den Palästinensern einen schlechten Eindruck zu vermitteln, bleiben die Israelis die eigentlich Bösen in dem Spiel. Die – ebenfalls oft negativen Beschreibungen – Jassir Arafats führen eher dazu, die palästinensische Seite für unzurechnungsfähig zu halten. So wird er als »geschwächter« und »zittriger« Mann dargestellt (*FAZ*), der ein »dümmliches und korruptes Regime« führe. Fast wird der Eindruck erweckt, als würden die Palästinenser durch ihre Rückständigkeit und ihr schlecht organisiertes System von jeglicher Verantwortung freigesprochen. Insgesamt sei die Rolle Arafats beim Ausbruch der zweiten Intifada in den Medien unzureichend untersucht worden.

Zwar stellt das Institut zweifelsfrei fest, die Berichterstattung an sich sei nicht antisemitisch, jedoch eigneten sich viele Texte dazu, »in deutschen Diskursen vorhandene antisemitische Vorurteile zu reproduzieren oder auch erst herzustellen«. Das Bemühen um eine Berichterstattung, die versucht, beiden Seiten mehr oder minder gerecht zu werden, ist offensichtlich gescheitert.

Seit den Anschlägen vom 11. September und dem darauf folgenden »Krieg gegen den Terrorismus« hat sich die veröffentlichte Meinung in den Medien noch deutlicher gegen Israel gerichtet. Die Tendenz in der internationalen

TV-Berichterstattung ist paradoxerweise seither eindeutig pro-palästinensisch. Das Vorgehen der israelischen Regierung wird öffentlich mit Taktiken der Nazis verglichen – ohne nachhaltigen Widerspruch. Das zentrale Ergebnis der Studie zur TV-Berichterstattung lässt erahnen, dass es im Fernsehen in Deutschland ähnlich aussieht wie in den Printmedien.

Gegenstand der Arbeit von »Medientenor« waren 2 100 TV-Berichte aus 17 internationalen Nachrichtensendungen. Analysiert wurden die »Tagesschau«, die »Tagesthemen« (beide ARD), die »heute«-Nachrichten und das »heute journal« des ZDF, die »18.30 Nachrichten« auf Sat 1, »RTL Aktuell« und die Pro 7-Nachrichten. Bereits vor den Anschlägen wurde Israel im Fernsehen auf Gewalt reduziert, seit Oktober 2001 wird diese Perspektive noch einseitiger. Verantwortlich dafür sei die Nachrichtenauswahl in den analysierten Monaten. Bilder von israelischen Panzern und brennenden palästinensischen Häusern, gepaart mit ungenügenden Hintergrundinformationen, vermittelten dem Zuschauer das Bild vom »bösen Israel«. Egal ob privater oder öffentlich-rechtlicher Rundfunk: Positive Berichterstattung über Israel findet in den Nachrichten kaum Platz. Die Kritik an der israelischen Regierung in den Fernsehbeiträgen lag vor dem 11. September 2001 bei 22 Prozent, seither ist sie auf fast 41 Prozent gestiegen.

Die palästinensischen Selbstmordattentäter erschienen bis November als unschöne, aber durchaus nachvollziehbare Reaktion auf das unnachgiebige Verhalten Israels. Die Morde vom Dezember haben in der Wahrnehmung der Medien nur für kurze Zeit eine Umkehr bewirkt, die bereits mit der Entscheidung der israelischen Regierung endet, Arafat an Heiligabend 2001 nicht nach Bethlehem reisen zu lassen. Über die Gründe wird in den Nachrichten nur am Rande berichtet. Israels Drängen auf Sicherheitsleistungen durch die Palästinensische Autonomiebehörde wird als Schikane hingestellt und lässt Arafat als Opfer der israelischen Übermacht wirken. Während Israel 2001 bis zu den Anschlägen auf das World Trade Center im Zusammenhang mit Terror in der Hälfte der Fälle genannt wurde, steigert sich diese Fokussierung in den Monaten danach auf 90 Prozent – gerade so, als hätten Israelis und nicht arabische Terroristen den Anschlag durchgeführt.

Das Fazit der Studien ist wenig beruhigend: Latent vorhandener Antisemitismus erhält einen Nährboden durch die Berichterstattung in deutschen Nachrichten – und den Journalisten ist dies in den meisten Fällen offenbar gar nicht bewusst.[172]

In ihrer Kommentierung neigen die deutschen Medien also dazu, die im Volk ohnehin verbreitete israelfeindliche Haltung zu bestärken. Man kann beides bedauern, wie es Alan Dershowitz in seinem Buch »Plädoyer für Israel« auch tut: »Was mir nicht in den Kopf will, das ist, wieso friedliebende Menschen, die engagiert für Gleichheit und Selbstbestimmung eintreten, sich ausgerechnet auf die Seite derer schlagen, die all das verwerfen, was ihnen lieb und teuer ist, anstatt es mit der Seite zu halten, die für eben diese Werte einsteht. (…) Wenn es darum geht, sich gegen Israel auf die Seite der Palästinenser zu stellen, scheint Konsequenz plötzlich zum Fremdwort zu werden.« Solche Konsequenz kann man zwar fordern, aber nicht verlangen. Medienkritischen Freunden Israels darf es nicht darum gehen, Journalisten für Israel (oder was auch immer) »auf Linie« zu bringen. Was sie von Medien allerdings verlangen können, ist, dass ihre Berichterstattung und ihre Kommentierung den Kriterien der journalistischen Sorgfaltspflicht entsprechen. Nicht Wertungen, sondern Tatsachenbehauptungen sind der entscheidende Gegenstand für professionelle Kritik.

Die Rolle der Medien in Deutschland hat sich in den vergangenen Jahren, auch unter dem Druck der Kommerzialisierung, an die angelsächsische Journalismustradition angenähert. Deutlich weniger Journalisten sehen ihre Aufgabe heute darin, die Welt zu verbessern. Sie sehen sich vielmehr zunehmend in erster Linie als Dienstleister ihres Publikums. Das ist gut so. Je weniger der erhobene Zeigefinger vom Publikum akzeptiert und von Journalisten als Teil des Berufsethos angesehen wird, desto höher ist jedoch der Anspruch an die journalistische Sorgfalt. Das gilt auch für die Berichterstattung über den Nahostkonflikt. Das bedeutet, dass Informationen in der gegebenen, oft knappen, Zeit nach bestem Wissen und Gewissen überprüft, Falschmeldungen korrigiert und Zitate und Fakten nicht sinnentstellend wiedergegeben werden. Das klingt unspektakulär, ist aber eine große Aufgabe. Dieser Aufgabe werden deutsche Medien, und in mindestens demselben Maße die deutsche Politik, beim Thema Nahost zu selten gerecht. Beide fördern durch Fahrlässigkeit, Unterlassung und nicht selten auch durch Vorsatz eine ohnehin verbreitete Haltung, der sie eigentlich durch Umsicht, Sorgfalt und Fairness begegnen sollten.

Die deutschen Medien sind nicht verpflichtet, an einer wie auch immer gearteten moralischen Israelsolidarität festzuhalten. Dementsprechend ist bei der Diskussion um die Rolle der Medien im deutschen Diskurs über den Nahostkonflikt nicht die ewige rhetorische Frage nach dem angeblichen Tabubruch Israelkritik – die kein Tabu ist – entscheidend, sondern die Frage: Ist die konkrete Israelkritik gerechtfertigt? Stimmen die Fakten, die der Kritik zu Grunde liegen? Und überprüfen die Medien Israelkritik von Akteuren des öffentlichen Lebens nach diesen Kriterien, statt den Akteuren und ihren vermeintlichen Tabubrüchen auf den Leim zu gehen? Die Frage ist also nicht, ob etwa der ehemalige Bundesminister Norbert Blüm (CDU) ein mutiger Tabubrecher ist, wenn er Israel in einem offenen Brief an den israelischen Botschafter einen »hemmungslosen Vernichtungskrieg« gegen die Palästinenser vorwirft. Die Frage ist vielmehr, wie es dazu kommen konnte, dass Blüm nach diesem Brief innerhalb weniger Monate zu einem in vielen Medien gefragten Nahostexperten avancierte, obwohl ein Großteil von Blüms Tatsachenbehauptungen nachweislich Unsinn ist.

Der Fall Norbert Blüm ist gerade deshalb so interessant, weil Blüm – im Gegensatz etwa zu Jürgen Möllemann 2002 – als pensionierter Minister mit seinen extrem israelkritischen Äußerungen keinerlei Wahlkampf- oder Parteiinteressen verfolgte. Er war ein allseits anerkannter, aber in Nahostfragen nicht sonderlich kompetenter Prominenter, der während der so genannten Operation Schutzwall offen das aussprach, was viele Menschen dachten.

Der Operation Schutzwall, einer groß angelegten Offensive der israelischen Armee im Westjordanland Ende März/Anfang April 2002, war ein verheerender palästinensischer Anschlag vorausgegangen. Am 27. März 2002 drang ein Selbstmordattentäter in das Park-Hotel Netanja ein und sprengte 22 Israelis in die Luft. Sieben weitere starben in den kommenden Tagen an den Folgen der Explosion – Menschen, die gemeinsam einen hohen jüdischen Feiertag begangen hatten, das Seder-Fest, mit dem zu Pessach an den Auszug des Volkes Israel aus Ägypten erinnert wird. Der Massenmord traf Juden, weil sie Juden sind.

Keine zehn Tage später schrieb Norbert Blüm einen offenen Brief an den israelischen Botschafter, in dem er von einem »Vernichtungskrieg« spricht, der zu beenden sei. Doch Blüm meinte nicht etwa die Anschläge, die darauf zielen, möglichst viele Juden zu vernichten. Die verbale Attacke galt Israel, das in jenen Tagen wegen der Kämpfe im Flüchtlingslager Dschenin in Deutschland medial und politisch zunehmend an den Pranger gestellt wurde.[173]

Im Vergleich zur Berichterstattung in jenen Wochen machen sich die in den angeführten Studien kritisierten Mängel regelrecht harmlos aus. Eine geradezu hysterische Kritikwelle flutete, angeheizt durch palästinensische Lobbyisten und israelkritische Politiker und Prominente, durch Presse, Funk und Fernsehen. Von mehr als 500 Toten war die Rede, von einem regelrechten Blutbad. Die deutschen Medien fielen, so wie die der meisten europäischen Länder, bereitwillig und töricht auf die Darstellungen der palästinensischen Seite herein. Denn schon in dieser hektischen Phase, in der unabhängige Informationen für die Korrespondenten schwer zu beschaffen waren, gab es Berichte, die die palästinensischen Aussagen in Frage stellten. »Laut dem Mitarbeiter des UN-Hilfswerkes für die palästinensischen Flüchtlinge (UNWRA), Charles Capes, hindern von Palästinensern während der Kämpfe gelegte Sprengstoff-Fallen die weiteren Bergungsarbeiten«, hieß es etwa auf der Internetseite Nahostfocus.de. Die internationalen Hilfskräfte, die sich in Dschenin durch den Schutt wühlten, fanden nicht Hunderte, sondern 52 tote Palästinenser. »32 von ihnen trugen Uniform«, berichtete

Peter Bouckaert von der internationalen Menschenrechtsorganisation Human Rights Watch. »Bouckaert, dessen Gruppe eng mit dem medizinischen Team im Krankenhaus von Dschenin zusammenarbeitet, glaubt, dass nur noch wenige Leichen unter den Trümmern begraben sind. Gegenüber der Jerusalem Post erklärte Bouckaert, dass er ›fast sicher‹ sei, dass die Anzahl der Toten nicht über 80 steigen wird. ›Es gibt einfach keine Anzeichen für ein Massaker‹«, wurde Bouckaert zitiert. Die israelische Armee stellte Luftaufnahmen von Dschenin ins Netz, um der starken Wirkung der Fernsehbilder zu begegnen. Die Zerstörungen im Flüchtlingslager waren tatsächlich massiv – allerdings nur in dem 100 mal 100 Meter großen Areal, in dem gekämpft wurde. Der Rest Dschenins war offenbar unversehrt. Nur auf Webseiten von erklärten Israelfreunden wurde über die Luftbilder berichtet.

Man kann in einer Kriegssituation als Journalist die Darstellungen einer Seite oder beider Seiten anzweifeln. Man darf aber nicht die Position der einen Seite übernehmen und die andere vollkommen ignorieren – exakt dies ist in weiten Teilen der deutschen Medienlandschaft 2002 geschehen.

Am 1. August 2002 legte UN-Generalsekretär Annan schließlich seinen Abschlussbericht vor. Fazit: Es hat in Dschenin kein Massaker gegeben. 23 israelische Soldaten und 52 Palästinenser kamen ums Leben – davon weniger als die Hälfte Zivilisten. Zerknirschte Kommentare deutscher Chefredakteure oder gar Entschuldigungen von Politikern, die Israel wochenlang Nazimethoden und Massenmord unterstellt hatten, sind nicht bekannt. Lediglich der Vatikan bedauerte öffentlich, dass er einen Tag lang die palästinensische Falschmeldung verbreitet hatte, ein christlicher Würdenträger sei in der Bethlehemer Geburtskirche von israelischen Soldaten erschossen worden. Ist es verwunderlich, dass zwei Jahre später Heitmeyers Studie die eingangs zitierten Ergebnisse verzeichnet?

Dschenin steht in den Augen der Öffentlichkeit – und innerhalb der Medien – nach wie vor für ein israelisches Massaker. Stattdessen müsste es als Berichterstattungsdesaster ein Lehrbeispiel sein. Die Lernfähigkeit der Branche, die wie kaum eine andere von ständiger Reflektion und Kritik der eigenen Arbeit lebt, lässt zu wünschen übrig. Auch hierfür ist die Bereitwilligkeit, mit der die Ansichten Norbert Blüms in deutschen Zeitschriften und Zeitungen aufgegriffen (und abgefragt) werden, ein gutes Beispiel.

»Wer ein Freund Israels ist, muss der blindwütigen Hemmungslosigkeit Scharons entgegentreten. Die 2. Intifada begann, nachdem Scharon in einer provokativen Kraftmeierei mit 2000 Soldaten und Polizisten den Tempelberg betreten hatte. Die friedliche Gegendemonstration wurde niedergewalzt: 30 Tote«, sagte Blüm in einem Interview mit der Zeitschrift *Stern*, das am 18. Juni 2002 erschien. Erstaunlich ist, dass das Blatt diese »Fakten« Blüms eins zu eins wiedergab – denn die Angaben des Politikers waren schlicht falsch. Es waren nach offiziellen Angaben höchstens 1 000 Soldaten und Polizisten auf dem Tempelberg, die »friedliche Gegendemonstration« gab es erst am Tag darauf und sie beinhaltete unter anderem, dass an der Klagemauer betende Juden mit Steinen beworfen wurden. Als israelische Sicherheitskräfte den Tempelberg schließlich stürmten, gab es sieben Tote, nicht 30, und »niedergewalzt« wurde auch deshalb niemand, weil Fahrzeuge, mit denen man etwas »niederwalzen« könnte, den Ort des Geschehens allein aus Platzgründen gar nicht erreichen können. Blüms Darstellung aber steht im *Stern*, das Interview läuft als Vorabmeldung über die Nachrichtenticker und assoziiert im Kopf des ortsunkundigen Lesers statt einer – vermutlich übertriebenen – Polizeiaktion ein Massaker, vergleichbar mit dem »Niederwalzen« friedlicher Studenten auf dem Platz des himmlischen Friedens in Peking.

Zur journalistischen Arbeit gehört, dass man einen Interviewpartner vor Abdruck des Gesprächs auf solche Widersprüche hinweist, statt sie kommentarlos ins Blatt zu heben. Schließlich besteht die Möglichkeit, dass Blüm die korrekten Zahlen in der Interviewsituation einfach nicht parat hatte. Die Journalisten, die ihn interviewten, gingen aber offenbar wie selbstverständlich vom Gegenteil aus – oder es störte sie nicht, dass Israel in diesem Fall zu Unrecht an den Pranger gestellt wurde. Im selben Gespräch fragt Blüm rhetorisch: »Rechtfertigen die palästinensischen Terrorattentate das Beschießen von Krankenwagen?« Es folgt kein Beleg, wo und wann Israels Armee vorsätzlich und grundlos Krankenwagen angegriffen hätte. Und der *Stern* unterlässt es, Blüm darauf anzusprechen, dass das Internationale Rote Kreuz zwei Monate zuvor offiziell verurteilt hatte, »dass in einer Ambulanz des palästinensischen Halbmonds ein Sprengsatzgürtel gefunden wurde«.[174]

Trotz der nachgewiesenen Schwäche Blüms in Detailfragen druckte der *Rheinische Merkur* im Januar 2004 einen ganzseitigen Bericht des CDU-Politikers über seine Reise in die palästinensischen Autonomiegebiete. Darin schreibt Blüm unter anderem: »Wenn Maria und Josef an Weihnachten 2003 von Nazareth nach Bethlehem gezogen wären – sie hätten Bethlehem nicht erreicht, sondern wären an einem Checkpoint hängen geblieben.« Dass Maria und Josef keine christlichen Palästinenser waren, sondern jüdische Bürger eines jüdischen Staates, die auch 2003 an keinem Checkpoint hängen geblieben wären, ist den Redakteuren des christlichen *Merkur* offenbar gar nicht aufgefallen. Blüm endet mit einer Formulierung, die der Heitmeyerschen Definition eines »Antisemitismus aus Schuldabwehr« ziemlich nahe kommt: »Es ist fast der Beweis für die Hinterlist des Diabolos, der alle und alles durcheinander wirbelt, dass Israel in Gefahr gerät, Unterdrückung, unter der die Juden Jahrhunderte litten, jetzt gegen andere auszuprobieren.

Das wäre ein teuflischer Triumph für ein Volk, das sich auf den Bund mit Jahwe beruft.« Warum druckt der *Rheinische Merkur* so etwas ab? Warum druckt der *Stern* das zitierte Interview? Weil es anschließend entweder als mutig gilt oder moralisch verdammt wird. Beides macht Schlagzeilen. Die inhaltliche Auseinandersetzung mit dem gefährlichen Halbwissen wird der israelischen Botschaft überlassen. Würden sich die Redakteure in den Zeitungen die Mühe machen, Leuten wie Blüm ihre Dummheiten deshalb um die Ohren zu hauen, weil es Dummheiten sind und nicht, weil sie angeblich ein Tabu brechen – es wäre vermutlich nie zum »Nahost-Experten« Blüm gekommen.

Ein weiteres Problem ist, dass einmal eingeführte Metaphern auch wider besseres Wissen offenbar nicht totzukriegen sind. Eine dieser Metaphern ist die von der »Spirale der Gewalt«, die sich in Nahost drehe. Durch dieses Sprachbild wird der Eindruck erweckt, Selbstmordanschläge von Terroristen gegen Zivilisten seien zwar im Detail etwas anderes als gezielte Operationen einer offiziellen Armee, grundsätzlich seien sie aber dasselbe: Gewalt. Diese Ansicht ist moralisch bedenklich und juristisch nicht haltbar – übrigens auch nach Ansicht von Amnesty International, das die palästinensischen Organisationen regelmäßig zum bedingungslosen Ende ihrer Anschläge auffordert. Sie ist darüber hinaus faktisch widerlegt. Im Jahr 2002 legte das Internationale Institut für Antiterrorstudien in Herzlija eine Untersuchung aller bis dahin bekannten Todesfälle der »Al-Aqsa-Intifada« vor. Sie belegen, dass es keinen »Teufelskreis« aus palästinensischen Anschlägen und »blindwütiger Rache« Israels gibt. Rund 1500 Palästinenser und mehr als 500 Israelis sind im Laufe der »Al-Aqsa-Intifada« getötet worden. Die Aufstellung gibt Auskunft über Alter und Geschlecht der Getöteten und darüber, ob sie aktiv an Kämpfen beteiligt waren. Dies traf auf mehr als die Hälfte der palästinensischen Toten zu. Auf israelischer Seite waren es weniger als ein Viertel. Don Radlauer, der das Projekt im ICT leitet, betonte bei der Vorstellung seines Berichts: »Wir haben uns im Zweifel für den Angeklagten entschieden.« So seien »steinewerfende Kinder« grundsätzlich als »nicht kämpfend« eingestuft wurden, während ein von Terroristen ermordeter israelischer Zivilist, der in Notwehr zur Waffe gegriffen hatte, als »Kämpfer« bezeichnet wird. Palästinensische Statistiker sind weniger genau. Auf den »Märtyrer«-Listen, die das ICT durcharbeitete, befanden sich Selbstmordattentäter zusammen mit unschuldigen Zivilisten, Opfer von »Arbeitsunfällen« beim Bombenbau und »Kollaborateure«, die von ihren eigenen Landsleuten umgebracht wurden – und sei es, weil sie mit der falschen Frau geschlafen hatten. Die ICT-Untersuchung ergibt: Bei den Palästinensern sind weniger als fünf Prozent der Toten Frauen oder Mädchen, bei den Israelis mehr als doppelt so viele. Während die zivilen Opfer auf israelischer Seite praktisch einen Querschnitt der Gesellschaft abbilden – ein Beleg für das wahllose Töten der Terroristen – handelt es sich bei den getöteten nicht-kämpfenden Palästinensern meist um junge Männer zwischen 13 und 30 Jahren. Ob die vielen palästinensischen Jugendlichen, die seit September 2000 bei Demonstrationen ums Leben kamen, tatsächlich von vorne – durch die israelische Armee – oder versehentlich von hinten – durch palästinensische Heckenschützen – erschossen wurden, konnte nicht mehr nachvollzogen werden. Autopsien fanden in den Palästinensischen Krankenhäusern nie statt.

Die hohen Opferzahlen unter jungen Männern aber sind erklärbar. Das ICT kommt zu dem Schluss, dass »das Muster der palästinensischen Todesfälle unter Zivilisten das Resultat einer aktiven Propagandakampagne ist, die Märtyrertum glorifiziert. Junge Männer werden ermutigt, sich den israelischen Sicherheitskräften entgegen zu stellen und dabei ihr Leben zu riskieren« – »Selbstmordpropaganda« also, die Kinder glauben mache: »Tod tut nicht weh.«[175]

Zwar haben einige deutsche Medien über diese Studie berichtet, eine Konsequenz für ihre Berichterstattung haben sie daraus aber offenbar nicht gezogen. Nach wie vor werden in vielen Statistiken über die Toten der Intifada Selbstmordattentäter, verunfallte Terroristen und von Palästinensern ermordete »Kollaborateure« wie selbstverständlich zu den palästinensischen Opfern gezählt. Nach wie vor wird qualitativ nicht zwischen einem bewaffneten Attentäter und einer israelischen Frau unterschieden, die auf dem Weg zur Arbeit von einer Kassam-Rakete getroffen wurde. Nach wie vor wird nicht thematisiert, wie es zu den Massenaufläufen steinewerfender palästinensischer Jugendlicher kommt – etwa, wer die Jungen dort warum hingeschickt hat. Und auch die Arbeitsbedingungen der Korrespondenten, die zum Großteil mit palästinensischen freien Mitarbeitern kooperieren, die wiederum von den palästinensischen Behörden drangsaliert und instrumentalisiert werden, werden nicht thematisiert. Die Fernsehjournalistin Esther Schapira kritisiert deswegen: »Wenn an nachrichtenstarken Tagen allein sieben Regelsendungen und dann noch zusätzliche Sondersendungen mit Beiträgen beliefert werden müssen, dann hat ein Reporter keine Chance, er sitzt am Schneidetisch. Dort muss er sich darauf beschränken, die gelieferten Bilder und Informationen zu bearbeiten, ohne sie zu hinterfragen. Redlicherweise müsste dann aber zumindest die Quelle genannt werden. Das Material wird entweder direkt von der israelischen Armee gedreht oder eben von palästinensischen Kameraleuten. Beides ist journalistisch problematisch. Beides wird üblicherweise nicht erwähnt.«[176] Schapira kritisiert nicht die Medien pauschal, sie unterstellt auch keine antisemitischen Motive, sondern sie weist auf die Folgen fehlender Sorgfalt und Redlichkeit in der täglichen Arbeit hin. »Das Ergebnis sind die immer gleichen Bilder, die uns aus Nahost erreichen. Es sind die Bilder, die unsere Zuschauer erwarten, weil wir sie ihnen liefern. Und wir liefern sie, weil sie erwartet werden.«[177] Dies sei ein Kreislauf, bei dem vor allem eines auf der Strecke bleibe: die Wahrheit. »Israel fühlt sich durch die tendenziöse Berichterstattung verunglimpft, igelt sich ein und wird immer unzugänglicher auch für berechtigte Kritik. Doch auch die Sieger im Medienkrieg, die Palästinenser, verlieren. Je weniger differenziert berichtet wird, je selbstverständlicher [durch die palästinensischen Behörden – Anm. T.K.] Zensur ausgeübt werden kann, desto schwerer haben es jene, die sich für demokratische Verhältnisse, für eine Verhandlungslösung und damit für eine Zukunft ihres Volkes in Freiheit und friedlicher Nachbarschaft mit Israel einsetzen.«[178]

Die Verweigerung sauberer Arbeit ist aber längst nicht auf die politische Ebene beschränkt. Wie halbherzig in deutschen Redaktionen selbst weitab von den Zwängen in einer Krisenregion die journalistische Sorgfaltspflicht beachtet wird, wenn es um Themen geht, bei denen die Fronten ohnehin längst geklärt scheinen, war am 19. August 2004 bei der ARD zu begutachten. Während der Berichterstattung von den Olympischen Spielen in Athen sendete »Das Erste« einen auf den ersten Blick harmlosen, rührenden Beitrag. Tenor: Ein siebzehnjähriger palästinensischer Schwimmer trainiert allein in einem mühselig von seiner Dorfgemeinschaft angelegten Becken und schafft es trotz israelischer Schikanen nach Athen. Eine der wunderbaren Underdog-Geschichten, die es nur bei Olympia gibt. Den rundum versorgten Profis hat Raad Awisat, der im Trostlauf über hundert Meter Delphin Letzter wurde, nur eines entgegen zu setzen: Begeisterung. Morgens joggt der Junge aus einem arabischen Dorf bei Jerusalem an der Sperrmauer entlang, mit der Israels Regierung »Juden und Muslime trennen will« – so der Original-Kommentar in dem Beitrag. Raad schleicht in der Dunkelheit zum Training, damit die Israelis das ohne Baugenehmigung errichtete Becken nicht entdecken und zerstören. Nicht nur wegen der Annahme, die israelische Armee habe nichts anderes zu tun als Swimmingpools zu bombardieren, ist die Geschichte von Raad außergewöhnlich. Dummerweise stimmt sie nicht, zumindest nicht so.

Der Bericht übernimmt beispielsweise ungeprüft die Beschwerde von Raads Vater, sein Sohn müsse im dörflichen Minipool üben, nachdem er wegen der Intifada ein israelisches Trainingscamp habe verlassen müssen, weil er nicht für Israel starten wollte. Diese Darstellungen hatte CNN schon im Januar gesendet. Während der deutsche Journalist sie nachfilmte, recherchierte der pro-israelische amerikanische Mediendienst »Camera« die Geschichte nach. Ergebnis: Raad hatte nie mit Israels Schwimmverband zu tun. Er trainierte im jüdischen West-Jerusalem beim YMCA, dem Christlichen

Verein junger Männer, der Jugendliche in der Krisenregion betreut. Der YMCA hatte schon kurz nach Ausstrahlung der ersten Medienberichte klargestellt, dass Raad auf Wunsch seines Vaters das Training in West-Jerusalem aufgegeben hatte. Er könne aber jederzeit ein Becken des YMCA im arabischen Ost-Jerusalem nutzen.[179] Im ARD-Bericht, der geschlagene sieben Monate nach diesen Richtigstellungen ausgestrahlt wurde, findet sich davon kein Wort. Man lässt sich schließlich ungern eine schöne Story durch übertriebene Recherche kaputtmachen. Und eine Geschichte über einen palästinensischen Schwimmer, der sich ganz allein auf Olympia vorbereitet hat und als begeisterter Amateur gegen Weltstars antritt (so weit stimmte das Ganze schließlich), ist offenbar nicht schön genug, wenn man nicht nebenbei den Israelis noch einen mitgeben kann.

Die Beispiele für die entstellende Berichterstattung zum Nahost-Konflikt ließen sich lange fortsetzen. Wenige zeugen von tatsächlich böser, antisemitischer Absicht. Viele haben mit dem Phänomen zu tun, dass Journalisten voneinander abschreiben (was nicht per se schlimm ist) und dabei (was katastrophal ist) davon ausgehen, der vorangehende Bericht sei schon deshalb sauber recherchiert und fehlerfrei, weil man ihn im Archiv finden kann. Die an sich richtige Orientierung an einem Wiedererkennungswert für die Zuschauer wird aus Fahrlässigkeit und Faulheit zur Wiederholung von Stereotypen ausgeweitet. Der Mut, gegen Klischees vorzugehen, fehlt vielen Medien völlig, nicht nur beim Thema Nahost. Aber wer, wenn nicht Journalisten, soll diesen Mut aufbringen?

Das immer wieder bemühte Sprachbild »Auge um Auge, Zahn um Zahn«, das Israels Politik angeblich kennzeichnet, ist ein Beispiel für solche Stereotype in Endlosschleife. Stillschweigend wird immer wieder eine antijüdische, christliche Interpretation des Alten Testaments übernommen, die auch noch theologisch falsch ist. »Auge um Auge« bezeichnet eben nicht die grausame Leitlinie eines nach Blut dürstenden jüdischen Rachegottes im Widerspruch zur christlichen Botschaft der Versöhnung. Im Gegenteil: Die Formulierung markiert im historischen Kontext der Bibel die Einführung des Rechtsprinzips der Verhältnismäßigkeit: Wer eine Ziege gestohlen hat, muss auch nur eine Ziege ersetzen, statt – wie im antiken Orient üblich – mit der Ermordung und Schändung seiner gesamten Familie rechnen zu müssen.

Als Journalist verlange ich von keinem Kollegen, dass er auf Israelkritik verzichtet. Ich verlange nicht einmal die viel beschworene »Ausgewogenheit«, die suggeriert, wer dienstags Israel kritisiert, müsse mittwochs die Palästinenser in den Blick nehmen. Das ist idiotisch. Debatten über »Ausgewogenheit« sollten wir denjenigen überlassen, die in den Parteizentralen sitzen und Strichlisten führen, welche Partei wo und wie lang zu Wort gekommen ist. Was ich erwarte, ist, dass Kollegen auch beim Thema Israel die eigentlich selbstverständlichen Regeln journalistischer Sorgfalt einhalten. Dass sie ihre Quellen transparent machen, dass sie Zahlen belegen, dass sie sich nicht mit dem erstbesten spektakulären Statement zufrieden geben, dass sie sich der Bedeutung von Formulierungen bewusst sind – sauberes Handwerk, nicht mehr und nicht weniger. Gerade bei Themen, bei denen eine stillschweigende Meinungskumpanei zwischen Journalisten und ihrem Publikum angenommen wird, muss Berichterstattung über jeden Zweifel erhaben sein. Wenn mehr deutsche Medien dies beherzigen würden, wäre schon viel gewonnen – und sei es nur die Erkenntnis, dass nicht wir Journalisten daran schuld sind, wenn deutsche Zeitungsleser der Meinung sind, Israel führe einen Vernichtungskrieg gegen die Palästinenser.

Klaus-Jürgen Scherer

Über antisemitische Ressentiments im kulturellen Selbstgespräch der deutschen Öffentlichkeit

In den letzten Jahren erschien Judenhass in der medialen Öffentlichkeit oft als ein nur auf Neonazis und Islamisten begrenztes Phänomen. Provokationen aus der Mitte der Gesellschaft, wie antisemitische Klischees in Martin Walsers »Tod eines Kritikers« oder antisemitische Parolen der FDP-Politiker Karsli und Möllemann, schien das anständige Feuilleton sogleich zurechtzurücken. Liegt die Schwelle für Antisemitismus-Skandale in Deutschland nicht niedrig? Funktioniert nicht mittlerweile die political correctness? Nehmen wir den Fall des CDU-Bundestagsabgeordneten Hohmann: Der von ihm auf die Juden bezogene Begriff vom »Tätervolk« wurde sogleich zum »Unwort des Jahres« 2003.

Und überhaupt regiert doch die »68er-Generation«, die nicht mehr von der »Gnade der späten Geburt« faselt. Gegenüber der schuldhaften Verstrickung ihrer Väter wurde für viele Auschwitz zum Zentrum politischer Gegensozialisation. Von den Entschädigungen für NS-Zwangsarbeiter bis zum zentralen Mahnmal zum Gedenken an die ermordeten Juden Europas in Berlin bekennt sich die Bundespolitik zur Übernahme fortdauernder geschichtlicher Verantwortung. Noch nie wurde so intensiv wie am 60. Jahrestag der Befreiung des KZ Auschwitz – in zahlreichen Gedenkveranstaltungen bis hin zur UNO, gar als »Trauer-Event«[180] der Mediengesellschaft – an die unvergleichliche Katastrophe der Shoah erinnert. Also alles in Ordnung?

Fortwirkender Antisemitismus

Demgegenüber erkennt der kulturkritische Blick anderes. Hinter Aussagen zur jüdischen Religion und Kultur, zu den deutschen NS-Verbrechen oder dem Israel-Palästina-Konflikt schimmern allerorten antisemitische Ressentiments durch. Etwa, wenn der Kölner Kardinal Meisner formuliert: »Wo der Mensch sich nicht relativieren und eingrenzen lässt, dort vergreift er sich immer am Leben: zuerst Herodes, der die Kinder von Bethlehem umbringen lässt, dann Hitler und Stalin, die Millionen Menschen vernichten ließen, und heute, in unserer Zeit, werden ungeborene Kinder millionenfach umgebracht«.[181] So wird die Singularität des Judenmordes geleugnet – der Kardinal musste seine Äußerung nach öffentlicher Empörung zurücknehmen. Antijüdische Ressentiments auch ganz unten, z. B. wurde als Volkes Stimme ein 40-jähriger Fliesenleger zum »Tätervolk« wie folgt zitiert: »›Was Martin Hohmann sagt, stimmt‹, sagt Dietmar. ›Auf den Deutschen wird immer nur herumgehackt. Die Juden wollen vieles net wahrhaben.‹ (...) Dietmar erklärt noch schnell, er habe selbstverständlich nichts gegen Juden und Ausländer, aber immer, wenn einer etwas Wahres sagt, ist er gleich Nazi und Faschist».[182]

Noch Mitte der neunziger Jahre hoffte man: »Die Mobilisierung traditioneller Feindbilder und Vorurteile hält den alltäglichen Antisemitismus am Leben. Die Tendenz solches öffentlich zu machen, ist in den letzten Jahren steigend, obwohl gleichzeitig Antisemitismus als individuelle Einstellung, als politisches, kulturelles und soziales Grundmuster in Deutschland nach den Erkenntnissen der empirischen Sozialforschung rückläufig ist.«[183] Doch seitdem stagniert dieses rechtsextreme Potential auf hohem Niveau, je nach Untersuchung bei 10 bis 20 Prozent. Neue organisations- und agitationsstarke Führer der Neonazis verstehen es, dieses verstärkt zu nutzen. Wir haben es mittlerweile in regionalen Schwerpunkten mit kultureller Dominanz in manchen Jugendkulturen, mit demagogischen Inszenierungen nach Parlamentserfolgen, mit regelmäßigen Demonstrationsaufzügen an symbolträchtigen Orten, mit Propagandaauftritten an Gedenktagen zu tun.

Zudem gibt es nicht mehr nur den offenen und manifesten Antisemitismus, zentraler Bestandteil jeden rechtsextremen Weltbildes. Wie meinte doch der Brigadegeneral Günzel, als er sich für den »Mut zur Wahrheit und Klarheit« bedankte: Hohmann könne sicher sein, dass er »mit diesen Gedanken der Mehrheit unseres Volkes eindeutig aus der Seele« spreche.[184] Dieser Mann, darauf zu Recht entlassen, hat wohl leider Recht: »Sekundärer Antisemitismus nach dem Holocaust«[185] ist keine verwirrte Einzelmeinung, sondern ein sich verbreitendes Alltagsphänomen: latent, gepflegt als stiller Vorbehalt, als gerauntes Vorurteil und als Feindbild im schweigenden Einvernehmen. Nicht trotz, sondern wegen Auschwitz werden, gespeist aus Scham und Schuldabwehr, Ressentiments gegen Juden mobilisiert, die sich etwa an Entschädigungen und Wiedergutmachungszahlungen kristallisieren. Fast zwei Drittel der Deutschen »sind es leid, immer wieder von den deutschen Verbrechen an den Juden zu hören«. Etwa jeder Zweite stimmt – mit seit zehn Jahren in Ost und West steigender Tendenz – der Aussage zu: »Die Juden nutzen die Erinnerung an den Holocaust heute für ihren eigenen Vorteil aus.«[186]

Kontinuität und Generationswechsel

Öffentliche Episoden von Judenfeindlichkeit sind gewissermaßen die Spitze des Eisberges. Nach bekanntem Ablaufschema mündet ein kurzer wie wohl heftiger medialer Skandal meist darin, den antisemitischen Tabubruch als Missverständnis – »das habe man so nicht gemeint« – oder mit einer abstrakt-halbherzigen Entschuldigungsformel – »es tue einem leid, falls man jemanden verletzt habe« – herunterzuspielen. Wenn überhaupt, dann werden Konsequenzen erst spät und auf öffentlichen Druck hin gezogen. Etwa brauchte die CDU anderthalb Wochen, um eine Trennlinie zwischen Nationalkonservatismus und Judenfeindschaft zu ziehen und den Parteiausschluss Hohmanns einzuleiten.

Das Beschweigen und Verdrängen beherrschte die Nachkriegshaltung. »Fast alle haben weggeschaut und geschwiegen, als die jüdischen Nachbarn abgeholt wurden und einfach verschwanden, und die meisten schwiegen abermals nach dem Krieg, als man erfuhr, wohin die Verschwundenen verschwunden waren. – In diesem Schweigen sieht Primo Levi die tiefste Schuld der Deutschen. Dieses Totschweigen war schrecklicher als das langatmige Reden derjenigen, die sich mit dem Wir-haben-nichts-gewusst zu entschuldigen suchten«, so der Schriftsteller Uwe Timm in seiner Erzählung über seinen SS-Bruder.[187]

Hat sich in Deutschland diese Haltung der Tätergeneration – dieses innerliche Einkapseln, dieses Desinteresse an Humanität und Grausamkeit, diese menschenverachtende Schuldübertragung auf die Opfer, diese Abwesenheit des Mitempfindens – einfach weitervererbt? Kommt in mancher einseitigen Berichterstattung über Israel nicht gerade diese kulturelle Kontinuität zum Ausdruck? Wieweit überwältigt historisch gewachsene Sozialpsychologie Zusammenhänge und Fakten? Denn im Sinne eines Sigmund Freud wirkt es entlastend, dem Opfervolk, dessen sichtbare Existenz bereits an die belastete Vergangenheit erinnert, endlich Täterschaft nachweisen zu können. Selbst politisch korrekte Freundschaftsbekundungen wirken wohl auch deshalb oft seltsam verklemmt, angelernt und ritualisiert.

Jede Generation muss sich mit der Geschichte des eigenen Landes neu auseinandersetzen. So beharren Studenten der »dritten Generation« aus dem Umfeld von Aktion Sühnezeichen unter dem Titel »Uns hat keiner gefragt« auf eigenem Zugang: »Die jetzt gut Zwanzig- bis Dreißigjährigen wurden rings um intensive Debatten um den Holocaust politisch mündig, nämlich zwischen dem Historikerstreit und den Entschädigungsverhandlungen für Zwangsarbeiter. Gleichzeitig haben wir immer selbstverständlichen Kontakt mit Menschen, die entweder von ihrer Herkunft oder ihren Interessen vom Holocaust kaum etwas wissen. Unser Umgang mit dem Holocaust verliert einen Teil der Tabuisierungen durch das Erklären für sie.«[188]

Sicher macht es einen biographischen Unterschied, ob zu Hause und in der Schule noch das Dumpfe, Rechte, Autoritäre und Nationalistische der Nachkriegszeit regiert (in dem Lebensgefühl-Roman von Frank Goosen noch Anfang der achtziger Jahre[189]). Oder ob es den »Nach-68er«-Kulturbruch zum demokratischen und kritischen Denken gab und das Erinnern an den Holocaust Erziehungsauftrag war. Allerdings droht mit der neuen Generationserfahrung, nicht mehr »schuldig geboren« gegen die unheilvoll verstrickten Väter aufstehen zu müssen, Betroffenheit zu verblassen. Schreiben unsere jungen Autoren, Fakten werden »durch Nachrichten und eine Vielzahl kultureller Produktionen mit dem Thema Holocaust teils relativiert, teils verlieren sie ihre Einmaligkeit (etwa im Vergleich mit Genoziden in Kambodscha oder Ruanda)«[190], so argumentieren sie gar geschichtsrevisionistisch. Rechtsextreme knüpfen genau an derartigen falschen Gleichsetzungen und Aufrechnungen an, erinnert sei an die demagogische NPD-Wortschöpfung vom »Bomben-Holocaust von Dresden« im Sächsischen Landtag im Januar 2005.

Wird die Einmaligkeit des deutschen Verbrechens von der jungen Generation infrage gestellt, wäre gerade in Deutschland der Weg wieder frei zu dem, was auch Ralph Giordano als »zweite Schuld«[191] beschrieben hat: die Verdrängung und Verleugnung der ersten Schuld, der »große Frieden mit den Tätern«, der dem »Verlust der humanen Orientierung« Kontinuität verleiht. Wie sonst sind Umfrageergebnisse erklärbar, wonach 65 Prozent der Deutschen Israel zum aggressivsten Staat, noch vor Nordkorea, Irak und Iran, erklären bzw. eben so viele die »Politik Israels in den besetzten palästinensischen Gebieten« als Grund für mögliche Ressentiments gegen jüdische Mitbürger nennen.[192] Dies hat sicher mit dem tagespolitischen Einfluss einseitiger Berichterstattung über den Palästinakonflikt zu tun. Doch ohne den Background der jahrhundertealten (Un-)Kulturgeschichte des Antisemitismus, die eben auch nach Auschwitz nicht zu Ende ist, würde diese auf weniger fruchtbaren Boden fallen.

Neuer intellektueller Antisemitismus

Debattenkonjunkturen im Feuilleton, denen antisemitische Grenzüberschreitungen zugrunde liegen, ereilen uns in immer neuen Wellen. Natürlich auch, weil wachsame Beobachter der politischen Kultur nicht alle judenfeindlichen Zungenschläge durchgehen lassen. Doch vor allem, weil die »Verdrängungsrepression«[193] nach dem Motto, so etwas gehört sich nicht, immer weniger wirkt. Paradoxerweise parallel zum Aussterben der letzten durch den Nationalsozialismus sozialisierten Generation stehen die

Einfallstore für antijüdisches Denken wieder weit offen. Hier sei einmal nicht die intellektuelle »Neue Rechte«[194] betrachtet, sondern drei andere Facetten der »geistigen Situation der Zeit« seien herausgegriffen:

Nationale Gefühle nach der deutschen Einheit lassen den Wunsch steigen nach entlastender Normalität.

Feindbilder der wenig reflektierten Vergangenheit des linken Radikalismus seit »1968« erleben in der Globalisierungskritik eine Renaissance.

In postmodernen Verbindungen von »Anything Goes«, fundamentaler Systemkritik und spekulativen Verschwörungstheorien werden Freiheitswerte, Menschenrechte und Demokratie nachrangig.

Neue nationale Selbstversöhnung

Der literarische Boom des Erinnerns an Bombenkrieg, Vertreibung und Flucht, Massenvergewaltigungen und Kriegsgefangenschaft Anfang des neuen Jahrtausends ist nicht frei von deutscher Opferinszenierung. Wo es im Grunde um neue Gerechtigkeit für die Kriegsgeneration geht, erfährt das Entlastungsmuster der unmittelbaren Nachkriegszeit eine Renaissance, die Selbststilisierung als biedere Familienfassade, als betrogen, ausgebombt, vertrieben, geflüchtet und bedroht. Eben geprägt von anhaltender Unfähigkeit zu trauern.[195]

Nehmen wir die Verschiebung von Relationen, wie Martin Walser sie betreibt. Natürlich distanziert sich der große Schriftsteller vom Judenhass. Aber er versteht sich darauf, Sätze in der Grauzone zu formulieren, die Grenzen verwischen. So war es bei der Verleihung des Friedenspreises des Deutschen Buchhandels 1998, wo er von Auschwitz als der »Moralkeule«, der »Instrumentalisierung unserer Schande zu gegenwärtigen Zwecken« und der »Dauerrepräsentation unserer Schande« sprach. In der anschließenden öffentlichen Debatte[196] warf ihm Ignaz Bubis »geistige Brandstiftung« vor: »Aber was mich (...) am härtesten traf, daß man jungen Menschen das Gefühl gibt, ihr werdet beschuldigt, ihr werdet instrumentalisiert, wenn ihr hinschaut.«[197]

Besonders deutlich wurde dieses Motiv nationaler Selbstversöhnung in einer weniger bekannten Rede Walsers[198], in der er in nationalromantischer Tradition auf seinem emotionalen geschichtlichen Zugehörigkeitsgefühl beharrt. Die Rede enthält drei typische Entlastungsversuche:

Motiv 1: Wegen des »Schandfriedens« von Versailles seien nicht die Deutschen, sondern eigentlich Frankreich und die Alliierten Schuld an Hitler: »Ohne diesen Krieg [der Erste Weltkrieg – Anm. K.-J.S.] kein Versailles, ohne Versailles kein Hitler, ohne Hitler kein Weltkrieg zwei, ohne Weltkrieg zwei nichts von dem, was jetzt unser Bewußtsein oder unser Gefühl bestimmt, wenn wir an Deutschland denken. Das wichtigste Glied in der historischen Kette bleibt: ohne Versailles kein Hitler.«

Motiv 2: Nicht die Verbreitung und Duldung von nationalsozialistischem Rassenwahn und Judenhass, nicht der unbedingte Glauben an den Führer und der ungebrochene Gehorsam gegenüber der Diktatur, sondern tragische, gewissermaßen zufällige, geschichtliche Konstellationen hätten zum Holocaust geführt: »Bei uns wird heute jedes Buch akklamiert, das die Geschichte so darstellt, als sei sie immer auf Auschwitz zugelaufen. Weil wir eben so sind. Erinnern sie sich, bitte, wer alles und wie laut und wo überall im Land Daniel Goldhagens Buch ›Hitlers willige Helfer‹ propagiert hat. Wenn man aber (…) den Schluss zieht, das deutsch-jüdische Verhältnis hätte unter anderen Umständen nicht in Auschwitz geendet, dann wird einem von einem liberalen Wochenblatt ›Verharmlosung von Auschwitz‹ vorgeworfen. Schon das Bestehen auf Erklärbarkeit wird verdächtig. In der Kirchensprache nennt man diese Haltung dogmatisch.«

Motiv 3: Die emotionale Versöhnung der Deutschen mit ihrer Nation sei überfällig. Der Holocaust wird geradezu zur undeutschen Ausnahme. Die endlich gefühlte deutsche Normalität wird zum Gegenprogramm des Brecht'schen ›der-Schoß-ist-fruchtbar-noch‹. Als ob es keine Neonazis und keinen Antisemitismus aus der Mitte der Gesellschaft mehr gäbe: »Auschwitz ist entstanden aus historischen Bedingungen, die sich erkennen lassen; diese Bedingungen können sich niemals wiederholen.«

Linksradikaler Antizionismus

Bereits seit dem Sechs-Tage-Krieg von 1967 entkoppelten sich für einen Teil der Linken Antirassismus und Anti-Antisemitismus. Die Gleichsetzung von Antiimperialismus und Antizionismus wurde von der westdeutschen Studentenrevolte bis hin zur DDR-Staatsdoktrin zum Feindbild. Es ging gegen »reaktionäre, nationalistische, rassistische, konterrevolutionäre, antisozialistische und antisowjetische politische Vereinigungen, die auf Grundlage der zionistischen Ideologie, wie Chauvinismus, Rassismus und Expansion, von reaktionären imperialistischen Kreisen zur Verschärfung der internationalen Lage, zur Schürung des Antisowjetismus und des Antikommunismus und zum Kampf gegen die sozialistischen Staaten und die nationale Befreiungsbewegung genutzt werden«.[199] Auch Jahre nach der Implosion des Kommunismus leben im linken Spektrum viele ideologische Fragmente unter der Oberfläche gewandelter ideologischer Begrifflichkeit fort. Es gab kaum eine wirkliche Aufarbeitung von dahinter stehenden Denkmustern, keine Selbstkritik, keine Auszeit von der Politik, »stattdessen haben viele ihre Überzeugungen abgelegt wie eine alte Hose«.[200]

Durch die Konflikte im Nahen Osten, durch Golfkrieg, zweite Intifada und Irakkrieg reaktivierte sich die bekannte Propaganda des Kampfes gegen den US-Imperialismus und gegen den Zionismus, der als amerikanische Waffe gegen Palästinenser und Islam angesehen wird. Unter Widerspruch eines Teils der Globalisierungskritiker[201] trägt der vorherrschende globale Antikapitalismus im linksradikalen Spektrum deutlich antisemitische Züge. »Diese ›neue Judophobie‹, die auf der Vorstellung basiert, die Probleme der Welt beruhten allein auf der Existenz Israels und die Juden seien selbst Rassisten, wurde zuerst von radikal islamischen Aktivisten, den Erben des ›Dritte-Welt-Mondialismus‹ und von weit links stehenden Globalisierungskritikern aufgebracht.«[202]

Ted Honderich, dessen Buch »Nach dem Terror« einen Skandal auslöste und vom Suhrkamp Verlag eilig zurückgezogen wurde, brachte diese Position »wissenschaftlich« zum Ausdruck. »›Als Hauptopfer von Rassismus in der Geschichte scheinen die Juden von ihren Peinigern gelernt zu haben‹. Dies war einer der beiden Sätze, mit denen das Buch – in Deutschland – auf verheerende Weise Furore machte. (…) Denn, in der Tat, der Satz ist antisemitisch, antizionistisch, denn er sagt, dass die Juden mit den Palästinensern nichts anderes anstellen als die Deutschen mit den Juden.«[203]

Honderich legitimierte im Namen dieses Antizionismus selbst den – unschuldige Zivilopfer zerfetzenden – Terror der Selbstmordattentäter: »Als seriöses und diskutables Prinzip bricht das Prinzip der Humanität nicht automatisch den Stab über sämtliche Formen des Terrorismus (…). [Dies] betrifft den Befreiungsterrorismus, also einen Terrorismus, der um der Freiheit und der Macht des Volkes willen betrieben wird, und zwar dann, wenn klar ist, dass nichts anderes ihm diese Freiheit und Macht verschaffen kann. (…) Ich für meinen Teil habe keinen ernsthaften Zweifel, um den prominenten Fall zu nehmen, dass die Palästinenser mit ihrem Terrorismus gegen die Israelis ein moralisches Recht ausgeübt haben. Sie hatten ein moralisches Recht, das dem moralischen Recht etwa der afrikanischen Menschen in Südafrika gegenüber ihren weißen Sklavenhaltern und dem Apartheidstaat in nichts nachsteht. Diejenigen Palästinenser, die zu unvermeidlichen [!!! – K.-J.S.] Tötungen als Mittel gegriffen haben, waren im Recht, zu versuchen, ihr Volk zu befreien; diejenigen, die sich selbst für die Sache ihres Volkes getötet haben, haben sich in der Tat selbst gerechtfertigt [!!! – K.-J.S.].«[204]

Seiner Grundthese liegt, analog zur Argumentation, die in den siebziger Jahren zur RAF geführt hat, dieselbe aktionistische Fehlinterpretation der Kritischen Theorie zugrunde. In der schuldhaften Verstrickung der »falschen« kapitalistischen Welt hängt alles mit allem derart zusammen, dass gegen globale strukturelle und institutionelle Gewalt im Grunde jede Form von »Widerstand« überall legitimierbar ist: »Wir müssen uns von der lange gehegten Illusion verabschieden, dass wir, die ganz normalen Bürger, unschuldig sind.«[205] Zwischen Gewalt und Gewaltfreiheit verläuft keine moralische Grenze mehr: »Gewaltloses Vorgehen kann zerstörerischer sein als Gewalt.«[206] Mit dieser Gleichsetzung wird der letzte Schritt, terroristische Anschläge moralisch zu legitimieren, nur konsequent. Es ist hier nicht der islamistische Fundamentalismus, sondern die angewandte philosophische Ethik eines renommierten Philosophieprofessors, die rechtfertigt, israelische Bürger in die Luft zu jagen.

Postmoderne statt Werte der Aufklärung

Offensichtlich stößt die aufklärende Erinnerungskultur an neue Grenzen. Vom internationalen Phänomen des »neuen Antisemitismus«[207], dessen Ausgangspunkt menschenrechtliche Sensibilität im Nahostkonflikt war, ist die Rede besonders in Deutschland, wo die Kritik an Israel und den USA mit einer Befreiung von der Negatividentität des Holocaust einhergehen kann. Wir erinnern an die These von Henryk M. Broder, es sei ein Irrglaube, man könne antisemitische Propaganda mit Fakten widerlegen. »Es ist nämlich ein Vorurteil, anzunehmen, dass Vorurteile mit Informationen bekämpft werden können.«[208]

So bricht sich das Unverarbeitete und Unbewältigbare immer wieder Bahn, allzumal die Mission der Aufklärung, das Bedienen des differenzierten Verstandes, dem derzeitigen Zeitgeist der Avantgarde wenig entspricht. Ein verselbständigtes Pathos der Radikalität, des Tabubruches, des Rausches sowie – durch das Internet angeheizt – manche phantastische Verschwörungstheorie bestimmen derzeit wieder (wie in den zwanziger Jahren) viele künstlerische und kultur-intellektuelle Positionen. Modisch scheint ein Denken, das befreite Kreativität in den Gegensatz zur political correctness setzt: »Wenn man sich (…) entscheidet, Dichter und Schriftsteller zu Krieg und Frieden, Vergangenheit und Zukunft des Volkes zu befragen, dann kann es nicht darum gehen, etwas anders formulierte Leitartikel oder Aufsätze, die hernach als Grundlage des Gemeinschaftskundeunterrichts dienen können, zu erhalten. Das Machbare, das Vernünftige, das Vermittelbare, der Kompromiss, das alles sind keine Kategorien der Literatur, vielmehr das Undurchführbare, das Verrückte, das Empörende und das Radikale. Schriftstellern muss man erlauben, ihre selbst gewählte Verantwortungslosigkeit in politics voll auszukosten. Gedanken, die sich Politiker verbieten müssen, sind die Trümpfe der Schriftsteller. Wenn sie den allgemeinen Konsens nicht herausfordern, dann braucht man sie um ihre politische Stellungnahme erst gar nicht zu bitten.«[209]

Eine solche Selbstverortung des kulturell-intellektuellen Diskurses mag auf den ersten Blick harmlos wirken, wie ein Plädoyer ganz im Sinne der Luhmann'schen Arbeitsteilung der Gesellschaft in eigenständigen Subsystemen. Doch kann diese Argumentation gerade Falsches rechtfertigen, nämlich endlich alle Gefühle herauszulassen, eben auch wieder antisemitische Affekte und Assoziationen veröffentlichen zu dürfen. Demgegenüber würde sich eine Verantwortungsethik permanent selbst prüfen.

Für den postmodernen Gestus hingegen ist alles spielerischer Relativismus. So heißt es beim französischen Philosophen Jean Baudrillard: »Wichtig ist vielmehr, dass man sich klar macht, dass es keinen festen Punkt gibt, von dem aus man bestimmen könnte, was vollkommen gut oder vollkommen schlecht ist.«[210] Wenn in diesem Sinne nicht einmal Auschwitz ein solcher Punkt sein kann, ist das Haltlose einer solchen Denkfigur offenkundig.

Wo noch dazu – bis dahin, die Israelis und der CIA steckten hinter den Terrorakten des 11. September 2001[211] – alles als miteinander verschworen erscheint, muss der Antireflex zur westlichen Moderne zwangsläufig werden. Die »undifferenzierte universelle Kultur« gerät in einem »beinahe anthropologischen Aufeinandertreffen« mit den »Singularitäten« aneinander, »es gibt darunter die der Sprachen, der Kunst, des Körpers oder der Kultur. Aber es sind darunter auch gewaltsame – der Terrorismus ist eine davon.«[212]

Damit ist von Moral und Vernunft nicht mehr die Rede, das Projekt der Aufklärung wird durch die angebliche Zwangsläufigkeit des Status Quo ersetzt: »Eine Kultur, die ihre Werte verloren hat«, was die Globalisierung unentrinnbar mit sich bringe, »kann nicht anders als sich an den Kulturen der anderen rächen.«[213] Es gibt keinen Spielraum für verantwortliches politisches Handeln, für friedliche Alternativen. Die Totalität der Verstrickung lässt – auch im Palästinakonflikt – keine Chance: »Wenn der Terrorismus aus einem Exzess der Wirklichkeit und ihrem unmöglichen Tausch, aus diesem Übermaß ohne Gegengewicht und einer Zwangslösung der Konflikte hervorgeht, dann ist es illusionär zu glauben, man könne ihn ausrotten. So, wie er ist, in seiner Absurdität und seinem Un-Sinn, ist er das Verdikt und das Urteil, das diese Gesellschaft über sich selbst verhängt hat.«[214] Die Überwindung von Antisemitismus, auch eine jüdisch-palästinensische Verständigung oder die Demokratisierung des Islam, werden mit diesem Weltbild undenkbar, können kein politisch-kulturelles Reformprojekt mehr sein.

Schlussbemerkung

Halten wir fest: Wird die wertorientierte, kulturelle Deutung von Geschichte preisgegeben, lässt sich immer weniger zwischen Tätern und Opfern unterscheiden. Ohne das Gespräch der demokratischen Öffentlichkeit würde ein bereits überwunden geglaubter sozialer Gemütszustand wieder Überhand nehmen: »Je unschuldiger die Deutschen im Laufe ihrer Geschichte werden, desto schuldiger werden die Juden – vorgestern die Bolschewiken in Russland, heute als Zionisten in Palästina. Es findet ein historischer Lastenausgleich statt, bei dem die Deutschen nur gewinnen, die Juden nur verlieren können.«[215] Dies ist derzeit erneut ein Einfallstor für rechtsextremes Denken, das wie in den 1920er und 1930er Jahren sozialdemagogisch-antikapitalistische Elemente enthält.[216] Nur durch den Kampf um »kulturelle Hegemonie« lässt sich die Deutungshoheit des nationalromantischen, des globalisierungskritischen und des postmodernen Antisemitismus begrenzen. Es bleibt allen Rückschlägen zum Trotz nichts anderes als der offene intellektuelle Diskurs, als die besseren Argumente in der demokratischen Streitkultur. Denn falsche Beliebigkeit und Duldung, Toleranz durch Wegsehen, wären auch hier, nicht nur bei Neonazis und militanten Islamisten, fehl am Platze.

Sacha Stawski

Das Bild Israels in den Köpfen der Menschen

Antisemitismus, Nahostkonflikt, Medienberichterstattung und Medienkritik seit Beginn der »Al-Aqsa-Intifada«

Das Bild Israels in den Köpfen der Menschen könnte nicht unterschiedlicher sein. Wer Israel kennt, der weiß, daß es sich um ein junges und ausgesprochen schönes und vielfältiges Land mit einem hohen Lebensstandard und lebensfrohen Einwohnern handelt. Israel ist die einzige Demokratie im Nahen Osten und hat, trotz ständiger Bedrohungen an seinen Grenzen, ein stetiges Wirtschaftswachstum. Von den hier täglich in der Presse berichteten Kämpfen spürt man im Alltag erst dann wieder etwas, wenn die Bushaltestelle, das Café oder die Tochter der Nachbarn von nebenan von Terroristen in die Luft gesprengt wurden. Das Gefühl, das ein Moderator des ZDF-Morgenmagazins bei der Berichterstattung aus dem Hafen von Haifa hatte, anläßlich des Besuches des deutsche Segelschulschiffes »Gorch Fock«[217], als er über Kanonenschüsse in nicht allzu weiter Entfernung berichtete, mag zwar mit dem üblichen Bild der Medien von Israel von einem Kriegs- und Krisenherd übereinstimmen, hat aber nichts mit den Realitäten vor Ort zu tun. Gleichwohl ist es eine mögliche Erklärung, warum eine Umfrage des Daily Telegraph[218] in England zu dem Ergebnis kam, daß Israel unhöflich, unsicher, undemokratisch, häßlich usw. sei.

Telegraph YouGov poll

The top five	(%)	[redacted]	(%)	The top five	(%)	[redacted]	(%)
Countries where Britons would most like to live		[redacted] would least like to live		Countries where Britons would most like to take a holiday		[redacted] would least like to take a holiday	
Britain	49	Israel	37	Australia	38	Israel	41
Australia	37	India	29	Canada	28	Dubai	23
Canada	28	Russia	28	New Zealand	27	India	22
New Zealand	27	China	24	United States	27	Russia	19
United States	22	Egypt	24	Britain	16	Egypt	15
Countries with the friendliest people		Countries with the least friendly people		Most democratic countries		Least democratic countries	
Australia	29	France	30	Britain	48	China	43
Ireland	24	Germany	23	Australia	38	Russia	27
Britain	21	Israel	15	Canada	26	Dubai (UAE)	24
United States	20	Russia	13	United States	24	Israel	15
Canada	19	United States, Egypt	10	New Zealand	15	Egypt	13
Safest Countries		Least safe countries		Most beautiful countries		Least beautiful countries	
Canada	32	United States	37	New Zealand	41	Israel	23
Australia	32	Israel	33	Canada	35	Dubai (UAE)	22
New Zealand	31	Egypt	21	Britain	27	Russia	19
Britain	28	South Africa	21	Australia	19	India	14
Sweden	16	Russia	19	Ireland	15	Egypt	14

Genauso kann man davon ausgehen, daß die Berichterstattung der Medien eine nicht unerheblich Rolle bei der Aussage von 59 Prozent der Europäer[219] gespielt hat, als sie angaben, daß »Israel eine Gefahr für den Weltfrieden darstellt«. (Auf Platz zwei folgten mit 53 Prozent die USA, Nordkorea und Iran). Ähnlich verhält es sich mit Ergebnissen einer Umfrage von Prof. Wilhelm Heitmeyer[220] vom Institut für interdisziplinäre Konflikt- und Gewaltforschung der Universität Bielefeld[221], wonach 68,3 Prozent der Befragten meinten, daß »Israel einen Vernichtungskrieg gegen die Palästinenser führt«. 51,2 Prozent glaubten, »was der Staat Israel heute mit den Palästinensern macht, ist im Prinzip auch nichts anderes als das, was die Nazis im Dritten Reich mit den Juden gemacht haben«.

Die Ergebnisse sind erschreckend und doch verdeutlichen sie, was im Kopf des Durchschnittsbürgers vor sich geht. Sie entwickeln auch Verständnis für notwendige Maßnahmen offizieller Stellen, um Ansatzpunkte für den Kampf gegen Antisemitismus im eigenen Land zu entwickeln. Entscheidend ist eine klare Definition des Problems – eine unmißverständliche Richtlinie, um den Unterschied zwischen legitimer Kritik an der Politik Israels und Antisemitismus darzustellen.

In diesem Zusammenhang ist eine im Jahr 2005 in Umlauf gebrachte Arbeitsdefinition des European Monitoring Centre on Racism and Xenophobia (EUMC)[222] besonders begrüßenswert. Sie definiert sinngemäß Antisemitismus wie folgt: Antisemitismus ist eine bestimmte Wahrnehmung von Juden, die man als Judenhaß bezeichnen kann. Rhetorische und physische Manifestationen von Antisemitismus sind gegen jüdische oder nicht-jüdische Individuen und/oder gegen ihr Eigentum, gegen Institutionen der jüdischen Gemeinden und gegen religiöse Einrichtungen gerichtet. Außerdem können solche Manifestationen gegen den Staat Israel, angesehen als jüdische Gemeinschaft, gerichtet sein.

Zeitgenössische Beispiele für Antisemitismus:

1 Der Aufruf, die Unterstützung oder die Rechtfertigung, Juden zu töten oder zu schädigen, im Namen einer radikalen Ideologie oder einer extremistischen religiösen Sicht.

2 Das Äußern verlogener, entmenschlichender, dämonisierender oder stereotyper Behauptungen über Juden als solche oder über die kollektive Macht von Juden, etwa besonders, aber nicht begrenzt auf, den Mythos einer jüdischen Weltverschwörung oder die jüdische Kontrolle der Medien, der Wirtschaft, der Regierung oder anderer gesellschaftlicher Einrichtungen.

3 Die Beschuldigung, daß Juden als Volk Verantwortung trügen für reale oder vermeintliche Vergehen einzelner Juden oder einer Gruppe von

Juden oder selbst für solche Handlungen, die von Nicht-Juden begangen wurden.

4 Die Leugnung der Tatsache, des Umfangs, der Mechanismen (z. B. der Gaskammern) oder der Absicht des Völkermordes am jüdischen Volk seitens des nationalsozialistischen Deutschlands, seiner Unterstützer und Komplizen während des Zweiten Weltkrieges (Holocaust).
5 Die Beschuldigung der Juden als Volk oder des Staates Israel, den Holocaust erfunden oder dramatisiert zu haben.
6 Die Beschuldigung, Staatsbürger jüdischer Herkunft seien loyaler eingestellt gegenüber Israel oder vermeintlichen jüdischen Prioritäten weltweit als gegenüber den Interessen ihrer eigenen Staaten.

Beispiele dafür, wie sich Antisemitismus gegenüber dem Staat Israel – unter Berücksichtigung der Gesamtumstände – manifestiert:

1 Die Ablehnung des Selbstbestimmungsrechts des jüdischen Volkes, z. B. durch die Behauptung, der Staat Israel sei ein rassistisches Projekt.
2 Die Anwendung doppelter Standards, indem an Israel Verhaltensansprüche gestellt werden, die von keiner anderen demokratischen Nation erwartet oder gefordert werden.
3 Die Anwendung klassisch-antisemitischer Symbole und Bilder (z. B. der Vorwurf, daß Juden Jesus töteten, oder der Ritualmordvorwurf) für die Charakterisierung Israels oder der Israelis.
4 Der Vergleich der aktuellen Politik Israels mit der der Nazis.
5 Die Behauptung einer Kollektivverantwortung der Juden gegenüber der Politik des Staates Israel.
6 Allerdings kann Kritik an Israel dann nicht als antisemitisch eingestuft werden, wenn sie in ähnlicher Weise auch gegenüber anderen Ländern geäußert wird.

Eine Alternativdefinition von Antisemitismus stammt von Nathan Scharansky[223]. Dieser sagt: »(…) Der Kampf gegen Antisemitismus ist keine genaue Wissenschaft. Letztlich aber geht es darum, daß der Westen seine eigenen Werte bewahrt. Dazu müssen klare Kriterien entwickelt werden. Ich schlage dazu die »3-D«-Kriterien vor: Der Antisemitismus war immer an der D-ämonisierung von Juden zu erkennen, dem D-oppelstandard, mit dem Juden gemessen wurden, und der D-elegitimierung von Juden. Tritt der Antisemitismus heute im Deckmäntelchen antiisraelischer Kritik auf, lässt er sich mit Hilfe dieser »3-D«-Kriterien von legitimer Israel-Kritik klar unterscheiden. Wird Israel dämonisiert, mit doppeltem Maßstab gemessen oder stereotyp delegitimiert? Dann ist es keine politische Kritik, sondern

Antisemitismus, der sich »politically correct« gebärden will (...).« Deutlich wird hier, daß es nicht darum geht, Israelkritik mundtot zu machen, sondern daß es lediglich darauf ankommt, wie diese Kritik formuliert wird und was sie bezwecken soll!

Es ist ein realitätsfernes Ammenmärchen zu glauben, daß man Israel nicht kritisieren »dürfe« bzw. daß man Israel nicht kritisieren »würde«, wie z. B. in einer Kolumne[224] der *Financial Times Deutschland* behauptet wurde:

»(...) Der Respekt vor den Opfern des Holocaust hat es uns verboten, Israels Regierungen mit denselben Maßstäben zu messen wie andere westliche Regierungen. Politische oder ökonomische Sanktionen gegen Israel waren deswegen tabu. Doch der Holocaust, der die Existenz des jüdischen Staates für alle Zeiten legitimiert hat, war ein deutsches und europäisches Verbrechen, und die Palästinenser, die heute unter seinen Folgen leiden, sind daran unschuldig. Wir haben die Siedlungs- und Besatzungspolitik der israelischen Regierungen toleriert und die Palästinenser den Preis dafür zahlen lassen. Das hat in der arabischen und muslimischen Welt einen Hass groß werden lassen, der am 11. September 2001 und am 11. März 2003 auf uns zurückgeschlagen ist (...).«[225]

Genauso ist es unwahr zu behaupten, daß sich medienkritische Organisationen dafür einsetzen würden, daß alle Israelkritik mit Antisemitismus gleichgestellt werden soll[226] oder daß diejenigen, die sich für eine »wahrhaftige Berichterstattung« einsetzen, immer wieder die so genannte »Antisemitismuskeule« schwingen, um jedwede Israelkritik mundtot zu machen. Im Gegenteil, jüdische wie israelische Sprecher wiederholen immer wieder, daß Israel-Kritik völlig legitim ist. Die Behauptung, daß Kritik an Israel »verboten« sei, stammt gewiß nicht aus Israel, der Botschaft oder jüdischen Kreisen. Auch die Behauptung eines »Tabus« ist absurd, denn deutsche Medien sind voll mit Berichten über Sabra und Schattilah, Scharons Vergangenheit, die Behandlung der Palästinenser, Wehrdienstverweigerer in Israel, Zaun/Mauer, Verwüstung in Palästinensergebieten, Liquidierungen usw. Man sollte vielmehr prüfen, wer eigentlich behauptet, daß es solche Verbote oder Tabus gebe. Es dürfte sich schnell herausstellen, daß es zumeist ausgerechnet jene sind, die am eifrigsten Diffamierungen gegen Israel oder Juden in der Welt ausstoßen...

Sicherlich tragen zahlreiche Faktoren dazu bei, daß viele Menschen, insbesondere in Deutschland, eine sehr negative Meinung von Israel haben. Schuldkompensation durch eine Gleichstellung von Israel mit Nazi-Deutschland (»They're as bad as us«) mag ebenso ein Faktor sein, wie das »David und Goliath«-Syndrom (Sympathien für denjenigen, der als der Schwächere empfunden wird – in diesem Fall die Palästinenser). Ein wichtigerer und häufig vorkommender Faktor scheinen aber Unwissenheit und (oft unbewußte) stereotypische Vorurteile zu sein. In diesem Zusammenhang muß wieder an die Verantwortung der Medien erinnert werden, die nicht nur verantwortlich sind für das, was sie schreiben, sondern auch für das Ergebnis, das beim Leser/Betrachter ankommt!

Es gibt sicherlich weniger eindeutige Beispiele als das nachfolgende aus der *Kleinen Zeitung*[227] aus Österreich:

Dafür gibt es um so mehr zweideutige Beispiele, wie z. B. die Karikatur aus der *Süddeutschen Zeitung*[228], in der ein deutlich gekennzeichneter Jude durch ein Café stürmt, alles um sich wirft und sich wundert, warum er keine Sympathie verspürt. (Die *Süddeutsche Zeitung* hat sich für diese Karikatur entschuldigt. Wäre der dargestellte Jude von vorne, mit den Zügen des Ariel Scharon abgebildet worden, hätte wohl niemand diese Karikatur als antisemitisch »mißverstanden«).

Sympathieträger SZ-Zeichnung: Horsch

Die Printmedien gehen meistens wesentlich subtiler vor. Oft wiederkehrende Darstellungen Israels spielen dabei eine besondere Rolle.

Israel ist die »Besatzungsmacht«[229]:

Ein Bauer schleppt Oliven – und die Besatzungsmacht steht daneben.

Israel und insbesondere Scharon ist der »brutale Besatzer«[230]:

Israel ist die bewaffnete Bedrohung (selbst dann, wenn Israel den Rückzug vorbereitet)[231]:

Israel ist die Gewaltmacht, die Panzer[232] gegen Kinder einsetzt[233]:

Das war der blutigste Tag seit Beginn der Intifada

Palästinenser kämpfen in Deir al-Balah im Gazastreifen gegen einen israelischen Panzer. (Bild epa)

Israelischer Panzervorstoss im Gazastreifen

Regierung Israels finanziert unbewilligte Siedlungen

Israel »mauert«[234]:

Israel baut weiter an seiner Mauer

Bedrohlich wirkt sie, abschreckend soll sie auch sein – und die Mauer in der Wüste wird weitergebaut.

Trotz Verurteilung durch die UN-Vollversammlung will Israel am Bau seiner Sperranlagen im Westjordanland festhalten. Die Regierung werde sich nicht an die Anweisungen einer feindseligen Mehrheit halten, die schon immer gegen Israel gewesen sei, trotzte gestern Vize-Premier Ehud Olmert den UN. Israel will so das Eindringen palästinensischer Selbstmordattentäter verhindern.

Die Palästinenser werfen Israel vor, ihnen mit dem großteils auf ihrem Gebiet stehenden Zaun weiteres Land wegzunehmen. Im besetzten Westjordanland erschossen Israelis nach Militärangaben zwei Palästinenser. Sie seien „gesuchte Terroristen" gewesen. **Foto: Reuters**

Die Mauer

Titelthema

Israel eskaliert[235]:

Israel weitet Nahost-Konflikt nach Syrien aus

Nach Anschlag in Haifa greift Luftwaffe angebliches Terroristen-Lager an – Schröder kritisiert Aktion

Israel »provoziert weltweit«[236]:

Israel provoziert weltweit

❑ Hamas-Führer Yassin getötet
❑ Sorge vor neuer Terrorwelle
❑ „Pforten der Hölle geöffnet"
❑ Proteste auch in Irak und Pakistan

M (RP). Mit Bestürzung
Sorge vor einer unkalku-
skalation des Nahost-
t die Welt auf die Tötung
Yassin reagiert. Yassin
der radikalislamistischen
einer der erbittertsten
ls. Die Liquidierung Yas-
Raketen hat nicht nur
ste bei den Palästinen-
n Schwur nach blutiger
die Hamas heraufbe-
er Funke sprang auch auf
er wie den Irak oder Pa-
In der südirakischen
griffen wütende Demons-
sche Soldaten an. In Pa-
s zu Protesten. Der Be-
els Premier Scharon zur
ns wird somit zur Hypo-

Israel ist der »brutale Aggressor«, der jeden Frieden »planiert«[237]:

Ziel erkannt SZ-Zeichnung: Horsch

Der planierte Friedensplan

Israels Offensive in Gaza gehorcht der verqueren Rückzugslogik von Premierminister Scharon

Vor allem spielt aber auch die optische Begleitung, die Bildauswahl zu Artikeln, eine wichtige Rolle in der Wahrnehmung der Menschen; die Bildauswahl hat inhaltlich oft nichts mit dem Artikel zu tun oder steht sogar in direktem Widerspruch dazu.

Arafat attackiert, aber Scharon scheint derjenige zu sein, der Waffen gegen palästinensische Jugendliche einsetzt[238]:

Palästinensische Jugendliche suchen Schutz vor israelischen Panzerangriffen in Beit Hanoun. Foto: Reuters

Arafat attackiert Scharon scharf

WN, 17/12/01

USA rufen Chefvermittler Zinni zurück / Israel verstärkt Militäraktionen

Während Aschkelon beschossen wird und Hamas eine Waffenruhe ablehnt, demonstrieren palästinensische Frauen für »Dignity«[239]:

Küstenstadt Aschkelon mit Raketen beschossen

Hamas lehnt neue Waffenruhe mit Israel ab

Extremisten nennen Arafats Aufruf „Propaganda" / Palästinenserpräsident sperrt Konten angeblicher Terror-Finanziers

Von Thorsten Schmitz

Jerusalem – Sprecher der palästinensischen Terror-Organisationen Hamas und Islamischer Dschihad haben sich gegen eine Wiederaufnahme der Waffenruhe ausgesprochen und so den entsprechenden sprechenden Aufruf von Palästinenserpräsident Jassir Arafat abgelehnt. Arafat hatte sich am Mittwoch erstmals öffentlich zur Waffenruhe geäußert und die Führer der Terrorgruppen darum gebeten, sich erneut zum Verzicht auf Waffengewalt zu verpflichten, um die Umsetzung des Friedensfahrplans des Nahost-Quartetts nicht zu gefährden. Arafat ließ daraufhin mehrere Bankkonten islamischer Wohlfahrtsverbände einfrieren, hieß es in israelischen Medien. Diese sollen auch palästinensische Terrorgruppen finanziert haben. Sprecher der Wohlfahrtsverbände sagten, 36 Konten seien eingefroren worden, sodass Hunderte hilfsbedürftige Palästinenser keine Schecks hätten einlösen können.

Hamas, Islamischer Dschihad und die Al-Aksa-Brigaden von Arafats Fatach-Organisation hatten vor zehn Tagen ein Ende der Waffenruhe verfügt, nachdem Israel den Selbstmordanschlag eines palästinensischen Hamas-Terroristen in Jerusalem mit der Liquidierung eines der höchsten Hamas-Führer vergolten hatte. Bei dem Selbstmordanschlag wurden 21 Menschen getötet und weit mehr als 120 verletzt, bei der Liquidierung des Hamas-Sprechers Ismail Abu Schanab außerdem zwei seiner Leibwächter getötet und etwa 15 Passanten verletzt.

Hamas-Sprecher Abdel Asis Rantisi erklärte, es könnte keine Gespräche über

„Lasst uns in Würde leben": Eine Palästinenserin beteiligt sich an einer Demonstration in Gaza gegen die amerikanische Nahost-Politik. Foto: AFP

eine neue Waffenruhe geben, solange Israel seine Angriffe fortsetze. Rantisi hob jedoch hervor, dass Arafats Aufruf zur Waffenruhe an alle „Fraktionen" weitergeleitet und nicht offiziell abgelehnt worden sei. Seit Beginn der Intifada vor fast drei Jahren hat Arafat bereits mehrmals zu einem Ende der palästinensischen Terroranschläge aufgerufen.

Die israelische Regierung lehnte eine Wiederauflage der Waffenruhe als „Propagandatrick Arafats" ab. Ein Regierungssprecher wurde im Rundfunk mit den Worten zitiert, solange die palästinensische Regierung nicht mit der Zerschlagung der palästinensischen Terrorgruppen beginne, werde Israel dies tun. Eine Waffenruhe komme nicht in Frage, da diese von den Terrorgruppen nur zur Wiederbewaffnung missbraucht werde. Auch die US-Regierung bezeichnete eine Waffenruhe als „ungenügend". Zugleich hob eine Sprecherin des Weißen Hauses hervor, Arafat habe bewiesen, dass er „Teil des Problems" sei. Er müsse Ministerpräsident Machmud Abbas die Hoheit über sämtliche zwölf palästinensischen Sicherheitsdienste überlassen. Abbas und Sicherheitschef Mohammed Dachlan haben derzeit nur Autorität über drei palästinensische Sicherheitsorgane.

Am Donnerstagnachmittag schlug erstmals eine Mittelstreckenrakete des Typs „Kassam" im Süden der israelischen Küstenstadt Aschkelon ein, die vom nördlichen Gaza-Streifen aus abgefeuert worden war. Es war der weiteste Raketenbeschuss aus dem Gaza-Streifen. Palästinenser feuerten außerdem 13 Mörsergranaten auf jüdische Siedlungen im Gaza-Streifen.

Zur gleichen Zeit findet dann z.T. noch eine Idealisierung und Romantisierung statt. So werden z.B. Fabeln über die als Terrororganisation anerkannte Hamas als Tagesnachrichten abgedruckt, ohne ein Wort über die terroristischen Ideale der Organisation zu verlieren[240]:

Der Junge und der Leibwächter

Entgegen der offiziellen israelischen Einschätzung ist die Fürsorge-Arbeit der von Scheich Yassin gegründeten Hamas keineswegs nur ein Deckmäntelchen für die Rekrutierung von Terroristen.

Eine typische Begebenheit schildert ein Augenzeuge. Ein kleiner Junge kam in Yassins Vorzimmer. „Ich habe Hunger", wisperte er, schaute die zahlreichen erwachsenen Bittsteller verschüchtert an. Er wusste nicht, in wessen Haus er war. Yassins gerade telefonierender Leibwächter machte dem Kleinen ein Handzeichen zu warten. Das Kind erspähte eine Packung Fladenbrot in einem Regal und strahlte. Der Bodyguard verfolgte den Blick und gab dem Kleinen die ganze Packung. Sein Glück nicht fassend wollte der Junge weglaufen, doch der Leibwächter hielt ihn zurück. Gemeinsam öffneten sie den Kühlschrank, gefüllt mit Wasserflaschen und einer einzigen, riesigen Traube. Auch sie erhielt der Kleine, der sofort damit nach draußen stürmte.

„Warum hast du dem Jungen die gesamte Verpflegung von euch gegeben, eine Pita hätte ihn allein schon glücklich gemacht?" – „Weil es der Scheich so will. Er hat uns befohlen, den Hungernden alle unsere Lebensmittel zu geben. Wir könnten uns ja neue kaufen."

„So ist der Scheich", meinte einer der Wartenden. „Arafat und seine Leute schlagen sich in teuren Restaurants die Bäuche voll." (cal)

Yassin-Anhänger tragen den Scheich durch die Menge. Foto: afp

(…) während Gewaltakte von Terroristen der Fatah-Organisation als »Demonstrationen von Arafat-Anhängern«[241] dargestellt werden:

Demonstration von Arafat-Anhängern vor dem palästinensischen Parlament Foto AP

Ein weiteres Problem, das vom Durchschnittsleser auf den ersten Blick kaum wahrgenommen wird, hängt mit einer Gleichstellung von Opfern und Tätern zusammen: Im folgenden Beispiel[242] links die Mutter eines Terroristen, der einen Selbstmordanschlag verübt hat, rechts ein Angehöriger von jemandem, der von ihrem Sohn umgebracht wurde:

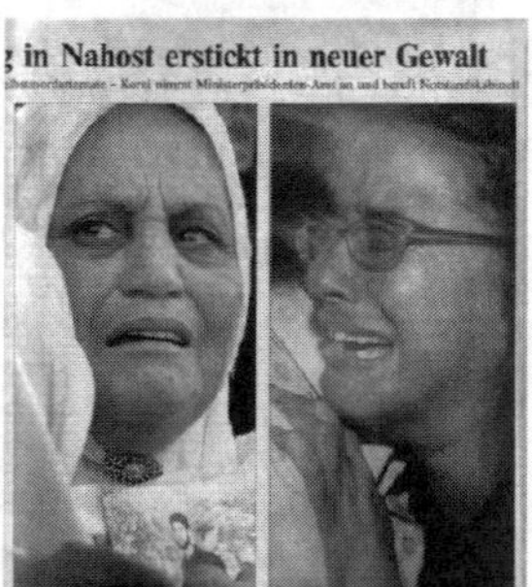

g in Nahost erstickt in neuer Gewalt

lbstmordattentate – Korei nimmt Ministerpräsidenten-Amt an und beruft Notstandskabinett

Nicht zuletzt ist nicht nur das Zusammenspiel von Bildern und begleitenden Texten wichtig, sondern auch die Kombination von Titelzeilen und tatsächlichen Fakten. Während Leser in den Überschriften in Großbuchstaben und Fettschrift über die Gewaltakte mordender israelischer Soldaten informiert werden, erfährt man oft erst im zweiten oder dritten Absatz (wenn überhaupt), daß die erschossenen Palästinenser schwer bewaffnete Terroristen waren[243]:

Nahost

Israelische Soldaten töten vier Palästinenser

GAZA/JERUSALEM, 25. Juni (dpa/rtr). Bei einem Feuergefecht mit israelischen Soldaten sind am Mittwoch im Gaza-Streifen zwei Mitglieder der radikal-islamischen Hamas-Bewegung getötet worden. Nach Angaben des militärischen Hamas-Arms kamen die 20 und 23 Jahre alten Männer bei dem Versuch ums Leben, mit Waffengewalt in einen israelischen Armeestützpunkt einzudringen. Die Soldaten hätten daraufhin Artillerie gegen die beiden eingesetzt, hieß es in einem Flugblatt der radikalen Gruppe. Der Angriff sei eine Vergeltung für die Tötung des Hamas-Anführers Abdullah Kawasme gewesen.

Am Mittwochabend wurde bei einem israelischen Luftangriff auf ein Auto im Gaza-Streifen Krankenhauskreisen zufolge zwei weitere Palästinenser getötet, mindestens 14 wurden verletzt. Augenzeugen berichteten, offenbar sei eine Rakete von einem Kampfhubschrauber oder einem Kampfflugzeug abgefeuert worden und habe das Auto in dem Dorf Abassan östlich der Stadt Khan Junis getroffen.

Die israelische Polizei vereitelte am Mittwoch nach eigenen Angaben einen neuen Bombenanschlag, als sie östlich von Tel Aviv zwei militante Palästinenser mit einem zehn Kilogramm schweren Sprengsatz festnahm. Der gefährliche Sprengsatz konnte durch eine kontrollierte Explosion unschädlich gemacht werden. Nach einem Hinweis auf die aus dem Westjordanland stammenden Verdächtigen hatte die Polizei die Männer in der israelisch-arabischen Stadt Kfar Kassam gefasst. Die Sicherheitskräfte gehen davon aus, dass die beiden einen Selbstmordanschlag in der Stadt Petach Tikva verüben wollten. Den israelischen Behörden liegen derzeit Informationen über 58 geplante Anschläge vor.

Der US-Nahost-Gesandte John Wolf traf am Mittwoch in Gaza erstmals zu einem Gespräch mit dem palästinensischen Ministerpräsidenten Mahmoud Abbas zusammen.

Titel vs. Fakten

Ein weiterer Faktor hängt mit antisemitischen Ideologemen zusammen. So ist das biblische Racheprinzip[244] ein ständig vorkommendes Konzept[245]:

In deutschen Medien steht »Auge um Auge« für ein vermeintlich archaisches Racheprinzip, dessen israelische Variante, wie z. B. im *Spiegel*, den griffigen Zusatz erhält: »Auge um Auge, Wahn um Wahn«.[246]

In ähnlicher Art und Weise wird Lesern ein realitätsfernes Bild von einem typischen »Juden« und erst Recht von dem »typischen Israeli« vermittelt. Für diejenigen, die es nicht besser wissen, muß jeder Israeli einen langen Bart haben, schwarzen Hut tragen und schwarz gekleidet sein, am besten noch von einem langen, dunklen Schatten gefolgt[247]:

Das beste Beispiel zu diesem Thema stammt aus dem *Spiegel*, der in einem Artikel mit dem Titel »Zuflucht in Deutschland«[248] über eine steigende Zahl von Israelis berichtete, die einen deutschen Paß beantragten. Interessanterweise wurde der Artikel von einem Foto frommer Juden begleitet, die an der Klagemauer in Jerusalem beten. Daß gerade diese strenggläubigen Juden, gestärkt von ihren religiösen Idealen, die Letzten sind, die Israel verlassen würden, ist wohl nur dem »Experten« bekannt:

ISRAELIS

Zuflucht in Deutschland?

Einen deutschen Pass beantragen immer mehr Israelis. Seit Beginn der zweiten Intifada Ende September 2000 ist die Zahl der Anträge auf Einbürgerung bei der Botschaft in Tel Aviv kontinuierlich gestiegen. Allein im Januar und Februar dieses Jahres meldeten sich 498 Israelis mit dem Wunsch, die deutsche Staatsbürgerschaft zu erwerben – mehr als doppelt so viele wie in den Jahren zuvor. Im gesamten Jahr 2000 hatte die deutsche Botschaft lediglich 1253 Fälle bearbeitet, 2001 gingen bereits 1751 Anträge ein. Der Trend, heißt es, sei trotz der Debatte um Antisemitismus in der Bundesrepublik ungebrochen. Diplomaten vermuten, dass viele Israelis die deutsche Staatsbürgerschaft als Rückversicherung annehmen, falls der blutige Konflikt zwischen ihrem Land und den Palästinensern weiter eskalieren sollte. Allerdings habe der überwiegende Teil der Antragsteller nicht vor, tatsächlich nach Deutschland zu ziehen, sondern wolle, wenn möglich, in Israel bleiben. Grundlage für die außergewöhnliche Entwicklung ist eine spezielle Regelung im Grundgesetz. Dessen Artikel 116 garantiert NS-Verfolgten, denen die Staatsbürgerschaft aus rassischen, politischen oder religiösen Gründen entzogen wurde, sowie deren Nachkommen ein lebenslanges Anrecht auf Wiedereinbürgerung in Deutschland.

Orthodoxe Juden (in Jerusalem)

Zu guter Letzt muß noch das alte Konzept der »Jewish world conspiracy«, der »Jüdischen Weltverschwörung«, erwähnt werden. Nicht nur in den arabischen Medien[249] wird immer wieder suggeriert, daß Juden in alles Übel der Welt verstrickt sind und die amerikanischen Medien kontrollieren[250]:

Auch die Nazis verbreiteten ähnliche Verschwörungstheorien[251], so z. B., daß Juden den Weltmächten Gift einflößen[252]:

Auch in Deutschland sind ähnliche Assoziationen aus gewissen medienwirksamen Bildern ableitbar[253]. Warum sonst würde man ein mehr als ein Jahr altes Bild zu einem aktuellen Artikel über den Nahostkonflikt abdrucken[254] ...?:

Sein Chefberater lobt die Härte Ariel Scharons. Und auch US-Präsident Bush selbst fühlt sich Israel immer mehr verbunden. Das bringt ihm innenpolitisch Punkte bei Juden und konservativen Christen. Für den Erfolg des Nahostgipfels in Akaba wird es aber hinderlich sein.

Der Krieger als Friedensengel

Bildunterschift: »INNIGES VERHÄLTNIS: Präsident George W. Bush bei einem Treffen mit orthodoxen Rabbinern vor einem Jahr.« Es ist zu bezweifeln, daß es sich bei den gezeigten Rabbinern um das Beraterteam von Präsident Bush handelt.

Zusammenfassend bleibt festzuhalten, daß die deutschen Medien, sofern man diese über »einen Kamm scheren« kann, sicherlich nicht antisemitisch sind. Gleichwohl gibt es Tendenzen in der Berichterstattung, die dazu führen, daß bei Lesern gewisse Klischees bestätigt werden. Weder kann man diesen Vorwurf gezielt an nur ein oder zwei Zeitungen oder Redaktionen richten (wie an den hier gezeigten Beispielen deutlich wird), noch an einzelne Korrespondenten. Es ist ein durchweg wiederkehrendes Problem, daß Bilder nicht zum Text passen, daß gewisse Bilder überhaupt nicht gezeigt werden, daß Bilder gezeigt werden, bei denen eine Gleichsetzung von Terroropfern und Tätern stattfindet, daß Kinder-Bilder strategisch geschickt plaziert werden, daß Bilder gemäß dem »David und Goliath«-Prinzip eingesetzt werden, daß Karikaturen mit Motiven aus dem Repertoire des *Stürmers* übernommen werden usw. Genauso ist es ein Fakt, daß bei Texten mehr auf reißende Schlagzeilen geachtet wird als auf die möglicherweise verheerende Wirkung auf die Leser, etwa wenn mit »Auge um Auge« oder »israelischer Rache« subtil der von Martin Luther propagierte »Rachegott der Juden« heraufbeschworen wird. Hier sollten sich die Redaktionen immer wieder die Frage stellen, ob ihre Headlines wirklich die Geschehnisse vor Ort sachgemäß wiedergeben; ob man subtil ein Vokabular der NS-Zeit oder des klassischen Antisemitismus einfließen läßt oder etwa indirekte Vergleiche zwischen dem heutigen Israel und Nazideutschland aufstellt. Die Übersetzung ausländischer Begriffe bei Agenturberichten, wie »reaction« oder »answer« können einwandfrei als »Reaktion« oder »Antwort« übersetzt werden anstatt fast automatisch mit »Vergeltung«. Bei der Auswahl von Interviewpartnern wie bei der Verleihung von »Friedenspreisen« lassen sich in Deutschland klare Tendenzen erkennen. Manche unbewiesene Behauptung wird sorglos veröffentlicht, ohne die Fakten verifiziert zu haben, so zum Beispiel der Mythos des angeblichen »Jenin-Massakers«[255], bei dem nicht »Hunderte« oder laut Arafat gar »Tausende« Palästinenser »massakriert« wurden, sondern »nur« 52, von denen mehr als die Hälfte bewaffnet war, in schweren Kämpfen, in denen auch 23 Israelis getötet wurden.

Der Nahostkonflikt dauert seit über hundert Jahren an. Er ist vielschichtig, hat zahlreiche Ursachen und enthält religiöse, territoriale, nationale, politische, kolonialistische und zahlreiche andere Elemente. Die Medien sollten soviel Verantwortung aufbringen, daß sie diesen komplizierten Konflikt nicht auf griffige Schlagworte und Parolen reduzieren oder den Eindruck erwecken, als seien alle Probleme gelöst, wenn Scharon verschwunden, die Siedlungen aufgelöst, der Rückzug vollbracht oder die (israelische) Besatzung beendet wären. Terror, Krieg, Konflikt gab es in Nahost lange bevor Scharon geboren war, lange bevor Israels »Besatzung« die jordanische und ägyptische ablöste und lange bevor Israel die besetzten Gebiete eroberte. Umso mehr sollte jeder Einzelne immer wieder an das Verantwortungsbewusstsein der Medien appellieren und sich nicht mit dem Status quo zufrieden geben. Es gibt Organisationen, die sich für eine wahrhaftige Berichterstattung einsetzen, aber letztendlich liegt es an jedem Redakteur, Journalisten und Leserbriefschreiber, einen eigenen Beitrag zur Besserung zu leisten.

Ich bedanke mich im Besonderen bei Middle East Media Research Institute (MEMRI), Palestinian Media Watch (PMW), der Anti-Defamation League (ADL) und Honest Reporting für die zur Verfügungstellung der hier dargestellen arabischen Karikaturen und im Besonderen auch bei Eldad Beck (Yedioth Ahronoth) und Rolf Behrens für die Hilfe bei der Zusammenstellung der Zeitungsausschnitte.

Ulrich W. Sahm

Deutsche Medien und der Nahostkonflikt

Ein Konflikt bedeutet, dass es mindestens zwei Standpunkte gibt. Im Falle des Nahostkonflikts dürfte die Zahl der Standpunkte wegen emotionaler, historischer, religiöser und ideologischer Identifikationen noch viel größer sein. Eine automatische Parteiergreifung erübrigt sich, solange die Akteure zu fern und fremd sind, wie im Falle der Hutus und Tutsis, wenn niemand den Durchblick hat, wie in Darfur, oder beide Konfliktparteien an Verbrechen beteiligt sind, wie auf dem Balkan.

Beim Nahostkonflikt verbietet allein die Beteiligung von »Juden« Neutralität. Da spielen Schuldkomplexe wegen des Holocaust hinein und überkommene Vorstellungen über »die Juden«. Gerade weil in Deutschland seit 1945 die Vorstellung verbreitet ist, man dürfe nichts Jüdisches kritisieren, empfinden es manche wie einen Befreiungsschlag, jetzt »die Juden« in Israel mit den Nazis gleichzusetzen und als Massenmörder zu bezeichnen. Man beruft sich dabei auf palästinensische »Behauptungen« oder regierungskritische Äußerungen eines Uri Avneri, die ungeprüft zitiert werden. Ein typisches Beispiel ist das angebliche »Massaker in Dschenin«, von Arafat als »Dscheningrad« bezeichnet. Die Palästinenser redeten von hunderten und gar tausenden Toten. Ein Untersuchungsbericht der UNO dazu wurde kaum mehr beachtet. Bei schweren Kämpfen in dem Flüchtlingslager im Frühjahr 2002 kamen insgesamt 52 Palästinenser um, zwei Drittel davon Kämpfer. Nach Angaben der UN hätten sich die palästinensischen Kämpfer der »Kriegsverbrechen« schuldig gemacht, weil sie die Zivilbevölkerung als »menschliche Schutzschilde« missbrauchten. Den Israelis werden in dem Report keine »Kriegsverbrechen« nachgesagt.

Den deutschen Medien muss vorgeworfen werden, jene Horrorgeschichten breitgetreten und später nicht zurechtgerückt zu haben, nachdem der UN-Report eine ganz andere Wahrheit ans Tageslicht gebracht hatte. Die Mär vom »israelischen Massaker in Dschenin« hat sich gleichwohl in den Köpfen festgesetzt. Und wen kümmert es, dass die von Palästinensern angegebene Gesamtzahl ihrer eigenen Toten während der fünfjährigen Intifada immer noch niedriger ist als die Zahl der angeblich in Dschenin ermordeten Palästinenser.

Gefälschte Zitate, wie Scharons Rede vom »totalen Krieg«, sind nur die Spitze des Eisbergs. Nur selten kommt es vor, dass die Medien einen Fehler, wie in diesem Fall, öffentlich eingestehen und korrigieren. Die *Junge Welt* hat zum Beispiel vor dem Irakkrieg 2003 unter Berufung auf israelische Professoren dem Premierminister Israels unterstellt, im Schatten des amerikanischen Feldzugs eine Massenvertreibung aller Palästinenser oder gar einen Massenmord zu planen. Der Autor des Artikels war sich seiner Angaben so sicher, dass er bereitwillig die Telefonnummern der zitierten Professoren herausgab. »So etwas habe ich niemals behauptet«, erklärte ein Professor aus Haifa. Drei Wochen später war der Krieg im Irak vorbei. Die Palästinenser waren immer noch lebendig und in ihren Häusern. Die *Junge Welt* hat sich für ihre Unterstellungen niemals entschuldigt.

In den Mainstream-Medien wird wenigstens der Schein einer seriösen und ausgewogenen Berichterstattung über Nahost gewahrt.

Nachrichtenagenturen

Alle hängen von den Nachrichtenagenturen ab. Deren Formulierungen beeinflussen die Redakteure. Formeln wie das »völkerrechtswidrig von Israel besetzte Ost-Jerusalem«, das »arabische Ost-Jerusalem« oder »jüdische Siedlungen« werden wie selbstverständliche Fakten unreflektiert übernommen. Die Begriffe sind seit Jahrzehnten so oft wiederholt worden, dass sie niemand mehr hinterfragt. Anhand der hier genannten Beispiele eine kurze Begriffserklärung:

»Das völkerrechtswidrig von Israel besetzte Ost-Jerusalem«: Die Besetzung geschah 1967 im Rahmen eines Krieges. »Besatzung« ist ein völkerrechtlich sanktionierter Zustand. Die Genfer Konventionen regeln die Pflichten und Rechte eines Besatzers. Die UN-Resolution 242 von 1967 schreibt vor, dass die israelischen Gebietsgewinne (Besatzung) wieder rückgängig gemacht werden müssten im Rahmen von Frieden mit den betroffenen Staaten. Bekanntlich ist ein Frieden mit dem früheren Besatzer Jerusalems erst zustande gekommen, nachdem Jordanien 1988 seine Ansprüche auf Jerusalem an die Palästinenser abgetreten hatte. Die UN-Resolution 242 erwähnt »Staaten«, nicht aber die Palästinenser als Partei oder gar als »Staat«. Nicht die Besatzung »Ost-Jerusalems« widerspricht dem Völkerrecht, sondern bestenfalls die Annexion. Und selbst darüber streiten sich die Völkerrechtler.

»Arabisches Ost-Jerusalem«: Die dreitausend Jahre alte Stadt war lediglich 19 Jahre lang geteilt. Nach 1948 wurden alle Juden aus dem Ostteil vertrieben und alle Araber aus dem Westteil. Erst durch einen einvernehmlichen Gebietsaustausch, mit dem die Nutzung der Eisenbahnlinie nach Jerusalem durch Israel sichergestellt werden sollte, wurden einige Häuser und mit ihnen ein paar hundert Araber im Dorf Bet Safafa an das »jüdische West-Jerusalem« übergeben. Den Osten für »arabisch« oder den Westen für

»jüdisch« zu halten, ist so absurd wie die Meinung, dass der Norden von Nikosia türkisch sei oder dass Ost-Berlin kommunistisch sein müsse.

»Jüdische Siedlungen«: Kaum ein Begriff ist gebräuchlicher als dieser. Gleichwohl ist er zynisch, gefährlich und falsch. Die Siedlungen in den besetzten Gebieten sind umstritten und gemäß weitläufiger Meinung »illegal«. Die (gewaltsame) Verlegung der eigenen Bevölkerung in besetztes Land ist laut Genfer Konvention verboten. Korrekt wäre es also, von »israelischen Siedlungen« zu reden. Selbst wenn Israel christliche oder muslimische Bürger dort angesiedelt hätte (in einigen Siedlungen leben tatsächlich Christen), wären sie ebenso »illegal«. Der Begriff »jüdische Siedlungen« impliziert subtil, zusammen mit »illegal«, dass Christen, Muslime, Deutsche, Amerikaner oder Araber durchaus ein Recht hätten, zu wohnen, wo sie wollen, nicht aber Juden. Es liegt auf der Hand, dass die Genfer Konvention nicht Juden, sondern nur einem Besatzerstaat Beschränkungen auferlegen. Durch die unbedachte Verwendung des Begriffs »jüdische Siedlungen« im Zusammenhang mit »illegal« wird dem Medienkonsumenten intuitiv nahegelegt, dass die Siedlungen illegal seien, weil Juden dort leben. Dass eine derartige Sicht einst mit Auschwitz endete, dürfte kaum noch ein Journalist wahrnehmen, der »jüdische Siedlungen« erwähnt, weil es doch »alle« tun.

Auswahl und Überschriften

Zur Berichterstattung, die naturgemäß auch subjektive Eindrücke einfließen lässt, gehört auch die Auswahl der Informationen. Die Nachrichtenagenturen vermeldeten mit bemerkenswerter Akribie (fast) jeden Toten des Nahostkonflikts, was weder bei Irak, Jugoslawien oder Darfur geschieht. Man darf fragen, warum die Toten in Nahost einen höheren Stellen- und Informationswert haben als Tote anderswo.

Dann stellt sich die Frage, wieso manche Berichte so eigentümlich verstellt sind und wieso in der Überschrift fast durchgehend die Israelis aktiv töten, extrem selten aber Palästinenser. Wenn Palästinenser töten, dann erscheint in der Überschrift im Passiv »Israelis wurden getötet«, ohne zu erwähnen, von wem. Und im Text findet man gelegentlich kuriose Formulierungen wie »mutmaßliche Extremisten« hätten geschossen oder eine Bombe gelegt. Das »mutmaßlich« bei »Extremisten« legt nahe, dass sich vielleicht auch »Gemäßigte« im Bus oder im Restaurant in die Luft sprengen könnten. Manchmal werden die mutmaßlichen Extremisten auch als »mutmaßliche Palästinenser« bezeichnet. Offenbar soll angedeutet werden, dass sich vielleicht auch mal ein jüdischer Israeli als Selbstmordattentäter in die Luft sprengen könnte, um seine eigenen Landsleute zu ermorden. Derartige Zweifel werden kaum laut, wenn Israelis oder gar Siedler als Täter von Anschlägen vermutet werden. Da fällt dann auch schnell das »mutmaßlich« weg.

Eine typische Verdrehung wurde am 10. Januar 2005 in der *Stuttgarter Zeitung* abgedruckt. Die Überschrift lautete: »UN-Soldat wird von Israeli getötet.« Aus dem Text geht jedoch hervor, dass die libanesische Hisbollah bei einem Angriff einen israelischen Soldaten tötete. Daraufhin beschossen die Israelis Hisbollah-Stellungen. Ein Hisbollah-Kämpfer und ein UN-Offizier wurden getroffen. Später gestand die UNO, dass die Hisbollah den Zwischenfall verursachte hatte und so auch die Verantwortung für den Tod des UN-Offiziers trug. Es gab also drei Tote. Der tote UNO-Offizier war gewiss kein beabsichtigtes Opfer. Was beflügelt also den Redakteur, die angegriffenen Israelis als Täter und ein zufälliges Opfer in die Überschrift zu heben, nicht aber die Auslöser des Zwischenfalls?

Es sind fast immer die Israelis, die töten, gleichgültig ob schwerbewaffnete Palästinenser eine Stellung stürmen, einen Anschlag verüben, am Grenzzaun Bomben legen oder sich mit einer Sprengstoffjacke auf dem Weg zu einem Anschlag befinden. Wenn bei der Gelegenheit auch Israelis umkommen, sind diese »nach Angaben des israelischen Militärsprechers« oder »des Rundfunks« gestorben. So werden Zweifel geschürt. Zu den toten Israelis gibt es nur »Angaben«, während die toten Palästinenser als »Fakt« dargestellt werden.

Oft berufen sich die Agenturen auf Behauptungen von Ärzten in palästinensischen Krankenhäusern. Dass Ärzte etwas über die Art einer Verwundung sagen können, ist klar. Dass sie aber auch etwas über den Verursacher der Wunden sagen können, ist eher unüblich. Und wenn sich herausstellt, dass die palästinensischen Opfer doch nicht von einer israelischen Panzergranate getroffen worden sind, sondern von einer palästinensischen Rakete, die ihr Ziel verfehlte, sucht man oft vergeblich nach einer Korrektur der ursprünglich falschen Information.

Mit den sich wiederholenden Überschriften »Israel tötete …« entsteht der Eindruck, als sei Israel in jedem Fall der Übeltäter. Selbstverständlich greifen die Israelis auch an. Deren Verhalten ist nicht immer einsichtig, gerechtfertigt oder akzeptabel. Gleichwohl sind solche Überschriften mitsamt der implizierten Schuldzuweisung problematisch, wenn palästinensische Kämpfer angegriffen haben und bewusst ihren Tod in Kauf nahmen. Manche solcher »von Israelis getöteter Palästinenser« haben vor ihrer Attacke sogar ein Abschiedsvideo aufgenommen und werden von Palästinensern als »Selbstmordattentäter« gefeiert.

Die Verdrehungen haben nach Angaben von Agenturkorrespondenten einen technischen Grund. So wird das zeitlich jüngste Ereignis nach oben gezogen, während alles, was vorher lief, nach unten geschoben wird. Wenn

Palästinenser eine israelische Stellung angreifen, Israelis töten und danach von den Israelis bei der Verfolgungsjagd erschossen werden, so gilt bei den Agenturen eine rückwärtige Chronologie, ohne mehr Ursache und Wirkung zu beachten. Die tödlichen Schüsse der Israelis auf den »mutmaßlichen Palästinenser« machen die Überschrift und nicht der »mutmaßliche Extremist«, der zuvor Israelis ermordet hat. (Keine Zeitung in Deutschland dürfte nach dem Amoklauf eines Schülers in Erfurt getitelt haben: »Schüler verübte Selbstmord«, ohne die übrigen Opfer zu erwähnen. Genau das aber hätte der Logik der Berichterstattung aus Nahost entsprochen.)

Zu den Absurditäten der Berichterstattung aus Nahost gehört auch die Verwendung des Begriffs »Vergeltung«. Wenn etwa in einer Agenturmeldung behauptet wird, die Israelis hätten einen »Vergeltungsschlag« im Gazastreifen verübt, kennt der Korrespondent offensichtlich das Motiv der Angreifer. Wenn es aber im nächsten Satz heißt: »Der israelische Militärsprecher machte keine Angaben zu dem Vorfall«, bleibt die vom Reporter erfundene Rachsucht der Israelis im Raum stehen. Das ist umso absurder, als sich am Ende herausstellt, dass palästinensischen Bombenbastlern eine Panne passierte und die Israelis gar nicht angegriffen haben.

Das Problem bei der emotional belasteten und politisch gefärbten Berichterstattung aus Nahost ist oft ein Mangel an gesundem Menschenverstand. So berichtete eine Agentur morgens um 9:00 Uhr am palästinensischen Wahltag im Januar über eine »hohe Wahlbeteiligung« als »Beweis« für die palästinensische Demokratie. In keinem Land der Welt und in keiner Demokratie würde jemand so früh am Morgen Spekulationen über die Wahlbeteiligung veröffentlichen. Bei den Palästinensern entschied aber eine hohe Wahlbeteiligung über die Legitimierung des Wahlsiegers Abbas. Also musste die Wahlbeteiligung hoch sein, weil die Welt beschlossen hatte, dass Abbas der Wahlsieger zu sein habe. Selbst nach der Veröffentlichung der »vorläufig offiziellen« Wahlergebnisse durch die Wahlkommission wurde weiter über eine »hohe Wahlbeteiligung« berichtet, obgleich die Wahlkommission erklärte, wegen Durcheinander keine Angabe zur tatsächlichen Wahlbeteiligung machen zu können. Die in den frühen Morgenstunden von den Agenturen verbreitete »hohe Wahlbeteiligung« dürfte eine Mischung aus Wunschdenken, politischer Korrektheit oder ominöser Pflichterfüllung gewesen sein.

Nachfolgend ein beispielhafter Bericht, aus mehreren Agenturen zusammengestellt, wie er in einer deutschen Zeitung erschienen ist (und bis heute im Internet bei mehreren Medien zu finden ist):

»Israel fliegt nach Anschlag Raketenangriff

Gaza-Stadt – Nach einem Anschlag in der Nähe eines israelischen Stützpunktes im Gaza-Streifen hat Israel ein palästinensisches Flüchtlingslager in dem Gebiet beschossen. Ein israelischer Hubschrauber feuerte Augenzeugen zufolge in der Nacht zum Freitag zwei Raketen ab, die ein medizinisches Zentrum in dem Lager Deir al-Bala im Zentrum des Gaza-Streifens trafen. Angaben zu Opfern lagen zunächst nicht vor.

Wie aus palästinensischen Sicherheitskreisen verlautete, rissen bei dem Anschlag drei militante Palästinenser sechs Israelis in den Tod, als sie sich am Übergang Karni mit einer 150-Kilo-Bombe in die Luft sprengten. Von der Armee wurden drei tote Israelis und drei getötete Palästinenser bestätigt. 14 Menschen seien verletzt worden. Kurz nach dem Anschlag begannen israelische Kampfhubschrauber mit dem Raketenbeschuss. Nach palästinensischen Angaben griffen die Hubschrauber in Deir el-Bala das Gebäude einer Wohltätigkeitsorganisation, die der radikalen Organisation Islamischer Djihad zugehören soll, mit zwei Raketen an. Eine Frau sei verletzt worden, an dem Gebäude sei schwerer Schaden entstanden, berichteten Augenzeugen. Das Zentrum wird von der islamischen Wohlfahrtsorganisation Al-Sala betrieben, die Verbindungen zur radikal-islamischen Hamas hat. Die gewalttätige Gruppe hatte sich zuvor mit zwei weiteren militanten Palästinenser- Organisationen zu dem Bombenanschlag an dem Stützpunkt in der Nähe der Kreuzung Karni bekannt. Der Anschlag war das größte Attentat, seit am vergangenen Sonntag mit Mahmud Abbas ein moderater Politiker zum Palästinenser-Präsidenten gewählt wurde, der ein Ende des bewaffneten Kampfes gegen Israel fordert. Die Hamas hat die Wahl boykottiert.«

Im Titel ist Israel der aktive Part. Das Hauptereignis ist ein israelischer Raketenangriff. Dass ihm ein »Anschlag« vorausging, impliziert, dass der Raketenangriff die Antwort, Reaktion, Vergeltung oder Rache für den weniger wichtigen Anschlag war. Durch die zeitliche Verknüpfung mit dem Wörtchen »nach« wird eine Kausalität impliziert, die es möglicherweise nicht gab, es sei denn, die »Täter«, in diesem Fall die Israelis, bestätigen den Zusammenhang. Nur die Israelis kennen das Motiv ihrer Angriffe, niemand sonst. Aus dem Titel geht hervor, dass der Raketenangriff wohl schlimmer oder bedeutsamer war als der Anschlag. Im ersten Satz werden die im Titel angedeuteten Proportionen noch verschärft. »Nach einem Anschlag in der Nähe eines israelischen Stützpunktes im Gaza-Streifen hat Israel ein palästinensisches Flüchtlingslager in dem Gebiet beschossen.« Da wurde also von Unbekannten ein Anschlag »in der Nähe« eines israelischen Stützpunktes, einer militärischen Anlage, verübt. Das klingt, als seien Soldaten angegriffen worden, was ja fast »legitim« ist. Und da der Anschlag nur »in der Nähe« geschah, kann eigentlich nicht viel passiert sein, denn sonst hätte da doch gestanden, was wirklich angegriffen wurde. Hinzu kommt, dass der Stützpunkt »im Gazastreifen« lag, also im besetzten Gebiet. Der zweite

Teil des Satzes deutet auf ein schreckliches Kriegsverbrechen hin: »hat Israel ein palästinensisches Flüchtlingslager in dem Gebiet beschossen«. Das ist einwandfrei ein ziviles Ziel, wo viele Menschen dicht gedrängt leben. Umso schlimmer, da der zuvor erwähnte Anschlag in der Nähe eines israelischen Militärstützpunktes von nicht näher bezeichneten Unbekannten, vielleicht von Ufos, verübt worden ist. Wären es Palästinenser gewesen, dann hätten die ebenso genannt werden müssen wie Israel. Während Israel bei Angriffen genannt wird, sollte man mal darauf achten, ob bei palästinensischen Angriffen ebenso pauschal »Palästina« oder die »Palästinensische Autonomiebehörde« genannt werden, etwa wenn die Angreifer Mitglieder der offiziellen Sicherheitskräfte sind.

Das israelische Verbrechen wird immer perfekter: »Ein israelischer Hubschrauber feuerte Augenzeugen zufolge in der Nacht zum Freitag zwei Raketen ab, die ein medizinisches Zentrum in dem Lager Deir al-Bala im Zentrum des Gaza-Streifens trafen.« Die schießen also nicht nur auf ein Flüchtlingslager, sondern noch dazu in ein »medizinisches Zentrum«. Das ist ein doppelter Verstoß gegen die Genfer Konventionen. Die Information stammt von anonymen »Augenzeugen«. Obgleich es Nacht ist, Finsternis herrscht, identifizieren die »Augenzeugen« einen israelischen Helikopter und wissen auch, dass da »zwei Raketen« abgeschossen wurden. Leider wird nicht gesagt, ob die Augenzeugen Palästinenser, Israelis, Militärs, Zivilisten oder Journalisten sind. Offenbar liegt auch keinerlei amtliche Bestätigung vor, weder der palästinensischen Polizei noch des Sprechers des getroffenen »medizinischen Zentrums« noch des israelischen Militärs. Bei einem derart ungeheuerlichen Vorgang, der offenbar ein staatlich gewolltes Kriegsverbrechen belegt, ist es eher eigentümlich, wenn sich da die Agenturen auf namentlich nicht genannte »Augenzeugen« berufen.

»Angaben zu Opfern lagen zunächst nicht vor.« Dieser Satz ist doppeldeutig. Da wird vorausgesetzt, dass es Opfer gegeben haben muss, nur die Angaben dazu fehlen noch, was ja anzunehmen ist bei Raketenbeschuss auf ein medizinisches Zentrum in einem Flüchtlingslager. Angenommen, es gab »keine Opfer«, wäre der Angriff so glimpflich verlaufen wie ein Blechschaden bei einem Autounfall. Es ist anzunehmen, dass die gleiche Agentur bei einem Bericht über einen Unfall mit neun Toten auf der Autobahn nicht mit Blechschaden aufmacht, nur weil der chronologisch jüngeren Datums ist.

Etwas unvermittelt geht der Bericht erst jetzt auf den »Anschlag« ein: »Wie aus palästinensischen Sicherheitskreisen verlautete, rissen bei dem Anschlag drei militante Palästinenser sechs Israelis in den Tod, als sie sich am Übergang Karni mit einer 150-Kilo-Bombe in die Luft sprengten.« Die Quelle sind »palästinensische Sicherheitskreise«, die weiter oben, bei dem Angriff auf das palästinensische Flüchtlingslager nichts gesehen oder vermeldet haben. Bemerkenswert, dass die »Sicherheitskreise«, also eine offizielle Stelle der Autonomiebehörde, bestens informiert sind über die Aktivitäten von »militanten Palästinensern« in einem von Israel kontrollierten Gebiet »in der Nähe eines israelischen Stützpunktes«. Sie kennen das Gewicht der Bombe und scheinen über die Zahl der israelischen Todesopfer besser informiert zu sein als die Israelis.

Ein wenig Erfahrung im Kriegsgebiet lehrt, dass nur die Empfängerseite weiß, wie viele Tote es gab, nicht aber der »Feind«. Wenn Israel eine Rakete auf ein palästinensisches Ziel abschießt und Menschen trifft, wie sollen die Israelis die Toten zählen? Umgekehrt: Wie können »palästinensische Sicherheitskräfte« zuverlässige Angaben über Tote in einem israelischen »Militärlager« machen, wo sie nicht präsent sind?

Jetzt erst wird die israelische Armee zitiert: »Von der Armee wurden drei tote Israelis und drei getötete Palästinenser bestätigt.« Eine interessante Formulierung. Offenbar waren die Israelis einfach nur so »tot«, vielleicht durch einen Herzinfarkt, während jemand die Palästinenser »getötet« hat.

Aus der Original-Verlautbarung des israelischen Militärsprechers, wie sie per E-Mail an alle Pressevertreter geschickt wurde, erfährt man ganz andere Dinge und Formulierungen: »Sechs israelische Zivilisten bei Terrorangriff am Karni-Übergang ermordet. Sechs israelische Zivilisten wurden ermordet und fünf verwundet bei einem Bomben- und Schussangriff von drei Terroristen bei dem Karni-Warenübergang im Norden des Gazastreifens. Vergangene Nacht, am 13. Januar 2005, kurz vor der Schließung des Übergangs (…) betätigten Terroristen neben der Tür zur palästinensischen Seite des Übergangs einen Sprengsatz. Die Explosion riss ein Loch in das Tor, durch das die palästinensischen Terroristen auf die israelische Seite infiltrieren konnten und das Feuer auf mehrere israelische Zivilisten eröffneten. Durch die Explosion und in Folge des nachfolgenden Feuerwechsels wurden sechs israelische Zivilisten und drei palästinensische Terroristen getötet. Zusätzlich wurden fünf israelische Zivilisten verwundet (…). Während der Evakuierung der Verletzten schossen die Palästinenser mutmaßlich eine Mörsergranate ab, die nahe der Karni-Kreuzung landete (…).«

Es steht dem Berichterstatter natürlich frei, politisch gefärbte israelische Begriffe wie »Terroristen« oder »ermordet« nicht zu verwenden. Gleichwohl ist der Militärsprecher sogar neutraler als die Berichterstatter, wenn alle Betroffenen, Israelis wie Palästinenser, »getötet« wurden.

Kaum ist in knapper Form der Anschlag mit immerhin sechs oder neun Toten abgehandelt, geht es im Text schon wieder weiter mit dem Raketenangriff israelischer Hubschrauber. Durch den Zeitbezug »kurz nach dem Anschlag« wird eine Kausalität hergestellt: »Kurz nach dem Anschlag begannen israelische Kampfhubschrauber mit dem Raketenbeschuss.« Im Vergleich zu den Eingangssätzen haben sich die Hubschrauber vermehrt – und »Raketenbeschuss« bedeutet, dass mindestens zwei Raketen abgeschossen wurden. »Nach palästinensischen Angaben griffen die Hubschrauber in Deir el-Bala das Gebäude einer Wohltätigkeitsorganisation, die der radikalen Organisation Islamischer Djihad zugehören soll, mit zwei Raketen an.«

Eine Nachfrage beim israelischen Militärsprecher ergab: »Der Angriff auf die Büros der Djihad Islami Organisation, wo sich deren Aktivisten trafen, um Anschläge gegen Israel zu planen, war keine direkte oder unmittelbare Antwort oder Reaktion auf den Anschlag in Karni.« Dieses offizielle Dementi einer Kausalität bedeutet, dass die Agenturen hier einen Zusammenhang erfunden haben.

Während eingangs allein namenlose »Augenzeugen« von dem Raketenangriff wussten, gibt es inzwischen »palästinensische Angaben«, was eine übliche Formel für Verlautbarungen einer offiziellen Stelle ist.

Oben fand der Anschlag »in der Nähe eines israelischen Stützpunktes« statt, inzwischen ist dieser Militärstützpunkt zum »Übergang Karni« mutiert, ohne weitere Erklärungen. Wiederum steht da »am«. Zu welchem Zweck sprengt man 150 Kilo Sprengstoff »in der Nähe« von etwas und wieso gibt es da so viele Tote? Was ist der Grund, weshalb an zwei Stellen verschwiegen wird, dass der Anschlag »in« dem nicht näher beschriebenen »Übergang« passierte und nicht »am«? Unverständlich ist auch, weshalb dem Leser mit keinem Wort dargelegt wird, dass »Karni« der Warenumschlagplatz für alle Güter von und nach Gaza ist und deshalb auch die »Lebensader des Gazastreifens« genannt wird. Passte es etwa den Autoren dieser Meldung nicht ins Konzept, dass durch den Anschlag auf den Warenumschlagplatz die palästinensische Bevölkerung des Gazastreifens von der Zufuhr humanitärer Hilfe, von Rohstoffen, Nahrungsmitteln und Medikamenten abgeschnitten wurde? Man sollte meinen, dass ein Vorfall mit mehreren Toten und möglicherweise verheerenden wirtschaftlichen wie gesundheitlichen Folgen für 1,3 Millionen Menschen eher in die Schlagzeile gehört als der folgenlose Angriff auf ein Büro.

Im Widerspruch zum Vorspann der Meldung verwandelte sich nämlich das »medizinische Zentrum« im Flüchtlingslager Deir el-Bala in das »Gebäude einer Wohltätigkeitsorganisation«. Immerhin interessant zu erfahren, dass im Gazastreifen offenbar medizinische Zentren mit Büros von Organisationen identisch sind. Während »zunächst« nichts über Opfer bekannt war, wurde inzwischen eine verletzte Frau ausgemacht, ob leicht oder lebensgefährlich, konnten die Augenzeugen nicht diagnostizieren. Wieder sind ominöse Augenzeugen die einzige Quelle.

Was oben noch »medizinisches Zentrum« hieß, dann »Gebäude einer Wohltätigkeitsorganisation«, mutiert in der gleichen Meldung zu einem »Zentrum der islamischen Wohlfahrtsorganisation Al-Sala«, die Verbindungen zur radikal-islamischen Hamas habe. Im nächsten Satz ist das schon eine »gewalttätige Gruppe«. Sie hätte sich mit zwei weiteren »militanten Palästinenser-Organisationen« zu dem Bombenanschlag bei Karni bekannt.

Es ist ja völlig legitim, dass bei der Eile der Berichterstattung erst nach gewisser Zeit alle Details bekannt werden. Doch wieso bemerkt der Zeitungsredakteur nicht, dass er da lauter Widersprüche in seinen Text einbaut? Wir haben lediglich getan, was jeder tun könnte, ohne sich vor Ort wirklich auszukennen: Wir haben eine Zeitungsmeldung Wort für Wort gelesen und analysiert. Eigentlich wäre es ja die Aufgabe der Redakteure, ihre eigenen Texte auf Widersprüche und Absurditäten zu prüfen, anstatt sich selber unglaubwürdig zu machen mit einem Bericht, der jeder logischen Analyse spottet.

Der Ort des Anschlags mutiert derweil zu einem kuriosen Mischmasch: aus »der Nähe eines israelischen Stützpunktes im Gazastreifen« wird »am Übergang Karni« und dann ein »Stützpunkt in der Nähe der Kreuzung Karni«. Es sollte wohl der Eindruck vermittelt werden, es sei ein militärisches Ziel angegriffen worden, obgleich jeder Journalist wissen sollte, dass Karni der wichtigste Warenumschlagplatz für den Gazastreifen und eine zivile Einrichtung ist. Die Toten des Anschlags waren, wie sich später herausstellte, vier jüdisch-israelische Arbeiter und zwei arabisch-israelische Lastwagenfahrer aus Dörfern im Norden Israels.

Auch die beiden letzten Sätze enthalten problematische Elemente. Wenn das tatsächlich das »größte Attentat« seit dem Wahltag im Januar war, wäre für den unbedarften Leser eine kleine Gedächtnisstütze nützlich. Angaben über die Anzahl der Anschläge, die Zahl der Toten und Verletzten könnten erklären, wieso das der »größte« Anschlag war.

Die Agentur bezeichnet dann Mahmoud Abbas als einen »moderaten Politiker«. Das ist eine kommentierende Einschätzung, hier als Fakt erwähnt. Ist es wirklich die Aufgabe einer Nachrichtenagentur, einen Politiker als »moderat«, »radikal« oder »Hardliner« einzustufen, ohne die Kriterien mitzuliefern? Je nach Weltanschauung wäre es ein Leichtes, den Holocaustleugner Mahmoud Abbas, der 51 liegen gebliebene Todesurteile unterzeichnete, als »Hardliner« zu beschreiben. Dies nur als methodische Anmerkung, nicht als Kritik an Abbas.

Gewagt ist auch die Behauptung, dass Abbas allein deshalb gewählt wurde, weil er »ein Ende des bewaffneten Kampfes gegen Israel fordert«. Das hat noch keine Umfrage bewiesen. Ketzerisch könnte man fragen, ob Abbas gewählt wurde, weil er Israel als »zionistischen Feind« sieht.

Unabhängig von der politischen Wertung des Anschlags oder des Raketenangriffs, ungeachtet einer Parteinahme für die »militanten Palästinenser« oder für die Israelis wird dem Leser mit dieser Agenturmeldung eine Einordnung der Ereignisse und deren Wirkung vorenthalten. Der Zeitpunkt des Anschlags, die Zahl der Toten und nicht zuletzt das angegriffene Ziel, der Cargo Terminal Karni, hätten selbst den unerfahrensten Agenturkorrespondenten aufhorchen lassen müssen. Zudem wird dem Leser einer deutschen Zeitung eine nahe liegende Wertung der Vorfälle vorenthalten. Dass ein Anschlag mit mehreren Toten auf einen strategisch wichtigen Grenzterminal mehr Folgen hat als ein Raketenangriff auf das Büro einer radikalen Organisation, bei dem es nicht einmal Tote gibt, sollte eigentlich auf der Hand liegen. Da hilft es nichts, den Ort des Anschlags zu vertuschen, die Identität der Attentäter mit neutralen Worten zu umschreiben und den glimpflich verlaufenen Raketenangriff auf ein Büro mit dramatischen Worten (Flüchtlingslager, medizinisches Zentrum) in den Vordergrund zu schieben. Am Ende kommt die Wahrheit zum Vorschein. Nur wundern sich dann die schlecht informierten Leser, wieso sie über die Bedeutung der Ereignisse so falsch unterrichtet wurden.

Was hängen bleibt, ist der Aufmacher: Israel tötet Palästinenser und bombardiert ein medizinisches Zentrum mitten in einem Flüchtlingslager. Wahrscheinlich interessierte den Redakteur nur die Gelegenheit, Israel als Kriegsverbrecherstaat bloß zu legen und nicht, was an jenem Tag im Januar 2005 wirklich passiert ist. Das sei diesem Redakteur gewährt, nur sollte er dann nicht bei einer deutschen Zeitung arbeiten, sondern eine Stelle beim palästinensischen Propaganda-Ministerium beantragen.

So wurde hier ein willkürlich ausgewähltes Ereignis systematisch auf den Kopf gestellt. Das Ergebnis ist reine Propaganda mit dem Anschein sachlich neutraler Berichterstattung. So kann man es fast täglich in allen deutschen Medien, auf den Frontseiten der Zeitungen, bei der »Tagesschau« oder im Radio wiederfinden. Denn überall werden die gleichen Agenturmeldungen abgedruckt oder verlesen.

Katrin Kemmler

Die antiimperialistische Stille Post

Traue keinem Zitat, das Du nicht selbst interpretiert hast

Churchill ein Rassist?

Da ist eine Frau, die ihre Lebensgeschichte aufschreibt: Halima Alaiyan.[256] Diese Geschichte ist zweifellos berührend, die Frau mutig. Die Palästinenserin hat es geschafft, sich aus einer islamischen Ehe zu befreien und Ärztin zu werden. Ein klein wenig spielt dabei eine Rolle, dass sie in Deutschland lebt. Das Buch gehört eigentlich in meine Sammlung »Literatur für die Tochter, sollte sie einmal nach islamischem Recht heiraten wollen«. Daneben steht das von Carmen Bin Ladin.[257] Ihre Rettung hieß Schweiz.

Und doch zögere ich ein wenig bei der Vorstellung, meiner Tochter das Buch zu lesen zu geben. Carmen Bin Ladin preist die Freiheit, die USA und verurteilt den Terror. Halima Alaiyan jedoch lässt in einem Nachwort Oskar Lafontaine zu Wort kommen, der mich – Deutsche – beauftragt, mich für die Palästinenser einzusetzen. Das sei meine besondere Pflicht, da die Deutschen mit der Shoah auch die Vertreibung der Palästinenser zu verantworten hätten.[258] Es ist nicht diese Version der Moralkeule, die mich irritiert. In den letzten Jahren habe ich mich daran gewöhnt, dass die Behauptung, Juden würden die Moralkeule schwingen, ausreicht, um sie dann unbemerkt selbst niedersausen zu lassen. Marcel Pott hat daraus ein ganzes Buch gemacht.[259] Spätestens seitdem mit »Ich bin kein Antisemit« der Antisemitismus förmlich ausradiert wurde, habe ich gelernt, solche Sprachregelungen synchron zu übersetzen. Wer mir von jüdischer Lobby in den USA erzählt, will eigentlich mitteilen, dass er regen palästinensischen Lobbyismus in Deutschland betreibt. Das eine ist schlecht, das andere bleibt unbemerkt.

Ebenso wenig erstaunt mich, dass das persönliche Schicksal von Frau Alaiyan mit dem der Palästinenser im Allgemeinen verbunden wird. Nicht weil ich überzeugt bin, dass ihre Menschen- und vor allem Frauenrechte in einem von mir zu unterstützenden Palästinenserstaat besser gesichert wären als in Deutschland. In der Tat war es via Gaza, dass sie ihre Töchter an den Exmann verlor. Dieser hatte eine der Töchter missbraucht. Ich denke nicht, dass die eigentlichen Schicksalsschläge dieser Frau in der Geschichte des Nahostkonfliktes begründet sind. Vielmehr bin ich es inzwischen gewöhnt, dass für alle Unbill die Israelis oder Juden verantwortlich gemacht werden.

Nein, das war es alles nicht, was mich irritierte. Es war vielmehr die Frage, ob ich Churchill aus meinem Bücherregal verbannen sollte. Der O-Ton Churchills, den Lafontaine zitierte, war menschenverachtend. Die Palästinenser mit Hunden gleichsetzend, sprach er ihnen auch noch das Recht auf den Futtertrog ab: »Ich bin nicht der Meinung, dass der Hund am Futtertrog das unwiderrufliche Recht auf den Futtertrog hat, auch wenn er dort schon sehr lange lebt. Ich räume nicht ein, dass diesen Menschen (gemeint sind die Palästinenser) Unrecht widerfahren ist, weil eine stärkere Rasse, eine höherrangige, eine weltgewandtere Rasse, um es so zu formulieren, gekommen und an ihre Stelle getreten ist.«[260]

Das Zitat wächst

Lafontaine gibt keine Quelle an, aber wozu gibt es die erhellende Suchmaschine »Google«?

Churchills Worte waren auch der renommierten *Neuen Zürcher Zeitung* aufgefallen. »Ist das der Geist, auf dem der heutige Nahe Osten aufgebaut ist?«, fragt Rezensent Ludwig Ammann, offensichtlich entsetzt angesichts der Worte. Diese sind etwas mehr geworden: »Ich bin nicht der Meinung, dass der Hund am Futtertrog das unwiderrufliche Recht auf den Futtertrog hat, auch wenn er dort schon sehr lange liegt. **Ich räume auch nicht ein, dass den nordamerikanischen Indianern oder den Schwarzen in Australien ein großes Unrecht widerfahren ist.** Ich räume nicht ein, dass diesen Menschen Unrecht widerfahren ist, weil eine stärkere Rasse, eine höherrangige, eine weltgewandtere Rasse (...) gekommen und an ihre Stelle getreten ist.«[261] [Hervorhebung durch Verf.]

Der Hund in der Krippe

Sicherlich kennen Sie die Redewendungen »nach jemandes Pfeife tanzen«, »eine Schlange am Busen nähren«, »sich mit fremden Federn schmücken«, oder »sich in die Höhle des Löwen wagen«. Sie alle basieren auf Fabeln des Aesop[262] und wurden im Laufe der Zeit Bestandteil der deutschen Sprache. Beinahe wäre es auch der »Hund in der Krippe« geworden, hätten die Gebrüder Grimm[263] sich nicht so sehr mit der Krippe und der Raufe beschäftigt. »[E]in ungütiger hund lag in einer krippen vol hewes«[264], diesen Spruch von Steinhöwel nahmen sie als Beweis, dass in der Krippe auch Heu liegen könne.

Die zweite Chance kam mit Gotthold Ephraim Lessing. Er hatte die entsprechende Fabel aus dem Englischen in einer Interpretation von Richardson übersetzt: »Ein neidischer Hund war in eine Krippe gekrochen, wo er durch Knurren und Zähneblecken das Vieh vom Futter abhielt und selbst lieber verhungern als zugeben wollte, dass andre Tiere ihren Hunger stillten.«[265]

Dass er dieses Bild verwendete, entging den Grimms nicht: »(...) und möchte nicht gern der hund sein, der das heu bewacht: ob ich schon freilich auch nicht der stallknecht sein mag, der jedem hungrigen pferde das heu in die raufe trägt.«[266] Leider übersahen sie erneut den Hund, er ging als bildliche Verwendung des Begriffes ›Raufe‹ im Wörterbuch unter.

Dem Neidhammel erging es besser, er erhält einen eigenen Eintrag mit reichlich Belegen. An zweiter Stelle ein Zitat des Luther-Schülers Mathesius: »so sind doch der meisten teil neidhemmel und thun nichts ohne vortheil wie ein jüde.«[267]

In England setzte sich der ›dog in a manger‹ besser durch und wurde zu einer bis heute verwendeten Metapher vor allem in der politischen Auseinandersetzung. Die »Hund-in-der-Krippe-Politik« wird bereits Anfang des 20. Jahrhunderts als Beispiel für grammatikalisch verkürztes, modernes Englisch aufgeführt.[268]

Heute haben die beiden in deutsch-englischen Wörterbüchern zusammengefunden, der Neidhammel als deutsche Version des englischen »Hund in der Krippe«. Doch so ganz genau passt die Übersetzung nicht, wie wir aus den Betrachtungen von Richardson erfahren haben, denn der Hund will lieber verhungern, als das Vieh fressen lassen. Die Bereitschaft des Hundes, sein Leben für seinen Neid zu geben, ist eine Version von Richardson. Charakterisierend für den Hund in der Krippe ist auf jeden Fall, dass er aus Neid etwas verhindert, wovon er selbst keinerlei Nutzen hätte.[269]

Der spätere Literaturnobelpreisträger Churchill hatte sich also einer Tiermetapher bedient, die auf einer von Aesops Fabeln beruht. Für seine Worte eignet sich weder der Neidhammel noch der Spielverderber, denn er meinte mit diesem Vergleich, dass die palästinensischen Araber den Juden etwas verwehrten, von dem sie selbst keinen Vorteil hätten. Dieses Verständnis vorausgesetzt, bleibt die Übersetzung im Folgenden bei »Hund in der Krippe«.

Churchillphobia

Die Geschichte des Zitates beginnt 1985 mit einem Mann, der angesichts der Kelly-Affäre vor nicht allzu langer Zeit wieder in die Schlagzeilen geraten ist. Clive Ponting, Beamter im Verteidigungsministerium, verrät Details aus dem Falkland-Konflikt an einen Labour-Abgeordneten. Damit bringt er die britische Ministerpräsidentin Margaret Thatcher in große Schwierigkeiten. Ponting wird wegen Geheimnisverrats angeklagt, doch die Jury spricht ihn entgegen der Empfehlungen des Richters frei.[270]

Ponting wird Autor und Akademiker. Neben seinem eigenen Thema – dem Geheimnisverrat – entdeckt er die Umweltbewegung der Grünen und Thatchers erklärtes Vorbild Winston Churchill. Zu Letzterem schreibt er drei Bücher[271], sein Stil wird als »skeptisch und deprimierend« typisiert, »als ob er Skandale und Verschleierungen aufdecken würde«.[272] Unter den Churchill-Revisionisten verkörpert er den linken Flügel der »Churchillphobia«[273], sein rechtes Gegenstück ist der Holocaust-Leugner David Irving.[274] Lord Roy Jenkins, der Sozialdemokrat und ehemalige Präsident der Europäischen Kommission, findet, Ponting schreibe »trostlosen, zwanghaften Unsinn«.[275] »Ausgehend von der Bibliographie, kann man in diversen Bereichen nachweisen, dass er sorgsam jene Fakten unterdrückt, die seine Thesen nicht stützen«, beobachtet die *Neue Zürcher Zeitung* und kommt zu dem Schluss, Ponting habe sich als »unfähig [erwiesen], den Menschen und Staatsmann Churchill aus seiner Zeit heraus zu begreifen.«[276]

Doch das waren noch andere Zeiten. In einem Quellenband zu Martin Gilberts Churchill-Biographie findet Ponting das Protokoll der Peel-Kommission mit folgender Aussage Churchills: »Ich anerkenne nicht, dass der Hund in der Krippe das endgültige Recht auf die Krippe hat, auch wenn er dort sehr lange Zeit gelegen haben mag. Ich anerkenne dieses Recht nicht. Ich anerkenne nicht, beispielsweise, dass den Indianern von Amerika oder den Schwarzen von Australien ein großes Unrecht angetan wurde. Ich anerkenne nicht, dass diesen Menschen ein Unrecht angetan worden ist durch die Tatsache, dass eine stärkere Rasse, eine höherrangige Rasse, oder auf jeden Fall eine welterfahrenere Rasse, um es so zu formulieren, angekommen ist und seinen Platz eingenommen hat.«[277]

Bei der Übernahme in seine eigene Churchill-Biographie versieht Ponting das Zitat mit einer persönlichen Wassermarke: Im ersten Satz ersetzt er »admit« durch »agree«, »the manger« in »a manger« und »those« durch »these« people.[278]

Der europäische Imperialismus

Ponting hält die bewusste Aussage für geeignet, in seiner Churchill-Biografie dessen positive Haltung gegenüber dem Zionismus in seine – Pontings – antiimperialistische Theorie einzusortieren. Ziel des von Churchill vertretenen europäischen Imperialismus sei es, einem »rückständigen«, den »weißen

Europäern minderwertiges« Volk, das Land wegzunehmen. Dass er das weiße europäische Volk als überlegen betrachtet, habe Churchill fünfzehn Jahre zuvor in Ostafrika geschrieben. Um diese Ansicht an die Situation in Palästina anzupassen, spekuliert Ponting, Churchill scheine die Juden als Teil dieses Unternehmens, also des weißen europäischen überlegenen Volkes gesehen zu haben.[279] Nachdem er Churchills Beweggründe entsprechend zurechtkomponiert hat, behauptet Ponting, das Zitat unterstreiche Churchills »Auffassung von Arabern als einem Volk, das es verdiente, seine Heimat an fortschrittlichere Europäer zu verlieren«.[280] Zu dieser These gibt es allein in dem zwanzigseitigen Protokoll der Peel-Kommission eine Anzahl Widersprüche, deren Auflösung Ponting uns vorenthält.

Am auffälligsten ist die Tatsache, dass Churchill an fünfzehn Stellen auf die Möglichkeit hinweist oder gar fordert, das Mandat zurückzugeben.[281] Churchill argumentiert völkerrechtlich: England habe den positiven Auftrag der Schaffung einer jüdischen Heimstätte vom Völkerbund erhalten. Eine Einschränkung dieses positiven Auftrages als Zugeständnis an die Araber hieße, den Geist des Auftrages zu verletzen. Als Konsequenz müsse man das Mandat zurückgeben. England habe sehr wohl die Möglichkeit, das Tempo der Immigration zu drosseln, vor allem, wenn Juden sich weigerten, Araber anzustellen.[282] »Es war beabsichtigt, dass die beiden Rassen sich vermischen«[283], wobei er später klar stellt, dass er keine Vermischung »durch Blut« meine.[284] In diesem Sinne kritisiert er die Juden nochmals: »Ich dachte, es war Teil der Verantwortung der Juden, [das Zusammenleben] für die Araber lohnenswert zu machen, und sie haben in dieser Hinsicht versagt.«[285] Kein Wort von einer Vertreibung der Araber, wie Ponting es suggeriert. Im Gegenteil, Churchill hatte gehofft, dass die armen Araber durch bessere Löhne, eigenen Anbau und Märkte, auf denen sie ihre Waren anbieten können, profitieren würden.[286]

Zwei weitere Argumente Churchills sollen für das Gesamtbild nicht unerwähnt bleiben: Erstens kritisiert er massiv die Abschaffung der Gendarmerie als Grundübel der Unruhen. Der »Imperialist« war gegen den Einsatz der Armee in diesem Konflikt. Churchill's Plädoyer für eine Gendamerie steht im direkten Gegensatz zu Pontings seltsamer Mengenlehre der Juden als Teil des europäischen weißen Volkes: Die Gendarmerie sei »das Mittel der weißen Menschen, in wirklich freundlichen Kontakt mit den konkurrierenden, streitenden Rassen zu treten«.[287] Zweitens der zeitliche Aspekt, der aus der heutigen Retrospektive erstaunen mag, doch man muss sich bewusst machen, dass zu diesem Zeitpunkt die Gräuel Nazideutschlands noch nicht bekannt waren: Es handele sich um ein Projekt »von Jahrhundert zu Jahrhundert, von Generation zu Generation«[288], man könne die Politik in »fünfzig oder hundert Jahren« ändern.[289]

Das Zitat geht auf die Reise – die rassistische Interpretation

Ponting verwendet in diesem Abschnitt der Biographie alle ihm verfügbaren Indizien – losgelöst von zeitlichem, räumlichem oder inhaltlichem Zusammenhang –, um eine Anklage gegen Churchill als Vertreter der überlegenen weißen europäischen Rasse zu konstruieren.[290] Doch vermeidet er den Begriff Rassismus im Zusammenhang mit dem Zitat. Angesichts seiner fragwürdigen Rassen-Mengenlehre, die er Churchill unterstellt – Juden als Teil der europäischen Rasse –, wäre der Rückschluss auch mehr als gewagt gewesen.

Ein Jahr später, 1995, erhält das Zitat dann doch seine rassistische Interpretation. Norman Finkelstein zitiert via Ponting in seinem Buch »Image and Reality of the Israel-Palestine Conflict« Churchills Worte in einer Fußnote. Für Finkelstein sind sie Beleg dafür, dass »die rassistischen Dünkel der zionistischen Bewegung auch seine nicht-jüdischen Partisanen animiert [haben]«.[291] Hier also ist Churchill infiziert vom rassistischen Gedankengut der zionistischen Bewegung.

Zum Begriff »Rasse« im historischen Kontext

Eine ausführliche Erörterung des Begriffs »Rasse« im damaligen historischen Kontext wäre an dieser Stelle rahmensprengend. Zur Veranschaulichung der Komplexität des Begriffs werden im Folgenden drei Aspekte aufgezeigt.

Zum einen war der Begriff »Rasse« als solches von keiner Gruppe der Beteiligten – Engländer, Araber, Juden – in Frage gestellt worden. So erntet der Vizevorsitzende der Kommission, Sir Horace Rumbold, an zwei Stellen Widerspruch, als er von den Juden als einer fremden Rasse spricht. Sowohl Churchill[292] als auch die jüdische Delegation[293] protestieren gegen die Bezeichnung »fremd«, der Begriff Rasse bleibt unbeanstandet.

Die Komplexität der rassischen Argumentation dieser Zeit und in diesem Konflikt zeigt die Aussage des Erzbischofs von Galiläa vor der Peel-Kommission. Die Juden seien »eher religiös als national«, so der Bischof, während »das arabische Element«, ob arabisch oder christlich, durch »Bande von Blut, von Sprache und von Tradition vereinigt sei«. Daher gäbe es »keine jüdische Nation als solche auf der Welt«, »lediglich eine jüdische Religion«. Sir Horace Rumbold hakt nach, ob der Bischof nicht anerkenne, dass es eine jüdische Rasse gäbe. Der Bischof: »Ich bringe ein, dass die Juden nur die religiösen Merkmale einer Rasse haben.« Und was die Religion betreffe, seien die Ziele des Judentums in Palästina für die Christen und Muslime »nicht tolerierbar«. Nach der Lehre des Christentums seien die Christen »das neue Volk Gottes« und ersetzten als solche die Juden.[294]

Churchill selbst bewunderte die Juden als »fraglos die eindruckvollste und bemerkenswerteste Rasse«. Diese Bewunderung basierte, ebenso wie seine Sympathie für den Zionismus, nicht auf rassistischen, sondern auf historischen Überzeugungen: »dieser wandernde Stamm (...) [hatte] eine Idee begriffen und verkündet, zu der der ganze Genius Griechenlands und die ganze Macht Roms unfähig gewesen waren«, die Idee »eines universellen Gottes, eines Gottes der Nationen«.[295]

Neue Verwendung – die Indianer und Roosevelt

Vier Jahre später reist eine Lakota-Indianerin nach Palästina und entdeckt dabei eine Art Verwandtschaft. Norman Finkelstein schreibt eine Einleitung für ihren Bericht. Hier hält er das Zitat für geeignet, das historische Schicksal der Indianer mit dem der Palästinenser zu verbinden. So erklärt er, dass Churchills »Verteidigung der zionistischen Eroberung« ein Echo von Roosevelts Theorie der überlegenen Völker gegenüber den Indianern sei.[296] Wie hätte Churchill etwas verteidigen können, das er massiv kritisierte? Wir erinnern uns an Churchills Plädoyer für die Wiedereinführung der Gendarmerie. Doch nicht nur das, auch der Theorie der »schleichenden Eroberung« der Palästinenser durch die Juden widersprach er vor der Peel-Kommission. Der Peel-Kommission erklärte er, es gäbe keine »schleichende Eroberung« Palästinas. England habe das Land von den Türken erobert. Im Gegensatz zu anderen Arabern hätten die palästinensischen Araber auf Seiten der Türken gekämpft und seien besiegt worden. Man wolle ihnen einige Positionen zurückgeben, habe aber auch beschlossen, den Juden gewisse Zugeständnisse zu machen.[297] Warum Finkelstein ausgerechnet im Zusammenhang mit dem Artikel einer Indianerin die mittlere Passage durch Pünktchen ersetzt, ist nicht ersichtlich.[298]

Im Mai 2000 auf einem Symposium am St. Anthony's College in Oxford wird das Zitat zeitlich umgebettet. Der Dozent für Übersetzungsstudien in Edinburgh, Ibrahim Muhawi, legt die Palästina-Version des Zitates dem »früheren Premierminister« Churchill »nach der zionistischen Besetzung Palästinas 1948« in den Mund.[299]

Die Tierwelt

Im Sommer 2001 schreibt Perry Anderson, Professor an der University of California Los Angeles (UCLA) und Editor der *New Left Review* ein Editorial mit dem Titel »Scurrying Towards Bethlehem«. In einer Fußnote erklärt er, Churchills Zionismus habe eher auf rassischen als auf religiösen Überzeugungen basiert.[300] Als Quelle nennt er das Originalprotokoll bei Gilbert. Zufällig macht er dabei exakt die gleichen Übertragungsfehler wie sieben Jahre zuvor Clive Ponting.[301] Darüber hinaus kommen ihm vier weitere Worte abhanden. Churchills Beschreibung der Rasse wird zu einer Aufzählung: »eine stärkere Rasse, eine höherrangige Rasse, ~~oder auf jeden Fall~~ eine weltläufigere Rasse (...)«. Auslassungszeichen gibt es keine.

Churchill vergleiche »die palästinensischen Araber mit dem sprichwörtlichen Sinnbild des neidischen Egoismus in der Tierwelt«, erläutert Anderson.[302] Während in der Fabel menschliche Eigenschaften auf die handelnden Tiere projiziert werden[303], wird hier der umgekehrte Fall zum Vorwurf gemacht: Churchill habe den palästinensischen Arabern eine tierische Eigenschaft zugeschrieben. Nicht nur sprachwissenschaftlich ist diese Kommentierung unhaltbar. In der englischsprachigen Literatur und Presse findet sich bis zum heutigen Tage eine Vielzahl von Beispielen, die Individuen, Völkern oder Nationen eine »Hund-in-der-Krippe-Haltung« bescheinigen, ohne dass jemals ein Vergleich mit der Tierwelt beklagt worden wäre.[304]

Geschichte neu komponiert

Der Linguistik-Professor Noam Chomsky hätte das sprachliche Missverständnis eventuell klären können. Doch er betätigt sich Anfang 2002 lieber als Historiker. In dem Buch »Understanding Power – the Ultimate Noam Chomsky« bringt er, ebenfalls in einer Fußnote, das vollständige Ponting-Zitat mit entsprechender Quellenangabe. »Hitlers Haltung war weit entfernt davon, einmalig zu sein«, führt er das Zitat ein.[305] Inzwischen also befindet sich Churchill auf einer Ebene mit Hitler. Doch die Anklage auf Basis des Zitates ist hiermit noch nicht vollständig ausformuliert.

Im Frühjahr 2002 erscheint ein Buch von Tariq Ali, Autor, Regisseur und politischer Aktivist.[306] Er nennt keine Quelle, doch das Zitat entspricht bis auf eine Kleinigkeit[307] der Version seines Mitherausgebers der *New Left Review*, Perry Anderson.[308] Auf schriftliche Anfrage der Verfasserin nennt Ali die Quelle Gilbert. Inzwischen also lesen drei das »agree« und zwei überlesen das »at any rate«. Anderson und Ali zitieren die amerikanische Ausgabe. Doch das »agree« steht angeblich auch in der von Ponting zitierten englischen Ausgabe, die wiederum der Verfasserin vorliegt.

Ali zeichnet uns eine erstaunliche Geschichte auf, in der Churchill die Niederschlagung der »ersten palästinesischen Intifada (1936–1939)«[309] von

»25 000 britischen Soldaten und ihren zionistischen Helfern« vor der Peel-Kommission mit dem bekannten Zitat »rechtfertigte«.[310] Damit suggeriert Ali, Churchill habe zu diesem Zeitpunkt aktiv Einfluss auf die Ausübung des Mandats genommen.[311] Wie genau sah dieser Einfluss aus? Seit 1929 außer Amtes, in seiner eigenen Partei wegen seiner Kritik an Chamberlains Appeasement-Politik nicht wohlgelitten und ausschließlich in seiner Funktion als ehemaliger Kolonialminister und Verfasser des White Paper von 1922 erscheint er als Zeuge vor der Peel-Kommission. Die folgende Teilungsempfehlung der Peel-Kommission kritisiert er als »Rat der Verzweiflung«[312]. Im Mai 1937 wünscht er, Lawrence von Arabien wäre noch unter den Lebenden: »Ich bin ziemlich sicher, dass das Genie eines Mannes wie Lawrence von Arabien (...) in wenigen Monaten die Situation wieder herstellen könnte, (...) die beiden Rassen dazu [zu] führen, sich gemeinsam ihre Hände in stets wachsendem Wohlstand und Kultur ihres Heimatlandes zu sonnen.«[313] Im November 1938 hält er eine Parlamentsrede, in der er vor allem auf eine eindeutige und rasche Entscheidung drängt.[314] Die Regierung verabschiedet im Mai des Folgejahres ein White Paper, das die jüdische Einwanderung für die folgenden fünf Jahre einschränkt und dann den Arabern eine Verfassung zusagt, nach der sie selbst jüdische Einwanderung bestimmen können.[315] Churchill wiederholt in seiner Rede sein Thema von 1937, die Einschränkung der jüdischen Immigration seien »sowohl ein Verrat der Balfour-Deklaration als auch ein beschämender Akt des Appeasement gegenüber den arabischen Drohungen«. Er bezeichnet diese Politik als ein »weiteres München«.[316] Seine Rede kann das White Paper weder verhindern noch verändern.[317] Fazit: bis zu seinem Amtsantritt als Premier-Minister 1940 hatte Churchill – sicherlich zu seinem eigenen Leidwesen – keinen Einfluss auf die britische Palästina-Politik.

Auf das Zitat folgend stellt Ali fest, »es [sei] nicht überraschend, dass Churchill keine Parallele zu den Vorgängen zieht, die zu dieser Zeit in Nazi-Deutschland stattfanden, wo eine andere ›höherrangige Rasse‹ versuchte, ihre Überlegenheit durchzusetzen«.[318] Das stimmt nicht. Von Rumbold auf die Politik der Naziregierung in Deutschland und den ökonomischen Druck auf Juden in Polen angesprochen, antwortet Churchill: »Das macht es schmerzlicher, aber es verpflichtet uns nicht, den Arabern irgendein aktives Unrecht anzutun, weil Unrecht an den Juden in Europa begangen wird.«[319]

Weiter behauptet Ali, Churchills Aussage vor der Peel-Kommission hätten »auf dem Höhepunkt der (kolonialistischen)[320] Offensive gegen die Palästinenser« stattgefunden. Folgt man Gilberts Beschreibung, war genau das Gegenteil der Fall: Die Aufstände dauerten bis Oktober 1936 und lebten im Mai 1938 wieder auf.[321] Den Aufstand beschreibt Ali als »Protest gegen die jüdische Kolonisierung«. Wie die mehr als 400 durch Gefolgschaften des Mufti ermordeten »moderaten« Palästinenser in dieses Bild passen, verrät er nicht.[322]

Der Einband des Buches zeigt auf den ersten Blick Osama Bin Laden, erst bei genauem Hinschauen erkennt man, dass das Gesicht von George W. Bush hineinmontiert wurde. Ob er von Arundhati Roy inspiriert wurde, deren Aufsatz in der *FAZ* später den »Tagesthemen«-Moderator Ulrich Wickert so sehr in Schwierigkeiten brachte, lässt sich nicht nachvollziehen. Doch wie es der Zufall will, entdeckt die Dame zum ersten Jahrestag der Anschläge vom 11. September 2001 ebenfalls das Zitat. Ihre zu diesem Anlass in New Mexico gehaltene Rede veröffentlicht sie im britischen *The Guardian* und in dem indischen Magazin *Frontline*. Sie verwendet die Anderson-Version ohne Quellenangabe und fährt nach dem Zitat fort: »Das setzte den Trend für die israelische Staatshaltung gegenüber den Palästinensern.«[323] Hier also (re-)infiziert Churchills Rassismus wiederum den israelischen Staat. Mit Roy findet das Zitat seine erste explosionsartige Verbreitung im Internet. Beide Artikel sind online abrufbar, zum Zeitpunkt der Nachforschungen haben 56 Websites ihr Zitat übernommen.

Im November 2002 veröffentlicht *The Guardian*, in dem auch Tariq Ali schreibt, eine Zitate-Sammlung: »The Churchill you didn't know.« Darin das Zitat ohne Quellenangabe, dafür weiter gekürzt.[324] Diese Version findet sich inzwischen auf vielen weiteren Websites wieder.[325] Soweit die Geschichte von Churchills Worten im Englischen. Doch auch in Deutschland findet das Zitat Anklang.

Das Zitat auf Deutsch und seine Verbreitung

Im Frühjahr 2002 findet mit der Übersetzung von Alis Buch das Zitat erstmals seinen Weg nach Deutschland. Das Buch erscheint ohne Bush-Laden-Bild und weicht auch inhaltlich in zwei Punkten von der englischen Fassung ab. Während im englischen Buch Churchill seine Überzeugung »der rassischen Überlegenheit der Juden« mit einem »schlecht gewählten Bild« unterstrichen habe, übernimmt das deutsche Buch Andersons These, Churchill habe »die Palästinenser mit einem notorisch egoistischen Mitglied des Tierreiches [verglichen]«. Im Deutschen sind es nicht die Vorgänge im Nazideutschland, sondern die »Reichskristallnacht«, die Churchill mit keinem Wort erwähnt. Wie sollte er auch – er machte seine Aussage doch 1937. Ali löst das Dilemma, indem er die »Reichskristallnacht« um zwei Jahre vorverlegt.[326]

Tariq Ali ist nicht unbekannt bzw. kein »Niemand« in Deutschland. Seit den Anschlägen des 11. September liest man seine Aufsätze in der

Süddeutschen Zeitung[327], deren Schwärmerei für das Buch des »Kosmopoliten« mit dem »intimen Einblick in die unterschiedlichen Kulturen« erstaunt insofern wenig. Sie hebt die »Zitate aus bislang wenig bekannten literarischen und journalistischen Quellen« hervor und empfiehlt das Buch als Klassiker für die Weihnachtsgeschenkliste.[328] Doch auch Florian Harms von der *NZZ* meint, das Buch habe das »Format, zu einem Klassiker der politischen Literatur zu werden«. Es sei »genau in den Fakten, tief in der Analyse und unbestechlich im Urteil«. Das Buch wird im Verbund mit weiteren ein zweites Mal in der *NZZ* besprochen. Ludwig Ammann zitiert just die uns bekannte Passage – ein wenig gekürzt[329] – und fragt sich dann: »Ist das der Geist, aus dem der heutige Nahe Osten entstand?«[330] Zwei Sätze später findet die »Reichskristallnacht« 1936 statt, aber das stört Ammann nicht.

Und nun zur Übersetzung des Zitates, wobei zur Veranschaulichung die beanstandete Übersetzung in Klammern eingefügt wird:

»Ich bin nicht der Meinung, dass der Hund am Futtertrog (in der Krippe) das unwiderrufliche (endgültige) Recht auf den Futtertrog (die Krippe) hat, auch wenn er dort sehr lange Zeit liegt (gelegen haben mag). Ich räume ihm dieses Recht nicht ein. Ich räume zum Beispiel auch[331] nicht ein, dass den nordamerikanischen Indianern oder den Schwarzen in Australien ein großes Unrecht widerfahren ist (angetan wurde). Ich räume nicht ein, dass diesen Menschen ein großes Unrecht widerfahren (angetan worden) ist, weil (durch die Tatsache, dass) eine stärkere Rasse, eine höherrangige Rasse, oder eine weltgewandtere Rasse, um es so zu formulieren, gekommen ist und an ihre Stelle getreten ist.«

Auch der Chefredakteur von *Linksruck* nimmt Alis Buch zum Anlass, die neueste Version der Palästina-Geschichte zu veröffentlichen. Immerhin schreibt er das Zitat korrekt von Tariq Ali ab.

Im selben Jahr veröffentlicht der Verlag das Zitat ein zweites Mal auf Deutsch, mit der Übersetzung von Finkelsteins oben erwähntem Buch von 1995. Die Fußnote entspricht dem englischen Original, die Einleitung ist etwas milder übersetzt:[332] »Die rassistischen Voreingenommenheiten der zionistischen Bewegung lebten auch in ihren nicht-jüdischen Anhängern. So verglich Winston Churchill, als er das jüdische Recht auf Palästina darlegte, die Araber mit einem Hund an einer Futterkrippe«.

Jetzt haben wir zumindest die vollständige Ponting-Version zur Verfügung. Die Übersetzerinnen sind zwar andere als bei Ali, doch leider finden auch sie weder den »Neidhammel« noch den »Spielverderber« im Lexikon. Der »Futtertrog« wird zur »Futterkrippe«, der »Hund« liegt daneben, statt darin. Der Konjunktiv »gelegen haben mag« wird ebenso übersehen, wie das »durch die Tatsache« mit »weil« übersetzt wird.

Dieses Mal – Finkelstein ist kein Haus-Autor - reagiert die *Süddeutsche Zeitung* verhaltener und gibt dem ehemaligen israelischen Botschafter Avi Primor die Gelegenheit, Finkelsteins Grundthese zu widerlegen.[333] Die Rolle des Fürsprechers übernimmt dafür die *FAZ*: »Auch wer manche Zuspitzungen dieses Buches mit Skepsis betrachtet, wird gerade angesichts der aktuellen Lage im Nahen Osten erkennen, daß diese Geschichte neu geschrieben werden muß, einschließlich der Hintergründe der beiden Schlüssel-Kriege von 1967 und 1973, deren israelische ›Fassungen‹ Finkelstein ebenfalls kritisch beleuchtet. Allzulange hat man in Europa unbefragt an jene politischen Mythen geglaubt (...).«[334] Zumindest was das deutschsprachige Europa betrifft, kann die *FAZ* beruhigt bleiben: Keines der fünf zionistischen Standardwerke, die Finkelstein in diesem Buch entmythologisiert, ist je auf Deutsch erschienen.

In der Zwischenzeit nahm die Verfasserin auch einmal ein anderes Buch zur Hand. Darin fiel ihr eine Passage besonders auf: »Die Propaganda manipuliert die Menschen; wo sie Freiheit schreit, widerspricht sie sich selbst. (...) Die Gemeinschaft der Lüge ist es, in der Führer und Geführte durch Propaganda zusammenfinden, auch wenn die Inhalte als solche richtig sind.«[335]

Es stimmt, Churchill hat die zitierten Worte gesagt. Zwar weicht die Vorlage, wie sie der Verfasserin vorliegt, in Kleinigkeiten von der Ponting-Version ab, doch sind diese zunächst vernachlässigbar. Nur wie verträgt sich nun die von Ponting herausgehobene Aussage mit dem Gesamtbild Churchills? Zum einen war das Bild der »unterlegenen Rasse« bereits zuvor in den Fragen der Kommission aufgezeichnet worden.[336] Die zitierten Worte sind konkret Antwort auf die These des Chairmans Lord Peel, England könne Bedenken haben, »falls es empfände, dass es die Araber Jahr für Jahr unterdrückt, wenn sie in ihrem eigenen Land bleiben möchten«.[337]

Churchill antwortet mit den zitierten Worten, einer Sequenz von »ich anerkenne nicht«-Sätzen, in denen er seinen Standpunkt herausarbeitet. Den letzten Teil enthalten uns alle Autoren vor: »Ich anerkenne es nicht. Ich denke nicht dass die Indianer ein Recht hatten zu sagen: ›Der amerikanische Kontinent gehört uns und wir werden keinen dieser europäischen Siedler hier herkommen lassen.‹ Dazu hatten sie weder das Recht noch die Befugnis.«[338]

Diesen Standpunkt hatte er im Protokoll zuvor bereits mit anderen Worten formuliert:

»Falls sich mehr Juden in dieser Heimstätte sammeln, wird diese Heimstätte eventuell einmal ganz Palästina werden, vorausgesetzt, dass in jedem Stadium keine harte Ungerechtigkeit gegenüber den anderen Einwohnern begangen wird. Warum wird harte Ungerechtigkeit begangen, wenn Menschen ankommen und ein Auskommen für mehr schaffen und die Wüste in Palmen- und Orangenhaine verwandeln? Warum ist es Ungerechtigkeit, weil es mehr Arbeit und Wohlstand für alle gibt? Es gibt keine Ungerechtigkeit. Die Ungerechtigkeit ist es, wenn jene, die in dem Land leben, es für Tausende von Jahren als Wüste belassen.«[339]

Die Grenzen dieser Grundlinie spezifiert er kurz darauf:

»Falls wir den-und-den von jenem Ort vertreiben und den-und-den von diesem Ort und er und seine Familie sind barscher Behandlung ausgesetzt – das können wir nicht machen; aber zu sagen, diese große Idee einer jüdischen nationalen Heimstätte in Palästina soll eine Begrenzung auferlegt bekommen, und zu sagen, es soll keine jüdische nationale Heimstätte geben, falls mehr Menschen als die arabische Bevölkerung dort hinkommen sollten, das wäre nicht rechtens.«[340]

Epilog

Diese Geschichte eines Zitates ist eine Stellvertreter-Geschichte. Um Churchill oder gar den Palästina-Konflikt kennenzulernen, empfiehlt sich andere Literatur. Die Lehren, die diese Geschichte mitteilen könnte, werden anhand einer Zitate-Collage aufgezeichnet.

Martin Gilbert	I do not admit that the dog in the manger has the final right to the manger, even though he may have lain there for a very long time.	I do not admit that right.	I do not admit, for instance, that a great wrong has been done to the Red Indians of America, or the black people of Australia.	I do not admit that a wrong has been done to those people by the fact that a stronger race, a higher grade race, or, at any rate a more worldly-wise race, to put it that way, has come in and taken their place.
Quelle: Gilbert				
Clive Ponting	I do not agree that the dog in a manger has the final right to the manger, even though he may have lain there for a very long time.	I do not admit that right.	I do not admit, for instance, that a great wrong has been done to the Red Indians of America, or the black people of Australia.	I do not admit that a wrong has been done to these people by the fact that a stronger race, a higher grade race, or at any rate, a more worldly-wise race, to put it that way, has come in and taken their place.

Perry Anderson	I do not agree that the dog in a manger has the final right to the manger, even though he may have lain there for a very long time.	I do not admit that right.	I do not admit, for instance, that a great wrong has been done to the Red Indians of America, or the black people of Australia.	I do not admit that a wrong has been done to these people by the fact that a stronger race, a higher grade race, ~~or at any rate~~, a more worldly-wise race, to put it that way, has come in and taken their place.
Tariq Ali Clash of Fundamentalisms	I do not agree that the dog in the manger has the final right to the manger, even though he may have lain there for a very long time.	I do not admit that right.	I do not admit, for instance, that a great wrong has been done to the Red Indians of America, or the black people of Australia.	I do not admit that a wrong has been done to these people by the fact that a stronger race, a higher grade race, ~~or at any rate~~, a more worldly-wise race, to put it that way, has come in and taken their place.
Deutsch				
Übersetzug Gilbert durch Verfasserin	Ich anerkenne nicht, dass der Hund in der Krippe das endgültige Recht auf die Krippe hat, auch wenn er dort für eine sehr lange Zeit gelegen haben mag.	Ich anerkenne dieses Recht nicht.	Ich anerkenne beispielsweise nicht, dass den Indianern Amerikas oder den schwarzen Menschen Australiens großes Unrecht angetan worden ist.	Ich anerkenne nicht, dass diesen Menschen ein Unrecht angetan worden ist durch die Tatsache, dass eine stärkere Rasse, eine ranghöhere Rasse, oder auf jeden Fall eine weltgewandtere Rasse, um es so zu formulieren, gekommen ist und ihren Platz eingenommen hat.
Finkelstein deutsch	Ich bin nicht der Meinung, dass ein Hund an einer Futterkrippe das letzte Recht auf die Futterkrippe hat, auch wenn er dort schon eine sehr lange Zeit verbracht hat.	Ich räume dieses Recht nicht ein.	Ich räume beispielsweise nicht ein, dass den Indianern Amerikas oder den schwarzen Menschen Australiens großes Unrecht geschehen ist.	Ich räume nicht ein, dass diesen Menschen Unrecht geschah, weil eine stärkere Rasse, eine ranghöhere Rasse oder jedenfalls eine weltklügere Rasse, um es so zu sagen, gekommen ist und ihren Platz eingenommen hat.
Tariq Ali deutsch	Ich bin nicht der Meinung, dass der Hund am Futtertrog das unwiderrufliche Recht auf den Futtertrog hat, auch wenn er dort schon sehr lange liegt.	Ich räume ihm dieses Recht nicht ein.	Ich räume zum Beispiel auch nicht ein, dass den nordamerikanischen Indianern oder den Schwarzen in Australien ein großes Unrecht widerfahren ist.	Ich räume nicht ein, dass diesen Menschen Unrecht widerfahren ist, weil ein stärkere Rasse, eine höherrangige, eine weltgewandtere Rasse, um es so zu formulieren, gekommen und an ihre Stelle getreten ist.

Ludwig Ammann in der *NZZ*	Ich bin nicht der Meinung, dass der Hund am Futtertrog das unwiderrufliche Recht auf den Futtertrog hat, auch wenn er dort schon sehr lange liegt.	~~Ich räume ihm dieses Recht nicht ein.~~	Ich räume ~~zum Beispiel~~ auch nicht ein, dass den nordamerikanischen Indianern oder den Schwarzen in Australien ein großes Unrecht widerfahren ist.	Ich räume nicht ein, dass diesen Menschen Unrecht widerfahren ist, weil ein stärkere Rasse, eine höherrangige, eine weltgewandtere Rasse, ~~um es so zu formulieren~~, (...) gekommen und an ihre Stelle getreten ist.
Lafontaine März 2003	Ich bin nicht der Meinung, dass der Hund am Futtertrog das unwiderrufliche Recht auf den Futtertrog hat, auch wenn er dort schon sehr lange lebt.	...	...	Ich räume nicht ein, dass diesen Menschen (gemeint sind die Palästinenser) Unrecht widerfahren ist, weil ein stärkere Rasse, eine höherrangige, eine weltgewandtere Rasse, um es so zu formulieren, gekommen und an ihre Stelle getreten ist
Quelle: Ponting				
Finkelstein Indianerin Quelle: Ponting	I do not agree that the dog in a manger has the final right to the manger, even though he may have lain there for a very long time.	~~I do not admit that right.~~	~~I do not admit for instance that a great wrong has been done to the Red Indians of America or the black people of Australia. ...~~	I do not admit that a wrong has been done to these people by the fact that a stronger race, a higher grade race, or at any rate, a more worldly-wise race, to put it that way, has come in and taken their place.
Guardian »The Churchill you didn't know«			I do not admit , ~~for instance~~, (...) that a great wrong has been done to the Red Indians of America, or the black people of Australia	~~I do not admit that a wrong has been done to these people~~ (...) by the fact that a stronger race, a higher grade race, ~~or at any rate, a more worldly-wise race, to put it that way~~ (...) has come in and taken its place.

Rabbi Andrew Baker

Sachverständigenaussage zum Antisemitismus in Europa

Aussage vor dem Ausschuss für Auslandsbeziehungen des Senats der Vereinigten Staaten – Unterausschuss für europäische Angelegenheiten, 8. April 2004

Ich möchte den Mitgliedern des Unterausschusses für die Gelegenheit danken, heute meine Zeugenaussage zu machen. Dies ist weder die erste Anhörung dieses Unterausschusses zum Thema noch meine erste Gelegenheit, hier vor Ihnen zu sprechen. Das anhaltende Interesse und die Besorgnis, die sich in Ihren Aktionen reflektieren, spiegeln auch den Ernst des Problems. In meiner Darlegung werde ich mich primär sowohl auf die wahrnehmbaren Tendenzen innerhalb der Erscheinungsformen des Antisemitismus im heutigen Westeuropa wie auf die Reaktionen europäischer Staatsoberhäupter und Institutionen konzentrieren.

Während der letzten sieben Jahre haben wir eine Zunahme des Antisemitismus in Europa beobachtet. Diese wird durch drei Hauptbereiche hervorgerufen.

Traditionelle Quellen des Antisemitismus

Der erste Bereich leitet sich aus den traditionellen Elementen auf der rechten Seite des politischen Spektrums ab. Hierzu gehören Aktivitäten der Neonazis, Skinheads und weiterer fremdenfeindlicher und nationalistischer Gruppen, die eine anhaltende, bisher jedoch begrenzte Gefahr für Juden und andere Minoritäten in Europa darstellen. Ihre Aktivitäten reichen vom Rufen typisierender Attribute bei Fußballspielen über die Schändung von Friedhöfen und Synagogen bis hin zu körperlichen Angriffen auf Personen. Regierungen sind sich dieser Vorkommnisse bewusst, politische und soziale Gruppen verurteilen solche Aktivitäten mit Nachdruck und die Polizei und andere Institutionen, die für die Einhaltung der Gesetze zu sorgen haben, haben Erfahrung darin, mit diesen Dingen umzugehen. Viele westeuropäische Länder, die Gesetze gegen rassistische und antisemitische Hetze haben, haben auch das Werkzeug, diese zu bekämpfen oder sie zumindest unter Kontrolle zu halten. Juden sind nicht das einzige Ziel und oftmals nicht das

Hauptaugenmerk dieser Gruppen, deren Ärger vom Tempo der Modernisierung in Europa, von der wachsenden Anzahl der Immigranten und von der Verringerung der nationalen Identitäten innerhalb der Europäischen Union verursacht wird.

Von entsprechender Bedeutung ist die Frage, wo diese Elemente einen Grad an politischem Zusammenhalt erreichen und sich in der Wahllandschaft manifestieren können. Insbesondere haben wir die Ausdauer von gewissen rechtsgerichteten Parteien beobachtet – z. B. der »Nationalen Front« in Frankreich und der »Freiheitlichen Partei Österreichs« –, deren rassistische und fremdenfeindliche Aufrufe regelmäßig mit Antisemitismus liebäugeln. Ihre politischen Nachrufe, die über die Jahre hinweg geschrieben wurden, haben sich als vorzeitig erwiesen, doch gleichzeitig scheinen ihre Reichweite und ihr Einfluss begrenzt zu sein. In Westeuropa haben politische Parteien des Mainstreams sie entweder ausgestoßen oder auf Abstand gehalten. Von Zentral- und Osteuropa kann (bisher) nicht das Gleiche gesagt werden.

Arabische und muslimische Befürworter antijüdischer Feindseligkeit

Der zweite Bereich, der Aufmerksamkeit fordert, sind die gewalttätigen antisemitischen Angriffe, deren Ursprung hauptsächlich in arabischen und muslimischen Bevölkerungsgruppen in bestimmten europäischen Ländern zu finden ist. Vor dem September 2000 gab es kaum solche Angriffe, doch dann begannen sie parallel mit dem Zusammenbruch des Friedensprozesses im Nahen Osten und den Ereignissen der zweiten Intifada in Israel und den palästinensischen Gebieten. In einigen Ländern – insbesondere in Frankreich, Belgien und Großbritannien – wurden arabische und muslimische Jugendliche als Hauptquelle für physische Angriffe gegen Juden und jüdische Orte identifiziert. Anfangs sträubten sich die Regierungen, die spezifische antisemitische Natur dieser Ereignisse anzuerkennen. Die frühere sozialistische Regierung Frankreichs behauptete sogar, Synagogen und jüdische Schulen seien keine speziellen Ziele dessen, was als jugendlicher Vandalismus galt.

Es gab zwei Gründe, warum eine klare und offene Anerkennung der wahren Natur des Problems hinausgezögert wurde. Zunächst betrachtete das europäische Establishment diese Ereignisse nicht als Antisemitismus, sondern als unglückselige Ausbrüche des Nahostkonflikts auf europäischem Boden. In der Vergangenheit waren europäische Synagogen bereits Ziele palästinensischer Terroristen und Juden waren gelegentliche

Opfer antiisraelischer Demonstranten. Europäische Staatsoberhäupter erkannten erst spät, dass eine wachsende Anzahl arabischer und muslimischer Bürger in Europa nicht nur von einer antiisraelischen, sondern auch von einer antisemitischen Ideologie ergriffen sind. Es werden nicht nur plastische Bilder von israelischen Soldaten, die Palästinenser angreifen, über Satellitenfernsehen aus der arabischen Welt ausgestrahlt. Sondern es gibt auch einen ständigen Fluss von traditioneller antisemitischer Rhetorik und einer wieder aufbereiteten Nazipropaganda, die für arabische Zuschauer in Europa zu sehen sind. In Moscheen und Islamschulen der Umgebung werden oft Predigten und Vorträge gehalten, in denen Juden – nicht Israelis – als Feinde dargestellt werden. Der Nahostkonflikt mag dem neuen Feuer des Antisemitismus noch Öl hinzugefügt haben, doch er kann nicht allein dafür verantwortlich gemacht werden.

Zusätzlich brachten die arabischen und muslimischen Angriffe auf jüdische Ziele ein Problem zu Tage, das viel tiefer liegt und mit dem sich europäische Staatsführer nicht konfrontiert sehen wollten. In der Tat stellen diese Angriffe eine Herausforderung an die grundsätzlichen Annahmen bezüglich der Aufnahme und Integration von Immigranten dar. In Frankreich bedeutet dies einen potenziellen Riss in der streng säkularen Tradition, die auf ethnische und religiöse Trennung verzichtet. In Großbritannien wird die Tradition der Toleranz, die Minderheiten Schutz und Sicherheit bot, in Frage gestellt. In Deutschland wirft es Bemühungen hinsichtlich einer Immigrationsreform, die besonders die drei Millionen türkischen Bürger betrifft, aus der Bahn. Selbst wenn man die antisemitische Komponente ignoriert, ist dies eine beängstigende Herausforderung für die Europäische Union, deren arabische und muslimische Bevölkerung zwischen 15 und 20 Millionen Menschen beträgt.

Ein »neuer« Antisemitismus

Das dritte Element, das das Problem des Antisemitismus im heutigen Europa definiert, ist sicher dasjenige, das für europäische Staatsoberhäupter am schwierigsten anzuerkennen ist. Es ist ein »neuer« Antisemitismus, der Juden und den Staat Israel zu einem besonderen Ziel von nicht-traditionellen Gruppen macht. Diese Gruppen sehen sich selbst als »Streitkräfte für das Gute«, die die Globalisierung, den Rassismus und die amerikanische Vorherrschaft in der heutigen Welt bekämpfen. Die UNO-Konferenz im südafrikanischen Durban, die vor drei Jahren stattfand, war vielleicht das bemerkenswerteste Beispiel dafür, wie eine Zusammenkunft, die eigentlich dem Kampf gegen den Rassismus dienen sollte, die schlimmsten antisemitischen

Beschimpfungen hervorrufen konnte. Diese Ausdrücke von Feindseligkeit, die Israel als »rassistischen« Staat brandmarkten und Juden überall auf der Welt für seine »Verbrechen« verantwortlich machten, werden auf dem europäischen Kontinent regelmäßig wiederholt, angefangen bei Massendemonstrationen bis hin zu Wohnzimmerdiskussionen. Weit über die Grenzen legitimer Kritik hinaus wird der jüdische Staat diffamiert und dämonisiert.

Für diejenigen Europäer, die gegen den von den Amerikanern angeführten Krieg im Irak waren (und davon gibt es viele), werden Israel und die »jüdische Lobby« in Washington manchmal als unheimliche Manipulatoren US-amerikanischer Politik dargestellt. Eine Berliner Zeitung hatte einen Artikel veröffentlicht, der sich hauptsächlich mit dem jüdischen Hintergrund von Schlüsselfiguren wie Richard Perle, Paul Wolfowitz und Elliot Abrams beschäftigte. Dabei hielt sie es für angebracht, den Artikel mit einem Foto zu versehen, das Präsident Bush bei einem Treffen im Oval Office mit einer Gruppe von bärtigen, schwarz gekleideten, orthodoxen Rabbinern zeigte. Auf diese Art und Weise werden Anti-Amerikanismus und Antisemitismus gewöhnlich miteinander verbunden. Wegen der politisch aufgeladenen Natur der Debatte über den Irakkrieg und den Nahostkonflikt und wegen des Widerwillens, den viele Europäer gegen den israelischen Premierminister Ariel Scharon hegen, ist es oftmals ziemlich schwierig zu zeigen, dass eine rote Linie überschritten wurde und legitime Kritik – die auf scharfe und energische Art geäußert wird – eine weitere Erscheinungsform des Antisemitismus geworden ist.

Anerkennung des Problems durch die europäische Führung

Es war keine leichte Aufgabe, europäische Staatsoberhäupter davon zu überzeugen, dass sie einem ernsthaften Problem von Antisemitismus gegenüberstehen. Und es war insbesondere keine leichte Aufgabe, sie davon zu überzeugen, die notwendigen Maßnahmen zu ergreifen, um dieses Problem zu bekämpfen. Doch es hat einen gewissen Fortschritt gegeben. Das Problem wurde nun zumindest bis zu einem gewissen Punkt anerkannt und Regierungen beginnen zu handeln.

Letztes Jahr im Juni organisierte die Organisation für Sicherheit und Zusammenarbeit in Europa (OSZE) die erste Konferenz ihrer Geschichte, die sich ausschließlich mit dem Problem des Antisemitismus beschäftigte. Bis dahin war das Thema, falls es überhaupt angesprochen wurde, normalerweise in die eher allgemeine Kategorie »Rassismus, Fremdenfeindlichkeit, Intoleranz etc.« eingeordnet worden. In der Tat wurde es selten erwähnt und nur im alles zusammenfassenden »et cetera« am Ende angedeutet.

Wäre die US-Regierung nicht gewesen (und insbesondere der Druck des US-amerikanischen Kongresses auf eine anfänglich zwiespältige US-Regierung), hätte diese Konferenz nicht stattgefunden. Obwohl viele Europäer bereit waren anzuerkennen, dass Antisemitismus ein Problem in den transatlantischen Beziehungen war, zögerten sie immer noch, zuzugeben, dass er ein Problem in sich und an sich war. Der »Erfolg« der Wiener Konferenz war ein Abkommen, das eine Einigung der 55 Mitgliedsstaaten der OSZE erforderte, eine zweite, nachfolgende Konferenz abzuhalten, die Ende April 2004 in Berlin stattfinden sollte. In den dazwischen liegenden Monaten haben wir eine wachsende Anerkennung der Tatsache beobachtet, dass das Problem ein reales ist.

Frankreich wurde aus offensichtlichen Gründen viel Aufmerksamkeit gewidmet. Es hat die größte jüdische Gemeinde in Europa (geschätzte 600 000 Mitglieder) und dort fanden die meisten Angriffe auf jüdische Ziele statt. Verstärkte Sicherheitsmaßnahmen und eine »Null-Toleranz«-Politik, für die sich ein strikter Innenminister einsetzte, haben diese Angriffe stark reduziert. Durch öffentliche Bekundungen der Solidarität mit der jüdischen Gemeinde seitens des französischen Präsidenten und anderer nationaler Führungspersonen und durch die Schaffung einer Spezialeinheit zum Thema Antisemitismus wurde versucht, die Ängste, die viele französische Juden hatten, zu zerstreuen. Man wollte damit auch auf Kritik aus dem Ausland reagieren.

In den vergangenen Monaten haben in Brüssel viele bekannte Führungspersonen der EU – unter ihnen Javier Solana, Hochkommissar für die gemeinsame Außen- und Sicherheitspolitik der EU, und Kommissionspräsident Romano Prodi – öffentlich über die Ernsthaftigkeit des Problems gesprochen und sich anscheinend – zumindest im Klang – von früheren Äußerungen des Gegenteils distanziert.

Berichte des europäischen Beobachtungszentrums

Im Jahr 2002 hatte die Europäische Stelle zur Beobachtung von Rassismus und Fremdenfeindlichkeit (EUMC) ihren ersten Bericht über Antisemitismus in Auftrag gegeben. Dieser wurde von Forschern des Forschungszentrums für Antisemitismus in Berlin verfasst. Das Gremium der EUMC entschloss sich, die Studie nicht zu veröffentlichten und nannte als Grund Mängel in der »Methodik«. Da der Bericht sowohl die Berichterstattung europäischer Medien über den Nahostkonflikt wie die Agitation arabischer und muslimischer Gemeinden als Quellen für das Wiederaufleben von antisemitischer Gewalt identifizierte, wurde weitgehend angenommen, politische Betrachtungen seien der wahre Grund für die Zurückhaltung des Berichts.

Der Direktor der EUMC nutzte im Juni 2003 die Gelegenheit der Wiener Konferenz, um anzukündigen, dass die EUMC eine neue, umfassende Studie über Antisemitismus in Europa durchführen und dafür ihre eigenen Quellen und Journalisten benutzen werde.

Dieser Bericht (Erscheinungsformen des Antisemitismus in der EU 2002–2003) wurde am 31. März 2004 präsentiert. Es ist ein gründlicher, detaillierter Bericht und zieht, wo immer es möglich ist, Daten aus den Jahren 2002 und 2003 heran. Insbesondere zeigt er eine Zunahme der Intensität antisemitischer Vorfälle in fünf Ländern auf, nämlich in Belgien, Frankreich, Deutschland, den Niederlanden und Großbritannien. In mehreren anderen Ländern – Irland, Luxemburg, Portugal und Finnland – berichtet er über nur wenige Beweise für irgendeine diesbezügliche Zunahme. Jedoch ist die Sammlung zuverlässiger Daten ein ernsthaftes Problem in der Mehrheit der EU-Länder. Einige von ihnen haben keine Vorkehrungen für die Sammlung von allgemeinen Informationen über Verbrechen, die durch Hass motiviert sind, getroffen, von Auswahlkriterien für antisemitische Vorfälle ganz zu schweigen. In einigen Fällen hat sich die EUMC bei der Auflistung vergangener Ereignisse allein auf die Befragung von Vorsitzenden jüdischer Gemeinden verlassen.

Die EUMC hat auch einen zusammenfassenden Bericht mit dem Titel »Wahrnehmungen von Antisemitismus in der Europäischen Union« veröffentlicht. Dieser basiert auf persönlichen Interviews mit Vorsitzenden und Mitgliedern von jüdischen Gemeinden in acht Ländern. Diese subjektiven Ansichten des Problems zeigen auf, was jüdische Antennen heute aufnehmen, nämlich nicht nur die empirischen Daten von Vorfällen, sondern auch die öffentliche Stimmung und die politische Diskussion. Die Ansichten sind zudem niemals weit entfernt vom historischen Kontext der Shoah und dem Wiederaufbau in der Nachkriegszeit. Sie beschreiben eine eher beunruhigende Situation, in der Überlegungen zum Thema Auswanderung und Fragen über die Zukunft jüdischen Gemeindelebens Teil des täglichen Gesprächs sind. Der Bericht fasst zusammen:

> Wahrscheinlich wurde auf unserem Kontinent keine andere historische Gemeinde wie die jüdische in solch großem Rahmen Gegenstand beunruhigender Praktiken, symbolischer Aggressionen und gewalttätiger Angriffe. Diese beeinflussen die moralische und physische Integrität der Mitglieder der jüdischen Gemeinde, ihre normalen Aufgaben als Bürger, die Sicherheit ihrer Gemeindegebäude und Institutionen, ihre Vorstellung, ihren Glauben, ihre Geschichte und ihre Solidaritätsstruktur.

Zu ihren Gunsten muss gesagt werden, dass die EUMC nicht davor zurückscheute zu versichern, dass antizionistische und antiisraelische Ausdrucksformen auch eine Art von Antisemitismus darstellen können. Insbesondere macht der Bericht geltend, dass dies der Fall ist, wenn traditionelle antisemitische Stereotypen auf den Staat Israel angewandt werden. Somit sind Darstellungen von Israel als einer hinterlistigen Macht, als einem Überbringer internationaler Verschwörungen, als jemandem, der aus niederträchtigen oder betrügerischen Motiven handelt, auf Grund der Beschreibung der EUMC Erscheinungsformen des Antisemitismus. Dieser Bericht mag nicht die vollständige Definition beinhalten, die sich mancher wünscht, doch er ist ein wichtiger Schritt nach vorne, insbesondere wenn man bedenkt, wie viele Menschen dieses Thema eigentlich gern vermeiden möchten.

Bei Durchführung dieser Studie machte die EUMC Gebrauch von ihrem Netzwerk nationaler Fokusstellen in jedem der fünfzehn EU-Mitgliedsländer. Dabei ist es beunruhigend zu wissen, dass sechs dieser Mitgliedsländer nicht einmal eine ausdrückliche Definition von Antisemitismus haben. Und unter den neun Ländern, die eine Definition haben, gibt es keine gleich lautende, sondern alle Definitionen sind unterschiedlich.

Empfehlungen für amerikanische Aktionen

Ende April 2004 hat die US-Regierung die Möglichkeit, sich während der Antisemitismus-Konferenz der OSZE in Berlin direkt an die europäischen Staatsoberhäupter zu wenden. Bei dieser Gelegenheit ist es wichtig, auf eindeutige und greifbare Schritte zur Bekämpfung des Antisemitismus zu pochen. Diese sollten folgende Punkte beinhalten:

- Aufbau eines umfassenden und andauernden Prozesses zur Sammlung und Überwachung von Daten über antisemitische und andere durch Hass motivierte Verbrechen;
- Anerkennung der Tatsache, dass heutzutage einige der bösartigsten Ausdrucksformen von Antisemitismus aus der arabischen Welt kommen und dass deren Verbreitung in Europa unterbunden werden muss;
- Eingeständnis dessen, dass antiisraelische Äußerungen, inklusive der Dämonisierung und Diffamierung des jüdischen Staates, eine neue Form von Antisemitismus darstellen;
- Entwicklung einer operativen Definition für Antisemitismus – in Absprache mit europäischen, US-amerikanischen und israelischen Experten –, die von Regierungen und gemeinsamen Institutionen mehrerer Regierungen – wie der OSZE und der EU – auf Gebieten wie der Überwachungsarbeit, der Einhaltung von Gesetzen und der Erziehung und Bildung eingesetzt werden kann.

Problemen in Zentral- und Osteuropa ins Auge sehen

Die größte Aufmerksamkeit, die dem Thema Antisemitismus heutzutage in Europa gewidmet wird – und das Hauptinteresse dieser Präsentation – gebührt den Entwicklungen in Westeuropa. Es ist wahr, dass die besorgniserregendsten Erscheinungsformen im Großen und Ganzen nicht in Zentral- und Osteuropa auftreten. Doch es wäre ein Fehler, daraus zu schließen, dass Antisemitismus für diese Länder keinerlei Problem darstellt. Die jüdischen Gemeinden in diesen Ländern sind klein. (Heute gibt es mehr Juden in der US-amerikanischen Hauptstadt Washington als im Gebiet zwischen Paris und Kiew.) Sie befinden sich nach der Shoah und dem Zusammenbruch des Kommunismus immer noch im Prozess des Wiederaufbaus, und dieser ist nicht einfach. Diese Erfahrung haben viele Juden gemacht. Selbst heutzutage geben sie ihre jüdische Identität nur widerwillig preis. Bemühungen, jüdischen Kommunalbesitz, der von den Nazis beschlagnahmt und von den Kommunisten verstaatlicht wurde, zurückzufordern, hatten in den meisten Ländern bisher nur wenig Erfolg, und oftmals nutzten populistische Kandidaten, die wissen, dass sie durch antisemitische Äußerungen politisches Kapital schlagen können, diese Forderungen, um entsprechende Kritik zu entfachen.

Es gibt kaum Zweifel an der Tatsache, dass der Prozess der NATO-Erweiterung und die enge Einbindung der Vereinigten Staaten in die Entwicklung der neuen Mitgliedstaaten eine einzigartige Gelegenheit bieten, auf konkrete Schritte im Kampf gegen den Antisemitismus und für die Erneuerung des jüdischen Gemeindelebens zu pochen. Zum Beispiel haben wir erst im Jahr 2003 gesehen, dass die Regierung der Slowakei Kompensation erstattete für jüdischen Besitz, der während des Zweiten Weltkrieges vom damaligen Staat geplündert worden war. Der Präsident von Rumänien gründete eine internationale historische Kommission, um das bisherige Tabuthema der Shoah in seinem Land zu untersuchen. Der Premierminister von Litauen sprach sich gegen einen Zeitungsverleger aus, der antisemitische Artikel veröffentlichte, und der Staatsanwalt ermittelte gegen diesen Verleger. Solche Entwicklungen sind noch nicht gang und gäbe, doch sie stellen positive und wichtige Signale für die kleinen jüdischen Gemeinden dar.

Schlussbemerkungen

Abschließend sei gesagt, dass wir Zeugen sich widersprechender Entwicklungen sind. Manche dieser Entwicklungen sind sehr besorgniserregend, während andere Grund zur Hoffnung geben. Auf einem Kontinent, der vor 60 Jahren die Vernichtung von zwei Dritteln seiner jüdischen Bevölkerung erlebte und der heute noch immer Heimat für Zehntausende von Shoah-Überlebenden ist, ist jedes Wiederaufleben von Antisemitismus schockierend. Wir hatten gedacht, es gäbe eine dauerhafte Impfung gegen diesen Virus, doch wir lagen falsch mit unserem Denken. Ein Tabu wurde gebrochen.

Gleichzeitig realisieren europäische Staatsoberhäupter, die ihre eigenen nationalen Konflikte erfolgreich geschlichtet haben, dass die gegenwärtige Herausforderung darin besteht, die Kräfte von Rassismus, Fremdenfeindlichkeit und Antisemitismus, die innerhalb der europäischen Grenzen liegen, zu bekämpfen. Die aktive Einbindung der US-amerikanischen Regierung ist nicht nur ein Mittel, den europäischen Staatsoberhäuptern einen Anstoß zu geben, der manchmal nötig, jedoch selten gern gesehen ist. Sie ist auch greifbarer Ausdruck einer einheitlichen Verpflichtung zu gemeinsamen Werten und Zielen.

Der Beitrag wurde von Daniela Marcus aus dem Englischen übersetzt. Die Herausgeber sind ihr dafür zu großem Dank verpflichtet.

Abschnitt II

Islamischer Antisemitismus in Nahost und Europa

Das ungern wahrgenommene Problem

Klaus Faber

Einleitung

Autoren: Abraham H. Foxman, Bassam Tibi, Yigal Carmon, Mohammed Schams/Wahied Wahdat-Hagh, Cem Özdemir, Philipp Gessler, Eldad Beck, Mordechay Lewy, Doron Rabinovici, Matthias Küntzel

Über das Vorhandensein von Antisemitismus in den muslimischen Bevölkerungen in Europa und in Nahost besteht in der Regel kein Streit mehr; das gilt auch für die Feststellung, daß es dabei in beiden Großregionen nicht um kleine Minderheiten im Islam, sondern um beachtliche Teile der Bevölkerung geht, die zumindest in einigen nahöstlichen Gebieten die Mehrheit der Muslime umfassen. Zu deutlich sprechen für beide Thesen die Anzeichen und Untersuchungen, über die zum Teil bereits im ersten Abschnitt berichtet wurde. In der öffentlichen politischen Debatte Europas wird das Problem allerdings nur ungern thematisiert. Unterschiedliche Auffassungen gibt es zudem zu der Frage, wie der weitgehend im Konsens festgehaltene Sachverhalt bezeichnet werden soll; auch hier ist, selbstverständlich, (in Abgrenzung zu »nur« antiisraelischen Positionen) zunächst einmal das gemeinsame Grundverständnis, daß es sich um »Antisemitismus« handelt.

Sonst aber werden sehr verschiedene Zusatzbezeichnungen gewählt, etwa »arabischer«, »muslimischer«, »islamischer«, »arabisch-islamischer« oder »islamistischer« sowie, ein Sonderfall, »khomeinistischer« Antisemitismus (zum letzteren siehe den Artikel von Mohammed Schams und Wahied Wahdat-Hagh). Dies belegen auch die Beiträge in diesem Abschnitt. Gemeint sind, um es zu wiederholen, mit den verschiedenen Adjektiven im groben ungefähr die gleichen, allerdings historisch aus unterschiedlichen Wurzeln herzuleitenden Tatbestände, wenn man einmal von der auf den Iran bezogenen Begriffswahl absieht. Vielleicht sind die terminologischen Differenzen also nicht so relevant, wie manche meinen. Die unterschiedlichen Begriffsansätze weisen dennoch auf wichtige Argumentationsaspekte hin.

Gegen die Bezeichnung »islamischer« oder »muslimischer« Antisemitismus könnte eingewandt werden, wie dies etwa Cem Özdemir (früher Bundestags-, heute Europa-Abgeordneter) in seinem Beitrag andeutet, Antisemitismus sei keine mit dem Gesamtislam, sondern nur mit dem jeweiligen Individuum oder bestimmten Bevölkerungsteilen zusammenhängende Frage. Gegen eine derartige Argumentation lässt sich aber die Erwägung anführen, daß die Berücksichtigung historischer Abläufe häufig dazu zwingt, übergreifende nicht-individuelle Kategorienbildungen zu verwenden, wie dies etwa der Begriff »christlicher Antisemitismus« zeigt. War Martin Luthers Antisemitismus (»Antisemitismus« nach der Begriffsbildung unserer Zeit) nicht »christlich«? Gibt es »islamischen« Antisemitismus etwa deshalb nicht, weil mit dem spezifisch christlichen Antisemitismus ungefähr vergleichbare Figuren erst im Islam der Gegenwart auftauchen (Bassam Tibi und andere streiten in diesem Buch für die – wohl herrschende – These eines späten Transfers; Eldad Beck betont demgegenüber die Kontinuität der islamischen Judendiskriminierung und -verfolgung)?

Haben die zahllosen Haßpredigten in Moscheen oder in anderen religiösen Ansprachen von Muslimen nichts mit dem »Islam« zu tun? Spricht gegen die Verwendung des Begriffs »islamischer Antisemitismus« wirklich durchschlagend die prophylaktische Überlegung, ein derartiger Sprachgebrauch könne dazu führen, daß dadurch der Islam an sich als unveränderbare negative Einheit für den »islamischen« Antisemitismus verantwortlich gemacht würde? Sind solche Annahmen (auch vor dem Hintergrund etwa der Reformen und Positionen Kemal Atatürks) nicht eher abwegig, wie eine Gegenüberstellung mit dem christlichen Parallelbegriff zeigt, der – gegen die geschilderte Prophylaxe-These – zur differenzierenden Auseinandersetzung mit antisemitischen christlichen Traditionen zwingt, aber kaum zum Bruch mit dem Christentum führt? Wir würden einer Täuschung verfallen, so faßt es Bassam Tibi zusammen, »wenn wir das Vorhandensein eines eigenständigen arabisch-islamischen Antisemitismus in der Gegenwart bestreiten«.

Wenn wir einen zutreffenderen Begriff zur Erfassung des Problemtatbestandes gefunden hätten, würden wir ihn alle verwenden. Die Kategorie »Arabischer Antisemitismus« (siehe dazu in diesem Buch Yigal Carmon) erfaßt den Antisemitismus muslimischer und christlicher Araber, nicht jedoch den Antisemitismus in nicht-arabischen muslimischen Bevölkerungen z. B. in Deutschland. Die Bezeichnung »Islamistischer Antisemitismus« (siehe dazu etwa im folgenden Abschnitt Dieter Graumann) spricht demgegenüber vielleicht doch einen viel zu kleinen Kreis im Islam an, wie u. a. Eldad Becks, Philipp Gesslers, Abraham H. Foxmans und Matthias Küntzels Schilderungen zeigen. Eine befriedigende Lösung kann wohl kaum darin bestehen, jeden muslimischen Antisemiten als »Islamisten« zu bezeichnen.

Wie dem auch sei: Über der Debatte zur Begriffsbildung sollte die bereits skizzierte Übereinstimmung in der Gefahrenbeschreibung nicht vergessen werden, die, wie Abraham H. Foxmans Artikel belegt, auch transatlantisch gilt. Die Diskussion ist in dieser Frage eher um die Bewertung des Sachverhalts als um seine Bezeichnung zu führen. Dies macht u. a. ein Blick auf die Einschätzung der Positionen von Bassam Tibi deutlich, der in bestimmten

Spektren eines deutschen politischen Milieus, das sich selbst vermutlich eher als »links« definiert, allzu häufig mit dem ganz unberechtigten Vorwurf belegt wird, er, Tibi, vertrete an »Assimilations«-Forderungen orientierte Auffassungen. Dieser kaum nachvollziehbare Vorwurf gegenüber dem Anspruch an alle Bürger, die Prinzipien der Verfassung, vor allem ihrer Grundrechte, zu respektieren, spiegelt die westlichen Orientierungsverwerfungen wider, mit denen sich auch Mordechay Lewys Beitrag befaßt.

Philipp Gessler beschreibt, vor allem vor dem Hintergrund von Erfahrungen in der Stadt Berlin, den wachsenden Antisemitismus von Jugendlichen in Deutschland. Die manchen Studien zugrundeliegende Erwartung, derartige Positionen häufiger bei bestimmtem Gruppen von muslimischen Jugendlichen anzutreffen, wurde zwar nicht widerlegt. Es zeigte sich jedoch, daß diese Auffassungen auch bei nicht-muslimischen Jugendlichen vielfach »mehrheitsfähig« sind. Eine negative Interaktion gibt es ebenso in der Sache: Israelfeindschaft von Muslimen und Nicht-Muslimen sowie offener Antisemitismus von Jugendlichen, die sich selbst durchaus als »antirassistisch« definieren, gehen vielfältige Verbindungen ein. Philipp Gessler spricht über den sich manchmal aufdrängenden Eindruck, das Thema werde von vielen oft deshalb vermieden und nicht in neue Untersuchungen aufgenommen, obwohl dafür seit langem ein Bedarf bestehe, um ein neues Feindbild von antisemitischen Migranten-Jugendlichen zu verhindern. Schönfärbende Relativierungen oder Wegsehen helfen aber, wie auch Bassam Tibi betont, weder den Jugendlichen noch den Muslimen.

Eine Abwehrhaltung gegenüber den Gefahren, die mit dem Antisemitismus in muslimischen Bevölkerungsteilen Europas oder im Nahen Osten (und auch sonst mit dem Antisemitismus) verbunden sind, präjudiziert natürlich nicht die Territoralkompromiß-Bedingungen zur Lösung des arabisch-israelischen Konflikts. Doron Rabinovici weist darauf in seinem Beitrag ausdrücklich hin. Zwei Klarstellungen sind in dieser Hinsicht erforderlich. Die jüdische Staatlichkeit kann auch unter Berufung auf islamisch-arabische Dominanz im (angeblichen oder tatsächlichen) Islam-Kernland nicht zur Disposition stehen. Allzu große »Toleranz« gegenüber antisemitischen Positionen in Europa und Nahost erleichtern zudem die Bemühungen um einen Frieden zwischen Arabern und Israelis nicht; sie behindert sie vielmehr und sie kann solche Bemühungen unter bestimmten Umständen zum Scheitern bringen.

Matthias Küntzels Bewertung der deutschen Außenpolitik macht in diesem Zusammenhang auf eine andere Grenzziehung aufmerksam, nämlich diejenige gegenüber den israelfeindlichen Auffassungen (nicht nur) nahöstlicher Gesprächspartner. Matthias Küntzel schildert dabei Probleme von oft nur dem Anschein nach auf Äquidistanz angelegten deutschen Positionen

(»ausgewogen, aber nicht neutral«). Man muß sein auch auf die Person des früheren deutschen Außenministers Joschka Fischer bezogenes Gesamturteil nicht unbedingt teilen, um seine Kritik an bestimmten Aspekten deutscher und europäischer antiisraelischer Vorurteile nachvollziehen zu können – von Vorurteilen, die an der Grenze zum Antisemitismus liegenden oder offen antisemitischen nahöstlichen Auffassungen allzu sehr entgegenkommen.

Mit wem man es dabei unter anderem zu tun hat, zeigt ein Blick auf die Hamas-Charta, die (in englischer Übersetzung) im Anhang III zu diesem Sammelband beigefügt ist.

Abraham H. Foxman

Muslimischer Antisemitismus zwischen Europa und dem Nahen Osten

Einführung: Muslimischer Antisemitismus im Kontext

Obwohl der Antisemitismus unter Muslimen nicht ohne historischen Präzedenzfall ist, wird die gegenwärtige Periode von einer auffallenden Wechselwirkung gekennzeichnet. Diese Wechselwirkung besteht zwischen der Äußerung antijüdischer Ansichten und Gedanken und dem Anwachsen eines muslimischen politischen Bewusstseins – insbesondere in Europa –, das von einer emotionalen Opposition zu den USA und Israel charakterisiert ist und häufig zu Feindseligkeit gegenüber Juden degradiert. Dies ist aus mehreren Gründen eine zutiefst besorgniserregende Entwicklung, nicht zuletzt deshalb, weil Antisemitismus unter muslimischen Gemeinschaften in Europa, deren Mitglieder mehrheitlich aus Ländern außerhalb der arabischen Welt stammen, bis vor kurzem hauptsächlich auf Randgruppen begrenzt war.

Zu Beginn ist es hilfreich, einige allgemeine Punkte zu skizzieren, die es besser ermöglichen, muslimischen Antisemitismus zu verstehen. Erstens ist Antisemitismus keineswegs auf die muslimische Gemeinschaft beschränkt. Sechzig Jahre nach der Shoah ist Antisemitismus immer noch unter Nicht-Muslimen in Europa sichtbar. Im westlichen Teil des Kontinents taucht der Antisemitismus in der giftigen Rhetorik der extremen Rechten auf und – vielleicht nicht weniger besorgniserregend – auch in liberalen und linken Kreisen. Hier neigt man dazu, den Antisemitismus in tadelnde Worte gegenüber Israel zu verpacken. Im Osten, zu dem auch diejenigen Länder gehören, die kürzlich in die Europäische Union aufgenommen worden sind, herrscht eine eher traditionelle Form von Antisemitismus vor. Dieser wird sowohl von aggressiven Elementen in den katholischen und orthodoxen Kirchen wie von verschiedenen nationalistischen und extremistischen Gruppen gefördert. Damit soll nicht gesagt werden, dass die jüdischen Gemeinden in Europa einer existenziellen Bedrohung gegenüberstehen. In der Tat blüht das jüdische Kultur- und Gemeindeleben in vielen Städten auf dem Kontinent. Trotzdem bleibt das Gefühl der Verwundbarkeit in diesen Gemeinden spürbar, mit schwerwiegenden Langzeitwirkungen.

In Westeuropa ist schon allein das Anwachsen der muslimischen Gemeinschaft, die bereits 20 Millionen Menschen umfasst und sich in den nächsten zwei Jahrzehnten voraussichtlich verdoppeln wird, ein Schlüsselfaktor, der jüdische Sorgen über das Andauern des Antisemitismus und den Einfluss auf die langfristige Sicherheit der Juden untermauert. Wäre es einfach nur eine Frage der Demographie, wäre es natürlich nicht erwähnenswert. Schließlich sind es Juden gewöhnt, als winzige Minorität sowohl in Monokulturen wie in multikulturellen Gesellschaften zu leben. Was die Sorge unter europäischen Juden auslöst, ist die politische Dimension, die diesen Bevölkerungszuwachs begleitet hat. Antisemitismus ist unter europäischen Muslimen heutzutage ein reales Phänomen, ob er nun von Djihad-Gruppen in Form direkten Hasses auf das jüdische Volk ausgedrückt wird oder ob er von Organisationen, die gemeinhin als moderat betrachtet werden, in der eher subtilen Kritik an jüdischer Gemeindeidentität artikuliert wird. Bisher hat sich nur eine Hand voll verantwortlicher Führungspersonen dieser Gemeinden dagegen ausgesprochen. Die europäischen Regierungen sind auf der Hut vor dem parallelen Wachstum von antimuslimischen Vorurteilen und berücksichtigen auch die Notwendigkeit, eine Einigung mit ihrer muslimischen Bevölkerung zu erzielen. Darüber hinaus haben viele der europäischen Regierungen Antisemitismus unter Muslimen bisher nicht als vorrangiges Problem betrachtet.

Es gibt jedoch Anzeichen dafür, dass auf Regierungsebene, insbesondere in Frankreich und Großbritannien, ein größeres Verständnis aufkommt. Dies reflektiert die Erkenntnis, dass muslimischer Antisemitismus untrennbar mit einer Reihe breit gefächerter Themen verbunden ist. Nach den Terroranschlägen in Madrid im März 2004 und in London im Juli 2005 haben europäische Regierungen keine andere Wahl, als sich diesen Themen zu stellen. Unmittelbar beziehen sich die Themen auf die Sicherheit: Beobachten von und Handeln gegen Personen und Zellen, die in das Aufhetzen zum oder Organisieren von Terror verwickelt sind. Grundsätzlich werfen diese Themen lebenswichtige Fragen über soziale und politische Eintracht in Europa auf. Das Wissen, dass die Terroristen, die in London bombten, Muslime waren, die in Großbritannien geboren und aufgewachsen waren, hat die Vorstellung, islamistische Gewalt käme zwangsläufig von außerhalb des Landes, zunichte gemacht. Während der Anblick von Terroristen, die auf ihre Mitbürger zielen, bisher noch kaum zu sehen war, deutet der Zusammenschluss von militanten und antidemokratischen Ideologien unter europäischen Muslimen auf ein Potential von Gewalt in einer noch bedenklicheren Größenordnung hin. Angesichts dessen, dass Antisemitismus ein integraler Bestandteil dieser Ideologien ist, ist die logische Folgerung, dass das Thema der muslimischen Feindseligkeit gegenüber Juden nicht länger als bloßer Ausdruck von Ärger über israelische Politik ignoriert oder entschuldigt werden kann. Es kann auch nicht abgeschrieben werden als Problem, das nur jüdische Gemeinden etwas angeht und keine Konsequenzen für den Rest der Gesellschaft nach sich zieht.

Ausgangspunkt: die arabische Welt

Es ist die arabische Welt, die Wiege des Islam, die traditionell das Fundament für muslimischen Antisemitismus geliefert hat. In den letzten Jahren haben sich jedoch die vorherrschenden Themen des arabischen Antisemitismus bis zu muslimischen Anhängern außerhalb der arabischen Welt ausgebreitet. So wurde zum Beispiel im post-revolutionären Iran die Leugnung der Shoah zum Grundstock. Malaysia, ein Land, das wenig eigene Erfahrung mit Juden hat, wurde im Jahr 2003 berühmt-berüchtigt, nachdem sein früherer Premierminister Mahathir Mohammed behauptet hatte: »Juden regieren die Welt durch Stellvertreter. Sie lassen andere für sich kämpfen und sterben.« Und in Europa werden muslimische Organisationen, die von Theologen wie z. B. dem Ägypter Scheich Yusuf al Qaradawi angeheizt werden, zunehmend unverschämter, wenn es um Äußerungen antisemitischer Beleidigungen geht.

Einige Wissenschaftler sind der Meinung, die Wurzel des Problems sei der islamische Glaube selbst. Der Islam kann jedoch nicht als Monolith betrachtet werden. Man kann scharfe Bemerkungen über Juden im Koran finden. Doch viele muslimische Theologen und Historiker kontern, dass sowohl Judentum und Christentum als Religionen »des Buches« in der muslimischen Welt immer toleriert und geschützt worden sind. Wie es so oft der Fall ist, so liegt auch hier die Wahrheit irgendwo dazwischen. Das Leben war für Juden unter islamischer Herrschaft nicht so grausam wie im christlichen Europa. Doch es war auch niemals so frei von Verfolgung, wie es dies in den USA oder in Westeuropa nach dem Zweiten Weltkrieg ist. Das historische Protokoll belegt, dass islamische Gesellschaften die Vorstellung von Juden als einer tolerierten Minderheit mit gewissen Rechten und Pflichten akzeptieren können. (Allerdings ist dieser Gedanke für manche Schulen islamischen Denkens, wie z. B. den Wahhabismus, schon zu viel des Guten.) Doch was nicht akzeptiert wird, ist der Gedanke, dass Juden die gleichen Rechte wie Muslime haben oder dass Juden ihre Souveränität in Form einer Nation legitim durchsetzen können.

In der arabischen Welt wurden diese theologischen Einwände durch einen deutlich säkularen Antisemitismus verstärkt und intensiviert. Dieser säkulare Antisemitismus wurde – parallel zum Wachstum des arabischen Nationalismus vor und nach der Gründung des Staates Israel im Jahr 1948 und der Vertreibung von etwa 800 000 Juden aus arabischen Ländern im gleichen Zeitraum – größtenteils aus Europa importiert. Im Wesentlichen dreht sich moderner arabischer Antisemitismus um eine große Verschwörungstheorie mit drei Hauptaspekten.

Der erste Aspekt ist die Methode der »großen Lüge«. Ihr geistiger Vater war der Nazi-Propagandaminister Joseph Goebbels. Sie beinhaltete die ständige Wiederholung einer ungeheuerlichen Anschuldigung. Auf diese Art und Weise war es Goebbels möglich gewesen, eine bereits existierende Antipathie gegenüber Juden zu intensivieren. Er tat dies, indem er den deutschen Durchschnittsbürgern erzählte, sie seien Opfer einer vergiftenden jüdischen Macht. Die Nazifilme, die durch Deutschland rennende Ratten zeigten und in einem Off-Kommentar erklärten, die Ratten seien Juden, wurden zur gängigen Kost der Deutschen.

In der arabischen und islamischen Welt haben sich verschiedene »große Lügen« über Juden manifestiert. Die wahrscheinlich bekannteste und berühmt-berüchtigtste dreht sich um die Behauptung, dass eine jüdische Verschwörung und nicht Al-Qaida-Terroristen für die Gräueltaten des 11. September 2001 verantwortlich waren. Eine im Jahr 2002 in der islamischen Welt getätigte Umfrage der Gallup Organization eröffnete, dass 60 Prozent der Befragten aus neun arabischen und islamischen Ländern glaubten, Juden seien für die Zerstörung des World Trade Centers und des Pentagons verantwortlich. Was als Lüge begann und wenige Tage nach den Anschlägen durch den der Hisbollah angeschlossenen libanesischen TV-Sender Al Manar übertragen wurde, wurde zur allgemeinen Auffassung in bedeutenden Teilen des Nahen Ostens und darüber hinaus. (Al Manar wurde schließlich im Jahr 2005 von den Regierungen Frankreichs und Spaniens verboten.)

Der zweite Aspekt ist eine Variation der Methode der »großen Lüge« und schließt die Leugnung der Shoah mit ein. In diesem Fall wird eine Lüge als Wahrheit präsentiert und die Wahrheit wird als Lüge dargestellt. Überall im Nahen Osten wird in Zeitungen und in Sendungen die Vernichtung von sechs Millionen Juden durch die Nazis als Erfindung präsentiert. Es heißt, sie sei entworfen worden, um einen jüdischen Staat auf arabischem Land zu sichern. Darüber hinaus gibt es Variationen dieses Themas. In manchen Fällen wird der Mord an den Juden durch die Nazis zugegeben. Jedoch wird dann auch gesagt, die Zahlen seien deutlich übertrieben. Oder es wird gesagt – wie es als Falschmeldung zuerst in antisemitischer Sowjetpropaganda erschien –, die zionistische Bewegung habe aktiv mit den Nazis kollaboriert und von der Shoah profitiert. Die Berichte der arabischen Kollaboration mit den Nazis, die am besten symbolisiert wird durch Hajj Amin al-Husseini, den palästinensischen Mufti von Jerusalem, der die Kriegsjahre in Berlin verbrachte, werden aus den Geschichtsbüchern gestrichen.

Der dritte Aspekt enthält die Wiederbelebung des klassischen Textes einer antisemitischen Verschwörungstheorie: der »Protokolle der Weisen von Zion«. Die zaristische Fälschung, die eine zentrale Rolle in der Tragödie des europäischen Judentums spielte, ist in der arabischen Welt nun weit verbreitet, und dies nicht nur in Buchform. Im Jahr 2002 wurde in Ägypten, Syrien und im Libanon das 41-teilige epische Drama »Ritter ohne Pferd« ausgestrahlt. Grundlage für diese Serie waren die »Protokolle«. Im Jahr 2004 benutzte Al Manar die »Protokolle« als Basis für ein weiteres Drama, das Juden dämonisierte. Es trug den Titel »Die Diaspora«. Zu den ungeheuerlichsten Szenen dieser Serie gehörte die Nachstellung eines »Blutrituals«. Das »Blutritual« war die berühmt-berüchtigte christliche Anschuldigung im Mittelalter, nach der Juden das Blut christlicher Kinder benutzten, um daraus ungesäuertes Brot für Pessach zu backen. Dies war jedoch nicht das erste Mal, dass dieser niederträchtige Mythos sich in der arabischen Welt manifestierte: Bereits im Jahr 1840 tauchte er in Damaskus auf. Dort führte er zur Verhaftung und brutalen Folterung von mehreren Juden. Anschließend tauchte er überall in der arabischen Welt auf. Im Jahr 1983 schrieb General Mustafa Tlas, der den Posten als syrischer Verteidigungsminister innehat, ein hässliches Buch mit dem Titel »Das ungesäuerte Brot von Zion«, welches die Anschuldigung wiederholte. Wenn ein ranghoher Minister eines der repressivsten Polizeistaaten dieser Welt ein solches Werk veröffentlicht, sollte man über die Hartnäckigkeit der Lüge nicht überrascht sein.

Die arabische und muslimische öffentliche Meinung wird seit Jahrzehnten aus einer Kombination von scheußlichen Lügen über jüdische Geschichte und Verschwörungstheorien über jüdische Macht genährt. Für die Regime, die diese Unwahrheiten aufrecht erhalten, ist dies von großem politischen Nutzen: Die öffentliche Aufmerksamkeit wird von Tyrannei, Korruption und Missbrauch, die so viele Regimes im Nahen Osten entstellen, abgelenkt und auf einen außen stehenden Feind projiziert. Manchmal wird der Feind »Zionismus« genannt, häufig begegnen wir ihm im Ausdruck »die Juden«. Doch wie auch immer er genannt wird: Antisemitismus bedient eine passende politische Funktion.

Seit dem 11. September 2001 wurde diese alarmierende Tatsache Jahr für Jahr bestätigt, wie ein Einblick in große Teile arabischer Medien offenbart. Eine von der Anti-Defamation-League durchgeführte Untersuchung arabischer Medien zwischen Januar und August 2005 zeigt, wie sich die traditionellen Themen des arabischen Antisemitismus in Cartoons und Kommentaren der arabischen Presse wiederholen. Dies geschieht selbst in Ländern, die einen eher moderaten oder friedensbereiten Standpunkt bezüglich des palästinensischen Themas einnehmen. Juden werden als Überbringer von schlechter Moral, Drogen, verbotenem Geschlechtsverkehr und Alkohol dargestellt. Sie werden beschuldigt, die USA und im weiteren Sinne die Welt mit Hilfe von Geld und ruchloser Macht zu kontrollieren. Sie werden für die Konflikte von Gaza bis Darfur angeklagt. Sechzig Jahre nach der Shoah ist dies ein Universum, in dem sich Goebbels und Streicher äußerst wohl gefühlt hätten.

Die Herausforderung für Europa

Bedauerlicherweise tauchen einige dieser antisemitischen Motive unter Muslimen in Europa auf. Obwohl viele dieser Gemeinschaften nicht aus der arabischen Welt, sondern aus Ländern wie der Türkei oder Pakistan kommen, hat das Aufkommen des pan-islamischen Diskurses, der sich auf die Umma – oder globale muslimische Gemeinschaft – konzentriert, sowohl nicht-arabische wie arabische Muslime antisemitischen Ideologien ausgeliefert. Die Folge ist, dass die Zahl verbaler und physischer Angriffe auf Juden und jüdische Institutionen alarmierend ansteigt. Viele derjenigen, die diese Angriffe ausüben, werden als Muslime identifiziert.

Anfänglich wurde das Problem besonders in Europas linken Medien als Nebenprodukt des Zwistes zwischen Israelis und Palästinensern dargestellt. Die tiefere Bedeutung wurde nicht beachtet. Nun jedoch, da sich Europa schmerzlich der lebensbedrohlichen Gefahren bewusst wird, die islamistischer Extremismus darstellt, entsteht parallel auch ein Bewusstsein dafür, dass muslimischer Antisemitismus nicht von diesem Extremismus getrennt werden kann, sei es nun in der gewalttätigen Djihad-Form oder in der gewaltfreien politischen Form des Mainstreams europäischer muslimischer Organisationen wie z. B. der UOIF in Frankreich, dem Islamrat in Deutschland, dem MCB und der MAB in Großbritannien oder der UCOII in Italien. All diese Organisationen sind mit der Muslimbruderschaft verbunden oder stark von ihr beeinflusst. In Europa führt die Bruderschaft den Djihad heimlich. Und dadurch, dass sie sich selbst geschickt als moderate, verantwortungsvolle Stimme des Islam darstellt, erstickt sie aufrichtig moderate und demokratische muslimische Stimmen.

Was die europäischen Regierungen betrifft, die besorgt sind über die Wahrscheinlichkeit von Konflikten, wie man sie im Jahr 2004 in den Niederlanden infolge des brutalen Mordes an dem Regisseur Theo van Gogh durch einen Islamisten sehen konnte, so gibt es eine Standardantwort zum Thema islamistischer Extremismus: Man kann und sollte nicht die gesamte muslimische Gemeinschaft für terroristische Schandtaten verantwortlich machen. Für anständige und intelligente Leute ist so etwas vielleicht offensichtlich. Doch schadet es nichts, es immer wieder neu zu formulieren. Besonders Juden verstehen nur allzu gut die manifestierte Ungerechtigkeit der kollektiven Anklage.

Gleichzeitig wird man mit einer schwierigen Wahrheit konfrontiert, wie der arabische Journalist Abdel Rahman al Rashed nach den Gräueltaten von Beslan im Jahr 2004 aufzeigt: »Es ist eine sichere Tatsache, dass nicht alle Muslime Terroristen sind, doch es ist genauso sicher und außergewöhnlich schmerzhaft, dass beinahe alle Terroristen Muslime sind.«

Bis vor kurzem noch haben wir islamistische Bewegungen fälschlicherweise in einen geographischen Kontext gesetzt. Wir verstehen den Nahen Osten und die weitere muslimische Welt als ihren Standort, als das, was die islamische Tradition »Dar al Islam« nennt. Doch Moderne und Globalisierung haben Massenmigration mit sich gebracht. So wie Menschen reisen und sich niederlassen, tun es auch Gedanken und Ideen. In heruntergekommenen Vierteln von Paris, Rotterdam und Frankfurt, in Moscheen, an Versammlungsorten und auf Websites hat sich unter vielen europäischen Muslimen eine militante Identität herauskristallisiert, geboren aus der Begegnung verschiedener Ideologien und Kulturen mit den verhältnismäßig säkularen Gesellschaften, in denen sie leben.

Eine bedeutende Anzahl von ihnen identifiziert sich mit dem Djihad. So ergab zum Beispiel im März 2004 eine Umfrage von ICM Research, dass 13 Prozent der britischen Muslime weitere Al-Qaida-Anschläge auf die USA unterstützen. Eine weit größere Anzahl ist – gemäß der Tradition der Muslimbruderschaft – bereit, politische Institutionen des Landes, in dem sie leben, als Kanal für ihren Extremismus zu nutzen.

Daraus folgt die Notwendigkeit, dass Europa das Problem auf ehrliche Art erfasst und in den Griff bekommt, und zwar zwischen selbstzufriedener Multikultur am einen Ende und vulgärem Rassismus am anderen Ende. Zuallererst bedeutet dies, dass wir uns selbst von der Vorstellung befreien, der Test für »Mäßigung« sei, wenn es um Muslime geht, die Ablehnung von terroristischer Gewalt.

Mit der Herausforderung kommt die Gelegenheit. Europa könnte die Grundlage für einen Islam werden, der selbstsicher in seiner religiösen und kulturellen Identität steht, der jedoch gleichermaßen mit Toleranz und Demokratie vertraut ist. Wenn eine solche Vision realisiert werden soll, muss dem Antisemitismus, der im Mittelpunkt des islamistischen Extremismus steht und der sich von der arabischen Welt in ein größeres muslimisches Gebiet ausgebreitet hat, vorrangig entgegengetreten werden.

Bassam Tibi

Die Mär des Islamismus von der jüdischen und kreuzzüglerischen Weltverschwörung gegen den Islam

Die Einfuhr des Antisemitismus in den Nahen Osten

Die wiederholten, eindeutig als antisemitisch identifizierbaren Äußerungen des Präsidenten der Islamischen Republik Iran, Mahmud Ahmadinedschad, über Israel, die Juden sowie über den Zionismus gipfelten im Dezember 2005 in der Behauptung, der kollektive Mord an den Juden, der Holocaust, sei ein Mythos. Zuvor forderte Ahmadinedschad die Austilgung des Judenstaates Israel. Wortwörtlich sprach er vom »Mythos vom Massaker an den Juden« und fügte – laut einem Bericht der *Süddeutschen Zeitung* vom 15. Dezember 2005 (Titelseite) – hinzu, dass dieser »von den westlichen Staaten erfunden worden sei.« Der Iran, so Ahmadinedschad, »hasse die westliche Zivilisation«. Diese neue Spielart des Antisemitismus, getarnt als Kritik am Zionismus, kommt vom Islamismus und erfindet einen Verbündeten für den imaginären Juden, nämlich die Kreuzzügler. Im Gegensatz zu dieser Ideologisierung haben die Juden in der realen Geschichte Seite an Seite neben den Muslimen Jerusalem gegen die Invasion der Kreuzzügler verteidigt.[341] In der Tat haben weder Judenhass noch Antisemitismus irgendwelche Wurzeln in der islamischen Geschichte, wie die zentrale These dieser Abhandlung lautet. Doch darf diese historisch fundierte These nicht dazu missbraucht werden, den neuen islamistischen Antisemitismus herunterzuspielen. Anders als die begrenzt tolerante Religion des Islam ist der Islamismus eine politische Ideologie neueren Datums.

In der vorliegenden Arbeit wird parallel zu der These, der Antisemitismus im Nahen Osten beruhe auf einem Import aus Europa, spezifizierend die weitere These hinzugefügt, dass die islamistische neue Spielart des Antisemitismus inzwischen Wurzeln geschlagen hat und somit zu einer eigenständigen islamistischen Erscheinung geworden ist. Die zitierten Äußerungen des iranischen Staatspräsidenten sind kein Import aus Europa, sondern der Ausdruck einer leider verbreiteten Volksmeinung im Nahen Osten; der Islamist Mahmud Ahmadinedschad spricht sie naiv und unverblümt aus. Der Islamismus unterstellt eine jüdisch-kreuzzüglerische Verschwörung gegen den Islam und reiht sich durch dieses Denkmuster in die Tradition des Antisemitismus ein.

Islamistische Verschwörungstheorien stießen in Westeuropa während der Entwicklung vom 11. September 2001 bis zum Irakkrieg 2003 – ja bis heute – auf fruchtbaren Boden. Zu den Deutungen der Entwicklung vom 11. September 2001 bis zum Irakkonflikt gehören viele Märchen und in deutschen Bestsellern dokumentierte Verschwörungsphantasien. Eine von ihnen ist die Mär vom Ölkrieg.[342] Die arabische Seite bezieht in die Erklärung der Entwicklung häufig die Juden ein, was in deutschen Veröffentlichungen aus Gründen der Selbstzensur weggelassen wird. Die islamistischen Djihadisten sprechen von einer jüdisch-amerikanischen Weltverschwörung gegen die Araber und den Islam. Haben wir es hier mit einer Ehe zwischen Antiamerikanismus und Antisemitismus zu tun? Ist das Argument richtig, dass die anstehenden Konflikte nicht vorhanden wären, wenn es keinen Judenstaat und keine US-Truppen im heiligen Land Saudi-Arabien gäbe? Nach Hannah Arendt gehört der Antisemitismus wesentlich zum Totalitarismus. In meinem Buch »Der neue Totalitarismus«[343] ordne ich den Islamismus in diese Tradition ein – und hier frage ich: Steht der antisemitische Islamismus deshalb in der Tradition der alten Totalitarismen oder ist er ein neuer Totalitarismus?

Arabischer Antisemitismus als islamistischer Import aus Europa

Der arabische Antiamerikanismus in seiner Verbindung mit dem Antisemitismus geht in der neueren Geschichte auf die Wirkung Sayyid Qutbs[344] zurück. Jener Begründer des Islamismus ist der geistige Vater von Osama Bin Laden, der sich explizit auf Sayyid Qutb beruft. Die Vertreter des politischen Islam wollen diese Ideen als Waffe zur »Befreiung Palästinas« von den Juden und der Araber von Amerika einsetzen. Bin Laden kommt aus dem orthodox-wahhabitischen Islam und wurde zu einem islamischen Fundamentalisten[345]; seine Al-Qaida ist der Urheber der Attentate vom 11. September 2001 und ihre Ideologie, der Djihad-Islamismus, ist der neue Totalitarismus.[346] Dagegen ist der säkulare Panarabist Saddam Hussein[347] kein islamischer Fundamentalist. Zwischen Bin Laden und Saddam, die beide von Djihad sprechen, gibt es keine Verbindung. Doch Judenhass sowie der Djihad, verbunden mit Antiamerikanismus, bieten gemeinsame Nenner für beide Richtungen. Oberflächlich betrachtet, klingt deren Sprache ähnlich: Der Djihad richte sich gegen »*al-Salibiyun wa al-yahud*/Kreuzzügler und Juden«. Vor seinem Sturz verwendete Saddam diesen Jargon mehrfach, u.a. in seiner Rede zum 12. Jahrestag des Golfkriegs, die auch die damalige irakische Nachrichtenagentur INA verbreitet hat. Darin lesen wir:

> »Die Juden und ihre Unterstützer spielten in der Vergangenheit eine ausgesprochen böswillige Rolle gegen Bagdad, und diese verschwörerische, aggressive und böse Rolle nehmen sie wieder an. Sowohl die Juden (...) als auch jene Zionisten, die nicht-jüdischer Herkunft sind, vor allem jene hinter der US-Administration, sind gegen unsere Nation, den Irak (...). Die Märtyrer der Nation werden sich in grüne Paradiesvögel verwandeln. (...) Es lebe die tapfere Djihad-Armee des Irak! Es lebe Palästina, frei und arabisch vom Meer zum Fluss.«[348]

Die in dieser Rede enthaltene Formel »vom Meer«, gemeint ist das Mittelmeer, »zum Fluss«, also zum Jordan, steht auch in der Charta der fundamentalistischen Hamas[349] als Ankündigung des islamischen Staates Palästina auf den Ruinen Israels. Damit wird die friedliche Zwei-Staaten-Lösung als Grundlage des Nahostfriedens abgelehnt. Das ist auch genau das Ziel, das der iranische Staatspräsident mit der »Tilgung Israels« nennt.

Der große Satan Amerika werde in Nahost durch den kleinen Satan Israel vertreten, dem unterstellt wird, Washington durch »die jüdische Lobby« zu dirigieren. Ist das ein Ausdruck von Judenhass und auch von Antisemitismus, und woher kommt er?

Ich lasse den Antiamerikanismus beiseite und konzentriere mich hier auf die Theologie sowie auf das Rechtssystem in der islamischen Geschichte. Ich stelle fest, dass Judenhass beiden fremd ist. Mit dem jüdischen Historiker Bernard Lewis behaupte ich, dass es sich beim Antisemitismus um eine Einfuhr aus Europa handelt und werde dies näher begründen.[350] Der Hinweis auf die »Einfuhr des Antisemitismus« bedeutet nicht, dass dieser heute lediglich an der Oberfläche verharrt, denn er hat bereits Wurzeln geschlagen. Diese Feststellung betrifft das Thema dieses Buches: Der Djihadismus war mit seinen Anschlägen vom 11. September 2001 ebenso wie die säkular-panarabische Baath-Ideologie des Saddam-Regimes im Irak eindeutig antisemitisch motiviert. Die Islamisten wie auch die deutschen Antisemiten glauben, dass die Juden von New York aus die Welt regieren, und dieser These folgend war die Vernichtung der beiden Türme des World Trade Centers eindeutig als Handlung gegen die »jüdische Weltherrschaft« gedacht.[351]

In drei Schritten will ich drei Schwerpunkte erörtern und die Zusammenhänge zwischen ihnen beleuchten: Erstens die Entstehung und die Rolle des arabisch-islamistischen Antisemitismus in der heutigen Politik. Darauf aufbauend befasse ich mich zweitens mit der Frage, ob es Bin Laden und Saddam in ihrem Judenhass und ihrer antiwestlichen Gesinnung wirklich um Palästina geht. Nach dem 11. September 2001 und während der Irak-Krise war im Zeitraum 2001 bis 2003 in Deutschland überall zu hören, dass Israel und die USA diese weltpolitische Situation zu verschulden hätten, die aus dem ungelösten arabisch-israelischen Konflikt hervorgegangen sei. Vorab merke ich an, dass dies nur die Hälfte der Wahrheit ist. Wahr ist, dass in der Weltpolitik ein großer Bedarf nach einer Lösung für den Palästina-Konflikt besteht, dem die US-Politik nicht entspricht. Auch aus der Retrospektive lässt sich weiterhin behaupten, dass es ein schwerwiegender Fehler der US-Außenpolitik war, den Konflikt mit Saddams Regime im Irak weltpolitisch zu einem Krieg eskalieren zu lassen, ohne zuvor eine Lösung für den Palästina-Konflikt zu suchen. Doch bietet dies keine Erklärung für die Existenz von Judenhass und Antisemitismus in der arabisch-islamischen Welt. Es ist einfach falsch zu sagen, dass Judenhass und Antiamerikanismus allein auf dem Boden des Palästina-Konflikts entstanden sind. Ich behaupte auf der Basis von Fakten, dass es beide auch gegeben hätte, wenn der Staat Israel überhaupt nicht existieren würde. Trotz dieser Differenzierung übersehe ich nicht, dass der Palästina-Konflikt Judenhass und Antiamerikanismus schürt; er verursacht sie aber nicht. Daraus folgt, dass Bin Laden und seine Al-Qaida sowie die bestehenden Regime der orientalischen Despotie im Nahen Osten als politische Erscheinungen auch ohne Israel existieren würden. Kurz formuliert: Israel ist nicht der Schlüssel zur Erklärung aller Nahostprobleme, es ist nur der Prügelknabe oder gar der Sündenbock für alle arabischen Versäumnisse.

Die in dieser Abhandlung vertretene These lautet, dass der Islamismus eine neue arabische Spielart des Antisemitismus hervorgebracht hat. Dieser ist aber nicht identisch mit dem schon zuvor existierenden panarabischen Judenhass, der säkular der Ideologie des Nationalismus entspringt; beide sind nicht zu verwechseln. In diesem Zusammenhang stelle ich die Frage, ob der Antisemitismus eigene Wurzeln im Islam hat und komme zu einem negativen Ergebnis, weil die islamische Zivilisation nichts Vergleichbares zur europäischen Krankheit des Antisemitismus vorweist. Die Zusammenarbeit von Islamisten mit der NPD gibt Auskunft über den Islamismus, nicht über den Islam. Wenn der Vorwurf erhoben wird, einige Araber hätten Äußerungen gemacht, die als antisemitisch gedeutet werden können, dann ist die Anmerkung, dass ein Araber schon deshalb kein Antisemit sein kann, weil die Araber selber Semiten seien, häufig schlicht Propaganda. Jenseits dieser Propaganda wird hier eine Analyse der Zusammenhänge zwischen Islam, Islamismus und Antisemitismus vorgelegt. In der Tat enthält die Ideologie des Islamismus, die neueren Datums ist, eine stark antisemitische Komponente, die den neuen Totalitarismus kennzeichnet.[352]

Diese Analyse beginnt mit einem Rückgriff auf die Arbeit des größten noch lebenden und international als Autorität anerkannten jüdischen Princeton-Historikers Bernard Lewis; von der beschriebenen Anerkennung sind hier vielleicht der ihn ablehnende, inzwischen verstorbene Polemiker Edward Said und seine deutschen Fans auszunehmen. In seinem Standardwerk »The Jews of Islam« bescheinigt Lewis der klassischen islamischen Zivilisation, frei von Antisemitismus zu sein. Doch beeilt er sich gegen Ende seines Werkes hinzuzufügen, dass dies nicht für die Gegenwart gelte. Der prominente jüdische Historiker zeigt im Einzelnen, wie im Rahmen des Imports der westlichen Nationalismen und der Entstehung der Palästinafrage auch der Antisemitismus aus Europa Zugang in den Nahen Osten gefunden hat. Hierbei wird deutlich, dass es sich um einen europäischen Import handelt, wenngleich dieser inzwischen doch sehr fest verankert ist. Schon allein deskriptiv arbeitend und auf dem Boden der Tatsachen bleibend, würden wir einer Täuschung verfallen, wenn wir das Vorhandensein eines eigenständigen arabisch-islamischen Antisemitismus in der Gegenwart bestreiten.

Der heute florierende arabisch-islamistische Antisemitismus, der sich in seinem Verhältnis zu Israel deutlich als Hürde für den Frieden manifestiert, versucht sich hinter der Maske des Antizionismus zu verstecken. Nun ist der Antizionismus fürwahr kein Antisemitismus, und es gibt hochprominente Juden wie Maxime Rodinson[353], die aus ihrer Ablehnung des Zionismus keinen Hehl machen. Deswegen müssen wir uns jeden Antizionismus näher anschauen, ehe wir ihn in die Nähe des rassistischen Antisemitismus bringen. Ich möchte dies am Beispiel eines palästinensischen Pamphlets ausführen.

In dem 51 Seiten starken weit verbreiteten Pamphlet des Palästinensers Muhsen al-Antabawi »Warum wir jeden Frieden mit den Juden ablehnen« ist die Rede vom »*Yahud*/Juden« schlechthin, es wird nicht zwischen Juden und Israelis differenziert. Darin stoßen wir auf Inhalte, die nicht mehr als Antizionismus verharmlost werden dürfen, weil dafür keine andere Bezeichnung als Antisemitismus gefunden werden kann. Zur Illustration sei eine Leseprobe angeführt:

»Mit den Juden kann es weder Frieden noch eine Versöhnung geben. (...) Die Rolle des Weltjudentums in der Verbreitung des Sittenverfalls – von Bordellen bis (...) – ist wohl bekannt (...). Die Juden kontrollieren mehr als 80 Prozent der US-Medien (...). Die in den Zion-Protokollen festgehaltenen Pläne sind ebenso bekannt: Die Juden planen die Beherrschung der Welt und deshalb zerstören sie die Moral und bemächtigen sich der Wirtschaft der einflussreichen Länder und der Medien.«[354]

Die konstruierten »Protokolle der Weisen von Zion« gehören zu den zentralen Dokumenten des klassischen Antisemitismus, worin den Juden eine Weltverschwörung unterstellt wird. Wenn der Palästinenser al-Antabawi sich auf diese europäische Ideologie beruft, entpuppt er sich eindeutig als Antisemit. Das ist nicht mehr Antizionismus. Nun müssen wir uns fragen, wie es dazu kommt, dass Menschen, die kulturell zu den semitischen

Völkern gehören, solche Dummheiten von sich geben? Zu einer Antwort auf diese Frage verhilft uns Bernard Lewis in seinem Werk »Semiten und Antisemiten«. Er führt aus, dass es falsch ist, den Begriff »Semit« über die kulturelle Ebene hinaus – z. B. die Verwandtschaft der semitischen Sprachen – zu verallgemeinern.[355] So kann ein Mensch, der kulturell dieser sprachlich als semitisch zu bezeichnenden Völkergruppe entstammt, zu der die Juden und Araber gleichermaßen gehören, dennoch eine antisemitische, im Sinne von »judenfeindliche« politische Ideologie vertreten.

Wenn es in der Religion des Islam weder Rassismus noch Antisemitismus gibt, woher kommt der Judenhass in der arabischen Welt sowie generell heute in der Welt des Islam? Auch bei dieser Frage unterscheide ich streng zwischen der Religion des Islam sowie der islamischen Zivilisation auf der einen Seite und dem Islamismus bzw. Djihadismus als politischer Ideologie auf der anderen. In meiner Forschung über den politischen Islam bin ich zu dem Ergebnis gelangt, dass dieser die neueste Form des Totalitarismus ist. Sowohl islamische Fundamentalisten als auch Vertreter des dummen Geschwätzes vom »Feindbild Islam« (das als Keule gegen jedes kritische auf den Islam und seinen Islamismus bezogene Nachdenken wirken soll) versuchen, die angeführte Unterscheidung zu unterbinden. Islamisten meinen, es gebe nur einen Islam, verstehen darunter den ihrigen, also ihr Verständnis davon, das aber eben islamistisch geprägt und damit eindeutig antisemitisch ist. Keiner, der die entsprechenden Pamphlete, zu denen das eingangs zitierte von al-Antabawi gehört, sprachlich lesen und mit gesundem Verstand beurteilen kann, vermag diese Tatsache zu übergehen. Die Behinderung der Unterscheidung zwischen Islam und Islamismus durch die Djihadisten geschieht aus Berechnung und Selbstschutz. Bei den deutschen Gutmenschen erfolgt sie hingegen auf der Basis von Ignoranz und falsch verstandener Toleranz. Wenn wir nicht zwischen dem Islam als einer Religion, die begrenzt tolerant sein kann, und dem Islamismus, der eine rechtsradikale politische Ideologie ist, differenzieren dürfen, lassen wir zu, dass eine Ideologie, die nicht nur totalitär ist, sondern auch einen militanten Antisemitismus predigt, salonfähig wird.

Zum Zynismus der Islamisten gehört der Vorwurf des Antiislamismus an ihre Gegner. Obwohl Islamisten anhand ihrer Schriften (wie ich am Beispiel Qutbs nachweisen werde) als Antisemiten zu erkennen sind, versuchen sie, in der europäischen Islam-Diaspora mit Hilfe der Kirchen eine Gleichsetzung von Antisemitismus mit Antiislamismus durchzusetzen. Das Ziel, das sie verfolgen, ist, die Kritiker des Islamismus moralisch auf dieselbe Ebene wie die Antisemiten und somit an den Pranger zu stellen, mit dem angestrebten Ergebnis, sie hierdurch zu neutralisieren.

Anfang Juni 2003 hatte ich in Stockholm die Ehre, neben dem schwedischen Ministerpräsidenten Göran Persson aufzutreten und über die falsche, auch in Schweden verbreitete Gleichsetzung von Antisemitismus mit Antiislamismus aufzuklären. Wie verlogen und instrumentell diese Gleichsetzung erfolgt, zeigt der gleichzeitig im inneren Kreis der Islamisten betriebene Aufruf zum »Djihad gegen die Juden«. Ich frage: Ist ein solcher Aufruf nicht doch ein Ausdruck von Antisemitismus?

Wenn wir von der Malaise unserer Gegenwart absehen und beim klassischen Islam verweilen, finden wir keinen Antisemitismus. Seinerzeit kam es zwischen Islam und Judentum – wie der Historiker Lewis es formuliert – zu »einer Symbiose«. Dieses positive Urteil gilt nicht mehr für die Gegenwart, in der der Islamismus als militant antijüdische und antiwestliche Ideologie eine große Verbreitung – auch in der europäischen Islam-Diaspora – findet. Ideengeschichtlich ist der geistige Vater des islamistischen Antisemitismus der Ägypter Sayyid Qutb (1906–1966). Das Erbe Qutbs hält in seiner Wirkung an und inspiriert Bin Laden und die Djihadisten der Al-Qaida. Von Sayyid Qutb stammt die Gleichsetzung von »*al-Salibiyya al-Alamiyya/* Welt-Kreuzzüglertum« und »*al-Yahudiyya al-Alamiyya/*Weltjudentum«. In dieser Tradition versteht sich Al-Qaida als »Kampfbund gegen Juden und Kreuzzügler«. Nach Qutb wollen beide Gegner den Islam und die Muslime zerstören. Diese Auffassung hat auch der Panarabist Saddam Hussein vertreten, der bis zu seinem Sturz im April 2003 eine »jüdisch-kreuzzüglerische Verschwörung« propagiert hat.

Die westliche Orientalistik und die islamistischen Verschwörungsphantasien über Juden und Kreuzzügler

Die Behauptung der Islamisten und Panarabisten, dass »Kreuzzügler im Bunde mit den Juden« gegen den Islam konspirieren, beruht auf Verschwörungsphantasien und widerspricht den Fakten der Geschichte. Wir wissen aus der monumentalen und zugleich autoritativen »Geschichte der Kreuzzüge« des britischen Historikers Steven Runciman, dass Juden und Muslime als Opfer der Kreuzzüge im selben Boot saßen. Juden und Muslime haben gemeinsam Jerusalem gegen die Kreuzfahrer verteidigt. Die Strafe, die die Juden dafür ernteten, den Muslimen beigestanden zu haben, war die erste kollektive Verbrennung lebender Juden in einer Synagoge. Geschichtlich fand dieser Mord in Jerusalem lange vor dem Holocaust auf deutschem Boden statt. Der Historiker Runciman schreibt:

»Die Juden Jerusalems (...) standen im Verdacht, den Mohammedanern geholfen zu haben und so gab es kein Mitleid für sie, (...) die Synagoge wurde in Brand gesteckt und in ihrem Inneren fanden geflüchtete Juden den Feuertod.«[356]

Die Al-Aqsa-Moschee verbrannten die Kreuzfahrer hingegen nicht. Sie begnügten sich damit, die dorthin geflüchteten Muslime niederzumetzeln. Diese historischen Fakten finden keine Beachtung in dem antisemitischen Standardpamphlet des Islamismus, das heute unter dem Titel »*Ma'rakatuna ma'a al-Yahud*/Unser Kampf gegen die Juden« überall in der Welt des Islam kursiert und von Sayyid Qutb stammt. Die in diesem Pamphlet enthaltenen Äußerungen über die Juden sind historisch durchaus mit denen in Hitlers »Mein Kampf« vergleichbar. Darin steht zu lesen, dass die Juden stets durch »ihre Niedertracht und List« zu charakterisieren seien. Mit diesem antisemitischen Stempel erklärt sich Qutb zufolge die Verschwörung der Juden gegen den Islam: »Hinter jeder spaltenden Tat in Bezug auf das letzte islamische Kalifat und hinter dessen Auflösung sowie hinter der Abschaffung der Schari'a (...) durch den ›Helden‹ Atatürk, stand stets ein Jude (...). Alles, was seitdem gegen das islamische Erwachen im Rahmen eines erklärten Krieges gegen den Islam auf dieser Erde geschieht, ist als das Werk der Juden zu sehen.«[357] Und weiter lesen wir in Qutbs Pamphlet »Unser Kampf gegen die Juden«:

»Der Kampf zwischen dem Islam und den Juden dauert an und wird anhalten, weil die Juden diese Religion zerstören wollen.«[358]

Nach Qutbs fragwürdigen Geschichtskenntnissen »hat die islamische *Umma* unter den Intrigen der Juden stets gelitten (...). Die Juden waren die ersten und in ihre Fußstapfen traten die Kreuzzügler.«[359]

Die in den zitierten Textstellen wiedergegebene Wahrnehmung von einer jüdischen Verschwörung gegen den Islam hat heute in der Welt des Islam eine weit verbreitete Wirkung. Sie geht auf Qutbs Pamphlet zurück.

Der im Westen noch vor kurzem gefeierte (inzwischen verstorbene) Palästinenser Edward Said ist ein Christ und somit kein Islamist. Früher hat er eine wichtige und erforderliche Kritik im Rahmen der Orientalismus-Debatte[360] initiiert, wenngleich diese sich später zu einer Gegenaufklärung entwickelt hat. Said wollte mit Sicherheit nicht, dass Islamisten sich auf ihn berufen, wenn sie im Rahmen ihrer Angriffe gegen die Orientalisten gegen Juden hetzen. Auch wenn Saids Kenntnisse über den Islam und seine Geschichte mager waren, hat er nie eine Gleichsetzung von Orientalisten und Kreuzzüglern vertreten. Dennoch hat er ungewollt die Saat hierfür gelegt. Es trifft zu, dass man bei den früheren deutschen und anderen europäischen Orientalisten, z. B. Carl Heinrich Becker, eine Islamophobie findet (heutige Orientalisten schwenken zur Islamophilie um), aber solche islamophoben Orientalisten waren immer wie Said Christen. Bei fast allen jüdisch-europäischen Orientalisten hingegen findet man eine übertriebene Zuneigung zum Islam, etwa bei der extrem positiven Darstellung des islamischen mittelalterlichen Cordoba, die an eine Glorifizierung der islamischen Geschichte grenzt. Der

Jerusalemer Gelehrte Shlomo Avineri hat diese Haltung einmal auf einer internationalen Tagung folgendermaßen erklärt: Jüdische Islamwissenschaftler wollten den Islam stets in besseres Licht rücken, weil sie darin – man denke an die klassische »jüdisch-islamische Symbiose« (Bernard Lewis) – eine Identität gegen den europäischen Antisemitismus fanden. Der in Tel Aviv lehrende Israeli Martin Kramer nannte die von ihm herausgegebene Festschrift für Bernard Lewis »The Jewish Discovery of Islam«.[361]

Anders formuliert: Die außerordentlich hohe Wertschätzung des Islam in Teilen der europäischen Orientalistik stammt beinahe ausschließlich von jüdischen Wissenschaftlern, die Opfer des vom iranischen Staatspräsidenten Ahmadinedschad verleugneten Holocaust wurden. Bei den Islamisten – auch beim palästinensischen Christen Edward Said – werden diese Orientalisten generell und ohne Unterscheidung als »Feinde des Islam« verfemt und mit dem Vorwurf des Orientalismus belegt. Auch nicht-islamistische Palästinenser verfallen in vergleichbare Positionen, die man nur bedauern kann. Sadik al-Azm verhöhnte Saids Orientalismus-Kritik als Umkehrung des Orientalismus.[362] Kurz, die Tatsache, dass das positive, in der westlichen Wissenschaft vorhandene Bild über die glorreichen Tage eines toleranten Islam auf das Werk jüdischer Gelehrter zurückgeht, steht im Widerspruch zu der bösen Unterstellung einer »jüdisch-kreuzzüglerischen Verschwörung« gegen den Islam, an der die westlichen Orientalisten teilhaben. Für jüdische Orientalisten war das Cordoba-Modell in der islamischen Geschichte eine geistige Waffe gegen den europäischen Antisemitismus.

Der Antisemitismus im Palästina-Konflikt

Der islamistische Antisemitismus erstarkt durch den Palästina-Konflikt enorm, ist aber nicht durch ihn verursacht. In der Politik erschwert die beschriebene Einstellung eine friedliche Lösung des Nahostkonflikts, weil sie in ihn eingebettet wird. Mit folgender Begründung lehnen islamistische Palästinenser einen »Frieden mit den Juden« ab: »Ein wirklicher Friede – in unserem Verständnis – ist nur durch die Rückgabe unseres Landes möglich, das dann unter die Herrschaft des Islam zu stellen ist. Dies erfordert die ›Beendigung der jüdischen Existenz/*al-Kiyan al-Yahudi*‹ in Palästina.«[363]

Bei allem Verständnis für die Rechte der Palästinenser gibt die zitierte Äußerung Anlaß zu der Frage, wie man mit solchen Menschen, die die »jüdische Existenz« zerstören wollen, Frieden schließen kann. Wir finden diese Haltung in der Charta von Hamas, einer islamistischen, von Qutb inspirierten Bewegung, die heute die zweite Intifada und ihre Terroranschläge entscheidend mit anführt. Hamas stellt sich als »der schlagende Arm der

Bewegung der Muslimbrüder in Palästina« vor, bekennt sich zum Erbe von Sayyid Qutb und auch zum Djihad als islamischem Weg zur Befreiung Palästinas. Hamas boykottiert die »roadmap to peace«, weil sie jeden Frieden mit den Juden ablehnt. Lange vor dem September 2000 (Beginn der zweiten Intifada) und vor dem Anschlag vom 11. September 2001 stand in der ersten Deklaration von Hamas[364] vom Dezember 1987: »Die Jugend, die wir erziehen, liebt das Paradies mehr, als unsere Feinde das weltliche Leben lieben.« Damit wurde der Selbstmord-Terrorismus eindeutig angekündigt. Ein »*Schahid*/Märtyrer« wird von Allah für seine Djihad-Tat mit dem Paradies belohnt. Ist Hamas wirklich eine Befreiungsbewegung oder eine Sammlung antisemitischer Terror-Djihadisten?

Bei der ersten Intifada haben die Islamisten es trotz vieler Bemühungen nicht geschafft, die Führung dieses Aufstands zu erobern und ihn unter ihre Kontrolle zu bringen. Somit blieb er in den Händen der PLO, die die rationale Zwei-Staaten-Lösung vertritt. Die erste Intifada war nicht antisemitisch und ein national legitimierter Aufstand, der 1993 nach dem Oslo-Frieden beendet werden konnte.

Im Gegensatz dazu wird heute die zweite Intifada als Djihad definiert und von Islamisten kontrolliert; die Selbstmord-Terroristen werden als »*Schahid*/Märtyrer« geheiligt. Der antisemitische Gehalt kommt in der Forderung nach der Auflösung Israels zum Ausdruck, worin eine »Friedens«-Lösung gesehen wird. Der bereits zitierte Palästinenser Antabawi meint ebenso, dass die Lösung nur in der »Beendigung der jüdischen Existenz in Palästina« bestehen könne. Dies vertritt auch Hamas. Sie sagt unzweideutig: »Palästina ist gesegnetes islamisches Territorium und erstreckt sich vom Mittelmeer bis zum Jordanfluss. Es bildet daher eine unteilbare Einheit.«[365]

Das ist eine Ablehnung der Zweistaatenlösung. Frieden ist auf dieser Grundlage nur mit den Alternativen möglich: entweder Israel oder Palästina. Mit diesem Geist wird der Kompromiss der Teilung des heiligen Landes durch die Zwei-Staaten-Lösung abgewiesen. In der Hamas-Charta[366] wird in Artikel 11 Gesamtpalästina (das historische Territorium) als »*Waqf Islami*/islamisches göttliches Eigentum« bezeichnet, über das es keine Verhandlungen mit den Juden geben darf. Artikel 15 schreibt den Djihad gegen die Juden vor. Weiterhin ist für unser Thema Artikel 27 von Belang, in dem die kompromisslose Bewahrung des Prinzips »*Islamiyyat Filastin*/der islamische Charakter von Palästina« als Grundlage für jede Konfliktbeendigung festgehalten und der islamische Staat gegen jede säkulare Konfliktlösung hervorgehoben wird. Auf der Basis dieser antisemitischen Einstellung lässt sich kein Frieden zwischen Juden und Arabern verwirklichen. Sollten wir nicht auf die besseren Tage der Geschichte der klassischen »jüdisch-islamischen Symbiose« blicken, diese neu beleben und in ihrem Cordoba-Geist einen Frieden anstreben?

Gelingt es nicht, die »jüdisch-islamische Symbiose« neu zu beleben, werden wir eine unendliche Fortsetzung des Krieges in Israel/Palästina haben, der dem Muster »alle gegen alle« im Hobbes'schen Naturzustand ähnelt. Dieser Krieg trägt nicht weniger als der Islamismus zu einem derartigen Zustand bei. Das Problem habe ich in meinen Buch »Pulverfass Nahost« behandelt; es soll hier nur am Rande erwähnt werden.[367]

Jenseits der Extreme, also der Sichtweise des Islam als einer Religion des Schwertes und dem anderen Bild des Islam als einer Friedensreligion, müssen wir auf die wirkliche Geschichte zurückblicken und uns die islamische Toleranz-Tradition vergegenwärtigen. Bietet sie eine Grundlage für einen Nahost-Frieden? Der Islam schreibt Toleranz gegenüber Angehörigen anderer monotheistischer Religionen – also nur gegenüber Christen und Juden – vor.

Erstens stellt sich die Frage, ob die Wiederbelebung dieser Geisteshaltung gegenüber den Juden heute möglich ist. Zweitens müssen wir in Bezug auf den historischen Wandel fragen, ob die Juden als Besitzer einer Heiligen Schrift, die vom Koran als Vorläufer anerkannt wird, auch als Bürger des souveränen Staates Israel Anerkennung finden können. Im ersten Schritt möchte ich behaupten, dass diese Belebung zur Überwindung der antisemitischen Diskriminierung, nicht aber für eine Friedenslösung ausreicht. Denn die islamische Toleranz erkennt die Juden allein als geschützte Minderheit im »*Dar al-Islam*/Haus des Islam«, also ohne Souveränität an. Die Bürger Israels würden der Auflösung ihres Staates Israel zugunsten eines Schicksals als »*Dhimmi*/Schutzbefohlene« nie zustimmen. Hier stoßen wir an die Grenzen islamischer Toleranz.[368] Die religiöse Doktrin sieht für den Islam Überlegenheit auf religiöser Ebene vor, aber daraus erwächst keine Verachtung gegenüber den anderen Religionen, und jede Grundlage für einen Antisemitismus fehlt.

Der jüdische Historiker Bernard Lewis hebt hervor: »Es gibt kaum Anzeichen für irgendeine tief verwurzelte, gegen Juden oder eine beliebige andere Gruppe gerichtete emotionale Feindseligkeit, die dem Antisemitismus der christlichen Welt vergleichbar wäre.«[369] Eben weil solche ethnisch-rassischen Belastungen im Islam historisch fehlten, war es im Hochislam des frühen Mittelalters möglich, dass in der Naturwissenschaft, Medizin und Philosophie islamische wie jüdische und christliche Gelehrte, ja sogar Theologen, aus denselben Quellen schöpften. Es erstaunt daher nicht, dass unter solchen Bedingungen eine harmonische jüdisch-islamische Kulturtradition entstehen konnte, die nach Ansicht von Lewis in einer »jüdisch-islamischen Symbiose« gipfelte. Zu dieser Symbiose gehören große jüdische und islamische Philosophen wie Maimonides und Averroës. Diesen Geist finden wir heute bei keinem Islamisten unserer Gegenwart. Ein übergreifender Judenhass bestimmt ihren Geist. Wenn wir also von islamischer Offenheit sprechen, müssen wir spezifizieren und von Geistesoffenheit innerhalb des islamischen Rationalismus sprechen. Diese Offenheit fehlte früher bei der Orthodoxie und heute beim Islamismus.

Nicht nur eine politische Lösung, auch kulturelle Grundlagen werden für die Gestaltung eines Nahen Ostens in Frieden benötigt. Ein Rückgriff auf die jüdisch-islamische Symbiose in der Geschichtsepoche des arabischen Hochislam ist deshalb für unsere Gegenwart von Bedeutung. Zu diesem Zweck will ich die sorgfältige Forschung von Bernard Lewis anführen, um zu begründen, dass ein Staat Israel seinen Platz in einem islamischen Orient haben kann.[370] Lewis spricht von einer kulturellen Assimilation der Juden unter dem arabischen Islam und bemerkt, diese »geht weit über eine bloße Arabisierung hinaus (...) und ließe sich besser als Islamisierung bezeichnen«. Nicht eine Annahme der Religion des Islam ist darunter zu verstehen, sondern »die Anpassung an islamische Denk- und Verhaltensweisen, mit einem Wort: an eine jüdisch-islamische Tradition parallel zur jüdisch-christlichen, von der wir in der neuzeitlichen Welt zu reden pflegen«.

Wenn ich als arabischer Muslim Israel besuche, fühle ich mich nicht fremd, weil ich auf der Ebene der »Denk- und Verhaltensweisen« unendlich viele Ähnlichkeiten erlebe. Dies belegt auch Lewis mit tiefgründigen Untersuchungen über die jüdische Kultur jener Geschichtsepoche. Diese jüdisch-islamische kulturelle Symbiose beschränkte sich nicht bloß auf Wissenschaft und Philosophie, sie ging weit darüber hinaus und berührte sogar »das Ritual und den Gottesdienst der Synagoge«.[371] Bis heute ähneln sich die jüdischen und arabischen kulturellen Verhaltensweisen weitgehend.

Die angeführte Symbiose endete mit der Reconquista, also der Rückeroberung Spaniens und der Beendigung der islamischen Vorherrschaft. Danach wanderten im 15. und 16. Jahrhundert viele Juden der iberischen Halbinsel in das Gebiet des Osmanischen Reiches ein, »angelockt durch Berichte über größere Toleranz und die besseren Chancen, die von der osmanischen Regierung geboten wurden«. So formuliert es Bernard Lewis.[372]

Die osmanischen Juden integrierten sich und erlangten eine wichtige Bedeutung im Reich der Türken und ihnen wurden führende Stellungen zugeteilt, wenngleich sie dort im Vergleich zur »arabisch-jüdischen Symbiose« des frühen islamischen Mittelalters ein wenig fremd blieben. Die Juden in den türkischen Gebieten sprachen nach wie vor Spanisch, schrieben es aber in hebräischer Schrift und vergaßen die lateinische. Dieser Zustand endete im 19. Jahrhundert, als das Osmanische Reich geschwächt wurde, wofür türkische Muslime ethnische und religiöse Minderheiten einschließlich der Juden als Sündenbock verantwortlich machten. Der Einstellungswandel setzte sich historisch zu Beginn des 20. Jahrhunderts durch, als die neue Erscheinung des islamischen – noch nicht islamistischen – Antisemitismus langsam zu erkennen war. Dem Nahost-Konflikt blieb es vorbehalten, diese Erscheinung fortzuentwickeln und bis zu dem aktuellen Judenhass zu führen. Der mit dem Islamismus verbundene Antisemitismus (Qutb, al-Banna) entfaltete sich allerdings noch vor der Gründung Israels. Lewis beschreibt ihn mit folgenden Worten: »Die ersten antisemitischen Pamphlete in arabischer Sprache erschienen gegen Ende des 19. Jahrhunderts. Sie wurden aus den französischen Originalen übersetzt. (…) Die meisten Übersetzungen stammten von arabischen Katholiken, Maroniten oder anderen Unierten.«

Hierauf folgten später arabische Übersetzungen nationalsozialistischer Propagandaschriften. Wie fremd dieses Denken der arabo-islamischen Kultur anfänglich war, illustriert Bernard Lewis am Beispiel der antijüdischen Karikatur: »Es bedurfte einiger pädagogischer Anstrengungen, bis man von arabischen Zeitungslesern erwarten konnte, dass sie die Symbole verstanden.«

Leider ist dieses positive Urteil heute Geschichte. Der Inhalt vieler antisemitischer Schriften in islamischen Sprachen lässt sich durchaus mit der NS-Propaganda vergleichen. Heutzutage ist vor allem die Palästinafrage der »Hauptfaktor für die Verschlechterung der Beziehungen zwischen Juden und Arabern geworden«. Wir müssen das Ende der jüdisch-islamischen Symbiose beklagen. In einem anzustrebenden jüdisch-islamischen Dialog können wir diese Symbiose wieder vergegenwärtigen – nicht alleine dem akademischen Studium zuliebe. Aber alle Institutionen dieses Dialogs, die seit dem Oslo-Frieden 1993 entstanden sind (z. B. der Trialog von Cordoba), ruhen seit Beginn der zweiten Intifada im September 2000.

Dafür gedeiht der antijüdische Geist, den wir in den Äußerungen des Djihad-Terroristen Munir al-Motassadeq über die Juden im Hamburger Prozess vernommen haben. In der jüdischen Gemeinde in Deutschland – ich denke an Frau Edna Brocke von der Essener Synagoge – beklagt man sich heute im Zeitalter der islamischen Zuwanderung nach Europa darüber, dass dieser islamische Antisemitismus die europäische Islam-Diaspora erreicht hat, ohne dass die Deutschen etwas dagegen tun oder jüdischen Klagen Gehör schenken.

Fakt ist, dass der Nahost-Konflikt sich auf Europa ausgeweitet hat. Nicht nur in Frankreich, auch in Deutschland wurden während der zweiten Intifada Synagogen angezündet und Anschläge auf jüdische Einrichtungen verübt. In der Annahme, dass die Schändung der Synagogen von Essen und Düsseldorf von Neonazis verübt worden seien, rief der frühere deutsche Bundeskanzler Schröder zum »Aufstand der Anständigen« auf. Zu Recht schien damals die ganze Nation in Empörung und Solidarität diesem Aufruf zu folgen. Als die Polizei jedoch wenige Wochen danach herausfand, dass die Täter Islamisten waren, wurde der »Aufstand der Anständigen« beendet, ja in manchen Kreisen für Verständnis für die Palästinenser geworben!

Warum empören sich die Deutschen nicht genauso über den islamistischen Antisemitismus? Warum reden deutsche Islam-Experten, die dauernd vor dem »Feindbild Islam« warnen, nicht von den Gefahren des Antisemitismus, den es auch in der deutschen Islam-Diaspora gibt? Matthias Küntzel beklagt dies in der Zeitung *Jüdische Allgemeine* und auch, dass die antisemitische Dimension des 11. September 2001 nicht zur Kenntnis genommen wird[373]: Warum will man in Deutschland diese antisemitische Dimension des 11. September kaum oder gar nicht wahrnehmen? Die deutsche Islamwissenschaft will daran offenbar wenig ändern. In ihren Darstellungen des Islamismus taucht der Begriff des Antisemitismus kaum auf.

Diese Frage ist berechtigt und gibt Anlass weiterzudenken: Kann es sein, dass die mit scharfen Worten legitim zu kritisierende Politik von Scharon manchen Deutschen sehr entgegenkommt, dass sie mit ihrer Solidarität mit den unterdrückten Palästinensern etwas anderes zum Ausdruck bringen und hierbei ihre Vergangenheit abschütteln wollen? Die zweite Intifada und ihr Djihadismus sind alles andere als ein Ausdruck eines »Befreiungskrieges«, wie dies manche Deutsche mystifizierend formulieren. Antabawi schreibt es offen: »Die jüdische Existenz in Palästina soll beendet werden.«[374] Hierfür ruft er zum Djihad auf. Der von Hamas während der Intifada betriebene Djihad setzt sich eben dies als Ziel.

Von einem deutschen »Islam-Experten« namens Hippler wurde vor etwa zehn Jahren ein Buch mit dem Titel »Feindbild Islam«[375] mit herausgegeben. Nach den Terroranschlägen von islamistischen Djihadisten am 11. September 2001 hat dieser Experte seine undifferenzierte Warnung vor dem »Feindbild Islam« wieder aufgewärmt, um den Djihad von jedem »Islam-Feinbild« zu befreien. Dafür finden wir in seinem Buch ein Feindbild von Amerika. Der Terrorismus habe – so lesen wir in dieser deutschen Arbeit – mit Djihad nichts zu tun. Wer sich dieser Deutung nicht anschließt, erntet den Vorwurf, ein »Feindbild Islam« zu verbreiten. Wenn es nicht andere deutsche Stimmen wie die Matthias Küntzels mit seinem Buch »Djihad und Judenhaß«[376], in dem über die Zusammenhänge zwischen Islamismus und Antisemitismus aufgeklärt wird, gäbe, könnte man fast den Eindruck gewinnen, dass sich auch nach 1945 in diesem Land nicht viel geändert hat!

Palästina, der Islamismus und die antisemitische Dimension des 11. September

Ohne damit etwas zu rechtfertigen, sollte zwischen antisemitischem Judenhass und defensiv-kulturellen Reaktionen auf die israelische Militärbesatzung der Westbank und des Gaza-Streifens unterschieden werden. Eine Lösung des Palästina-Konfliktes muss dringend angestrebt werden, um die fortschreitende Verwandlung der defensiv-kulturellen Einstellungen vieler Palästinenser in einen tragischen Antisemitismus zu unterbinden. Auch ich trete für die Rechte der Palästinenser ein, entwickele jedoch erhebliche Vorbehalte, wenn ich unter ihnen von der Popularität Saddams (bis zu seinem Sturz), Bin Ladens oder der Hamas sowie die Formel »Palästina vom Meer bis zum Fluss« höre. Bei dieser panarabisch-islamistischen Lösung wird den Juden jedes Recht auf Staatlichkeit abgesprochen.

Außer diesem Vorbehalt halte ich es aber für absolut falsch, wenn der politische Islam einzig und allein auf den ungelösten Palästina-Konflikt zurückgeführt wird. Die Auseinandersetzung mit dieser Position ist Aufgabe der folgenden Ausführungen. Bis zu der Beteiligung von britischen Muslimen – mit Einbindung in die saudisch-wahhabitische Bin-Laden-Connection – an dem Selbstmord-Djihad-Terrorismus in Israel[377] konnte behauptet werden, der Widerstand in Palästina erfolge im Rahmen des politischen Islam, aber dies habe nichts mit den Ereignissen vom 11. September 2001 zu tun.

Auch ich trete für die Rechte der Palästinenser und für ihren Anspruch auf eigene Staatlichkeit ein; dies hat mit dem Größenwahn von Bin Laden, der die Supermacht USA zu Fall bringen will, nichts zu tun. Bin Laden glaubt, dass seine Al-Qaida, nachdem die islamischen »*Mudjahidin*/heilige Gotteskämpfer« die Sowjetunion besiegt hatten, den USA eine ähnliche Niederlage zufügen kann. Als Islamologe und Fundamentalismus-Experte hatte ich die arabischen Video-Reden von Bin Laden angeschaut und mich gefragt, wie Bin Laden gedachte, die USA in die Knie zu zwingen. Mir waren die blutigen Attentate auf die US-Botschaften in Nairobi und Dar-es-Salam vertraut, aber ebenso war mir bewusst, dass man auf diese Weise eine Supermacht terrorisieren, dieser damit jedoch keine militärische Niederlage zufügen kann. Meine Phantasie vermochte keine Vorstellung davon zu entfalten, dass islamische Fundamentalisten zivile Flugzeuge in fliegende Kerosinbomben verwandeln könnten. In New York und Washington nahm der islamische Fundamentalismus eine militärische Form an. Es wäre katastrophal für die Palästinenser, wenn der Anschlag vom Mai 2003 in Israel durch zwei britische Bin-Ladisten südasiatischer Herkunft Schule machen würde. Palästina gehört zum Propagandamaterial von Al-Qaida.

Wie ist das einzuschätzen? In der djihadistischen Sprache sind die Täter vom 11. September und gleichermaßen die Palästinenser »*Schahid*/Märtyrer«. Bereits vor den Anschlägen von New York und Washington haben die palästinensischen Selbstmord-Terroristen von Hamas ihre Taten als Djihad legitimiert. Bin Laden hat in seiner *Djihad*-Rede vom 7. Oktober 2001 argumentiert, es gehe dabei um einen Krieg des Glaubens gegen »*al-Kufr al-Alami*/den internationalen Unglauben«; ähnlich sprechen auch die Hamas-Gotteskrieger. Dies schadet dem Palästina-Anliegen. Denn der Djihadismus würde die Palästinenser von ihrem Ziel der nationalen Befreiung wegbringen und in einen internationalen Konflikt der fundamentalistischen Gotteskämpfer manövrieren. In diesem Zusammenhang muss ich auf die unterstellte »*Farida*/Pflicht« der Muslime zum Djihad eingehen. Es ist bekannt, dass im Koran »Djihad« Anstrengung heißt; weniger bekannt ist, dass diese Anstrengung auch »*Qital*/Kampf« einschließt.

In meinem Buch »Kreuzzug und Djihad« [378] habe ich gezeigt, dass die historische Form des Djihad vom 7. bis 16. Jahrhundert ein Eroberungskrieg war. Jenes Buch findet seinen Abschluß im 8. Kapitel zum Neo-Djihad des 20. Jahrhunderts. Nach dem neuen Konzept wird Djihad zum Djihadismus; dieser wird als Terrorismus praktiziert, obwohl eine derartige Kampfform im Sinne des Korans eine illegitime Gewaltanwendung darstellt. Bin Laden ist ein Vertreter dieses Neo-Djihads und das gilt auch für die beiden palästinensischen Gruppen Hamas und Djihad-Islami, die die zweite Intifada anführten.

Die Umwandlung des Konflikts um die nationalen Rechte der Palästinenser in einen Kampf gegen die Juden wird von den Islamisten auch in den Zivilisationskonflikt zwischen dem Westen und dem Islam eingebettet. Dadurch bekommt er eine Dimension, die jede Lösung erschwert. Im Zivilisationskonflikt treten die Träger der religiös-politischen Ideologie des Islamismus auf, also solche, die nur Gewalt als Strategie ansehen und den Terrorismus befürworten. Leider ist dieser Djihadismus – als dominierende Interpretation der Religion des Islam – eine wichtige Strömung innerhalb der islamischen Zivilisation, und das gilt auch für die Palästinenser. Hierdurch entsteht eine Brücke zum 11. September.

Meine Integrität verbietet es mir, die Tatsache zu verschweigen, dass Bin Laden in der Welt des Islam in der Tat sehr populär ist, und zwar selbst in Saudi-Arabien. In der Zustimmung, die Bin Laden bei den Gegeneliten genießt, kommt der islamische Anti-Amerikanismus als zivilisatorische Einstellung der Muslime zum Ausdruck, was auch für Palästinenser zutrifft. Aus Saudi-Arabien hat der amerikanische Journalist Neil MacFarquhar unter dem Titel »Bin Laden's Popularity is a Problem« in der *New York Times* geschrieben:

»Bin Ladens strenge, fundamentalistische Sicht des Islam (...) genießt einige Sympathie innerhalb einer Bevölkerung, die über die USA verärgert ist (...). Osama Bin Laden ist das »Gewissen des Islam« genannt worden. (...) Bin Ladens religiöse Weltsicht unterscheidet sich nicht von der jedes anderen Saudis.«[379]

Viele westliche, besonders deutsche Kommentatoren sperren sich gegen die Deutung der am 11. September 2001 ausgebrochenen Krise als Ausdruck eines Zivilisationskonfliktes. In dem Hang vieler deutscher Intellektueller und Feuilleton-Journalisten zur »verordneten Fremdenliebe« wird jede Verbindung des Terrorismus vom 11. September und der entsprechenden Kriegserklärung mit dem Islam ohne Kenntnis der Tatsachen bestritten. Bin Laden wird indirekt zum Helden im Widerstand gegen die Globalisierung. Aber weder Bin Laden noch die palästinensischen Hamas-Selbstmord-Attentäter haben etwas mit der westlichen Anti-Globalisierung zu tun, vielmehr sind sie in den Zusammenhang des Antisemitismus einzuordnen, was erkennbar ist an ihrer Polemik, es gehe um eine »jüdische Verschwörung« gegen den Islam.

Außer dem Gerede über Globalisierung als angeblicher Ursache des Elends in der Welt finden wir diese Schuldursachen-Diskussion auch bei der Palästina-Problematik. Es wird behauptet, dass die Amerikaner deshalb Schuld an den Ereignissen vom 11. September tragen, weil sie den Nahost-Konflikt nicht gelöst hätten. Mir liegt es fern, die sehr fehlerhafte amerikanische Nahost-Politik zu verteidigen, aber in ihr den Hintergrund der islamisch-westlichen Konfrontation zu sehen, ist eine viel zu enge Sichtweise und schlicht absurd. Aus diesem Grund werde ich in den folgenden Ausführungen die Problematik näher erläutern.

Halten wir zunächst die Tatsache fest: Mit dem im September 1993 eingeleiteten Oslo-Friedensprozess ist ein Hoffnungsschimmer für die Beendigung des palästinensisch-israelischen Konfliktes entstanden.[380] Seit der zweiten Intifada ab September 2000 spricht man vom »fernen Frieden« im Nahen Osten und vom internationalen Terrorismus. Hierzu gehören international das Terrornetzwerk von Bin Laden ebenso wie Hamas und Djihad Islami in Palästina als militärischer Arm des islamischen Fundamentalismus. Die Gewalt des Terrorismus ist geographisch nicht auf Nahost beschränkt, sondern weltumspannend, wie die Serie der Anschläge der Jahre 2002 und 2003 gezeigt haben. Deshalb gehe ich davon aus, dass der 11. September und die damit zusammenhängende Spirale der Gewalt kein Beweis für einen Zusammenhang zwischen beiden Konfliktherden, also dem internationalen Terrorismus und dem Palästina-Konflikt, darstellen.

Schauen wir uns einmal die Fakten an: Nach der Ermordung des israelischen Tourismus-Ministers durch einen palästinensischen Extremisten im

Oktober 2001 marschierten israelische Truppen in sechs Städte der palästinensischen Autonomiebehörde ein. Es kam zu einer Eskalation mit weiterem israelischem Vorrücken, wodurch die Vereinbarungen des Oslo-Friedens von beiden Seiten untergraben wurden. Die islamischen Djihadisten nutzen diese Situation, um zum Djihad, also zum Terrorismus für die Palästina-Frage, aufzurufen. Hier liegt genauso wenig eine Verbindung vor wie seinerzeit 1990 zwischen der Besetzung Kuwaits durch den Irak und dem Konflikt um Palästina. Beide, Saddam Hussein und Bin Laden, haben diese Verbindung hergestellt, die ausschließlich propagandistischen Zwecken diente. Auch ohne eine militärische Besetzung palästinensischer Gebiete durch Israel hätte Saddam Hussein Kuwait erobert.

Gleichermaßen hätte ein freies Palästina nicht den Anti-Amerikanismus eines Bin Laden gezügelt oder gar seinen Welt-Djihad gegenstandslos gemacht. Für die Palästina-Frage ist im Wesentlichen die Problematik von »Jerusalem«, genauer das, was Muslime »al-Haram al-Scharif« und die Israelis Tempelberg nennen, ein Zündstoff. Die Al-Aqsa-Moschee sowie der Felsendom sind nach Mekka und Medina das drittwichtigste Heiligtum im Islam. Jeder Rückgriff auf »*Filastin*/Palästina« weckt die islamischen Gefühle nur in Bezug auf »*al-Quds*/Jerusalem«; er eignet sich bestens für Agitation und Mobilisierung. In Diskussionen in Südostasien mit malaysischen und indonesischen Muslimen habe ich zum Beispiel mehrfach vernommen, dass diese sich nur in Bezug auf Jerusalem für den Nahostkonflikt, nicht aber spezifisch für die Palästinenser interessieren.

Nun, welche Inhalte hat der unterstellte Zusammenhang zwischen Palästina und Afghanistan? Inwieweit spielt der ungelöste Nahost-Konflikt eine Rolle für den internationalen Djihad-Terrorismus? Ich sehe als Gefahr beim Ausbleiben einer Lösung die Islamisierung des Palästina-Konflikts.[381] Das ist ein mögliches Ergebnis der beschriebenen Entwicklung. Dazu kommt – nicht etwa als Ursache – ein Problem. Die USA benötigen in ihrem Krieg gegen den internationalen Terrorismus eine Koalition, die islamische Staaten als Verbündete aus zwei Gründen einschließt: Logistik und Legitimation. Bei einem Fortbestehen des Palästina-Konflikts und der Jerusalem-Frage geriete die US-Strategie jedoch in Gefahr, jede islamische Unterstützung zu verlieren.

Erinnern wir uns: Der Afghanistan-Krieg von Oktober bis Dezember 2001 wäre ohne eine islamische Unterstützung gescheitert. Die 56 Staaten der Organisation der Islamischen Konferenz (OIC) haben auf einer Konferenz ihrer Außenminister grünes Licht für den amerikanischen Angriff auf Afghanistan als Handlung gegen den Terrorismus gegeben. Doch in der Abschlusserklärung nach dem Treffen der OIC-Außenminister haben die islamischen Staaten der Palästina-Frage einen größeren Raum als der Frage des Kampfes gegen den Terror eingeräumt. Untermauert diese Tatsache den unterstellten Zusammenhang? Handeln also islamische Fundamentalisten weltpolitisch als Rache für Palästina? Bei der Antwort auf diese Frage müssen wir zwischen Ursache und Wirkung unterscheiden.

Von der Natur des arabisch-israelischen Konfliktes her beurteilt, wie ich ihn kenne, besteht kein Zusammenhang zwischen diesem und der Problematik der Taliban, Bin Ladens und des Al-Qaida-Terrorismus. Jedoch kann aus der Perspektive der Geopolitik des Konfliktes ein solcher Zusammenhang gesehen werden. In Palästina geht es um das Recht eines Volkes auf Selbstbestimmung und Souveränität (damit wird die Jerusalem-Frage, die eine gesamt-islamische ist, verknüpft). Für Bin Laden geht es um die Frage, die sein geistiger Vater Sayyid Qutb vor vielen Jahrzehnten formuliert hat: »Wer bestimmt die Weltordnung, der Islam oder der Westen?« In Qutbs Schrift »Wegzeichen«, die für die Islamisten mit dem Stellenwert von Marx' Manifest für die Kommunisten vergleichbar ist, steht der Satz: »Der Kampf ist weder politisch noch ökonomisch: Es ist ein Krieg zwischen dem »*Iman*/Glauben« und dem »*Kufr*/Unglauben.« Und Qutb fügt hinzu, »das internationale Kreuzzüglertum/*al-Salibiyya al-Alamiyya* versucht die Natur des Kampfes zu verfälschen«[382], also auf politische und ökonomische Faktoren zurückzuführen. Wenn es Hamas weiterhin gelingt, den Palästina-Konflikt in dieses Gewässer zu treiben und wenn die Beteiligung von Al-Qaida-Djihadisten (darunter u.a. britische Muslime) am Kampf in Palästina im Mai 2003 Schule macht, wird es keine Lösung geben.

Genau besehen hat Palästina wenig mit diesem globalen »Krieg zwischen Glauben und Unglauben«, also zwischen dem Islam und dem Westen, zu tun. Bestenfalls ist es einer der Nebenschauplätze dieses Krieges. Nur wenn es darum geht, wer Jerusalem kontrolliert, handelt es sich um den »Krieg des Glaubens gegen den Unglauben«. Bei den nationalen Rechten der Palästinenser geht es um eine andere Frage, die wenig oder gar nichts mit dem Islam zu tun hat. Das ist auch die islamische Wahrnehmung außerhalb der arabischen Welt. Doch geben die Djihadisten dem einen anderen Stempel; sie verleihen ihm eine antisemitische Dimension.

Nach diesen Ausführungen kann die zentrale Aussage in wenigen Worten zusammengefasst werden: Von der Sache her besteht kein Zusammenhang zwischen der Palästina-Frage und dem Djihadismus von Bin Laden, aber die Islamisten konstruieren diese Verbindung. Dies macht klar, dass islamische Fundamentalisten im Rahmen ihres Feindbildes »Westen« durch das Heranziehen von Palästina und Jerusalem gegen die USA agitieren und erfolgreich Anhänger mobilisieren können. Daher war die Falkenpolitik-Phase des israelischen Ministerpräsidenten Ariel Scharon, den die arabische Presse »Bulldozer« nennt, extrem kontraproduktiv, auch für die amerikanische

Außenpolitik. Nach dem Irak-Krieg gab es positive Anzeichen in Palästina: Die Wahl von Abu Mazen zum Premierminister als Gegengewicht zu Arafat und der Versuch einer Bewältigung des Konflikts durch die »Road Map« des neuen Friedensplans. Aber Scharon blockte – und ihm assistierten die islamischen Djihadisten als ungewollte Verbündete.

Obwohl ich wie Altbundespräsident Roman Herzog für den Dialog als Instrument der Konfliktlösung eintrete[383], pflege ich seit dem 11. September 2001 dem auch eine sicherheitspolitische Dimension hinzuzufügen.[384] Den Fundamentalismus – auch in Palästina – kann man nicht mit Werten bekämpfen. Daher besteht Bedarf an Sicherheitspolitik gegen den fundamentalistischen Extremismus. In den regionalen Konflikten wie im Kosovo, in Kaschmir, Tschetschenien und Palästina nimmt der globale Rahmen im Krieg gegen den Terrorismus konkrete Formen an. Wenn im Palästina-Konflikt der Dialog – wie früher beim Oslo-Frieden – und gegenseitige Anerkennung durch Djihad-Gewalt und den aus Europa eingeführten Antisemitismus abgelöst werden, können wir keine Hoffnung auf einen Frieden haben.

Außer im Palästina-Konflikt ist auch noch die Rolle Saudi-Arabiens von Bedeutung, nicht nur in Bezug auf den islamischen Terrorismus, sondern auch bei der Unterstellung einer jüdischen Verschwörung gegen den Islam. Auf diese Weise übernimmt die salafistische wahhabitische Orthodoxie die Weltbilder des Antisemitismus und reiht sich somit in die neue Totalitarismusformation ein.

Judenhass, Islamismus, islamische Orthodoxie und Saudi-Arabien im Krieg gegen den Djihad-Terrorismus

Zu den Verlautbarungen von US-Präsident George W. Bush im Kontext des »Krieges gegen den Terrorismus« gehört seine Aussage in der Rede über Djihad-Terroristen im Februar 2002: »Sie haben die Gewalt zu uns nach New York und Washington gebracht, aber wir bringen sie nun zu ihnen zurück.« Dies gehört zur Vorgeschichte des Irak-Krieges. Unter den neunzehn Al-Qaida-Terroristen vom 11. September 2001 waren keine Irakis, aber fünfzehn Saudis. Hat dies eine Bedeutung? Und was hat es mit dem hier behaupteten Zusammenhang zwischen Judenhass und djihadistischem Islamismus zu tun? Im Großen und Ganzen wurde im Irak-Krieg ein Regimewechsel im gesamten Nahen Osten angestrebt, der gleiche Bedeutung wie das Ziel hatte, den Irak im Krieg gegen den Terrorismus zu entwaffnen. Im Mittelpunkt dieser Strategie stand neben dem Irak auch Saudi-Arabien[385], das früher ein Verbündeter der USA war.

Hinter der Einbeziehung von Saudi-Arabien steht das genaue Wissen über die – wohl indirekte, auch nicht willentlich beabsichtigte, Förderung des islamischen Fundamentalismus – einschließlich des djihadistischen Zweigs des Islamismus durch die Saudis. Die amerikanische Wachsamkeit gegenüber der Doppelstrategie der Saudis in der Islamistenfrage begann nach der Enthüllung der Identität der 19 Terroristen vom 11. September 2001 sowie der Klärung ihrer Verbindung zu Al-Qaida. Danach geriet der saudische Botschafter Bandar Ibn Sultan – ein Prinz aus dem Hause Saud – in die Ermittlungen über die terroristische Vernetzung. Dieser inzwischen durch Prinz al-Turki abgelöste saudische Diplomat dient seit mehr als zwanzig Jahren als Botschafter der Ölmonarchie in Washington. Dort ist er anderen Diplomaten als luxuriöser Partygeber sehr gut bekannt. Nach Medienberichten genießt er sozusagen den »Status eines Hollywood-Stars« in der US-Metropole. Nach dem 11. September 2001 ging Bandar Ibn Sultan in Deckung. Seine Ehefrau soll etliche Schecks sowie zusätzlich eine monatliche Zahlung an einen Saudi geleistet haben, dem eine Al-Qaida-Verbindung angelastet wird. Bandar Ibn Sultan selbst ist Emir, also Prinz, und zudem der Sohn des Verteidigungsministers Sultan Ibn Abdul Aziz. Seine Gattin Haifa ist die Tochter des 1975 von einem saudischen Prinzen ermordeten Königs Faisal.

Während des Golfkrieges von 1991 erschienen die USA noch als Schutzherren der Saudis. Heute zeigen die Amerikaner mit dem Finger auf sie als Finanzherren des Terrorismus und klagen sie moralisch an. Im Gegensatz zu früher wird Saudi-Arabien jetzt als Feind des Westens angesehen. Die US-Medien wiederholten im Zeitraum 2001–2003 oft die Angabe, dass 15 der 19 Djihad-Terroristen Saudis waren. Eine »Task Force« des nationalen Sicherheitsrates in Washington empfahl eine Warnung an die Saudis, die Finanzquellen des Terrorismus offen zu legen und die Zahlungen zu unterbinden. Diese Indiskretion brachte Bush in Verlegenheit, der diese Empfehlung gegenüber der arabischen Presse bestritt, um die ohnehin vergiftete Situation nicht noch mehr eskalieren zu lassen. Aber aus Äußerungen von Richard Perle wissen wir, dass die Saudi-Ölmonarchie in die US-amerikanische Strategie des Regimewechsels einbezogen wurde. Der Krieg im Irak fand statt, aber die Saudis sind immer noch da.

Um herauszufinden, ob die Vorwürfe gegen Saudi-Arabien wahr sind oder nur auf Sensationshascherei der Medien beruhen, müssen wir nach Verbindungen zwischen dem saudischen Wahhabismus und dem islamischen Fundamentalismus fragen. Die wahhabitische Orthodoxie ist die konservativste Ausrichtung des schriftgläubigen Islam, predigt aber dennoch keine Gottesordnung, wie die Islamisten dies tun. Daraus folgt, dass Saudi-Arabien eine traditionell islamische Monarchie ist und kein Gottesstaat im Sinne des

Islamismus. Das Ziel der Islamisten besteht darin, die »*Hakimiyyat Allah*/ Gottesherrschaft« zu verwirklichen, und somit finden sie in Saudi-Arabien kein Vorbild. Dennoch beziehen sie nicht öffentlich Position gegen die Ölmonarchie. Aus welchem Grund? Die Antwort ist eindeutig: Das Schweigen wird durch großzügige Zahlungen der Saudis erkauft, die als »*Zakat*/Almosensteuer« ausgewiesen werden. Die Zahlung von *Zakat* an die Armen gehört zu den fünf Säulen des islamischen Glaubens. Das islamische Wohlfahrtssystem stellt sich heute in der Praxis als ein Dickicht dar, das weltweit vernetzt ist und bewiesenermaßen der Finanzierung des Terrorismus dient. Die Saudis zahlen, legitimieren ihre Zahlungen als *Zakat* und erscheinen dadurch als gute Muslime; die Empfänger der *Zakat*, die Wohlfahrtsverbände, leiten das Geld nicht an die Armen, sondern – ohne Wissen der Saudis – an die Djihad-Terroristen weiter. Al-Qaida ist nur eine dieser Bewegungen, die mit *Zakat*-Geldern weltweit bomben. Auch über Europa laufen finanzielle Unterstützungszahlungen an die Al-Qaida. Die europäischen Rechtsstaaten sind dieser Herausforderung gegenüber machtlos.

Ein näherer Blick zeigt, dass die Saudis bei der *Zakat*-Vergabe politisch berechnend und nicht als Wohltäter agieren: Sie kaufen sich bei den weltweit vernetzten Islamisten frei. Was als *Zakat* deklariert wird, sind in Wirklichkeit Schutzgelder an international agierende islamistische Bewegungen. Dies hat bisher funktioniert und wurde verdeckt. Nach dem 11. September 2001 ist nun bekannt geworden, wie weit die Saudis – wenn auch ungewollt – nicht nur in den Sumpf des Djihad-Terrorismus, sondern auch in die Verbreitung von antisemitischem Verschwörungsdenken im Rahmen von Judenhass verstrickt sind.

Generell und in Bezug auf Saudi-Arabien ist es wichtig, zwischen islamischer Orthodoxie und islamischem Fundamentalismus zu unterscheiden. Dennoch ist die Grenze zwischen dem orthodoxen Islam der Wahhabiten und dem Islamismus fließend. In der europäischen Islam-Diaspora, z. B. in Deutschland, arbeiten Wahhabiten und Islamisten eng zusammen. Saudi-Arabien nutzt in Europa die Religionsfreiheit, um Aktivitäten der Islamisierung zu fördern, obwohl es im eigenen Land jegliche kulturelle Aktivität von Nicht-Muslimen verbietet. Im Ausland erhalten Fundamentalisten Öl-Dollars, aber die Monarchie untersagt den Islamisten, auf dem eigenen Territorium zu agieren. Zur Doppelmoral der Saudis gehört, dass sie im Namen der Toleranz die Fahd-Akademie in Bonn errichtet haben, mit der der orthodoxe wahhabitische Islam unter den islamischen Zuwanderern verbreitet wird, der Bundesrepublik dagegen nicht gestatten, ein Goethe-Institut in Saudi-Arabien zu gründen.

Die Ölmonarchie finanziert den Bau zahlloser Moscheen überall in Europa, lässt sogar in der Nähe des Vatikans eine Großmoschee bauen, aber auf saudischem Boden darf keine einzige Kirche errichtet werden. Im Hamburger Prozess gegen den inzwischen als Al-Qaida-Terroristen zu 15 Jahren Gefängnis verurteilten Munir al-Motassadeq sind die deutschen Sicherheitsbehörden einer Verbindung zwischen der für die Anschläge vom 11. September verantwortlichen Hamburger Terrorzelle und der Botschaft Saudi-Arabiens auf die Spur gekommen. Aber die saudische Botschaft bestreitet diese Verbindung. Dem Prozess folgten viele Medienberichte über die »islamische Abteilung« der Botschaft in Berlin, deren Aufgabe es sei, Moscheevereine zu unterstützen und zu versuchen, sie wahhabitisch zu indoktrinieren.[386] Alles geschieht – auch in den USA (verdeckt) – über Wohlfahrtsorganisationen. Was bedeutet dies?

In den vergangenen zwei Jahrzehnten war die Ölmonarchie in ein Doppelspiel verwickelt: nämlich Islamisten außerhalb der Monarchie mit Petro-Dollars im Namen der Verbreitung des wahhabitischen Islam unter die Arme zu greifen und sie gleichzeitig aus dem eigenen Territorium der Monarchie fernzuhalten. Die Verbindung der Saudi-Araber zu den Terroristen war nicht beabsichtigt, ist aber ein Produkt der bezeichneten saudi-arabischen Doppelstrategie. Dieses Doppelspiel wurde nach dem 11. September 2001 ins Rampenlicht gerückt. Mit dem Hinweis auf das »Feindbild Islam« versuchen die Saudis sowie ihre europäischen Verbündeten, jede Diskussion darüber abzuwürgen, dass Saudi-Arabien – gleich ob mit oder gegen den eigenen Willen, jedenfalls aber aus taktischen Gründen – eine Finanzmacht des Islamismus und seines Djihad-Terrorismus geworden ist. Die Saudis dürfen ihren gefährlichen Eiertanz in der Weltpolitik aber nicht weiterhin ungestört betreiben. So darf nach dem 11. September der saudisch getragene islamische Weltkongress nicht mehr unwidersprochen – wie im Juli 1993 – verkünden, dass »zum Aufruf zum Islam der Aufbau von islamischen Zentren in Europa gehört. (...) Die Anwendung der Schari'a ist als Richtschnur auch in der Diaspora zu fordern.«[387] Eine solche wahhabitische Missionierung auf der Basis der Schari'a ist eine sicherheitspolitische Gefahr für den Westen; sie behindert jede Politik der Integration islamischer Zuwanderer. In den islamischen Zentren, die die Saudis finanzieren, wurden die Djihad-Terroristen vom 11. September rekrutiert und Judenhass gepredigt.

Finanziert Saudi-Arabien den Terrorismus oder wird die Öl-Monarchie missbraucht? Zunächst stelle ich fest, dass jede Klärung durch den Umstand erschwert wird, dass die saudische Monarchie nicht immer direkt zahlt. Oft sind es Individuen, also reiche Muslime, die dies tun. Im Rahmen von Untersuchungen über die »Supporting Systems« des Djihad-Terrorismus wurden die Namen von neun islamischen Multimillionären bekannt, die Al-Qaida mitfinanzieren. Es befinden sich darunter sieben Saudis, die anderen sind ein Pakistani und ein Ägypter.

Wenn die Saudis den Islamisten finanzielle Zuwendungen zukommen lassen, handeln sie – wie bereits angemerkt – politisch berechnend. Hierdurch kaufen sie sich bei den weltweit vernetzten Terroristen frei. Ich wiederhole: Was als *Zakat* deklariert wird, sind in Wirklichkeit Schutzgelder an islamistische Bewegungen. Es bleibt aber nicht dabei, dass die Saudis als Finanziers ungewollt in den Sumpf des Djihad-Terrorismus verwickelt sind. Die Finanzierung entsprechender Moscheevereine, die nicht nur einer Verbreitung des wahhabitischen Islam, sondern auch den Djihad des politischen Islam predigen, ist hier von entscheidender Bedeutung. Die bereits zitierte Arbeit von Stephen Schwarz[388] klärt hierüber auf.

Saudi-Arabien ist ein Verbündeter des Westens; es betreibt aber ein Doppelspiel. Die wahhabitische Monarchie weist jede Kritik mit dem Vorwurfsargument »Feindbild Islam« zurück. Europa wird es sich nicht mehr leisten können, in diplomatischer Manier über diese Zusammenhänge zu schweigen. Bei dieser Problematik geht es um die europäische Sicherheit.[389] Erstaunlich ist, wie die Saudis auf einem Höhepunkt der auch gegen sie gerichteten Irak-Krise nun von der Defensive zum Gegenschlag übergingen. So hat der saudische Außenminister Faisal al-Saud in einem exklusiven Interview mit dem BBC-Fernsehen die Warnung vor dem islamischen Fundamentalismus mit folgenden Worten zurückgewiesen: »Hören Sie, in der Welt des Islam verschwindet der Fundamentalismus, dafür floriert er aber bei Ihnen im Westen. Sie müssen vor dem Fundamentalismus bei ihnen warnen.«[390]

Die zitierte Aussage stammt von einem Minister, dessen Land zu den Finanziers des politischen Islam gehört und somit zu den Quellen des Judenhasses in der Welt des Islam zu rechnen ist. So wie der saudische Außenminister den Islamismus verleugnet, verfährt, mit nur leicht veränderter Stoßrichtung, auch der saudische Innenminister, der den 11. September als Werk der Juden/Zionisten in einer Verschwörung gegen den Islam erklärt. Die Beispielsliste könnte verlängert werden.

Die Herrscher des saudischen Hauses sind klüger als der neue iranische Staatspräsident Ahmadinedschad und unterlassen jede Aggressionsrhetorik; sie sprechen nicht aus, was Ahmadinedschad gewagt hat zu äußern, wenngleich sie über die Juden und Israel so denken wie er. Das ist nicht mehr der berüchtigte Import aus Europa, den Bernard Lewis anspricht, sondern der neue Antisemitismus, der leider zu einer in der Welt des Islam verbreiteten Ideologie geworden ist.[391]

Yigal Carmon

Was ist arabischer Antisemitismus?

Einleitung

Der Antisemitismus in den arabischen Gesellschaften ist ein Phänomen, das sowohl in der Region des Nahen Ostens als auch in der hiesigen Öffentlichkeit lange nicht genügend Beachtung gefunden hat. Dabei lässt eine genaue Beobachtung der arabischen Medienlandschaft den Schluss zu, dass antisemitisches Denken in der Region weit verbreitet ist. Das lässt sich etwa daran ablesen, dass selbst groteskeste Formen antisemitischer Verschwörungstheorien ihren Weg auch in seriöse arabische Zeitungen finden, ohne dass dies zu nennenswerter Kritik oder gar Protesten führt.

Die Gründe für dieses Phänomen sind vielfältig. An erster Stelle wäre sicher die Wahrnehmung vieler Araber und Muslime zu nennen, sich als ohnmächtige Opfer global agierender Mächte zu betrachten. Dabei spielt das Vermächtnis der Kolonialgeschichte ebenso eine Rolle wie die Gründung des Staates Israel, der die ehemaligen Kolonialstaaten als Feindbild Nr. 1 in der arabischen Welt gewissermaßen beerbt hat. Eine Vielzahl von Verschwörungstheorien kursiert, in denen Juden – oder wahlweise Israel und dem Zionismus – vorgeworfen wird, die arabischen Gesellschaften schwächen und letztendlich die Welt beherrschen zu wollen. Der Antisemitismus erfüllt dabei wie in der europäischen Geschichte verschiedene Funktionen: Vor allem anderen lenkt er von den tatsächlichen Problemen in den Ländern der Region ab und konzentriert den Unmut über innere krisenhaft verlaufende gesellschaftliche Entwicklungen auf einen äußeren Feind, gegen den die Reihen des eigenen Kollektivs geschlossen werden.

Immer wieder wird indes das Wiederaufleben des Antisemitismus als zumindest nachvollziehbare, wenn nicht gar legitime Reaktionen von Arabern und Muslimen auf Israels Verhalten im Konflikt mit den Palästinensern dargestellt. Zwar kann vermutet werden, dass die Konjunkturen antisemitischer Hasspropaganda in der arabischen Welt durchaus mit Entwicklungen und Ereignissen im Rahmen des Nahostkonflikts zu tun haben. Dagegen spricht allerdings, dass die einzelnen Formen, in denen antisemitische Stereotypen heute in den arabischen Medien zutage treten, weitestgehend vom realen Konfliktgeschehen zwischen Israel und den Palästinensern abgekoppelt sind. Nach einem allgemeinen Überblick will ich mich im Folgenden mit drei dieser Erscheinungsformen antijüdischer Propaganda in der arabischen Welt beschäftigen:

- antijüdische Haltungen, die sich auf traditionelle religiöse Quellen berufen;
- antisemitische Stereotype, Feindbilder und Beschuldigungen mit europäischen und christlichen Wurzeln;
- Holocaustleugnung und Gleichstellung von Zionismus und Nazismus.

Zur Geschichte des Antisemitismus in der arabischen Welt

Über den Status der Juden als tolerierte Minderheit in der muslimischen Welt vor dem Aufkommen des Zionismus gibt es unterschiedliche Auffassungen. Auf der einen Seite hört man oft, dass Juden (und Christen) im islamischen Herrschaftsbereich den Status einer geschützten Minderheit hatten und dass insbesondere die Juden im muslimischen Spanien ein »goldenes Zeitalter« in Frieden und Wohlstand erlebt hätten. Auf der anderen Seite heißt es, dass Juden und Christen keine rechtliche Gleichberechtigung genossen und nicht mehr als Bürger zweiter Klasse gewesen sind. Diese gegensätzlichen Versionen bringt Bernard Lewis so auf einen Nenner: Das von vielen jüdischen und israelischen Autoren romantisierte »goldene Zeitalter« der Gleichberechtigung im mittelalterlichen Islam ist ein Mythos, der eher auf Sympathie von Juden für den Islam zurückzuführen ist. Dieser Mythos wurde im 19. Jahrhundert von europäischen Juden geschaffen, um ihn den Christen als positives Beispiel vorzuhalten – während er heute von Muslimen aufgegriffen wird, um ihn als Vorwurf gegenüber Juden einzusetzen.

Wie in den meisten machtvollen Mythen steckt jedoch auch in dieser Geschichte ein Stück historischer Wahrheit. Wenn Toleranz bedeutet, dass Einzelne oder Bevölkerungsgruppen nicht verfolgt werden, dann war die klassische islamische Gesellschaft tatsächlich sowohl gegenüber Juden als auch gegenüber Christen tolerant – in Spanien vielleicht toleranter als im islamischen Osten, auf jeden Fall aber toleranter als das mittelalterliche Christentum. Wenn Toleranz hingegen heißt, dass es keine Diskriminierung gibt, dann war islamische Herrschaft niemals und nirgends tolerant. Vielmehr insistierte sie auf der privilegierten Überlegenheit der wahren Gläubigen in dieser wie auch in der nächsten Welt.[392]

Wenn im Folgenden also der arabische Antisemitismus als zeitgenössisches Medienphänomen im Mittelpunkt steht und die Haltung von Muslimen gegenüber Juden und Judaismus vor der Neuzeit nicht näher thematisiert wird, bedeutet dies nicht, dass Restbestände einer Jahrhunderte alten Tradition unterschätzt werden sollten. Wie man sich leicht vorstellen kann, rekurriert die arabische Haltung gegenüber Israel und dem Zionismus auch auf tradierte mittelalterlichen Stereotypen.

Zeitgenössischer Antisemitismus in den arabischen Medien

Mitunter wird die These formuliert, dass in Ländern mit staatlich gesteuerten Medien die Öffentlichkeit einen gewissermaßen »gesunden« Widerstand gegenüber der Staats- oder Parteilinie entwickelt und ihre Sympathien oder Antipathien unabhängig vom Medienapparat entwickelt. Dies würde bedeuten, dass die Öffentlichkeit in den arabischen Ländern – daran gewöhnt, den staatlichen Medien zu misstrauen – dazu tendieren könnte, deren vielfach antisemitisch geprägte Beiträge zu ignorieren. Leider gibt es jedoch für solch eine optimistische Annahme keine Grundlage. Antisemitische Denkmuster sind in den Staaten der arabischen Welt weit verbreitet und bieten eine wesentliche Grundlage von Weltdeutungen, die sich in den zeitgenössischen Medien in den stereotypen Bildern von Juden und Israelis widerspiegeln.

Antisemitisches Denken im Nahen Osten steht als politisches, ideologisches und mediales Phänomen in engem Zusammenhang mit der Entstehung des Zionismus und der Gründung von Israel als souveränem Staat. Diese Wechselbeziehung wird klar, wenn man betrachtet, wann maßgebliche antisemitische Publikationen auf Arabisch erschienen sind: Der erste arabische Roman mit deutlich antisemitischen Motiven erschien 1921. 1927 wurde die erste arabische Übersetzung der »Protokolle der Weisen von Zion« veröffentlicht. Und nach 1947 nahm die Zahl antisemitischer arabischer Publikationen noch einmal deutlich zu. Dennoch wäre es falsch, vor diesem Hintergrund anzunehmen, dass der arabische Antisemitismus ausschließlich vom palästinensisch-israelischen Konflikt abhängig sei. Das zeigt sich nicht zuletzt in den einzelnen Motiven und Stereotypen, in denen er in Erscheinung tritt.[393]

Traditionelle islamische Quellen

Eine verbreitete Abwertung von Juden, die häufig von religiösen Predigern formuliert wird, aber auch in politischen Zeitungs- und Zeitschriftenartikeln auftaucht, besteht darin, sie als Nachkommen von Affen und Schweinen zu bezeichnen. Diese Beleidigung basiert auf verschiedenen koranischen Versen, die darlegen, dass Gott einige Juden in Affen und Schweine verwandelt habe, weil sie Muhammad nicht als Propheten anerkannt und die Gebote des Sabbats nicht eingehalten hätten.[394] Die wiederholte Darstellung von Juden in Verbindung mit Tieren entmenschlicht sie und kann schlussendlich ihre Vernichtung rechtfertigen. Im Folgenden möchte ich nur einige wenige Beispiele geben, wie diese Art der Beleidigung in verschiedenen Kontexten verwendet wurde:

So erklärte der saudische Scheich Abd Al-Rahman Al-Sudayyis, Imam und Geistlicher der Al-Haram-Moschee, dem als Moschee der Ka'ba wichtigsten

Heiligtum der muslimischen Welt, in einer seiner Predigten: »Studiert die Geschichte und ihr werdet verstehen, dass die Juden von gestern die teuflischen Vorväter der Juden von heute sind. Jene sind deren teuflische Nachkommen, Ungläubige, Verfälscher von Gottes Wort, Anbeter des [Goldenen] Kalbes, Prophetenmörder, Verleugner der Prophezeiung (...), der Abschaum der Menschheit. Allah verdammte sie und verwandelte sie in Affen und Schweine (...). Das sind die Juden: Der immerwährende Inbegriff von Betrug, Widerspenstigkeit, Zügellosigkeit, Sünde und Korruption (...).«[395]

Dieses Image wird auch schon Kindern vermittelt: Im Mai 2002 strahlte der saudische Satellitenkanal Iqraa im Rahmen eines religiösen Frauenmagazins ein Interview mit einem dreijährigen »echten muslimischen Mädchen« aus, in dem es um »die Juden« ging. Auf die erste Frage, ob sie Juden möge, antwortete das Mädchen: »Nein«. Auf die Frage, warum das so sei, führte sie aus, dass Juden »Affen und Schweine sind«. Als die Moderatorin schließlich fragte, wer dies denn sagen würde, antwortete das Mädchen: »Unser Gott.« »Und wo sagt er das?« »Im Koran«, so die Antwort der Dreijährigen. Am Ende fasste die Moderatorin zusammen: »Niemand kann sich von Allah ein gläubigeres Mädchen als dieses wünschen (...). Möge Allah sie und ihre Eltern segnen.«[396]

Auch der Kolumnist der ägyptischen Oppositionszeitung *Al-Ahrar*, Salim' Azzouz, bediente sich dieses Bildes, als er Israels Rückzug aus dem Libanon im Frühjahr 2000 so beschrieb: »Sie flohen wie die Schweine – mit nichts als der Haut auf ihren Körpern. Aber warum sage ich eigentlich wie die Schweine, wo sie doch tatsächlich Affen und Schweine sind?«

Ein weiteres populäres, traditionell antijüdisches Motiv ist »Das Versprechen der Steine und Bäume«. Nach diesem oft zitierten Ausspruch des Propheten (Hadith) werden die Muslime vor dem Jüngsten Tage gegen die Juden kämpfen und sie besiegen. Um sich zu retten, würden sich die Juden hinter Steinen und Bäumen verstecken. Die Steine und Bäume aber werden rufen: »Oh, Muslim, oh Diener Gottes, ein Jude versteckt sich hinter mir. Komm und töte ihn.« Kurz vor dem Irakkrieg zitierte ein Prediger in der größten Moschee in Bagdad diesen Hadith im staatlichen irakischen Fernsehen. Währenddessen schwang er ein Schwert und rief: »Wir werden ihnen die Köpfe abschlagen.«

Westliche Elemente

Der arabische Antisemitismus hat alle europäischen antisemitischen Mythen aufgegriffen. Die offensichtlichsten Beispiele dafür sind die Übernahme der notorischen Ritualmordvorwürfe oder der Bezug auf die »Protokolle der Weisen von Zion«.

Der Ritualmordvorwurf ist in der arabischen und muslimischen Welt immer noch geläufig und tritt sogar in wichtigen staatlichen Zeitungen auf. Zuletzt geschah dies auf dem Satellitensender der libanesischen Hizbullah Al-Manar, der in einer mehrteiligen Vorabendserie zur Geschichte des Judentums unter anderem auf den Ritualmordvorwurf als Propagandainstrument zurückgriff und die vermeintliche Tat in abscheulicher Form inszenierte.[397] Meist werden solche abstrusen Anklagen im Kontext von Kritik an israelischen Aktionen gegen Palästinenser verwendet. Im August 2002 lud der Pariser Gerichtshof den Chefredakteur der ägyptischen Tageszeitung *Al-Ahram*, Ibrahim Nafie, vor. Nafie wurde der Aufstachelung zu Antisemitismus und rassistischer Gewalt angeklagt, weil er die Veröffentlichung eines Artikels mit dem Titel »Jüdische Matze aus arabischem Blut« erlaubt hatte, der auch in der internationalen Ausgabe der *Al-Ahram* erschienen war.[398] Der Artikel stellte eine Verbindung zwischen dem »Ritualmordskandal« in Damaskus aus dem Jahre 1840 und den Aktivitäten Israels in den besetzten Gebieten her.[399] Die Anklage gegen Nafie, der auch Vorsitzender der arabischen Journalistengewerkschaft ist, rief einen Sturm der Entrüstung und des Protests in der arabischen Welt hervor. In einigen Zeitungen war in der Folge von »intellektuellem Terrorismus«, »einem Schlag gegen die Meinungsfreiheit«, »einer zionistischen Attacke gegen die ägyptische Presse«, von »Erpressung durch die zionistische Lobby in Frankreich« und von einer »Beleidigung der gesamten arabischen Presse« die Rede.

Auch die »Protokolle der Weisen von Zion« werden im antijüdischen Diskurs in der arabischen Welt häufig benutzt, um anhand dieser »Quelle« die Behauptung von einer »jüdischen Weltverschwörung« zu belegen. Einige arabische Meinungsmacher zitieren dieses »Dokument«, um zu zeigen, dass es einen heimtückischen jüdischen Herrschaftsplan gibt, wie er in den »Protokollen« dargelegt wird. Den Juden wird vorgeworfen, alle möglichen Methoden zur Durchsetzung ihres Ziels zu benutzen: Sie kontrollieren demnach weltweit Wirtschaft und Medien, untergraben Moral und menschliche Werte und provozieren internationale und interne Konflikte und Kriege.

Durch die Ausstrahlung der ägyptischen Fernsehserie »Reiter ohne Pferd« zum Ramadan 2002 wurde die Verwendung der »Protokolle der Weisen von Zion« als historische Quelle auch über die Region hinaus bekannt und diskutiert.[400] Die bereits erwähnte Serie bildet in gewisser Weise eine Fortsetzung: Zum Ramadan 2003 strahlte ebenfalls zur besten Sendezeit Al-Manar die in Syrien produzierte Vorabendserie »Al-Shatat« (»Die Diaspora«) aus, die vorgab, das jüdische Leben in der Diaspora und die Entstehung des Zionismus zu zeigen. Neben den beschriebenen grausigen Ritualmordszenen an einem christlichen Kind wurde auch »dokumentiert«, wie

Amschel Rothschild, Gründer einer angeblichen jüdischen Weltregierung, am Totenbett seine Söhne instruiert, die Welt unter sich aufzuteilen und Kriege anzuzetteln, um die Völker der Welt zu unterwandern und so zu schwächen, dass sie den finanziellen und politischen Zielen der Juden dienen würden.

Zwar wissen natürlich viele arabische Autoren, dass es sich bei den »Protokollen« nicht um eine authentische Quelle handelt, zu selten treten sie allerdings mit diesem Wissen an die Öffentlichkeit.[401] Im Gegenteil kann sogar noch das Zugeständnis, dass es sich um eine Fälschung handle, als Argument gegen die Juden verwandt werden. So schrieb etwa der libanesische christliche Autor Ghassan Tueni: »Wenn wir nicht wüssten, dass die ›Protokolle der Weisen von Zion‹ im 19. Jahrhundert vom russischen Geheimdienst gefälscht worden sind, (...) könnten wir sagen, dass das, was heute passiert, genau dem entspricht, was das Weltjudentum geplant hat. Schließlich ist das, was wirklich passiert, dem, was fälschlicherweise dem [Weltjudentum] zugeschrieben wird, sehr ähnlich – etwa die Verschwörung [der Juden], um die Weltherrschaft zu erlangen (...); die weltweiten Aktivitäten [des Weltjudentums] und auf den von ihnen erreichten finanziellen, politischen und militärischen Status. Und zu alldem kommt noch ihr Bestreben, alles zu zerstören, was anderen heilig ist.«[402]

Holocaustleugnung und Gleichstellung von Zionismus und Nazismus

Neben den vielfach dokumentierten Versuchen, den Holocaust zu leugnen oder zu relativieren[403], besteht der verbreitetste Trend in der arabischen antizionistischen Literatur sicherlich in der Gleichsetzung von Zionismus und Nazismus. So unterstellt eine große Anzahl von Artikeln, Karikaturen oder Fernsehberichten eine Ähnlichkeit zwischen den Ideologien beider Bewegungen. Insbesondere wird dabei immer wieder auf einen israelischen Rassismus gegenüber den Palästinensern verwiesen. Wie die Nazi-Ideologie an die Überlegenheit der »arischen Rasse« geglaubt habe, so würde der Zionismus die Juden als »auserwähltes Volk« begreifen und damit ihr Tun und ihre Expansion rechtfertigen. Außerdem, so eine häufig wiederholte Anklage, hätten die Zionisten mit den Nazis kollaboriert. Weil sie Palästina als das einzig mögliche Ziel der jüdischen Emigration ansahen, hätten sie rein humanitäre Bemühungen zur Rettung von Juden kaum unterstützt.

Vor allem aber geht es immer wieder um die Grausamkeit Israels gegenüber der palästinensischen Bevölkerung. Diese sei vergleichbar mit derjenigen »der Nazis« oder übertreffe diese noch. Israelis, Zionisten oder Juden werden auf diese Weise individuell und kollektiv dämonisiert. Ihnen wird jede Untat dieser Welt potentiell zugetraut oder gar direkt zugeschrieben. So hat sich auch der Glaube bis heute festgesetzt, dass die Attentäter des 11. September keine Araber oder Muslime gewesen seien. Die Behauptung hingegen, dass amerikanische und/oder jüdisch-israelische »Elemente« die Attentate begangen haben, ist zu einem verbreiteten Mythos in der arabischen Welt geworden.[404]

Die auch an die nicht-arabische Welt gerichtete politische Botschaft solcher Propaganda ist insbesondere gegenüber Deutschland klar: Wenn es keinen Holocaust gegeben hat, brauchen sich die Deutschen gegenüber den Juden nicht schuldig zu fühlen und müssten sich auf die Seite der Palästinenser stellen. Das Gleiche gilt, wenn die Juden von heute so schlimm wie die Nazis von damals sein sollten. Auch dann geböten es Politik und Moral, sich gegen Israel und für die Palästinenser einzusetzen. Mit diesen Positionen sind antiisraelische bzw. antisemitische Positionen anschlussfähig an solche des »sekundären Antisemitismus« in Deutschland.

Was ist zu tun?

Trotz all dieser offenkundigen Erscheinungen wurde der Antisemitismus in der arabischen Welt sogar in Israel lange ignoriert. Von ein paar Ausnahmen abgesehen, hat die überwältigende Mehrheit der Nahostexperten in und außerhalb Israels das Thema gemieden.[405] Dabei spielt es sicherlich eine Rolle, dass das zionistische Projekt das Problem des Antisemitismus ja eigentlich lösen sollte. Die Feststellung, dass ein Hass, dem die Juden glaubten entkommen zu sein, sie auch im Nahen Osten traf, wollten viele lieber nicht wahrhaben. Auch die begründete Befürchtung, dass die Aufdeckung antisemitischer Stimmungen auf arabischer Seite eine politische Unnachgiebigkeit in Israel eher noch verfestigen und solchen politischen Gruppen in die Hände spielen würde, die jeden territorialen Kompromiss ablehnen, mag zu dieser Verleugnung beigetragen haben.

Dennoch müssen die Vertreter einer kompromissbereiten israelischen Politik erkennen, dass es nicht nur intellektuell falsch, sondern auch politisch kontraproduktiv wäre, den Antisemitismus auf arabischer Seite weiter zu ignorieren. Antisemitisches Denken ist in den arabischen Gesellschaften weit verbreitet, es ist die wohl derzeit gefährlichste Form des Hasses gegen Juden überhaupt und steht einem nachhaltigen und friedlichen Ausgleich zwischen Israel und seinen arabischen Nachbarn grundsätzlich im Wege. Das ist nicht zuletzt auch daran abzulesen, dass die Friedensabkommen zwischen Israel,

Ägypten und Jordanien nicht zu einer tiefer greifenden Normalisierung im Verhältnis der Gesellschaften geführt haben. Sich gegen den Antisemitismus in den arabischen Staaten zu stellen heißt aus diesem Grund, nicht einfach bloß gegen Unwahrheit und Vorurteile zu kämpfen, sondern ist auch der Versuch, einen wesentlichen Bestandteil der Beziehungen zwischen Juden und Arabern zu verbessern.

Deshalb müssen Erscheinungsformen antisemitischer Ideologie weiterhin aufgegriffen und einer breiteren Öffentlichkeit bekannt gemacht werden. Zu hoffen ist, dass es auf diesem Wege zu internationalem Protest und diplomatischem Druck auf die relevanten arabischen Regierungen und Institutionen kommt, in deren Verantwortung und unter deren Kontrolle ein wesentlicher Teil antisemitischer Propaganda erfolgt.

Natürlich wird wachsender äußerer Druck von einigen Stimmen in der arabischen Welt nur als neuerlicher Beweis für die Macht der jüdisch-zionistischen Lobby und ihren Versuch, die arabische Welt zu diskreditieren, bewertet und propagandistisch ausgeschlachtet werden. Einige Erfahrungen zeigen aber, dass arabische Regierungen und Intellektuelle Kritik und Protesten nicht gleichgültig gegenüberstehen. So war der Artikel, den der Berater des ägyptischen Präsidenten Mubarak, Usama al-Baz, im Anschluss an Proteste gegen die Fernsehreihe »Reiter ohne Pferd« an prominenter Stelle veröffentlichte und in dem er den Antisemitismus verurteilte und die »Protokolle der Weisen von Zion« als Fälschung bezeichnete, ein wichtiger Schritt nach vorn. Tatsächlich wenden sich immer mehr Intellektuelle, Journalisten und auch Politiker in der arabischen Welt gegen Verschwörungstheorien wie den Antisemitismus.[406] Und wenn es zum Beispiel gelänge, durchzusetzen, dass auf den Landkarten aller arabischen Schulbücher auch ein Staat namens »Israel« verzeichnet wäre, dann wäre auch dies ein nicht zu unterschätzender Schritt in Richtung einer friedlicheren Zukunft für die gesamte Region.

Mohammed Schams/Wahied Wahdat-Hagh

Der khomeinistische Antisemitismus

Antisemitismus als eine Hauptkomponente der revolutionären Ideologie des Khomeinismus

Khomeini wurde Mitte der 60er Jahre nach Irak verbannt. Inspiriert von islamistischen Theoretikern wie Qutb und Afghani forderte er schon in seinem irakischen Exil die Gründung eines Gottesstaates (einer Velayate Faqih), der die 1350 Jahre alten islamischen Gesetze wieder als Staatsgesetz einführen sollte. Die nicht-islamische Welt, aber auch die existierenden islamischen Regierungen der arabischen Welt waren Khomeini zufolge »korrupte« Regierungen, die er als Jahel einordnet, als Regierungen, die sich in Jahalat, d.h. in der frevlerischen, vorislamischen Welt befinden. Islamisten glauben, daß lediglich durch die staatliche Durchsetzung des islamischen Gesetzes die Welt zivilisiert werden kann. Die Jahel-Länder seien unzivilisiert wie die Gesellschaften vor dem Erscheinen Mohammeds, korrupt und verkommen. Erst das vermeintliche letzte Gesetz Gottes, also die staatliche Durchsetzung der Scharia, könnte gewährleisten, daß die Welt wieder gerecht werde, so Khomeinis Vorstellungen.

Nach dem Sturz des Schah-Regimes übernahm Ayatollah Khomeini die Führung des iranischen Staates. Zwar haben viele Iraner eine Demokratisierung des Landes als Folge der Revolution erhofft, im Iran etablierte sich aber eine neue Form der totalitären Herrschaft. Die Hoffnungen auf Freiheit verblaßten schon in den ersten Monaten nach der Revolution. Khomeini hatte das abschreckende Beispiel einer islamistischen Herrschaft im Rahmen der »Islamischen Republik Iran« realisiert. Er konnte seinen Traum verwirklichen, einen totalitären Gottesstaat, eine Velayate Faqih, d.h. die Herrschaft des Klerus, zu gründen. Zwar hat die 25-jährige khomeinistische Herrschaft alles andere als die Gerechtigkeit in der eigenen Gesellschaft realisieren können, aber der revolutionäre, antiimperialistische Kampf islamistischer Prägung setzt sich seitdem verstärkt und mit vielen neuen Gesichtern fort. Das Hauptziel der vom Iran gesteuerten islamistischen Revolutionsexportideologie ist die Eroberung Jerusalems – auch wenn Jerusalem für die Schiiten des Iran kaum eine religiöse Bedeutung hat und für sie kein primäres Pilgerziel darstellt.

Der neue Staat brauchte eine neue Staatsideologie, die sowohl nationalistisch als auch islamisch war. Khomeini lehnte tatsächlich den säkularen

Nationalismus als eine irdische Staatsphilosophie ab. Beispielsweise verbot er für einige Monate das altpersische Nowrusfest, das als vorislamisch galt, oder er verbot das Schachspiel, weil das Spiel vom Tod eines Königs abhing. Man hatte den König gerade verjagt und wollte ohne König als Sieger dastehen. Da passte das Schachspiel nicht ganz in die Philosophie.

Man brach auch die Beziehungen zu Israel und den USA ab; zu beiden Staaten hatte der Schah gute Beziehungen gepflegt. Von der Forderung nach der Zerstörung Israels will die politische klerikale Führung nicht absehen – im Gegenteil. Von der Stunde Null der islamischen Revolution an war Khomeini bestrebt, die Schiiten und die Sunniten zu einen, natürlich unter der Schirmherrschaft des iranischen Staatsklerus. Welchen Nationalismus vertrat dabei Khomeini? Sein neuer Nationalismus verband sich nicht mit modernen bürgerlichen oder gar menschenrechtsorientierten Werten, wie man es von einer »Republik« hätte erwarten können, sondern mit anachronistischen, nicht mehr zeitgemäßen Werten und Gesetzen des Islam, d.h. mit einer rückwärtsorientierten Ideologie.

In der islamistischen Verfassung des Iran ist die Einheit von Staat und Religion festgeschrieben – eine Einheit von Staat und Religion, die die Prinzipien einer demokratischen Verfassung und der Volkssouveränität aufgehoben hat. Die islamischen Führer des Iran schwanken seit der Stunde Null der Islamischen Republik Iran zwischen Stabilisierung der Diktatur und Revolutionsexport. Zwar erscheint der panislamische Anspruch Khomeinis als ein Widerspruch zur Politik des Islamismus in einem Lande. Der Panislamismus plus Feindbild Israel und USA diente jedoch stets auch der Festigung der Einheit der Islamisten und als Mobilisierungsstrategie im Iran.

Khomeinis Vision ging andererseits weit über die nationalen Grenzen des Iran hinaus. In seiner Fatwa zum Al-Quds-Tag warnte Khomeini die Welt vor der Gefahr, die von Israel ausgehe. Khomeini schrieb in seiner Fatwa vom 8. August 1979: »Ich fordere alle Muslime der Welt und alle muslimischen Regierungen auf, den Usurpatoren [gemeint waren die Israelis] und ihren Unterstützern die Hände abzuhacken. Und ich lade alle Muslime der Welt dazu ein, gemeinsam den letzten Freitag im heiligen Monat Ramesan [Ramadan] zum Al-Quds-Tag [Jerusalem-Tag] zu machen und ihre internationale muslimische Solidarität zur Unterstützung der legitimen Rechte des muslimischen palästinensischen Volkes zu erklären. Ich bitte den allmächtigen Gott um den Sieg der Muslime über die Gottlosen. Ruhollah Mussawi Khomeini.«

Am Freitag, dem 17. August 1979, demonstrierten allein in Teheran 3,5 Millionen Menschen. Laut *Ettelaat*, einer iranischen Zeitung, sollen in den iranischen Provinzen ebenfalls einige Millionen Menschen aufmarschiert sein und israelische sowie amerikanische Fahnen verbrannt haben. Nach den Al-Quds-Demonstrationen meldete sich Khomeini wieder:

»Der Al-Quds-Tag ist ein islamischer Tag und ein Tag der Mobilisierung der Muslime. Ich hoffe, daß dieser Tag die Basis zur Gründung einer Partei aller Unterdrückten der Welt sein wird. (...) Sie können dann alle Probleme, die ihnen im Wege stehen, beseitigen und gegen die Arroganz aufstehen. Sie werden die Fahne des Islams hochhalten und die Herrschaft der Armen in der Welt errichten. Bisher waren die Muslime gespalten. Heute haben wir ein Modell für die islamische Einheit. Dieses muß auf einer breiten Basis, in allen Bevölkerungsschichten, heute und in der Zukunft realisiert werden. Die Partei der Armen heißt ›Hesbollah‹. Diese Partei befürwortet die Herrschaft Gottes. Die Armen müssen die Erben dieser Welt sein. Wir laden alle Armen der Welt ein, sich in dieser Partei zu vereinigen. Sie sollen ihre Probleme gemeinsam lösen. Die Partei der Armen kann jedes Problem lösen, das irgendwo auf der Welt entsteht.«

Es klang wie die islamische Alternative der sozialistischen Internationale.

Das Feindbild Israel und das Feindbild des Westens spielten nicht nur eine zentrale Rolle bei der Bildung und Stabilisierung der neuen Diktatur, sondern dienten auch zur Mobilisierung der Massen, die den Imperialismus als Hauptverantwortlichen ihrer Armut sahen, was den falschen Ansatz nicht richtiger machte.

Khomeini war schon sechs Monate im Lande, als er zum Al-Quds-Tag aufrief. Er mußte die revolutionäre Masse in Bewegung halten. Die xenophoben Feindbilder von den USA und von Israel dienten dem Staatsklerus zur Einigung und Mobilisierung der Massen. Khomeini hatte eine Parole für diese Strategie geprägt: die Einheit des Wortes. Alle mußten seinem Wort und Befehl gehorchen. Und in der Frage der Befreiung Jerusalems waren sich auch Millionen Muslime einig. Daher ist es nicht verwunderlich, daß von den Kommunisten über die Nationalisten und Nationalreligiösen bis zu den Volksmujahedin alle bereit waren, auf die Straße zu gehen. Khomeini hatte sein Ziel der Schaffung einer Einheit durch die Konstruktion eines Feindes erreicht: die USA und Israel, der große und der kleine Satan. Israel war zwar der kleinere Satan, aber politisch der Hauptfeind. Khomeini wollte, vermittelt über den Antizionismus, die Einheit der Sunniten und der Schiiten erreichen. Dabei wurde immer die Zerstörung des Staates Israel gefordert. Bis heute werden auf Militärparaden Mittelstreckenraketen vorgeführt, auf denen die Zerstörung und Eliminierung Israels in sich reimenden Parolen gefordert werden.

Khomeini machte den Al-Quds-Tag zu einem islamischen Tag und zu einem Tag der internationalen Mobilisierung der Muslime. Daran knüpfte er die Gründung einer Partei aller Unterdrückten der Welt, der Hesbollah. In islamischen Ländern, aber auch weltweit sollten neue Parteien Gottes,

Hesbollahs, gegründet werden, die Gottesstaaten nach der Vorstellung von Khomeini errichten sollten. Tatsächlich ging auch ein ranghoher Kleriker, Ali Akbar Mohtashemipur, nach Libanon. Er nahm gleich eine Mannschaft von Pasdaran, von jungen iranischen khomeinitreuen Revolutionären, mit, um im Libanon die Hesbollah aufzubauen. Erwähnenswert ist, daß Mohtashemipur aus dem Lager der angeblich linken Reformislamisten stammt und zu den Sprechern des Präsidenten Khatami gehörte.

Der Aufbau der Hesbollah in Libanon war nicht die einzige erfolgreiche Aktion der iranischen Führung beim Aufbau von Parteien, die das Ziel verfechten, neue islamische Regierungen, mehr oder weniger nach dem iranischen Modell, zu errichten. Es ist durch die Medien gegangen, daß am 7. November 2004 die Hesbollah Drohnen über Israel fliegen ließ. Der Iran hat die libanesische Hesbollah mit acht Drohnen zum Einsatz gegen den Staat Israel ausgestattet. Außerdem hat der Iran die Techniker ausgebildet, die die unbemannten Flugkörper bedienen können. Die Hesbollah benutzte für den mehrere Minuten langen Überflug über Israel das letzte iranische Modell (»Mohajar 4«), das von der Hesbollah »Mirsad 1« genannt wird. Einige Mitglieder der Hesbollah wurden in Pilotenkursen in einem der Luftwaffenstützpunkte der »Revolutionären Garde« in Isfahan ausgebildet. Während der letzten drei Jahre haben mehr als 30 Piloten der Hesbollah Pilotenkurse an der Flugschule der »Revolutionären Garde« erfolgreich abgeschlossen.

Der Iran hat seine Revolutionsexport-Ideologie bislang keineswegs aufgegeben. Seit 26 Jahren sind iranische Agenten in Libanon mit heimlichen militärischen Aktionen aktiv. Khomeini lebt zumindest in den Vorstellungen dieser Agenten weiter. Die iranischen Agenten sind nicht nur in Libanon aktiv, sondern auch in Deutschland. Der iranische Geheimdienst verfügt in seinen Botschaften über eine spezielle Abteilung, die für den Revolutionskultur-Export zuständig ist. Seit dem Mykonos-Prozeß in Berlin wissen wir beispielsweise, daß Kasem Darabi, der Drahtzieher des mörderischen Attentats, direkt von einem Führungsoffizier und Mitarbeiter der iranischen Botschaft, Qolami, geführt wurde. Darabi hatte eine gute khomeinistische Karriere gemacht und konnte der iranischen Botschaft ein gutes Zeugnis vorweisen. Bevor Darabi den Terroranschlag ausführte, hatte er u.a. viele Jahre lang Al-Quds-Demonstrationen in Deutschland organisiert.

Zu der Al-Quds-Ideologie, also der Zerstörungsideologie, gehört auch die Unterstützung von Selbstmordattentätern. Die iranische Führung verkündet seit 1979, daß terroristische Bewegungen Widerstandsbewegungen gegen die, so die Meinung der iranischen Führung, koloniale Besatzungsmacht Israel seien. Es gehört zum guten Ton der khomeinistischen Fraktionen verschiedener Schattierungen, Selbstmordattentäter als Widerstandskämpfer zu verstehen.

Wie groß der Konsens des muslimischen Antisemitismus ist, sollen folgende Beispiele zeigen: Mohsen Kadiwar, ein Reformislamist, der mit Menschenrechten argumentiert und selbst eine Zeitlang im Gefängnis der Islamischen Republik Iran gesessen hat, weil er die »rote Linie« der Diktatur überschritten hatte, verteidigte islamische Selbstmordattentäter als Widerstandskämpfer, die Märtyreraktionen durchführten (siehe MEMRI-Dispatch vom 3. Juni 2004). Kein Geringerer als Präsident Khatami rief jedes Jahr die Bevölkerung auf, am Al-Quds-Tag zu demonstrieren. Der Präsident sprach vom »israelischen Staatsterrorismus«, der die Manifestation der Unterdrückung der Welt« sei. Khatami: »Die Israelis werden von denjenigen in Schutz genommen, die der Meinung sind, daß sie für Freiheit und Demokratie Kriege führen und dafür Länder besetzen. Sie unterdrücken die Regierungen, die sie nicht mögen. Das ist die schlimmste Form der Tyrannei, die heute in der Welt herrscht. Es ist Gerechtigkeit, wenn unsere Bevölkerung sagt, daß Palästina befreit werden muß und die Israelis daran gehindert werden müssen zu expandieren.« Der staatliche iranische Hörfunk- und Fernsehsender IRIB meldete am 5. November 2004, daß Khatami von Israel als der »Achse des Terrorismus« gesprochen habe.

Seit Anfang der letzten Intifada hat die »Iranische Revolutionsgarde« – auf direkten Befehl der iranischen Führung in Teheran – Hunderte von Tonnen an Munition und zusätzliche finanzielle Unterstützung an palästinensische Terrorgruppen wie auch für die Hesbollah geliefert, um eine regionale Eskalation zu verursachen, unter anderem durch Terroranschläge gegen Israel.

Antisemitisch ist der exterminatorische Antizionismus. Dieser Antisemitismus geht einher mit der finanziellen, politischen und militärischen Unterstützung von Terroristen und mit der militärischen Aufrüstung einer Diktatur, die den Besitz einer Atombombe anstrebt und ideologisch die Vernichtung des einzigen demokratischen Staates im Nahen Osten fordert. Dieser Antisemitismus ist in der Staatsideologie des Iran verankert. Der Al-Quds-Tag ist eine symbolische Manifestation des antisemitischen Staatsprogramms des Iran.

Islamistischer Antisemitismus im Iran: einige aktuelle Beispiele

Immer häufiger wird in den iranischen Medien der Holocaust geleugnet. *Teheran Times*, eine Zeitung des iranischen Außenministeriums, gab einem Artikel die folgende Überschrift: »Die Lügen der Holocaust-Industrie« (siehe memri.org. 28. 1. 2005, Nr. 855). In dem Artikel, der zum Datum der Befreiung von Auschwitz, am 27. Januar 2004, erschien, wurde die Existenz des Holocaust mit der Begründung geleugnet, daß der »Einsatz von so viel Gas unmöglich« sei. Die Zionisten und die Alliierten hätten

»Phantasiegeschichten über die Ermordung von Juden in Gaskammern« erfunden. Israel und Europa werden in dem Artikel vorgeworfen, den Holocaust zu problematisieren, um das Leid, das den Palästinensern zugefügt werde, zu rechtfertigen.

MEMRI berichtet in derselben Ausgabe, daß auch die Nachrichtenagentur MEHR eine Reihe von antisemitischen Artikeln veröffentlicht habe, in denen der Holocaust geleugnet werde. Die MEHR-Agentur führte Interviews mit führenden international bekannten Antisemiten, wie mit dem Australier Dr. Fredrick Toben vom »Adelaide Institute« und mit dem Franzosen Prof. Robert Faurisson. Toben vertrat die Meinung, daß die »Entlarvung der Holocaustlüge das zionistische Gebilde zerstören« würde. In dem Zusammenhang beklagte die MEHR-Agentur selbstverständlich auch das französische Verbot von Fernsehsendungen des vom Iran finanzierten Hesbollah-Senders Al-Manar. Der iranische Professor Heshmatollah Qanbari bezeichnete in einem weiteren Interview die Juden als »subversive Elemente in der menschlichen Geschichte« und als »satanisch«. Die Juden seien gefährlich für Muslime und für Christen (siehe MEMRI a.a.o.). Bemerkenswert ist auch, daß antisemitische Filme, die von dem Hesbollah-Sender oder vom syrischen Fernsehen ausgestrahlt werden, zum Teil iranische Produktionen sind. Das iranische Fernsehen »Sahra-TV« zeigte beispielsweise einen Film namens »Zahras blaue Augen«. In dem Film werden »Zionisten« dargestellt, die angeblich »palästinensische Kinder kidnappen«. Es sind meist traditionelle antisemitische Stereotype, die in den Fernsehreihen verbreitet werden. Die stereotypischen Vorurteile bezeichnen die Juden als eine »übermächtige Rasse«.

Ein anderer iranischer Kolumnist, Hossein Amiri, schreibt, daß es »eine Übertreibung« sei, von sechs Millionen ermordeten Juden im Zweiten Weltkrieg zu sprechen. Amiri schreibt außerdem in der *Teheran Times*, die vom iranischen Außenministerium herausgegeben wird, »revisionistische Historiker« hätten »bewiesen«, daß eine Anwendung des Giftes »Zyklon-B, so wie die Zionisten es behaupten, in der Zeit nicht möglich« gewesen sei. Außerdem seien »die Konzentrationslager der Nazis nicht schlimmer gewesen als andere Lager auch.« Natürlich seien die »Konzentrationslager aber auch keine Urlaubsorte« gewesen (s. memri a.a.O.).

Der khomeinistische Antisemitismus

Der iranisch-islamistische Antisemitismus ist nicht rassisch bedingt und setzt sich dadurch von wesentlichen Strömungen im europäischen Antisemitismus ab. Der iranisch-islamistische Antisemitismus artikuliert sich politisch in einer neuen Form. Er wird vom Mutterland des Islamismus, von der Islamischen Republik Iran, geschürt und fordert die Vernichtung Israels; er betrachtet den einzigen demokratischen Staat im Nahen und Mittleren Osten als ein »Krebsgeschwür«, das notfalls militärisch eliminiert werden muß. Auf jeden Fall wird das Existenzrecht Israels nicht akzeptiert. Der khomeinistische Antisemitismus ist antisemitisch, weil er die Zerstörung eines legitimen Staates fordert, der nach der Barbarei des Nationalsozialismus eine Heimstätte für alle Juden der Welt darstellt. Der khomeinistische Antisemitismus ist daher eine neue Form des eliminatorischen Antisemitismus. Vor dem Hintergrund der iranischen Aufrüstungspolitik und der iranischen Mittelstreckenwaffen, die Israel längst erreichen können, bekommt diese Form des Antisemitismus einen besonderen Stellenwert.

Cem Özdemir

Muslimische Migranten und Antisemitismus

In Deutschland leben ca. 3,5 Millionen Muslime. Gerade nach den Terroranschlägen des 11. September 2001 wird diese Gruppe bzw. ihre Religion besonders kritisch betrachtet. Während regelmäßig beklagt wird, dass Muslime und ihre Vertreter sich nicht eindeutig vom Terror distanzierten, hat zugleich die Islamophobie in der Bevölkerung zugenommen. Hinzu kommt, dass Muslime in Deutschland besonders mit Schwierigkeiten auf dem Arbeitsmarkt und im Bildungssystem konfrontiert sind. Ferner gilt nach wie vor, dass in der öffentlichen Wahrnehmung »Muslim-sein« und »Deutschsein« als Widerspruch gesehen wird. Wie könne jemand zugleich Muslim und Deutscher sein – diese Vorstellung überfordert manche in einem Land, dem etwas mehr Republikanismus durchaus gut tun würde.

Islamophobie, öffentlich verlangte Distanzierungen und daraus erfolgende Rechtfertigungszwänge – in westlichen Ländern lebende Muslime fühlen sich häufig als Opfer von Ausgrenzung und Intoleranz. Doch all das darf eben nicht verdecken, dass extremistische Positionen auch in Reihen der Muslime salonfähig sind. Zwar sollte nicht der Fehler begangen werden, von den Muslimen als einer einheitlichen Gruppe zu sprechen; schließlich gibt es Unterschiede zwischen Sunniten und Aleviten ebenso wie zwischen türkischen und arabischen Migranten. Außerdem sollte jeweils auch der nationale Kontext, z. B. Deutschland oder Frankreich, beachtet werden. Nichtsdestotrotz gibt es dieses Phänomen – und es verlangt auch eine Reaktion demokratischer Muslime.

So finden sich antisemitische Einstellungen in Deutschland nicht allein am rechten Rand oder bei linken Anti-Imperialisten. Ebenso virulent ist er bei islamistischen Bewegungen, die auch in Deutschland agieren bzw. Medien, die hier vertrieben werden. 2003 verbot Bundesinnenminister Otto Schily die islamistische Hizb ut-Tahrir wegen antisemitischer Hetze. 2004 verbot er den hessischen Verlag Yeni Akit, der die Zeitung *Vakit* produzierte, in der regelmäßig antisemitische und Israel-feindliche Artikel zu lesen waren. Diese Bewegungen und Medien stehen in der Regel unter Beobachtung des Verfassungsschutzes.

Alarmierend ist nicht zuletzt die durch eine Studie der Alice-Salomon-Fachhochschule Berlin gezeigte Verbreitung antisemitischer Denkweisen bei in Berlin lebenden muslimischen Jugendlichen, die in Deutschland geboren und ihre sekundäre Sozialisation hier erfahren haben. Berichte der

Europäischen Stelle zur Beobachtung von Rassismus und Fremdenfeindlichkeit über die Verbreitung des Antisemitismus in Europa zeigen ebenfalls, dass muslimische Jugendliche antisemitische Tendenzen aufweisen. Es ist unklar, ob antisemitische Denkweisen innerhalb dieser Gruppe heute stärker vorhanden sind, da entsprechende Studien und Vergleiche fehlen. Aber sollen wir vorliegende Indizien erst dann bewerten, wenn die Wissenschaft eine ausreichend große Stichprobe erstellt hat, mit der Weltanschauungen und Einstellungen muslimischer Jugendlicher ermittelt werden können? Dass antisemitische Ressentiments bei muslimischen Jugendlichen vorhanden sind, bestätigen neben den genannten Studien auch Vorfälle wie der vom Mai 2005, als Schüler eines jüdischen Gymnasiums von muslimischen Jugendlichen mit antisemitischen Äußerungen attackiert wurden – und sich der Vorfall bei einem zweiten Treffen, dass aus pädagogischen Gründen auf Anregung der Berliner Bildungsverwaltung stattfand, sogar wiederholte.

In den Debatten um den islamisch motivierten Terrorismus wird von Muslimen gelegentlich eingewendet, dieser Terrorismus habe mit dem Islam nichts zu tun, der Islam als solcher sei keine Religion des Terrors. Analog könnte man auch behaupten, Antisemitismus habe doch nichts mit dem Islam zu tun, der Islam sei als solcher nicht antisemitisch. Daher mache der Begriff »islamischer Antisemitismus« genauso wenig Sinn wie »islamischer Terrorismus«.

Eine theologische Debatte soll und kann hier nicht geführt werden. Die Ergiebigkeit solcher »An-sich«-Debatten ist ohnehin zweifelhaft. Selbstverständlich besitzt jede Religion elementare und ihr Identität verleihende Grundlagen. Der Diskurs über das essenzielle Wesen einer Religion verkennt jedoch, dass die historischen bzw. schriftlichen Grundlagen einer Religion Interpretationen und ihre Ausübung Veränderungen unterworfen sind – auch wenn es das dringlichste Ziel radikaler Steinzeit-Muslime ist, die Interpretationshoheit sicherzustellen und die Modernisierer bzw. Reformer zum Schweigen zu bringen. Zudem wird ein großer Teil der Muslime und anderer von vorneherein ausgeschlossen, wenn die Debatte auf diese Art geführt wird. Denn nicht jeder ist ein ausgewiesener Islamexperte, der sich ausführlich mit den Grundlagen und Schriften dieser Religion auseinandergesetzt hat, um an einer solchen Auseinandersetzung mit fundierten Beiträgen teilnehmen zu können.

Es sollte aber durchaus diskutiert werden, was am Antisemitismus von Muslimen konkret islamisch ist. Manche Muslime hierzulande glauben, ihre Vorurteile aus der Religion ableiten zu können oder gar zu müssen, andere hingegen kommen unter dem Gewand des türkischen bzw. kurdischen linken »Antizionismus« daher oder wittern wie türkisch-nationalistische Jugendliche eine »jüdische Weltverschwörung«. Sicher, auch ein türkisch-stämmiger

Ultranationalist ist laut Geburtsurkunde Muslim und definiert sich vermutlich auch als solcher. Doch sein spezifischer Antisemitismus speist sich eben nicht aus der Religion, sondern primär aus rassistischen Vorurteilen. Diese Spielart unterscheidet sich von linkem und rechtem Antisemitismus unter Deutschen nur gering, wird allerdings leider allzu oberflächlich als »islamischer Antisemitismus« bezeichnet. Der Islamwissenschaftler Stefan Wild vermeidet den Begriff »islamischer Antisemitismus« und spricht von »arabischem Antisemitismus«, um deutlich zu machen, dass der Antisemitismus von Muslimen ein relativ junges Phänomen ist, das vor allem im Rahmen der Auseinandersetzung mit dem Zionismus aus Europa importiert wurde. Die Diskussion über den konkreten ideologischen bzw. religiösen Hintergrund jedenfalls ist berechtigt, aber egal was das Ergebnis letztlich sein mag: Es handelt sich um menschenverachtenden Antisemitismus.

Vereinzelte Studien und Berichte über antisemitische Übergriffe zeigen, dass in Deutschland lebende muslimische Migranten bzw. muslimische Jugendliche für antisemitische Vorurteile und Verschwörungstheorien anfällig sind. Gerade männliche Jugendliche, die zum einen auf der Suche nach einer Identität sind und sich zum anderen von der Mehrheitsgesellschaft marginalisiert fühlen, wenden sich offenbar Spielarten des politischen Islam zu. Der Konflikt im Nahen Osten dient dann zur Herausbildung einer muslimischen Identität, die nicht nur religiös-kulturell, sondern auch politisch ist. Islamistische Organisationen und ihre Akteure sowie in Deutschland vertriebene Medien tragen ihren Teil dazu bei, dass diese Jugendlichen sich islamistische, demokratie-verneinende und antisemitische Ideologien aneignen.

Antisemitische Denkweisen und ihre vorsätzliche Verbreitung sollen die Muslime glauben lassen, dass Juden für das Elend der arabischen Welt verantwortlich sind. Dabei waren es weder Juden noch Israel, die die Palästinenser nach dem Autonomieabkommen im Stich gelassen haben. Vielmehr waren es ihre eigenen korrupten Führer und ein großer Teil der arabischen »Brudervölker«, deren undemokratische Führungen um alles besorgt waren, nur nicht um das Schicksal der Palästinenser. Antisemitische Vorurteile sollen die Muslime davon abhalten, die Verantwortlichen für die Misere in vielen arabischen und muslimischen Staaten zu erkennen, das Gleiche gilt für die schwierige ökonomische Lage vieler Muslime in Europa. Die Schuld für die eigene wirtschaftliche Marginalisierung wird nach außen delegiert, die Juden werden verantwortlich gemacht.

Sicher kann die Herausbildung des antijüdischen Feindbilds nicht losgelöst vom Nahost-Konflikt betrachtet werden. Wenn bei muslimischen Migranten der Eindruck entsteht, dass Israel Friedensbemühungen torpediert, dann werden Meinungsführer bereitwillig dafür sorgen, dass antisemitische Ressentiments verstärkt werden. Wer islamischen Antisemitismus jedoch auf den Nahost-Konflikt verkürzen will, der muss sich nur eine Frage stellen: Würde der islamische Antisemitismus verschwinden, wenn der Nahost-Konflikt quasi über Nacht gelöst würde? Das ist kaum vorstellbar, denn dazu haben sich Denkweisen, Vorurteile und Verschwörungstheorien bereits viel zu sehr verselbständigt.

Pauschalurteile gegenüber Muslimen sind jedoch unangebracht, auch damit die Mehrheit der Muslime nicht in die Ecke gedrängt wird und sich dann in einer falsch verstandenen Solidarität gar mit den Antisemiten unter ihnen verbrüdert. Doch auch wenn nur eine Minderheit in Gedanken, Worten und Taten Antisemitismus propagiert, kann das nicht bedeuten, dass die Zivilgesellschaft – und vor allem Muslime selbst – die Augen davor verschließen dürfen. Wenn wir bei muslimischen Jugendlichen in Deutschland antisemitische Denkweisen beobachten, so stellt sich die Frage, wie wir dem entgegenwirken können. Neben wirkungsvollen pädagogischen Maßnahmen sind auch die Migranten selbst, ihre Selbstvertretungen und Repräsentanten gefordert. Vielleicht sollten Juden und Muslime stärker ihre gemeinsamen Interessen herausarbeiten und sehen, welche Gemeinsamkeiten als Angehörige religiöser Minderheiten sie in Deutschland haben. Muslime sollten sich daran erinnern, dass es Juden waren, die sich für ein Eingreifen für die mehrheitlich muslimischen Bosnier eingesetzt haben, während die Mehrheit in Europa sich für das Wegschauen angesichts eines Völkermordes entschied.

Muslimische Jugendliche und jüdische Jugendliche sind gleichermaßen Opfer von Rassismus in Deutschland und anderen europäischen Staaten. Allerdings kann es passieren, dass jüdische Jugendliche auch Opfer von muslimischen Jugendlichen werden, umgekehrt gibt es bislang keine bekannten Beispiele. Im Grunde gehört das Thema Antisemitismus in jeder Moschee auf die Tagesordnung, damit sich die Gläubigen damit beschäftigen können bzw. müssen. Denn der Antisemitismus bei Muslimen lässt sich mit am effektivsten bekämpfen, wenn er von Mitgliedern der eigenen ethnischen oder religiösen Gemeinschaft angeprangert wird. Gerade deshalb sollten die demokratischen Muslime von uns gestärkt werden.

Und auch deshalb ist die deutsche Gesellschaft dazu aufgefordert, das Thema nicht so zu behandeln, als handele es sich bei Muslimen um eine Minderheit, die ihren Platz doch »eigentlich« woanders hat. Wenn hier von Muslimen die Rede ist, meine ich Menschen, die Teil der deutschen Gesellschaft, vielleicht sogar Deutsche mit Migrationshintergrund sind. Wenn diese Menschen antisemitische Vorurteile haben oder antijüdische Weltverschwörungsthesen verbreiten, ist das kein Problem ihrer Herkunftsländer (bzw. der Herkunftsländer ihrer Eltern), sondern ein deutsches Problem – es handelt sich um Antisemitismus, der in Deutschland geäußert wird, von Migranten, die in Deutschland aufgewachsen sind.

Ich möchte abschließend an ein Ereignis erinnern, dass bei vielen Muslimen vermutlich schon in Vergessenheit geraten ist. Am Abend des Brandanschlags in Solingen, der 1993 fünf Angehörige der Familie Genc das Leben kostete, sprach der inzwischen verstorbene Vorsitzende des Zentralrats der Juden in Deutschland, Ignatz Bubis, in den Tagesthemen. Seine Worte waren wie Balsam für die geschundene Seele vieler Deutsch-Türken und besorgter Bundesbürger, die sich Gedanken um die Zukunft des Landes machten. Der Rechtsstaat schien nicht mehr fähig, die körperliche Unversehrtheit von Deutsch-Türken und Migranten in Deutschland zu gewährleisten, und auf der anderen Seite tauchten türkische Jugendliche mit Racheschwüren und ultranationalistischen Symbolen auf. Bubis kanalisierte den Schmerz und den Zorn zugunsten von Forderungen an die Politik und wurde quasi über Nacht zum eigentlichen Sprecher der Türkischen Gemeinde in Deutschland – mehr oder weniger der einzige, auf den sich angesichts seines Auftritts alle, ob Türken oder Kurden, Aleviten oder Sunniten, ohne Streit einigen konnten. Auch später war er es, der angesichts der wenig effektiven Selbstorganisation türkischer Migranten eine Stimme der türkischen Community Deutschlands war. Ich werde das niemals vergessen.

Philipp Gessler

Antisemitismus unter Jugendlichen in Deutschland

Neue Entwicklungen und offene Fragen

Waren dies alles nur Ausnahmen? Alles nur unglückselige Pannen?

Ein Fußballturnier im Sommer 2005 im Werner-Seelenbinder-Stadion in Berlin-Neukölln hatte die besten Absichten. Jugendliche aus vielerlei Kulturen sollten miteinander kicken, um für Demokratie und Toleranz zu werben. Als aber im Turnierverlauf Entscheidungen des Schiedsrichters von Spielern und Zuschauern kritisiert wurden, kippte die Stimmung – »Du Jude«, wurde der Unparteiische tituliert – Toleranz hat offenbar gegenüber Juden seine Grenzen in Neukölln.

Kurz nach seiner Veröffentlichung zeigten 2004 Straßenarbeiter in Kreuzberg Jugendlichen mit Migrationshintergrund den neuen Michael-Moore-Film über mögliche Hintergründe des »Kriegs gegen den Terror«. Als der Film die einstürzenden Bürotürme des World Trade Centers am 11. September 2001 zeigte bzw. ihren Sturz andeutete, jubelten viele Jugendliche: »Es lebe Bin Laden«, skandierten sie, antisemitische Sprüche waren zu hören.

Im Wintersemester 2004/5 und Sommersemester 2005 führten Studenten des Fachs Sozialarbeit/Sozialpädagogik der Alice-Salomon-Fachhochschule in Berlin Befragungen unter Jugendlichen, ja teilweise Kindern in verschiedenen Jugendclubs des Bezirks Friedrichshain-Kreuzberg zum Thema Antisemitismus durch. Obwohl die daraus entstandene Studie zum Teil gravierende systematische Mängel aufweist und natürlich nicht als repräsentativ gelten kann, sind doch die massiven antisemitischen Meinungsäußerungen der Befragten frappierend. »Als wir mit der Arbeit an der Werkstatt begannen«, schreiben die betreuenden Dozenten der Studenten, Levi Salomon und Katrin Becker, »befürchteten wir die Existenz von antisemitischen Ressentiments bei Jugendlichen aus islamischen Herkunftsländern. Nach der Durchführung der Interviews waren wir erschrocken darüber, wie stark diese Ressentiments bei der Mehrheit der Befragten ausgeprägt sind.«[407]

Wie steht es derzeit, kurz nach Beginn des 21. Jahrhunderts, 60 Jahre nach dem Ende des Holocausts, um den Antisemitismus unter Jugendlichen in Deutschland? Wer diese eigentlich simple Frage aufwirft, kann, ziemlich überrascht, feststellen: Dazu ist nur sehr wenig bekannt, vielmehr das meiste unklar oder offen. Das fängt damit an, dass es noch nicht einmal einen Konsens darüber gibt, wie weit das Jugendalter definiert werden soll – mit etwa 14 Jahren beginnt es wohl, aber endet es schon mit 18, mit 20 oder gar erst mit 25 Jahren, wofür populäre Thesen einer zunehmend »verlängerten Jugend« in einer postmodernen Gesellschaft sprechen? Meinungsumfragen zum Thema Antisemitismus, auch die neueren, fragen meist nicht speziell nach Jugendlichen.[408]

Die letzte, mit repräsentativen Zahlen unterfütterte Studie zum Thema »Antisemitismus unter Jugendlichen« datiert aus dem Jahr 2000 – mit Daten, die teilweise aus dem Jahr 1996 stammen, also fast zehn Jahre alt sind, und de facto nur die Lage in zwei Bundesländern, nämlich Nordrhein-Westfalen und Brandenburg, beleuchten.[409]

Das Problem fehlender neuer Studien und Umfragen zum Thema wird dadurch noch verstärkt, dass erstens gerade in der Jugend angesichts ihrer oft schnell wechselnden Kulturen und Lebensstile relativ rasche Einstellungswechsel auch beim Antisemitismus wahrscheinlich oder doch zumindest vorstellbar sind. Erinnert sei hier etwa an die Warnung von Ronald Freytag bei Veröffentlichung der erwähnten Studie aus dem Jahr 2000: »Wir müssen uns der Gefahr bewusst sein, dass der Teil der jungen Bevölkerung, der leicht bis mäßig antisemitisch eingestellt ist, im Begriff ist, eine kulturelle Hegemonie zu erlangen.«[410] Ist diese »kulturelle Hegemonie« irgendwo fünf Jahre später erreicht?

Ein weiteres Problem ist, dass gerade seit der Jahrtausendwende, offenbar verstärkt durch den Beginn der zweiten Intifada und den Baustart des israelischen Schutzzauns zum Westjordanland im Frühling 2002, eine antisemitische Welle fast ganz Europa erfasst hat, deren Täter nach Aussagen der Opfer vielfach »junge Muslime« waren[411] – wobei für diesen Aufsatz das Wort »junge« betont sei. Zu einem ähnlichen Ergebnis in Bezug auf die Täterschaft junger Muslime kamen die Forscher Juliane Wetzel und Werner Bergmann vom Zentrum für Antisemitismusforschung der Technischen Universität Berlin in einer Untersuchung für die Europäischen Stelle zur Beobachtung von Rassismus und Fremdenfeindlichkeit (EUMC) in Wien (die diese Studie allerdings zu unterdrücken versuchte).[412] Die Berliner Wissenschaftler schrieben: »Physische Attacken auf Juden sowie die Entweihung oder Zerstörung von Synagogen waren Taten, die in der Erfassungsperiode oft von jungen muslimischen Tätern begangen wurden.«[413]

Hinzu kommen in Deutschland etwa seit dem Jahr 2001 eine Verdopplung der physischen Angriffe gegen Juden[414] und – nach den Worten Werner Bergmanns – Anzeichen »für eine negative Entwicklung des Meinungsklimas« seit dem Jahr 2000.[415] Wie haben sich diese neuen Phänomene auf Jugendliche ausgewirkt? Auch die Möllemann- und die Hohmann-Affären der Jahre 2002 und 2003 sind auf ihren Effekt auf Jugendliche bisher nicht untersucht worden.

Schließlich ist der selbstverständlichere Gebrauch des Internets mit all seinen antisemitischen Verschwörungstheorien[416] in den vergangenen fünf Jahren seit der letzten größeren Studie zum Thema »Antisemitismus unter Jugendlichen« viel selbstverständlicher geworden; die Gefahr der antisemitischen Beeinflussung von Jugendlichen dadurch ist also sehr wahrscheinlich höher. Ähnliches gilt für arabische judenfeindliche Satelliten-Fernsehsender wie Al-Manar, die in den vergangenen Jahren an Popularität in Europa gewonnen haben.

Zugleich erscheint das Thema Antisemitismus bei Jugendlichen besonders brisant, da gerade in dieser Phase des Lebens wichtige und bleibende Prägungen möglich, gleichzeitig aber Unsicherheit und Orientierungsdrang vorgegeben sind, die eine antisemitische Beeinflussung leichter machen. Zudem orientieren sich Jugendliche besonders stark an anderen Jugendlichen; oft sind für die Neigung zu antisemitischen Prägungen gruppendynamische Prozesse entscheidend.[417] Auch familiäre Tradierungen von Antisemitismus, etwa durch den »erzählenden Opa«, so Michael Rump-Räuber vom Berliner Lehrer-Fortbildungsprojekt »Standpunkte« gegen Rassismus und Antisemitismus, können für die Identitätsbildung von Jugendlichen entscheidend sein. Unglücklicherweise komme man aber gerade mit aufklärerischen Strategien gegen Antisemitismus in diese Familienerzählungen kaum hinein. Rump-Räuber berichtet von einem Berliner Jugendlichen palästinensischer Herkunft, der, konfrontiert mit negativen Äußerungen gegenüber seinen antisemitischen Sprüchen, bekannte: »Aber ich muss doch hassen können.«

Gerade in der Jugendzeit geschieht die antisemitische Beeinflussung weniger durch Erwachsene als durch andere Jugendliche und Medien wie Musik und Internet, meint die Berliner Islamismus-Expertin Claudia Dantschke – wobei zu fragen sei, welche Tiefe dann diese mögliche antisemitische Prägung besitzt.[418] Immerhin haben Jugendliche es Erwachsenen meist voraus, bereits in einer multikulturellen Umgebung aufgewachsen zu sein, die Erfahrung von Differenz also schon gemacht zu haben, was möglicherweise eine Prägung durch antisemitische Vorurteilsstrukturen erschwert.

Trotz der Brisanz des Themas aber fehlt es an neueren Untersuchungen – nicht zuletzt deshalb, weil solche Studien teuer sind und oft nur die billigste, jedoch zugleich die tendenziell unsicherste Methode der »Selbst-Evaluation« der Befragten nach Ende eines Projekts angewandt wird, so etwa bei dem »Youth-Leader-Projekt« gegen Antisemitismus an Schulen in Berlin, Brandenburg und Sachsen. Gerade beim Problem des Antisemitismus unter einigen Jugendlichen mit Migrationshintergrund besteht dringender Forschungsbedarf, der bisher nicht befriedigt werden konnte. »Will man da gar nicht so genau hinschauen, um kein neues Feindbild von antisemitischen Migranten-Jugendlichen aufkommen zu lassen?«, fragt sich etwa Claudia

Dantschke. Anders als noch Anfang der 90er Jahre, als mit der gewaltsamen rechtsextremistischen Jugendbewegung ein großer Drang nach wissenschaftlicher Klärung dieses Phänomens vorhanden war (wenn auch weniger in Bezug auf den Antisemitismus der Jugendlichen), ist mit dem Rückgang der Gewalt auch das Interesse an den Jugendlichen offensichtlich gesunken.

Die letzte, oben genannte Studie von Rudolf Welskopf, Ronald Freytag und Dietmar Sturzbecher kommt zu dem Ergebnis: »Während in NRW ein ›harter Kern‹ von 2,5 Prozent der Jugendlichen eine konsistent judenfeindliche Haltung vertritt, sind es in Brandenburg 9,7 Prozent der Befragten.«[419] Klar ist, dass Jugendliche tendenziell eher weniger antisemitische Einstellungen haben als Erwachsene und dass das häufig festgestellte Ergebnis weiter Gültigkeit hat, wonach die Vorurteile mit steigendem Alter zunehmen.[420] Jugendliche unterhalb der Sekundarstufe II können meist nichts mit dem Begriff Antisemitismus anfangen – noch am ehesten die mit muslimischen Hintergrund, berichtet Beate Kosmala von ersten Ergebnissen ihres »Youth-Leader-Projekts«. Wenn allerdings allgemein das Wort »Jude« in die Runde geworfen werde, kämen sehr schnell die gängigen Vorurteile wie »reich und mächtig«, »bestimmen die US-Politik« etc. hoch. Insgesamt aber sei das Wissen über das Judentum sehr gering. Die Berliner Forscherin Barbara Schäuble, die zum Thema »Antisemitismus unter Jugendlichen« promoviert, bringt es so auf den Punkt: Antisemitismus sei für Jugendliche eher ein »Anti-Thema«, es werde immer nur von außen an sie herangetragen.[421]

Ob der Antisemitismus unter Jugendlichen seit der Jahrtausendwende zugenommen hat, ist angesichts fehlender Vergleichszahlen nicht zu sagen. Wahrscheinlich ist durch die Zuspitzung des Nahostkonflikts etwa seit dem Jahr 2000 eine stärkere Emotionalisierung der Jugendlichen beim Thema Nahostkonflikt – mit den möglichen Konsequenzen für den Antisemitismus unter Jugendlichen. Es gibt zugleich Anzeichen, dass Jugendliche häufiger mit Abwehr auf das Thema Antisemitismus oder Holocaust reagieren, da viele das subjektive Gefühl haben, mit dem Thema Holocaust in zu vielen Schulfächern konfrontiert, ja überhäuft worden zu sein, auch wenn dies de facto kaum zutreffen dürfte.[422] Unklar ist auch, ob es nach wie vor große Ost-West-Unterschiede beim Antisemitismus gibt, wie von Welskopf, Freytag und Sturzbecher vor fünf Jahren festgestellt.[423] Ob eine Stadt-Land-Diskrepanz beim Antisemitismus unter Jugendlichen existiert, darüber liegen keine neueren Ergebnisse vor. Was die Geschlechter-Differenz angeht, war zumindest bei der letzten Untersuchung festzustellen, dass weibliche Jugendliche generell weniger Antisemitismus äußern als männliche Jugendliche – auch wenn dies nicht zuletzt an einer anderen Gesprächskultur liegen könnte, wie Barbara Schäuble vermutet und etwa bei den genannten Interviews der Berliner Sozialpädagogik-Studenten offensichtlich war.[424]

Trotz all dieser Unsicherheiten: Welche Veränderungen haben sich, ersten Hinweisen von Experten zufolge, in den vergangenen gut fünf Jahren in Bezug auf den Antisemitismus von Jugendlichen abgezeichnet?

1. Antisemitische Verschwörungstheorien scheinen, auch durch den 11. September 2001 und einige öffentlich bekannt gewordene Verschleierungsmethoden im Zusammenhang mit dem weltweiten »Krieg gegen den Terror« (etwa das Eingeständnis von Ex-US-Außenminister Colin Powell, vor dem UN-Sicherheitsrat gelogen zu haben), bei Jugendlichen eine größere Rolle zu spielen. Phantasien, dass etwa Juden bei den Anschlägen auf dem World Trade Center zuvor gewarnt worden seien, halten sich weiter. In der türkischen Publizistik, die auch in Deutschland Anklang findet, hat die Suche nach Pseudo-Muslimen, die eigentlich jüdischer Herkunft seien und hinter den Kulissen wirkten, »massiv zugenommen«, so die Islamismus-Expertin Dantschke.[425]
2. Die als Schimpfwort gemeinte Titulierung eines anderen als »Jude« scheint sich in vielen Schulen fest etabliert zu haben, wie alle Experten übereinstimmend berichten – und zwar verstärkt seit Beginn der so genannten zweiten Intifada. Dies tritt häufiger bei Jugendlichen auf, die selbst unter einem Anerkennungsdefizit leiden: »Ich bin zwar nichts, aber ich bin immerhin kein Jude«, bringt Rump-Räuber diese Logik auf den Punkt. Oder: »Dass du nicht stolz sein kannst auf dein Land, daran sind die Juden schuld.« Dass das Schimpfwort »Du Jude« nicht zuletzt wegen seines auch provozierenden Seitenaspekts – ein Tabubruch im Land der Täter des Holocaust – so populär werden konnte und es Lehrer fast zuverlässig auf die Palme bringt, muss nicht dafür sprechen, dass es etwa »nicht so böse gemeint« sei, wie manche Forscher im Kontakt mit den Jugendlichen annehmen. Tatsache bleibt, dass »Du Jude«, wie es Barbara Schäuble sagt, »weit verbreitet« ist.
3. Hinzu kommt, dass das Schimpfwort »Jude« unter Jugendlichen offenbar ziemlich synonym mit der populären Beleidigung »Du Opfer« geworden ist. Dies deutet darauf hin, dass in der politisch-historischen Erziehung ein massives Defizit bezüglich einer umfassenderen Darstellung der jüdischen Geschichte vorliegt. »Die Juden«, das sind anscheinend in der Perspektive von vielen Jugendlichen vor allem Menschen in Leichenbergen nach der Befreiung der Konzentrationslager. Der jüdische Widerstand in der NS-Zeit und die Nachkriegsgeschichte müssten viel stärker als bisher Lehrinhalte sein.
4. Sehr wahrscheinlich ist, dass die antisemitische Beeinflussung muslimischer Jugendlicher aus Migranten-Familien durch die neuen Medien wie Internet und antisemitische Satelliten-TV-Sender wie Al-Manar in den

vergangenen Jahren stärker geworden ist, gerade seit Beginn der so genannten zweiten Intifada – allerdings liegen dazu bisher keine Untersuchungen vor, in der Forschung »eine echte Lücke«, wie Beate Kosmala es nennt. Gerade für Jugendliche, die eher selten Bücher lesen, bei denen Musik, Computerspiele, Filmchen und Karikaturen aus dem Internet eine große Rolle spielen, ist die Verstärkung antisemitischer Vorurteile zu erwarten. Hinzu kommt, dass gerade im Internet über Blogger und andere Formen des Feedback das jugendliche Bedürfnis nach Interaktivität befriedigt werden kann.

5. Die Verschärfung des Nahostkonflikts im Zuge der Welle an Selbstmordattentaten in Israel und des Baus des Sicherheitszauns hat das »Feindbild Jude« nach den Erfahrungen von Rump-Räuber »enorm verstärkt«. Viele Jugendliche wurden durch die Fernsehbilder aus dem Nahen Osten emotionalisiert und radikalisiert, zumal dies den häufigen jugendlichen Drang zum Schwarz-Weiß-Denken und zum aktiven Tun unterstützt.[426] Auch der Al-Kaida-Führer Osama Bin Laden findet in dieser Hinsicht als scheinbarer Underdog bei einigen Jugendlichen offenbar Sympathie, weist er doch einen angeblichen, wenn auch falschen Ausweg aus der Ohnmachtserfahrung und den Minderwertigkeitskomplexen, die junge Leute aus arabischen Familien auch hier in Deutschland kennen dürften. Womöglich in diesen Familien schon vorhandene antisemitische Vorurteile können so aktualisiert und verstärkt werden.
6. Die Erinnerung an den Holocaust hat es in der vierten Generation nach der NS-Zeit immer schwerer, da die letzten Zeitzeugen sterben, das Geschehen zunehmend historisiert wird. Der »sekundäre Antisemitismus« gewinnt an Raum auch unter Jugendlichen, es besteht vielfältig eine Abwehr oder ein Überdruss gegenüber der Forderung, Verantwortung etwa für die Erinnerung an den Massenmord zu übernehmen. Hinzu kommt, dass Juden entweder nur als Opfer in den KZ wahrgenommen werden oder als Israelis in Checkpoints und in Panzern vor Steine werfenden Palästinensern. Die Vielfalt des jüdischen Lebens, die in früheren Generationen noch ein wenig bekannt war, ist in der jungen Generation weitgehend unbekannt. Die Frage ist, ob sich mit dem Wiederaufblühen der jüdischen Gemeinden in Deutschland seit Mitte der 90er Jahre da etwas zum Besseren hin ändern kann.

In Zukunft erscheint es deshalb nötig, gerade die bisherigen Formen der Holocaust-Erziehung in der Schule zu überarbeiten, da die Geschichte der Judenvernichtung häufig der einzige Lehrstoff zur jüdischen Geschichte ist. Die jüdische Geschichte und die Geschichte des Antisemitismus zu vermitteln, ohne daraus eine Aneinanderreihung von Erzählungen über Pogrome zu machen oder gar antisemitische Klischees durch Wiederholung zu verstärken, ist »eine Herausforderung« für die Pädogogik, wie Beate Kosmala sagt. In gewisser Hinsicht ist auch die Darstellung der fortschreitenden Entrechtung und Ausgrenzung von Juden aus dem gesellschaftlichen Leben von 1933 bis 1938 instruktiver für die heutigen Gefahren der Diskriminierung von Minderheiten – zumal die Dimensionen des Holocaust schon für Erwachsene kaum zu erfassen sind.

Zur Erziehung gegen Antisemitismus muss weiter die Holocaust-Erziehung gehören, auch wenn sie unter dem kaum zu vermeidenden Dilemma steht, dass sich bei ihr sachliche und moralische Bildung untrennbar überschneiden. Für die Lehrer ist es schwer, das richtige Maß zu finden zwischen Wissensvermittlung und Empathie, zumal von den Schülern neben dem Lernen des Stoffes auch eine emotionale Reaktion oder Empörung über die Untat der Nazis erwartet wird. Nötig erscheint in der Holocaust-Erziehung schließlich eine stärkere Berücksichtigung der jüdischen Widerstandsgeschichte gegen den Holocaust, die Geschichte der Emigration und der Gründung des Staates Israel – wie überhaupt die Geschichte des Nahostkonflikts stärker im Lehrplan auftauchen sollte, wenn es darum geht, heutigen Antisemitismus durch Wissen zu bekämpfen.

Wie eine erste Evaluation der Seminare des Bildungsteams Berlin-Brandenburg e.V. und des Vereins Tacheles Reden e.V. – es sind die seit mehreren Jahren durchgeführten Bildungsbausteine gegen Antisemitismus »Kein Bammel! Antisemitismus selbstbewusst entgegentreten« – zeigt, gibt es in Bildungsstätten wie in Schulen durchaus Möglichkeiten, antisemitische Vorurteile bei Jugendlichen zu reduzieren und neues Wissen zum Thema Antisemitismus zu vermitteln.[427] Gegen Antisemitismus bei Jugendlichen hilft einerseits bloße Anti-Rassismus-Erziehung wenig, da sie der Besonderheit und Hartnäckigkeit des Antisemitismus als »the longest hatred« (Robert Wistrich) nicht gerecht wird – und da Jugendliche, die sich selbst als antirassistisch begreifen, nicht vor Antisemitismus oder zweifelhaftem Antizionismus gefeit sind. Andererseits darf die Erziehungsaufklärung darüber, wie allgemein Vorurteile gegen Minderheiten und im Besonderen auch gegen Juden entstehen, nicht dazu führen, dass solche antisemitischen Klischees durch derartige Aufklärung noch verstärkt werden. Schließlich scheint es unabdingbar, auch das Wissen der Lehrer über das Judentum, den Antisemitismus und den Nahostkonflikt zu erweitern. Denn nur wenn die Erwachsenen ihr Wissen zu diesen drei brennenden Themen vermehrt und ihr Verhältnis dazu geklärt haben, gibt es eine Chance, dem Antisemitismus bei Jugendlichen erfolgreich entgegen zu treten.

Eldad Beck

Islam und Antisemitismus

Ich habe das Glück, Österreicher zu sein. Und dieses Glück genieße ich besonders, wenn ich als Journalist in arabische oder bestimmte muslimische Länder reise, da es an diesen Orten eine sehr verbreitete Faszination gegenüber Österreich gibt. Nicht wegen Mozart und Klimt, Freud oder Schnitzler. Im arabischen und muslimischen Raum – besonders in islamistischen Kreisen, aber nicht nur dort, wird Österreich oft – wegen einer Person, einer Epoche, einer Ideologie – sehr bewundert. Genauso wie Deutschland.

Im Mai 2000, vier Monate vor Ausbruch der neueren sogenannten Intifada, bin ich in den Libanon gereist. Der israelische Rückzug aus diesem Land war gerade in Gang, und die allgemeine Stimmung war sehr euphorisch. Ich nahm ein Taxi aus Beirut, und zusammen mit einer Kollegin fuhren wir in den Süden, um eine von der Hisbullah organisierte Siegesveranstaltung anzuschauen. Unser Fahrer, ein bärtiger Religiöser um die 40 hat seine große Sympathie für diese Organisation nicht verborgen. Er hatte gegen die israelische Besatzung gekämpft und ein paar Monate im Al-Khiam-Gefängnis verbracht. »Es ist ein großer Sieg«, sagte er mir auf Arabisch. »Wir haben den Juden endlich gezeigt, daß wir vor ihnen keine Angst haben. Wissen Sie, im Endeffekt sind die Juden feige. Sie lassen andere für sich kämpfen. Die Juden sind die Quelle des Bösen in der ganzen Welt. Sie wollen die Welt beherrschen – durch die Politik, die Banken, die Presse. Die wollen die anderen versklaven. Du solltest die Protokolle der Weisen von Zion lesen, um alles zu verstehen. Ihr in den westlichen Medien seid alle von den Juden manipuliert. Na ja, vielleicht in Österreich nicht so. Ihr wißt schon, wie die Juden wirklich sind. Schlimmer als die Hunde, als die Affen. Wußtest Du, daß sie mit ihren Müttern schlafen?«, fragte er. Von »Juden« war bei ihm die ganze Zeit die Rede.

Neben dem Fahrer lag ein libanesisches Sportmagazin, das er gerade las. Auf der Deckseite schrie ein Titel: »Ich bewunderte Hitler«. Das Zitat stammte aus einem Interview mit einem populären jungen christlichen Sportler, der mit Spitznamen »Adolf« genannt wurde. »Als ich jung war«, erzählte er seinen Fans, »habe ich Hitlers Schriften und die ganze Literatur über die Nazis gelesen. Deren Ideen haben mich damals absolut fasziniert. Jetzt kann ich aber verstehen, daß sie auch vieles falsch gemacht haben.«

Drei Stunden danach begann die Hisbullah-Veranstaltung mit dem Hauptgast – Scheich Hassan Nasrallah – Generalsekretär dieser terroristischen

Organisation. Es war eine militärische Show à la Drittes Reich: Junge Kämpfer in Uniform marschierten vorbei, mit einer Handbewegung, die erschreckend dem Hitlergruß ähnelte. Auf der Bühne hinter dem Podium stand ein riesengroßes Plakat. Die Hisbullah-Künstler hatten Berge von Skeletten und Körpern israelischer getöteter Soldaten darauf gemalt. »Tot und Blut« war die Botschaft des Plakats, wie auch die Botschaft der Rede Nasrallahs.

Ein paar Wochen später, im August 2000, einen Monat vor Ausbruch der neueren sogenannten Intifada, besuchte ich den Irak. Auf meine Bitte hin hat man mir ein Gespräch mit führenden geistlichen Persönlichkeiten in der heiligen schiitischen Stadt Kerbala organisiert. Meine Gesprächspartner wurden von Saddams Regime nominiert. Als religiöse Führer waren sie bestimmt nicht repräsentativ, aber ihre Äußerungen reflektierten eine bestimmte allgemeine Meinung. Ein paar Wochen vorher hatte eine FPÖ-Delegation (von Jörg Haiders Partei) den Irak und auch Kerbala besucht. »Wissen Sie«, teilte mir ein Imam mit, »Sie in Österreich und in Europa und wir haben dieselben Feinde – die Juden. Der Tag ist nicht sehr entfernt, an dem wir dieses Problem mit ihnen endlich lösen könnten. Sie wissen schon, was ich meine. Die Scuds auf Tel-Aviv waren nur der Anfang.«

Vor bald zwei Jahren, nach der Befreiung des Irak, bin ich dorthin zurückgekehrt, um zu sehen, ob sich die Lage in irgendeiner Weise geändert hat. In Tikrit – nicht weit von dem Ort, an dem später Saddam festgenommen wurde – war ich mit einer deutschen Kollegin bei einem Cousin des gestürzten Diktators eingeladen. »Saddam war genauso wie Hitler«, sagte er uns. »Wie meinen Sie das?«, fragte ich naiv. »Er war ein starker Mann«, antwortete er, »der alles für sein Volk gegeben hat. Er war ein respektabler Mensch, der gegen die Kriminellen gekämpft hat. Alles in allem war Hitler ein guter Typ. Er bekämpfte die Juden, genauso wie Saddam.«

2001, kurz nach den Terrorereignissen des 11. Septembers, habe ich eine islamische Massenversammlung in Pakistan besucht. Das Publikum war schon aufgehetzt – nicht gegen Bin Laden und Al-Kaida, sondern gegen Amerika und den Westen. Der Hauptorganisator, ein lokaler radikaler Imam, hat mir ein Interview gewährt. »An allem sind eigentlich die Juden schuld«, betonte er plötzlich. »Sie stecken hinter den Terroranschlägen in Amerika. Wußten Sie, daß am 11. September 4000 Juden, die in den Türmen arbeiteten, zu Hause geblieben sind? Der Mossad hat all dies organisiert. Es steht im Qur'an geschrieben: Wenn zwei Fische in einem Fluß streiten, kann man sicher sein, daß es Juden in der Nähe gibt«. »Wo genau steht es im Qur'an?«, fragte ich neugierig. »Na ja«, antwortete der geistliche Führer, »vielleicht steht es nicht im Qur'an.« »Aber glauben Sie es wirklich?«, insistierte ich. Er lächelte: »Sie wissen besser als ich, daß es so ist.« Die Thesen um die jüdische Verantwortung für den 11. September begannen ein paar Wochen danach im Westen zu kursieren.

Viele andere ähnliche Situationen habe ich in den letzten Jahren erlebt und überlebt. In Pakistan war damals der antisemitische Wahn so heftig – in allen Kreisen der Gesellschaft, daß ich nach zwei Wochen dort meine Redaktion um die Erlaubnis bitten mußte, nach Hause zurückzukehren. In Pakistan lebten kaum Juden. Israel hat mit Pakistan noch nie einen Konflikt gehabt.

Wie kommt es dann dazu, daß solche Haßgefühle gegenüber Juden in der arabischen und muslimischen Welt so verbreitet und akzeptiert sind? Hat es mit dem Nahost-Konflikt zu tun oder mit einem anderen, tieferen, viel problematischeren Phänomen? Die Proportionen dieses Phänomens sind vielen im Westen bekannt. Akademiker, Diplomaten, Journalisten, die sich mit dieser Region der Welt beschäftigen, sind tagtäglich damit konfrontiert. Auch Touristen. Aber unternimmt man was dagegen? Nichts. Es ist Teil der heimlichen Exotik. Es gibt Akademiker, die meinen, daß dieser Antisemitismus eine Art Kriegsrassismus sei, das heißt, er sei die Konsequenz des Konflikts im Nahen Osten. Wenn einmal dieser Konflikt erledigt ist, wird dieses Phänomen verschwinden. Das meinen auch zahlreiche Politiker in Europa und anderswo. Die These, nach der Juden in den islamischen Ländern nie verfolgt wurden – bis zur Gründung des Staates Israel –, ist auch sehr verbreitet. Aber stimmen diese Ideen überhaupt oder haben wir es hier mit gefälschten Mythen zu tun?

In diesem Zusammenhang möchte ich ein paar Fragen stellen:

Frage 1: Ist Antisemitismus ein neues Phänomen im islamischen Raum?
Frage 2: Wurden Juden von Muslimen nie verfolgt?
Frage 3: Ist Antisemitismus im islamischen Raum nur ein religiöses Phänomen?

Frage 1: Ist Antisemitismus ein neues Phänomen im islamischen Raum?

Ich meine nein. Antisemitismus ist eine europäische Erfindung, die den traditionellen, christlichen Judenhaß auf einer rassischen Basis begründen wollte. Judenhaß aus religiösen Gründen existierte auch in der muslimischen Welt. Der Prophet Mohammed hat den Juden in Arabien nie verziehen, daß sie nicht zum Islam übertreten wollten. Mohammed hat einen jüdischen Stamm in Al-Medina vernichtet und in den Qur'an wurden Haßtiraden gegen Juden aufgenommen. Die Gründer des Islam haben erlaubt, daß Juden und

Christen im »Islamland« geduldet und toleriert, aber nie als gleichwertig akzeptiert werden. Sie wurden gesetzlich diskriminiert.

Bis heute gilt diese Diskriminierung in vielen Ländern: Juden können nicht für bestimmte Posten gewählt werden. Nach jordanischem Gesetz dürfen Juden nicht in dem haschemitischen Königreich leben. Juden dürfen nicht nach Saudi-Arabien reisen. Im befreiten Irak können nur vertriebene Juden ihr altes Eigentum nicht zurückbekommen. Normalerweise heißt eine solche Haltung Rassismus, sogar Apartheid.

Mit dem Kolonialismus des 19. Jahrhunderts erreichte der europäische Antisemitismus das »Islamland«. Politische und kulturelle Eliten – die auch nach Europa reisten und dort studierten – wurden vom Antisemitismus und von anderen Ideologien wie dem Faschismus stark geprägt.

Im Libanon wurden die christlichen »Phalangen« nach dem Vorbild der Hitlerjugend gegründet. Die Baath-Partei – die in Syrien noch immer an der Macht ist – wurde nach faschistischen Modellen und Ideen formiert. Nicht nur laizistische Bewegungen wurden vom europäischen Faschismus beeinflußt, sondern auch die »Muslim-Brüder« – eine Bewegung, in der der heutige Islamismus wurzelt.

Alte antijüdische Vorurteile wurden durch die Symbiose mit dem europäischen Antisemitismus verstärkt. Ab diesem Punkt kann man auch von einem arabisch-muslimischen Antisemitismus sprechen. Es stimmt, daß die Araber auch Semiten sind. Aber die etablierte Definition des Antisemitismus als rassischer Judenhaß schließt Antisemitismus in der arabischen Welt nicht aus. Araber – wie leider manchmal auch bestimmte Juden – können ohne weiteres Antisemiten sein.

In den 30er und 40er Jahren wurden die Nazis von vielen in der arabischen Welt als Helden betrachtet, weil sie die kolonialistischen Mächte der Zeit bekämpften. Die Nazis unterstützten den radikalen Mufti von Jerusalem, Al-Husseini, in seinem blutigen Aufstand gegen die Briten und die Juden. Später fand er ein Refugium in Berlin und machte in der muslimischen Welt Stimmung für die Nazis. Die Nazis steckten hinter dem Coup d'Etat im Irak 1941 und halfen nationalen Bewegungen in anderen arabischen Ländern, wie z. B. in Ägypten.

Viele Nazis bekamen nach Ende des Krieges Asyl in arabischen Ländern und dienten ihren neuen »Sponsoren« in deren Krieg gegen Israel. Denn der Konflikt um »Palästina« hat die antisemitischen Tendenzen in der arabischen und muslimischen Welt nur verstärkt. Hier sollte man unterstreichen, daß viele Araber und Muslime seit Beginn des Konflikts in »Palästina« keinen Unterschied zwischen Juden, Zionisten und Israelis machen. Die radikalen, aber auch die einfachen Leute sprachen und sprechen vom »Kampf gegen die Juden«.

Frage 2: Wurden Juden von Muslimen wirklich nie verfolgt?

Auch diese in der Frage beschriebene Aussage stimmt nicht. Mohammed haben wir schon erwähnt, aber es gibt auch genug Fälle in der modernen Geschichte. Pogrome gab es zum Beispiel in Tetuan, Marokko im Jahre 1790, in Mashhad, Iran 1839, in Bagdad, Irak 1828 und danach auch dort den von den Nazis inspirierten Pogrom im Jahre 1941.

Pogrome gab es auch in »Palästina« – in Hebron, in Safed, in Jerusalem – vor der Gründung Israels. Der Mufti Al-Husseini bat 1940 die Achsen-Mächte, »das jüdische Problem in Palästina zu lösen, nach den Richtlinien, nach denen man es in Deutschland gelöst hat«. Der Mufti besuchte Auschwitz und plante die Einrichtung eines solchen Vernichtungslagers nach der »Befreiung Palästinas« in der Nähe von Nablus.

Darauf wartend, schrieb er am 6. Mai 1943 an den bulgarischen Außenminister: »Ich möchte mir erlauben, Ihre Aufmerksamkeit darauf zu lenken, daß es sehr angebracht und zweckmäßig wäre, die Juden an der Auswanderung aus Ihrem Land zu hindern, und sie dorthin zu schicken, wo sie unter starker Kontrolle stehen, z. B. nach Polen. Damit entgeht man ihrer Gefahr und vollbringt eine gute, dankenswerte Tat dem arabischen Volk gegenüber, die Ihnen ständig anerkannt und die die freundschaftlichen Beziehungen zu Ihrem Volk noch enger gestalten wird.« Ähnliche Briefe schickte der Mufti im Juni 1943 an den ungarischen und den rumänischen Außenminister.

Frage 3: Ist Antisemitismus im muslimischen Raum nur ein religiöses Phänomen?

Nein. Wir haben es schon gesehen: Antisemitische Ideen und Vorurteile wurden schon in der Kolonialzeit und nach der Entkolonialisierung verbreitet. Sie wurden als Mobilisierungsslogans im Krieg gegen Israel und als Mittel der Machtkonsolidierung der neuen nationalen Führungen benutzt.

Dennoch – der aktuelle Antisemitismus ist gefährlicher, weil er auch religiöse Elemente enthält.

Warum nimmt der Antisemitismus im muslimischen Raum so stark zu? Wegen des arabisch-israelischen Konflikts? Nein. Dieses Phänomen ist tiefer verwurzelt. Dieser Konflikt ist auch eine Folge des Antisemitismus und nicht sein Grund.

Genau wie in Europa am Anfang des 20. Jahrhunderts geht es im muslimischen Raum um eine kollektive Zurückweisung der eigenen Verantwortung für die eigene Lage und die eigenen Probleme. Man betrachtet sich und seine Gesellschaft als das Opfer externer Kräfte; dabei ist die Kolonialisierung längst vorbei. Viele Muslime werden dazu gebracht zu glauben, daß an allem Israel und die Juden schuld sind. Amerika auch – aber wer kontrolliert Amerika? Die Juden, natürlich. Man projiziert seine eigene Verantwortung auf externe, oft virtuelle Kräfte – die Juden – und beginnt langsam und systematisch, diese Kräfte zu dämonisieren. Es begann schon in der Zeit des arabischen Nationalismus und Pan-Nationalismus; es wird heute von den islamistischen Bewegungen weitergeführt. Neben der Haßpropaganda, die überall verbreitet wird, benutzen die Radikalen – die heutzutage eine Mischung von nationalen und religiösen Kräften sind – den Terror, um ihre Positionen zu verstärken, ihre Rivalen zu schwächen und um ihren virtuellen Feind auszugrenzen. Aus diesem Feind wird der absolut Schuldige gemacht. Die physische Legitimität seiner Existenz wird dadurch in Frage gestellt. Der Weg zur möglichen Auslöschung des Feindes ist gebahnt. Dieses Schema funktioniert nicht nur im islamischen Raum, sondern auch im Westen.

So sind die Selbstmordattentate, die von Palästinensern ausgeübt werden, kein Ausdruck der Verzweiflung, sondern ein direktes Resultat einer langfristigen, systematischen Diabolisierung der Juden in allen Kreisen der palästinensischen Gesellschaft.

Vertrete ich damit eine paranoide Auffassung? Wie leicht wäre es, das so zu sehen und weiter die Brisanz der Lage zu ignorieren. Ich meine, daß der Westen große Mitverantwortung dafür trägt, was jetzt in der arabischen und muslimischen Welt passiert. Denn alle sehen und wissen, was dort geschieht, und niemand unternimmt etwas dagegen.

Ich sehe eine direkte Verbindung zwischen dem, was sich heute in Europa als Antisemitismus und Israelfeindschaft manifestiert, und dem plötzlichen Pro-Islamismus in weiten Teilen der europäischen und deutschen Öffentlichkeit. Man versucht, das wirkliche Problem zu ignorieren. Ich spreche nicht von dem Islam oder den Muslimen, sondern vom radikalen Islamismus. Dieser ist ein Neo-Faschismus. Anstatt das zu begreifen, will man die Islamisten »verstehen«. Das hat damit zu tun, daß man deren Sichtweise teilt, für alles die Juden verantwortlich zu machen. Eine derartige Sicht wird damit legitimiert, daß »Kritik« an Israel kein Antisemitismus sei, weil sie sich nicht gegen die Juden richte.

Dabei wäre es sehr einfach, sich abzugrenzen: Europa bzw. Deutschland könnte gegen Länder, in denen Antisemitismus verbreitet wird – z.B. in den Medien – Sanktionen verhängen. Es wäre die Aufgabe Europas bzw. Deutschlands, so etwas zu tun. Stattdessen hat Europa die Appeasement-Politik adoptiert. Die Geschichte hat uns schon gezeigt, wohin so eine Haltung führt.

Mordechay Lewy

»Denn wer einmal uns versteht, wird uns auch verzeihen.«[428]

Kritik der Selbstverneinung im Zeitalter der postmodernen Unvernunft des Abendlandes

Die Geiselnahme Derridas durch die postmoderne Unvernunft

Große Philosophen werden schon zu ihren Lebzeiten missverstanden; noch öfter werden sie von ihrer Nachwelt missinterpretiert. So wurde Derridas Konzept der Dekonstruktion von seinen linken Anhängern als Plädoyer für die unbedingte Aufrechterhaltung der Unterschiede der verschiedenen Kulturen und für die Unterstützung der bislang von der herrschenden abendländischen Zivilisation Ausgeschlossenen verstanden. Man wollte den Ausgeschlossenen zu ihrer eigenen politischen Identität verhelfen. Damit waren nicht nur unterdrückte Völker und Nationen der Dritten Welt gemeint, die vom herrschenden Diskurs laut Foucault benachteiligt wurden, sondern auch andere marginalisierte Gruppen wie Frauen, Homosexuelle oder rassisch unterdrückte Minderheiten. Diese »linke« Ideologie beruft sich auf Derridas Beobachtung, dass ausgeschlossene Elemente (politisch, sozial, wirtschaftlich, religiös oder sonst wie definiert) im Zuge der Entstehung einer in sich kohärenten Struktur nicht verschwinden, sondern, weil ausgeschlossen (sprich: unterdrückt), die ohne sie entstandene Struktur früher oder später in Frage stellen und umwälzen wollen.

Die konservativen Kritiker warfen Derrida vor, er habe einen Nihilismus gepredigt, in dem die tradierten (Binsen-)Wahrheiten der westlichen Kultur keine absolute Gewissheit mehr geniessen. Sein Skeptizismus und seine relativierende Sicht erschwerte aus ihrer Sicht eine positive Einstellung zu politisch verantwortlichem Handeln. Die Befürworter der weberianischen Verantwortungsethik im Westen sahen, wie ihre Handlungsbasis durch Derridas Thesen erschüttert wurde. Der so von links wie von rechts missverstandene Philosoph ist aber, was diese Interpreten verkennen, in eine Reihe von Denkern wie Kant und Kierkegaard zu stellen, die Wahrheit und absolute Werte ausserhalb der menschlichen Erkenntnis ansiedelten. Um aber als Menschen eine lebenswerte Existenz zu führen, sollte sich, laut Derrida, das menschliche Handeln nach den moralischen Prinzipien von Gleichheit, Gerechtigkeit und Freundschaft richten. Nach Derrida ist es wichtig, sich der Einschränkungen und der inhärenten Widersprüche von Werten bewusst zu sein. Seiner Meinung nach gibt es kein ethisches Handeln ohne eine kritische Reflexion.[429]

Seit mindestens zwei Dekaden, zeitlich von Spätausläufern der 68er-Generation getragen, schmieden viele an einem »politisch korrekten« Weltbild. Es wird von einem strukturellen Kulturkampf geprägt, in dem alle Sympathien den tatsächlich oder vermeintlich schwachen Ausgeschlossenen gehören. Diese ursprünglich von westlichen Linksintellektuellen vertretene Ideologie hat im heutigen Zeitalter der Beliebigkeit und der Relativierung der Werte eine ungemein große Anziehungskraft in der westlichen Gesellschaft gewonnen. Damit wurde die moralische und politische Urteilskraft in großen Teilen der westlichen Öffentlichkeit ausgesetzt. Die Medien haben diese Geisteshaltung gefördert, da es bei ihnen eher um die »rating«-trächtigen Vereinfachungen geht: Es kommt auf die »Soundbite«-geeichte Meinung an – Fakten sind mühselig zu erklären und daher passé. Da alles sowieso relativ und unbeständig ist, gilt es auch nicht mehr als schick, die herkömmliche Wahrheit zu vertreten; man muss vielmehr Partei für die Belange der vermeintlich Schwachen ergreifen. Diese unkritische Übernahme der linken Derrida-Rezeption erlaubt weder Hinterfragung noch Selbstreflexion, es sei denn, diese Selbstkorrektur diene ausschließlich den vermeintlich unterdrückten Ausgeschlossenen oder, wie es so schön heißt, dem »Anderen«.

Eine »politisch korrekte« Welt, die von Wunschdenken geprägt ist, wird uns nun vorgegaukelt. Das damit vermittelte Weltbildverständnis hat die Fähigkeit, sich selbst zu reflektieren und sich an Realitäten zu orientieren, verloren. Das Zeitalter der postmodernen Unvernunft im Westen ist somit angebrochen.

Der legitime und der illegitime Zusammenstoß der Kulturen

Warum tun sich westliche Intellektuelle und manche Politiker schwer bis zur geistigen Selbstverleugnung angesichts der islamistischen Bedrohungspotenziale, auch nach dem epochalen Terrorangriff am 11. September 2001? Ist der Kulturkampf nur legitim, wenn der »Andere« den herrschenden Strukturen den Kampf ansagt? Was muss noch geschehen, um die Anschläge in New York, Djerba, Istanbul, Madrid oder London als Zivilisationsbrüche anzuprangern? Die Hoffnung auf eine breite Solidarisierungswelle, die die westlichen Reaktionen auf die islamistische Terrorbedrohung hätte rechtfertigen können, blieb trügerisch. Kurzlebig war die Solidarisierung. Das Nachkriegsgeschehen im Irak hat dem Ruf der USA nicht nur geschadet, sondern die Legitimität des westlichen Antiterrorkampfes stark angeschlagen.

Unzulänglichkeiten im amerikanischen Nachkriegsverhalten im Irak waren nur die Ausrede für die Solidaritätsverweigerung. Was auf der Tagesordnung stand und noch immer steht, ist nicht diese Verweigerung an sich, sondern das fehlende Vermögen der westlichen Öffentlichkeit, vor allem in Europa, sich überhaupt mit dem Begriff der westlichen Zivilisation zu identifizieren. Derridas Geiselnehmer von links haben es in zwei Dekaden so weit gebracht, dass das Abendland als repressives, postkoloniales und kapitalistisches Gebilde keine moralische Legitimität mehr genießt und ihm daher »zu Recht« jegliche Solidarität entzogen wird. Das Abendland ist endlich dekonstruiert worden. Diejenigen, die heute im Namen der westlichen Werte handeln wollen, sind vor allem Konservative oder christliche Fundamentalisten. Die kommende Debatte um die Mitgliedschaft der Türkei in der EU wird diese Frontposition nur verschärfen. Die areligiöse Mehrheit der Bevölkerung Europas wird wahrscheinlich gegen die Aufnahme der Türkei sein; wegen ihrer mangelnden Urteilskraft sollte man aber daraus kein Wiedererstarken des abendländischen Wertekanons ableiten. Viel eher wird ihr Verhalten von einem archaischen Tribalismus bestimmt werden.

Es ist kein Geheimnis, dass seit längerer Zeit der »Westen« und seine Werte von Europa nach Amerika ausgewandert sind. So sehen es heute auch die Feinde des Westens im islamistischen Lager und die Globalisierungsverlierer in der Dritten Welt. In ihrem neuen Buch[430] haben Ian Buruma und Avishai Margalit die historische Genese der feindseligen Haltung gegenüber dem Okzident analysiert und ihre jeweilige geographische Wanderung festgemacht. Die Feinde des Okzidents sehen in ihm ein Wertesystem, in dessen Essenz der Kapitalismus, der Materialismus, die Effizienz, die militärische Stärke, der Hedonismus und auch ein Übermaß an jüdischem Einfluss stehen. Diese Überschätzung der jüdischen Macht ist eigentlich ein fester Bestandteil des althergebrachten Antisemitismus im Okzident. Aber diese Zivilisationskrankheit kennt offenbar keine Grenzen. So kommt es, dass auch in der Dritten Welt und im Orient zunehmend »westliche« antisemitische Motive aufgegriffen werden. Eines scheint gewiss: Juden sind sowohl im Okzident wie auch im Orient die klassischen »Anderen«. Im Gegensatz zu anderen »Ausgeschlossenen« finden sie aber auf beiden Seiten immer weniger Fürsprecher.

Als Antithese zum Okzident stehen Kulturen, in denen die Vergeistigung, der religiöse Glaube, emotionales Verhalten und eine gesellschaftliche Kohärenz eine zentrale Rolle spielen. »Okzidentalismus« bedeutet Feindseligkeit gegenüber dem harten Kern des Abendlandes. Dieser harte Kern war in früheren Jahrhunderten in England und Frankreich zu lokalisieren. Heute befindet er sich in den USA. Solange sich Europa nicht wieder selbst auf die westlichen Werte beruft, wird die amerikanische Lesart dieser Werte ihre

Interpretationshoheit ausbauen. Die Fronten der Feindseligkeit haben sich mit der Zeit verschoben. Sowohl Japan wie auch Russland und Deutschland entwickelten im 19. und 20. Jahrhundert eine kritische bis feindliche Haltung gegenüber den westlichen Werten. In anderen Epochen galten dieselben als Protagonisten der westlichen Zivilisation. Alle drei genannten Nationen nahmen eine zeitweilig zweideutige Einstellung gegenüber westlichen Werten ein.

Heute wird von Buruma und Margalit der Kern der Feindseligkeit in islamischen Ländern ausgemacht. Der Beitrag ihres Buches ist eine historische Erweiterung von Huntingtons These.[431] Der »Zusammenstoß« der westlichen Kultur mit dem Islam hat damit seine historische Einzigartigkeit verloren. Im Übrigen beruht ein Großteil der artikulierten Feindseligkeit im islamischen Lager auf der Rezeption westlicher Zivilisationskritiker. Darüber hinaus bedeutet die Fokussierung der Feindseligkeit auf die USA eine gewisse Entlastung für Russland und die europäischen Mächte wie Frankreich oder Deutschland. Da die vermeintliche Front des Westens an der Atlantikküste verläuft, zumindest in den Augen seiner Feinde[432], könnten die europäischen Mächte in die Versuchung kommen, sich islamistischen Kräften anzubiedern, um Ruhe und politische Rendite zu gewinnen. Nicht nur der legitim erscheinende Angriff des »Anderen« auf westliche Strukturen lähmt die Solidarisierung im Westen. Auch politisches Kalkül der Europäer spricht dafür, so wenig wie möglich Partei zu ergreifen. Es nimmt also nicht wunder, dass in der Öffentlichkeit Europas ein Hinweis, sich auf eine längere Konfrontation mit dem Islamismus einzurichten, noch immer als politisch unkorrekt gilt.

»Was wir verstehen, das können wir nicht tadeln.«[433]

Bei der Beschreibung der westlichen Selbstverneinung in der Konfrontation mit dem »Anderen« (in diesem Fall mit dem Islamismus) habe ich bereits an anderer Stelle auf die religiös geprägte Wurzel der Erbsünde und des säkularisierten westlichen Schuldbewusstseins hingewiesen.[434] Der Verlust der Fähigkeit zur Solidarisierung mit sich selbst ist aber noch mit einer zusätzlichen Erklärung zu begründen.

Eine Eigenschaft der westlichen Rationalität ist es, Analysen zu betreiben und Diagnosen zu liefern, um danach Therapien zu entwickeln. Darin zeigen sich die einst hochgelobten Fähigkeiten zur Selbstreflektierung und Selbstkorrektur. Der islamische Terrorismus wird aber nur schweren Herzens in Europa bekämpft und auch dann nur mit großen rechtlichen Einschränkungen, die manchmal mit haarsträubenden Argumenten aus einem weltfremd gewordenen Rechtsempfinden begründet werden. Tödliche Terroranschäge werden nicht selten weder moralisch noch rechtlich eindeutig verurteilt. Mildernde Umstände und eine unrealistische Schwelle für gerichtlich akzeptable Beweisführung bahnen oft den Weg zum Freispruch. Statt ihn zu bekämpfen und zu bestrafen, wird der Terrorismus vorzugsweise zerredet. Grundlagenforschung über den Terrorismus geht Hand in Hand mit dem Bedürfnis, ihn verständlich zu machen. Diese europäische Neigung dient einem Zweck: dem Terrorismus seinen Vernichtungsdrang auszutreiben, indem man seine soziopolitische Umwelt so weit verändert, dass er seinen destruktiven Nährboden verliert und hinreichend obsolet wird. An die Stelle von Handlungsbedarf tritt so oft Verständnisbedarf. Man konnte Osteuropa erfolgreich wirtschaftlich sanieren, um es politisch zu stabilisieren. Im natürlichen Nährboden des islamistischen Terrorismus, im arabisch-muslimischen Nahen Osten, hält man aber wenig von solchen Therapien. Wilhelm Dilthey unterschied einst zwischen den Naturwissenschaften, die einer Erklärung bedürfen, und den Geisteswissenschaften, die ein Verstehen erfordern. Die unscharfe Trennung zwischen Verstehen und Verständnis brachte vor allem die Geschichtswissenschaft seit dem Ende des 19. Jahrhunderts in den Verruf, das Geschehene nicht moralisch zu bewerten, sondern quasi wertfrei zu verstehen und damit auch zu verzeihen. Darum ging es beim Streit um den »Historismus«.

Die Begriffspaarung Verstehen und Verzeihen ist nämlich ein Bestandteil derjenigen europäischen Werte, die im Zuge der Aufklärung geprägt wurden. Der mir bekannte früheste Beleg ist ein Zitat aus Goethes »Torquato Tasso«, 1790 niedergeschrieben: »Was wir verstehen, das können wir nicht tadeln.«[435] Daraus entwickelte sich das Diktum der Madame de Staël, als sie in ihrem 1807 entstandenen Roman »Corinne ou l'Italie« die Protagonistin sagen lässt: »tout comprendre rend très indulgent«.[436] Das davon abgeleitete bekanntere Sprichwort »tout comprendre, c'est tout pardonner« taucht zuerst bei Tolstois »Krieg und Frieden« (1868) auf.[437] Seitdem gehört dieses Sprichwort zum Wertekanon der Toleranzidee und der Konfliktschlichtung sowohl auf der persönlichen wie auch auf der politischen Ebene. Eine entgegengesetzte Weisheit lässt Pierre Corneille (1606–1684) in seinem Bühnenstück »Cinna ou la clémence d'Auguste«[438] durch Augustus sagen: »qui pardonne aisement invite a l'offense« (wer leicht verzeiht, lädt zum Angriff ein). Dieser Spruch stammt wohlgemerkt aus einer Epoche vor der Aufklärung. Heute würde er gewiss nicht als politisch korrekt gelten. Nur Zivilisationskritiker von der Größe eines Friedrich Nietzsche konnten sich nach der Aufklärung gegen pseudomoralische Plattitüden aufbäumen. Im ersten Teil seines »Der Antichrist« (1888) lässt Nietzsche folgendes sagen: »An dieser Modernität waren wir krank – am faulen Frieden, am feigen

Kompromiss, an der ganzen tugendhaften Unsauberkeit des modernen Ja und Nein. Diese Toleranz und largeur des Herzens, die alles ›verzeiht‹, weil sie alles ›begreift‹, ist Schirokko. Lieber im Eis leben als unter modernen Tugenden und anderen Südwinden!«

Wenn also die Mehrzahl der Europäer die Wahl hat, sich zur Wehr zu setzen oder Verständnis für ihre Feinde aufzubringen, die gleichzeitig den »Anderen« vertreten, plädiert sie oft für die Option des Verzeihens. Goethe scheint bereits in seinem Gedichtband »Westöstlicher Diwan« den Erwartungshorizont der islamistischen Gewalttäter zum Verhalten der Europäer antizipiert zu haben: »Denn wer einmal uns versteht, wird uns auch verzeihen.«

Zusammenfassend: Die geistige Erbschaft der Aufklärung, die dem Westen inhärente Schuldbewusstseinskultur und die erfolgreiche Dekonstruktion der westlichen Identität erschweren in Europa die Rückbesinnung auf sich selbst und behindern den Selbstbehauptungswillen. Die Verlagerung der westlichen Identität in die USA und die dortige Verteidigung ihres Wertekanons verlangen aber einen hohen Tribut. Das amerikanische Einstehen für westliche Werte wird nämlich zunehmend mit einem christlich-religiösen Eifertum verbunden. Dies ist zwar nicht jedermanns Geschmack, aber solange aus Europa keine wertorientierte Alternative für das abendländische Selbstverständnis angeboten wird, bleibt die amerikanische Version wohl oder übel »the only show in town«.

Doron Rabinovici

Altneuhaß

Moderne Varianten des Antisemitismus

Vor einiger Zeit unterschrieb ich einen Aufruf von Juden, die in der Diaspora leben und jenen Genfer Friedensvertrag unterstützen, der von Jossi Beilin und Yassir Abed Rabbou entworfen worden war. Der Text erschien in israelischen Tageszeitungen. Der Genfer Friedensplan ist gewiß noch kein offizielles Papier, aber was in der Schweiz geschah, wurde von 31 Prozent der Israelis gutgeheißen und offenbarte, wie unwahr es ist zu behaupten, es gebe im anderen Lager keinen kompromißbereiten Partner.

Im Sommer 2003 unterzeichneten der ehemalige Chef der Jerusalemer PLO, Sari Nusseibeh, und der einstige Leiter des israelischen Sicherheitsdienstes, Ami Ayalon, ein Manifest, das zwei Staaten für zwei Völker forderte. Das Neue an ihrer Initiative war, daß sie sich an die israelische und palästinensische Zivilgesellschaft wandten. Menschen auf beiden Seiten sollten ihren Namen unter die Erklärung setzen. Bisher unterschrieben 140 000 Palästinenser und 192 550 Israelis; einer davon bin ich.

Die Friedenskräfte versuchen, die Logik des Krieges zu durchkreuzen. Ihr Denken jenseits des Ethnischen stößt nicht bloß in Israel und Palästina auf Abwehr. Im Mai 2002 wurden die renommierten Wissenschaftler Miriam Shlesinger und Gideon Toury als Mitherausgeber der britischen Zeitschrift *Translation Studies Abstracts* entlassen, und zwar ausdrücklich, weil sie Israelis sind. Miriam Shlesinger ist eine Friedensaktivistin. Auf der Homepage des früheren Premierministers Benjamin Netanjahu wurde gefordert, Shlesinger möge aufgrund ihres Engagements von der Universität Bar-Ilan verwiesen werden. Doch in Israel darf Shlesinger weiterhin unterrichten, in England hingegen wurde sie geschasst.

Niemand kam je auf die Idee, alle serbischen oder kroatischen Akademiker zu boykottieren, um gegen ethnische Vertreibungen zu protestieren. Es scheint, bei Israel gelten besondere Maßstäbe. Auf der Antirassismuskonferenz im südafrikanischen Durban, die im Jahre 2001, wenige Tage vor dem Attentat auf das World Trade Center, stattfand, wurde etwa versucht, namentlich nur Israel des Rassismus zu bezichtigen. Wieso sollte allein dieser Nation ein eigener Paragraph im Abschlußdokument zugedacht werden? Hätten jene Staaten denn keine Erwähnung verdient, in denen etwa Kurden, Tibeter oder Tschetschenen diskriminiert, verfolgt und ermordet werden?

In Saudi-Arabien kann ich als Jude nicht einmal einreisen, in Jordanien kein Staatsbürger werden.

Um nicht mißverstanden zu werden; selbstverständlich spricht einiges dafür, die Regierung Israels zu kritisieren. Die Möglichkeit einer Zweistaatenlösung wird im wahrsten Sinne des Wortes täglich verbaut. Ein sogenannter territorialer Kompromiß durch einen Friedensvertrag wird immer unwahrscheinlicher; wobei hier nicht der Eindruck erweckt werden soll, die Schuld für diese Entwicklung liege bloß auf einer Seite. Doch was an vielen Demonstrationen gegen Israel auffällt, ist, wie schnell das Engagement in einen Haß gegen das Jüdische schlechthin umschlägt. Im Laufe nicht weniger europäischer Protestmärsche gegen Jerusalemer Politik wurden Synagogen beschmiert oder angezündet, wurden Juden beschimpft und verprügelt. Ist es nicht bezeichnend, daß bei anderen Kriegen Solidaritätsmanifestationen kaum in Aggressionen gegen die europäische Diaspora einer Seite münden? An der Zahl der Opfer oder daran, daß sie Muslime waren, kann es nicht liegen. In Tschetschenien oder in Bosnien waren mehr Tote zu beklagen, und dort starben ebenfalls Muslime. Doch wenn es um Juden geht, gehen zuweilen Gruppen merkwürdige Koalitionen ein, verlinken ihre Websites – ob radikale Islamisten, Rechtsextreme oder Linksradikale, die in anderen Fällen nichts miteinander zu tun haben wollen.

Vom »neuen Antisemitismus« ist vielerorts die Rede. Der Vorwurf wird erhoben, daß die Kritik an Israel in einigen Fällen weit über eine sachlich gerechtfertigte Kritik hinausgehe und daß ihr wahres Motiv antisemitisch sei. Als Zentren dieses »neuen Antisemitismus« werden die islamische Welt, aber auch Europa ausgemacht, als ihre Träger werden einerseits islamistische Kräfte gesehen, zum anderen aber auch Teile der weltweiten Linken – insbesondere in den Reihen der Globalisierungskritikerinnen und -kritiker –, deren Antizionismus sich nur allzuoft als Antisemitismus entlarve. Seinen Ausdruck finde der »neue Antisemitismus« einerseits in einer neuen verbalen Radikalität gegenüber Israel und den Juden und Jüdinnen insgesamt, andererseits in einer neuen Gewaltsamkeit, die sich in der gestiegenen Zahl der antisemitischen Übergriffe manifestiere.

Was die intellektuelle und politische Debatte über den »neuen Antisemitismus«, die im wesentlichen in Zeitschriften und auf Konferenzen geführt wird, so kompliziert macht, ist der ihr zugrundeliegende Konsens, daß offener Antisemitismus seit dem Holocaust keinerlei Legitimität mehr besitzt. Beinah alle Beteiligten der Debatte arbeiten mit der Rhetorik des Verdachts: Der Antisemitismusvorwurf gründet auf der Vermutung, daß das Gesagte nicht das Gemeinte ist – daß Kritik an Israel nur ein Vorwand ist, um antisemitische Ideen oder Gefühle zu artikulieren, bewußt oder auch unbewußt. Die andere Seite hingegen argwöhnt, daß der Antisemitismusvorwurf nur dem Interesse Israels dient, legitime Kritik an Israels Politik zum Schweigen zu bringen, die Kritik mit Hilfe der stärksten verfügbaren Waffe aus dem Feld des legitimen Diskurses zu verbannen. Zum anderen gehöre der Antisemitismusvorwurf mittlerweile zu den transatlantischen Kampfbegriffen, indem Europa von amerikanischer Seite pauschal als antisemitisch gebrandmarkt werde. Die Gefahr für Juden und Jüdinnen innerhalb und außerhalb Israels werde bewußt übertrieben, der »neue Antisemitismus« sei ein Propagandainstrument im Dienste bestimmter jüdischer und israelischer Interessen.

Wer kann es bestreiten: Manche rechte israelische Politiker wollen in jeder Kritik an Jerusalem, auch in der bitter notwendigen, sachlichen, nichts als Antisemitismus sehen. Doch ebenso fatal ist es, wenn manche behaupten, wer vom »neuen Judenhaß« in Europa rede, wolle nur unliebsame politische Haltungen mundtot machen und verfolge nichts als Taktik.

Gewiß: Die jüdischen Gemeinden im freien Europa blühen auf, doch neben dem alten religiösen und rassischen Judenhaß ist ein neuer entstanden, der global operiert, der »den Juden« nicht als »vaterlandslosen Gesellen«, sondern als Inkarnation Israels verdammt. Neu sind der mörderische Antisemitismus des radikalen Islamismus und die Bestätigung, die dieser Haß und die Selbstmordattentate unter manchen Intellektuellen erfahren, die bei klassisch rechtem Rassismus weniger duldsam wären.

Daß der klassische Antisemitismus mit seinen Mythen vom »jüdischen Ritualmord« und vom »jüdischen Streben nach Weltherrschaft« in arabischen Ländern, unter Mithilfe staatlicher Medien, weit verbreitet ist, wurde vielfach belegt. Ungeachtet dessen lebt der Irrglaube fort, Araber und Araberinnen könnten nicht antisemitisch sein, weil sie selber sogenannte »Semiten« seien. In Wirklichkeit gibt es keine semitische Rasse und keine semitischen Völker, sondern allenfalls semitische Sprachen. Das Wort »Antisemitismus« und die Rede von den Semiten war seit dem 19. Jahrhundert Teil jener Ideologie, die sich allein gegen Juden und Jüdinnen richtete und gegen sie als »volksfremde Rasse« hetzte. Die ursprünglich aus Europa importierten Vorstellungen fließen durch Immigration wieder nach Europa zurück, wobei hiermit nicht dem weitverbreiteten islamfeindlichen Ressentiment das Wort geredet werden soll. Im Gegenteil: Es geht hier nicht gegen muslimische Menschen, sondern um den antisemitischen Islamismus, der nicht der ideologische Arm einer Glaubensgemeinschaft, nicht die logische Fortsetzung des Islam, sondern die Degeneration der Religion, ihr Verfall zur extremistischen Fraktion, ist. Bibel und Koran werden hierbei zum Parteiprogramm verkürzt.

In Frankreich werden die Ressentiments durch die Verhältnisse angeheizt, unter denen jüdische und muslimische Bevölkerungsteile leben. Die

Ausschreitungen sind auch Ergebnis sozialer und ethnischer Spannungen in einem Europa, das von Judenhaß und Islamfeindlichkeit nicht frei ist. Diese soziologischen Erklärungen werden allerdings zuweilen mißbraucht, um zu behaupten, es handle sich bei Attacken gegen Synagogen in Paris nicht um »ursprünglich« europäischen Antisemitismus. Eine solche Argumentation verfällt selbst den rassistischen Mustern, da »ursprünglich« europäisch, was immer das bedeutet, ist, wer in Europa geboren wurde, ob nun danach eine Taufe erfolgte oder nicht. Analyse und Bestätigung des Antisemitismus liegen hier eng beieinander; auch der klassische rassische Antisemitismus konnte auf soziologische und psychologische Motive zurückgeführt werden. Die Morde, die Skinheads in Dresden an afrikanischen Menschen verüben, sind etwa nicht weniger rassistisch, wenn wir von den gesellschaftlichen Nöten und politischen Hintergründen der Täter sprechen. Es ist deshalb wichtig, Angriffe gegen jüdische Institutionen unabhängig von den jeweiligen Motiven und der Herkunft der Schuldigen als das zu bezeichnen, was sie sind: Es sind antisemitische Akte.

Der Antisemitismus ist kein ahistorisches und gleichsam ewiges Phänomen. Er unterliegt geschichtlichen Wandlungen. Einst entwickelte sich aus dem christlichen Antijudaismus der rassistische Antisemitismus. Die Rede vom »neuen Antisemitismus« verweist auf Momente der Kontinuität und der Diskontinuität. Seit mehreren Jahrzehnten tritt neben dem religiösen Antijudaismus und dem rassistischen Antisemitismus eine neue Form des Judenhasses auf, die in den allerletzten Jahren eine gewisse Konjunktur erlebt. Nun werden die Juden nicht mehr so sehr gehaßt, weil sie in Europa keine Heimat, sondern vielmehr weil sie im Nahen Osten einen Staat haben. Als der Nationalismus en vogue war, hatten sich die jüdischen Menschen nicht zu assimilieren vermocht, waren sie zur Diaspora verdammt und als »vaterlandslose Gesellen« verhaßt gewesen. Jetzt leben wir in einer globalisierten, multikulturellen, elektronischen Diaspora, aber die Juden scheinen nicht wenigen wiederum die halsstarrig Verbohrten, die Überkommenen zu sein, die sich nicht anpassen wollen, die sich nach den Erfahrungen des Zweiten Weltkrieges eben nicht vom Nationalismus abgewandt haben, sondern von der Heimatlosigkeit, die sich nicht dem Pazifismus verschrieben haben, vielmehr der Wehrhaftigkeit. So durchläuft das Ressentiment modische Wandlungen.

Was hat sich angesichts von antijüdischen Vorfällen und Attentaten in manchen europäischen Städten in den letzten Jahren qualitativ und quantitativ verändert? Muß von einer neuen Welle des Antisemitismus oder eher von einer Welle des »neuen Antisemitismus« gesprochen werden? Die Positionen zu diesen Fragestellungen sind nicht nach Abstammung geordnet. Manche Juden und Jüdinnen möchten das Aufkommen eines neuen

Judenhasses nicht wahrnehmen, während Juliane Wetzel, Ulrich Beck oder Pierre-André Taguieff zwar keineswegs jüdisch sind, doch aussprechen, was nicht zu übersehen ist. Die Grenzlinie zwischen der Kritik an Israel und dem Antisemitismus ist zuweilen schwer zu ziehen, weil das heutige Ressentiment kaum von der Rasse spricht. Dem offenen Judenhaß haftet seit Auschwitz der Leichengeruch von Millionen an. So gibt sich, wer gegen Juden und Jüdinnen redet, kritisch, verwendet politische Begriffe, wenn auch im ethnischen Sinn, und obgleich Vorwürfe gegen Israel nicht antisemitisch motiviert sein müssen, sind sie es nicht selten. Der klassische Antizionismus, die Ablehnung der Ideen Theodor Herzls vor hundert Jahren, hatte mit dem klassischen Antisemitismus wenig zu tun. Mittlerweile ist nicht mehr klar, was genau unter Antizionismus gemeint ist, doch seit den stalinistischen Ärzteprozessen ist der Begriff zu einem Schlagwort und zu einem Code verkommen, mit dem gegen alle Juden und Jüdinnen gehetzt werden kann.

Antisemitismus von links gab es in den 70er Jahren des 20. Jahrhunderts und bereits unter Stalin. Welch ein Trost! Jean Améry wußte von diesem »ehrbaren Antisemitismus« zu schreiben. Neu ist, daß die Mythen dieses »Antiimperialismus des dummen Kerls« beim rechten Populismus Anklang finden, daß sie von Jürgen Möllemann bis Jörg Haider aufgegriffen wurden. In den siebziger Jahren beherrschte der Haß gegen den Judenstaat weite Teile der Neuen Linken. Mittlerweilen ist die radikale Linke auf einen kleinen, gespaltenen Rest zusammengeschmolzen, aber die neuen Formen des Antisemitismus wanderten dabei von diesem bröckelnden Rand der Gesellschaft in deren Mitte ein. Einst prägten die Visionen der Linken die öffentliche Auseinandersetzung, doch jetzt scheinen es manchmal eher ihre Ressentiments zu sein, die Wirkung zeigen.

Wenn die Kritik an Israel sich gegen das Jüdische schlechthin wendet, der Judenstaat mit den Nazis gleichgesetzt und der antijüdische Terrorismus gerechtfertigt wird, dann ist die Grenze des Zulässigen überschritten. Wenn eine Synagoge beschmiert wird, dann braucht niemand die Motive zu wissen, um von Antisemitismus zu reden. Wenn José Saramago Ramallah mit Auschwitz auf eine Stufe stellt, Karl Blecha von einer »zionistischen Tradition« der Wortbrüche spricht, Mikis Theodorakis die Juden »die Wurzel des Bösen« nennt, dann kann zwar gewiß nicht gesagt werden, solch ein Gedankengut habe die gesamte Linke erfaßt, ebensowenig aber, dieses Denken beschränke sich nur auf ein paar Verrückte in der Linken. Wenn in den letzten Jahren mehr judenfeindliche Gewalttaten gemeldet werden als zuvor, dann kann das nicht ernst genug genommen werden.

Scharon ist kein Argument für Antisemitismus und Antisemitismus keiner für Scharon. Der neue Judenhaß dient im israelischen Kontext dem nationalen Chauvinismus. Er bestärkt eine Weltsicht, die nichts als Feinde sieht, mit denen ein Kompromiß nicht möglich scheint. Wer daher wirklich an intellektuell redlicher Kritik der Jerusalemer Politik interessiert ist, wer die Verstöße gegen die Menschenrechte benennen will, müßte sich vor allem von jeglichem Ressentiment abgrenzen.

Deswegen kann mit Dan Diner und in Umwandlung eines alten Satzes von David Ben Gurion, der die Juden und Jüdinnen im Kampf gegen den Nationalsozialismus und gegen das britische Mandat in Palästina sah, gesagt werden, daß es gilt, den Antisemitismus zu bekämpfen, als ob es keinen Nahostkonflikt gäbe, und den Nahostkonflikt einer Lösung zuzuführen, als gäbe es den Antisemitismus nicht.

Matthias Küntzel

Joschka Fischer, die »Road Map« und der Gaza-Abzugsplan

»Israels Abkopplung vom Gaza-Streifen bietet das Potential, eine neue und positive Realität zu schaffen«, erklärt im August 2005 der israelische Botschafter in Berlin. »Sie kann Spannungen abbauen, neue wirtschaftliche Möglichkeiten schaffen und neue Impulse in den Friedensprozeß bringen.«

Doch auch das Gegenteil ist möglich: die Entstehung eines »Hamas-stan«, das den Islamisten als Vorbereitungsraum dient, um den Krieg gegen Israel zu eskalieren. Welches Szenario Wirklichkeit wird, hängt entscheidend davon ab, ob und wie der Einfluß des Islamismus im palästinensischen Lager bekämpft wird. Hier kommt der deutschen Außenpolitik als wichtigem Finanzier der Palästinenser eine Schlüsselrolle zu. Sicher ist: Wenn Deutschland und die Europäische Union weiterhin so agieren, wie sie es im Kontext des »Road-Map«-Friedensplans getan haben, werden die Folgen der Abkopplung vom Gaza-Streifen verheerend sein.

Leider weiß die Öffentlichkeit kaum etwas von dem heftigen Streit zwischen den Europäern und den USA, der die »Road-Map«-Diplomatie von Anfang an bestimmte. Die Rolle, die der frühere deutsche Außenminister Joschka Fischer in diesem Zusammenhang spielte, ist noch weniger bekannt, gilt doch gerade Fischer als ein glaubwürdiger Verteidiger der Interessen Israels.

Im Zentrum dieser transatlantischen Auseinandersetzung stand und steht die Beurteilung des islamistischen Terrors: Soll dieser bekämpft und zerschlagen oder als »Widerstand gegen die Besatzung« toleriert und belohnt werden? An den widersprüchlichen Antworten auf diese Frage scheiterte bisher der »Road-Map«-Friedensplan. Heute versuchen die USA die Europäer durch Entgegenkommen zu umwerben. Und doch setzt sich der Streit über die richtige Antwort auf Gruppen wie die Hisbollah und die Hamas mit unverminderter Schärfe fort. Schauen wir uns die Konturen dieser Auseinandersetzung genauer an.

Am 30. April 2003 wurde der »Road-Map«-Friedensplan an Ariel Scharon und Mahmud Abbas, den neu gewählten palästinensischen Ministerpräsidenten, überreicht. »Schauen Sie sich doch die Leistung der Europäer im Nahost-Konflikt an«, warf sich Joschka Fischer unmittelbar darauf in die Brust. »Der Nahost-Friedensplan (…) ist eine europäische Entwicklung. Er wurde dann von den anderen Mitgliedern des Quartetts übernommen und gemeinsam fortentwickelt, aber entspringt im Wesentlichen europäischen Ideen.«[439] Dieser Ausruf zeugt von einem deutschen und europäischen Selbstbewußtsein, wie man es bis dahin im Kontext des Nahostkonflikts nicht kannte.

Auslöser der »Road Map« war der Selbstmord-Anschlag der Hamas, der 29 Teilnehmer einer Passah-Feier am 27. März 2002 im israelischen Netanja zerfetzte. Am 4. April, acht Tage nach dem Massaker, griff US-Präsident George Bush mit einer Erklärung erstmals energisch in das Nahostgeschehen ein. Am 9. April legte auch Joschka Fischer sein »Ideenpapier für Frieden im Nahen Osten« vor. Am Folgetag wurde in Madrid das »Nahost-Quartett« – bestehend aus den USA, der Europäischen Union, den Vereinten Nationen und Rußland – konstituiert.[440] Fischers »Ideenpapier« hatte mit der amerikanischen Regierungserklärung jedoch wenig gemein.

Bushs Erklärung fordert Israel zwar auf, seine Siedlungstätigkeit zu beenden, ihr Tenor richtet sich jedoch in erster Linie gegen die Hamas: »Es ist ausgeschlossen, mit denen Frieden zu schließen, deren einziges Ziel der Tod ist.« Bush erkennt Israels Recht auf Selbstverteidigung gegen den Terror an und ruft die Palästinenser und die arabischen Regierungen auf, die »terroristischen Aktivitäten« der Al-Aqsa-Brigaden, der Hisbollah, des Islamischen Djihad und der Hamas zu stoppen, alle einschlägigen Finanzströme zu unterbinden, die Gewaltanstachelung und Terroristenverehrung in staatlichen arabischen Medien zu beenden und das Gerede vom »Märtyrer« sein zu lassen: »Sie sind nicht Märtyrer, sie sind Mörder.«[441]

In Fischers »Ideenpapier« wurde die Hamas hingegen nicht einmal erwähnt. Dies war kein Zufall. In keiner der insgesamt 54 Presseerklärungen, die das Auswärtige Amt zwischen Januar 2001 und August 2003 zum Nahostkonflikt veröffentlichte, tauchen Hamas, Hisbollah und Islamischer Djihad namentlich auf. Die Kernaussagen des »Fischer-Plans« faßt die Homepage des Auswärtigen Amtes folgendermaßen zusammen: »Die Parteien sind ohne Hilfe von außen zu keiner Konfliktlösung mehr in der Lage. Notwendig sind daher ein Weg- und Zeitplan, wie das Zwei-Staaten-Ziel erreicht werden kann.« Fischers Vorschlag beinhaltete die sofortige Ausrufung und Anerkennung eines palästinensischen Staates und die endgültige Regelung der strittigen Fragen (Jerusalem; Grenzverlauf etc.) binnen zweier Jahre. Dies sei die »Lösung« des Problems, verkündet das Auswärtige Amt verheißungsvoll: Zwei Staaten, Israel und Palästina, »die in Frieden (…) Seite an Seite leben«.[442] Wenn es sich aber tatsächlich so verhielte, warum verließ dann Jassir Arafat vor drei Jahren in Camp David den Verhandlungstisch? Warum wurden seit über 60 Jahren alle vorgeschlagenen Zwei-Staaten-Projekte von palästinensischer Seite torpediert? Und käme die unverzügliche Ausrufung und Anerkennung eines Palästina-Staats nicht einer Belohnung des Selbstmordterrors gleich?

Der deutsche Vorstoß basiert auf einer gänzlich anderen Bewertung des Islamismus als die Nahost-Rede Bushs. Beständig hat ausgerechnet Berlin den aus der eigenen Geschichte nur allzu vertrauten eliminatorischen Antisemitismus, wie er etwa in der Charta und der Praxis der Hamas zum Ausdruck kommt, ignoriert. Es ist symptomatisch, daß bis heute eine deutsche Übersetzung der Charta der Hamas nicht existiert. In diesem 1988 veröffentlichten Programm behauptet die Hamas, daß »die Juden hinter der Französischen Revolution und hinter der kommunistischen Revolution (standen)«. Sie behauptet, daß die Juden »hinter dem Ersten Weltkrieg (standen), um so das islamische Kalifat auszuschalten (...) und sie standen auch hinter dem Zweiten Weltkrieg, in dem sie immense Vorteile aus dem Handel mit Kriegsmaterial zogen«. Sie behauptet, daß die Juden »die Gründung der Vereinten Nationen und des Sicherheitsrats (veranlaßten), um die Welt durch ihre Mittelsmänner zu beherrschen. Es gab keinen Krieg an irgendeinem Ort, der nicht ihre Fingerabdrücke trüge.«

Man kommt in die Versuchung, diesen Irrsinn ebenso zu belächeln, wie einst das Gebrabbel Adolf Hitlers belächelt worden ist. Dabei ist es gerade diese Dämonisierung, die den Mord an beliebigen israelischen Zivilisten als einen »Akt der Befreiung« erscheinen läßt. Es ist dieser Wahn, der dem Kampfziel, Israel auszulöschen, das Motiv verleiht. Der kompromißlose Kampf gegen den Antisemitismus in Palästina und der arabischen Welt ist deshalb eine Schlüsselvoraussetzung für Frieden in Nahost.

Doch gerade auf diesem Gebiet will die frühere deutsche Außenpolitik nicht nur nicht kämpfen, sondern sie stellt sich blind. Deshalb betrachtet die frühere Bundesregierung Gruppen wie die Hamas und den Islamischen Djihad nicht als Kriegskommandos gegen Israel, sondern sie präsentiert deren Selbstmordterror als eine zwar falsche, aber immerhin doch nachvollziehbare Reaktion auf Armut und Perspektivlosigkeit. »Nicht die Gewalt der zweiten Intifada hat den Friedensprozeß zum Scheitern gebracht«, erklärte beispielhaft der »grüne Nahostexperte« und Bundestagsabgeordnete Christian Sterzing, »Die Gewalt ist vielmehr Produkt des gescheiterten politischen Prozesses.«[443]

Während die USA den Waffenstillstand zur Vorbedingung jeder Friedenslösung machen (und die Zerschlagung des islamistischen Terrors zur Voraussetzung jedweder palästinensischer Staatlichkeit), sieht es die deutsche Politik gerade umgekehrt. »Nur die Perspektive einer dauerhaften Friedenslösung kann einen haltbaren Waffenstillstand herbeiführen«, versichert Fischer.[444] Als die Intifada im April 2002 ihren blutigen Höhepunkt erreichte, verlieh er dieser gar einen positiven Sinn: »Die Krise«, betont der Außenminister, wohlwissend, daß die Selbstmord-Intifada diese erst heraufbeschwor, »wird ihre Lösung erzwingen oder eskalieren – das ist die Alternative.

(...) Ich präferiere daher die schnelle Staatsausrufung. Unsere französischen Freunde sehen das auch so.«[445] Die Nonchalance, die die deutsche Außenpolitik gegenüber antijüdischen Selbstmord-Massakern an den Tag legte, korrespondierte mit ihrer Parteinahme für Arafat.

Seit dem Amtsantritt der rot-grünen Regierung war Berlin zum wichtigsten Geldgeber der Palästinensischen Autonomiebehörde avanciert: Keine andere Bevölkerungsgruppe der Welt wird seither, umgerechnet auf die Bevölkerungszahl, mit höheren deutschen Zuwendungen bedacht. Als im September 2000 die Intifada begann, verlieh dieses Finanzaufkommen dem Einfluß Deutschlands in der Krisenregion ein neues Gewicht. Dennoch drängte der frühere Bundeskanzler Gerhard Schröder, als er im November 2000 Jassir Arafat besuchte, keineswegs auf dessen Rückkehr zum Verhandlungstisch. Stattdessen signalisierte er dem PLO-Chef grünes Licht: Aus deutschen Delegationskreisen hieß es damals, »Schröder wolle keinen Druck auf Arafat ausüben, damit dieser wieder an den Verhandlungstisch zurückkehre. Es sei nicht sinnvoll, weitere Entwicklungshilfe an die politische Kompromißbereitschaft der Palästinenser zu koppeln.«[446] An diesem 1. November 2000, dem Besuch Schröders bei Arafat, wurde eine Weiche gestellt. Vielleicht hätte man mit der Drohung des Geldentzugs Arafat zum Frieden mit Israel zwingen und so die Lebensbedingungen insbesondere der Palästinenserinnen und Palästinenser verbessern können. Doch dieser Versuch wurde gar nicht erst gemacht. Man brachte statt dessen von nun an die Entwicklungshilfe aus Deutschland mit dem propagierten und praktizierten Judenmord in Einklang: Trotz Zunahme der Selbstmordattentate wurden Arafats Finanzhilfen weiter erhöht.

Darüber hinaus erhielt der PLO-Chef diplomatischen Beistand aus Berlin. Schon im Februar 2002 war Arafat isoliert. Israel hatte alle Kontakte mit ihm abgebrochen. Die USA griffen ihn öffentlich als den Hauptschuldigen der Nahost-Eskalation an. Auch in der arabischen Welt war er wegen seiner Hinwendung zum Iran isoliert. In dieser Situation stand Joschka Fischer ihm bei: »Das dreifache Hoch Arafats auf den Besuch des deutschen Außenministers (›Danke, danke, danke‹) klingt wie der Triumph des Palästinenserführers über die israelischen Panzer vor seiner Haustür«, berichtete im Februar 2002 die *FAZ*. »Fischer und die EU hatten alles darangesetzt, Arafats Wiederauferstehung einzuleiten. (...) Solange Israelis terrorisiert werden und Arafat seine passive, wenn nicht schützende Hand über die Hintermänner hält, wird man den isolierten Autonomiepräsidenten schwerlich als Verhandlungspartner empfehlen können. Fischer tat genau dies.«[447]

Aus entgegengesetzten Beurteilungen von Arafat und der Hamas folgte notwendig eine unterschiedliche Bewertung der israelischen Politik.

Während die USA Israels Recht, sich gegen den Terror zu verteidigen, ausdrücklich anerkennen, bevorzugt Deutschland die äquidistante Rede von der »Spirale der Gewalt«: Israels Regierung und Arafat werden auf eine Stufe gestellt und als gleichermaßen unzurechnungsfähig und »zu keiner Konfliktlösung mehr in der Lage« abgekanzelt. Fischer im April 2002: »Wenn man vereinbart hatte, ›Hallo!‹ zu sagen, interpretierte dies die eine Seite als ›Gute Nacht!‹ und die andere Seite als ›Guten Morgen!‹ Dies führt ins Abseits, weshalb eine vitale dritte Kraft für die Umsetzung einer Friedenslösung notwendig ist.«[448]

Streit über Arafat

Schon die ersten Schritte auf dem Weg zur »Road Map« waren somit von scharfen transatlantischen Widersprüchen geprägt. Dennoch ging US-Präsident Bush in seiner zweiten Nahosterklärung vom 24. Juni 2002 unter dem Eindruck »zunehmend pointierter Forderungen von europäischen Alliierten und moderaten arabischen Staaten« (*New York Times*) auf »zentrale Punkte des deutschen Ideenpapiers« ein, wie die Homepage des Auswärtigen Amts betont.[449] So machte sich die US-Administration das Konzept der raschen Ausrufung eines vorläufigen Palästina-Staates zu eigen und erklärte, daß eine abschließende Regelung innerhalb von drei Jahren zu erreichen sei. Sie erhob jedoch den Vorbehalt, daß zuvor eine neue palästinensische Führung ohne Arafat etabliert werden müsse, die den Terror bekämpft und dessen Infrastruktur zerstört. Implizit appellierte die amerikanische Regierung auch an die EU: »Jede Nation, die sich dem Frieden verpflichtet weiß, wird die Lieferung von Geld, Ausrüstung und Rekruten an Terrorgruppen unterbinden, die wie Hamas, Islamischer Djihad und Hisbollah die Zerstörung von Israel bezwecken.«[450]

Dieser Appell verhallte in Brüssel und Berlin freilich ungehört. Statt dessen konzentrierte sich die deutsche Außenpolitik auf das politische Überleben Arafats. Wenige Tage nach der Bush-Rede ließ Joschka Fischer ein zweites Papier an die Teilnehmer des Nahost-Quartetts verschicken. Der PLO-Chef sollte nicht zum Rücktritt gezwungen werden, sondern, so Fischers Forderung, »für eine sogenannte Notstandsphase, in der man sich gegenwärtig befinde, eine Übergangsregierung mit einem Ministerpräsidenten einsetzen«.[451] Dies hatte mit der amerikanischen Vorbedingung an die Palästinenser, »to elect new leaders, leaders not compromised by terror«, wenig gemein: daß ein Ministerpräsident ausgerechnet denjenigen politisch ausschalten würde, dem er sein Amt verdankt, war ausgeschlossen.

Als das »Quartett« im Juli 2002 in New York City zusammenkam, waren die Positionen entsprechend polarisiert. Hier die USA, die die Europäer dazu aufriefen, ihre monatliche direkte Budget-Hilfe für Arafat in Höhe von zehn Millionen Euro zu revidieren, um reale Veränderungen in der Autonomiebehörde zu erzwingen. Dort die EU, die mit Unterstützung der UN und Rußlands in Arafat weiterhin den legitimen Führer der Palästinenser sah.[452] Im Streit um Arafat stand freilich die Gesamtorientierung der Nahost-Politik auf dem Spiel: »Pro-Arafat« hieß, sich positiv auf die Selbstmord-Intifada und die Vision einer palästinensischen Staatlichkeit zu beziehen, als deren Geburtshelfer der islamistische Terror fungiert. »Kontra-Arafat« bedeutete, einen Neuanfang mit der Vision eines Palästinenserstaates anzustreben, der langfristig Frieden sichert, indem er den Kampf gegen den Terror und die Normalisierung seiner Beziehung mit Israel zur Staatsräson erhebt. Eigentlich hätte schon im Laufe dieser Sommersitzung das »Quartett« auseinander fliegen müssen, hatte sich doch die »Road Map« als eine Wegekarte mit Richtungspfeilen entpuppt, die in gänzlich unterschiedliche Richtungen wiesen. Doch abermals ließen sich die USA auf den europäischen Standpunkt ein. Waren es die sich schon abzeichnenden Zerwürfnisse über den Irakkrieg, die Washington veranlaßten, Fischers neue Vorschläge im Grundsatz zu übernehmen und immer wieder nachgiebig zu sein?

Ende August jedenfalls billigten die Außenminister der EU die EU-»Road Map«, »die sich im Wesentlichen an dem deutschen Papier orientierte«, so die Homepage des Auswärtigen Amts. »Die EU übernahm den Dreistufenplan für den Zeitraum 2002 bis 2005 und alle wichtigen Einzelelemente einschließlich der Premierminister-Idee.« Im September wurden die europäischen Vorstellungen zu einem gemeinsamen »Road Map«-Text des »Quartetts« verschmolzen, der im Dezember 2002 auf einer erneuten Sitzung des »Quartetts« in Washington seine abschließende Textfassung erhielt und am 30. April 2003 an die Konfliktparteien ging. Welche Schritte sah die vom »Quartett« verabschiedete »Road Map« nunmehr vor?

Phase I »bis Mai 2003«: Israel zieht sich auf seine Stellungen vom 28. September 2000 zurück und entfernt alle nach dem März 2001 errichteten Siedlungen. Die Palästinenser zentralisieren ihren Sicherheitsapparat und leiten »nachhaltige, gezielte und wirkungsvolle Operationen ein, die sich gegen alle am Terror Beteiligten richten und die Fähigkeit und Infrastruktur des Terrors zerschlagen. Dies schließt den Beginn des Einzugs illegaler Waffen und die Konsolidierung der Sicherheitskräfte ohne jede Verbindung zu Terror ein.« Erst nach Erfüllung dieser Verpflichtungen folgt:

Phase II »Juni 2003 bis Dezember 2003«: Am Ende dieser Etappe soll ein »unabhängiger palästinensischer Staat mit provisorischen Grenzen und provisorischen Attributen der Souveränität« gegründet und von den Vereinten Nationen nach Möglichkeit auch schon anerkannt sein.

Phase III »2004 bis 2005«: Jetzt erst sind Verhandlungen über die vollständige und abschließende Regelung des Israel-Palästina-Konflikts vorgesehen.[453]

Sabotage in Ramallah

Alle früheren Differenzen brachen während der kurzen Laufzeit des Friedensprozesses verschärft wieder auf. Arafat demütigte seinen neuen Ministerpräsidenten Mahmud Abbas und beschimpfte ihn als »Verräter«. Demonstrativ durchkreuzte er den Friedensplan, indem er zwei Drittel der Sicherheitsdienste unter seinem Befehl zentralisierte und den Anschlägen der hauseigenen Al-Aqsa-Brigaden taktische Rückendeckung gab. Dennoch stärkten ihm Deutschland und die EU – trotz immer schärfer werdender Proteste aus Washington! – den Rücken.[454]

Die Hamas denunzierte die »Road Map« als »zionistische Verschwörung« und initiierte eine neue Serie von Selbstmordattentaten, um den Friedensprozeß zu Fall zu bringen. Dennoch weigerte sich am 3. Juli 2003 der Europäische Ministerrat, ihre Konten einzufrieren und die Organisation auf die Liste der terroristischen Organisationen zu setzen. Die Aktivitäten des politischen Flügels der Hamas seien »legitim«, betonte der Sprecher der EU-Kommission, Reijo Kempinnen, da er soziale Dienste leiste und Kliniken betreibe. »Dass die Hamas in ihrer Gänze eine Terrororganisation sei, ist gewiß nicht unsere Position.«[455]

In offenem Widerspruch zu den »Road-Map«-Bestimmungen plädierte Joschka Fischer für eine dauerhafte Integration der Hamas in den Friedensprozeß. »Es müsse ein ›dauerhaftes Übereinkommen für eine Waffenruhe‹ mit der islamistischen Hamas-Bewegung und anderen Gruppen erreicht werden«, erklärte er Ende Juni 2003 in Kairo. Die US-Regierung reagierte prompt: »Wie kann eine Gruppe, die entschlossen ist, Israel auszulöschen, je ein Partner in dem Friedensprozeß sein?«[456] Fischers Antwort ist unbekannt.

Nachdem am 19. August 2003 ein Selbstmordattentäter der Hamas sich in einem überfüllten Bus in Jerusalem in die Luft gesprengt und 23 Menschen getötet hatte, war diese Position nicht länger zu halten. Dennoch sahen sich auch weiterhin »Großbritannien, die Niederlande und Italien, die die Ächtung dieser Gruppe unterstützten, (...) erbitterten Widerständen von Frankreich und Deutschland gegenüber«, berichtete Anfang September der Infodienst EUobserver.com.[457] Erst am Tag des Rücktritts von Abbas nahm die EU die Hamas, nicht aber die mit ihr verbundenen sozialen Organisationen, in die Liste terroristischer Organisationen auf.[458]

Sämtliche Warnungen und Appelle Washingtons mißachtend, haben Deutschland und die EU somit den Friedensprozeß geschwächt und zum Scheitern des palästinensischen Ministerpräsidenten Mahmud Abbas beigetragen. Hatte man sich mit dieser Politik nicht selbst ein Bein gestellt und den eigenen Ansatz sabotiert? Wir kommen weiter unten auf diese Frage zurück.

Die Gaza-Lüge

Mit dem Rücktritt von Abbas war die »Road-Map«-Diplomatie am Ende. Arafat ernannte mit Ahmed Qurei einen neuen, ihm diesmal zu 100 Prozent ergebenen Premierminister. Die Europäer erkannten diesen zwar sofort und bedingungslos an. Washington aber reagierte auf die Ernennung des Arafat-Freundes reserviert: In der Tat war mit Qurei ein Kampf gegen den Terror nicht vorstellbar.[459] Nun ließ die Bush-Regierung durchblicken, daß die »Road Map« »zum Scheitern verurteilt war und hierfür in erster Linie die Palästinenser verantwortlich zu machen seien«. Auch UN-Generalsekretär Kofi Annan räumte ein, daß dieser Ansatz »in einer Art Sackgasse gelandet sei«.[460] Zwischen September 2003 und April 2004 waren alle Sitzungen des Quartetts suspendiert und die »Road Map« faktisch tot. Weil aber dieser Friedensplan am Ende war, änderte Ariel Scharon die israelische Politik. Im Dezember 2003 begann er den unilateralen und bedingungslosen Abzug der jüdischen Siedler aus dem Gaza-Streifen vorzubereiten. Dieser Abzugsplan ist nie ein Bestandteil der »Road Map« gewesen, sondern wurde, ganz im Gegenteil, als Konsequenz aus ihrem Scheitern formuliert.

Als Ariel Scharon den einseitigen Abzugsplan im April 2004 dem Weißen Haus präsentierte, reagierte US-Präsident Bush geradezu begeistert und gab dem israelischen Regierungschef, um dessen Position in Israel zu stärken, ein paar Zusagen mit auf den Weg. So erklärte er, daß die »grüne Linie« von 1967 an die neuen Realitäten angepaßt und den palästinensischen Flüchtlingen ein Recht auf Rückkehr nach Israel verwehrt werden müsse, damit Israel als jüdischer Staat erhalten bleibt.[461]

Auf diesen Washington-Gipfel reagierte die EU geradezu entsetzt. Jacques Chirac bezeichnete die Bush-Position als »gefährlich«. Der außenpolitische Koordinator der EU, Javier Solana, zeigte sich besonders über die amerikanische Ablehnung eines Rückkehrrechts empört, und Joschka Fischer erklärte ultimativ: »Nur im Rahmen der ›Road Map‹ kann es eine Lösung geben.«[462]

Nun zeigte sich, wie stark sich die Nahostpolitik der USA bereits im Netz der »Quartett«-Diplomatie verfangen hatte. Aufgeschreckt vom Scharon-Besuch im Weißen Haus verlangten die Europäer die Einberufung einer hochrangig besetzten Konferenz des Nahost-Quartetts am 4. Mai 2004 in New York. Hier wurde in Anwesenheit eines unglücklich dreinschauenden Colin Powell (»he seemed glum«) ein Papier verabschiedet, das nach einem Bericht der *New York Times* »fast auf eine Umkehrung der von Präsident Bush dargelegten Politik hinauslief«, indem beispielsweise darauf bestanden wurde, daß jede künftige Festlegung von Israels Grenze und der Status der palästinensischen Flüchtlinge »im gegenseitigen Einvernehmen zwischen Israelis und Palästinensern zu klären« seien. Dieses »langatmige Papier«, heißt es hier weiter, »wurde Diplomaten zufolge in einem spannungsreichen Schlagabtausch zwischen der Bush-Regierung und ihren Quartett-Partnern ausgehandelt«.[463]

In diesem Frühjahr 2004, als Arafat noch quicklebendig war und erfolgreich jede Maßnahme zur Eindämmung des Terrors torpedierte, passierte mit dem unilateralen Gaza-Abzugsplan der israelischen Regierung etwas Eigenartiges: Er wurde von der palästinensischen Führung gekapert und in seiner Intention verdreht. Einerseits hatten die Palästinensischen Behörden unter Ahmed Qurei die Antiterror-Bestimmungen der »Road Map« permanent ignoriert. Andererseits suchten sie zur Einflußwahrung die »Road Map« um jeden Preis zu retten. Also verfielen sie auf den Trick, ausgerechnet den Gaza-Abzugsplan als einen Bestandteil der »Road Map« auszugeben. Ahmed Qurei begrüßte »eine Räumung des Gaza-Streifens als erste israelische Leistung im Rahmen der ›Road Map‹«.[464]

Dieser Lüge schlossen sich die Europäer an. Die Bundesregierung bezeichnete Scharons Abzugsplan als »einen Schritt auf dem Weg zur Verwirklichung der Zwei-Staaten-Lösung, wie ihn die ›Road Map‹ vorsieht«, und ein Sprecher der EU erklärte, »daß der Rückzug einen bedeutsamen Schritt zur Umsetzung der ›Road Map‹ darstellen könnte«. Seither wird aus Israels Abzug in immer schärfer klingender Tonlage gefolgert, daß sich gerade jetzt weitere israelische Schritte anzuschließen hätten. Kein Wunder, daß Ariel Scharon sich fortan weigerte, das Nahost-Quartett auch nur zu empfangen, kein Wunder, daß die USA von nun an ein neues Nahost-Projekt gemeinsam mit Israel und Ägypten – unter Ausschluß der Europäer! – ins Auge faßten.[465]

Doch dann starb im November 2004 Jassir Arafat und es begann die vorläufig letzte Szene in einem diplomatischen Schauspiel, dessen Finale noch nicht geschrieben ist. Von nun an setzten die USA alle Hoffnungen auf den zum Arafat-Nachfolger gewählten Mahmud Abbas. Ihre Nahost-Politik nahm fortan eklatante Widersprüche in Kauf. Einerseits erklärte der US-Präsident, als ihn Abbas im Mai 2005 im Weißen Haus besuchte: »Hamas ist eine Terrorgruppe; sie steht aus gutem Grund auf der Terrorliste.«[466] Andererseits machte er gute Miene zum bösen Spiel und kritisierte mit keinem Wort, daß auch Abbas die islamistischen Todfeinde Israels weder entwaffnen, noch auch nur bekämpfen, sondern statt dessen in seine Regierungsarbeit einbeziehen will. Jetzt begann sich auch die Außenministerin der USA die von Ahmed Qurei geprägte Neu-Interpretation des Gaza-Abzugsplans zu eigen zu machen: »Auf den bevorstehenden Gaza-Rückzug muß die nächste Phase der ›Road Map‹ folgen«, verlangte sie im Juli 2005 ausgerechnet von ihrem Gesprächspartner Ariel Scharon. Dieser wies diese Forderung zurück: Israel werde zum Friedensplan erst dann zurückkehren, wenn die Struktur des islamistischen Terrors zerschlagen worden sei.[467]

Wie sieht die Bilanz unseres Rückblicks auf die ›Road-Map‹-Diplomatie aus? In der Regel gehen alle Beteiligten davon aus, daß die USA eher mit Israel, die Europäer hingegen eher mit den Palästinensern verbunden seien. Auch wenn die Spannungen zwischen Israel und den USA in den letzten Monaten zugenommen haben, trifft diese Einschätzung, was die Rolle der USA anbelangt, weitgehend zu. Aber haben sich die Europäer tatsächlich als die Interessenvertreter »der Palästinenser« profiliert? Die Geschichte der »Road Map« zeigt ein anderes Bild: Bisher hat die Europäische Union nicht »die Palästinenser«, sondern bevorzugt die militanten Gegner Israels im palästinensischen Lager unterstützt. Natürlich hätte die EU als wichtiger Geldgeber gezielt die palästinensischen Widersacher des Terrors stärken können. Daran aber waren und sind Deutschland und die EU offenkundig nicht interessiert: Bis heute hat kein deutsches Regierungsmitglied das Desaster der zweiten Intifada je so eindeutig kritisiert wie Mahmud Abbas: »Was in den letzten zwei Jahren geschah, war die vollständige Zerstörung von allem, was wir zuvor aufgebaut haben«, erklärte Abbas im Oktober 2002 in seiner Funktion als PLO-Exekutivsekretär. »Die Militarisierung der Intifada war vollständig falsch.«[468]

Als im Juli 2003 56 Prozent der Palästinenser für die Umsetzung der »Road Map« plädierten, stärkten Deutschland und die EU nicht Abbas, sondern zogen die taktische Parteinahme für »Road Map«-Gegner wie Arafat und die Hamas vor.[469]

Nach dem Gipfeltreffen von Scharon und Abbas im Februar 2005 in Sharm el-Sheik erklärten 70 Prozent der Palästinenser, daß sie über die Verbreitung von Waffen in der palästinensischen Gesellschaft besorgt seien und eine zentrale Autorität befürworteten.[470] Dies richtete sich nicht zuletzt gegen die Hamas, die sich nicht nur bis heute weigert, ihre Waffen abzugeben, sondern ganz im Gegenteil im Gaza-Streifen eine mehrere Tausend Kämpfer umfassende Guerilla-Armee rekrutiert und Hunderte von Kassam-Raketen angehäuft hat.[471] Dessen ungeachtet erhob die Europäische Union die Hamas im Juni 2005 in den Rang eines Dialogpartners, ohne auch nur eine einzige Vorbedingung zu stellen.[472] Die Warnung des ehemaligen US-

Sonderbeauftragen für den Nahen Osten, Dennis Ross, an die Europäer – »Wenn ihr euch auf die Hamas einlaßt, schwächt ihr die Palästinensische Behörde!« – schlug man in den Wind.[473] Seither findet der Dialog zwischen europäischen Regierungsstellen und Islamisten nicht nur auf einer unteren Ebene statt: Stolz gab die Führung der Hamas im Juni 2005 bekannt, daß auch ein hoher Beauftragter der Bundesregierung Gespräche mit ihr in Ramallah sowie in Gaza-Stadt aufgenommen habe.[474]

Im Februar 2005 ließ Condoleezza Rice bei ihrem Antrittsbesuch in Europa keine Gelegenheit ungenutzt, um für die europäische Ächtung der Hisbollah als Terrororganisation zu werben. Sie wurde dabei nicht nur von Israel, sondern auch von der Palästinensischen Autonomiebehörde unterstützt, die – so die *Jerusalem Post* – die Welt darum gebeten habe, »ihr bei der Ausschaltung derer zu helfen, die Öl in die Flammen gießen, die sie zu löschen versucht«.[475] Doch vergeblich: Noch im selben Monat faßte die EU den Beschluß, die Hisbollah nicht auf die Terrorliste zu setzen, sondern zu schonen – wohl wissend, daß diese Organisation tausend Raketen auf Israel gerichtet hat, daß sie Israel zerstören will und daß sie den palästinensischen Terror protegiert.

Dies zeigt, daß Deutschland und die EU nicht einfach auf der Seite »der Palästinenser« oder »der Abbas-Regierung« stehen. Statt dessen stachelt der transatlantische Konflikt auch die Gegensätze in der palästinensischen Gesellschaft an: Hier die von den USA gestützten Kräfte um Abbas, die, wie halbherzig auch immer, mit Israel ein Auskommen suchen. Dort die Kräfte des Islamismus, die von den Europäern hofiert werden, obwohl sie Israel vernichten wollen. Welche Motive veranlaßten die Europäer sowie ausgerechnet einen Joschka Fischer und die frühere rot-grüne Bundesregierung zu dieser Politik?

Deutsche Nahostpolitik

Anhaltspunkte für die Beantwortung dieser Frage liefert das programmatische Dokument »Eckpunkte einer deutschen Nahost-Politik«, das von Nahost-Experten der CDU, der SPD und der Grünen gemeinsam verfaßt und im August 2001 veröffentlicht worden ist.[476] Dieser Bericht ist nicht zufällig parteiübergreifend formuliert: Auch die konservative CDU, jetzt nach der Bundestagswahl führender Partner in der großen Koalition, hat die rot-grüne »Road-Map«-Diplomatie stets gefördert und nie kritisiert.

Diese »Eckpunkte« setzen wie selbstverständlich eine deutsche Sonderbeziehung zu den Palästinensern voraus. Es heißt darin: »Die Unterstützung der palästinensischen Staatswerdung ist prioritär. Die finanzielle Hilfe, die das palästinensische Gemeinwesen direkt oder indirekt aus Deutschland erhält, übersteigt die Hilfe jedes einzelnen anderen Staates. Diese Unterstützung ist eine bewußte und richtige Entscheidung deutscher Politik, und Deutschland sollte sich einer Rolle als Geburtshelfer und Pate des zukünftigen palästinensischen Staats nicht entziehen.«

Pate der Palästinenser! Warum sollten gerade Deutsche diesen Paten abgeben? Weil sie an Palästinensern »gutmachen« müssen, was an Juden schlecht gemacht worden ist? Warum will man Pate ausgerechnet der Palästinenser sein? Weil man ebenso wie diese zu wissen glaubt, was es heißt, von Juden »drangsaliert« zu werden? Sozialpsychologisch ist der Nahe Osten für Deutsche stets ein Minenfeld. Abwehr, Projektion oder Übertragung kanalisieren unterschwellig Politik und Diskurs. Kein deutsches Gespräch über Israel und die Palästinenser, das nicht von der nachwirkenden Wucht des Verbrechens an den Juden beeinflußt ist.

Wie steht es aber um die »Priorität Palästina« wenn der Terror der Islamisten den Weg zu einer palästinensischen Staatlichkeit immer wieder blockiert? Auch dieser Fall ist in den »Eckpunkten« antizipiert: »Deutschland soll deutlich machen, daß es den überwiegend arabischen Charakter des Nahen und Mittleren Ostens erkennt und die Beziehungen zur arabischen Welt nicht vom Erfolg des Friedensprozesses abhängig macht.« Die Rangfolge ist eindeutig: Die Beziehungen zur arabischen Welt werden nicht davon anhängig gemacht, wie diese zum Erfolg eines Friedensprozesses beitragen. Sondern der Friedensprozeß und die damit verbundene Sicherheit Israels werden den Beziehungen zu den arabischen Regimes untergeordnet. Diese aber sind nicht selten aus innenpolitischen Gründen an der Fortsetzung des Konflikts zwischen Israel und den Palästinensern interessiert. Priorität »Palästina« und – dem übergeordnet – Priorität »Arabische Welt«: Diese beiden Präferenzen des »Eckpunkte«-Papiers scheinen für die bisherige deutsche »Road-Map«-Politik bestimmend gewesen zu sein.

Diese Bündnisorientierung wird um eine ökonomische Komponente ergänzt. So bestreitet das islamistisch regierte Saudi-Arabien bis heute nicht nur 60 Prozent des Budgets der Hamas, sondern Riad ist gleichzeitig der größte deutsche Handelspartner in der Region. Der islamistisch regierte Iran ist nicht nur der Erschaffer und Finanzier der Hisbollah und des Islamischen Djihad, sondern zugleich das Eldorado der deutschen Exportwirtschaft. Iran bezieht heute aus keinem anderen Land so viele Waren wie aus Deutschland, schrieb im August 2005 die *FAZ*. »In 2004 waren die deutschen Ausfuhren nach Iran (...) um 33 Prozent auf 3,57 Milliarden Euro gestiegen. Seit dem Jahr 2000 haben sich die Ausfuhren mehr als verdoppelt.«[477] Die Intensivierung der deutschen Beziehungen zur arabischen Welt ist gleichzeitig ein Ausdruck der gesteigerten transatlantischen Rivalität.

Allianz gegen Amerika

Schon 1998 schwärmte der Leiter des Deutschen Orient-Instituts, Udo Steinbach, davon, daß die Bundesrepublik angesichts der enormen »Sympathie«, die man »Deutschland traditionell in der gesamten Region« entgegenbringe, »im Nahen Osten weithin als künftige Großmacht« angesehen werde, die »ein Gegengewicht gegen eine allzu dominante amerikanische Machtausübung bilden kann«.[478] Jene »traditionelle Sympathie« schließt Bewunderung für den Nationalsozialismus durchaus mit ein. Der 11. September und der Krieg gegen den Irak haben den deutschen Ehrgeiz, sich in der arabisch-muslimischen Welt als wichtigster Widersacher der USA zu profilieren, noch verstärkt. Auch deshalb wird gezielt auf Bündnisse mit Islamisten gesetzt. Symptomatisch für diese Orientierung ist eine Studie, die im Zentrum einer von der Bertelsmann-Stiftung veranstalteten Tagung über den Nahen Osten stand. An dieser Tagung nahmen neben Joschka Fischer und Javier Solana auch ein Vertreter der EU-Ratspräsidentschaft sowie die Nahost-Botschafter der Vereinten Nationen und Rußlands teil. Dieser Studie zufolge »soll die EU ihre Zeit nicht mit der vergeblichen Suche nach einer international akzeptierten Definition von Terrorismus vergeuden«. Dies gelte besonders »im Kontext des Mittelmeerraums, »wo die Abgrenzungslinien zwischen Terroristen, Widerstandskämpfern und Oppositionsgruppen im öffentlichen Diskurs verschwommen sind«. Ist dieser Verweis auf den »öffentlichen Diskurs im mediterranen Kontext« nicht ein fadenscheiniger Deckmantel, um im Falle von Gruppen wie der Hamas die Linie zwischen Terroristen und Oppositionsgruppen auch im Kontext der europäischen Politik verwischen zu können? Was schlägt diese Studie als Alternative vor? »Stattdessen sollten die Akteure in der EU die islamistische Bewegung gegen eine allzu undifferenzierte Anti-Terror-Kriegsführung der Amerikaner verteidigen und in den europäischen Dialog der Kulturen integrieren.«[479]

Auch diese Empfehlungen scheint sich die frühere Bundesregierung zu eigen gemacht zu haben: Sie will mit Islamisten kooperieren, anstatt sie zu isolieren. Kommt dieses Signal nicht einer Ermunterung zum Djihad gegen Israel gleich? Warum sollte sich die arabische Welt den amerikanischen Aufrufen zur Ächtung von Hamas und anderen Terrorgruppen anschließen, wenn dies selbst Deutschland und die EU nicht tun?

Hinter der taktischen Akzeptanz der Selbstmordattentate steckt möglicherweise ein weiteres Kalkül. Warum fühlten sich die USA genötigt, Deutschland und der EU einen gesteigerten Einfluss auf die Nahost-Prozesse zuzugestehen? »Der wichtigste Druckfaktor ist die Entwicklung der Verhältnisse und ihr Eskalationspotential«, antwortet Fischer.[480] In der Tat! So, wie die jüngsten großen Terroranschläge im Irak die USA dazu nötigten, die UN und die EU in ihre Planungen stärker als zuvor einzubeziehen, so schaffte erst der Terror der Hamas die Voraussetzung für das deutsch-europäische Debüt beim »Road-Map«-Friedensplan.

»Können machtpolitisch selbstbewußte Länder möglicherweise daran interessiert sein, daß der Erfolg (der USA im Kampf gegen den Terror) nicht triumphal und auch nicht eindeutig ausfällt?«, fragte scheinheilig der außenpolitische Ressortleiter der *FAZ* und benannte damit einen entscheidenden Punkt: Jeder außenpolitische Erfolg der USA ist ungünstig für den Stellenwert der EU.[481] Je geringer aber der amerikanische Erfolg, desto größer die Gelegenheit für Deutschland und die EU, sich als Alternative zu den USA zu profilieren und so von deren Scheitern zu profitieren.

Paradigmatisch beleuchtet somit der transatlantische Streit über die »Road Map« die Widerspruchsentwicklung im Kampf gegen den islamistischen Terror überhaupt: Während Israel und die USA den antisemitischen Akteuren dieser Bewegung mehr schlecht als recht den Kampf ansagen, biedern sich Deutschland und andere EU-Mächte bei diesen auch weiterhin an. Hierbei haben die Anschläge von London und Madrid die Illusion von einem »gemäßigten« Islamismus der Hamas eher noch verstärkt.

»Schauen Sie sich doch die Leistung der Europäer im Nahost-Konflikt an«, hatte Joschka Fischer am 8. Mai 2002 gegenüber *Zeit*-Journalisten geprahlt. Die Frage, worin nun eigentlich »das spezifisch Europäische« an der globalen Neugestaltung bestehe, beantwortete der frühere Außenminister in diesem Interview wie folgt: »Der Unterschied ist, ob es eine kooperative oder eine konfrontative Perspektive gegenüber dem arabisch-islamischen Krisengürtel geben wird.«

Mit dieser Abgrenzung hat Joschka Fischer den eigentlichen Unterschied aber verwischt: Der Unterschied zwischen denjenigen arabisch-islamischen Akteuren, die Israel als jüdischen Staat anerkennen und jenen, die ihn beseitigen wollen. Die Scheidelinie verläuft genau hier. Die »kooperative Perspektive« gegenüber Muslimen, die sich vom islamistischen Judenhass distanzieren wollen, setzt die »konfrontative« gegenüber Hamas und Hisbollah voraus.

Wird die EU Israels Abkopplung vom Gaza-Streifen zum Anlaß nehmen, um aus dem Fiasko ihrer »Road-Map«-Politik zu lernen? Bisher ist ihre »kooperative Perspektive« lediglich denjenigen Kräften zugute gekommen, die Israel vernichten wollen: in Teheran, in Gaza und in Beirut. Heute steht Europa erneut vor der Wahl: Entweder es beginnt, die radikalen Islamisten zu bekämpfen und deren Widersacher in der muslimischen Welt zu stärken. Oder es gibt den Antisemiten in aller Welt ein Zeichen heimlichen Einverständnisses, indem es den Djihad gegen Israel ermutigt oder akzeptiert. Ein Drittes gibt es nicht.

Abschnitt III

Perspektiven

Herausforderungen für die deutsche und europäische Politik

Klaus Faber

Einleitung

Autoren: Anetta Kahane, Ilka Schröder, Gert Weisskirchen, Hildegard Müller, Markus Löning, Dieter Graumann, Julius H. Schoeps, Klaus Faber

Im letzten Abschnitt dieses Buches werden einige grundsätzliche Fragen aufgenommen, die bereits in den Abschnitten I und II eine Rolle gespielt haben. Bestandsaufnahme und Handlungskonsequenzen sind die gemeinsamen Themen der Stellungnahmen und Beiträge.

Anetta Kahane schildert die Möglichkeiten zivilgesellschaftlichen Engagements gegen den Antisemitismus. Dieses Potential wird in Deutschland, aber ebenso in anderen europäischen Ländern vielleicht auch heute noch unterschätzt. Die Notwendigkeit, im öffenlichen und im zivilgesellschaftlichen Bereich zu handeln – etwa mit dem Ziel, die Kenntnisse über das Judentum, den Antisemitismus und Israel zu verbessern – wird, wie dies auch Philipp Gessler in seinem Beitrag zum vorangehenden Abschnitt schildert, nicht überall erkannt.

Für eine andere Ebene des Handlungsraums steht die Politik der Europäischen Union. Ilka Schröder (früher Mitglied des Europäischen Parlaments) bezweifelt, wie im ersten und im zweiten Abschnitt etwa Yves Pallade und Matthias Küntzel in ihrer Bewertung der deutschen Politik, für die EU-Ebene die Ausgewogenheit der Positionen gegenüber Israel. Einige von Ilka Schröder sehr kritisch beschriebene EU-Vorgänge zeigen eine kaum begreifbare Parteilichkeit für die arabisch-palästinensische Seite, eine Parteilichkeit, die offenbar auch von einer Mehrheit im Europäischen Parlament mitgetragen wird.

Gert Weisskirchen, Hildegard Müller und Markus Löning, alle Mitglieder des früheren sowie des jetzt neu gewählten Bundestages, ziehen aus der Analyse die politischen Schlußfolgerungen für die Ebene nationaler und internationaler Politik. Gert Weisskirchen bezieht dabei auch die OSZE – die Organisation für Sicherheit und Zusammenarbeit in Europa – in seinen Beitrag ein; er trägt Verantwortung für den Themenkomplex Antisemitismus in dieser Organisation. Hildegard Müller, seit 2005 Staatsministerin im Bundeskanzleramt, setzt u. a. einen Schwerpunkt beim Ausbau der Beziehungen zu Israel. Markus Löning betont die Notwendigkeit, gemeinsam und abgestimmt den Antisemitismus zu bekämpfen. Die drei Bundestagsabgeordneten sind sich einig darin, daß den damit beschriebenen Fragen in der Politik mehr Aufmerksamkeit gewidmet werden muß.

Dieter Graumann weist auf die immer noch zu wenig beachteten Gefahren hin, die in Europa vom islamischen Extremismus, auch, aber nicht nur in seiner antisemitischen Zielrichtung, ausgehen; es gehört zur europäischen Selbstverteidigung, so Graumann, darauf adäquat zu reagieren. Julius H. Schoeps schildert die andere, damit jedoch vielfach verbundene Seite des Problems, die Schatten der deutschen NS-Vergangenheit. Er beschreibt die nicht auflösbare Erinnerungsverbindung von Juden und nicht-jüdischen Deutschen. Der letzte Beitrag (Klaus Faber) nimmt ohne die Ambition, abschließend zusammenzufassen, die Frage nach den Handlungsoptionen in Deutschland und Europa auf.

Über den Handlungsbedarf besteht wohl bei fast allen Autoren dieses Sammelbandes Einigkeit, zumindest in Teilbereichen auch über die Handlungsansätze. Es ist jedoch nicht sicher, ob die Politik in Europa oder wenigstens in Deutschland den Herausforderungen gerecht werden wird. Bürgerengagement und Mut in der Politik werden darüber mitentscheiden, ob die Probleme in ihrer tatsächlichen Dimension erkannt und rechtzeitig Gegenmaßnahmen eingeleitet werden. Der Kampf gegen den Antisemitismus jedweder Provenienz ist ein Teil des Kampfes um Menschenrechte und Demokratie – und kein Luxusziel, das sich nicht mit »realpolitischen« Interessen bei der Auseinandersetzung um Marktanteile und das Öl vereinbaren läßt. Die Gefahren einer zunehmenden nuklearen Proliferation sind bereits jetzt abzusehen. Wegsehen und Nichtstun gegenüber – bei allen Unterschieden – ähnlichen Gefahren sowie gegenüber einer fortwährenden antisemitischen Agitation hatten in einer anderen historischen Phase schon einmal verheerende Folgen.

Anetta Kahane

Was Zivilgesellschaft gegen Antisemitismus nützt

Es gibt eine Meinung, die besagt, dass es keinen Sinn habe, etwas gegen Antisemitismus zu tun. Sie beruht auf der Tatsache, dass die Menschheit ungern auf Bewährtes verzichtet, und der Antisemitismus hat sich zweifelsohne durch die Jahrhunderte »bewährt«. Er ist die perfekte Gesellschaftstheorie, durch die für alles Tückische, Dunkle, Konspirative und unheimlich Mächtige in der Welt jemand verantwortlich gemacht werden kann: die Juden. Wer sich also selbst als rein, hell und klar, ehrlich und bodenständig darstellen will, braucht den Juden als freischwebend Böses zu eigenem Kontraste und eigener Entlastung. Weil das Bedürfnis nach dieser Einteilung nach wie vor groß ist, gibt es keinen vernünftigen Grund, weshalb das Modell Antisemitismus ausgedient haben sollte.

Wann immer Dinge komplex werden, wann immer sie mit Abstraktion, mit Rationalität, mit Modernisierung, mit Transformation, Internationalität – oder wie man heute sagt – mit Globalisierung zu tun haben, taucht der Antisemitismus irgendwann als Mittel der Abwehr auf. Er ist eine Theorie mit langer Tradition, sowohl in den christlichen als auch in den muslimisch geprägten Gesellschaften, die schon lange vor der Existenz Israels bestand.

Genial ist diese Phantasie, das »Gerücht über die Juden,« weil sie keiner Erklärungen bedürfen; es war schon immer so, es hat sich eingeschliffen, und die Bilder sind tief eingegraben in das kulturelle Gedächtnis vieler Generationen und darin fest verwurzelt. Diese Bilder erfuhren zwischen religiösen und säkularen Phasen gewisse Veränderungen, Abwandlungen, Zuspitzungen und biologistische Schärfen, in deren Folge schließlich Auschwitz möglich wurde. Doch mit dem singulären Ereignis des industriellen Massenmordes trat keineswegs eine grundsätzliche Kehrtwende ein. Es gibt ihn, den Antisemitismus wegen Auschwitz, und es gibt ihn auch in neuem Gewand, in dem er nun Israel, den Staat gewordenen Juden, zum Ziel der aggressiven Projektionen macht. Diese Denkfigur zieht sich auch durch den modernen Antisemitismus, der an einigen Stellen deutliche Überschneidungen mit dem Antiamerikanismus zeigt.

Dass das große Abschlachten der europäischen Juden auf die antisemitische Tradition wie ein reinigender Schock gewirkt hätte, war eine Hoffnung von begrenzter historischer Halbwertzeit. Der Antisemitismus »danach« ließ sich nicht fernhalten. Nicht durch den Eindruck des Verbrechens, nicht durch all seine furchtbaren Folgen. Das Bedürfnis nach Antisemitismus blieb – trotz politischer Bildung, trotz Gedenkstätten und Mahnmalen, trotz Aufklärung und Massen an Literatur. Er nahm »wegen Auschwitz« verschiedene Gestalt an, er lauerte verdruckst hinter Repressionen, die nach dem Krieg zu Recht die Deutschen in Schach halten sollten.

Das Problem beginnt oft schon mit dem Begriff des Antisemitismus. Wann immer sich das Begriffskarussell an das Wort »Jude« koppelt, ist es schon Teil des Problems. Denn es gibt keine reale Grundlage für Antisemitismus. Das anzunehmen wäre antisemitisch, denn nichts, was Juden tun oder lassen, hat Einfluss auf antisemitische Einstellungen. Wenn also z. B. eine Definition anfängt mit dem Satz: »Obwohl es nur so und so viel Juden gibt, ist der Antisemitismus so und so«, wird diese Verbindung hergestellt. Man koppelt das eine mit dem anderen, und die Denkfigur, der Jude sei selbst schuld, rollt bereits mit, egal wie gut das darauf Folgende gemeint wird. Zwar trifft Antisemitismus die Juden, sie sind das Ziel, doch nicht sie sind die Ursache dafür, nicht sie sind dafür verantwortlich. Und ebenso wenig ist es Sache der Juden, den Antisemitismus zu messen, dafür quasi öffentlich als Zeugen gerade zu stehen. Wann immer jemand lieber den Vorsitzenden des Zentralrats der Juden zitiert, als selbst zum Antisemitismus Stellung zu nehmen und sich so offen und klar zu solidarisieren, reiht er sich dadurch in diese problematische Tradition ein. Die jüdischen Organisationen als Teil der Zivilgesellschaft sollen selbstverständlich ihre Stimme erheben, doch die Frage ist, inwieweit die Gesellschaft diese Themen mit gleicher Selbstverständlichkeit aufgreift und eben nicht zulässt, dass es die jüdischen Repräsentanten oder Einzelpersonen allein sind, die sich zum Thema äußern.

Zur Situation in Deutschland

Der aktuelle Antisemitismus in Deutschland hat, wie in anderen Ländern auch, verschiedene Quellen und wird durch unterschiedliche soziale und kulturelle Gruppen ausgedrückt. Es gibt ihn in konservativen Kreisen, bei den Linken, in der Einwanderungsgesellschaft, er ist eine zentrale Figur bei den Rechtsextremen und er erfasst breite Teile der normalen Bevölkerung. Die empirische Sozialforschung von Professor Wilhelm Heitmeyer kommt zu erschreckenden Ergebnissen. In der Querauswertung konstatiert Andreas Zick, dass zwei Drittel aller Befragten mindestens einer der unbestrittenen Facetten des Antisemitismus zustimmen. Das Team von Professor Heitmeyer sieht den Antisemitismus heute als besondere Bedrohung und als eine Art Einfallstor zur gruppenbezogenen Menschenfeindlichkeit, zu der auch Rassismus, Sexismus und die Abwertung anderer Gruppen gehört. Dennoch bleibt Antisemitismus eine deutlich eigenständige Kategorie mit besonderen Merkmalen und Funktionen.

Diese Entwicklung hat in Deutschland eine spezielle Relevanz. Es ist das Land des Holocaust und hat bis heute mit den Folgen des Nationalsozialismus zu kämpfen. Eine der Folgen war die Teilung des Landes und seine späte Wiedervereinigung. Westdeutschland stand danach vor der Herausforderung, den Osten aufzubauen. Dass damit auch die Probleme einer postkommunistischen Transformationsgesellschaft zu bewältigen waren, wurde verdrängt. Eine andere Folge der unseligen deutschen Tradition der Ausgrenzung war, dass die Bundesrepublik sich über Jahrzehnte mit der Anerkennung des Fakts der Einwanderung außerordentlich schwer tat. Die Politik war nicht auf Integration orientiert, sondern vielmehr auf den Mythos, dass die »Ausländer« nicht dazu gehören können und demnach irgendwann wieder verschwinden. Auch dies trug erheblich zur Desintegration vor allem muslimischer Einwanderer bei, die heute besonders anfällig für Antisemitismus sind.

Die Verdrängung dieser beiden Probleme führt zu Schwierigkeiten, mit den Folgen umzugehen. Antisemitismus ist nun keinesfalls ausschließlich nur ein Phänomen bei muslimischen Einwanderern und Ostdeutschen, doch zeigt er sich hier deutlich. Der politische Islam und der Rechtsextremismus propagieren besonders radikale Formen des Antisemitismus. Sie reißen die nach dem Krieg aufgebauten Barrieren und Standards gegen Antisemitismus nieder. Das Gefährliche ist nun, dass die weniger auffälligen Formen des modernen Antisemitismus unterschiedlichster Quellen im Schatten dieser gebrochenen Barrieren in ein gemeinsames, neues Syndrom einfließen. Dieses Syndrom bildet eine Art neues, globales Welterklärungsmuster von Verschwörungen, in dem die Juden und damit Israel und die USA das Böse schlechthin sind.

Bisher wurde der Antisemitismus im Westen zum einen durch Repression der Vorurteile im öffentlichen Raum und zum anderen durch »Holocausteducation« und Gedenksymbolik bekämpft. Die Erinnerung an den Holocaust sollte, so die Annahme, auch gegen andere Formen der Menschenverachtung immunisieren und vor neuem Antisemitismus schützen. Der steigende Anteil jugendlicher Einwanderer wurde dabei bislang nicht beachtet.

Im Osten lag ein Tabu auf der Realität des Antisemitismus. Er wurde ausschließlich ideologisch erklärt und damit der persönlichen Verantwortung der Menschen entzogen. Gleichzeitig sah sich der DDR-Staat als grundsätzlich antifaschistisch und hat die Erziehung vollkommen auf Ideologie gerichtet. In der politischen Praxis wurden Entschädigungen verweigert, die Opfer verhöhnt, Erinnerung verweigert und eine aggressive und antisemitische

Israelfeindschaft propagiert. Aus diesen Gründen ist zu erklären, weshalb in der DDR der Antisemitismus so heftig verleugnet wurde und die Kategorie Jude aus dem öffentlichen Bewusstsein fast vollständig verschwunden ist. Anders als im Westen, wo es Vorurteilsrepression gab, war die DDR vor allem durch die Abwesenheit beider Themen – dem Charakteristikum jedes Tabus – geprägt. Die Abwesenheit als Thema jedoch bedeutete nicht die Abwesenheit von Antisemitismus. Im Gegenteil: Das Tabu ermöglichte sein ungestörtes Weiterexistieren. Das aggressive Leugnen, mit Holocaust, Juden und Antisemitismus jemals zu tun gehabt zu haben, wirkte wie eine zweite Eliminierung im östlichen Teil des Täterlandes.

Will man nun Antisemitismus bekämpfen, ist es wichtig, die jeweilige Spezifik der Quellen wie Ost und West, Rechts und Links, Muslime und Christen usw. zu beachten, obwohl der Ausdruck dieses Syndroms sich nicht sehr unterscheidet. Die Frage ist nur: Hat es angesichts seiner Tiefe, Tradition und Aggressivität überhaupt Sinn, dem Antisemitismus eine zivilgesellschaftliche Praxis entgegen zu setzen? Was soll die Mühe, wenn es doch früher schon nicht geholfen hat? Nun, eine Antwort bietet womöglich das Judentum selbst. Nicht Glaube und Hoffnung sind die obersten Gebote, sondern die Praxis der Gerechtigkeit – das konkrete Handeln also. Selbst wenn die Situation unklar und die Aussichten schlecht sind, gibt es dazu keine Alternative. Doch wie sollte heute eine gute Praxis gegen Antisemitismus aussehen?

Einige wichtige Gesichtspunkte der Praxis gegen Antisemitismus

1. Die klassische Antwort auf den Antisemitismus heißt Aufklärung und Bildung. Trotz der offensichtlichen Schwächen dieses Ansatzes sehen wir uns in dieser Tradition: Wir versuchen, mit unseren Projekten und Initiativen auf die Bildung der Kinder und Jugendlichen innerhalb und außerhalb der Schule einzuwirken und wir versuchen zur Fortbildung der Lehrer und anderer Erwachsener beizutragen. Bei unserem Ansatz versuchen wir einige Schwächen zu kompensieren, die mit dem Ansatz Aufklärung und Bildung verbunden werden: In der Praxis der Schule reduziert sich häufig die Auseinandersetzung mit dem Antisemitismus auf die Kombination von Information und moralischem Appell. Dieser Ansatz erweist sich bei heutigen Jugendlichen als relativ wirkungslos. Vor allem in der postkommunistischen Gesellschaft, die sich durch eine gewisse Immunisierung gegen moralische Appelle auszeichnet, sind andere Vorgehensweisen erforderlich, wenn man Jugendliche emotional erreichen will. Das Gleiche gilt auch für den Westen: Eine Moral ohne praktische Folgen wirkt unaufrichtig und wird daher abgelehnt.

2. Wirkungsvoller ist ein Ansatz, der es erlaubt, selbst Erfahrungen zu machen, und der auf eigenes Handeln zielt. Dazu gehören Begegnungen, Projekte, Aktionen, Simulationsspiele. Um Verschwörungstheorien zu durchschauen, entwickelt man am besten selbst eine. Wenn ein Friedhof geschändet wird, dann beteiligt man sich an der Reparatur oder organisiert ein Fundraising. Bei einem »active monitoring« genannten Vorgehen beschränken sich die Akteure nicht darauf, Vorfälle publik zu machen und zu beklagen, sondern organisieren gleichzeitig praktische Reaktionen. Wenn Gemeinden geschädigt werden, kann ihren Vertretern Hilfe angeboten werden, wenn Personen bedroht werden, kann man sie begleiten. Wenn historische Gebäude beseitigt werden sollen, kann dagegen protestiert werden, und wo Stolpersteine beschmutzt oder herausgerissen werden, können Schüler auf sie aufpassen.
3. Antisemitismus ist gewiss ein notwendiger Stoff in der Schule, aber so weit wie möglich sollte man induktiv vorgehen, d. h. von realen Konflikten ausgehen und auf Situationen reagieren, in denen antisemitische Argumentationen benutzt werden. Die Anlässe können sehr unterschiedlich und regional sehr spezifisch sein. Es ist z. B. ein großer Unterschied, ob die Situation durch einen Konflikt mit muslimisch-arabischen Jugendlichen bestimmt wird oder mit rechtsextremistischen Jugendlichen in der ostdeutschen Provinz. In beiden Fällen muss es eine kompetente Auseinandersetzung geben, aber auch eine deutliche Unterstützung derer, die antisemitische Positionen nicht teilen. Dabei können auch innovative Materialien helfen: Filmanalysen sind ein gutes Mittel zur Aufdeckung von Demagogie, aber auch Planspiele oder Computergames, die »heikle« Themen wie Israel oder Globalisierungskritik als eine mögliche Form des aktuellen Antisemitismus nicht ausklammern. Die Pädagogen brauchen parallel Fortbildung, bei der ebenfalls von konkreten Situationen ausgegangen werden sollte.
4. So wichtig Unterricht ist, so bedarf es doch eines komplexen Ansatzes: Die Aktivitäten der Jugendhilfe müssen mit der Schule koordiniert, die Eltern einbezogen werden, die Unterstützung durch die kommunale Politik und die Presse gesichert werden. Die Bekämpfung des Antisemitismus ist eine Aufgabe, die man nicht Lehrern und Schülern allein auf die Schultern legen kann. Daher werden mit der Bildungsarbeit Aktivitäten verbunden, die auf Schulöffnung und Zusammenarbeit mit der Kommune zielen. Es hat keinen Zweck, eine Stunde guten Unterricht zu haben, um danach in ein Schulklima zurückzukehren, in dem andere abgewertet werden, Lehrer und Schüler sich unwohl fühlen und niemand sich zu kümmern scheint.
5. Eine besondere Aufgabe sehen wir in der Unterstützung und Vernetzung der engagierten Initiativen gegen die modernen Formen des Antisemitismus, die (vor allem in Ostdeutschland) sehr isoliert sind. Dabei sind

gerade solche Initiativen wichtig, die sich mit der lokalen Geschichte des Antisemitismus während der Zeit des Nationalsozialismus und der DDR auseinandersetzen. Das hat bisher nicht stattgefunden. Dadurch kann aber deutlich gemacht werden, wie stark in Ostdeutschland auch heute antisemitische Stereotype im Gewand des Antizionismus und der linken wie der rechtsextremen ideologischen Israelkritik verbreitet sind. Aktionen und Diskussionen in den Kommunen anzuregen, die sich mit der lokalen Geschichte verknüpfen lassen, ist in ganz Deutschland sehr wichtig, um antisemitische Stimmungen nicht selbstverständlich werden zu lassen.

6. Die neuen Formen des Antisemitismus sind sehr komplex, daher ist uns eine enge Zusammenarbeit mit der Wissenschaft wichtig. Ein praktisches Problem war und ist z. B., dass oft die Furcht besteht, eine Kritik an der Politik der israelischen Regierung nicht unterscheiden zu können von einer in den Antisemitismus übergehenden fundamentalen Verurteilung Israels als Unrechtsstaat. Hier ist ein genaues Monitoring durch eine wissenschaftliche Aufklärung und Begleitung nützlich. Ferner ist es wichtig, die Zusammenhänge zwischen verschiedenen Elementen des aktuellen Antisemitismus – Rassismus, antijüdische und antiamerikanische Haltungen, Kapitalismus- und Globalisierungskritik sowie der Entwicklung von Verschwörungstheorien – genau zu beobachten, um angemessene Gegenstrategien entwickeln zu können. Wenn es richtig ist, dass Antisemitismus zu einem Syndrom gruppenbezogener Menschenfeindlichkeit gehört, hinter dem eine prinzipielle Ablehnung der Annahme der Gleichwertigkeit von Menschen steht, dann ergeben sich daraus Folgerungen für die weitere Entwicklungsarbeit. So wollen wir die Aufklärung über den politischen Mythos des Antisemitismus ergänzen durch die Entwicklung von pädagogischen Initiativen, die auf die Menschenrechte und Menschenwürde zielen und dabei gezielt junge Einwanderer ansprechen. Veranstaltungen, bei denen junge moderate Muslime ermutigt werden, selbst deutlich gegen radikale Tendenzen bei Mitschülern oder Nachbarn die Stimme zu erheben, sind ebenso wichtig wie Veranstaltungen gegen den jährlichen antisemitischen Al-Quds-Tag, bei dem sich Hunderte Islamisten versammeln. Auch solche Beratungen von Jugendeinrichtungen gehören dazu, in denen es verstärkt zu antisemitischen Vorfällen und Übergriffen kommt.
7. Alle Aktivitäten brauchen auch Public Relations. So wie guter Unterricht ohne entsprechendes Schulklima wenig bewirkt oder reines Monitoring ohne die gleichzeitige Aktivierung zivilgesellschaftlicher Aktivitäten, so wichtig ist es, das alles zu tun und es dabei öffentlich zu machen. Antisemitische Vorkommnisse sollten genauso veröffentlicht werden, wie gute

Praxisbeispiele, die dagegenhalten. Sie können auf die Weise wiederum eine multiplizierende und ermutigende Wirkung haben. So gibt es in der Amadeu Antonio Stiftung z. B. eine Ausstellung über die aktuellen Formen des Antisemitismus, eine gute Sammlung interessanter Websites auf www.projekte-gegen-Antisemitismus.de, eine Broschüre zu Antisemitismus und Antiamerikanismus und regelmäßige Berichterstattung auf www.mut-gegen-rechte-gewalt.de über viele engagierte Personen und Initiativen.

Was ist notwendig? Partner in der Zivilgesellschaft

Um diese Ziele verwirklichen zu können, brauchen wir funktionierende Netzwerke. Sie sollten in den Kommunen aktiv sein, auf die Schule und Jugendarbeit wirken können, die Fortbildung von Lehrern ermöglichen können und antisemitische Straftaten und Vorfälle beobachten können. Die Amadeu Antonio Stiftung kooperiert mit solchen Netzwerken, hat einige von ihnen aufgebaut und ist selbst aus Netzwerken hervorgegangen. Für die Arbeit gegen Antisemitismus sind Partner besonders wichtig. Eine Reihe von Initiativen, Projekten und Bildungsinstituten, die sich explizit gegen Antisemitismus wenden, arbeiten mit der Stiftung zusammen und haben verschiedene Netzwerke angeregt, sich ebenfalls diesem Thema zuzuwenden. Diese Anregung und Beratung ermöglicht, dass auch sie Teil eines effektiven Netzwerkes gegen Antisemitismus sind oder werden:

Beratungszentren für Opfer rechtsextremer Gewalt

Die Opferberatungsstellen gibt es in sechs Bundesländern. Sie begleiten und beraten vor allem Menschen, die Opfer rechter Gewalt geworden sind. Da die Mitarbeiter die Opfer aufsuchen, sind sie immer sehr nah an der Wirklichkeit in den Kommunen. Sie können einen wichtigen Beitrag zum aktiven Monitoring leisten, da sie von Übergriffen oder anderen Straftaten in der Regel als erste hören. Mit ihnen als Partner kann sowohl potentiellen Opfern geholfen werden als auch eine gute Übersicht erstellt und gegebenenfalls öffentliche Kampagnen initiiert werden.

Mobile Beratungsteams / community coaching

Es gibt in verschiedenen Bundesländern im Osten wie auch im Westen Projekte bzw. Teams, die Kommunen beraten, wenn es auffällige Probleme mit starken rechtsradikalen bzw. anderen undemokratischen Bewegungen gibt. Diese Teams haben mit Unterstützung der Amadeu Antonio Stiftung nun auch Erscheinungsformen des Antisemitismus auf der Agenda. Sie sind jetzt in der Lage, Beratungen zu diesem Thema anzubieten und auch zu helfen, kommunale Veranstaltungen zu organisieren. Auch sind sie wichtige Partner bei der Dokumentation und Öffentlichkeitsarbeit.

Die RAA – Regionale Arbeitsstellen für Ausländerfragen, Jugendarbeit und Schule

Die RAA sind pädagogische Zentren in den Regionen, die sich um die Verbesserung des Klimas in Schule und Nachbarschaft bemühen und dabei besonders auf die Gleichberechtigung von Einwanderern achten. Die Schule wird dabei als einer der wichtigsten Orte in der Nachbarschaft gesehen. Hier können nicht nur Kinder und Jugendliche die wichtigen Voraussetzungen für ein erfolgreiches Leben erhalten, sondern gleichzeitig kann auch Lehrern und Eltern die Möglichkeit der Beteiligung bei der Gestaltung lokaler Demokratie gegeben werden. Die RAA bieten Beratung für Minderheiten an und organisieren vielfältige Programme, die auf die Entwicklung und Förderung demokratischer Kultur in der Schule und der Partizipation gerichtet sind. So existiert beispielsweise ein Projekt, das »peer-leader« für Demokratie ausbildet. Dabei sollen die Schüler zum selbstbewussten Eintreten für demokratische Werte in- und außerhalb des Klassenraums ermutigt werden. In den Workshops werden die Teilnehmer mit unterschiedlichen Themen vertraut gemacht und organisieren gemeinsam mit den »peers« eigene Projekte. Die RAA organisieren auch informelle Lehrerfortbildung zu diesen Themen in vielen Schulen ihrer jeweiligen Region. Sie sind wichtige Partner, um in Schulen das Thema Antisemitismus direkt zu behandeln und unmittelbar in den schulischen Alltag einzubringen. In der Bundesrepublik gibt es 48 RAA in Ost- und Westdeutschland.

Demokratie lernen und leben

Dies ist ein Kooperationsprogramm zwischen dem Bundesministerium für Bildung und Forschung sowie den entsprechenden Landesministerien in zwölf Bundesländern in Deutschland. Es unterstützt ca. 150 Schulen, die sich für demokratische Werte engagieren und in ihrem lokalen Umfeld Verantwortung übernehmen. Diese Schulen führen Projekte zum Thema Demokratie durch. Das Programm sieht auch pädagogische Fortbildung für Lehrerinnen und Lehrer vor, die sich um die demokratische Entwicklung in der Schule kümmern. Die Amadeu Antonio Stiftung kann hier spezielle Module zur Arbeit gegen Antisemitismus einbringen und so Schulen im ganzen Bundesgebiet erreichen.

Schule ohne Rassismus

Dieses Projekt hat das Ziel, Schulen zu finden, die sich langfristig gegen Rassismus engagieren wollen. Eine Schule erhält den Titel »Schule ohne Rassismus – Schule mit Courage« nur, wenn die Mehrheit der Schüler dafür eine Selbstverpflichtung eingeht und entsprechende Projekte organisiert. 250 Schulen in Deutschland tragen inzwischen das Label »Schule ohne Rassismus«. Das Programm bietet Fortbildungskurse für Lehrer und Schüler an und organisiert Kampagnen und Events gegen Rassismus. Aktive Akteure gegen rechte Gewalt werden hier aktiv unterstützt. Besonders erfolgreich sind die ersten »Open Space Projekte« zum Thema »Islam und ich«, bei denen es darum geht, Konflikte deutlich zu machen und auch moderate Muslime zur Sprache kommen zu lassen. Das Projekt ist ein wichtiger Partner zum Thema Antisemitismus bei jungen Muslimen. Zu den Themen Islam und Antisemitismus sollen besondere Fortbildungsprogramme entwickelt werden, da diese bisher nicht existieren.

Alle Partner und Initiativen haben eine große Verantwortung. Die nach dem Holocaust aufgebauten Dämme durch Vorurteilsrepression und einen politischen Willen, Deutschland international wieder zu rehabilitieren, sind dabei, zusammenzubrechen. Nach der Jahrtausendwende, nach dem 11. September 2001 und der zweiten Intifada hat sich der Antisemitismus im Alltagsdiskurs etabliert. Der Staat wird gewiss auch weiter die Barrieren durch Gesetzgebung und öffentliche Gesinnung hochhalten. Doch das reicht nicht mehr. Im öffentlichen und vorstaatlichen Raum hat der Antisemitismus eine große Akzeptanz. Wenn es richtig ist und die Menschen offener mit ihren Ressentiments sind, wenn sie wissen, dass sie dies mit einer Mehrheit teilen, dann ist der momentane Zustand nur der Anfang einer Entwicklung.

Der Staat kann und muss hier gegenhalten, doch die Gesellschaft sollte sich ihrer Zivilität vergewissern und sich der Herausforderung des aktuellen Antisemitismus gewachsen zeigen. Deshalb sind die ohnehin wenigen Initiativen besonders wichtig. Ihre Arbeit ist es, die dafür Sorge trägt, dass Antisemitismus nicht zu schnell zu einer eskalierenden Mehrheitshaltung wird, die dann auch möglicherweise Politik und Gesetzgebung beeinflussen kann. Also hat es einen Sinn, diese Arbeit zu tun, denn jede Alternative würde sich aufs Hoffen und Glauben oder einen ebenso nutzlosen Zynismus beschränken; es gilt aber, auf die notwendige und klare Gerechtigkeit einer guten zivilgesellschaftlichen Praxis zu setzen.

Ilka Schröder

Liaisons dangereuses

Die EU und ihre Destabilisierungspolitik gegen Israel

»I think it looks exceptionally grim.« Der damalige EU-Außenkommissar Christopher Patten hat für seine Bestandsaufnahme vom 15. Oktober 2003[482] über die Lage im Nahen Osten eigentlich keinen Grund. Auch wenn seine antiisraelische Politik ihr Ziel bisher nicht voll erreicht hat, konnte die Europäische Union in den letzten Jahren ihre Macht und ihren Einfluss erheblich ausbauen und eine Reihe von taktischen und diplomatischen Siegen erringen. Eine Reihe europäischer Projekte und Ideen sind heute die offiziellen Forderungen der »Internationalen Gemeinschaft«, denen sich Israel immer schwerer entziehen kann. Mit dem Projekt der »Road Map« hat eine deutsche Erfindung – wenn auch modifiziert – es geschafft, der offizielle Fahrplan des »Friedensprozesses« zu werden. Und noch nie war die europäische Nahostpolitik so populär in Europa und im Nahen Osten wie heute. Wie kam es dazu?

Die EU – Schutzmacht des palästinensischen Staatsgründungsprogramms

Seit dem Abzug der europäischen Kolonialmächte in den 1950er Jahren war der Nahe Osten lange Zeit kein Terrain für europäische Extrapolitiken. Der Systemkonflikt sorgte auch hier für eine halbwegs einheitliche Linie der USA und ihrer europäischen Verbündeten. Da die westliche Politik allerdings widersprüchlich war – distanzierte Unterstützung Israels[483] und gute Kontakte zu den arabischen Ländern, sofern sie antisowjetisch waren – bot sie den verschiedenen westlichen Mächten genug Spielraum, eigene Akzente zu setzen (Beteiligung Frankreichs und Großbritanniens am Suez-Krieg, deutsche »Wiedergutmachungs«politik gegenüber Israel, Verweigerung der Hilfe an Israel während des Yom-Kippur-Kriegs etc.). Doch eine einheitliche europäische Außenpolitik oder gar eine Konkurrenz zwischen USA und Europa bestand auf diesem Feld vor 1989 nicht.

Dies änderte sich mit der Selbstaufgabe des Staatssozialismus. Bis 1989 hatten die verschiedenen kapitalistischen Nationalstaaten ihre jeweiligen nationalen Interessen und die Konkurrenz zu ihren Verbündeten an dem gemeinsamen Interesse relativiert, die Sowjetunion und ihre Verbündeten zu besiegen. Wie allseits erwartet, wurde seit dem Ende des Systemkonflikts die bisherige Unterordnung der Europäer unter die USA durch eine konfliktreiche Kooperation ersetzt, in der beide Partner eine Verschiebung der Machtverhältnisse zu ihren Gunsten zu bewirken suchten. Diese freund-feindschaftliche Zusammenarbeit bei der Garantie der »Neuen Weltordnung« zeigte und zeigt sich auch im Nahen Osten.

Seit dem Friedensprozess von Oslo 1993ff.[484] haben sich die Europäer zur Schutzmacht des palästinensischen Staatsgründungsprogramms aufgeworfen. Das zeigt sich zum einen an der großzügigen Unterstützung des Aufbaus einer eigenen Infrastruktur in den Autonomiegebieten. Von den Europäischen Gemeinschaften und später von der Europäischen Union sind erhebliche Summen aufgewandt worden. Nach Angaben der Kommission hat die EU 2000 bis 2003 etwas mehr als 945 Millionen Euro für die Palästinensischen Autonomiegebiete (PAG) bereitgestellt[485]; dazu kommen noch die Mittel, die die Mitgliedsländer selbst aufgewandt haben. Die EU-Mittel fließen aus unterschiedlichen Töpfen; z. B. die Hilfen im Rahmen des Osloer Abkommens, die sich für die Jahre 2000 und 2001 auf 60 Millionen Euro beliefen, auf dem Höhepunkt der so genannten Al-Aqsa-Intifada 2002 auf 80,7 Millionen Euro erhöht wurden und für die 2003 immerhin noch 47 Millionen Euro bereit gestellt wurden.[486] Hinzu kamen außerdem Lebensmittelhilfe[487], humanitäre Hilfe[488], Mitfinanzierung und allgemeine Unterstützung von NROs[489] sowie Gelder, die aus dem Budget der Gemeinsamen Außen- und Sicherheitspolitik stammen[490] und Mittel, die im Rahmen des MEDA-Programms[491] ausgezahlt werden. Dazu kommen noch die europäischen Beiträge zum UN-Hilfswerk für palästinensische Flüchtlinge (UNRWA). Die EU und die Mitgliedsstaaten bezahlten hier zwischen 2001 und September 2003 sage und schreibe 616,98 Millionen US-Dollar, was mehr als 50 Prozent der Gesamteinnahmen sind.[492]

Zusätzlich zu den Zahlungen der EU haben verschiedene Mitgliedsstaaten einzeln oder in Zusammenarbeit mit anderen Ländern Hafenanlagen, Schulbücher, Rundfunk und Fernsehstationen finanziert.

Hätte man dies in den 1990er Jahren vielleicht noch freundlich als eine Art amerikanisch-europäischer Arbeitsteilung interpretieren können, ist mit dem Beginn der so genannten Al-Aqsa-Intifada endgültig Klarheit über den Charakter des europäischen Engagements geschaffen worden. Es richtet sich eindeutig gegen Israel und versucht unter dem Deckmantel der Friedensrhetorik Israel als Alleinschuldigen am Nahost-Konflikt darzustellen.

Als die israelische Regierung Ende 2000 die bisher an die Palästinensische Autonomiebehörde (PA) weitergeleiteten Steuereinnahmen einfror, weil damit die Mordanschläge gegen Israelis finanziert würden, sah die EU nicht tatenlos zu. Sie untersuchte aber nicht etwa, ob eventuell auch europäische Hilfslieferungen in Arafats Kriegskasse gelandet waren. Vielmehr bewilligte sie zunächst zusätzliche 90 Millionen Euro als direkte Haushaltsbeihilfe. Die direkte Haushaltshilfe ist ein äußerst unübliches Finanzinstrument — es ist ein pauschaler Zuschuss, für den der Empfänger keine Rechenschaft geben muss. Obwohl die PA sich an keine der Auflagen, die mit dieser einmaligen Zahlung verbunden waren, hielt, wurde vom Juni 2001 bis Dezember 2002 die Zahlung von monatlich 10 Millionen Euro direkter Budgetunterstützung beschlossen. Allein diese 180 Millionen Euro direkte Budgetunterstützung bedeuten 180 Millionen Euro zur freien Verfügung in einer Situation, in der Israel Arafat vorwarf, einen Terrorkrieg gegen den jüdischen Staat zu finanzieren und zu führen.

Nach außen hin betonen die Einrichtungen der Europäischen Union zwar immer, dass sie – ganz ausgewogen – beide Seiten ermahnen würden, Frieden miteinander zu halten. Doch wer die Resolutionen des Europäischen Parlaments liest, wer die Politik der EU und ihrer Mitgliedsstaaten verfolgt, weiß, dass dem nicht so ist. Während die israelische Seite immer wieder mit konkreten Forderungen konfrontiert und jeder Schritt Israels ausführlich kommentiert und kritisiert wird, wird von der PA immer nur abstrakt gefordert, alles Mögliche gegen die Attentate zu tun. Und selbst daran, dass diese Forderung wirklich immer wieder an die PA gestellt wird, kann man, sobald es den offiziellen Rahmen verlässt und halboffiziell wird, ganz erhebliche Zweifel bekommen.

Das alles bedeutet nicht, dass die EU auf Beziehungen zu Israel verzichten würde. Die EU ist und bleibt ein wichtiger Handelspartner Israels – der Zugang zu den arabischen Märkten ist israelischen Waren häufig versperrt, oft werden israelische Produkte auch einfach boykottiert. Israel ist auch zugleich der wichtigste Handelspartner der EU im gesamten Nahen Osten. Dies mag der Grund sein, warum die Forderungen nach einem Wirtschaftsboykott, wie sie im Europäischen Parlament immer und immer wieder ertönen, bislang nicht auf fruchtbaren Boden gefallen sind.[493] Andererseits benutzt die EU die Handelsbeziehungen zu Israel, um Druck auszuüben. So erzwang die europäische Seite im Dezember 2003 nach längerem Aufbau einer Drohkulisse und einigen ungesetzlichen Maßnahmen von spanischen Zollstellen die besondere Kennzeichnung von Produkten, die aus Siedlungen kommen. Auch wenn Israel trotz prekärer politischer und ökonomischer Situation eine solche Maßnahme verschmerzen kann, hat diese Einmischung der EU eine wichtige diplomatische Bedeutung. Damit zwang die EU Israel, Gebiete, auf die Israel seine Ansprüche noch nicht aufgegeben hat, nicht mehr als israelisches Staatsgebiet zu behandeln. Bis heute erkennen die europäischen Länder Jerusalem nicht als Hauptstadt Israels an und weigern sich häufig, israelische Offizielle in ihren Amtssitzen zu treffen. Das alles hat sicherlich vor allem symbolischen Gehalt, aber Symbolik, hinter der Macht steht, ist nicht bloß Symbolik.

Das ganze Palästina soll es sein

Um die Tragweite des Handelns der Europäischen Union ganz zu verstehen, muss man sich über den Charakter des palästinensischen Staatsgründungsprogramms und über die Ziele der heutigen palästinensischen Führung im Klaren sein.

Es ist offensichtlich, dass heute in der islamischen Welt und insbesondere in den Palästinensischen Autonomiegebieten (PAG) sowie den arabischen Nachbarländern Israels ein militanter Antisemitismus zunehmend Bedeutung erhält. Im Gegensatz zur antizionistischen und antiamerikanischen Welle in Europa und dem Rest der Welt, die eher mit dem 11. September 2001 und der »Al-Aqsa-Intifada« zu tun haben, begann diese Entwicklung bereits Anfang der 90er Jahre. Seit Mitte der 90er Jahre, also vor dem Ausbruch der so genannten zweiten Intifada, ist in den PAG und in allen anderen arabischen Ländern eine wahre Flut von antisemitischer Literatur erschienen, die reißenden Absatz fand. Diese Literatur war z.T. Recycling der klassischen antisemitischen Literatur des 19. und 20. Jahrhunderts (die »Protokolle der Weisen von Zion«, Fords Buch über »die internationalen Juden«, Adolf Hitlers »Mein Kampf«), teilweise höchst moderne Holocaust-Leugnungs-Literatur aus Europa und den USA, teilweise handelte es sich um eigene Arbeiten von syrischen, saudi-arabischen, libanesischen oder palästinensischen Autorinnen und Autoren. Unter ihnen befinden sich hohe Funktionäre der jeweiligen Regimes[494], antisemitische Hetzartikel werden in regierungsnahen Zeitungen abgedruckt, antisemitische Statements von offiziellen Studierendenverbänden und angesehenen Professoren auf nationalen, pan-arabischen und internationalen Konferenzen formuliert; die ganze Verbreitung dieser Literatur wäre ohne wohlwollende Unterstützung oder mindestens stillschweigende Duldung des jeweiligen Staatsapparates gar nicht möglich.[495]

Es soll hier nicht über die Ursachen gestritten werden.[496] Das Wissen über die Vorgänge in und wirklichen politischen Überzeugungen der Mehrheit der palästinensischen Gesellschaft ist eng begrenzt. Nicht nur, weil es nur wenige gibt, die Arabisch sprechen, lesen und schreiben können, sondern weil ja bekannt ist, mit welchen terroristischen Mitteln Arafat Oppositionelle und »Kollaborateure« zum Schweigen bringt. Es scheint jedoch so, als ob der Antisemitismus Wurzeln im Nahen Osten geschlagen hat, dass ein eigenständiger arabischer Antisemitismus entstanden ist. Meir Litvak, ein israelischer Wissenschaftler, kommt zu der folgenden Schlussfolgerung: »Today Antisemitism has become an integral part of the intellectual and cultural discourse of the Arab world. Much of the Arab society believes it and it is much harder to uproot than was the case 30 or 40 years ago«.[497] Die Dämonisierung speziell Israels und des »Juden« im Allgemeinen als Widersacher des Islams (und des Christentums) und geborene Feinde der »arabischen Nation«[498] ist Teil der öffentlichen Diskussion und wird durch das Fernsehen, den Rundfunk, Predigten, Zeitungsartikel, Karikaturen und Schulbücher transportiert und verfestigt.

Sieht man die antisemitischen Wellen im Nahen Osten und in der ganzen arabischen Welt nur als eine kurzfristige Blüte der Kriegspropaganda, die mit einer Entspannung der Situation wieder verschwinden würde, verharmlost dies die Sache ganz erheblich. Antisemitismus ist nicht die Suche nach dem Sündenbock in Krisenzeiten, der verschwindet, sobald die Krise überwunden ist. Es ist ein weltweit verbreitetes, hermetisches Weltkonzept und zugleich ein Ressentiment, das für eine Vielzahl politischer Strategien genutzt werden kann. Darum ist der Antisemitismus im Nahen Osten zu einer Tatsache geworden, mit der die israelische Politik auch in Zukunft zu rechnen haben wird. Die antisemitische Verhetzung in den Nachbarländern Israels und den PAG ist ein guter Grund für ein massives Misstrauen in den Willen der PA und der arabischen Länder, Frieden mit Israel zu halten.

Antisemitismus ist ein integraler Part des palästinensischen Nationalismus geworden und wird nicht dadurch verschwinden, dass sich die ökonomische und soziale Situation der palästinensischen Bevölkerung verbessert. Es ist auch nicht wahrscheinlich, dass das Bild des Juden als übermächtigem weltweitem Feind des Islam dadurch verschwinden wird, dass ein palästinensischer Staat entsteht, der seine Grenze verteidigen kann und über eigene Wasser-Ressourcen verfügt.

Worauf die palästinensische Politik abzielt, zeigt sich u.a. daran, woran Arafat die Verhandlungen mit Barak im Sommer 2000 scheitern ließ: dem Status Jerusalems und dem »Rückkehrrecht für Flüchtlinge«. Während Ersteres vor allem symbolischen Gehalt hat, ist Letzteres der Kern der palästinensischen »Friedensbemühungen«.

Das wirft auch ein anderes Licht auf die Zahlungen an das Flüchtlingshilfswerk UNRWA, das in Zusammenarbeit mit den arabischen Staaten alles tut, das »Flüchtlingsproblem« offen zu halten. Ähnlich wie bei den deutschen Vertriebenenverbänden hat man es hier mit Leuten zu tun, die mittlerweile in der dritten Generation »vertrieben« sind. Durch ihre Lebensumstände werden diese Menschen jeden Tag daran erinnert, wer ihr angeblicher Feind ist. Das UNRWA muss sich auch Vorwürfe gefallen lassen, dass diese Camps mittlerweile eine Art Ausbildungslager für den antisemitischen Terrorkrieg gegen Israel geworden sind. Viele Selbstmordattentäter kamen aus diesen Flüchtlingslagern.[499] In den Camps werden Waffen und Sprengstoffe in geheimen Laboratorien hergestellt, verschiedene antisemitische terroristische Organisationen können sich in den Camps frei bewegen, Mitglieder rekrutieren und Selbstmordattentäter ausbilden. Es ist sogar vorgekommen, dass UNRWA-Krankenwagen Selbstmordattentäter und Munition an den israelischen Checkpoints vorbeizuschmuggeln versucht haben.[500] In den Flüchtlingslagern werden Plätze nach Selbstmordattentätern benannt. In den 250 Schulen im Westjordanland und im Gazastreifen, die von der UNRWA unterhalten werden, kommen auch Schulbücher zum Einsatz, die die Existenz Israels negieren und den Hass auf Israel und Juden propagieren.[501] Immerhin 70,1 Millionen US-Dollar ist das der ansonsten ja nicht so flüchtlingsfreundlichen EU im Jahr 2003 wert.[502]

Ganz offen erklärten hochrangige Vertreter der Fatah, was sie sich von der »demographic weapon« versprechen.[503] Durch den Transfer der Menschen aus den Flüchtlingslagern, die über den gesamten Nahen Osten und in Nordafrika verstreut sind, in das israelische Kernland hofft man, auf absehbare Zeit die Bevölkerungsmehrheit zu gewinnen und Israel zu arabisieren. Das endgültige Ziel sei eine »demokratische Konföderation« von Palästina, einem palästinensisch dominierten Israel und Jordanien.[504] Und dies ist noch die gemäßigte Position.

Dazu passt die Verhetzung der Bevölkerung sehr gut. Karten zeigen immer nur das ganze britische Mandatsgebiet in den Grenzen von 1948, die Existenz Israels als eigenständiger Staat wird in Schulbüchern negiert, die Verbindung auch nur der jüdischen Religion mit dem Gebiet geleugnet und selbst die Existenz des historischen Königreichs Israel nicht erwähnt. Man braucht die mythologische Legendenbildung von »Völkern«, die aus diesen oder jenen Gründen ein »Anrecht« auf bestimmtes Gebiet haben, nicht zu teilen, um in der Ableugnung des Faktums, dass das Gebiet zwischen Jordanien, Libanon, Syrien und Ägypten irgend etwas mit dem Judentum zu tun gehabt haben könnte, eine Leugnung der Existenzberechtigung Israels als jüdischem Staat zu entdecken.

Ginge es dabei lediglich um die Frage, ob mehr »gefilte Fisch« oder mehr »Couscous« gegessen wird plus dem Gerangel, ob die kulturellen Gemeinschaften auch angemessen repräsentiert sind, könnte man mit den Achseln zucken und allen Beteiligten viel Spaß bei der Verwandlung von Israel in ein zweites Belgien wünschen. Aber es geht um mehr. Zum einen wäre in hohem Maße fraglich, dass ein solcher Staat noch offen für jüdische Einwanderung wäre, und dies wäre in einer Welt mit wachsendem Antisemitismus schlichtweg eine Katastrophe. Denn Israel ist der einzige Staat, der sich selbst verpflichtet hat, allen Menschen Zuflucht zu gewähren, die sich selbst als jüdisch definieren oder von anderen so definiert werden.[505] Zum anderen, und nicht weniger gefährlich: Ob Jüdinnen und Juden in einer solchen Konföderation überhaupt leben könnten, scheint angesichts der geistigen Verfassung von Volk und Führern in den Autonomiegebieten und den arabischen Nachbarstaaten im hohen Maße unwahrscheinlich. Es ist also mehr als bloßer kulturalistischer Nationalismus oder gar ein rassistisches Überlegenheitsgefühl, wie so häufig behauptet wird, die dazu führen, dass man darauf beharren muss, dass Israel als jüdischer Staat erhalten bleiben muss, solange es Nationalstaaten gibt.

Genau das will die PA nicht, sondern sie will die Zerstörung Israels als jüdischem Staat. Es ist darum kein Wunder, dass sie jeden Frieden mit Israel nur als kurzfristigen Waffenstillstand betrachtet, der ihr hilft, ihrem Ziel näher zu kommen. Jede Schwächung Israels und jede Stärkung der PA ist darum kein Schritt zu einem friedlichen Nebeneinander oder zu einer Region, wo es irgendwann keine Rolle mehr spielt, ob man Hebräisch oder Arabisch zuerst gelernt hat, sondern ein weiterer Schritt zur Zerstörung Israels.

Die Situation ist in der Tat ausweglos: Israel kann keinen palästinensischen Staat an seinen Grenzen dulden, der eine ernsthafte Bedrohung der israelischen Staatlichkeit darstellt – genau aber diese Fähigkeit, sich selbst als Gewaltapparat gegen die eigene Bevölkerung und andere Souveräne zu behaupten, ist nun einmal wesentliches Attribut eines Nationalstaats. Mit weniger werden sich all die verschiedenen Parteien und Bewegungen in den Autonomiegebieten, deren Programm seit 1989 auf »nationale Befreiung« zusammengeschrumpft ist, nicht zufrieden geben und auch ihrem Selbstverständnis nach nicht zufrieden geben können.

Die Forderung nach einem »viable Palestinian state«, wie sie etwa Außenkommissar Patten immer wieder aufgestellt hat[506], bedeutet heute, was immer seine Protagonisten glauben mögen, eben keinen Schritt zum Frieden, sondern die Vermehrung der Machtmittel für das aggressive völkische Staatsprogramm Palästinas. Es ist sicherlich nicht das ausdrückliche Ziel der EU-Politik, die endgültige Zerstörung Israels als jüdischem Staat zu erreichen – genau dies könnte jedoch eine Folge der Schwächungs- und Destabilisierungspolitik der EU und ihrer Unterstützung für Arafats Terrorkrieg sein.

Arafats antisemitischer Terrorkrieg – sponsored by EU

Häufig kommt die Frage auf, warum Arafat denn die EU-Mittel für Selbstmordattentate verwenden sollte. Um das zu verstehen, muss man sich die politische Gesamtsituation in Erinnerung rufen, die zur so genannten

Al-Aqsa-Intifada und zum massenhaften Einsatz von Selbstmordattentätern geführt hat. Es ist mittlerweile durch eine Fülle von Fakten erwiesen, dass diese »Intifada« kein spontaner Ausbruch der »unterdrückten palästinensischen Massen«, sondern ein von der PA geplanter Krieg ist, ausgelöst durch den Beschluss, sich vom Scharon-Besuch auf dem Tempelberg provoziert fühlen zu wollen.[507] Es scheint so, als ob die PA sich durch den Rückzug der israelischen Armee aus dem Südlibanon ermutigt fühlte, da sie in einem militärischen Rückzug der »Zionisten« nur ein Zeichen der Schwäche sehen konnte – und kein Angebot Israels an seine Nachbarn, in Zukunft die Konkurrenz nicht-militärisch auszutragen.[508] Wie auch immer, es ist klar, dass bei der Erreichung der Kriegsziele antisemitische Terrorakte eine große Rolle spielen. Sie machen das Leben in Israel schwer erträglich, sie führen zu einem Ansteigen der Auswanderung und zu einem Sinken der Einwanderung. Das Ziel dieses Kriegs gegen Israel ist die Destabilisierung der israelischen Gesellschaft, die Schwächung Israels als militärischem und politischem Faktor und letztendlich die Zerstörung Israels. Die Anschläge auf Israelis werden nicht nur von oppositionellen Kräften in den PAG verübt, sondern von Brigaden, die der Regierungspartei Fatah nahe stehen. Sie werden logistisch und militärisch von Polizei- und Geheimdienstapparaten der PA unterstützt, teilweise werden von Israel als »Terroristen« gesuchte Leute auf die Gehaltsliste der PA gesetzt. Die PA-Mörder befinden sich in Konkurrenz zu den von Syrien, Iran und bis März 2003 vom Irak bezahlten Killerbrigaden, und diese Konkurrenz findet natürlich auch auf finanziellem Gebiet statt. Wer zahlt, bestimmt die Melodie. Die PA muss zusätzlich noch einen Konkurrenznachteil gegenüber ihren antisemitischen Mitbewerbern um Macht und Einfluss in den PAG und der arabischen Welt ausgleichen: Ihre Doppelstrategie, Anschläge zu verüben und mit Israel über ein Ende des Terrors zu verhandeln, könnte wie Verrat an der palästinensischen Sache wirken. Sie muss sich sozusagen auch mit unerwünschten Folgen ihrer eigenen antisemitischen Hetze herumschlagen.

Zusätzlich muss die PA auch von ihrer Verantwortlichkeit für die Lebensumstände in den PAG ablenken, denn sie hat auch bei vielen Menschen in den PAG, die keine Israelis sind, das denkbar schlechteste Renommee. Sie muss also schon allein um Erhaltung ihrer sozialen Basis willen in den Konkurrenzkampf um die beste Bekämpfung Israels einsteigen.

Dass Israel auf die Selbstmordattentate entsprechend antwortet und dass dies auf empörte Reaktionen in aller Welt stoßen wird, ist dabei zynischerweise schon einkalkuliert. In Wirklichkeit hatte die PA lange Zeit überhaupt kein Interesse an einer tatsächlichen Beendigung der Kampfhandlungen, die sie ja selber begonnen hat. Denn je länger der Konflikt andauert, um so mehr beweist die PA, indem sie selbst Krieg führt (oder auch in Phasen, in denen ihr es sinnvoll erschien, »nur« die Hamas, den Islamischen Djihad und die anderen Terrororganisationen möglichst viele Jüdinnen und Juden umbringen zu lassen), dass »beide Seiten« nicht in der Lage sind, Frieden zu schließen. Nichts aber passt besser in das Konzept der Schwächung und Destabilisierung Israels als eine »Internationalisierung des Konflikts«. Hier treffen sich die Interessen der PA und der EU.

Europa zahlt, Arafat bombt – Europa will's nicht wissen

Seit die israelische Armee im Mai 2002 das Hauptquartier Arafats stürmte und dabei eine Vielzahl von Dokumenten sicherstellte, die beweisen »Wie Jassir Arafat und seine Behörden Terror finanzieren und fördern«[509], sind diese Vorwürfe in Europa bekannt. Der israelische Minister für Parlamentarische Angelegenheiten Dani Naveh übergab offiziell der EU-Kommission einen Bericht, der der PA vorwarf, »that the PA is making cynical and bad use of this financial aid, and instead of channeling it to the needs of its citizens and for the maintenance of the administration and public order, the PA uses some of the money in order to finance terrorist activities«.[510]

Das Naveh-Dossier führte folgendes aus: Die PA erklärte gegenüber den sie unterstützenden Institutionen, dass sie 60 Millionen US-Dollar pro Monat benötige; in Wirklichkeit aber, so die Aussage der sichergestellten Dokumente, verwende die PA nur 55 bis 65 Prozent dieser Summe für die vorgesehenen Aufgaben. Die – sowieso nicht sonderlich effektiven – Kontrollen der Geberländer würden durch folgende Mechanismen umgangen: a) Angabe einer überhöhten Anzahl von Angestellten, b) Manipulation von Währungsumtauschraten, c) Zwangsabgabe eines »Fatah-Mitgliedsbeitrages« in Höhe von 1,5 bis 2 Prozent der bezahlten Gehälter, d) direktes, aber verdecktes Sponsoring von Milizen durch die Einstellung von Personen, die hauptberuflich als Milizionäre gegen Israel kämpfen. Das heißt, dass die PA systematisch einen Schattenhaushalt aufgebaut hat, aus dem sie ihren antisemitischen Terrorkrieg finanziert.

Alles in allem wären nach diesen Angaben mehr als 10 Prozent des offiziellen PA-Budgets zweckentfremdet und für andere Aktivitäten ausgegeben worden. In dem Dossier finden sich als Faksimile von Arafat persönlich unterzeichnete Geldanweisungen für Personen, die in terroristische Aktivitäten verwickelt waren. Darunter waren auch Aktivisten der Al-Aqsa-Brigaden, die der Fatah nahe stehen. Letztere wird von der EU übrigens als terroristische Organisation bezeichnet.[511]

Angesichts der weit verbreiteten Korruption innerhalb der PA ist es schwierig festzustellen, wo Funktionäre der Fatah und ähnlicher Organisationen sich bloß einen persönlichen Vorteil verschafft haben und wo systematisch Geld für Arafats Kriegskasse abgezweigt wurde oder wo beides geschah. Es sind von der missbräuchlichen Verwendung übrigens nicht nur Gelder betroffen, die direkt an die PA gezahlt werden – selbst Lebensmittellieferungen werden auf dem Schwarzmarkt verkauft.[512]

Nachdem die Journalisten Thomas Kleine-Brockhoff und Bruno Schirra in der deutschen Wochenzeitung *Die Zeit* unter dem Titel »Arafat bombt, Europa zahlt«[513] wesentliche Informationen aus dem Naveh-Dossier und Ergebnisse eigener Recherchen zu dem Thema, die die israelischen Vorwürfe stützten, publizierten, sah sich die Kommission genötigt, zu diesen Vorwürfen Stellung zu beziehen. Die Stellungnahme des damals zuständigen Kommissars Christopher Patten zu diesen Vorwürfen war, vorsichtig ausgedrückt, äußerst unbefriedigend. Zwar gestand Patten im Juni 2002 ein, dass es in der Vergangenheit »irregularities« (Unregelmäßigkeiten) gegeben habe[514], versicherte aber, dass sämtliche nötigen Kontroll- und Überwachungsmechanismen greifen würden. Seinen Optimismus zog Christoper Patten u.a. daraus, dass verschiedene Monopole, wie sie die PA z.B. über Tabakprodukte, Zement und Benzin in den Autonomiegebieten besitzt, im Laufe des Jahres 2002 auf Druck der EU mit ihren Einnahmen und Ausgaben in den normalen Haushalt der PA eingestellt wurden.

Eines der Hauptargumente Christopher Pattens dafür, dass alles in Ordnung sein müsse, ist die angebliche Kontrolle der PA durch den Internationalen Währungsfonds (IWF, engl. IMF). So behauptete er – obwohl er wiederholt darauf aufmerksam gemacht wurde, dass das keineswegs stimmt: »The IMF continuously monitors the implementation of this budget. It is therefore virtually impossible that the PA could maintain an unofficial shadow budget based on a system of double bookkeeping, and the Commission has no evidence to support claims to that effect.«[515] Etwas weniger optimistisch formulierte der IWF selbst: »The progress that has been made in developing Palestinian economic institutions has been regularly monitored by the IMF.«[516] Nicht alle Mitarbeiter des IWF sind da so sicher: »The IMF does not monitor foreign assistance to the Palestinian Authority and simply provides the EU with information about broad developments related to its budget.«[517] In einem Brief an mich formulierte der Direktor des Middle Eastern Department des IWF, George T. Abed, dass der IWF »based on information provided by the PA« monatliche Berichte über Einnahmen und Ausgaben der PA verfasst: »We discuss the source data we receive from the PA with our counterparts and ask questions whenever we find inconsistencies. But this does not mean that we monitor in detail the final use of the funds, including the EU budget support, in the sense of an audit.«[518] Dem Bericht des IWF vom 15. September 2003 ist übrigens zu entnehmen, dass auch das Finanzministerium der PA bis heute keine vollständige Übersicht über Einnahmen, Ausgaben und Verwendung hat. Selbst wenn man also den palästinensischen Stellen guten Willen unterstellen würde – wozu es keinen Anlass gibt – so wäre die Frage, ob irgendjemand in der PA überhaupt in der Lage war oder ist, die Verwendung des Budgets nachzuvollziehen. Angesichts der offensichtlichen Nicht-Kontrolle durch den IWF fragt man sich, auf welcher Grundlage die Autoren des IWF-Berichts zu dem Schluss kommen konnten, dass die »allegations that these funds were being diverted toward financing terrorist activities« einfach »unsubstantiated« wären.[519]

Auch der Europäische Rechnungshof in Luxemburg kontrolliert nicht, was die PA mit dem Geld der EU macht. »Schaun's«, erklärte mir der zuständige Sachbearbeiter in bestem Österreichisch, »wenn's einer wirklich betrügen will, haben wir eh' keine Chance, das zu merken.« Die letzte Prüfung war im Jahr 2000 – also vor Ausbruch des Kriegs – und brachte keine Ergebnisse. Vor 2005 sei mit einer erneuten Prüfung nicht zu rechnen; die israelischen Vorwürfe seien nicht überzeugend.[520] Der Bericht des Rechnungshofs für das Haushaltsjahr 2002 erwähnt die Zuschüsse an die PA denn auch folgerichtig mit keinem Wort.

Eine europäische Institution aber fühlt sich zuständig, nämlich das Europäische Amt für Betrugsbekämpfung (OLAF). Acht Monate nach Bekanntwerden der Vorwürfe, aber genau einen Tag nach der Ankündigung, dass die erforderliche Anzahl von Abgeordneten den Antrag auf Einrichtung eines Untersuchungsausschusses unterschrieben haben, wurde OLAF aktiv – in Form einer Pressemitteilung. Seitdem hat OLAF in Zusammenarbeit mit der deutschen und belgischen Polizei ein paar Hausdurchsuchungen durchgeführt bzw. durchführen lassen, die angeblich keine Beweismittel erbracht haben.[521]

Dabei ist es ein offenes Geheimnis, dass die PA ihr Geld nicht ordnungsgemäß ausgibt. Auf einem informellen Treffen von Mitarbeitern der Kommission mit Mitgliedern des Außen- und des Haushaltsausschusses im November 2002 gab ein Mitarbeiter der Kommission mit der Bitte um Vertraulichkeit (»off the records«) zu, dass es weniger ein Problem sei, was im Budget der PA enthalten sei, sondern vor allem, was darin nicht enthalten sei. Es gebe eine Vielzahl von Unsicherheiten und es sei schlicht nicht möglich, den Weg bestimmter Ausgaben zu verfolgen.[522] Allerdings sehen auch die Angestellten der Kommission in erster Linie die Korruption als Problem an – wohin die entnommenen Gelder fließen, interessiert auch sie nicht. Diese sehr vorsichtige Position von ›wir wissen nicht, was wir finanzieren‹ steht im krassen Kontrast zu den selbstherrlichen Erklärungen des ehemaligen Außenkommissars, die nichts erklären. Ein paar Beispiele mögen dies zeigen.

So wurde der Vorwurf erhoben, die PA treibe Zwangsbeiträge für die Fatah ein. Alle Beschäftigten im öffentlichen Dienst müssten demnach Geld an die Regierungspartei abführen – die zudem über militärische Einheiten verfügt, deren Verwicklung in Selbstmordattentate aktenkundig ist. Kommissar Patten versteht die Aufregung nicht: Angeblich müssten nur Fatah-Mitglieder zahlen und außerdem gäbe es Zwangsabgaben doch auch in EU-Mitgliedsstaaten. Dass seine Information sich darauf stützt, dass der IWF die PA gefragt hat, der Angeklagte also auf der Zeugenbank Platz nimmt, irritiert ihn nicht. Genauso wenig wie der Unterschied, dass skandinavische Gewerkschaften oder die Arbeitnehmerkammern in Bremen und im Saarland weder Regierungsparteien sind noch reguläre Kontakte zu antisemitischen Selbstmordattentätern unterhalten. Ob es überhaupt möglich ist, bei der PA beschäftigt zu sein, ohne Mitglied der Fatah zu sein oder zu werden, ist bis heute wohl noch nicht untersucht worden.

Nach israelischen Regierungsinformationen stehen Terroristen auch direkt auf der Gehaltsliste der PA. Die EU-Kommission glaubt aber den Beteuerungen der PA, dass dem nicht so sei. Niemand – selbst die Kommission nicht – bestreitet, dass die PA 1998 bis 1999 antisemitische Mörder finanziert hat. Doch Christopher Patten sieht keinen Grund zur Beunruhigung: Die bekannt gewordenen Zahlungen an Personen, die in terroristische Aktivitäten verwickelt waren, »are all dating from 1998 to 1999 – EU funding for the PA budget commenced in 2000«.[523] Es erscheint – neben der bemerkenswerten Gleichgültigkeit gegenüber der Finanzierung von antisemitischen Morden durch einen Empfänger von EU-Beihilfen – wenig plausibel, dass diese geübte Praxis mit dem Beginn der EU-Finanzbeihilfen eingestellt wurde. Vorsichtshalber erklärte Christopher Patten, dass kein Staat kontrollieren könne, was seine Beamten in ihrer Freizeit tun. Doch viele Indizien sprechen weniger für verquere Hobbys einzelner Angestellter als vielmehr dafür, dass die PA Geld, Organisation und Manpower dafür einsetzt, Selbstmordattentäter heranzuziehen, auszubilden und für ihr Tun mit dem Nötigen auszustatten. Davon besitzt die PA genug, denn ein großer Teil ihres Etats ist sowieso für Sicherheit, sprich Repression und Krieg, eingeplant.[524]

Es würde zu weit führen, sämtliche absurden Antworten Pattens auf einzelne Vorwürfe hier aufzuführen. Insgesamt lässt sich sagen, dass der Ex-Außenkommissar mit bewundernswerter Monotonie Fragen beantwortet, die keiner gestellt hat, Behauptungen widerlegt, die niemand aufgestellt hat, und mit Details als Beweisen aufwartet, die mit den Vorwürfen im besten Fall am Rande zu tun haben.

Der Unwille zur Aufklärung setzt sich auch im Europäischen Parlament und der erfolgreichen Verhinderung eines Untersuchungsausschusses zum entsprechenden Thema fort. Eine bunte Koalition von Abgeordneten hatte sich entschlossen, meine Initiative zu unterstützen, einen Untersuchungsausschuss einzurichten. Die nötigen 157 Unterschriften zusammenzubekommen war dabei nicht leicht. Nicht nur, weil das EP von einer antizionistischen Mehrheit beherrscht wurde und wird[525], sondern weil die Parteimaschinerien Angst vor der Beschädigung einer tragenden Säule der europäischen Außenpolitik hatten. So wurde mehreren Abgeordneten im Vorfeld bedeutet, dass eine Unterschrift sich karriereschädlich auswirken könnte, und manche alberne Intrige und Verleumdungskampagne machte die Sache kompliziert.

Doch selbst als es so weit war, beschloss die Konferenz der Fraktionsvorsitzenden einfach, den Antrag auf Einrichtung eines Untersuchungsausschusses zurückzuweisen. Das bedeutet nach Überzeugung der Chefs der politischen Gruppen im Parlament, dass der Antrag gar nicht erst dem Parlament zur Abstimmung vorzulegen sei. Die Geschäftsordnung war bisher in diesem Punkt durchweg anders interpretiert worden: Wenn die Fraktionschefs Anträge auf Untersuchungsausschüsse nicht befürworteten, legten sie diese dennoch – mit der Empfehlung, sie abzulehnen – dem Plenum vor.

Wie zum Hohn setzte die Konferenz der Präsidenten eine sogenannte »Working Group« ein, die sich mit den Hilfsleistungen der EU für die PA beschäftigen sollte. Dieses machtlose, in der Geschäftsordnung nicht vorgesehene Gremium beschloss als eine der ersten Maßnahmen, in Zukunft hinter verschlossenen Türen zu tagen – im Europäischen Parlament sind sonst selbst Fraktionssitzungen öffentlich und die Geschäftsordnung des EP sieht mit wenigen Ausnahmen zwingend vor, dass alle Sitzungen von Gremien des Parlaments öffentlich zu sein haben. Doch nicht genug damit, diskutierte dieses mehrheitlich von Arafat-Fans besetzte Gremium allen Ernstes, ob die EU nicht von Israel Schadensersatz verlangen sollte – für die mit europäischem Geld aufgebaute Infrastruktur der PA, die in diesem Krieg selbstverständlich in Mitleidenschaft gezogen oder auch absichtlich zerstört worden war.

Geht man nicht davon aus, dass bewusster böser Wille am Werke ist – und das hieße die Mehrzahl der Akteure in der EU denn doch zu überschätzen – so ist die Frage, warum die Institutionen so beharrlich nicht wissen wollen, was die Folgen ihrer Politik sind. Meines Erachtens hängt dies mit der Bedeutung zusammen, die die Palästina-Politik für die Außenpolitik der EU insgesamt hat. Ex-Außenkommissar Patten hat dies einmal deutlich zum Ausdruck gebracht: Er könne eine Untersuchung über die Vorwürfe gebrauchen, »like a hole in my head«, also wie ein Loch im Kopf.[526] Dies erklärt die an augenzwinkernde Kumpanei erinnernde Schwerfälligkeit der europäischen Institutionen in dieser Frage vollauf.

Der Wille zur Weltmacht hat ein Programm: Antizionismus und Antiamerikanismus

Man wird sich fragen, was denn die Interessen der EU »in der Region« sind. Sicherlich ist die EU wesentlich abhängiger von der Ölförderung im Nahen Osten als die USA[527] und darum an guten Kontakten zu den arabischen Nationen interessiert. Nur wäre das eher ein Grund, für befriedete Verhältnisse im Nahen Osten zu wirken, da ja jede kriegerische Verwicklung Förderung und Transport des Öls gefährden könnte. Unbestreitbar hat die EU das Interesse, sich mit einem mediterranen Sicherheitsgürtel zu umgeben und die nordafrikanischen und vorderasiatischen Länder in seine Abschottungspolitik einzubeziehen wie auch ihre Märkte zu öffnen und Zugriff auf ihre Ressourcen zu bekommen. Andererseits wäre da Israel ökonomisch der interessanteste Partner und die arabischen Länder hätten schon aufgrund ihrer wirtschaftlichen Abhängigkeit gar keine Alternativen, als auf europäische Angebote einer »Sicherheitspartnerschaft« einzugehen.

Die Gründe liegen nicht in der Region, sondern in der Konkurrenz zu den USA. Ohne Übertreibung lässt sich sagen, dass nach dem NATO-Krieg gegen Jugoslawien 1999 der Friedensprozess im Nahen Osten das nächste Testfeld europäischer militärischer Großmachtambitionen ist. Den USA soll ihre Rolle als einzig relevante Großmacht, die in dieser Region präsent ist, streitig gemacht werden. Dies ist Teil einer Strategie, die Position der USA als einziger wirklicher Weltmacht in Frage zu stellen und innerhalb der nächsten zwanzig Jahre auf »gleiche Augenhöhe« zu gelangen.

Nachdem die Verhandlungen von Camp David im Sommer 2000 – dem Versuch der US-Regierung, im Alleingang eine Lösung im Nahostkonflikt durchzusetzen – gescheitert waren, war die Chance für die EU gekommen, sich endgültig vom »payer« zum »player« zu wandeln. Dabei geht es darum, einen Friedensprozess zu torpedieren, um dann bei seiner revidierten Neuauflage mitmischen zu können. Je länger und härter der Konflikt ausgetragen wird, umso deutlicher zeigt sich nach europäischer Lesart, dass die USA nicht in der Lage sind, den Friedensprozess zu moderieren. Daraus schlussfolgert die EU, dass beide Seiten einfach, um es ironisch zu sagen, des guten Onkels aus Europa mit seinen demokratischen und ökologischen Werten, seinem Sozialstaat und seiner Zivilgesellschaft bedürfen, um diesen Konflikt zu lösen. In diesem Zusammenhang ist das Bemühen der EU zu sehen, die USA in möglichst schlechtem Licht erscheinen zu lassen, um sich dagegen selbst als »ehrlicher Makler« zu profilieren: Wie gut für beide Seiten, dass es Europa gibt, und wie schlecht für die Welt, dass die eine Seite, nämlich Israel, sich einfach eine Wild-West-Politik à la USA leistet.

Es liegt im Interesse der aufstrebenden Macht EU, den Nahostkonflikt zu internationalisieren. Aber nur so lange der Krieg andauert, gibt es auch Bedarf für eine internationale Lösung. Deswegen darf die PA natürlich nicht vorher klein beigeben – also muss sie so gestärkt werden, dass sie weitermachen kann. Die EU leistet sich darum den Zynismus, den Konflikt, den sie angeblich so gerne gelöst sehen möchte, am Kochen zu halten, indem sie die eine Seite finanziert.[528] Das ist der ziemlich unmenschliche Zweck der humanitären Hilfe der EU. Die Menschen in den PAG spielen hier die unschöne Rolle des Kanonenfutters für »Europe's hidden war against the US«. Nur nebenbei sei bemerkt, dass das vermutlich niemand von denen »antiarabisch« findet, die sonst dieses Wort so gerne in den Mund nehmen.

Die Interessenidentität zwischen der EU und der PA ergibt sich aus der gemeinsamen Frontstellung gegen Israel und die USA. Die EU als zur Zeit unterlegene Macht setzt – außer es passt ihr nicht ins Konzept, wie beim Jugoslawienkrieg – auf die Stärkung der internationalen Institutionen, in die sie die USA einzubinden hofft. Das heißt, sie formuliert ihre Großmachtinteressen als uneigennütziges Bestreben, eine internationale Rechtsordnung mit Demokratie, Menschenrechten und Umweltschutz durchzusetzen und den nationalstaatlichen Egoismus – vor allem der USA – zu bändigen. Da Israel sich, auch wegen schlechter Erfahrungen mit den Europäern in den 60er und 70er Jahren, frühzeitig auf die USA orientiert hat, setzt die EU auf die palästinensische Karte. Und je länger die PA und ihre Helfershelfer Israel mit einem Terrorkrieg überziehen und die israelische Gesellschaft zu zermürben versuchen, umso »vernünftiger« wird es, die europäischen Paten an den Verhandlungstisch zu bitten, um dem Morden ein Ende zu bereiten.

Ein erster Erfolg in der Internationalisierung des Konflikts ist die Etablierung des so genannten Quartetts aus USA, EU, Russland und UN. Am 30. April 2003 wurde von diesem Quartett ein neuer Vermittlungsversuch gestartet: die »Road Map«. Offiziell sind alle Mitglieder des Quartetts ihre Urheber. Während aber die meisten Beobachter davon ausgehen, dass sie vor allem auf amerikanische Initiative entstand, behauptet das deutsche Außenministerium, dass die »Road Map« auf dem Anfang April 2002 ins Spiel gebrachten »Fischer-Ideenpapier« basiert. Jedenfalls hat das Berliner Außenamt nicht Unrecht, wenn es die »Road Map« als internationalisierendes Moment und somit als deutsch-europäischen Erfolg anpreist: »Die ›Road Map‹ ist der erste gemeinsame Text der vier Nahost-Hauptakteure USA, EU, Russland und dem Generalsekretär der Vereinten Nationen in der Geschichte des Nahostkonflikts überhaupt. (...) Die ›Road Map‹ hat die politische Unterstützung aller Mitglieder des Quartetts. (...) Erstmals soll eine dritte Partei – das Quartett – künftig über Fortschritte bei der Implementierung entscheiden. Außerdem hat sich das Quartett durch eine eigens eingerichtete Task Force der geforderten palästinensischen Reformen aktiv angenommen.«[529] Sollten sich die USA bei der Umsetzung allerdings wieder – aus EU-Sicht – »ungebührlich« in den Vordergrund spielen, so gibt es auf dem Weg, den die »Road Map« weist, noch zur Genüge Weggabelungen, an denen die EU durch geschicktes Stören ihre Wichtigkeit demonstrieren kann.

Die wichtigste Neuerung dieser »Road Map« war, dass die Gründung eines palästinensischen Staats nicht mehr von irgendwelchen Vorleistungen der PA abhängig gemacht werden sollte. Bislang hatten Israel und die USA ein Ende des Terrorkriegs verlangt, bevor Verhandlungen aufgenommen werden könnten. Dies sollte ein Zeichen von Seiten der PA sein, dass die Fatah und ihre Partner ihre Strategie geändert haben und tatsächlich zu Partnern eines dauerhaften Friedensprozesses werden wollten. Das heißt, Israel verlangte bis jetzt ein Zeichen, dass ein Friedensprozess in den Augen der PA nicht bloß ein Waffenstillstand auf dem Weg zur besseren Vernichtung Israels sein sollte, bevor es über die Gründung eines palästinensischen Staats verhandeln wollte. Nunmehr soll solch ein Staat etabliert werden und Israel wird sich — wenn es seine Sicherheitsinteressen wahren will — wieder einmal mit dem Rest der Welt über Kreuz befinden. Auch mit den USA, was für Israel besonders gefährlich werden kann.

Die der »Road Map« zu Grunde liegende Ideologie ist vollständig europäisch. Sie betrachtet den aggressiven Nationalismus und Antisemitismus auf palästinensischer Seite als Folge der Politik Israels und verbreitet die alberne Überzeugung, zum Frieden im Nahen Osten fehle nichts als ein bisschen guter Wille, ein bisschen Vertrauen und ein eigener Staat Palästina. Es ist bereits jetzt klar, wem die Schuld daran gegeben wird, wenn dieser »Friedensprozess« ins Stocken gerät: Dass Israel schuld ist, steht ja vor der Befassung mit den Fakten fest, weil es das Konstruktionsprinzip der »Lösung« ist, die sich die EU ausgedacht hat.

Wie sich die Europäische Union einen Friedensprozess vorstellt, hat Hans-Gerd Pöttering (CDU), der Vorsitzende der größten Fraktion im Europäischen Parlament, erklärt. Falls der Schutzwall gebaut werde, »dann scheint dies für mich ein Argument dafür zu sein, dass wir eine internationale Friedenstruppe brauchen, die dort die beiden verfeindeten Teile auseinander hält. Ich würde mir wünschen, dass darüber einmal die Diskussion beginnt, ob nicht eine solche internationale Friedenstruppe (wird von Beifall unterbrochen) unter Einbeziehung der Europäer ein Weg wäre.«[530] Die Europäische Union wird alles dafür tun, den Alptraum, dass deutsche Blauhelmsoldaten in Ost-Jerusalem als Schutztruppe des palästinensischen Programms stationiert werden, wahr zu machen.

Challenging the US: Kooperation und Konkurrenz innerhalb der EU und die falschen Freunde Israels

Das alles bedeutet nicht, dass die Europäische Union tatsächlich bereits die einheitliche politische Akteurin ist, die sie gerne wäre. Geschäftsgrundlage der Europäischen Union ist nun einmal, dass verschiedene Nationalstaaten ein gemeinsames Bündnis miteinander institutionalisiert haben, um ihren nationalen Interessen zu dienen und gemeinsam den USA Paroli zu bieten. Nur: Deswegen geben sie weder die Konkurrenz miteinander auf, noch macht es temporäre Bündnisse mit den USA gegen die lieben europäischen Verbündeten unmöglich. Da ihr Zweck ist, die EU zu benutzen, den eigenen nationalen Interessen zu dienen, sind natürlich auch nicht alle Länder und alle politischen Richtungen auf einer Linie.

Ein großes Problem der »Gemeinsamen Außen- und Sicherheitspolitik« ist im Allgemeinen, dass zwar viel Außen- und Sicherheitspolitik stattfindet, sie aber nicht so »gemeinsam« ist, wie sich das alle Beteiligten ganz abstrakt wünschen – weil alle Beteiligten unterschiedliche konkrete Interessen haben, die genau das ausschließen. Das bedeutet allerdings für alle eine ärgerliche Minderung ihrer Bedeutung und so streiten sich die europäischen Nationen darüber, wie man in Zukunft »mit einer Stimme« sprechen könnte und ob und wie viel Zusammenarbeit zwischen den Nationen, die enger zusammenarbeiten wollen, von den anderen erlaubt wird, ohne dass dies die EU insgesamt in Frage stellt.

Sollte die EU ein Modell zur Überwindung der neuen Spaltung in »old europe« und »new europe« suchen, in ihrer seit Jahren betriebenen gemeinsamen Destabilisierungspolitik gegen Israel könnte sie dies finden. In der Frontstellung gegen Israel haben das »alte« und das »neue« Europa keinen Dissens, vielmehr überbieten sich die EU-Staaten in diplomatischen Unfreundlichkeiten gegenüber dem jüdischen Staat. Während das »friedensliebende« Belgien den israelischen Ministerpräsidenten als Kriegsverbrecher anklagen lässt, ist das »freiheitsliebende« Spanien damit beschäftigt, Zölle auf israelische Waren zu erheben und damit das EU-Handelsabkommen mit Israel zu verletzen. Selbst der ansonsten treueste Verbündete der USA, Großbritannien, organisiert »Friedensgespräche« zwischen Fatah und Hamas und fordert die USA auf, als Gegenleistung für die Unterstützung im Irakkrieg auf Distanz zur israelischen Regierung zu gehen.

Deutschland hatte mit dem früheren Bundesaußenminister Joseph Fischer einen Glücksgriff getan. Denn obwohl Deutschland alle arabischen Nachbarn Israels mit Waffen ausgerüstet hat, die Berichterstattung über Israel von unglaublicher Einseitigkeit ist, die deutsche Bevölkerung gründlich antisemitisch verhetzt ist[531] und sich die palästinensische Bewegung offiziellen

Wohlwollens erfreut, gilt Deutschland in Israel mittlerweile als einer der vernünftigsten und verlässlichsten europäischen Partner. Dazu muss man nur eine Sache nicht tun – nämlich Israel mit Nazi-Deutschland gleichsetzen, wie dies in anderen Ländern auch offiziell ganz üblich ist. In Deutschland überlässt die Politik dies lieber dem Stammtisch und versucht, durch vorsichtiges Taktieren und eher leise Töne die Akzeptanz Israels für eine größere deutsche Rolle im Nahost-Konflikt nicht zu gefährden. (Hin und wieder muss dann ein Politiker, der offen ausdrückt, was für eine Mördergrube sein Hirn ist, zurechtgewiesen oder sogar gefeuert werden, um die außenpolitischen Kalkulationen nicht zu gefährden.) Der ehemalige deutsche Außenminister wird nicht müde zu betonen, dass Deutschland eine besondere Verpflichtung gegenüber Israel habe und dass die Shoah singulär sei. Daraus entsteht häufig die Einschätzung, Joseph Fischer sei doch in dieser Frage zumindest recht vernünftig. Dies ist ein Missverständnis. Denn diese Argumentation der besonderen Verantwortung Deutschlands ist nichts weiter als die Vorbereitung für deutsche Blauhelme in Ost-Jerusalem. Die bisherige Rolle Deutschlands und übrigens auch der deutschen EP-Abgeordneten und EU-Kommissare lässt für den Einsatz solcher Friedensmissionen, wie eigentlich fast immer, nur Böses ahnen.

Hatte Deutschland sich über die Mitgliedschaft in der Balkan-Kontaktgruppe und vor allem durch die Teilnahme am Nato-Bombardement Jugoslawiens nahezu vollständig der »Fesseln seiner Vergangenheit« entledigt, so würden deutsche Schutztruppen in den Palästinensergebieten die endgültige Vollendung dieses Vorhabens bedeuten. In Brüssel findet die deutsche Regierung dafür fruchtbaren Boden. Selbst der *Focus* hatte die Absichten des damaligen deutschen Bundeskanzlers erkannt: »Schröder tastet sich an das letzte Tabu deutscher Außen- und Militärpolitik nach Adolf Hitler heran.« Dieses rot-grüne Projekt lässt sich leichter mit einer von der EU zusammengestellten und an maßgeblichen Positionen von Deutschen geführten Armee bewerkstelligen als nur unter der schwarz-rot-goldenen Fahne. Aber besonders Deutschland muss dafür in israelischen Augen zumindest den Anschein von Neutralität erwecken. Denn während das deutsche Ansehen in den meisten arabischen Ländern bestens ist, gibt es in Israel noch immer – für die Bundesregierung ärgerliche – Reste von Vorbehalten gegen Deutschland. Egal, ob unter UN- oder NATO-Kommando: Die erst jüngst wieder intensiv diskutierte Entsendung von Truppen würde ohnehin nur der palästinensischen Seite nützen. Während sie etwa palästinensische Selbstmordanschläge kaum verhindern könnte, würde sie für effektive israelische Gegenmaßnahmen das Aus bedeuten.

Die Lage ist allerdings noch trostloser, als sie sowieso bereits aussieht. Die politischen Kräfte, die in Europa für ein Bündnis mit Israel eintreten und dem antizionistischen Konsens trotzen, sind nicht nur politisch unzuverlässig, sondern vor allem auch eher Teil des Problems als Teil der Lösung. Soweit es sich um größere politische Kräfte handelt, wie die englischen Tories oder die Forza Italia, so verdankt sich ihre Israelfreundlichkeit vor allem der Tatsache, dass sie auf ein Bündnis mit den USA setzen. Sollte sich dies ändern oder sollten die USA – was durchaus denkbar ist – ihre Unterstützung Israels anderen politischen Erwägungen opfern, wäre auf diese sowieso nicht besonders sympathischen Verbündeten kein Verlass. Noch schlimmer ist es um die Sympathien, die Israel bei Teilen der extremistischen Rechten genießt, bestellt. Die Alleanza Nazionale, der Vlaams Blok (mittlerweile nennt er sich Vlaams Belang) und ähnliche Gestalten wollen ihrem antiarabischen Rassismus und ihrer Hetze gegen die Immigration von Menschen aus Nordafrika und Vorderasien nur die hohe moralische Weihe des Kampfes gegen Antisemitismus verleihen – darauf kürzt sich ihre »Freundschaft« mit Israel zusammen. Doch solcher Rassismus lässt sich jederzeit auch antisemitisch wenden. Da diese politischen Kräfte ebenfalls auf eine starke EU orientieren, ist es auch eher eine Frage der Zeit, bis deren weltpolitische Interessen in den Programmen dieser Parteien auftauchen.

Ressentiment und Kalkül: das bedrohliche Zusammenspiel von Volksmeinung und Großmachtinteressen

Die europäische Politik gegen Israel hat ihren Grund nicht im öffentlichen Bewusstsein in Europa; aber dieses passt hervorragend zu seinen Zielen und seiner Politik. Seit dem Beginn der so genannten Al-Aqsa-Intifada und noch mehr seit dem 11. September 2001 sind Antizionismus, Antisemitismus und Antiamerikanismus zum öffentlichen Konsens in Asien, Afrika und – etwas verschämter – in Europa geworden. Die Kritik an der neuen Weltordnung, den Härten kapitalistischer Modernisierung und den brutalen Auswirkungen der momentanen Wirtschaftskrise konzentrieren sich vollständig auf die USA. Sie und der aggressive angelsächsische »Raubtierkapitalismus« werden von besorgten Staatsbürgern, enttäuschten Patrioten, Slumbewohnern, Linken und wem nicht noch alles für die Übel einer nationalstaatlich verfassten kapitalistischen Welt verantwortlich macht.

Die schlechte Meinung über Israel hat viel mit der – seit Jahren – einseitigen und verleumderischen Berichterstattung über Israel in den Medien zu tun. Diese ist aber nicht Folge einer großen Verschwörung der Medien, sondern des mehr oder oftmals auch minder bewussten geistigen Nachvollzugs der europäischen Frontstellung im Nahen Osten. Wie eine von der EU-Kommission in Auftrag gegebene Studie ergab, sehen 65 Prozent der

Deutschen und im Durchschnitt 59 Prozent der EU-Bürger in Israel eine Gefahr für den Weltfrieden[532] – es ist damit das meistgenannte Land, und man kann sich darauf verlassen, dass es für die meisten auch die größte Gefahr für den Weltfrieden darstellt. Das darf man zu gleichen Teilen auf das Konto der antisemitischen Kontinuität und der nationalen Identifikation verbuchen. Die EU-Offiziellen waren noch gar nicht fertig damit, den Skandal des Ergebnisses in einen Skandal der Studie zu verwandeln, da platzte schon die nächste Bombe. Das Europäische Zentrum zur Beobachtung von Rassismus und Fremdenfeindlichkeit (EUMC), also die Institution für folgenloses Gutmenschentum, hatte beim Zentrum für Antisemitismusforschung an der TU Berlin eine Studie über das Wachstum antisemitischer Ausschreitungen in Europa seit der »Al-Aqsa-Intifada« in Auftrag gegeben. Diese wissenschaftlich sauber gearbeitete Studie[533] ergab, mit vorsichtigen Einschränkungen über die Datenlage, was alle, die halbwegs aufmerksam Zeitung lesen oder im Internet surfen, bereits geahnt hatten: dass es eine signifikante Zunahme antisemitischer Ausschreitungen in Europa gibt und dass es in vielen europäischen Großstädten nicht mehr sicher ist, mit einer Kippa auf die Straße zu gehen.[534] Als das EUMC sich entschloss, diese Studie lieber nicht zu publizieren, brach zwar ein Sturm der Entrüstung los – aber es war der Kommission und ihren Angestellten schon wieder gelungen, vom Inhalt abzulenken und ihn in eine Debatte über die Studie zu verwandeln. Edgar M. Bronfman, Präsident des Jüdischen Weltkongresses, und Cobi Benatoff, Präsident des Europäischen Jüdischen Kongresses, fassten das treffend zusammen: »Anti-Semitism can be expressed in two ways: by action and inaction. Remarkably, the European Commission is guilty of both.«[535]

Europa schätzt das unerwünscht starke Echo auf seine antiisraelische und antiamerikanische Politik nicht, so wie die rassistische Ausländerpolitik die faschistische Radikalisierung nicht wirklich liebt. Aber mehr noch als die antisemitische Gewalt und den Hass auf Israel findet es besorgniserregend, wenn zu viel darüber geredet wird, wie einig die Bürgerinnen und Bürger der EU mit Arafat, Mahathir und Osama bin Laden in der Beurteilung Israels und der Juden sind. Dies merkt man auch an der Antwort des Rates der EU auf eine Anfrage von MEP Michael Brie (PDS), der auf die Frage nach der Zunahme antisemitischer Gewalttaten und eventuellen Gegenaktionen vom Rat nur die Antwort erhielt, er sei »besorgt über eine mögliche Zunahme dieser Ausschreitungen«; ansonsten erklärte er sich für nicht zuständig.

Dass antisemitische Gewalttaten, Beleidigungen und Schmierereien ausgerechnet mit dem Irakkrieg zugenommen haben – an dem Israel ja gar nicht beteiligt war, obwohl es ihn begrüßt hat – ist kein Zufall. Denn Antiamerikanismus und Antisemitismus sind sich nicht nur ähnlich, sondern haben auch gleiche Wurzeln. Ganz wie der Antisemitismus ist auch der Antiamerikanismus eine Form, herrschaftskonform zu rebellieren, in dem man zwar einerseits scharfe Kritik an den Zuständen äußert, andererseits aber die Verantwortlichkeit auf eine außenstehende Gruppe projiziert – im Fall des Antiamerikanismus nicht eben zufällig auf die Weltmacht Nr. 1 und ihr Staatsvolk.

Wo sich Anti-Amerikanismus und Antizionismus zusammenschließen, da ist der Schritt zu der Theorie, die USA seien so böse, wie sie seien, weil sie jüdisch beherrscht seien, nicht mehr weit.

Der unerfreuliche Witz daran ist, dass die europäische Ideologie eine hohe Affinität zu dem Gehalt des Antiamerikanismus und Antisemitismus hat. Europa hat folgendes ideologisches Konzept: »Im 21. Jahrhundert ist nicht mehr das nationale Interesse der einzige Maßstab der Außenpolitik, sondern der gemeinsame Wille, Frieden, Demokratie und Menschenrechte auf unserem Kontinent durchzusetzen. So wird sich die Europäische Union in den nächsten fünf bis zehn Jahren zu einem Hauptakteur auf der internationalen Bühne entwickeln. (...) Europa setzt bei der Globalisierung nicht auf einen ungezähmten Kapitalismus, der einen Teil der Bevölkerung ausgrenzt und zu Verlierern stempelt. Die neue wirtschaftliche Dynamik wird dabei mit sozialer und ökologischer Verantwortung verbunden. (...) Wir dürfen die Menschen in den armen Ländern nicht im Stich lassen und tatenlos zusehen, wie sie zu Verlierern der Globalisierung werden. Europa muss zu einem solidarischen Partner der Entwicklungsländer werden.«[536] Diese rot-grüne Polit-Lyrik ist nicht einfach nur lächerlich, sondern durchaus das Selbstverständnis der Akteure. Und genau die Überzeugung, zu den Guten zu gehören und nur das Beste für alle zu wollen, macht sie so unempfindlich für Kritik und zu Feinden jeglicher kritischer Aufklärung. Und sie ist zugleich eine wichtige Legitimationsideologie, die die Fronstellung zu den USA als moralisch sanktioniert.

Gerade weil die aufsteigende Weltmacht EU heute gegen die internationalen Spielregeln, die die USA nach 1945 diktiert haben, aufbegehrt, kann sie sich als Anwältin jedes Sozialprotests aufspielen. Und innerhalb Europas kann man die verstärkten Anstrengungen, Weltmacht zu werden, auch den eigenen Untertanen verständlich machen: einerseits, um mit den USA mithalten zu können, andererseits, um »amerikanische Zustände« zu verhindern. Diese Plädoyers für einen schaumgebremsten Kapitalismus gegen Profitgier und für nationale Verantwortung des Kapitals sind der Humus, auf dem antisemitische Vorstellungen wunderbar gedeihen. Nimmt man hinzu, dass eine wachsende Anzahl von Menschen in Europa bereit ist, obskure Verschwörungstheorien zu glauben – die insbesondere, wenn es um den 11. September 2001 geht, zumeist antisemitisch aufgeladen sind –, so scheint eine Sache relativ klar: Der Aufstieg Europas zur Weltmacht vollzieht sich unter dem Beifall seiner Bürger und in scharfer Frontstellung gegen Israel, die USA und auch gegen die in Europa lebenden Jüdinnen und Juden. Ermutigende Aussichten sind das nicht.

Der Text wurde erstmals veröffentlicht in: Alexandra Kurth: Insel der Aufklärung. Israel im Kontext, Gießen 2005.

Gert Weisskirchen

OSZE und Kampf gegen den Antisemitismus

Mitten unter uns geschieht es. In den drückenden Tagen des heißen Sommers, im Jahr 2003, in Berlin, Reinickendorf. Die Schaufenster des Lebensmittelgeschäfts »Israel-Deli« werden zertrümmert, nicht nur einmal. Jugendliche spucken Gästen ins Essen. Neonazis beschimpfen den Besitzer mit »Judensau«, zerstechen die Reifen seines Autos. Nächte der Angst. Der Besitzer quält sich. Die Anwohner in der Straße fühlen sich anfangs auf seiner Seite. Mehr und mehr aber, nachdem auch sie eingeschüchtert werden, verstummen sie. Der Besitzer sieht keinen Ausweg mehr, resigniert, schließt seinen Laden.

Hatten wir nicht darauf gehofft, es wäre uns gelungen, den Antisemitismus weg zu sperren, zu versiegeln, ihn unschädlich zu machen? Nun zeigt der Wiedergänger seine böse Fratze. Nach all dem Furchtbaren, was der Hass auf die Juden ausgelöst hat: Wie kommt es nur, dass er wieder eindringen kann in Köpfe, um ihre Fähigkeit des Denkens zu zerstören? Wissen wir nicht mehr, wie er sich breit zu machen versucht? Warum nur haben wir vergessen? Er kommt wie der Mörder in der Nacht. Er fällt die Gefühle an. Er vergiftet sie. Das Gewissen siecht dahin, am Ende zerfällt es.

»Antisemitismus – eine soziale Krankheit«, so hieß das Buch, das Ernst Simmel 1946 herausgab und in dem Beiträge u. a. von Theodor W. Adorno und Max Horkheimer enthalten sind. Ernst Simmel leitete ein: »Der Antisemit hasst den Juden, weil er glaubt, dass der Jude an seinem Unglück schuld ist. Er verfolgt den Juden, weil er sich von ihm verfolgt fühlt.« »Die gewaltigste Energie«, schreibt Simmel, »die die Zivilisation mit Zerstörung bedroht«, liegt »im Inneren des Menschen«. Wird sie nicht eingedämmt, höhlt sie die Regeln des menschlichen Zusammenlebens von Innen aus. So zerstört sie die Demokratie. Die Diktatur der Gewalt triumphiert. Hitler hat in den Namen Deutschlands die Shoa eingebrannt, bis ans Ende aller Tage. Und heute?

Heute richtet sich der Antisemitismus nicht mehr allein gegen Juden als Individuen. Mortimer Zuckerman, Sonderbotschafter Clintons für den Nahen Osten, schreibt in *U.S. News and World Report* im November 2003 in einem Artikel »Graffiti an den Wänden der Geschichte«: Israel »taucht heute als der kollektive Jude unter den Nationen auf«. Im *Guardian*, *Observer*, *New Statesman*, *Nouvel Observateur*, in *La Stampa*, *L'Osservatore Romano* – überall in Europa findet Zuckerman antisemitisch journalistisches

Schreiben. Mikis Theodorakis hat jüngst erklärt, die Juden seien an allem schuld. »Ich kann nichts Historisches denken, ohne Auschwitz mit zu denken«, hat Rolf Hochhuth einmal gesagt. Diese Erkenntnis darf nicht verloren gehen. Wo Juden bedroht werden ist keine andere Minderheit sicher.

Antisemitismus ist in vielen Staaten präsent. In unterschiedlicher Färbung, Intensität, Aggressivität und gesellschaftlicher Wirksamkeit setzt er sich fest. Längst haben antisemitische Akteure sich globalisiert und nutzen die neuesten Kommunikationstechniken. Immer aber dominiert in allen Formen des neuen alten Antisemitismus eine Grundform: die Behauptung der jüdischen Weltverschwörung. Juden kontrollierten, heißt es, die Finanzströme, steuerten die Medienmacht, flüsterten den politisch Führenden ein und lenkten das Weltgeschehen. Diese Grundform des Antisemitismus »erklärt« weit voneinander liegende Ereignisse und Entwicklungen. Mit der Leugnung des Holocaust soll der Kampf um das Geschichtsbild gewonnen und die historische Opferrolle ins Gegenteil verkehrt werden. Die »Auschwitz-Lüge« soll dem Existenzrecht des jüdischen Staates Israel die Basis entziehen. An dieser Stelle wird die Bruchlinie deutlich, die den alten Rechtsextremismus mit dem neuen Islamismus verbindet. Der »arabische Anti-Zionismus« fällt auf einen Resonanzboden, wo global organisierte Kommunikationstechniken die Gedankenwelt junger Muslime weltweit zu kolonisieren versuchen.

Ein strategisches Zwischenstück bildet der Teil einer politischen Linken, der sich, zumeist naiv, an die Seite des palästinensischen »Freiheitskampfes« stellt. Der »neue« Antisemitismus saugt kritische Einstellungen gegenüber Israel auf und versucht sie mehrheitsfähig zu machen. Heraus kommt der alte Antisemitismus: der Hass auf jüdisches Leben.

Um drei Typen des neuen alten Antisemitismus gruppieren sich seine gegenwärtig virulenten Erscheinungsformen: um den Antijudaismus, um den jüngeren Antisemitismus und um den Antizionismus.

1. Der Antijudaismus verbreitet die Lüge ritueller Morde, die Juden von christlichen Ideologen unterstellt wurden. Auf die »Protokolle der Weisen von Zion« wird angespielt und darauf, das Judentum wolle die Weltherrschaft erobern.
2. Der jüngere Antisemitismus gipfelte in der Nazi-Diktatur, die alle Juden und alles Jüdische zu exterminieren suchte und in der Ungeheuerlichkeit des fabrikmäßig organisierten Völkermords endete.
3. Der Antizionismus nährt sich aus dem Konflikt zwischen Israel und Palästina. Falsch verstandene Solidarität mit den »Schwächeren« und maßlose Kritik an den »Stärkeren« fordern Juden im OSZE-Raum zur Parteinahme heraus und können Potenziale von Vorurteilen ihnen gegenüber befördern.

Alle drei Formen des Judenhasses, die traditionell abgesunkene, die im 20. Jahrhundert gefährlichste und die jüngste, gehen in der Nachfolge der zweiten Intifada brisante Mischungsverhältnisse ein. Sie bestätigen ihre jeweiligen historischen Vorgänger und treiben die ihnen innewohnenden Aggressionsanteile heraus.

Jede Gesellschaft weist ein gewisses Maß an frei flottierenden Gewaltpotenzialen auf. Je stärker diese Gesellschaften integriert sind, desto schwächer fallen diese Potenziale aus. Modernisieren sie sich, öffnen sich Flanken der Unsicherheit, in die Gewalt hinein stoßen kann. Je schneller das Tempo der Modernisierung ansteigt, desto größer wird der Bedarf, die innere Stabilität auszubalancieren.

Die Entwicklung sich modernisierender Gesellschaften wird dann angefallen von zerstörerischer Gewalt, wenn ihre Kräfte schwinden, immer neu die Demokratie als Form der universellen Selbstregierung zu entdecken und zu stärken. Setzen sich im Innern sich modernisierender Gesellschaften organisierte Gruppen fest, die der Demokratie ihren universellen Charakter rauben wollen, dann ist ihre humane Zukunft höchst gefährdet. Jene Form des Islamismus, der sich die westliche Lebensform zu seiner Todfeindin stilisiert hat, verwirkt den Anspruch auf Toleranz.

Die historisch älteren Formen des Antisemitismus konnten lokalisiert werden im rechten Extremismus. Die Sozialdemokratie und die demokratische Linke kämpften überall gegen den Antisemitismus. Für Freiheit, für Gleichheit, für Brüderlichkeit – das hieß auch: die Jagd auf Menschen soll beendet werden. Noch in den ersten Jahren des 20. Jahrhunderts hoffte die Sozialistische Internationale, sie werde den Weg ebnen zu einer Kultur, die niemanden mehr erdrückt. Im Zeitalter der Extreme wurde diese Hoffnung erdrückt. Die Gefahr der neuen Formen des Antisemitismus ist auch von Gruppen der Linken nicht rasch genug erkannt worden. Michael Lerner spricht vom »Socialism of fools«, von dem Teil der Linken, der in die Irre geht, weil sie den Freiheitskampf der Palästinenser mit dem Terrorismus verwechselt. Die wirkliche Auseinandersetzung mit dem neuen alten Antisemitismus steht uns bevor. Sie wird das Fundament der Demokratien berühren, auf dem die Institutionen des Zusammenlebens der europäischen Gesellschaften stehen. Wir müssen neue Antworten finden auf die Frage, ob unsere Kräfte ausreichen werden, damit wir die Globalisierung positiv gestalten. Und: welche Kräfte können wir neu dafür mobilisieren, damit die Modernisierung unserer Gesellschaften gelingt?

Schließlich: Wird unser Vorrat an Toleranz hinreichen, den gegenläufigen kulturellen Lebensentwürfen Räume zu öffnen, in denen sie sich entfalten können? Ist uns wirklich bewusst, was Gesellschaften brauchen, die zukunftsfest bleiben wollen: eine neue Politik der kulturellen und sozialen Anerkennung? Eine, die den Mut zur Integration immer neu aufbringt? Dabei darf Toleranz nicht verkürzt werden auf eine passive Rolle.

Mehr noch: Die kulturellen Ansprüche dürfen nicht jeweils beziehungslos nebeneinander stehen. Das wäre missverstandene Multikulturalität. Toleranz muss aktiv werden. Das Andere in den Kulturen will ich in seinem eigenen Wert erkennen, weil ich nur so das Gefängnis der Identität verlassen kann. Wer Modernität will, wird den Irrtum hinter sich lassen, die Identität der Person sei verankert im territorialen Ort. Globalität heißt: Wir leben in einer zivilisatorischen Gemeinschaft der Gemeinschaften der Zivilisationen. Die Mauern, die die kleine Welt geschützt haben, werden abgetragen. Die Grenzen werden durchsichtig. Der Andere wird präsent in meinem Leben und in meinen Gefühlen. Solange er von mir getrennt war, konnte ich ihn ignorieren, wenn ich ihn nicht ablehnen wollte. Der Fremde aber ist der, der heute kommt und morgen bleibt. Der Hass auf ihn ist der Zwillingsbruder des Hasses auf mich selbst. Dem Hass erliegt, wer selbst gedemütigt worden ist. Der dem Zwang erlegen ist, seine Identität immerfort zu reinigen. Der nicht wahrhaben will, wie reich seine Identität wird, wenn er sie öffnet über die Schranken der Nation hinaus, bis die Grenzen der Identität zum Band der Solidarität aufschließt, das alle Menschen miteinander verbindet.

Deutschland war immer ein Einwanderungsland, wie alle Länder der EU es waren und künftig noch ausgeprägter sein werden. Die am weitesten westlichen Staaten der Organisation für Sicherheit und Zusammenarbeit in Europa (OSZE), die Vereinigten Staaten von Amerika und Canada, sind erst durch die Einwanderer geworden, was sie heute sind. Die östlichen Mitglieder der OSZE haben ihre Erfahrungen mit Einwanderung gemacht. Der OSZE-Raum ist geprägt durch den imperialen Gestus von erobernden Einwanderern. Der seltene Fall der Einladung durch den territorialen Grundherrn durchbricht die historische Regel.

Die jüngste Form der Zuwanderung allerdings ist politisch gesteuert. Die generativen Defizite der westeuropäischen Gesellschaften sollen ausgeglichen werden. Seit einigen Jahren sind Menschen gerufen worden aus kulturellem Selbstverständnis, die bei uns als neu empfunden werden. Sie wollen kulturell, sozial und politisch anerkannt sein. Bemühen wir uns wirklich, sie in unsere Mitte aufzunehmen? Die Antwort auf diese Frage entscheidet darüber, ob unsere Gesellschaften zukunftsfähig werden. Strengen wir uns nicht stärker an, dann scheitern wir am wachsenden Grundproblem moderner Gesellschaften, an ihrer Fähigkeit zu gelingender Integration. Eine große Gefahr kommt auf uns zu, wenn alle, die um gesellschaftliche Anerkennung kämpfen, sich plötzlich zusammenfinden und alles Leid, das sie empfinden, einem aufladen, weil er einer Minderheit angehört – so konnte die alte Lüge neu erfunden werden, die Juden seien an allem schuld.

Der Antisemitismus ist unser Problem. Er sucht jede Schranke zu durchbrechen: Anstand, Glauben, Zivilisation. Seine Gewalt trifft uns alle: Juden und Christen und Muslime. Seine teuflischste Geburt ist der Terrorismus. Er reißt alle Grenzen nieder. Sein Ziel ist es, die Menschlichkeit auszulöschen. Seine akute und aktuelle Gefährlichkeit bezieht er aus den Ambivalenzen, die aus den gesellschaftlichen Konfliktlagen sich beschleunigender Modernisierungsprozesse entspringen. Dort, wo prämoderne kulturelle Verhaltensdispositive sich an vermeintlichen traditionalen Gewissheiten versteifen, sich gegen fließende und verflüssigende Modernitätsansprüche zu retten versuchen und eine neue Balance kollidierender Wertekonstellationen nicht gefunden wurde, haben rückwärtsgewandte Utopien eine Chance. In solchen prekären Phasen der Transformation können Komplexität reduzierende Identitätskonzepte ihren Platz behaupten. Werden sie ideologisch aufgeladen, können sie die ihnen innewohnenden Gewaltpotenziale zuspitzen und gegen andere, ebenfalls Komplexität reduzierende Identitätskonzepte aggressiv in Stellung bringen. Die Frontlinien verlaufen dann jedoch nicht, wie Samuel P. Huntington zu behaupten versucht, in großformatigen territorialen Konfigurationen, sondern innerhalb der Gesellschaften selbst. Reduzierte Identitätskonzepte müssen sich ihre Feinde suchen, weil sie ihre Austauschverhältnisse dem Irrtum unterwerfen, das Gegenüber der anderen reduzierten Identität suche das Eigene zu zerstören. Die einfachste Form der Reduktion ist die Ethnizität. Sie unterwirft alle in ihr Eingeschlossene dem immer währenden Zwang, sich ethnisch zu reinigen. Schließlich öffnen sich alle Schleusen, die Gewalt eindämmen können.

Dort also, wo sich lokal lineare Identität festzukrallen sucht, um dem vermeintlichen Ansturm universeller Modernität zu trotzen und eine minoritäre Identität zum Feind zu stilisieren vermag, droht dem Zusammenleben höchste Gefahr. Sie kann nur gebannt werden, wenn universell geltende Werte neu verhandelt werden. Prozedural muss Fairness für alle Beteiligten gewährleistet sein, damit sie das Ergebnis der Verhandlungen sich selbst zu Eigen machen. Die jeweiligen Kontexte werden variieren, die Inhalte der Werte müssen in jedem Fall mit dem Horizont der aufgeklärten Moderne verbunden bleiben. Sonst gäbe okzidentales Denken sich selbst auf. Insofern bleiben die Prozesse, die zur gesellschaftlichen Selbstverständigung führen, unverrückbar der Moderne eingeschrieben.

Die Intensität der Arbeit an der Integration jedoch nimmt zu. Ohne eine fest gefügte Basis des gegenseitigen Respekts, der wechselseitig sich zu bestätigenden aktiven Toleranz, kann Integration nicht gelingen. Sie wird allen

Gesellschaften in der OSZE viel abverlangen. Sie können, je einzeln oder in ihrer Gesamtheit, daran zu Grunde gehen. Aber sie können je einzeln oder in ihrer Gesamtheit voneinander und miteinander lernen, wie die bevorstehenden Konflikte bearbeitet und bewältigt werden.

Die OSZE hat eine einzigartige Chance. Sie kann die in ihrem Raum bestehenden Probleme identifizieren, sie in ihrer Relevanz gewichten und sich danach gegenseitig dazu verpflichten, sie zu bearbeiten. Die Mitgliedsstaaten tauschen zuvor ihre unterschiedlichen Wahrnehmungen aus und formulieren in zeitaufwändigen multilateralen Verhandlungen jenen Konsens, der mithilft, das jeweilige Problem anzugehen.

Bevor jedoch ein Problem als ein zu bearbeitendes erkannt wird, muss das Bewusstsein entsprechend politisch geschärft werden. So hat es denn auch im Fall des Kampfes gegen den Antisemitismus erst eines Vorlaufs bedurft, bis die OSZE sich dieses Themas bemächtigt hat. Gesellschaftliche Brisanz haben neue Formen des Antisemitismus in der Folge der zweiten Intifada gewonnen. In einer Reihe westlicher Mitgliedsstaaten der OSZE spitzten sich Ereignisse zu, die als eindeutig antisemitisch zu bewerten waren: besonders in Deutschland, Frankreich, im Vereinigten Königreich, den Niederlanden, Belgien, Griechenland.

Ältere Formen des Antisemitismus rückten in die öffentliche Wahrnehmung: in Ungarn, Polen, der Ukraine, Russland. Die alarmierende Häufung der Ereignisse erreichten zunächst Mitglieder der OSZE-Parlamentarierversammlung. Sie nehmen häufig rascher die tektonischen Verschiebungen wahr, die sich innerhalb ihrer Gesellschaften vollziehen. Im Vorfeld der Berliner Konferenz der OSZE-Parlamentarierversammlung im Jahr 2002 verständigten sich die nationalen Delegationen der USA und Deutschlands darauf, dass der Kampf gegen den Antisemitismus innerhalb der OSZE aufgenommen werden müsse.

Am Anfang stand der aufkeimende Antisemitismus in seiner neuen alten Form. Parlamentarier waren davon alarmiert worden und hatten die Regierungen dafür gewonnen, gemeinsam dagegen zu handeln.

Der Kampf gegen den Antisemitismus kann am besten gewonnen werden, wenn die Immunkräfte der Gesellschaft stark sind, seinen Angriff abzuwehren. Schließlich ist es die Zivilcourage des Einzelnen, die darüber entscheidet, ob eine Gewalthandlung vor Ort unterbunden wird. In dem Augenblick, wo die Gefahr aufblitzt, dass Gewalt explodiert, müssen Einzelne aufstehen und denen in den Arm fallen, die zum Einsatz von Gewalt bereit sind. Gewiss muss der Staat den nötigen Rahmen setzen, damit Zivilcourage gefördert wird. Der Staat muss auch Rechtsakte setzen, damit der Antisemitismus in allen seinen Formen verurteilt wird. Darüber hinaus trägt er Verantwortung für das politische Klima, ob es offen bleibt für das faire

Aushandeln von gesellschaftlichen Konflikten oder ob Minderheiten an den Rand gedrängt werden. Die Aufgabe der Zivilgesellschaft wiederum ist es, das öffentliche Bewusstsein wach zu halten und zu schärfen. Sie soll auf lokale Konflikte genau blicken, mögliche Trendänderungen wahrnehmen und Frühwarnungen aussenden.

Parlamente ihrerseits können zwischen den lokalen, den regionalen, den zentralen und, wie im Fall der OSZE, transnationalen Ebenen vermitteln. Dabei haben sie ein großes Maß an Freiheit, eigenständig zu handeln, verfügen über weitgehende Kontrollbefugnisse und vermögen es, gemeinsam mit der zuständigen Regierung und der entprechenden Zivilgesellschaft eine politische Agenda zu setzen, die ihre jeweilige Leistungsfähigkeit optimiert. Im Zusammenhandeln dieser drei Ebenen sind ihre verschiedenen Rollen strikt zu beachten. Die Autonomie der Zivilgesellschaft darf politisch nicht vereinnahmt werden. Das ist nicht allein aus funktionalen Gründen erforderlich. Für zivilgesellschaftliche Gruppen ist es unerlässlich, dass sie sich die Fähigkeit zur Kritik bewahren.

Weil Demokratien stärker sind, wird am Ende der Antisemitismus und mit ihm die Intoleranz unterliegen; denn die Kräfte der Toleranz sind den Vorurteilen überlegen.

Hannah Arendt hat dem Bösen ins Gesicht gesehen. Es war das Gesicht von Eichmann. Und sie war erschreckt über das, was sie erkannte: Das Böse war in die Gestalt des Banalen geschlüpft. Und so beginnt das Böse: banal. Jeder kann auf der Todesliste stehen. Und dann wird gemordet: der Mensch, die Zivilisation, die Demokratie.

Den Kampf gegen den Antisemitismus führen wir nicht allein, um Menschen jüdischen Glaubens zu schützen. Wir führen diesen Kampf auch, weil wir uns selbst vor einem neuen Absturz in die Barbarei schützen wollen. Demokratie aber ist stärker als der Hass. Denn: »Politik ist die angewandte Liebe zum Leben.« (Hannah Arendt)

Hildegard Müller

Deutschlands Verantwortung in Europa: Antisemitischem Denken, Reden und Handeln entgegenwirken!

Aufgrund seiner Geschichte hat unser Land eine besondere Verantwortung beim Kampf gegen Antisemitismus. Schon Konrad Adenauer hat es einst als sein »vornehmstes Anliegen« betrachtet, »die Versöhnung mit dem gesamten Judentum der Welt herbeizuführen«. Dies war und ist ein hoher Anspruch, den der erste Kanzler der Bundesrepublik formuliert hat. Dieses Ziel hat an Bedeutung und Mahnung bis heute keinen Zentimeter eingebüßt.

Antisemitisches Denken, Reden und Handeln dürfen keinen Platz in Deutschland haben. Allerdings wäre es falsch und verkürzt, beim Kampf gegen den Antisemitismus den Blick allein auf unser Land zu richten. Wir Deutschen verstehen uns zu Recht als Europäer, die die Integration unseres Kontinents vorantreiben. Wir richten unseren Blick auf die gesamte Europäische Union. Hier ist in der Tat eine Entwicklung zu beobachten, die Sorge bereitet: eine zunehmende Distanz gegenüber den in Europa lebenden Juden. Diese Distanz geht mit einer wachsenden Entfremdung vom Staat Israel sowie von den in den EU-Ländern lebenden Juden als angeblichen Repräsentanten Israels einher.

Es gibt einen wachsenden Antisemitismus in Europa. Die Welle des Antisemitismus hat mit der Intifada im Nahen Osten im Herbst 2000 begonnen und ist durch die Entwicklung des Konflikts und die Terroranschläge vom 11. September 2001 noch aufgeheizt worden. Dies belegen Studien wie z. B. vom Zentrum für Antisemitismusforschung der Technischen Universität Berlin.

Seit diesen Anschlägen ist Antisemitismus genauso stark spürbar wie eine in bestimmten Kreisen vorherrschende Wut auf die Vereinigten Staaten von Amerika. Diese Entwicklung kommt, wenn auch aus ganz unterschiedlichen Motiven, genauso von rechts wie von links. Dabei handelt es sich nicht um eine Frage der Bildung. Denn viel zu viele Intellektuelle bedienen sich der gleichen Vokabeln, um gegen Juden zu sprechen und zu hetzen. Zunehmend ist diese Entwicklung auch bei Extremisten ausländischer Herkunft zu verzeichnen.

Dieser in verschiedenen gesellschaftlichen Gruppen verbreitete Antisemitismus kommt aber nicht nur in seiner alten Form als rassistisch motivierter Judenhaß daher, sondern zunehmend auch als eine pauschale Ablehnung alles Israelischen. Juden und Israelis werden genauso gleichgesetzt wie die israelische Bevölkerung mit ihrer Regierung. Dabei ist es geradezu bemerkenswert, daß sich der klassische Antisemitismus mit einer neuen Form von Antisemitismus vermischt. Dies stellt eine bedrohliche Entwicklung dar. Offenbar reichen jahrhundertelanges Zusammenleben in Europa und die Erinnerung an die Vernichtung der Juden im »Dritten Reich« nicht aus, Juden als Staatsbürger ihres jeweiligen Landes anzuerkennen.

Hinzu kommt die Kritik an der israelischen Politik. In Teilen mag Kritik berechtigt sein. Allerdings verrät die Wucht, mit der sie häufig geäußert wird, in vielen Fällen, wie wenig wir in der Lage sind, uns in ein Volk hineinzuversetzen, das beständig unter Terror leidet. Vielen Menschen in Deutschland, aber auch in anderen europäischen Ländern fällt es schwer, zu begreifen, in welcher Gefahr die Menschen in Israel seit Jahrzehnten leben. Wir kennen nicht diese Erfahrung, jederzeit auf dem Weg zur Arbeit, im Café oder Restaurant Opfer eines Terroranschlags werden zu können. Auch ist uns fremd, daß die Existenz unseres Staates ernsthaft infrage gestellt wird.

Kritik an Israel wird immer noch oft von denjenigen vorgebracht, die darin die Chance eines Aufrechnens, zur Relativierung der eigenen Verantwortung, zu sehen glauben. Ich möchte ausdrücklich zur Vermittlung eines korrekten Israelbildes mahnen. Sicherlich spielen auch die Medien dabei eine nicht zu unterschätzende Rolle.

Die Berliner Wissenschaftler attestieren in ihrer Untersuchung zwar kein einheitliches Muster für Europa, stellen jedoch Ähnlichkeiten fest. So werden Schändungen von Synagogen und jüdischen Friedhöfen vor allem von der rechtsextremen Szene verübt. Physische Angriffe auf Juden sind oft die Tat von jungen Muslimen und finden zum Teil im Umfeld pro-palästinensischer Demonstrationen statt. Antisemitische Äußerungen aus linksextremen Quellen finden überwiegend im Kontext pro-palästinensischer und sogenannter Antiglobalisierungstreffen statt. In Zeitungsartikeln werden für die Kritik an Israel undifferenzierte, antisemitische Stereotype benutzt. Daraus folgern die Wissenschaftler, daß all dies zusammengenommen eine Kombination aus antizionistischen und antiamerikanischen Ansichten schafft, die beim Aufkommen einer antisemitischen Stimmung in Europa ein wichtiges Element bilden.

Eine verantwortliche Außenpolitik muß gerade den Dialog bei strittigen Themen mit unseren Partnern suchen, damit wir mit unseren Freunden nicht so pauschal umgehen. Auch dürfen wir uns nicht aus falsch verstandenem Minderheitenengagement vor antisemitische Muslime stellen. Denn wer dies tut, vergeht sich am Grundgesetz und an den in Deutschland lebenden Juden!

Ein besonders verwerfliches Beispiel stellte im Jahr 2003 eine in Berlin abgehaltene Demonstration dar, bei der offen zur Vernichtung des Staates

Israel und zur Tötung von Juden aufgerufen wurde. Unter dem Deckmantel unserer Freiheitsrechte wurde dabei Hass gesät. Derartiges hat in unserem Land keinen Platz. Denn Toleranz gegenüber Intoleranz ist immer falsch.

Während der internationalen Antisemitismus-Konferenz der Organisation für Sicherheit und Zusammenarbeit in Europa (OSZE) im Juni 2005 wurde eine »Umfrage zur Einstellung gegenüber Juden« vorgestellt, die im April und Mai des Jahres 2005 in zwölf europäischen Ländern durchgeführt wurde. Leider kommt die Studie zu dem Schluß, daß auch im Jahr 2005 bedeutende Teile der europäischen Bevölkerung antisemitische Klischees vertreten. So wird abermals bekräftigt, daß die europäischen Staaten noch mehr zur Bekämpfung von Antisemitismus und Fremdenfeindlichkeit tun müssen. Denn Antisemitismus ist ein Verbrechen gegen die Menschenwürde. Es ist und bleibt Verpflichtung aller demokratischen Staaten, ihn in allen Ausprägungen gesellschaftlich zu ächten und mit der ganzen Härte des Gesetzes zu verfolgen. Deutschland muß sich seiner Verantwortung bewußt sein und in diesem Sinne auch eine starke Stimme in die Europäische Union einbringen.

Die deutschen Beziehungen zum Staat Israel werden stets durch die Singularität der Shoah gekennzeichnet sein. Als Herausforderung für die Zukunft müssen wir es betrachten, daß auch die nachwachsenden Generationen das Bewußtsein und den Wunsch nach besonderen Beziehungen zu Israel entwickeln. Dies erscheint um so dringlicher, wenn die Opfer und Zeitzeugen des Holocausts, der Aussöhnung und des Neubeginns die besondere Qualität der Beziehungen zwischen Deutschland und Israel zukünftig nicht mehr mit Leben erfüllen und gestalten können.

Abschließend ist festzuhalten: Gerade vor dem Hintergrund der Bedrohung durch radikalen islamistischen Terrorismus, der als integrale Bestandteile seiner Ideologie einen radikalen Antisemitismus und die Vernichtung des Staates Israel zum Inhalt hat, ist es wichtig, ein aufgeklärtes und informiertes Verhältnis nicht nur zwischen Nichtjuden und Juden in Deutschland, sondern auch zwischen Israel und Deutschland sowie Israel und Europa zu haben. Es bedarf deshalb entschiedenen Engagements gegen Extremismus, egal aus welchem politischen oder religiösen Lager er kommen mag, sowie der besseren Vermittlung von Informationen über die deutsch-israelischen Beziehungen und das Verhältnis zwischen Juden und Nichtjuden. Wir dürfen nie wieder vor Antisemitismus, Ignoranz, Gleichgültigkeit und Terror kapitulieren. Dafür müssen wir insbesondere junge Menschen sensibilisieren.

Markus Löning

Kampf gegen den Antisemitismus: Eine Aufgabe für alle gesellschaftlichen Gruppen. Ein ständiger Kampf für unsere freiheitliche Gesellschaft!

»Jede offene Gesellschaft hat auch Feinde. Fremdenfeindlichkeit und Antisemitismus sind nicht aus Deutschland verschwunden.«[537] Mit dieser Feststellung machte Bundespräsident Horst Köhler vor der Knesset am 2. Februar 2005 deutlich, worum es bei der Frage des Antisemitismus geht: Der Kampf gegen den Antisemitismus ist ein Kampf für die Grundlagen unserer freiheitlichen Gesellschaft.

Der Schutz von Minderheiten, die Freiheit des religiösen Bekenntnisses und das Verbot der Diskriminierung aufgrund der Religion sind tragende Säulen unseres liberalen, demokratischen Rechtsstaates. Eine offene Gesellschaft kann und muss man daran messen, wie sie mit ihren Minderheiten oder schwachen Gruppen umgeht. Es ist manchmal erschreckend, wie sehr uns dieser Grundpfeiler unseres Gemeinwesens selbstverständlich aber auch gleichgültig geworden ist.

Jeder Versuch, hier unseriöse Relativierungen vorzunehmen, muss das demokratische Gewissen in uns aufrütteln. Dazu muss die Gesellschaft Antisemitismus als Gefahr erkennen, die sie selbst bedroht. Dann kann der Kampf erst die Leidenschaft entfachen, die er braucht. Doch sprechen Experten von der »schwindenden Bereitschaft, Antisemitismus als Gefahr zu benennen und zu skandalisieren«.[538] Es zeichnet sich ein Mentalitätswechsel in der Gesellschaft ab, bei dem die Feindseligkeit gegenüber Menschen, die »anders« sind, zunimmt. Auch nach einem Jahrzehnt der auf die Spitze getriebenen Political Correctness scheint also die Tendenz zur Einteilung in Stereotypen und Ressentiments zuzunehmen – letztlich hat eine Desensibilisierung stattgefunden. Besonders stark lässt sich der »Mentalitätswechsel« am Antisemitismus festmachen. Laut einer Studie liegt der klassische Antisemitismus in Deutschland weiterhin bei erschreckenden 20 Prozent, doch wird im Zusammenhang mit dem Nahost-Konflikt die Kritik an Israel – unter Verwendung antisemitischer Stereotypen – gesellschaftsfähig und umfasst alle Bevölkerungsschichten. 50 Prozent der Befragten äußerten Zustimmung zum Vergleich der Nazi-Politik gegenüber den Juden mit der Politik Israels gegenüber den Palästinensern.[539] Alarmierende Zahlen, die zeigen, welche Anstrengung der Kampf gegen den Antisemitismus in unserem täglichen Leben erfordert.

Von Schändungen jüdischer Friedhöfe wird seit längerem immer wieder berichtet und die Polizeiwachen vor jüdischen Einrichtungen in unseren Städten sind bittere Normalität geworden. Die antisemitischen Ausschreitungen und Übergriffe in Frankreich haben uns Anfang des Jahrzehnts erneut aufhorchen lassen. Eine neue Dimension des Antisemitismus kam mit einem Mal zu Tage. Öffentliche Diffamierungen werden in Russland oder Polen beklagt. Noch im Mai 2005 ist es in Italien zur Hetzjagd auf eine römisch-jüdische Fußballjugendmannschaft gekommen.[540] Die Liste der Vorfälle lässt sich immer weiter führen. Dabei fällt auf, wie sehr diese in die Mitte der Gesellschaften vorzudringen scheinen.

Antisemitismus präsentiert sich uns heute in unterschiedlichsten Ausprägungen. Neben dem offensichtlich schwer zu bekämpfenden klassischen Antisemitismus in westeuropäischen Ländern sowie dem historischen im östlichen Europa sind durch den Nahost-Konflikt antisemitische Denkansätze sowohl in den Mehrheitsgesellschaften als auch in einigen Kreisen muslimischer Migranten hervorgekommen.

Eine Zunahme der antisemitisch motivierten Vorfälle wird nicht nur in Europa, sondern weltweit registriert. In einer ganzen Reihe von Ländern – Deutschland sei hier ausdrücklich genannt – werden immer wieder Vorurteile gegen Juden und Klischeebilder angeheizt. Daher ist es sinnvoll, das Problem des Antisemitismus gemeinschaftlich anzugehen. Es erschüttert die gesamte europäische Wertegemeinschaft.

Vor nunmehr einem Jahr hat eine internationale Konferenz der OSZE in Berlin stattgefunden, bei der es um ein Aktionsprogramm zum Kampf gegen Antisemitismus gegangen ist. Der aus diesem Anlass eingebrachte gemeinsame Antrag aller Bundestagsfraktionen war ein gutes Signal an die deutsche und europäische Öffentlichkeit, dass alle demokratischen deutschen Parteien gemeinsam zum Kampf gegen den Antisemitismus aufrufen. Und es war ein Zeichen an die Bürger, dass wir uns als demokratische Parteien gemeinsam gegen die Diskriminierung einzelner Gruppen wenden, dass wir Ausgrenzung nicht zulassen und dass wir Antisemitismus in keiner Form tolerieren werden. Antisemiten dürfen durch Intoleranz und durch dumpfe Vorurteile nicht die Grundlagen unserer demokratischen, freiheitlichen und menschlichen Gesellschaft zerstören! Die Bekämpfung des Antisemitismus muss europaweit stattfinden. Das haben die OSZE-Konferenzen deutlich gemacht. Bei aller Diskussion zur Zukunft Europas kann hier nur ein gemeinsames Vorgehen der Wertegemeinschaft gestützt auf Demokratie und Rechtsstaatlichkeit zum Erfolg führen.

Daher war es so wichtig, dass die OSZE-Konferenz ein Aktionsprogramm entwickelt hat, dass sie eben mehr tut, als nur Bekenntnis abzulegen. Ohne Zweifel ist es notwendig, Bekenntnis abzulegen. Trotz der Gefahr von Sonntagsreden müssen wir uns immer wieder mit größter Überzeugung dazu bekennen, für ein vorurteilsfreies Zusammenleben einzustehen. Es ist aber genauso wichtig, ein Programm mit konkreten Schritten zu entwickeln, denn sonst werden wir diesen Kampf nie gewinnen.

Welche Instrumente haben Politik und Gesellschaft, um sich vor einer schleichenden Erosion ihrer Grundfesten zu schützen?

Die Grundlagen für unsere Entwicklung werden, neben dem Elternhaus, in der Schule gelegt. Daher muss die Vermittlung unserer Werte in den Schulen ganz weit oben stehen und der Antisemitismus als Gefahr für unser Wertesystem im Lehrplan festgeschrieben sein. Die Auseinandersetzung im Klassenzimmer ist unerlässlich. Eine Untersuchung der Alice-Salomon-Fachhochschule von Jugendfreizeiteinrichtungen in Berlin hat gezeigt, wie viele Kinder und Jugendliche im Alter von neun bis 14 Jahren bereits feste antisemitische Prägungen haben.[541] Dass es sich bei der Untersuchung vor allem um Kinder mit islamischem Hintergrund handelt, zeigt, dass wir mit einer besseren Integrationspolitik auch im Kampf gegen den Antisemitismus etwas tun können. Der Schule kommt hier eine Aufgabe bei allen Kindern zu.

Wir müssen als Politiker aber auch klar sagen, dass wir den Kampf nicht alleine gewinnen werden. Die Gesellschaft insgesamt muss davon überzeugt sein, im Zusammenspiel aller Kräfte Xenophobie und Antisemitismus zu bekämpfen. Die Zivilgesellschaften sind gefordert. Im Verein, bei der Arbeit, im täglichen Leben müssen Diskriminierungen und Vorurteile zurückgewiesen werden. Jeder einzelne Bürger ist hier in der Pflicht. Wenn die Gesellschaft als Ganzes klar macht, dass Antisemiten und Antisemitismus in ihr keinen Platz haben, dann hat der Antisemitismus auch keine Chance.

In diesem Zusammenhang kommt den Medien eine entscheidende Rolle zu. Es ist ihre Aufgabe, Klischees und Vorurteile nicht fortzuschreiben und nicht an Ressentiments zu appellieren. Freie Medien in offenen Gesellschaften sind einerseits Meinungsmacher, spiegeln andererseits aber auch die Stimmung in einer Gesellschaft wider. Am Beispiel des Antisemitismus wird dies besonders deutlich. Zeigt sich doch in letzter Zeit häufiger die zurückgegangene Sensibilität gegenüber antisemitischem Gedankengut durch die (unbewusste) Verwendung antisemitisch gefärbter Sprache gerade bei der Berichterstattung über den Nahost-Konflikt.

Schon in der Ausbildung sollten Journalisten für das Thema Antisemitismus sensibilisiert werden. Sie müssen lernen, »wordings« zu verstehen sowie sich einzelne Worte und ihre Konnotation im Hinblick auf antisemitische Tendenzen klar zu machen. Journalisten muss bewusst sein, was mit einzelnen

Worten transportiert werden kann. Leider zeigt die Praxis, dass einigen Berichterstattern die Sensibilität für antisemitische Zwischentöne fehlt.

Außerdem liegt es in der Verantwortung religiöser Führer und Gemeinschaften im OSZE-Raum, sich gegen den Antisemitismus zu wenden. Dies ist ein besonders schmerzliches Kapitel. Leider gibt es in verschiedenen Mitgliedsländern der OSZE noch immer religiöse Gemeinschaften, in denen Einzelne alte Klischees und Vorurteile wiederholen und sich eben nicht, wie es eigentlich ihre Aufgabe wäre, für religiöse Toleranz und den Respekt gegenüber Andersgläubigen einsetzen. Wir müssen ausdrücklich die Botschaft aussenden, dass dies sehr wichtig und notwendig ist. Wer selbst von religiöser Toleranz profitiert, sollte dies auch für andere einfordern. Papst Johannes Paul II. hat dies in beeindruckender Weise gezeigt und Benedikt XVI. wird, wie es scheint, diesen Weg fortsetzen. Dieses Beispiel sollten Bischöfe in ihren Bistümern offensiv aufgreifen, damit bis in die untersten Gliederungen der Kirchen deutlich wird, was religiöse Toleranz bedeutet und wie die Kirchen zum Antisemitismus stehen. Wichtig wären solche Gesten auch in Russland und in anderen orthodoxen Gemeinschaften. Die OSZE ist der geeignete Rahmen, um sich auf solche Maßnahmen zu einigen. Hier beginnt die Verantwortung der Politik, diese Übereinkünfte dann in die Länder zu tragen.

Ohne Zweifel kommt uns Politikern im Kampf gegen den Antisemitismus eine entscheidende Rolle zu. Wir müssen das Thema immer wieder öffentlich ansprechen: im Ortsverband, bei öffentlichen Versammlungen oder über die Medien. Als öffentlich sichtbare Personen liegt es in unserer Verantwortung, deutlich zu machen, dass wir uns eindeutig gegen antisemitische Tendenzen positionieren und den Antisemitismus als eine Gefahr für unsere offene Gesellschaft erkennen. Genauso liegt es aber in unserer Verantwortung, dass niemand, der – sei es aus Dummheit oder sei es mit Vorsatz – an antisemitische Ressentiments appelliert, in den Reihen der Parlamente, weder in den vertretenen Fraktionen noch in den entsprechenden Parteien, einen Platz findet.

Selbstverständlich liegt es in unserer Verantwortung, auch die nötigen Gesetze zu erlassen und bei der Bekämpfung des Antisemitismus für die nötigen Ressourcen zu sorgen.

Kurzum: Es obliegt jedem einzelnen Glied der Gesellschaft, die Grundfesten unserer freiheitlich-liberalen Ordnung zu stärken. Dies sollten wir immer wieder klarstellen und auch ohne Befürchtung der Überforderung von allen Teilen der Gesellschaft einfordern. Der frühere Vorsitzende des Zentralrats der Juden in Deutschland, Ignatz Bubis, hat 1998 in einer Gedenkrede zur Pogromnacht des 9. November 1938 auf das Wesentliche im Kampf gegen den Antisemitismus hingewiesen:

»Es ist die Gesellschaft, die hier gefordert ist, und es kann nicht sein, dass die Bekämpfung des Rassismus und Antisemitismus sowie der Fremdenfeindlichkeit den Juden überlassen wird, während ein Teil der Gesellschaft sich dadurch belästigt fühlt.«[542] Gegen Antisemitismus vorzugehen gleicht einer Kärrnerarbeit und wird nie zu Ende sein, solange die Menschen Vorurteile haben. Dies muss man sich bewusst machen, um nicht zu resignieren. Jedes Zurückweichen bedeutet ein Stück Verlust an Offenheit und Freiheit für unsere Gesellschaft. Je informierter die Menschen aber sind und je mehr sie die Gefahr erkennen, um so größer sind die Chancen, den Antisemitismus zurückzudrängen.

Dieter Graumann

Islamismus – das friedensresistente Monster

Europa muss kämpfen – für sich selbst

Der sanfte Wind des Friedens scheint durch den Nahen Osten zu wehen. Eine Waffenruhe ist vereinbart, Verhandlungen finden statt, freundliches Händeschütteln allenthalben. Ist das schon der Beginn der großen Wende? Ist nun der ewige Frieden im Nahen Osten ausgebrochen? Können die Waffen eingemottet und die großen Friedensfeste gefeiert werden? Wie schön wäre das doch! Aber wir alle wissen: Die Welt, sie ist nicht so. Sicher, das alles ist besser – viel besser – als das, was wir in den letzten Jahren der zweiten Intifada erlebt haben. Aber konnte es denn überhaupt noch viel schlimmer werden? Und wir wissen: Der Weg zum Frieden, den wir alle herbeisehnen, ist noch lang, steinig und mit Rückschlägen gepflastert.

Vor Euphorie sei gewarnt, denn allzuoft sind Hoffnungen in der Vergangenheit schon bitter enttäuscht worden. Die vereinbarte Waffenruhe bedeutet zwar noch lange keinen Frieden, aber sie ist doch ein ganz beachtlicher Zwischenschritt. Wichtig ist, dass man auf palästinensischer Seite endlich überall einsieht: Der Terror muss für immer beendet bleiben. Wer Mörderbanden losschickt, damit sie unschuldige Menschen in Restaurants, in Bussen, auf der Straße in Stücke reißen, wird niemals als seriöser Verhandlungspartner akzeptiert werden können. Auch die früher praktizierte Doppelzüngigkeit, als ein falsches Friedenslächeln mit brutalem Terror verknüpft wurde, muss für immer ein Ende haben. Ob man das freilich auf palästinensischer Seite wirklich verstanden hat, ob man dort bereit und in der Lage ist, diese gewaltige Gelegenheit zu nützen? In den letzten Jahrzehnten haben die Palästinenser jedenfalls noch niemals die Chance verpasst, eine Chance zu verpassen. Und die historische Gelegenheit, die jetzt zu bestehen scheint und so vielleicht nie mehr wieder kommt, müssen alle zu nutzen versuchen, mit Mut, mit Entschlossenheit und mit Weisheit.

Zu warnen ist allerdings auch vor Illusionen allenthalben. Eine der gängigen Illusionen etwa, insbesondere im naiven Europa, wo man sich die Welt oft so gerne schön denkt, ist jene, dass mit einer eventuellen Lösung des Nahost-Konflikts der gesamte Islamismus plötzlich verschwinden und sich gleichsam über Nacht und für immer in Luft auflösen würde. Diese Vorstellung mag man Lebenslüge, Mythos, Wunschdenken, Täuschung oder Selbsttäuschung nennen – falsch ist sie jedenfalls allemal.

Wir sprechen hier wohlgemerkt von jenem Islamismus, der fanatisch und mörderisch westliche Werte bekämpft, sich einer antisemitischen Hasspropaganda bedient, die er in allen Details exakt den Nazis abgeschaut hat, und der die ganze Welt mit Terror überzieht. Der Islamismus hat auch mit Religion gar nichts zu tun, ja der Islam muss im Grunde vor ihm geschützt werden, weil der Islamismus das Etikett der Religion benutzt und missbraucht, um extremistische, fundamentalistische Ziele und totalitäre Herrschaftsformen durchzusetzen. Dieser Islamismus muss aber in jedem Fall weiter gebrandmarkt, politisch isoliert und resolut bekämpft werden. Denn diese gefräßige Bestie ist schließlich durch keinen Frieden im Nahen Osten, wie immer er auch aussehen sollte, zu besänftigen.

Ist diese Diagnose zu radikal, zu extrem, ist sie etwa ungerecht? Machen wir doch rasch im Kopf dazu einen aufschlussreichen Test: Stellen wir uns nur einen kleinen Augenblick vor, Mahmud Abbas und Ariel Scharon würden sich, zum Beispiel in einer gemeinsamen Hauptstadt Jerusalem, bei einer großen Friedensfeier tatsächlich einmal bewegt in die Arme fallen und den ewigen Frieden verkünden – wäre der Islamismus dann etwa vorbei, aufgelöst und befriedet? Würde, sagen wir: Osama Bin Laden, würden seine Genossen die Waffen strecken, Friedenstänze beginnen und sich, sagen wir: mit Amos Oz und seinen Friedensfreunden in Israel verbünden? Wir sehen ganz schnell bei diesem Gedankenexperiment: Der Islamismus ist ganz anders, der Islamismus ist friedensresistent.

Und das ist schließlich auch nicht weiter verwunderlich. Denn der Islamismus wirft Israel ja gar nicht in erster Linie seine konkrete Politik vor, sondern in Wahrheit seine schiere Existenz. Ziel ist demnach auch kein besseres, kein anderes Israel, sondern überhaupt gar kein Israel. Nicht die friedliche Koexistenz wird angestrebt, sondern die reine Vernichtung des jüdischen Staates.

Freilich sollte nun niemand etwa denken, hier seien vom Islamismus lediglich Israel und die Juden gemeint – beide werden von dieser Seite bezeichnenderweise immer als Synonym verwendet –, und andere kämen so einfach davon. Und gerade in Europa, wo man sich doch so gerne behaglich zurücklehnt und dabei noch großzügig kluge Ratschläge für die ganze Welt bereithält, wenn in der Ferne die Kanonen donnern, möge man endlich begreifen: In Wahrheit ist jeder modern lebende Mensch und ist insbesondere jede selbstbestimmt lebende Frau Ziel dieses feurigen Hasses.

Der »Jude« ist hier doch lediglich das Symbol für alles Moderne, ja ein regelrechtes Codewort für ein modernes Leben in Freiheit. Für den Islamismus ist Israel und sind die Juden nur populistische Feindbilder, mit denen generell und universell jede Modernität, mit denen Liberalismus, Freiheit, Gleichberechtigung bekämpft werden. Denn hier geht es um einen Generalangriff aus der Finsternis des geistigen Mittelalters auf die gerade in Europa so hoch gehaltenen Werte, auf Toleranz und Aufklärung schlechthin.

In Europa sollte man sich auch im Klaren darüber sein, dass der Antisemitismus, der den islamistischen Fanatikern als wirkungsvolles Instrument der Propaganda dient, ein Produkt ist, das schließlich aus Europa selbst stammt – Markenzeichen: »Made in Europe«. Der Antisemitismus hatte seine Quelle und mörderischen Wurzeln schließlich immer in Europa. Inzwischen ist er jedoch zu einer weltweiten Krankheit geworden – die Globalisierung umfasst mittlerweile auch den schlimmsten Judenhass.

Und schaut man sich dann einmal genauer die grauenhaften Hetztiraden in so vielen arabischen Zeitungen an, weiterhin die wahrhaft schauerlichen, widerwärtigen, auch bluttriefenden Fernsehsendungen, die plumpen, peinlichen Hassgeschichten in palästinensischen Schulbüchern – teilweise und zeitweise sogar auch noch kräftig mitfinanziert durch die EU, ein kolossaler Skandal für sich! – die grobschlächtigen antisemitischen Karikaturen, praktischerweise ganz direkt und eins zu eins dem *Stürmer* entnommen, so stellt man tatsächlich schnell fest: Nichts Neues unter der Sonne. Da ist der klassische Antisemitismus europäischer Provenienz wieder auferstanden. Überall finden wir die gleichen Wendungen, bis in die feinsten Details hinein.

Das alles ist daher doch nichts anderes als der Reimport des in Europa erfundenen alten Antisemitismus mit den immer gleichen Klischees: »Ritualmord«, »jüdische Weltverschwörung«, sogar die längst vergilbten »Protokolle der Weisen von Zion« (ein ausgesprochen dummes Machwerk des zaristischen Geheimdienstes, vor genau hundert Jahren fabriziert, das gleichwohl ein offenbar unverwüstlicher Bestseller wurde) werden wieder ausgegraben, werden reanimiert und exhumiert. Es sind die immer gleichen Mechanismen: Denunzierung, Dämonisierung, Stereotypisierung. Und genau dieser in Europa so »bewährten« Mechanismen bedient sich heute der Islamismus, wenn er einen unversöhnlichen, ja tödlichen Hass auf Israel und auf alle Juden weltweit predigt.

Die Neigung in Europa, islamistische Fehlentwicklungen einfach zu ignorieren – oder soll man sagen: sogar nicht einmal zu ignorieren? – ist dabei freilich besonders fatal und so fürchterlich ehrlos. Wie reagiert man denn in Europa eigentlich auf schlimmste Diktatur, brutale Folter, auf systematische, schier unfassbare Unterdrückung von Frauen, von Kindern, von Andersdenkenden ganz zu schweigen, in islamistisch regierten Ländern? Wohlwollendes Schweigen, akute Beißhemmung, bemühtes Wegschauen.

Feigheit und Ängstlichkeit, ja auch Doppelmoral und Heuchelei – Appeasement pur. Und wenn es dann auch noch um Länder geht, die über wirtschaftliche Macht verfügen, ja sogar Erdöl exportieren und mit Aufträgen winken – dann gibt es überhaupt keine moralischen Bremsen mehr. Würden diese Länder aber Melonen statt Erdöl exportieren – kein Mensch auf der Welt – und schon gar nicht im ach so von moralischen Werten durchdrungenen Europa – würde sie derart unterwürfig hofieren. Öl statt Moral. Würde für Erdöl. Ökonomische Interessen haben Vorfahrt – auch vor dem Gewissen?

Generell ist außerdem zu beobachten: Natürlich gibt es häufig sehr wohl den Ersatzantisemitismus, der Israel sagt und Juden meint. Kritik an Israel als Alibi, als Vorwand, als Deckmantel für ausgelebte Judenfeindschaft – das ist in Europa heute nur allzu oft ruppige Realität. Gäbe es Israel nicht, die Antisemiten von heute müssten es doch direkt erfinden. Denn Israel liefert die perfekte Möglichkeit, uralte antisemitische Instinkte unter der modischen, bunten Flagge von Antizionismus politisch korrekt auszuleben. Dass das überhaupt möglich ist, müsste die Antisemiten von heute perverserweise eigentlich fast zu begeisterten Zionisten machen. Aber das wäre wahrscheinlich denn doch zu viel verlangt.

Nahezu schon banal ist es, immer wieder zu betonen: Natürlich ist Kritik an israelischer Politik legitim. Und wahrhaftig muss heute, in Deutschland oder anderswo, keiner sich als selbsternannter »Tabubrecher« aufspielen, der israelische Politik kritisiert. Nirgendwo hört man im Übrigen regelmäßig lautere, leidenschaftlichere Kritik als in Israel selbst, unabhängig davon, welche Politik dort gerade betrieben wird – auch ein Ausweis der temperamentvollen Lebendigkeit, mit der Demokratie in Israel praktiziert wird. Aber oft, und öfter als man denkt, dient die radikale, von Hass getragene Kritik an Israel nur als Vehikel, um am Ende doch wieder nur den allzu vertrauten Judenhass zu transportieren. Und gerade diese Chance nutzt der Islamismus ständig und begierig, wenn er über die antizionistische Schiene den Antisemitismus von heute mit frischer Kraft befeuert.

Wo endet denn nun eigentlich legitime Kritik an Israel und wo beginnt der Antisemitismus? Die Abgrenzung mag im Einzelnen nicht immer ganz einfach sein. Und wenn sie auch nicht immer so leicht theoretisch exakt zu definieren ist: Jeder spürt den Unterschied am Ende im Einzelfall doch ganz schnell. Es ist ein wenig so, wie wenn man generell zu beschreiben hätte, was denn eine schöne Landschaft ausmacht. Man tut sich gar nicht so leicht damit, im Allgemeinen genaue Definitionen und präzise Kriterien dafür zu benennen. Aber: Sieht man eine erst einmal vor sich, weiß man doch sofort, um was es sich handelt. Joschka Fischer hat einmal gesagt, für ihn beginne der Antisemitismus in dieser Debatte schon mit der so gerne gebrauchten Einleitung: »Man wird doch noch einmal sagen dürfen …«

Klar scheint mir: Zwischen der Kritik an einer ganz konkreten Politik und der stereotypisch betriebenen Verdammung eines Landes, das denn doch im

Existenzkampf steht, zwischen der Verurteilung einzelner politischer Schritte und dem Versuch, Israel gleich die schiere Existenz abzusprechen und es zu dämonisieren, von geschmacklosen Nazi-Vergleichen einmal ganz zu schweigen, zwischen kritischer Debatte und purem Hass – zumal wenn er denn gleich global und pauschal auf alle Juden übertragen wird –, zwischen diesen Haltungen gibt es einen ganz gewaltigen Unterschied. Dieser Unterschied hat einen Namen: Man nennt ihn Antisemitismus.

Und doch scheint nun gerade in Europa das Gift islamistischer Propaganda mehr und mehr zu wirken. Warum sonst etwa denken so viele Europäer, dass gerade Israel die größte Gefahr für den Weltfrieden darstellt? Ausgerechnet Israel – nicht etwa Libyen, nicht Syrien oder der Iran – Länder allesamt, die seit Jahrzehnten brutal diktatorisch regiert werden und den Terror schon tausendfach weltweit exportiert haben. Aber Europa konzentriert sich, nahezu schon obsessiv, auf Israel und befördert dessen Dämonisierung. Hier geht es zum Teil gewiss auch um alte Reflexe, die wieder ausgelebt werden. Die uralten antisemitischen Stereotypen werden reanimiert, schnell transportiert und millionenfach multipliziert: Die bekannten Klischees von jüdischer Arroganz, jüdischer Verschwörung, jüdischem Finassieren werden ausgegraben und nun auf Israel projiziert. Auch umgekehrt wird gleichfalls schnell alles, was einem an israelischer Politik missfällt, allzu oft pauschal gleich allen Juden angelastet und eine generelle jüdische Mithaftung für sämtliche vermeintlichen Fehler israelischer Politik konstruiert.

Und auch um eine Entschuldungsdebatte geht es, ganz speziell natürlich in Deutschland. Sie wird getragen vom Wunsch, die Schuld der Väter und Großväter zu verkleinern, indem die Kinder und Enkel der Opfer von damals zu den Tätern von heute gemacht werden. Daraus spricht die Fantasie – oder sogar die Wunschvorstellung – dass Israelis und Juden irgendwie doch auch wie die Nazis sein mögen. Das wäre eine bequeme moralische Entlastung für die Nachkommen der Täter und die Nachkommen jener in Europa, die die Täter seinerzeit gewähren ließen.

Aber heute ist die Gefahr in Europa bereits ganz konkret, nicht mehr bloß theoretisch. Fast stellt sich mittlerweile schon die Frage: Wird am Ende der Islam europäisiert oder wird etwa Europa islamisiert? Panikmache, Schwarzseherei? Wer nun aber nicht begreift, dass der Islamismus nicht bloßer Terrorismus ist, sondern wahrhaftig einen weltanschaulichen Krieg führt, der uns alle im Westen trifft und betrifft, mitten in unseren so gemütlichen Wohnzimmern, der hat diesen Krieg schon gleich verloren. Zu begegnen ist ihm nur mit wirklicher Entschlossenheit, mit moralischer Prinzipienfestigkeit und nicht mit weinerlicher Schwäche oder mit überschlauer diplomatischer Finesse.

Daher: Kein Zurückschrecken, kein Appeasement, keine Illusionen und auch keine faulen Kompromisse. Wer nicht entschlossen für die Freiheit kämpft und Freiheitsfeinde bekämpft, gibt die Freiheit bereits ein Stück verloren. Soweit darf es nicht kommen. Europa muss wachsam bleiben, darf sich nicht einschüchtern lassen, und die Menschen in Europa sollten sich engagieren, mit Herz und Leidenschaft, für die Sache der Freiheit. Sie erweisen damit niemandem einen Gefallen, nicht den Juden und auch nicht dem Staat Israel. Es ist am Ende die eigene Freiheit, die auf dem Spiel steht und die von hasserfüllten Fanatikern bedroht wird. Sich für diese Freiheit, für die gerade in Europa so hochgehaltenen Werte von Aufklärung, Gleichberechtigung, Toleranz einzusetzen, ist ein Ziel, für das es sich allemal zu kämpfen lohnt. Wofür auch sonst?

Julius H. Schoeps

Die Schatten der NS-Vergangenheit

Das deutsch-jüdische Verhältnis auf dem Prüfstand

Denken wir über das deutsch-jüdische Verhältnis nach, dann spüren wir, dass irgendetwas nicht stimmt. Die Debatte und die Abstimmung beispielsweise um den Rausschmiss des Abgeordneten Martin Hohmann aus der CDU-Fraktion vor einiger Zeit war ein deutlicher Hinweis darauf, dass manches nach wie vor nicht im Lot ist. Viele wollten damals partout nicht begreifen, warum gerade der Abgeordnete aus Hessen die Rote Karte verpasst bekam. Das öffentliche Murren über den Fall war unüberhörbar.

Darf man, so kann man in Internetzuschriften lesen und auf der Straße hören, nicht sagen, was man denkt? Herrscht in Deutschland eine Gesinnungsdiktatur? Herr Hohmann, hieß es, habe doch menschliche Qualitäten, er sei freundlich, bescheiden und hilfsbereit. Nicht verstehen könne man, warum man gerade ihn nicht mehr in der CDU-Bundestagsfraktion habe dulden wollen. Was er in seiner Rede anlässlich des »Tages der deutschen Einheit« gesagt habe, sei doch so falsch nicht.

Es ist dünnes Eis, auf dem wir uns bewegen. Martin Hohmann ist nicht der erste Politiker, der nicht begreift, dass es ein Problem ist, wenn man nicht weiß, was man sagt und wie man etwas sagt. Dass man über eine Rede stolpern kann, ist nichts Neues. Der FDP-Politiker Jürgen W. Möllemann musste wegen antisemitischer Äußerungen die FDP-Bundestagsfraktion verlassen. Seine Attacken gegen den israelischen Ministerpräsidenten, gekoppelt mit persönlichen Angriffen auf den einstigen Vizepräsidenten des Zentralrats der Juden, Michel Friedman, hatten für einigen Aufruhr gesorgt.

In Erinnerung ist uns auch noch der fast schon tragisch zu nennende Fall des einstigen Bundestagspräsidenten Philipp Jenninger, der anlässlich des 50. Jahrestages des Novemberpogroms 1988 vor dem Bundestag eine Rede hielt, deren Intonation und nicht mitgesprochene Anführungszeichen für einen Eklat sorgten. Ida Ehre, die große alte Schauspielerin, saß damals traurig und in sich gekehrt auf der Besuchertribüne des Bundestages, das Gesicht in beide Hände vergraben. Dieses Bild, das die Peinlichkeit der Situation spiegelte, haben wir alle noch vor unserem inneren Auge.

Diese Rede, um Verstehen bemüht, aber in Teilen mit Rechtfertigungscharakter, löste einen handfesten Skandal aus. Schmerzhaft wurde den

Zuhörern bewusst, dass angesichts der »Vergangenheit, die nicht vergehen will« (Ernst Nolte), in der Öffentlichkeit der Unterschied zwischen Verstehen und Rechtfertigen schwer zu vermitteln ist. Der Versuch Jenningers, Erfahrungen und Erwartungen, Denkweisen und Klischeevorstellungen der Deutschen in der NS-Zeit anzusprechen, geriet nachgerade zur Peinlichkeit. Es war das erste Mal, dass in der Bundesrepublik ein Politiker über eine von ihm gehaltene Rede stürzte.

Es ist faktisch unmöglich, rational nachzuvollziehen beziehungsweise zu begreifen, was sich in den Jahren der NS-Schreckensherrschaft ereignet hat. Sogar der Versuch, »verstehen« zu wollen, stößt an gedankliche und sprachliche Grenzen. Deutlich wird das beispielsweise bei den jährlich sich wiederholenden Veranstaltungen zum Gedenken an die Pogromnacht 1938. Wer eine solche Veranstaltung mitgemacht hat, weiß um das häufig verlogene Pathos mancher Gedenkansprachen, die mehr verkleistern als klären.

Wer kennt beispielsweise nicht die stereotype Rede von unseren ach so geschätzten jüdischen »Mit«-Bürgern, eine Bezeichnung, die in den Ohren von Juden geradezu beleidigend wirkt. Bei einem Katholiken oder Protestanten würde man es niemals wagen, vom »Mit«-Bürger zu sprechen. Oder man denke an Äußerungen von durchaus ehrenwerten Politikern, die von Israelis sprechen, aber Juden meinen. Wird der Betreffende darauf aufmerksam gemacht, dass das eine nichts oder nur sehr bedingt mit dem anderen zu tun habe, blickt er einen meist erstaunt an und versteht nicht, wovon die Rede ist.

Auffallend ist, dass in Deutschland, im Unterschied zu Israel oder den Vereinigten Staaten, bei den Debatten um das richtige Gedenken »die« lebenden Juden keine oder allenfalls nur eine periphere Rolle spielen. Bei genauerem Hinsehen zeigt es sich, dass es um die Befindlichkeit der Nicht-Juden geht, die sich vielfach in der Rolle der »Täter-Nachkommen« unwohl fühlen und sich vielfach einreden, wenn sie in die Identität des Opfers schlüpften, würden sie das »Mördervolk-Stigma« abschütteln, zumindest aber sich von dem sie quälenden schlechten Gewissen befreien können.

Wie wir mittlerweile wissen, ist es nicht selten, dass sich mancher Deutsche seiner Herkunft schämt. Das ist nachvollziehbar, zumal dann, wenn man berücksichtigt, dass die Nichtverarbeitung der NS-Vergangenheit psychische Leiden zur Folge haben kann. Das wurde bei den jahrelangen quälenden Auseinandersetzungen um das Berliner Holocaust-Mahnmal deutlich, in denen nicht Ausgesprochenes die Debatte belastete. Manche der Initiatoren des Mahnmal-Projektes erweckten beispielsweise den Eindruck, als ob sie von dem Gefühl einer persönlichen Schuld getrieben würden.

Das nicht Ausgesprochene, die Unfähigkeit zu erklären, wer gedenkt wem wie und zu welchem Zweck, wirft Probleme dort auf, wo man es eigentlich nicht erwartet. So als zum Beispiel in der Öffentlichkeit bekannt wurde, dass bei den Baumaßnahmen am Berliner Holocaust-Mahn-/Denkmal eine Tochterfirma des Chemiekonzerns Degussa damit beauftragt worden war, die Eisenman-Stelen in den Ministergärten mit einem Anti-Graffitischutzbelag zu versehen. Die Reaktionen in den Medien waren bekanntlich heftig.

Die einen empörten sich, sagten, was für eine unglaubliche Geschmacklosigkeit, ausgerechnet jene Firma zu beauftragen, die einst das Giftgas Zyklon B lieferte, mit dem in den Vernichtungslagern Millionen von Juden ermordet wurden; die anderen wiegelten ab, meinten, was soll schon sein, die Degussa von heute ist doch nicht mehr die Degussa von gestern. Man müsse das Bemühen der Firma anerkennen, sich der eigenen Vergangenheit zu stellen. Der Konzern sei sich seiner historischen Verantwortung durchaus bewusst, was man im Übrigen schon daran erkennen könne, dass von dem Konzern Zahlungen für den Entschädigungsfond für NS-Zwangsarbeiter geleistet worden seien.

Im Verlauf der Degussa-Debatte verfestigte sich der Eindruck, dass die für das Berliner Mahn-/Denkmal Verantwortlichen die mit dem Projekt verbundenen Schwierigkeiten unterschätzt haben. Die Entscheidung des Stiftungskuratoriums, an Degussa festzuhalten, musste man akzeptieren, doch blieb ein bitterer Nachgeschmack, denn der Verdacht steht im Raum, dass man sich nur deshalb für Degussa entschieden hat, weil sonst weitere Kosten auf das Projekt zugekommen wären. Das war wohl das ausschlaggebende Argument in der Sitzung des Stiftungskuratoriums.

Ob die Degussa den Anti-Graffitischutzbelag liefert oder eine andere nicht belastete Firma, ist letztendlich gleichgültig. Erörterungsbedürftig ist einzig und allein die Tatsache, dass in Deutschland ein Mahn-/Denkmal vor der Vollendung steht, bei dem gespenstischer Weise schon im Vorfeld darüber nachgedacht werden muss, wie es vor Attacken Rechtsradikaler und anderer Wirrköpfe geschützt werden kann. Wieso eigentlich? Ist es denn überhaupt sicher, dass es zu solchen Schmierereien kommt? Und wenn das tatsächlich der Fall sein sollte, dann müsste das Stelenfeld rund um die Uhr von Polizeikräften geschützt werden. Schon aus diesem Grund ist zu prognostizieren, dass der Streit um Sinn und den Zweck des Berliner Mahn-/Denkmals auch nach der Vollendung noch nicht zu Ende sein wird.

Die in Abständen hochkochenden Debatten, in denen der von Deutschen begangene Judenmord thematisiert wird, bewirken immer wieder heftige Irritationen. Wer den Gründen und Ursachen einer solchen Debatte nachgeht, kommt zu überraschenden Erkenntnissen. Häufig, so stellt man fest, werden diese Debatten nämlich ausgelöst durch ein spektakuläres Medienereignis (z. B. die Ausstrahlungen der Filme »Holocaust« oder »Schindlers Liste«), durch ein für Aufregung sorgendes Buch (z. B. Daniel Goldhagens »Hitlers willige Vollstrecker«), durch ein verquastes öffentliches Bekenntnis eines Schriftstellers (z.B. Martin Walsers Rede in der Paulskirche) oder durch antisemitisch beziehungsweise rassistisch verstandene Äußerungen eines Politikers oder kommunalen Mandatsträgers.

Meist handelt es sich dabei um den Typus des unbedarften Zeitgenossen, der in allen Parteien des Deutschen Bundestages, aber bekanntlich auch in Länder- und Kommunalparlamenten anzutreffen ist. Dieser Typus kann offensichtlich ab und zu der Versuchung nicht widerstehen, sich missverständlich zu äußern. Wenn dann seine Einlassungen skandalieren, erklärt er wehleidig, so hätte er es doch gar nicht gemeint, da werde ihm etwas unterstellt, was er so nicht gesagt habe.

Geradezu obszön waren und sind in diesem Zusammenhang die Versuche, wie das auch im Falle des Martin Hohmann geschah, das Gesagte oder Geschriebene durch eine Entschuldigung oder durch eine Bitte um Verzeihung aus der Welt schaffen zu wollen. Der Adressat solcher Entschuldigungsversuche sind dann bezeichnenderweise nicht diejenigen, die Anspruch auf eine solche Entschuldigung hätten, sondern Adressat ist die Partei, der der Grenzüberschreiter beziehungsweise Tabubrecher angehört.

Haben wir es hier, so müssen wir fragen, mit einer spezifischen deutschen Befindlichkeit beziehungsweise Trauma zu tun? Können Deutschland und die Deutschen sich nicht von den dunklen Schatten der NS-Vergangenheit befreien? Es besteht zwar Konsens in der Frage, dass das Deutschland von heute kein Land der Ewiggestrigen ist, aber zunehmend wird uns bewusst, dass so mancher in diesem Lande Schwierigkeiten damit hat, sich der historischen Verantwortung zu stellen.

Für die Mehrzahl der heute lebenden Nachkriegsdeutschen bedeuten die Jahre zwischen 1933 und 1945 kaum mehr etwas. Für sie ist Hitler-Deutschland nur noch Geschichte, eine vage Erinnerung, die weder irritiert noch in irgendeiner Weise beunruhigt. Die Ereignisse der NS-Zeit verlieren für die Menschen zunehmend an Bedeutung. Den deutschen Durchschnittsbürger beschäftigen heute mehr die Wirklichkeit des untergegangenen SED-Staates, die Steuerreform beziehungsweise Zuzahlungspflicht beim Arztbesuch.

Das ändert aber nichts an dem Sachverhalt, dass die deutsche Erinnerungskultur hochgradig kontaminiert ist. Das, was sich zwischen 1933 und 1945 ereignete, hat sich tiefer, als wir vielleicht annehmen, in das Unbewusste bei Juden wie bei Deutschen eingestanzt. Die Folge ist, dass heute Juden wie Deutsche spüren, dass es nicht möglich ist, sich von der Erinnerung an den Holocaust und dem damit verbundenen Schrecken zu befreien. Nur allmählich setzt sich die Einsicht durch, dass man den Erinnerungen nicht entfliehen kann, sondern sich diesen stellen muss – auch wenn das schwer fällt.

Zweifelsfrei ist es auch so, dass die Nachkommen der Opfer wie die Nachkommen der Täter, ob sie wollen oder nicht, an eine gemeinsame Erinnerung gekettet sind. Das hatte schon der im August 1933 im Marienbader Exil heimtückisch von Nazischergen ermordete Hannoveraner Philosoph Theodor Lessing geahnt. In einem 1932 geschriebenen Essay hatte er prophezeit, sollte es künftig zu Pogromen kommen, dann würde dies Juden und christliche Deutsche gleichermaßen treffen.

Das künftige Schicksal von Juden und Deutschen würde dann, so Lessing, unlöslich miteinander verknüpft sein. Beide hätten es dann mit einer Erinnerung zu tun, die beiden gehören und an der beide leiden würden: »Weist uns aus jeder Heimat, stellt uns überall unter Ausnahmegesetze aus Furcht vor unserem Geist, aus Scham vor unserer Seele, entwürdigt, demütigt, kränkt, beleidigt. Aber denkt auch an eure eigene Seele. Aus der werdet ihr uns nie los, denn dank dieser Not unseres Lebens sind wir der tiefere Teil eurer selbst. Richtet uns, (dann) richtet (ihr) euch selbst.«

Der deutsch-israelische Historiker Dan Diner hat von Auschwitz und den Verbrechen der Nazis als einem »Zivilisationsbruch« gesprochen, von dem er meint, er würde etwas völlig Neues in der Geschichte markieren. Von diesem Bruch werden die Deutschen (wohlgemerkt ebenso wenig wie die Juden) so schnell nicht freikommen. Das hat wohl auch der Schriftsteller Jean Améry gespürt, der auf der prinzipiellen Nicht-Erklärbarkeit von Auschwitz bestand. Wir alle, so Améry, stehen vor »einem finsteren Rätsel«, dem mit dem Versuch rationalen Begreifens nicht beizukommen ist.

Gibt es also keine Hoffnung? Werden die Deutschen, um ein viel zitiertes Bonmot des Publizisten Henryk M. Broder aufzunehmen, den Juden Auschwitz niemals verzeihen? Diese Formulierung ist allzu apodiktisch und dadurch wenig überzeugend. Die bundesdeutsche Wirklichkeit ist anders, als hier suggeriert wird. Wir leben nicht mehr im Dritten Reich sondern in einem demokratischen Rechtsstaat. Mag sein, dass noch ein langer Weg vor uns liegt, bis Juden und Deutsche unbefangen miteinander umgehen und sich auf gleicher Augenhöhe begegnen. Das wird zweifellos wohl noch einige Zeit brauchen. Denn die Wunden im deutsch-jüdischen Beziehungsverhältnis heilen nur langsam.

Klaus Faber

Was ist zu tun?

Antisemitismus, Israel und die deutsche Politik

Zur Abneigung gegenüber Prognosen

Leninsche Analyseangebote und Handlungsanleitungen zu den allgemeinen Revolutionsperspektiven (»was tun?«) sind seit längerer Zeit nur noch wenig gefragt. Dies beruht nicht nur auf der Delegitimierung des Leninschen Weltsichtansatzes durch das Scheitern seines von Anfang an totalitären Staatskonzepts. »Großen« Erklärungen – auch in den Varianten der Warnung vor großen Gefahren – wird neuerdings oft aus ganz anderen Gründen mißtraut, was gut nachzuvollziehen ist.

Daß das sowjetische System noch weitere 50 oder 100 Jahre bestehen könne, überhaupt nur durch Annäherung zu wandeln sei, falls man nicht einen atomaren Weltkrieg riskieren wolle, daß »Dritte Wege« die richtige Richtung weisen könnten, daß die deutsche Wiedervereinigung eine überholte, im schlimmsten Fall die Weltordnung destabilisierende Vorstellung oder daß die in romantischer Verklärung gesehene »Dritte Welt« zur Zeit ohnedies das eigentliche Agens der Geschichte sei – alle diese »Wahrheiten« der 60er, 70er und 80er Jahre sind widerlegt oder so erschüttert worden, daß sie nicht mehr als sichere Orientierungsgrundlage gelten.

Welchen Glaubwürdigkeitsgrad können Prognostiker beanspruchen, die sich in derartigen Fragen so deutlich geirrt haben? Welchem Zukunftsbild soll noch gefolgt werden, wenn sich der Zeitgeist zu wenden und von den letzten, so lange gehaltenen Positionen großer Teile der Alt-68er abzuwenden scheint? Auf Äquidistanz orientierte oder insgesamt relativistische Positionen haben vor einem derartigen Fragehintergrund Konjunktur.

Dabei hat es in unserer Vergangenheit Phasen gegeben, für die man sich im Rückblick rechtzeitig erhobene Warnrufe und halbwegs richtige Teilprognosen hätte wünschen können. Vielleicht besteht in dieser Hinsicht auch in unserer Zeit Bedarf.

Exil-SPD und Antisemitismus

Die Exil-SPD hat über viele Jahre Berichte[543] zur Lage in Hitlerdeutschland herausgegeben, mit denen sie für sich selbst und andere Ratgebungskompetenz belegen und damit auch, legitimerweise, den Lauf der Dinge beeinflussen wollte. Sehr lange, viel zu lange, neigten die Berichte zu der These, Hitlerdeutschland falle von innen heraus und gewiß rasch dann, wenn es von außen angegriffen werde. Der Verfolgung der Juden in Deutschland wurde, wenn überhaupt, kein breiter Raum gewidmet (was wohl kaum etwas mit dem auch in deutschen Arbeiterschichten vorhandenen Antisemitismus zu tun hatte, eher schon auf eine Verbindung mit einem Zeitgeist hindeuten könnte, der etwa in der US-Teilnahme an Hitlers Olympiaspielen und ebenso später, während der Kriegsjahre, in der öffentlichen Zurückhaltung der Anti-Hitler-Kriegskoalition gegenüber der Judenverfolgung durch NS-Deutschland sichtbar wurde).

Antisemitismus war für die SPD-Kommentatoren im Exil vermutlich, in guter sozialdemokratischer Tradition, eine Begleiterscheinung von Kapitalismus, der mit dem Sturz Hitlers zu überwinden war. Es scheint zu diesem Wahrnehmungsmuster auf merkwürdige Art zu passen, daß in einer vor nicht allzu langer Zeit präsentierten filmischen Werbedarstellung für einen SPD-Parteitag zum historischen Weg der Sozialdemokratie zwar die Trümmerfrauen nicht fehlten, wohl jedoch die Themen Holocaust und Antisemitismus.

Aber immerhin: Die deutschen Sozialdemokraten waren während der hitlerdeutschen Zeit in ihrer großen Mehrheit (abgesehen von einigen Formationen wie etwa der württembergischen SPD-Landtagsfraktion, die sich 1933 auf die NS-Seite schlug) wenigstens keine Antisemiten. Sie unterschieden sich damit positiv von beachtlichen Teilen der deutschen Konservativen, in den 50er Jahren z. B. auch von der stalinistischen Führung der Sowjetunion oder ebenso von der sowjetischen Propaganda nach 1967; diese im Westen und in der »Dritten Welt« in beträchtlichem Umfang erfolgreiche Propaganda hatte einen wesentlichen Anteil an der Verwischung der Grenzen zwischen Antisemitismus und Antizionismus sowie an der Delegitimierung des einzigen jüdischen Staates, dessen Gründung die Sowjetunion, nicht ohne »antimperialistische« Nebenabsichten, ursprünglich unterstützt hatte.

Neuer und alter Antisemitismus

Spätestens seit den 80er Jahren ist zu erkennen (für diejenigen, die es sehen wollen, wozu einige deutsche Instanzen auch im staatlichen Sektor offensichtlich nicht gehören), daß in einer eigenartigen Wirkungsverbindung von hitlerdeutscher[544] und sowjetischer antisemitischer Propaganda mit älteren islamischen und national-arabischen judenfeindlichen Traditionen[545] der arabisch-jüdische Konflikt auf der Position der arabischen Seite oder auch der Islamischen Republik Iran[546] antisemitisch grundiert worden ist. Viele antisemitische Äußerungen, Publikationen und Positionen – von Buchproduktionen bis zu Fernsehsendungen – belegen diesen Tatbestand.[547] Viele muslimische Immigranten in Europa bringen derartige Auffassungen in ihre neue Heimat mit. Zum Teil werden die entsprechenden antisemitischen Vorurteile auch erst in Europa vermittelt, z. B. durch Fernsehsender wie die von Hisbollah mit iranischer Unterstützung betriebene Station Al-Manar.[548]

Zwischen den Entsendeländern der muslimischen Immigration und den Einwanderern selbst gibt es, selbstverständlich, auch in dieser Frage einen Kommunikationsprozeß. Legitimationsaspekte muslimischer Minderheiten in Europa gegenüber den muslimischen Heimatgesellschaften mögen dabei eine gewisse Rolle spielen. Ebenso selbstverständlich bleibt die Existenz von antisemitischen Auffassungen in der Einwanderergruppe und in der Mehrheitsgesellschaft weder der einen noch der anderen Seite verborgen. Medien der Mehrheitsgesellschaft spielen bei der Vermittlung von israelfeindlichen bis antisemitischen Meinungen eine gewisse Rolle.

In diesen Kontext gehört das Zusammenspiel von deutschem Schuldabwehr- und arabisch-islamischem Antisemitismus. Mehr als die Hälfte der Deutschen glaubt, Israels Verhalten gegenüber »den Palästinensern« sei mit Hitlerdeutschlands Verbrechen an den Juden zu vergleichen. Die antisemitischen Stichworte kommen in diesem Fall vielfach aus der arabisch-islamischen Propaganda. Der Stichwort-Transfer erfolgt meist durch elektronische oder andere Medien.[549]

Natürlich ist in diesem Zusammenhang zu klären, welche Positionen (gerade noch) hingenommen werden können und welche nicht. Der dummdreiste Satz, man werde doch noch »die Juden« oder Israel »kritisieren« dürfen, zeigt, wahrscheinlich ungewollt, Vorgehensweise und Zielsetzung derjenigen, die, mit Unterstützung vieler ähnlich Denkender in Deutschland und im übrigen Europa, die Aktionsräume gegen »die Juden« und Israel öffnen wollen.

Tatsächlich wird jedenfalls Israel in deutschen und anderen europäischen Medien seit Jahren (im *Spiegel* seit Jahrzehnten) überaus deutlich und in vielen Fällen nicht immer unter Anwendung gerechter Maßstäbe angegriffen.[550] Wer so tut, als gäbe es diese Kritiktendenz nicht, dafür aber angeblich ein Tabu, das Israel von der Kritik ausnehme, will mit einer derartigen Drehung der Realität für die eigene Argumentation Tabuschutz begründen. Eine Grenzziehung zwischen »nur« antizionistischen einerseits und antisemitischen Positionen andererseits ist daher für die Debatte wichtig.

Antisemitismus und Antizionismus: Definition und Praxis

Eine internationale Konferenz jüdischer Gemeinden in Jerusalem 2004, ein darauf beruhender israelischer Debattenbeitrag auf der OSZE-Konferenz in Berlin (ebenfalls 2004) und andere ähnliche Erklärungen aus dem Folgejahr haben sich mit dieser Frage befaßt.[551] Abgesehen von unbedeutenden Unterschieden in den Feinheiten gibt es dadurch im Grundsatz bei denjenigen, die auf diesem Gebiet überhaupt konsensfähig sind, weitgehend Übereinstimmung.

Die Grenze zum (»neuen«) Antisemitismus ist danach jedenfalls dann überschritten, wenn man Israel mit ungleichen Maßstäben kritisiert, die nur bei ihm und sonst bei keinem anderen Land angelegt werden, wenn man Israel und den Zionismus dämonisiert, etwa im Sinne von Verschwörungstheorien, die Israel und die »Zionisten« für die Terroranschläge vom 11. September 2001 oder für alle Mißstände in der arabischen und islamischen Welt verantwortlich machen, oder wenn man die Vernichtung Israels fordert.[552]

Alle diese Negativkriterien sondern Israel gewissermaßen als – rechtlosen – Juden unter den Staaten aus; man kann sie deshalb auch insgesamt als – in diesem Fall tendenziell antisemitische – Unterfallvarianten des Prinzips der ungerechtfertigten Ungleichbehandlung ansehen (ohne damit etwa die Besonderheiten des jahrhundertealten, kulturell tief verankerten Verfolgungsphänomens »Antisemitismus« in Frage zu stellen, die seine allgemeine Einordnung in die angeblich übergreifenden Erscheinungen von Rassismus, Xenophobie oder verschiedenen Formen von Religionsfeindschaft ausschließen – anders als dies etwa OSZE-Konferenzen und weitere Instanzen behaupten; bei derartigen »Einordnungen« handelt es sich zumeist um den durchsichtigen Versuch, die historisch nur allzu deutlich belegte Gefährlichkeit von Antisemitismus und dessen damit zusammenhängende negative Bedeutung zu relativieren).[553]

Ein Blick in UN-Resolutionen und in die sonstige UN-Praxis zeigt übrigens, wie weit diese Ungleichbehandlung Israels inzwischen gediehen ist; er zeigt auch, wie wenig konsequent sich etwa westliche Staaten, unter ihnen Deutschland oder insgesamt die EU-Staaten, derartigen Tendenzen widersetzen. Selbst in Politik und Praxis der Europäischen Union und ihrer eigenen »Außenpolitik« gibt es dafür viele Beispiele.[554]

Eine konkrete Erwägung soll deutlich machen, welchen nur zynisch zu erfassenden Stand an politischer Moral wir in diesem Zusammenhang seit längerer Zeit erreicht haben. Man sollte meinen, daß die (vor welchem Hintergrund auch immer ehrlich oder heuchlerisch geäußerte) politische Kritik an einem Land auf internationaler Bühne voraussetzt, daß vergleichbare oder schwerer wiegende Kritiktatbestände in anderen Ländern nach ihrem jeweiligen Gewicht mindestens ebenso deutlich oder mit schärferem Ton in die internationale Debatte eingebracht werden (etwa von einem Land mit der besonderen Geschichte Deutschlands und mit der daraus abzuleitenden Verpflichtung).

Dieser Grundsatz hätte dann schon vor vielen Jahren dazu führen müssen, daß die Massaker (tatsächlich wohl: der Völkermord) im Südsudan (von den Regierungen des arabischen Nordsudans an den nicht-arabischen Völkern des Südsudans begangen) sowie die Massenvertreibungen in diesem Konflikt ganz oben auf der UN- und EU-Agenda stehen – jedenfalls lange vor begründeten, übertriebenen oder unbegründeten Vorwürfen gegen Israel; denn selbst dann, wenn man unüberprüft allen arabischen Anschuldigungen gegen Israel folgen würde (was man nach allen in diesem Punkt gemachten Erfahrungen natürlich nicht tun sollte), wären die damit beschriebenen Tatbestände verglichen mit den Verbrechen im Südsudan nahezu bedeutungslos.[555] Ohne eine vorausgehende Thematisierung der Südsudanverbrechen fehlt jeder kritischen internationalen Debatte über Israel im Grunde genommen die politisch-moralische Legitimation, mehr noch: sie ist durch den prinzipiellen Mangel der ungerechtfertigten Ungleichbehandlung gekennzeichnet.

Wer die Staatenpraxis im UN- oder im EU-Rahmen mit dem eben geschilderten Anforderungsprofil für internationale Kritik-Verfahren vergleicht, wird aus dem Staunen nicht herauskommen: Südsudanresolutionen oder gar -sanktionen wird man nicht, entsprechende Diskussionen kaum, gegen Israel gerichtete Debatten, Resolutionen und Sanktionsandrohungen mit geradezu obsessiver Verfolgungsintensität dagegen in Hülle und Fülle finden.

Wirtschaftsinteressen

Man könnte derartige Zustände, um es sich etwas leichter zu machen, insgesamt und überwiegend auf den in dieser Sache negativen Einfluß der arabisch-islamischen und der weiteren »Dritten Welt« zurückführen. Trifft aber dieser Analyse-Vorschlag zu?

Vor der deutschen Wiedervereinigung, vor 1990, hat viele Jahre lang die (west-)deutsche Außenpolitik gegenüber kritischen Nachfragen zum auffälligen deutschen Engagement für die arabisch-palästinensische Sache gerne geantwortet, das sei für die Deutschen eine Grundsatzfrage, da es um Aspekte der Selbstbestimmung mit zentraler nationaler Bedeutung für das geteilte Deutschland gehe.[556] Hat sich diese Begründung aber nicht schon von Anfang an durch das Nicht-Engagement für den Südsudan, für die Tibeter oder die Sinkiang-Uiguren (die langfristig beide ihre nationale Identität verlieren werden), für die Kurden im Nordirak oder für die Völker im indonesischen Westpapua-Land (die Liste könnte verlängert werden) selbst widerlegt? Wo bleiben denn heute die entsprechenden deutschen oder europäischen Initiativen? Drängt sich nach alledem nicht der Verdacht auf, daß ökonomische Interessen (im Klartext: die Attraktivität der arabisch-islamischen, indonesischen oder chinesischen Märkte und das Öl) für die Deutschen und die übrigen Europäer in diesem Kontext einen hohen Stellenwert haben? Auch wenn man hier von einer eher moral- und grundsatzfreien (nicht-»blauäugigen«) Position ausgehen will: Verliert man mit einer derartigen wirtschaftsopportunistischen Ausrichtung von Politik nicht zwangsläufig an Glaubwürdigkeit, die man in der Zukunft, bei ganz anderen Konstellationen, vielleicht einmal bitter nötig haben könnte?

Zumindest sind Zweifel erlaubt, ob diese Form von Realpolitik mittel- und langfristig das hält, was sie »realpolitisch« verspricht: belastbare und dauerhafte gute Beziehungen mit wachsender wirtschaftspolitischer Rendite bei regionaler politischer Stabilität. Die Glaubwürdigkeit deutscher, europäischer oder insgesamt westlicher Politik in Menschenrechts- und Demokratisierungsfragen wird mit der aktuellen Opportunismuspraxis bereits heute sichtbar beschädigt. Jenseits von Wirtschaftsbeziehungen spielen auch andere Aspekte eine Rolle, die aber in bestimmter Hinsicht (was nur in begrenztem Umfang überraschen kann) doch wieder gut zu ökonomischen Zielsetzungen passen.

Geschichtsinterpretationen: Goliath Israel?

Eine in Deutschland und im übrigen Europa weit verbreitete Geschichtsinterpretation der (Schein-)Äquidistanz im arabisch-israelischen Streit spricht im Ergebnis die arabische Seite von negativer politischer Verantwortung für den Konflikt mit Israel oft weitgehend frei, belastet aber die jüdische Seite. Sie findet, wohl repräsentativ für eine Stimmungsmehrheit in den deutschen Medien und in großen Bereichen der deutschen Politik, z. B. in einem neueren Artikel von Annette Großbongardt im *Spiegel* Ausdruck.[557]

Der politischen Botschaft liegt häufig zusätzlich die im Westen und insbesondere in Deutschland bekannte und gern gehörte These zugrunde, im »asymmetrischen« arabisch-israelischen Streit seien von Anfang an die arabischen Palästinenser die Schwächeren gewesen (eine These, die auch dem Welt-Verständnis von Alt-68ern und ihrer Beziehung zur »Dritten Welt« entgegenkommt). Ein derartiger Argumentationsansatz zu dem damit beschriebenen Interpretationskonflikt spiegelt die unbeendete arabisch-israelische Konfrontation in gewisser Weise wider und führt sie auf einer anderen Ebene fort. In der Auseinandersetzung mit solchen Thesen ist Differenzierung geboten.

Die in diesem Kontext häufiger, meist rhetorisch gestellte Frage, ob die arabische Seite überhaupt Alternativen zum Konflikt und zum Krieg gehabt habe, kann, ernst genommen und konkret beantwortet, nicht ohne weiteres verneint werden (wozu aber viele, auch Annette Großbongardt, neigen[558]). Die arabischen Palästinenser und insgesamt die arabische Seite hätten 1937 die für sie sehr günstigen Teilungslinien der britischen Peel-Kommission, 1947 den Teilungsplan der Vereinten Nationen und im Jahre 2000 die Clinton-Barak-Vorschläge annehmen können (die mit einigen Gebietstauschmodifikationen im wesentlichen die Rückkehr zu den Waffenstillstandsgrenzen vor dem Sechs-Tage-Krieg von 1967 vorsahen). Daß die arabische Seite alle diese Vorschläge abgelehnt hat, kann nicht auf die angeblich starke Position »der Juden« und Israels zurückgeführt werden. Die Ablehnung beruhte vielmehr auf derjenigen Negativfestlegung, die von den meisten Arabern bereits 1919, in den ersten Protestversammlungen nach der britischen Eroberung von »Südsyrien«, vertreten wurde.[559] Eine jüdische Staatlichkeit sollte es dort, im späteren Mandatsgebiet »Palästina«, nicht geben (oder, so die taktische Variante von 2000, nur vorübergehend unter Bedingungen zugelassen werden, die das Scheitern dieser Staatlichkeit programmieren). Ist das eine Position der »Schwäche«?

Mit Mühe wurde nach dem Zweiten Weltkrieg die Gründung des jüdischen Staates vorbereitet (ein Erfolg war etwa in der Abstimmung der UN-Vollversammlung zur Palästinamandatsteilung nur mit Hilfe der Sowjetunion und der Stimmen der von ihr kontrollierten Länder möglich), vollzogen und verteidigt. Der neue Staat war in den Anfängen des arabisch-israelischen Krieges von 1948/49 dem militärischen Untergang nahe.

»Asymmetrisch« waren in dem Konflikt sowohl die Zielsetzungen als auch die Machtmittel – aber nicht im Sinne der in Europa zur Zeit vorherrschenden Meinungen. Die arabische Seite hatte die Verhinderung und später die Vernichtung der israelischen Staatlichkeit zum Ziel. Der »jüdische Sieg« bestand 1948/49 vor allem darin, die proklamierte Staatlichkeit zu schützen. Die erzielten Territorialgewinne gegenüber dem UN-Teilungsplan, dessen komplizierte Linien militärisch nicht zu verteidigen waren[560] und friedliche Verhältnisse voraussetzten, waren vergleichsweise gering.

Weit mehr als die Hälfte Israels in den Linien vor 1967 gehörte ursprünglich zu den Steppen- und Wüstenzonen. Am ursprünglich bebauten und besiedelten Land gemessen, geht der arabisch-israelische Streit seit bald hundert Jahren also um eine Region von der Größe der Altmark und einiger angrenzender Gebiete. Es kann sich daher von der arabischen Seite aus gesehen im Kern kaum um einen Territorialkonflikt handeln. In verschiedenen Kriegen stand Israel militärischen Gegnerkonstellationen vom Irak bis Marokko gegenüber.

Das Bevölkerungsverhältnis zwischen Israel einerseits und den Mitgliedsstaaten der Arabischen Liga (einschließlich der mit der Liga informell verbundenen Islamischen Republik Iran) andererseits beträgt etwa 1:60. Bei den Raumrelationen liegt die Distanz bei ungefähr 1:750. Der Abstand zwischen Bevölkerungs- und Raumvergleich (60:750) macht einen weiteren wesentlichen Unterschied deutlich. An Geld fehlt es auf arabischer Seite nicht, um aride Zonen zu kultivieren. Israel hat einschließlich der nichtentwickelten oder ursprünglich unentwickelten Gebiete ungefähr den territorialen Umfang Sachsen-Anhalts, mit fast sieben Millionen Einwohnern aber eine weit mehr als doppelt so große Bevölkerung.

Daß Israel in den arabisch-israelischen Streitrunden nicht unterlag, macht demnach aus ihm keinen Goliath und aus seinen Gegnern keinen David.

Neu-alter Antisemitismus: Europa und Nahost

Viele neigen in Europa zu der Auffassung, Konflikt-, Antisemitismus- und Terrorprobleme seien im arabisch-israelischen Verhältnis im wesentlichen durch einen Rückzug Israels auf die Waffenstillstandslinien vor dem Sechs-Tage-Krieg von 1967 zu lösen – einem Krieg, den die ägyptische Artillerie mit der Schließung der Meerenge von Tiran begonnen hatte. Auch Israelis, jüdische Israelis, oft mit »postzionistischer« Deklaration, vertreten diese Meinung, freilich nicht repräsentativ für die große Mehrheit in Israel. Der arabisch-islamische Antisemitismus werde nach dem Rückzug auf die Linien von 1967 wieder zurückgehen oder ganz verschwinden, so eine in Europa gern zitierte und gern vertretene Position.

Sind das vor dem Hintergrund der antisemitischen Agitation in arabischen und iranischen Medien oder Schulbüchern[561] und nach den Erfahrungen mit dem Friedensvertrag zwischen Ägypten und Israel wirklich realistische Analysen? Ist es nicht vielmehr umgekehrt so, daß es ohne die Überwindung des antisemitischen Israelhasses keinen dauerhaften Frieden zwischen Israel und den arabischen Ländern geben kann?

Der Antisemitismus im Islam findet in unserer Politik und in der deutschen Medienwelt bislang nur begrenzte Aufmerksamkeit. Einige Ausnahmen bestätigen die Regel, z. B. das von Otto Schily verfügte Verbot der islamischen Organisation »hisb ut-tahrir« (Partei der Befreiung), das ausdrücklich auch auf den Vorwurf gestützt wurde, die verbotene Vereinigung vertrete antisemitische Positionen.

Daß ein Verschweigen oder Kleinreden mit der Zeit das Problem löse, ist nach den einschlägigen französischen Erfahrungen auszuschließen. Die für die Beobachtung islamischer Formationen zuständigen französischen Dienste berichten, daß der Einfluß radikaler antiwestlicher und antisemitischer Bewegungen in der muslimischen Gemeinschaft Frankreichs rasch wächst.

Eine realistische Beurteilung muß den Zusammenhang zwischen dem Integrationsprozeß unserer muslimischen Minderheiten in Europa und der Entwicklung in der islamischen Welt erkennen.[562] Diese Entwicklung ist durch eine Modernisierungskrise geprägt, die auch im Anwachsen radikaler antiwestlicher und antisemitischer Strömungen sichtbar wird.[563]

Wenn wir in der Politik und im Medienbereich erfolgreich sein wollen, sind wirksame Maßnahmen erforderlich, die sich nach innen und nach außen an den gleichen Maßstäben orientieren. Sie müssen sich sowohl auf staatliche wie supranationale Instanzen, die Politik und die Zivilgesellschaft als auch auf die pädagogische Ebene beziehen.

Kritische Fragen an Europa und Handlungsansätze

Europa hat sich dabei kritischen Fragen zu stellen. Sie werden in der Gegenüberstellung mit bislang nicht erledigten, früher von vielen gestellten Forderungen besonders deutlich. Notwendig ist z. B. eine gemeinsame, von allen OSZE-Staaten getragene Initiative für einen UN-Vollversammlungsbeschluß gegen den Antisemitismus, ohne Vorbehalt und ohne relativierende Einschränkung. Es wäre sehr wichtig zu sehen, wer in der UN-Vollversammlung einer derartigen Resolution nicht zustimmt. Ähnliches gilt etwa für eine gemeinsame EU- und innerhalb der OSZE abgestimmte Initiative, die antisemitische Äußerungen und Verbände, wie z. B. die antisemitischen Terrororganisationen Hamas und Hisbollah sowie ihre Hilfsorganisationen und -einrichtungen, verbietet.

Weshalb ist die Verbreitung von Aufzeichnungen antisemitischer Fernsehsendungen oder überhaupt der Empfang von Fernsehausstrahlungen der Hisbollah-Station Al-Manar in Deutschland bislang kein öffentliches Debattenthema? Weshalb werden Staaten, die den Antisemitismus z. B. in ihren Medien fördern oder dulden, zumindest bei Militär-, Kultur- oder Entwicklungshilfebeziehungen mit OSZE-, also auch mit den EU-Staaten, nicht mit der Auflage konfrontiert, die Förderung und Duldung der antisemitischen Agitation sofort zu unterbinden? Auf Länder wie Ägypten würde eine derartige Bedingung gewiß Eindruck machen.

Ist man einem derartigen Gedanken gegenüber aufgeschlossen, so wäre für die Kooperation mit anderen Staaten auch die Bekämpfung von Antisemitismus als Fördervoraussetzung vorzusehen. »Good Governance« wird von den Empfängerländern heute schon verlangt.[564] Duldung und Förderung von Antisemitismus (die einen Verstoß gegen Menschenrechtskonventionen enthalten, denen die meisten Staaten beigetreten sind) sind damit nicht zu vereinbaren. Ein wesentlicher Schritt wäre dann vollzogen, wenn solche Regelungen zumindest für die EU-Förderpolitik etwa für die Palästinensische Autonomiebehörde von europäischen Regierungen öffentlich gefordert und dann auch durchgesetzt würden.[565]

Im innerstaatlichen pädagogischen Bereich sind ebenso Veränderungen notwendig. Das bezieht sich in Deutschland etwa auf unbedenkliche Angebote für den Islamunterricht, der nicht von kaum durchschaubaren privaten Organisationen verantwortet werden sollte, aber z. B. auch auf das, was seit einiger Zeit Holocaust-Erziehung genannt werden kann.[566]

Debattenstand und Prioritäten

Der Debattenstand, in diesem Zusammenhang auch das Resultat der OSZE-Konferenz in Berlin sowie weiterer Konferenzen, die inzwischen stattgefunden haben, führen zu einer Reihe von Schlußfolgerungen: Wir unterschätzen die mit dem neu-alten Antisemitismus verbundenen Gefahren, wenn wir ihn nur als ein vorübergehendes Randproblem kleiner muslimischer Minderheitsgruppen und unbedeutender Teile der Mehrheitsgesellschaft wahrnehmen. Wir verkennen die Dimension der Herausforderung für Politik, Gesellschaft und Medien, wenn wir die Verbindung zwischen den Prozessen im Nahen Osten und in Europa im praktischen Ergebnis auf die bequeme Erwartung reduzieren, alles löse sich durch einen israelischen Rückzug auf die Linien von 1967.

Nichtregierungsorganisationen können – und sollten – sich zu den hier interessierenden (und zu anderen) Themen in der Regel deutlicher äußern, als dies staatliche Politik häufig kann oder will. Die erste dabei zu klärende Position bezieht sich auf die Bewertung der Gefahrendimension. Wir wissen aus einer Vielzahl von Indizien, z. B. aus Erfahrungen in Schulen in Berlin, daß antisemitische Argumentationen aus Nahost oder Europa[567] einen nicht unbeachtlichen Teil der in Deutschland lebenden muslimischen Minderheit erreichen. Bei uns ohne große Schwierigkeiten zu empfangende

Fernsehsendungen des Hisbollah-Senders Al-Manar sowie entsprechende Fernsehaufzeichnungen tragen, um diesen Aspekt in Erinnerung zu rufen, zur Verbreitung derartiger Positionen bei. Was in den Moscheen geschieht, wissen wir im einzelnen nicht. Eine gewisse Vorsicht ist aber auch dort geboten – wie nicht zuletzt Vorfälle in Deutschland und in anderen europäischen Ländern zeigen.

Daß es einen engen Zusammenhang zwischen der Entwicklung von Meinungen, Strömungen und des politischen Klimas in islamischen Ländern einerseits und in den muslimischen Gemeinden in Europa andererseits gibt, wurde mehrfach dargelegt; dies machen auch die aktuellen Untersuchungen und Ereignisse immer wieder deutlich. Handlungsansätze von politischen Parteien oder von staatlicher Seite zur Eindämmung der Gefahr sehen diesen Kontext aber häufig weniger klar. Der Kampf gegen den neu-alten Antisemitismus bildet einen wesentlichen Bestandteil des globalen Kampfes für die Menschenrechte und für die Demokratie.[568] In der Politik wird diese im Kern und Grundsatz nicht umstrittene Einsicht bislang vielfach noch nicht in konkrete Schritte umgesetzt. Die öffentliche Debatte in Deutschland und in anderen europäischen Ländern muß zunächst an diesem Punkt ansetzen.

Wir sollten nicht darauf warten, bis, u.a. aufgrund westlicher Versäumnisse, die Proliferation atomarer Waffen Israel, Europa und andere Länder unmittelbar bedroht. Wir sollten relative Ruhe bei andauernder antisemitischer Agitation nicht mit Sicherheit und Stabilität verwechseln. Eine Zeitphase mit (bei allen Unterschieden) ähnlichen Merkmalen ist im letzten Jahrhundert mit einem bösen Erwachen beendet worden.

Anmerkungen

Anmerkungen zu Abschnitt I

Rolf Behrens: »Sie schießen, um zu töten«

1 Richard Chaim Schneider: »›Auge um Auge‹. Was uns Zitate der Nahost-Kommentatoren enthüllen«, in: *Süddeutsche Zeitung*, 15. April 2002.

2 Eine deutsche Übersetzung von Lozowicks Buch ist 2005 unter dem Titel »Israels Existenzkampf« im Konkret Literatur Verlag, Hamburg, erschienen.

3 Yaacov Lozowick: Right to exist. A moral defense of Israel's wars, New York 2003, S. 293.

4 Vgl. Wilhelm Heitmeyer (Hg.): Deutsche Zustände, Teil 3, Frankfurt a.M. 2004; Zusammenfassung zentraler Ergebnisse: http://www.honestly-concerned.org/Temporary/Heitmeyer-Studie-Einzelanalysen.pdf.

5 Leon de Winter: »Ich klage an. Die Mitschuld Europas: Parteiliche Medien und feige Politiker dulden die palästinensische Gewalt gegen Israel. Sie vergessen, verharmlosen und lügen. Eine Streitschrift«, in: *Die Zeit*, 23. Mai 2002, S. 41.

Lars Rensmann: Der Nahost-Konflikt in der Perzeption des Rechts- und Linksextremismus

6 Vgl. ausführlich zum Thema Lars Rensmann: Nahost-Konflikt und Globalisierung als neue politische Mobilisierungsfelder der extremen Rechten und Linken: Politische Ventile judenfeindlicher Diskriminierungsbereitschaft?, in: *Zeitschrift für Genozidforschung*, 6 (2005).

7 Werner Bergmann/Rainer Erb, Antisemitismus in der Bundesrepublik Deutschland: Ergebnisse der empirischen Forschung von 1946–1989, Opladen 1991, S. 191ff. Nicht jeder selbst deklarierte »Antizionist« hat notwendig hohe Antisemitismuswerte, doch steigt der Antisemitismus mit der Radikalität einer antizionistischen Haltung, und nur eine Minderheit der »Antizionisten« ist laut Bergmann und Erb als nicht antisemitisch einzustufen. Jean Améry erklärte zu diesem inhärenten Zusammenhang bereits 1969: »Der Antisemitismus, enthalten im Anti-Israelismus oder Anti-Zionismus wie das Gewitter in der Wolke, ist wiederum ehrbar. Er kann ordinär reden, dann heißt er »Verbrecherstaat Israel«. Er kann es auf manierliche Art machen und vom »Brückenkopf des Imperialismus« sprechen.« Jean Améry: »Der ehrbare Antisemitismus«, in: *Die Zeit*, 25. Juli 1969. Ähnlich früh diagnostizierte Martin Luther King, Jr., Antizionismus sei »inhärent antisemitisch«, »gegenüber dem jüdischen Volk die Verweigerung des fundamentalen Rechts, das wir zu Recht einfordern für die Völker Afrikas und allen anderen Nationen des Globus frei gewähren. Das ist eine Diskriminierung der Juden (...) weil sie Juden sind. Kurz: Es ist Antisemitismus.« Philipp Gessler fragt zurecht, ob es überhaupt heute noch einen Antizionismus geben kann, der nicht im Kern antisemitisch ist, denn was sei die fundamentale Ablehnung eines jüdischen Staates »anderes als Antisemitismus, wenn nur das jüdische Volk kein Recht auf ein eigenes Land haben soll, ja das Existenzrecht Israels ganz generell angezweifelt wird?« Vgl. Philipp Gessler, Der neue Antisemitismus. Hinter den Kulissen der Normalität, Freiburg 2004, S. 13f.

8 Für die Untersuchung von Phänomenen antisemitisch grundierter Israelfeindschaft im politischen Diskurs und bei politischen Akteuren können mindestens vier zentrale Kriterien operationalisiert werden: Neben (I) dem Gebrauch eindeutig als antisemitisch identifizierbarer Bilder, Stereotypen und Subtexte (»Geldjude«, »Verschwörungsmacht«,

»humane Maske«, »skrupelloser Charakter« etc.) im Diskurs über Israel, wobei teils der Begriff »Jude« bei gleicher Stereotypenbildung lediglich durch den Begriff »Zionist« ersetzt wird, sind dies (II) die prinzipielle Delegitimierung des kleinen (einzigen jüdischen und liberal-demokratischen) Staatswesens im Nahen Osten, (III) die Verwendung augenscheinlicher politisch-moralischer double standards bzw. die Aussonderung Israels aus der Staatenwelt mit negativ-superlativischen Konstrukten, das sich fundamental von allen anderen Staaten unterscheide (»singling out«, z. B. in der imaginären Konstruktion vom »einzigen Staat, in dem Folter erlaubt ist«), und (IV) die manichäisch strukturierte Dämonisierung Israels als Hort des Bösen (etwa als »Apartheidstaat«, »Staatsterrorismus« oder »Schurkenstaat«), eine Kritik, die offensichtlich out of proportion ist, und die projektive Identifikation der pluralistischen israelischen Gesellschaft oder von Aktionen des israelischen Staates mit absoluter Gewalt, mit welcher die vermeintlichen palästinensischen »Opfer der Opfer« kontrastiert werden – im Besonderen durch abstruse Gleichsetzungen israelischer Handlungen mit dem Nationalsozialismus und dem Holocaust, wodurch zugleich der Genozid an den europäischen Juden verharmlost wird (z. B. »Scharon gleich Hitler«, »Endlösung der Palästinafrage«, »Zionazis«, »zionistische Faschisten«).

9 Selbstverständlich ist Israelfeindschaft von kritischen Auseinandersetzungen mit Regierungspolitik zu unterscheiden, die zum Wesen liberaler Demokratien und zur Normalität der israelischen Demokratie zählt. Das heißt indes nicht, dass die überaus scharfe Kritik an israelischer Regierungspolitik nicht stereotyp, einseitig und auch de facto antisemitisch sein kann. In der Realität gibt es hierbei oft fließende Grenzen zwischen »Israelkritik« und Antisemitismus. Die in den gegenwärtigen Diskussionen ebenso eingeschliffene wie durchaus beliebte Forderung, man müsse Israel auch kritisieren dürfen, ohne »mundtot« gemacht oder als Antisemit bezeichnet zu werden, und die analoge Behauptung, jede Kritik an Israel werde als antisemitisch denunziert, entstammt beispielsweise selbst dem konventionellen Arsenal des Antisemitismus und entspricht einer antisemitischen Wahrnehmungsstruktur, die entgegen der empirischen Realität einer überaus negativen hegemonialen Berichterstattung über Israel in Deutschland und Europa eine von Juden und Israelunterstützern kontrollierte Mediendiktatur herbeiphantasiert. Vgl. Peter Pulzer: The new antisemitism, or when is a taboo not a taboo?, in: Iganski/Kosmin (Hg.): A New Antisemitism?, S. 79–101, 96. Schon der geläufige, gegen den ganzen Staat gerichtete Begriff der »Israel-Kritik«, die erlaubt sein müsse, hat einen merkwürdigen Klang, welcher Israel aus der Staatengemeinschaft aussondert, gibt es doch keine entsprechend totalisierende Begriffsbildung gegenüber anderen Staaten (allenfalls gegenüber den USA mit der »Amerika-Kritik«, jedoch sind die Begriffe »Frankreich-Kritik«, »Dänemark-Kritik«, »Ägypten-Kritik« etc. nicht Teil eines irgend relevanten politischen Diskurses).

10 Vgl. Bundesministerium des Innern (Hg.): Verfassungsschutzbericht 2003, Berlin 2003; Bundesamt für Verfassungsschutz: Die Bedeutung des Antisemitismus im aktuellen deutschen Rechtsextremismus, Köln 2002; vgl. auch Juliane Wetzel: Antisemitismus als Element rechtsextremer Ideologie und Propaganda, in: Wolfgang Benz (Hg.): Antisemitismus in Deutschland. Zur Aktualität eines Vorurteils, München 1995, S. 101–120.

11 Hajo Funke: Paranoia und Politik. Rechtsextremismus in der Berliner Republik, Berlin 2002.

12 Vgl. Margret Chatwin: Die Rolle des Antisemitismus im Rechtsextremismus, in: Thomas Grumke/Bernd Wagner (Hg.): Handbuch Rechtsradikalismus, Opladen 2002, S. 173–187, 184.

13 Horst Mahler: Netzsplitter: Heil Juda! Wir kommen!, www.deutschland-bewegung.de, Juni 2002. Mahler behauptet zudem in einer antisemitischen Welterklärungsparanoia: »Die jüdischen Organisationen der Ostküste und Israel bilden ein weltweites Geflecht, das die Weltherrschaft inne hat. Und es geht ganz objektiv um die Zerstörung des deutschen Volkes.« Zitiert nach Zweites Deutsches Fernsehen, Kennzeichen D, 6. Dez. 2000. Zur politisch-psychologischen Analyse Mahlers im Kontext der NPD-Ideologie vgl. Lars Rensmann: Demokratie und Judenbild. Antisemitismus in der politischen Kultur der Bundesrepublik Deutschland, Wiesbaden 2004, S. 250–255.

14 Hierzu zählt auch die Übernahme linksextremer Devotionalien auf Demonstrationen, wie die Palästinenser-Fahne und das »Palästinenser-Tuch«, das in der Linken stets als politisches Symbol der Solidarität des »Befreiungskampfes des palästinensischen Volkes« von »zionistischer Unterdrückung« fungierte.

15 Vgl. Ulrich Beck/Edgar Grande: Das kosmopolitische Europa, Frankfurt a. M. 2004; Mary Kaldor: Cosmopolitanism versus Nationalism: The New Divide?, in: Richard Caplan/John Feffer (Hg.): Europe's New Nationalism, Oxford 1996, S. 42–58.

16 Vgl. Hajo Funke: Paranoia und Politik, S. 99.

17 Rede des NPD-Bundesvorsitzenden Udo Voigt am 1. Mai 1998 in Leipzig (*Deutsche Stimme Extra,* Nr. 5, Mai 1998), zitiert nach Bundesamt für Verfassungsschutz: Die Bedeutung des Antisemitismus im aktuellen deutschen Rechtsextremismus, S. 18.

18 Vgl. Klaus Faber: Globalisierung: nur ein anderes Wort für Verwestlichung?, in *Die Neue Gesellschaft/Frankfurter Hefte*, 5 (2000), S. 274ff.

19 Vgl. Lars Rensmann: Demokratie und Judenbild, S. 122ff. In antisemitischen Wahrnehmungsformen, die konventionelle kulturelle Deutungsmuster und Vorurteile aufgreifen, gelten Juden oder »Zionisten« als Personifikation aller negativ erfahrenen oder bewerteten Prozesse wie sozialen Widersprüche soziokultureller Modernisierung. Antisemitische Deutungen ermöglichen es, undurchschaute sowie als bedrohlich und verunsichernd erfahrene gesellschaftliche Entwicklungen sowie das soziale und subjektive Unbehagen, das auf jene zurückgeht, in verdinglichter und verschwörungstheoretischer Weise mit dem Bild von Juden als allgegenwärtige, weltweite Akteure gesellschaftlicher Prozesse zu erklären und »greifbar« zu machen. Die antisemitische Weltdeutung kann insofern als antimoderne Reaktionsbildung auf die liberale (Post-)Moderne konzeptionalisiert werden.

20 Vgl. Philipp Gessler: Der neue Antisemitismus, S. 29.

21 *Deutsche Stimme*, 8/2004, zitiert nach Thomas Haury: Der neue Antisemitismusstreit in der deutschen Linken, S. 167.

22 *National-Zeitung*, 22. Mai 2003.

23 Vgl. Zur Tradition von Verschwörungstheorien in der extremen Rechten Armin Pfahl-Traughber: Freimaurer und Juden, Kapitalisten und Kommunisten als Feindbilder rechtsextremistischer Verschwörungsideologien vom Kaiserreich bis zur Gegenwart, in: Uwe Backes (Hg.): Rechtsextreme Ideologien in Geschichte und Gegenwart, Köln 2003, S. 193–234.

24 Vgl. Lars Rensmann: The New Politics of Prejudice. Comparative Perspectives on Extreme Right Parties in European Democracies, in: *German Politics & Society*, 21, 4 (2003), S. 93–123, 118ff.

25 Konkret u. a. bei einer Veranstaltung der (mittlerweile vom Bundesinnenministerium verbotenen) radikal-antisemitischen islamistischen Hizb ut-Tahrir al-Islami-Hochschulgruppe an der Technischen Universität Berlin, an der der Bundesvorsitzende der NPD Udo Voigt genauso wie Horst Mahler und andere NPD-Führungskader partizipierten. Siehe

Bundesministerium des Innern (Hg.): Verfassungsschutzbericht 2003, S. 190f. Insbesondere seit den von Islamisten und Rechtsextremisten begrüßten Terrorattentaten von New York und Washington sind Anknüpfungspunkte einer solchen partiellen Kooperation gewachsen (propagandistisch u. a. über das Internet), die bereits vorher ein gemeinsames ideologisches Fundament in Antisemitismus, Holocaustleugnung, Antiamerikanismus und der Ablehnung der Moderne sowie der mit »jüdischer Fremdherrschaft« identifizierten Globalisierung hatten. Vgl. Juliane Wetzel: Die internationale Rechte und der arabische Antizionismus im World Wide Web, in: Jahrbuch für Antisemitismusforschung 12 (2003), S. 121–144, 121f.

26 Vgl. die politische Vision des ehemaligen stellvertretenden Bundesvorsitzenden der NPD, Hans-Günter Eisenecker; zitiert nach Margret Chatwin: Die Rolle des Antisemitismus im Rechtsextremismus, S. 185.

27 Vgl. hierzu u.a. Thomas Haury: Der Antizionismus der Neuen Linken in der BRD, in: Arbeitskreis Kritik des deutschen Antisemitismus (Hg.): Antisemitismus, Freiburg 2001, S. 217–229, 218f; Lars Rensmann: Demokratie und Judenbild, S. 72ff.

28 Herrschaft und Ausbeutung erscheinen in diesem antiimperialistischen Weltbild letztlich als eine Verschwörung von bösen Kapitalisten und imperialistischen Politikern; Herrschaft wird auf Fremdherrschaft reduziert, Kapitalismus als »fremde« Ausbeutung durch Nicht-Mitglieder der ethnischen Eigen-Gruppe verstanden, Globalisierung und Imperialismus erscheinen mithin schließlich als Ausdruck des »internationalen Zionismus«.

29 Vgl. Thomas Haury: Der Antizionismus der Neuen Linken in der BRD, S. 217ff.

30 Vgl. Martin W. Kloke: Israel und die deutsche Linke. Zur Geschichte eines schwierigen Verhältnisses, Frankfurt a. M. 1991, S. 120ff; Lars Rensmann: Demokratie und Judenbild, S. 298ff. Auf der 22. ordentlichen Delegiertenkonferenz beschloss der SDS 1967 wegweisend – und zugleich paradigmatisch für die europäische Linke – eine Erklärung gegen die Existenz Israels, dargestellt als »Brückenkopf des Imperialismus« und verächtlich denunziert als »zionistisches Staatsgebilde«; zitiert nach Martin W. Kloke: Israel und die deutsche Linke, S. 125.

31 Vgl. Lothar Mertens: Antizionismus. Feindschaft gegen Israel als neue Form des Antisemitismus, in: Wolfgang Benz (Hg.): Antisemitismus in Deutschland. Zur Aktualität eines Vorurteils, München 1995, S. 89–100, 91.

32 Exemplarisch für diese manichäische und verschwörungstheoretische antiimperialistische Weltsicht ist die Gewalt verherrlichende Positionierung der Zeitschrift »Offensiv«, die vermeintlich für »Sozialismus und Frieden« streitet. Demokratisch gewählte Regierungen erscheinen dabei als Marionetten imperialistischer Verschwörungen und der »Terrormaßnahmen der Besatzer«, islamistischer Terrorismus hingegen als »legitimer Widerstand«. In einem über die Web-Zeitung »Intifada« der »Antiimperialistischen Koordination«-Website, die wegen Unterstützung terroristischer Aktivitäten in den USA bereits gesperrt ist, verbreiteten Aufruf »Solidarität mit dem irakischen Volk und seinem legitimen Widerstand!« heißt es: »Ein Element der Unterdrückung des wachsenden irakischen Volkswiderstandes ist auch eine gezielte Diffamierungskampagne, die darauf abzielt, diesen als ›terroristisch‹ oder ›islamistisch‹ abzustempeln und international zu isolieren. Diese Kampagnen, unterfüttert von Desinformationen der CIA, des israelischen MOSSAD und anderer westlicher Geheimdienste, werden (...) zum Teil auch ›unter linker Flagge‹ vorgetragen. (...) Eine besondere Rolle spielt in diesem Zusammenhang die so genannte Irakische Kommunistische Partei (wie auch ihre Vorfeldorganisationen), die einen Minister in der von den USA eingesetzten, von ihr komplett abhängigen und mit direkten CIA-Agenten durchsetzten so genannten ›Übergangsregierung‹ stellt und bisher

alle Terrormaßnahmen der Besatzer und ihrer Marionetten gegen das irakische Volk mitgetragen hat.« Der Aufruf wird von etlichen einschlägigen antiimperialistischen »Friedens«-Gruppen unterstützt, dem »Solidaritätskomitee Freies Irak«, »kommunisten-online.de«, »friedenszeitung-duisburg.de«, »Die Brücke«, der »Vereinigung für Internationale Solidarität« und »Initiativ e.V.« bis zur »globalen Widerstandskämpferin« Sophia Deeg. Siehe www.antiimperialista.org/de, 5. Jan. 2005.

33 Vgl. Daniel Kilpert: »Links und judenfeindlich: Antisemitismus und Antizionismus in der radikalen Linken«, in: *Tribüne – Zeitschrift zum Verständnis des Judentums,* 43 (2004), S. 119–132, 124.

34 Zur teils realisierten, teils avisierten Bündnisarbeit italienischer, österreichischer und deutscher »Antiimperialisten« mit Islamisten, Terroristen wie Muqtada al-Sadr und Saddam-Anhängern im Irak vgl. Ivo Bozic: »Die deutsche Ba'ath Partei«, in: *Jungle World,* 40 (2004), S. 4–5.

35 Vgl. zum islamistischen Fundamentalismus und Antisemitismus insbesondere Bassam Tibi: Der neue Totalitarismus. ›Heiliger Krieg‹ und westliche Sicherheit, Darmstadt 2004; Matthias Küntzel: Djihad und Judenhaß, Freiburg 2001.

36 AIK-Führungskader, zitiert nach: Die Antiimperialistische Koordination (AIK): Antisemitismus im linken Gewand, www.hagalil.com, 30. Jan. 2003.

37 Zitiert nach ebd.

38 Zitiert nach Philipp Gessler: Der neue Antisemitismus, S. 97.

39 Werner Pirker: »Einen anderen Zionismus gibt es nicht«, in: *Junge Welt,* 25. April 2002.

40 Vgl. Lothar Mertens: Antizionismus: Feindschaft gegen Israel als neue Form des Antisemitismus, S. 90.

41 Zitiert nach Ivo Bozic: »Die deutsche Ba'ath Partei«, in: *Jungle World,* 40 (2004), S. 5.

42 Thomas Haury: Der neue Antisemitismusstreit…, S. 166.

43 Zitiert nach Philipp Gessler: Der neue Antisemitismus, S. 85.

44 »Antisemitismus« ist allgemein diskreditiert, insbesondere auch bei den Teilen der Linken, die sich frei davon und moralisch überlegen wähnt. Das sagt nichts über die Bedeutung und Realität eines politischen und sozialen Antisemitismus aus.

45 Sophia Deeg: »Israels falsche Freunde«, in: *Freitag*, 5. Aug. 2005, S. 6. Jüdische Websites und NGOs wie »Honestly Concerned«, die kritische Medienanalyse betreiben und sich für eine sachliche Darstellung Israels in den Medien engagieren, klassifiziert die Autorin an gleichem Ort, nicht untypisch für das »antiimperialistische« Milieu, als für »Unsachlichkeit und Hetze« berüchtigt und »antideutsch«. Einem alten antijüdischen Klischee zufolge sind Juden oder Personen, die sich gegen Judenfeindschaft engagieren, »deutschfeindlich«. Ähnliche Verdikte über eine vermeintlich »fanatische« Israelfreundschaft fällt die Autorin in der gleichen Zeitung über die linksliberale *tageszeitung*, Publikationen der Bundeszentrale für politische Bildung, die bundesdeutsche Schulaufklärung über Israel oder über Bundestagsgremien, die in Bezug auf Antisemitismus und Israel vermeintlich »totalitär« seien; eigentlich über fast jeden, der den »Widerstand« gegen Israel nicht unterstützt und die Meinung der Autorin nicht teilt. Israel, wo ein »rassistischer Diskurs« vorherrsche, gerinnt der Autorin pauschal zu einem von den USA und Europa eingesetzten »strategischen Brückenkopf im Nahen Osten«. Das Beispiel zeigt eine für die neue extreme »antiimperialistische« Linke charakteristische Verbindung von einem hypermoralisch legierten Dogmatismus, einer signifikant verzerrten Weltwahrnehmung sowie der ungezügelten Wut auf Andersdenkende und insbesondere einer enormen affektiven Verve gegen Israel, die sich weit jenseits rationaler Kritik an israelischer Regierungspolitik bewegt.

46 In der deutschen extremen Linken sind heute die neuen israelfeindlichen Positionen gestärkt, wenngleich nicht unumstritten; vgl. Thomas Haury: Der neue Antisemitismusstreit der deutschen Linken.

47 Vgl. Mark Strauss: Antiglobalism's Jewish Problem, in: *Foreign Policy*, 12 (2003).

48 Vgl. Klaus Faber: Gefährdung der Zivilisation. Zur Glaubwürdigkeit der westlichen Politik gegenüber dem Islam, in: *Perspektive 21. Brandenburgische Hefte für Wissenschaft & Politik*, 15 (2002), S. 11–38; zur Debatte um den »Terror for Humanity« des linksradikalen Philosophen Ted Honderich vgl. Lars Rensmann: Demokratie und Judenbild, S. 330ff.

49 Zitiert nach Margret Chatwin: Die Rolle des Antisemitismus im Rechtsextremismus, S. 183; vgl. auch Anton Maegerle: Die unheilige Allianz zwischen Hakenkreuz und Halbmond, in *Tribüne – Zeitschrift zum Verständnis des Judentums*, H. 160, 2001, S. 218–232.

50 www.nadeshda.org, Region Nordamerika, »Die geheime Macht des Kapitols«, 13. Dez. 2004.

51 Sie dokumentiert sich insbesondere auf politischen Konferenzen wie der antiisraelischen Kölner »Stop the Wall«-Konferenz gegen die vermeintliche »Apartheid-Mauer« im Juni 2004. Die üblichen Aufrufe zur Zerschlagung des »kolonialistischen« jüdischen Staates fehlten nicht.

52 Nationalbolschewistische Akteure streben eine antiisraelische und antiamerikanische Links-Rechts-Querfront-Strategie von links an, während die extreme Rechte (*Deutsche National-Zeitung*, *Deutsche Stimme*, *Junge Freiheit*) sich besonders auf die Linken Uri Avnery und Noam Chomsky bezieht. Verschwörungstheoretische Autoren wie Matthias Brökers und Andreas von Bülow sind ebenfalls gefeierte Autoren in Teilen des Linksextremismus und des Rechtsextremismus (vgl. *Nationalzeitung*, 5. Sept. 2003, S. 1ff.)

53 Vgl. Thomas Haury: Der neue Antisemitismusstreit in der deutschen Linken, S. 167.

54 Vgl. u. a. Veiga Goncalves/Linda Rosa Fonseca: A Touchstone of Dissent: Euroscepticism in Contemporary Western European Party Systems, in: *European Journal of Political Research*, 33 (1998), S. 363–388; Claus Offe: Demokratie und Wohlfahrtsstaat: Eine europäische Regimereform unter dem Stress der europäischen Integration, in: ders.: Herausforderungen der Demokratie, Frankfurt a. M. 2003, S. 239–273.

55 Vgl. Hans-Georg Betz: Conditions Favoring the Success and Failure of Radical Right-Wing Populist Parties in Contemporary Europe, in: Yves Mèny/Yves Surel (Hg.): Democracies and the Populist Challenge, New York 2002, S. 197–213.

56 Vgl. Wilhelm Heitmeyer/Werner Bergmann: Antisemitismus. Verliert die Vorurteilsrepression ihre Wirkung?, in: Wilhelm Heitmeyer (Hg.): Deutsche Zustände, Frankfurt a. M. 2005, S. 224–238; vgl. auch Lars Rensmann: Demokratie und Judenbild, S. 482ff.

57 Vgl. z. B. Rolf Behrens: Raketen gegen Steinewerfer. Das Bild Israels im »Spiegel«, Münster 2003; Medien-Tenor: Nur als Krisenherd wahrgenommen: Das Medien-Image von Israel in der deutschen Berichterstattung und in Umfragen 01 bis 10/2003, Medien Tenor: Forschungsbericht Nr. 139 (2003).

58 Zur nüchtern-kritischen Analyse und zum Gesamtüberblick über die deutsch-israelischen Beziehungen auf gesellschaftlicher und politischer Ebene vgl. Yves Pallade: Germany and Israel in the 1990s and Beyond: Still a ›Special Relationship‹?, Oxford 2005.

59 *Süddeutsche Zeitung*, 8. Feb. 2005. Die Frage selbst führt zu einer Diskussion über die Existenzberechtigung des israelischen Staates, eine Diskussion, die über keinen anderen Staat geführt wird (»singling out«); und sie suggeriert, der Zionismus, nicht der

Antisemitismus sei der »Feind der Juden«. Damit wird Letzteren selber Schuld an den Vorurteilen und der Gewalt gegeben, die ihnen entgegenschlagen.

60 *Süddeutsche Zeitung*, 25. Juli 2004.

61 Lawrence Norfolk: »Tony, nimm die U-Bahn«, in: *Süddeutsche Zeitung*, 11. Juli. 2005, S. 11. Eine Verschiebung des öffentlichen Meinungsklimas und der Diskurs- bzw. Legitimitätsgrenzen kann an dieser Stelle nur exemplarisch angedeutet werden. Sie wird dadurch indiziert, dass z. B. mit dem Bonner Publizisten Ludwig Watzal ein Vertreter der bedeutenden Bundeszentrale für politische Bildung als Autor der wohl radikalsten antiimperialistisch-antizionistischen Webzeitung im deutschsprachigen Raum, der »Intifada« der genannten »AIK«, tätig ist. Die Website ist in den USA bereits wegen der Unterstützung terroristischer Aktivitäten gesperrt. Auf Veranstaltungen der linksextremen Splittergruppe »Linksruck«, die militant-martialisch »Intifada bis zum Sieg« fordert, streitet Watzal für »Freiheit für Palästina«. Das Osloer Friedensabkommen ist ihm das »palästinensische Versailles«, darüber hinaus erspäht er eine vorgeblich drohende »Israelisierung der Welt« (watzal.com). In einem Beitrag für das Deutschlandradio bediene Watzal zudem, so Juliane Wetzel, »die typischen Klischees vom jüdischen Kapital und jüdischer Macht«. Zitiert nach Benedict Maria Mülder: Rassismus-Vorwurf gegen DeutschlandRadio Berlin, in: *Die Welt*, 30. Sept. 2004.

62 Zitiert nach Tom Gross: »Antisemitism at *Le Monde* and beyond«, in: *The Wall Street Journal Europe*, 2. Juni 2005. Die größte griechische Zeitung, *Eleftherotypia*, erblickt gar einen »Holocaust II«.

63 Vgl. Hajo Funke/Lars Rensmann: Wir sind so frei. Zum rechtspopulistischen Kurswechsel der FDP, in: *Blätter für deutsche und internationale Politik*, 47 (2002), S. 822–828.

64 Vgl. Mary Kaldor: Cosmopolitanism Versus Nationalism. The New Divide?, in: Richard Caplan/John Feffer (Hg.): Europe's New Nationalism. States and Minorities in Conflict, Oxford 1997, S. 42–58; Ulrich Beck/Edgar Grande: Das kosmopolitische Europa, Frankfurt a. M. 2004.

65 Werner Bergmann: Die Verbreitung antisemitischer Einstellungen in der Bundesrepublik Deutschland, in: Bundesministerium des Innern (Hg.): Extremismus in Deutschland. Erscheinungsformen und aktuelle Bestandsaufnahme, Berlin 2004, S. 25–55, hier S. 28.

66 Vgl. Aribert Heyder/Julia Iser/Peter Schmidt: Israelkritik oder Antisemitismus. Meinungsbildung zwischen Öffentlichkeit, Medien und Tabus, in: Wilhelm Heitmeyer (Hg.): Deutsche Zustände, Folge 3, Frankfurt a. M. 2005, S. 144–165, hier S. 150f.

67 Vgl. Elmar Brähler/Horst-Eberhard Richter: Politische Einstellungen in Deutschland. Ergebnisse einer repräsentativen Erhebung, Frankfurt a. M. 2002, S. 2.

68 Vgl. ebd, S. 5.

69 Vgl. ebd, S. 4.

70 Vgl. John Ishiyama: Does Globalization Breed Ethnic Conflict?, in: *Nationalism and Ethnic Politics*, 9 (2004), S. 1–23.

Yves Pallade: Medialer Sekundärantisemitismus

71 Schwarze Ratten TW, Schalom + Napalm, in: *Agit 883*, Nr. 40, 13. Nov. 1969, S. 9., zitiert nach Martin Kloke: Zwischen Scham und Wahn. Israel und die deutsche Linke 1945–2000, http://www.antisemitismus.net/antisemitismus/linke/texte/fischer-05.htm#56; siehe auch Gerd Koenen: Mythen des 20. Jahrhunderts, in: Doron Rabinovici/Ulrich Speck/Natan Sznaider (Hg.): Neuer Antisemitismus. Eine globale Debatte, Frankfurt a. M. 2004, S. 181.

72 Vgl. Hagalil.com, 15. Jan. 2003, Tobias Kaufmann: Skandal-Auftritt in Salzgitter-Bad. Steinbach vergleicht Aufstand im Warschauer Ghetto mit Terrorismus.

73 »Vor allem muss man sich davor hüten, die historische Schuld der Deutschen gegenüber den Juden dadurch zu relativieren, dass man heute Analogien zur NS-Zeit wählt.« Siehe www.gruene-fraktion.de/cms/bundestagsreden/dok/2020288.claudia_roth_antisemitismus _bekaempfen.htm.

74 Schreiben von Claudia Roth an Prof. Dr. Udo Steinbach, Berlin, 1. Dez. 2003; Schreiben von Ruprecht Polenz an Projekt Archiv e.V., Berlin, 18. Juni 2004.

75 Schreiben von Udo Steinbach an Claudia Roth, Hamburg, 17. Dez. 2003; Deutsches Orient-Institut, Der Direktor, Stellungnahme zur Presseerklärung des Simon Wiesenthal Centre, Paris, 2. Juni 2003 »No intellectual immunity for Holocaust banalization«, 6. Juni 2003; »Deutsches Orient-Institut, Der Direktor, Stellungnahme zum offenen Brief, hagalil.com, 14. Mai 2004 an das Kuratorium des Deutschen Orient-Instituts mit der Aufforderung zum Rücktritt, 24. Mai 2004.

76 Press Information des Simon Wiesenthal Centers, Paris, 1. Juni 2003, SWC to German Justice Minister: »No intellectual immunity for Holocaust banalization«; Gemeinsame Presseerklärung von Projekt Archiv e.V. und dem Vorsitzenden der Jüdischen Gemeinde zu Berlin, 29. Mai 2003.

77 www.hagalil.com/petition/04-05/brief.htm, An das Kuratorium des Deutschen Orient-Instituts.

78 »(...) wir können uns vorstellen, dass dies für ein Volk, dass fast ausschließlich nur auf materielle Dinge schwört, ein bisschen schwer zu begreifen ist, aber es hätte uns schon interessiert, in welchem Punkt Steinbach denn Unrecht haben soll. Wir können da eigentlich nichts finden.« Siehe www.stoertebeker.net: Hamburger Orient-Institut im Fadenkreuz jüdischer Kritik, 18. Mai 2004.

79 »Im übrigen besteht der Unterschied zwischen den arabischen Selbstmordattentätern und den jüdischen Ghettokämpfern darin, dass erstere (sic!) ihr Leben unbedenklich opferten und opfern, während die Juden für gewöhnlich danach trachten, die Dreckarbeit durch andere erledigen zu lassen. In Warschau waren sie freilich auf sich selber gestellt, doch betätigten sie sich dort auch nur als Heckenschützen aus dem Hinterhalt, so dass die jüdische Kritik nicht allzu sehr greift, wenn sie dasselbe Verfahren heute bei anderen als Terrorismus geißelt.« Siehe www.stoertebeker.net, Hamburger Orient-Institut im Fadenkreuz jüdischer Kritik, 18. Mai 2004

80 Press Information des Simon Wiesenthal Centers, Paris, 1. Juni 2003, SWC to German Justice Minister: »No intellectual immunity for Holocaust banalization«.

81 Lars Rensmann hat diese bedeutsame Nuance in seiner wegweisenden Studie zum deutschen Nachkriegsantisemitismus ebenfalls herausgestellt: »Der moderne Antisemitismus nach 1945 geht auch hier einher mit der angestrengten Gleichsetzung und Überbietung der nationalsozialistischen Verbrechen mit dem vermeintlichen ›Vernichtungsstreben‹ Israels. Gab es die Kristallnacht nur einmal, findet seine »zionistische« Wiederholung

nun »tagtäglich« statt; Lars Rensmann: Demokratie und Judenbild. Antisemitismus in der politischen Kultur der Bundesrepublik Deutschland, Wiesbaden 2004, S. 313, Fußnote 1111.

82 Vgl. Thomas Haury: Der neue Antisemitismusstreit der deutschen Linken. In: Doron Rabinovici/Ulrich Speck/Natan Sznaider (Hg.): Neuer Antisemitismus, S. 144f.

83 Deutsches Orient-Institut, Der Direktor, 24. Mai 2004, Stellungnahme zum offenen Brief, hagalil.com, 14. Mai 2004 an das Kuratorium des Deutschen Orient-Instituts mit der Aufforderung zum Rücktritt.

84 www.hagalil.com/archiv/2004/09/buchmesse.htm, Markus Ströhlein: Frankfurter Buchmesse: Schmökern gegen Israel, 27. Sept. 2004.

85 »Die Stimmung ist gekippt« in: *Der Spiegel*, 15. April 2002.

86 So z. B. »Der Vorwurf des Antisemitismus wird auch als Knüppel benutzt«, in: *Stern*, 20. Juni 2002.

87 »Blüm attackiert israelisches Vorgehen«; *Spiegel* Online, 18. Juni 2002; Jens Voss: »Reifeprüfung«, in: *Rheinische Post*, 24. April 2002.

88 »Ich würde mich auch wehren«, in: *tageszeitung*, 4. April 2002.

89 »Karsli oder ich«, in: *Spiegel* Online, 16. Mai 2002.

90 »Westerwelles Begründung für das Ultimatum«, *Spiegel* Online, 5. Juni 2002.

91 Sylke Tempel: »Eine Fahrt ins Leere«, in: *Der Tagesspiegel*, 29. Juli 2002.

92 So beispielsweise die *Süddeutsche Zeitung*, 2. April 2002, Scharon kündigt »totalen Krieg« gegen Terror an; *tageszeitung*, 2. April 2002, Susanne Knaul: Israels Premier kündigt »totalen Krieg« gegen den Terror an. »Nichts Neues also«, kommentiert ein Abgeordneter. Internationale Politik ist ratlos.

93 *Tribüne – Zeitschrift zum Verständnis des Judentums*, 41. Jg., H. 162, 2. Quartal 2002, S. 35; *Jungle World*, 10. April 2002, Barbara Fried: »Bulldozer und Bösewicht«.

94 Agence France Presse, 3. April 2002, Botschaftssprecher: Scharon benutzt Ausdruck »totaler Krieg« nicht.

95 Jens Voss: »Reifeprüfung«, in: *Rheinische Post*, 24. April 2002.

96 »Guter Rat vom Freund«, in: *Jungle World*, 30. April 2002.

97 »Der Vorwurf des Antisemitismus wird auch als Knüppel benutzt«, in: *Stern*, 20. Juni 2002.

98 Rupert Neudeck: Ich will nicht mehr schweigen. Über Recht und Gerechtigkeit in Palästina, Neu-Isenburg 2005, S. 235.

99 Ebd., S. 11–13.

100 Ebd., S. 47.

101 Ebd., S. 211–219.

102 Hajo Meyer: Das Ende des Judentums, Neu-Isenburg 2005, S. 130, zitiert ebd., S. 218–219.

103 Abraham Melzer: Nachwort, a. a. O., S. 258.

104 Ebd., S. 104.

105 Ebd., S. 187–188.

106 Ebd., S. 79.

107 Ebd., S. 47.

108 Honestly Concerned Newsletter, 15. Sept. 2005, zu finden unter http://www.arendt-art.de/deutsch/palestina/Honestly-Concerned/honestly_concerned_neudeck.html.

109 Vgl. Yves Pallade: Wenn Rausch zum Wahn verkommt, in: *Tribüne – Zeitschrift zum Verständnis des Judentums*, H. 174, 2. Quartal 2005, S. 50–58.

110 »Bremen bietet Palästinensern Hilfe an«, in: *Süddeutsche Zeitung*, 20. April 2002.

111 Vgl. Halima Alaiyan: Vertreibung aus dem Paradies. Meine lange Flucht aus Palästina, München 2003, S. 267ff. Siehe hierzu den Beitrag von Katrin Kemmler in diesem Band.

112 Vgl. Henryk M. Broder: Der ewige Antisemit, Frankfurt a.M. 1987, S. 48–58.

113 »Gewaltfreiheit endet schon vor der Halle«, in: *tageszeitung*, 7. Juni 2004.

114 Zitiert nach www.henryk-broder.de/html/tb_bluem.html.

115 Norbert Blüm: Vorwort. Mutprobe Neudeck, in: Rupert Neudeck: Ich will nicht mehr schweigen, S. 12–13.

116 Interview von Hermann L. Gremliza und Jürgen Elsässer mit Peter Scholl-Latour, in: *Konkret*, Nov. 2001, zu finden unter http://www.muslim-markt.de/wtc/scholl.htm#semitischer.

117 Henryk M. Broder: »Ein moderner Antisemit«, in: *Der Spiegel*, 27. Mai 2002, ; http://www.henryk-droder.de/html/tb_moelle.html.

118 Henryk M. Broder: Der ewige Antisemit, S. 39.

119 »Israel and the UN«, Rede von Andrew Srulevitch, Executive Director von UN Watch, in der Jüdischen Gemeinde Düsseldorf am 15. Nov. 2001.

120 Ebd.

121 Vgl. Matthias Küntzel: Djihad und Judenhaß. Über den neuen antijüdischen Krieg, Freiburg 2003, S. 151–160.

122 Matthias Küntzel: Von Zeesen bis Beirut. Nationalsozialismus und Antisemitismus in der arabischen Welt, in: Doron Rabinovici/Ulrich Speck/Natan Sznaider (Hg.): Neuer Antisemitismus, S. 291, Fn. 51.

123 Neben dem ehemaligen SPD-Bundestagsabgeordneten und ehemaligen Staatsminister im Auswärtigen Amt, Christoph Zöpel, nahmen Michael Lüders, Helga Baumgarten, Volker Perthes, Andrä Gärber, Manfred Kropp und Friedemann Büttner an der Konferenz teil. Ebd., S. 292, Fn. 54.

124 Ebd., S. 272, 292f.

125 www.rathaus-bremen.de/de/Kap2/040525_Patriotische_Gesellschaft_HH_Dialog_Christen _und_Muslime.pdf, Rede von Bürgermeister Dr. Henning Scherf am 25. Mai 2004 vor der Patriotischen Gesellschaft von 1765 in Hamburg.

126 Vgl. www.zdk-berlin.de/webzdk/seitenzdk/pdf/Islamismus_und_Antisemitismus.pdf, Claudia Dantschke: Islamistischer Antisemitismus.

127 Omer Bartov: Der alte und der neue Antisemitismus, in: Doron Rabinovici/Ulrich Speck/Natan Sznaider (Hg.): Neuer Antisemitismus, S. 42.

128 Ludwig Watzal: Das palästinensische Versailles, in: FriZ, Nr. 6/2000.

129 Rensmann verortet Watzal politisch in der Neuen Rechten, betont jedoch ebenso dessen »Brückenschlag zu den antiamerikanischen, antizionistischen und antisemitischen Teilen der radikalen Linken«. Vgl. Lars Rensmann: Demokratie und Judenbild, S. 296.

130 Zwar war Watzal aufgrund früherer Vorkommnisse vom Bundesinnenministerium als vorgesetzter Behörde im Mai 1997 untersagt worden, Studienreisen der Bundeszentrale für politische Bildung für Journalisten nach Israel zu leiten, doch scheint dies weder auf seine fortlaufende publizistische Tätigkeit für antiisraelische Medien aus dem extremistischen Spektrum noch auf seine Mitherausgeberschaft der angesehenen Publikation der Bundeszentrale *Aus Politik und Zeitgeschichte*, welche die akademische Beilage für die Bundestagszeitung *Das Parlament* darstellt, Auswirkungen gehabt zu haben. Vgl. Yves Pallade: Germany and Israel in the 1990s and Beyond: Still a ›Special Relationship‹? Frankfurt a.M. 2005, S. 444–445.

131 Medien Tenor, www.medien-tenor.de/Beitrag/MT139/39_7879.pdf, Dez. 2003, S. 79; Rolf Behrens: »Raketen gegen Steinewerfer.« Das Bild Israels im »Spiegel«. Eine In-

haltsanalyse der Berichterstattung über Intifada 1987–1992 und »Al-Aqsa-Intifada« 2000–2002, Münster 2003, S. 143f, 146; Ulrike Becker: Klimawechsel. Der Diskurs über Israel in Deutschland am Beispiel des Sechstagekrieges 1967 und der zweiten Intifada 2000/2002, unveröffentlichte Magisterarbeit, Universität Hamburg, 2004, S. 72.

132 Vgl. Rolf Behrens: »Raketen gegen Steinewerfer«, S. 142–144, 149; Siegfried Jäger und Margarete Jäger: Medienbild Israel. Zwischen Solidarität und Antisemitismus, Münster 2003, S. 347f., 355f.

133 »Der wichtigste Unterschied zwischen Antisemitismus und Fremdenfeindlichkeit besteht darin, dass zur Fremdenfeindlichkeit Fremde gehören, die man sehen, hören, riechen kann. So banal es sich auch anhört: Ohne Fremde in der unmittelbaren Umgebung kann es keine Fremdenfeindlichkeit geben. Ganz anders dagegen beim Antisemitismus. Menschen, die noch nie einen Juden gesehen haben, können leidenschaftliche Antisemiten sein, oft ist sogar der Mangel an jeder konkreten Erfahrung mit Juden Voraussetzung für die Entwicklung antisemitischer Einstellungen.« Vgl. Henryk M. Broder: Der ewige Antisemit, S. 25.

134 Vgl. »Vom David zum Goliath«, in: *Die Welt*, 15. Mai 2002.

135 Vgl. Transatlantic Trends 2003, www.transatlantictrends.org/Apps/GMF/Ttweb.nsf?OpenDatabase, Juli 2003, S. 45f.

136 Vgl. Roland Schatz: Der Blick auf Israel und Palästina. Eine Medienanalyse, in: *Tribüne – Zeitschrift zum Verständnis des Judentums*, Jg. 41, H. 162, 2. Quartal 2002, S. 113.

137 Vgl. B'nai B'rith, Augustin-Keller-Loge Zürich, www.anti-defamation.ch/includes/dokumente/datei/f_g_Studie_zur-Nahost-Medienberichterstattung.pdf, 5. Jan. 2001, S. 27.

138 Vgl. ebd., S. 47.

139 www.nahostfocus.de, 13. Dez. 2002, Chajm Guski: Den Bildern misstrauen lernen?

140 Vgl. David A. Jodice: United Germany and Jewish Concerns: Attitudes towards Jews, Israel, and the Holocaust, New York: The American Jewish Committee, 1991, S. 5f., 15f., 23–25, 35–38.

141 forsa (1998): Studie zum Antisemitismus in Deutschland im Auftrag der Zeitung *Die Woche*, S. 17.

142 Vgl. *Der Spiegel*, 10. Juni 2002, Abschied vom Klischee?.

143 Vgl. www.nahostfocus.de, 13. Dez. 2002, Chajm Guski, Talmud.de, Den Bildern misstrauen lernen?

144 Duisburger Institut für Sprach- und Sozialforschung: Der Nahost-Konflikt in deutschen Printmedien. Analyse diskursiver Ereignisse seit Beginn der Intifada im Sept. 2000 – Kurzfassung (2002), S. 20f., 27, 30.

145 Rolf Behrens: »Raketen gegen Steinewerfer«, S. 129, 133, 144–148; besonders die Kommentare des Gründers und geistigen Vaters des *Spiegels*, Rudolf Augstein, stechen hier hervor. Siehe diesbezüglich auch den Beitrag von Rolf Behrens in diesem Band.

146 »Da kommt die ganze Jauche hoch«, in: *Süddeutsche Zeitung*, 12. April 2002.

147 So beispielsweise »Heil Israel... Sieg Heil... ihr seid wahrhaftig auserwählt« oder »Also doch!!! Hitler und der Holokaust lebt!!! er heißt jetzt A. Scharon und lebt in ISRAEL«. Vgl. *Welt am Sonntag*, 28. April 2002, Julius H. Schoeps: Jetzt geht wieder die Angst um.

148 Vgl. www.nahostfocus.de, 13. Dez. 2002, Chajm Guski, Talmud.de, Den Bildern misstrauen lernen?

149 Vgl. Aribert Heyder/Julia Iser/Peter Schmidt: Israelkritik oder Antisemitismus? Meinungsbildung zwischen Öffentlichkeit, Medien und Tabu, in: Wilhelm Heitmeyer (Hg.): Deutsche Zustände, Folge 3, Frankfurt a. M., S. 151.

150 Wilhelm Heitmeyer: Gruppenbezogene Menschenfeindlichkeit. Gesellschaftliche Zustände und Reaktionen in der Bevölkerung aus 2002 bis 2005, in: Wilhelm Heitmeyer (Hg.): Deutsche Zustände, Folge 4, Frankfurt a.M. 2006, S. 29.
151 Roland Schatz: »Auf Terror reduziert«, in: *Die Welt*, 12. Dez. 2001.
152 haGalil onLine, 21. Juni 2002, www.nahost-politik.de/deutschland/anti-israel.htm, Anat Peri: Antisemitische und antiisraelische Haltungen in Deutschland: Die Strategie des gemeinen Vergleichs.
153 www.honestly-concerned.org/Temporary/Heitmeyer-Studie.doc, Wilhelm Heitmeyer u.a. (2004): Texte zu Ergebnissen der Umfrage 2004 des Projektes »Gruppenbezogene Menschenfeindlichkeit« mit Schwerpunkten zum Antisemitismus.
154 Aribert Heyder/Julia Iser/Peter Schmidt: Israelkritik oder Antisemitismus? Meinungsbildung zwischen Öffentlichkeit, Medien und Tabu, in: Wilhelm Heitmeyer (Hg.): Deutsche Zustände, Folge 3, Frankfurt a.M. 2005, S. 152.
155 Vgl. www.europa.eu.int/comm/external_relations/iraq/doc/fl151_iraq_full_report.pdf, European Commission: Flash Eurobarometer 151. »Iraq and Peace in the World«, Nov. 2003, S. 78, 81, 85 & Appendix.
156 Vgl. www.hagalil.com/opr/2004/01/antisemitismus-studien.htm, Antisemitismus 2003: Umfragen und Studien; *Der Tagesspiegel*, 5. Nov. 2003, Furcht vor Antisemitismus. Kritik an Meinungsumfrage, in der Israel als Aggressor dasteht.
157 »Wie antisemitisch sind die Deutschen eingestellt?«, *Berliner Morgenpost*, 10. Nov. 2003.
158 Henryk M. Broder: Der ewige Antisemit, S. 35.
159 Vgl. »Abschied vom Klischee?«, in: *Der Spiegel*, 10. Juni 2002.
160 Vgl. Werner Bergmann/Juliane Wetzel: Manifestations of anti-Semitism in the European Union. First Semester 2002. Synthesis Report, Wien 2003, S. 18, 24, 26.
161 Vgl. »Die Abwehrkräfte sind intakt«, in: *Die Zeit*, 23. Mai 2002.
162 Heinrich-Böll-Stiftung und American Jewish Committee: Der Neue Alte Antisemitismus. Eine Gesprächsreihe von The American Jewish Committee Berlin und der Heinrich-Böll-Stiftung.
163 Vgl. http://eumc.eu.int/eumc/material/pub/AS/AS-WorkingDefinition-draft.pdf, EUMC: Working Definition of Antisemitism.
164 Nina Gilbert: »German president meets with Scharon«, in: *Jerusalem Post* Online Edition, http://www.jpost.com/, 1. Feb. 2005.
165 »Gift für die politische Kultur«, in: *Jüdische Allgemeine*, 29. Juli 2004.
166 Vgl. Martin Kloke: Zwischen Scham und Wahn. Israel und die deutsche Linke 1945–2000, http://www.antisemitismus.net/antisemitismus/linke/texte/fischer-05.htm, S6.
167 Robert Leicht: »Der Wahnsinn hat Methode. Nazi-Vergleiche vergiften die deutsche Politik«, in: *Der Tagesspiegel*, 18. Juli 2005.
168 Lars Rensmann: Demokratie und Judenbild, S. 501.

Tobias Kaufmann: In Blüms Dschenin

169 Vgl. Ergebnisse der Langzeitstudie »Gruppenbezogene Menschenfeindlichkeit« unter http://www.uni-bielefeld.de/Universitaet/Einrichtungen/Zentrale%20Institute/IWT/FWG/ Feindseligkeit/Einfuehrung.html.
170 Vgl. »Antisemitismusstreit in Hamburg«, *Jüdische Allgemeine*, 14. April 2005, S. 13.
171 Rüdiger Schmitt-Beck: Politische Kommunikation und Wählerverhalten, Wiesbaden 2000, S. 335.
172 Die Zusammenfassung der Studien beruht im Wesentlichen auf folgendem Text: Sandra

Günther: »Armer Arafat, böser Scharon«, in: Tobias Kaufmann/Manja Orlowski: »Ich würde mich auch wehren...« Antisemitismus und Israelkritik – Bestandsaufnahme nach Möllemann, Potsdam 2002, S. 123ff.
173 Vgl. Tobias Kaufmann: »Hemmungslos dumm und faktisch falsch«, in: Tobias Kaufmann/Manja Orlowski: »Ich würde mich auch wehren...«, S. 129ff.
174 Zitiert nach: *Die Zeit*, 11. April 2002.
175 Vgl. Tobias Kaufmann: »Hemmungslos dumm und faktisch falsch«, in: Tobias Kaufmann/Manja Orlowski: »Ich würde mich auch wehren...«, S. 129ff.
176 Esther Schapira: »Die Wahrheit unter Beschuss«, in: Tobias Kaufmann/Manja Orlowski: »Ich würde mich auch wehren...«, S. 120.
177 Ebenda, S. 120.
178 Ebenda, S. 121.
179 Vgl. »Abgesoffen«, *Jüdische Allgemeine*, 26. Aug. 2004, S. 10.

Klaus-Jürgen Scherer: Über antisemitische Ressentiments

180 *Der Tagesspiegel*, 27. Jan. 2005, S. 1.
181 *Süddeutsche Zeitung*, 8. Sept. 2005, S. 4.
182 *Der Tagesspiegel*, 3. Nov. 2003, S. 3.
183 Wolfgang Benz (Hg.): Antisemitismus in Deutschland. Zur Aktualität eines Vorurteils, München 1995, Einleitung, S. 9.
184 *Frankfurter Rundschau*, 5. Nov. 2003, S. 4.
185 Wolfgang Benz: Was ist Antisemitismus?, München 2004, S. 19.
186 Zitiert nach Wilhelm Heitmeyer (Hg.): Deutsche Zustände, Folge 3, Frankfurt a. M. 2004, S. 13–36.
187 Uwe Timm: Am Beispiel meines Bruders, Köln 2003, S. 106.
188 Jens Fabian Pyper (Hg.): »Uns hat keiner gefragt.« Positionen der dritten Generation zur Bedeutung des Holocausts, Berlin 2002, S. 33.
189 Vgl. Frank Goosen: liegen lernen, Frankfurt a. M. 2001.
190 Jens Fabian Pyper (Hg.) »Uns hat keiner gefragt«, S. 33
191 Vgl. Ralph Giordano: Die zweite Schuld oder von der Last Deutscher zu sein, Hamburg 1987.
192 Andere Gründe für die Ablehnung des Jüdischen: »Wiedergutmachungsleistungen Deutschlands« zu 50 Prozent, »Bereicherung einzelner Juden bei den Wiedergutmachungsleistungen« zu 32 Prozent, » jüdische wirtschaftliche und gesellschaftliche Macht« zu 32 Prozent. Vgl. *Der Tagesspiegel*, 11. Nov. 2003.
193 Wilhelm Heitmeyer (Hg.): Deutsche Zustände, Folge 3, S. 13–36.
194 Vgl. Wolfgang Gessenharter/Thomas Pfeiffer (Hg.): Die neue Rechte – eine Gefahr für die Demokratie?, Wiesbaden 2004.
195 Im Sinne dieser Forderung der Mitscherlichs mahnte Thomas Mann bereits 1944 in seinem Tagebuch: »Man soll nicht vergessen und sich nicht ausreden lassen, daß der Nationalsozialismus eine enthusiastische, funkensprühende Revolution, eine deutsche Volksbewegung mit einer ungeheuren seelischen Investierung von Glauben und Begeisterung war«. Zitiert nach Ralph Giordano: Die zweite Schuld, S. 14.
196 Vgl. Inga Börjesson: Wie Medien wirken. Am Beispiel der Walser-Bubis-Debatte, Schwalbach a. Ts. 2003.
197 *Frankfurter Allgemeine Zeitung*, 14. Dez. 1998, S. 33–45.

198 Zum Auftakt eines öffentlichen Gesprächs mit Gerhard Schröder zu »Nation, Patriotismus, demokratische Kultur«, 8. Mai 2002 im Berliner Willy-Brandt-Haus, in: *Frankfurter Allgemeine Zeitung,* 10. Mai 2002, S. 46.
199 Zitiert nach Wolfgang Benz: Was ist Antisemitismus?, S. 11.
200 Vgl. Gero von Randow: »Wunderland DDR«, in: *Die Zeit,* 1. Okt. 2003, S. 8.
201 Vgl. Andrei S. Markovits: Amerika, dich haßt sich's besser. Antiamerikanismus und Antisemitismus in Europa, Hamburg 2004.
202 Werner Bergmann: »Alter Hass in neuen Kleidern«, in: *Der Tagesspiegel,* 23. Jan. 2005, S. 8.
203 Hellmuth Karasek, in: *Der Tagesspiegel,* 11. Aug. 2003, S. 23.
204 Ted Honderich: Nach dem Terror. Ein Traktat, Frankfurt a. M. 2002.
205 Ebd., S. 198.
206 Ebd., S. 160.
207 Vgl. Doron Rabinovici/Ulrich Speck/Natan Sznaider (Hg.): Neuer Antisemitismus? Eine globale Debatte, Frankfurt a. M. 2004.
208 Henryk M. Broder: »Lieber Täter als Opfer«, in: *Der Spiegel,* 46/2003, S. 36.
209 Martin Mosebach: »Willkommen im Paradies der Furchtlosen«, in: *Die Zeit,* 25. Sept. 2003, S. 60.
210 Jean Baudrillard: Paßwörter, Berlin 2002, S. 34.
211 Vgl. Mathias Bröckers: Verschwörungen, Verschwörungstheorien und die Geheimnisse des 11. September, Frankfurt a. M. 2002; Andreas von Bülow: Der CIA und der 11. September, München 2003.
212 Jean Baudrillard: Das Globale und die Gewalt, in: *Frankfurter Rundschau,* 9. Aug. 2003, S. 9.
213 Ebenda.
214 Ebenda.
215 Henryk M. Broder: Lieber Täter als Opfer, S. 36.
216 Der ideologische Kern der Neonazis, gerade auch der NPD, lautet: Die Juden kontrollierten mittels Finanz- und Medienmarkt das Weltgeschehen, seien damit für die »Knechtung des deutschen Volkes« verantwortlich, würden die nationalen Probleme wie die hohe Arbeitslosigkeit verschulden. Durch moralischen Druck, auch mittels der »Auschwitz-Lüge«, würden die Juden die nationalen Regierungen erpressen.

Sacha Stawski: Das Bild Israels in den Köpfen der Menschen

217 Mai 2005.
218 *The Daily Telegraph,* 3. Jan. 2005.
219 Studie der EU-Kommission, Nov. 2003. Befragung von 7500 Europäern in 15 EU-Mitgliedsstaaten.
220 http://www.honestly-concerned.org/Heitmeyer.htm.
221 Universität Bielefeld / Prof. Dr. Wilhelm Heitmeyer, Umfrage 2004: »Gruppenbezogene Menschenfeindlichkeit«.
222 EUMC Englischer Originaltext: http://eumc.eu.int/eumc/material/pub/AS/AS-Working-Definition-draft.pdf.
223 »›Der Feind unterscheidet nicht zwischen Israelis und Juden.‹ Natan Scharansky zu Vorurteilen und Stereotypen«, in: *Die Welt,* 29. April 2004.
224 »Kampf um die Sympathisanten«, in: *Financial Times Deutschland,* 26. Mai 2004.

225 Dieses Stück enthält mehrere ungeheuerliche Behauptungen: 1.) daß Deutschland, Europa oder die *Financial Times Deutschland* niemals die Besatzungspolitik Israels kritisiert hätten, 2.) daß man bewußt »die Palästinenser dafür zahlen ließ«, 3.) daß der 11. Sept. usw. die Antwort auf angebliches Schweigen zu Israels Politik wegen des Respekts für den Holocaust sei.
226 Dortmunder Erklärung: http://www.arendt-art.de/deutsch/palestina/texte/dortmunder_erklaerung.htm.
227 *Kleine Zeitung* (Österreich), 19. Mai 2004.
228 *Süddeutsche Zeitung*, 21. Juli 2004.
229 *Handelsblatt*, 15. Nov. 2003.
230 *Stern* 14/2002.
231 *Berliner Morgenpost*, 16. März 2003.
232 *Aachener Zeitung*, 9. März 2002.
233 *Neue Zürcher Zeitung*, 6. Mai 2004.
234 *Neue Presse*, 23. Okt. 2003.
235 *Die Welt*, 6. Okt. 2003.
236 *Rheinische Post*, 23. März 2004.
237 *Süddeutsche Zeitung*, 19. Mai 2004.
238 *Westfälische Nachrichten*, 17. Dez. 2001.
239 *Süddeutsche Zeitung*, 29. Aug. 2003.
240 *Rheinische Post*, 23. März 2004.
241 *Frankfurter Allgemeine Zeitung*, 5. Sept. 2003.
242 *Die Welt*, 11. Sept. 2003.
243 »Israelische Soldaten töten vier Palästinenser«, in: *Frankfurter Rundschau*, 25. Juni 2003.
244 *Der Spiegel*, 41/2001.
245 *Stern*, 15/2002.
246 »Die Gegenseite – Auge um Auge, Wahn um Wahn – reagierte prompt«, in: *Der Spiegel*, 43/2000; »Doch die Vergeltungspolitik – Auge um Auge, Wahn um Wahn – fällt immer deutlicher auf Israel selbst zurück«, in: *Der Spiegel*, 48/2000; »(...) geradezu biblische Vergeltungspolitik Scharons – Auge um Auge, Wahn um Wahn (...)«, in: *Der Spiegel*, 15/2002.
247 *Der Tagesspiegel*, 27. Jan. 2003.
248 *Der Spiegel*, 25/2002, 15. Juni 2002.
249 http://www.honestly-concerned.org/Infomaterial/ARAB_CARTOONS_BRANDNEW.pdf.
250 Beispiele: links: Al-Watan (Katar), 28. Juli 2002; rechts: Ar-Riyad (Saudi Arabien), 20. Mai 2005.
251 http://www.honestly-concerned.org/Infomaterial/Conspiracy.pdf.
252 Beispiele: links: *Der Stürmer*, 1943, rechts: »Bilderbuch der ›guten alten Zeit‹«, in: *Brennessel*, 2. Jan. 1934.
253 http://www.honestly-concerned.org/Infomaterial/WESTERN-CARTOONS_A4_NEU.pdf.
254 *Der Tagesspiegel*, 4. Juni 2003.
255 http://www.honestly-concerned.org/other/Jenin-Sonderausgabe.htm.

Katrin Kemmler: Die antiimperialistische Stille Post

256 Halima Alaiyan: Vertreibung aus dem Paradies. Meine lange Flucht aus Palästina, München 2003.
257 Carmen Bin Ladin: Der zerrissene Schleier, München 2003.

258 Halima Alaiyan: Vertreibung aus dem Paradies, S. 267–269.

259 Marcel Pott: Schuld und Sühne im gelobten Land, Köln 2002.

260 Halima Alaiyan: Vertreibung aus dem Paradies, S. 267.

261 Ludwig Amman: »Mohammeds Erbe – Neue Publikationen zur islamischen Geschichte«, in: *Neue Zürcher Zeitung*, 26. Juni 2002, Online-Archiv <http://nzz.gbi.de/NZZ.ein>.

262 Geflügelte Worte: der Zitatenschatz des deutschen Volkes. Ges. und erl. von Georg Büchmann, 7. Aufl. der Ausg. Ex-Libris, bearb. von Winfried Hofmann, Frankfurt a. M./Berlin 1993, S. 250f.

263 Gebrüder Grimm steht hier stellvertretend für die Redakteure des Grimmschen Wörterbuches.

264 Deutsches Wörterbuch von Jacob Grimm und Wilhelm Grimm, 16 Bde., Leipzig 1854–1960, Quellenverzeichnis 1971, Band 11, Sp. 2323.

265 Samuel Richardson: Äsopische Fabeln mit moralischen Lehren und Betrachtungen, aus d. Engl. übertragen von Gotthold Ephraim Lessing, hg. von Walter Pape, Berlin 1987, S. 102. Eine weitere deutsche Version der Fabel wurde bei Mader gefunden, doch ist die Übersetzung nicht nur verkürzt, sondern grammatikalisch missverständlich: »DER HUND UND DAS PFERD – Der Hund lag bei der Krippe. Die Gerste fraß er nicht, aber er erlaubte es auch nicht dem Pferd, das sie fressen konnte«, in: Antike Fabeln, eingel. und übertragen von Ludwig Mader, Zürich 1951, S. 75.

266 Deutsches Wörterbuch von Jacob Grimm und Wilhelm Grimm, Bd. 14, Sp. 257.

267 Ebd., Bd. 13, Sp. 559.

268 Ward u. a.: The Cambridge History of English and American Literature, New York 1907–1921, XI §4.

269 1810–1897: »Ein griesgrämiger Gefährte, der weder nutzen wird, was ein anderer will noch den anderen es nutzen lässt«, in: E. Cobham Brewer: Dictionary of Phrase and Fable, Philadelphia 1898, Bartleby.com, 2000, <www.bartleby.com/81/>. 1870–1938: Synonym der Begriffe ›Verhinderung‹ und ›Eigennutz‹, vgl. [hindrance] und [selfishness], Mawson, C.O. Sylvester, ed. Roget's International Thesaurus of English Words and Phrases, New York 1922, Bartleby.com, 2000, <www.bartleby.com/110/>, 2000: »Jemand, der andere davon abhält, sich an etwas zu erfreuen, wofür er selbst keinen Nutzen hat« [dog in a manger], The American Heritage Dictionary of the English Language, 4. Aufl., Boston 2000, <www.bartleby.com/61/>. 2002: »Eine Person, die boshaft jemandem den Nutzen von etwas verweigert, für das er oder sie keine persönliche Verwendung hat: ›wir baten unseren Nachbarn um die Zaunpfähle, die er übrig hatte, aber wie ein ›Hund in der Krippe‹ warf er sie lieber weg als sie uns zu geben.‹ Die Redewendung stammt aus einer von Aesops Fabeln über einen Hund, der in der Krippe voller Heu liegt. Als ein Ochse versucht, etwas Heu zu fressen, beißt der Hund ihn, obwohl das Heu von keinerlei Nutzen für den Hund ist«, in: The New Dictionary of Cultural Literacy, 3. Aufl., hg. von E. D. Hirsch Jr. u. a., Boston 2002, <www.bartleby.com/59/>.

270 Tam Dalyen: »Honesty Killed David Kelly«, in: *The Globe and Mail* (Canada), 22. Juli 2003.

271 Clive Ponting: 1940: Myth and Reality, London/Chicago 1990; ders.: Churchill, London 1994; ders.: Armageddon: The Second World War, London/New York 1995.

272 Eugene L. Rasor: Winston S. Churchill, 1874–1965: A Comprehensive Historiography and Annotated Bibliography, Westport 2000, S. 301.

273 Ebd., S. 302.

274 John Rossi: Churchill and the revisionist historians, in: *Contemporary Review*, März 2002, Questia, <http://www.questia.com/>.

275 The Rt. Hon. The Lord Jenkins of Hillhead O.M.: Churchill Across the Floor, Edinburgh 21. Mai 1994. < http://www.winstonchurchill.org/i4a/pages/index.cfm?pageid=622 >.

276 Werner Vogt: Churchill im Fadenkreuz der Revisionisten, in: *Neue Zürcher Zeitung*, 15. Feb. 1995, S. 44.

277 »I do not admit that the dog in the manger has the final right to the manger, even though he may have lain there for a very long time. I do not admit that right. I do not admit, for instance, that a great wrong has been done to the Red Indians of America, or the black people of Australia. I do not admit that a wrong has been done to those people by the fact that a stronger race, a higher grade race, or, at any rate a more worldly-wise race, to put it that way, has come in and taken their place.« Martin Gilbert: Winston S. Churchill, Companion, Bd. V, Teil 3, London 1982 (im Folgenden zitiert als [Seite; Textabschnitt]) 616; 8728.

278 »I do not agree that the dog in a manger has the final right to the manger, even though he may have lain there for a very long time. I do not admit that right. I do not admit, for instance, that a great wrong has been done to the Red Indians of America, or the black people of Australia. I do not admit that a wrong has been done to these people by the fact that a stronger race, a higher grade race, or at any rate, a more worldly-wise race, to put it that way, has come in and taken their place.« Ponting: Churchill, S. 254.

279 »He seems to have seen the Jews as part of the European imperial enterprise to take over the land from a backward people who were, as he had written when in East Africa fifteen years earlier, inferior to white Europeans.« Ebd.

280 »Churchill's view of the Arabs as a people who deserved to lose their home to more advanced Europeans was made quite clear in his evidence to the Peel Commission in the late 1930s. He described them as acting like a ›dog in a manger‹ and went on.« Ebd.

281 »We might have to abandon the whole thing.« 603; 8648. »You had better be quit of the whole show.« 604; 8652. »If we feel we cannot do it, better clear out.« 604; 8653. »Either do that or give it up.« 604; 8654. »Or clear out.« 604; 8655. Sir Horace Rumbold: »It would logically follow that as we conquered Palestine we can dispose of it as we like?« »In accordance with the pledges we gave in the process of conquest.« 605; 8665. »If she cannot do it she had better give it up.« 606; 8670. »If you are not prepared to take the measures to have the control and the force and to do things fairly in an equitable manner for both, you had better clear out.« 608; 8676. »England can resign the Mandate.« 608; 8680. »Give it up and let Mussolini take it on.« 609; 8682. »When we cannot carry that any further, we ought to give up the Mandate.« 611; 8695. »If that is the position, that is a reason for abandoning the Mandate.« 612; 8701. »Or we are to hand over the government of the country to the people who happen to live there at the moment.« 614; 8714. »However, if you feel you have to give up, then say so. A great many people would say ›All right, give it up.‹« 616; 8723; »Let us lay the burden down then, but if she is strong enough (...).« 616; 8727.

282 Vgl. 604; 8652.

283 604; 8652.

284 617; 8732.

285 616; 8730.

286 617; 8733.

287 601.

288 »(...) all is worked from age to age, from generation to generation.« 602; 8643.

289 615; 8719.

290 In der These der Juden als Teil des europäischen Vorhabens kombiniert er aus Sicht der 20er Jahre Aussagen von 15 Jahren zuvor in Ostafrika mit einer Aussage, die 17 Jahre später vor der Peel-Commission in London gemacht wurde. Vgl. Ponting: Churchill, S. 254. Da Churchill in dem Protokoll vehement gegen den Einsatz der Armee und für eine Gendamerie plädiert, springt Ponting nach Mesopotamien von 1920, wo Churchill »entschlossener Verfechter der RAF (Royal Air Force) wurde«. Ebd., S. 257.

291 Norman G. Finkelstein: Image and Reality of the Israel-Palestine Conflict, London 1995, S. 206.

292 Churchill: »A foreign race? Not at all.« 605; 8666.

293 Sir Horace Rumbold: »the unique experiment, the injection of an alien race into the body politic of this native race«. The Palestine Royal Commission 1937, hg. von Aaron S. Klieman, New York 1987, S. 236; 30. Dez. 1936, Witnesses Kaznelson, Skolnik, Hos, Myerson, Smoira; Protokoll-Seite 235, Passage 3785; Richtigstellung 5. Jan. 1937, S. 313, Textabschnitt 5296.

294 The Palestine Royal Commission, 18 Jan. 1937, S. 399ff. Witness: Monsignor Hajjar, Melkite, Archbishop of Galilee. Protokoll-Seiten 357f., Abschnitte 5578–5581.

295 Norman Rose: Churchill and Zionism, hg. von Robert B. Blake und William Louis Roger, Oxford 1996, S. 147. Churchills Widerspruch gegen die »foreign race« begründet er historisch. Die Juden seien keine fremde Rasse, sondern »das Volk, dem [das Land] gehörte, bevor diese einheimische Bevölkerung hereinkam und es bewohnte«. 605; 8666. Siehe auch seine Parlamentsrede vom 24. Nov. 1938: »Both of whom have a right to dwell in the land which the Lord has given them«, 1289.

296 Vgl. Norman G. Finkelstein: A Comparison Between Native Americans and The Palestinians, in: *Americans for Middle East Understanding*, 12/1999, Bd. 32, H. 5; <http://www.ameu.org/uploads/vol32_issue5_1999.pdf>.

297 604f.; 8656–8658.

298 »I do not agree that the dog in a manger has the final right to the manger, even though he may have lain there for a very long time. I do not admit that right. I do not admit for instance that a great wrong has been done to the Red Indians of America or the black people of Australia. (...) I do not admit that a wrong has been done to these people by the fact that a stronger race, a higher grade race, or at any rate, a more worldly-wise race, to put it that way, has come in and taken their place.« [Auslassungen von Verfasserin kenntlich gemacht.]

299 Ibrahim Muhawi: Language, Identity and Technology. Vortrag bei Symposium »Palestinian Refugees in Europe: Challenges of Adaption and Idendity«, St. Anthony's College Refugee Studies Centre, Oxford, 6. Mai 2000; <http:// www.rsc.ox.ac.uk/TextWeb/ws2000palestinian2.html>.

300 Perry Anderson: Scurrying towards Bethlehem, in: *New Left Review* 10/2001, S. 9.

301 »agree« statt »admit«, »a manger« statt »the manger«, »these« statt »those«.

302 Vgl. ebd.

303 Benedikt Jeßing: Literarische Gattungen, in: Karl W. Brauer (Hg.): Grundkurs Literatur- und Medienwissenschaft: Primarstufe, München 1992, S. 69.

304 Der Suchbegriff »dog in a manger« ergibt aktuell bei »Google« 414 Treffer.

305 Noam Chomsky u. a.: Understanding Power: The Indispensable Chomsky, New York 2002; <www.understandingpower.com/Chapter4.pdf>.

306 Tariq Ali: The clash of fundamentalisms – crusades, Jihads and modernity, London 2002; ders.: Fundamentalismus im Kampf um die Weltordnung. Die Krisenherde unserer Zeit und ihre historischen Wurzeln, Kreuzlingen/München 2002.

307 Tariq Ali: Fundamentalisms, S. 92. Mit »the« manger entspricht das Zitat an dieser Stelle wieder dem Original.

308 Vgl. den Abschnitt »Die Tierwelt«.

309 Im September 2000 begann die zweite Intifada, gemäß Ali müsste es sich bei der Intifada von 1987 bis 1993 um die anderthalbfachste handeln. Vgl. Martin Gilbert: The Routledge Atlas of the Arab-Israeli Conflict, 7. Aufl., London 2002, S. 130; Norman G. Finkelstein: Der Konflikt zwischen Israel und den Palästinensern: Mythos und Realität, Kreuzlingen/München 2002, S. 17–21.

310 Tariq Ali: Fundamentalisms, S. 91f.; ders.: Fundamentalismus, S. 138f.

311 Dieser Eindruck wird in der folgenden Passage bestätigt: »Die zionistische Linke unter Ben Gurion unterstützte hingegen Churchill (...).« Tariq Ali: Fundamentalismus, S. 138.

312 »a counsel of despair«. 735; FN 277.

313 FN 308.

314 Vgl. 1291; FN 277.

315 Vgl. 1497; FN 277.

316 »that the proposed restrictions on Jewish Immigration to Palestine were both a betrayal of the Balfour Declaration of 1917, and a shameful act of appeasement to Arab threats«, 1505; FN 277.

317 Vgl.1202; FN 288.

318 »Not surprisingly, Churchill drew no parallel with the events taking place at the time in Nazi Germany, where another ›higher-grade race‹ was seeking to assert its superiority«, Tariq Ali: Fundamentalisms, S. 92.

319 602; 8647. Auch: »The persecutions of the Jews in Germany, the exploitation of anti-Semitism as a means by which violent and reactionary forces seize, or attempt to seize, despotic power, afflicted the civilised world with a refugee problem similar to that of the Huguenots in the seventeenth century.« Churchill am 23. Juli 1937 im *Evening Standard*. Überhaupt war Churchill seit 1933 der einsame Rufer in der Wüste, seine Warnungen vor dem Naziregime dominierten sein gesamtes Wirken; vgl. Martin Gilbert:Winston S. Churchill 1922–1939, Bd. 5, xviii.

320 Nur in der englischen Version.

321 Vgl. 1289, FN 277.

322 Vgl. 1289; FN 277.

323 Arundhati Roy: »Come September«, in: *Frontline*, Okt. 2002; dies.: »Not Again«, in: *The Guardian*, 30. Sept. 2002 >www.guardian.co.uk/print/0,3858,4511932-110878,00.html>.

324 »I do not admit that a great wrong has been done to the red Indians of America or the black people of Australia (...) by the fact that a stronger race, a higher grade race, (...) has come in and taken its place, in: »The Churchill you didn't know. Research by Amy Iggulden«, in: *The Guardian*, 28. Nov. 2002.

325 Vgl. »Google«: »I do not admit« +Churchill –manger.

326 »Interessanterweise erwähnte Churchill mit keinem Wort die Ereignisse der ›Kristallnacht‹ in Nazideutschland ein Jahr zuvor...«, Tariq Ali: Fundamentalismus, S. 245.

327 Tariq Ali: »Ein Jahr Krieg gegen den Terror«, in: *Süddeutsche Zeitung*, 14. Sept. 2003, S. 17; ders.: »Mord in Pakistan«, in: *Süddeutsche Zeitung*, 16. April 2003, S. 17; ders.: »Jünger des Imperiums: Nützliche Idioten oder vernünftige Patrioten?«, in: *Süddeutsche Zeitung*, 28. März 2003, S. 19.

328 »Buchtipps von SZ-Kritikern: Einige Anregungen zur Auswahl von Geschenken«, in: *Süddeutsche Zeitung*, 7. Dez. 2002, S. 6; Alexandra Senfft: »Zusammenprall der Fundamentalisten«, in: *Süddeutsche Zeitung*, 30. Sept. 2002, S. 11.

329 »Ich bin nicht der Meinung, dass der Hund am Futtertrog das unwiderrufliche Recht auf den Futtertrog hat, auch wenn er dort schon sehr lange liegt. Ich räume ihm dieses Recht nicht ein. Ich räume zum Beispiel auch nicht ein, dass den nordamerikanischen Indianern oder den Schwarzen in Australien ein großes Unrecht widerfahren ist. Ich räume nicht ein, dass diesen Menschen Unrecht widerfahren ist, weil ein stärkere Rasse, eine höherrangige, eine weltgewandtere Rasse, um es so zu formulieren, (...) gekommen und an ihre Stelle getreten ist.«

330 Ludwig Ammann: Mohammeds Erbe. <www.nzz.ch/2002/06/26/fe/page-article87U9F.html>.

331 In der Übersetzung eingefügt.

332 »Ich bin nicht der Meinung, dass ein Hund an einer Futterkrippe das letzte Recht auf die Futterkrippe hat, auch wenn er dort schon eine sehr lange Zeit verbracht hat. Ich räume dieses Recht nicht ein. Ich räume beispielsweise nicht ein, dass den Indianern Amerikas oder den schwarzen Menschen Australiens großes Unrecht geschehen ist. Ich räume nicht ein, dass diesen Menschen Unrecht geschah, weil eine stärkere Rasse, eine ranghöhere Rasse oder jedenfalls eine weltklügere Rasse, um es so zu sagen, gekommen ist und ihren Platz eingenommen hat.« Norman G. Finkelstein: Der Konflikt zwischen Israel und den Palästinensern, München 2002, S. 346f.

333 Avi Primor: »Apartheid im gelobten Land?«, in: *Süddeutsche Zeitung*, 9. Okt. 2002, S. 24.

334 Wolfgang Günter Lerch: Von der Landnahme zum Staat: Finkelsteins Analyse des Nahost-Konflikts provoziert die Israelis, in: *Frankfurter Allgemeine Zeitung*, 8. Okt. 2002, L47.

335 Max Horkheimer/Theodor W. Adorno: Dialektik der Aufklärung – Philosophische Fragmente, Frankfurt a. M. 2003, S. 272.

336 Lord Peel: »They have not the great engine the Jews have?« 611; 8692. Prof. Coupland: »If you are always hitting them on the head?« 604; 8657. Sir Horace Rumbold: »The indigenous population is subject to the invasion of a foreign race?« 605; 8666.

337 Chairman Lord Peel: »She might have some compunction if she felt she was downing the Arabs year after year when they wanted to remain in their own country?« 616; 8728.

338 »I do not admit it. I do not think the Red Indians had any right to say, ›The American Continent belongs to us and we are not going to have any of these European settlers coming in here.‹ They had not the right, nor had they the power.« 616; 8728.

339 602; 8646.

340 603; 8651.

Anmerkungen zu Abschnitt II

Bassam Tibi: Die Mär des Islamismus von der jüdischen und kreuzzüglerschen Weltverschwörung gegen den Islam

341 Steven Runciman: Geschichte der Kreuzzüge, München 1957–1960, S. 274.

342 Jacques Schuster: »Der Krieg für Öl ist ein Mythos«, in: *Die Welt*, 21. Feb. 2003, S. 5, berichtet über eine Studie, in der »Tatsachen das Vorurteil widerlegen«. Die Mär wurde vom *Spiegel* (2/2003) und anderen verbreitet; ihr wurde in mehreren *Zeit*-Artikeln widersprochen. Vgl. u.a. *Die Zeit* 5/2003 und Bassam Tibi: »Worum geht es im Irak?«, in: *Tagespost* (Würzburg), 1. Feb. 2003, S. 9. Vgl. ferner die Kapitel IV und V über den Irakkrieg in Bassam Tibi: Der neue Totalitarismus. Heiliger Krieg und westliche Sicherheit, Darmstadt 2004.

343 Vgl. Bassam Tibi: Der neue Totalitarismus.

344 Vor allem finden wir dies in Sayyid Qutb: Ma'alim fi al-Tariq (Wegzeichen), 13. legale Ausgabe, Kairo 1988, besonders S. 5–10 und S. 188–202. Qutbs Antiamerikanismus findet Verbreitung in der Deutung von Anwar al-Djundi: Amerika min al-dakhil bi Minzar Sayyid Qutb (Amerika von innen durch die Brille von Qutb gesehen), Mansura (Ägypten) und Djidda (Saudi-Arabien), 3. Aufl., 1987.

345 Vgl. Josef Bodansky: Bin Laden, the Man who Declared War on America, Rocklin/Cal. 1999, sowie Peter Bergen: Heiliger Krieg Inc. Osama Bin Ladens Terrornetz, Berlin 2001.

346 Vgl. Bassam Tibi: Der neue Totalitarismus.

347 Zu Saddam vgl. Said Aburish: Saddam Hussein. The Politics of Revenge, New York 2000.

348 Saddam Hussein: »Bagdad führt einen Djihad«, in: *Die Welt*, 20. Jan. 2003, S. 8.

349 Vgl. zu dieser Charta Anhang III in diesem Buch; siehe auch Ahmed Izzuldin: Harakat al-Muqawamah al-Islamiyya/Hamas fi falastin (Die islamische Widerstandsbewegung/ Hamas in Palästina), Kairo 1989, S. 44–83.

350 Vgl. Bernard Lewis: Die Juden in der islamischen Welt. Vom frühen Mittelalter bis ins 20. Jahrhundert, München 1987.

351 Vgl. Matthias Küntzel: Djihad und Judenhaß, Freiburg 2002.

352 Vgl. ebd.

353 Maxime Rodinson: Peuple Juif ou problème juif?, Paris 1981, darin der Essay über den Zionismus, S. 135ff.

354 Muhsen al-Antabawi: Limatha Narfud al-Salam ma'a al-Yahud (Warum wir den Frieden mit den Juden ablehnen), Kairo, ohne Datum, S. 25.

355 Vgl. Bernard Lewis: Semites and Antisemites, New York 1986; vgl. auch Fn. 350.

356 Steven Runciman: Geschichte der Kreuzzüge, S. 274.

357 Sayyid Qutb: Ma'rakatuma ma'a al-Yahud (Unser Kampf gegen die Juden), Neudruck ohne Datum, Kairo (alle folgenden Qutb-Zitate stammen aus diesem Pamphlet).

358 Ebd.

359 Ebd.

360 Zur Orientalismus-Debatte vgl. Bassam Tibi: Einführung in die islamische Geschichte, Darmstadt 2001, Kap. 4, S. 136–190.

361 Martin Kramer (Hg.): The Jewish Discovery of Islam: Studies in Honor of Bernard Lewis, Tel Aviv 1999.

362 Sadik J. Al-Azm, »al-Istischraq ma'kusan«, in: Dhihniyyat al-Tahrim (Mentalität der Tabus), London 1992, S. 17–86. Auch ich habe mich von Said distanziert: »Zwischen

Huntington und Said«, in: *Die Welt*, 26. Okt. 2001. Zur Orientalismus-Debatte vgl. den Hinweis in FN 360.

363 Dieser Satz steht in der Hamas-Charta, vgl. Anhang III; siehe auch FN 349 oben.

364 Vgl. FN 349.

365 Vgl. FN 349.

366 Vgl. FN 349.

367 Vgl. das Kapitel »Gotteskämpfer gegen den Frieden – Wer sind die jüdischen und islamischen Fundamentalisten?«, in: Bassam Tibi: Pulverfass Nahost. Eine arabische Perspektive, Stuttgart 1997, S. 193–221.

368 Vgl. Adel Theodor Khoury: Toleranz im Islam, München 1980, sowie Bat Ye'or: Islam and Dhimmitude, Cranbury/NJ 2002.

369 Bernard Lewis: Die Juden in der islamischen Welt.

370 Vgl. Bernard Lewis: Die Juden in der islamischen Welt, sowie das Buch des palästinensischen Israeli Nisim Rejwan: Israels Place in the Middle East, Tampa/Florida 1998, der für die Existenz Israels mit »a pluralist perspective« (so der Untertitel des Buches) eintritt.

371 Bernard Lewis: Die Juden in der islamischen Welt.

372 Vgl. ebd. Alle folgenden Lewis-Zitate stammen aus dieser Quelle.

373 Matthias Küntzel: Djihad und Judenhaß. War der 11. September antisemitisch motiviert?, in: *Jüdische Allgemeine*, 2. Jan. 2003, S. 3.

374 Vgl. Muhsen al-Antabawi: Limatha Narfud al-Salam ma'a al-Yahud (Warum wir den Frieden mit den Juden ablehnen).

375 Vgl. Jochen Hippler/Andrea Lueg (Hg.): Feindbild Islam oder Dialog der Kulturen, Neuausgabe, Hamburg 2002.

376 Vgl. Matthias Küntzel: Djihad und Judenhaß, Freiburg 2002.

377 Vgl. *TIME*, 12. Mai 2003, S. 20.

378 Zum Djihad-Begriff und seiner historischen Einbettung vgl. Bassam Tibi: Kreuzzug und Djihad. Der Islam und die christliche Welt, München 1999, Kap. 1.

379 Neil MacFarquhar: »Bin Laden's Popularity is a Problem«, in: *International Herald Tribune*, 6./7. Okt. 2001, S. 2 (ursprünglich in *New York Times* erschienen).

380 Zum Oslofrieden vgl. Bassam Tibi: Der neue Totalitarismus.

381 Vgl. Beverly Milton-Edwards: Islamic Politics in Palestine, London 1996, und Bruce Maddy-Weitzmann/Efraim Inbar (Hg.): Religious Radicalism in the Greater Middle East, London/Portland 1997.

382 Sayyid Qutb: Ma'rakatuma ma'a al-Yahud (Unser Kampf gegen die Juden).

383 Roman Herzog: Wider den Kampf der Kulturen. Eine Friedensstrategie für das 21. Jahrhundert, Frankfurt a. M. 2000, darin Bassam Tibi, Kap. 10.

384 Vgl. Bassam Tibi: Between Islam and Islamism, in: Tami A. Jacoby/Brent E. Sasley (Hg.): Redefining Security in the Middle East, Manchester 2002, S. 62–82.

385 Zur Rolle Saudi-Arabiens bei der Unterstützung des Djihad-Terrors vgl. Stephen Schwarz: Two Faces of Islam. The House of Sau'd from Tradition to Terror, New York 2002, besonders Kap. 7.

386 Vgl. ebd.

387 Zitiert nach der saudischen Zeitung *al-Sharq al-Ausat*, 28. Juli 1993.

388 Vgl. Stephen Schwarz: Two Faces of Islam.

389 Vgl. FN 345.

390 Vgl. Phyllis Chesler: The New Antisemitism, San Francisco 2003.

391 Diese Position vertritt auch Wolfang Benz in seinem Standardwerk Was ist Antisemitismus?, München 2004.

Yigal Carmon: Was ist arabischer Antisemitismus?

392 Vgl. Bernard Lewis: Islam in History. Ideas, Men and Events in the Middle East, London 1973, S. 134f.

393 Die folgenden Erkenntnisse basieren auf dem vom Middle East Media Research Institute (MEMRI) erstellten Material. MEMRI übersetzt und analysiert Zeitungen, Schulbücher, einzelne Websites und Freitagsgebete in Moscheen. Mit dem MEMRI TV-Projekt werden seit kurzem auch politische Magazine, Expertenrunden oder Predigten aus dem arabischen und iranischen Fernsehen übersetzt.

394 Qur'an, 2:65, 5:60, 7:166. Zwei dieser Auszüge (2:65 and 7:166) verdeutlichen, dass die Nichteinhaltung der Vorschriften zum Sabbat der Grund für diese Verwandlung war. An einer Stelle (5:60) wird dies als die Bestrafung der ahl al-kitab (»Leute des Buches«, eine Bezeichnung für Juden und Christen) beschrieben, die sich weigerten, den wahren Glauben anzunehmen.

395 Vgl. MEMRI Special Report No. 11 (1. Nov. 2002) von Aluma Solnick, ›Based on Koranic Verses, Interpretations, and Traditions, Muslim Clerics State: The Jews Are the Descendants of Apes, Pigs, And Other Animals‹.

396 Iqraa Television (Saudi Arabia), 7. Mai 2002.

397 Vgl. MEMRI Special Dispatch, 18. Dez. 2003 »A Ramadan 2003 TV Special on Ritual Murder«, http://www.memri.de/uebersetzungen_analysen/themen/antisemitismus/as_almanar_18_12_03.html.

398 Vgl. MEMRI Special Dispatch, 6. Sept. 2002: »French Legal Authorities Investigating Editor of Major Egyptian Daily for Antisemitism«, http://www.memri.de/uebersetzungen_analysen/themen/antisemitismus/as_nafie_II_06_09_02.html.

399 Eine Begebenheit, bei der eine Gruppe Damaszener Juden beschuldigt wurde, einen Ritualmord an dem italienischen Kapuzinerbruder Thomas und seinen muslimischen Diener verübt zu haben. Der Vorfall dokumentiert den Einfluss des christlichen Antisemitismus auf die Verbreitung antijüdischer Einstellungen unter Muslimen.

400 Am 6. November 2002 zeigten einige arabische Fernsehanstalten (das ägyptische Staatsfernsehen eingeschlossen) die erste Folge der 41-teiligen Serie »Reiter ohne Pferd«, in der die »Protokolle der Weisen von Zion« als historisches Dokument verwendet wurden. Die Serie führte zu Protesten, das amerikanische Außenministerium drängte die ägyptische Regierung, die Ausstrahlung der Serie zu verhindern. Zu zahlreichen Debatten kam es auch in der arabischen und insbesondere der ägyptischen Presse. Während die meisten Journalisten die Ausstrahlung der Serie befürworteten und die Kritik von außen als Zensurversuch ablehnten, kritisierten andere die Ausstrahlung solch antisemitischer Sendungen scharf. Vgl. MEMRI Inquiry and Analysis, 18. Nov. 2002 »Arab Press Debates Antisemitic Egyptian Series ›A Knight Without a Horse‹«, http://www.memri.de/uebersetzungen_analysen/themen/antisemitismus/as_protokolle_18_11_02.html; MEMRI Inquiry and Analysis, 19. Nov. 2002 »Arab Press Debates Antisemitic Egyptian Series ›A Knight Without a Horse‹ – Part II«, http://www.memri.de/uebersetzungen_analysen/themen/antisemitismus/as_protokolle_19_11_02.html; MEMRI Inquiry and Analysis, 10. Dez. 2002 »Arab Press Debates Antisemitic Egyptian Series ›A Knight Without a Horse‹ – Part III«, http://www.memri.de/uebersetzungen_analysen/themen/antisemitismus/as_protokolle_10_12_02.html.

401 Zu ihnen zählen unter anderem der syrische Philosoph Sadeq Jalal al-Azm, der Berater des ägyptischen Präsidenten Mubarak, Usama al-Baz, sowie der ägyptische Autor Abd al-Wahhab al-Massiri, Herausgeber einer arabischen Enzyklopädie über das Judentum.

402 Al-Ayyam (Palestinian Authority), 28. März 2000. Dieser Artikel erschien ursprünglich in der libanesischen Tageszeitung *Al-Nahar*.

403 Hier nur zwei auf unserer Homepage dokumentierte Beispiele: MEMRI Special Dispatch, 30. Juli 2004 »Ruling Party Newspaper: The Holocaust is a Zionist Lie Aimed at Extorting the West«, http://www.memri.de/uebersetzungen_analysen/themen/antisemitismus/as_ahmad_30_07_04.html; MEMRI Special Dispatch, 27. Aug. 2003 »Hamas Leader Rantisi: The False Holocaust«, http://www.memri.de/uebersetzungen_analysen/themen/antisemitismus/as_rantisi_holocaust_27_08_03.html.

404 A New Antisemitic Myth in the Middle East Media: The September 11 Attacks Were Perpetrated by the Jews (Washington, DC: MEMRI, 2002).

405 Yehoshafat Harkabis »Die arabische Haltung im israelisch-arabischen Konflikt«, welches 1968 erschien, bleibt bis heute die grundlegende Arbeit über das Thema: Arab Attidues to Israel, Tel Aviv Devir, 1968). Harkabi zögerte nicht, das Phänomen als Antisemitismus zu bezeichnen. Danach erschien 1971 Bernard Lewis' Buch »Semiten und Antisemiten«. Andere Autoren sind z. B. Rivka Yadlin, Norman Stillman, Hieb Ye'or und Ron Nettler.

406 Yigal Carmon: »Harbingers of Change in the Antisemitic Discourse in the Arab World«, MEMRI, Inquiry and Analysis Series, Nr. 135, 23. April 2003.

Philipp Gessler: Antisemitismus unter Jugendlichen in Deutschland

407 Siehe: Demokratiegefährdende Phänomene. Antisemitismus/islamischer Antisemitismus. Interviews mit Jugendlichen in Freizeiteinrichtungen des Bezirkes Friedrichshain/Kreuzberg, hg. von der Alice-Salomon-Fachhochschule Berlin, Berlin 2005, S. 129.

408 Ein Beispiel ist die Umfrage des Instituts TNS-Emnid vom November 2003 im Auftrag der *Welt*, veröffentlicht dort am 10. November 2003. Über 1 000 repräsentativ ausgewählte Menschen wurden befragt, aber die jüngste Altersgruppe reicht von 14 bis 29 Jahren.

409 Vgl. Rudolf Welskopf/Ronald Freytag/Dietmar Sturzbecher: Antisemitismus unter Jugendlichen in Ost und West, in: Jahrbuch für Antisemitismusforschung 9, hg. von Wolfgang Benz für das Zentrum für Antisemitismusforschung der Technischen Universität Berlin, Frankfurt a. M./New York 2000, S. 35–70.

410 Zit. nach: »Zwei Drittel der Jugendlichen denken antisemitisch«, in: *Die Welt*, 8. Sept. 2000.

411 So die erste (!) EU-weite Studie zum Thema, herausgegeben von der Europäischen Stelle zur Beobachtung von Rassismus und Fremdenfeindlichkeit (EUMC) in Wien: Manifestations of Antisemitism in the EU 2002–2003, based on Information by the National Focal Points of the RAXEN Information Network, Wien 2004. Darin heißt es, es bestehe unter fast allen Teilnehmern der Debatte um einen »neuen Antisemitismus« ein Konsens, »that there has been a significant increase in verbal and physical attacks directed against Jews and Jewish institutions since the year 2000«, S. 24. Zur Tätergruppe »junge Muslime«: Ebd., S. 25.

412 Siehe dazu: Wolfgang Benz, Was ist Antisemitismus?, München 2004, S. 15f.

413 Der Entwurf der Studie von Juliane Wetzel und Werner Bergmann (Manifestations of anti-Semitism in the European Union, First Semester 2002) wurde von jüdischen Organisationen (z. B. http://www.crif.org) und von dem EU-Parlamentarier Daniel Cohn-Bendit ins Internet gestellt. Das Zitat stammt von S. 4 der Druckversion des Executive Summary.

414 Von 18 im Jahr 2001 auf 37 im Jahr 2004, mit einem zwischenzeitlich stetigen Anstieg, vgl. Bundesamt für Verfassungsschutz: Die Bedeutung des Antisemitismus im aktuellen deutschen Rechtsextremismus, Köln 2002, S. 38ff., sowie die Verfassungsschutzberichte, hg. vom Bundesministerium des Innern: Verfassungschutzbericht 2003, S. 91, und Verfassungsschutzbericht 2004, S. 99.

415 Werner Bergmann: Die Verbreitung antisemitischer Einstellungen in der Bundesrepublik Deutschland, in: Extremismus in Deutschland. Erscheinungsformen und aktuelle Bestandsaufnahme, hg. vom Bundesministerium des Innern, Berlin 2004, S. 25–55, hier S. 28.

416 Siehe dazu Juliane Wetzel: Die internationale Rechte und der arabische Antizionismus im World Wide Web, in: Jahrbuch für Antisemitismusforschung 12 (2003), S. 121–144.

417 Diese Gedanken beruhen vor allem auf einem Gespräch mit der Antisemitismus-Forscherin Dr. Beate Kosmala vom Zentrum für Antisemitismusforschung der Technischen Universität Berlin im Oktober 2005. Sie betreut zusammen mit Dr. Juliane Wetzel das Programm »Fit machen für Demokratie und Toleranz – Jugendliche setzen sich mit dem Antisemitismus auseinander«. Es ist ein Projekt des Zentrums für Antisemitismusforschung, des Berliner Landesinistuts für Schule und Medien (LISUM) und des Berliner Büros des American Jewish Committee. Juliane Wetzel stellt in der Projektbeschreibung, passend zu Kosmala, fest: »Das Programm basiert auf der Erkenntnis, dass ein Großteil der Jugendlichen einer oder mehreren Gruppen oder Cliquen angehören, die sich gegenseitig beeinflussen, einen gleichen oder ähnlichen Status haben und annähernd das gleiche Alter besitzen.«

418 Gespräch mit Claudia Dantschke im Oktober 2005 in Berlin.

419 Vgl. Rudolf Welskopf/Ronald Freytag/Dietmar Sturzbecher: Antisemitismus unter Jugendlichen in Ost und West, S. 37.

420 So im Wesentlichen auch Aribert Heyder/Julia Iser/Peter Schmidt: Israelkritik oder Antisemitismus? Meinungsbildung zwischen Öffentlichkeit, Medien und Tabus, in: Deutsche Zustände, Folge 3, hg. von Wilhelm Heitmeyer, Frankfurt a. M. 2005, S. 144–165, hier: S. 153f. Einem Gespräch mit Wilhelm Heitmeyer im Oktober 2005 zufolge sind die Fallzahlen seiner regelmäßigen Umfragen in Bezug auf Jugendliche derzeit noch zu niedrig, um über den Antisemitismus dieser Gruppe neuere Aussagen zu machen. Immerhin sei erwähnt, dass die neuesten Umfragen für die »Deutschen Zustände« des Forschungsteams um Heitmeyer zumindest für das Alter von 16 bis 25 Jahren eine klar geringere, nur fast halb so hohe Antisemitismus-Quote anzeigen als für die Befragten im Alter von 26 und älter. Das Problem aber bleibt, dass diese Umfrage eben nicht genau Jugendliche erfasst. Vergleiche: Kirsten Endrikat, Jüngere Menschen. Größere Ängste, geringere Feindseligkeit, in: Deutsche Zustände, Folge 4, hg. von Wilhelm Heitmeyer, Frankfurt a. M. 2006, S. 101–114, S. 108.

421 Gespräch mit Barbara Schäuble im Oktober 2005.

422 So eine Einschätzung von Beate Kosmala nach ersten Erfahrungen im »Youth-Leader-Projekt«. Barbara Schäuble beschreibt dieses Denken so: Einige Jugendliche äußerten, dass sie doch nicht schuld seien am Holocaust, dennoch auch eine historische Verantwortung als Deutsche deshalb zu übernehmen bereit seien und natürlich gegen diesen Massenmord und Neonazis seien, aber doch jetzt mal sagen wollten, was sie von Juden hielten.

423 Vgl. Rudolf Welskopf/Ronald Freytag/Dietmar Sturzbecher: Antisemitismus unter Jugendlichen in Ost und West, S. 38–44. Rump-Räuber schätzt, dass es eine Angleichung zwischen Ost und West gegeben hat, etwa in Teilen des Ruhrgebiets, wo Perspektivlosigkeit

für manche Jugendliche herrsche. Auch in den Regionen Ostdeutschlands, wo eine Zivilgesellschaft und Gegenkultur fehle sowie der Wegzug nach Westen stark sei, haben es die braune Ideologie und ihr Antisemitismus leichter. Barbara Schäuble schildert ihre Erfahrungen, dass bei Interviews mit Jugendlichen in Ost-Berliner Gymnasien der alte DDR-Antizionismus immer noch stark durch die Familientradierung auf die Jugendlichen wirke.

424 Siehe die oben genannte Studie der Alice-Salomon-Fachhochschule. Zu den letzten Zahlen vgl. Rudolf Welskopf/Ronald Freytag/Dietmar Sturzbecher: Antisemitismus unter Jugendlichen in Ost und West, S. 38.

425 Dantschke verweist etwa auf einen Eintrag eines jungen Mannes, der sich früher schon einmal als junger Muslim in Köln vorgestellt hatte, im »Muslim-Forum« am 9. und 10. Juni 2003: »Die Sabataiisten oder Kryptojuden oder Dönme sind eine Gruppe, die sich nach außen hin als Muslime zeigen, im Privatleben jedoch heimlich noch jüdische Bräuche praktizieren.« Oder: »Ist die Al-Kaida nur ein Hirngespinst, den es in der Realität gar nicht gibt, oder ist das ein Deckmantel von MOSSAD, um die Schuld von sich zu verleiten«, schreibt der junge Mann in fehlerhaftem Deutsch, und fährt fort: »PS: Möllemann soll von der MOSSAD ermordet worden sein. Das hat mir ein Rechtsanwalt gesagt. (Das heimtückische daran ist, dass MOSSAD seine Untaten unbeweisbar macht.)«

426 Die Radikalisierung und Emotionalisierung gerade unter Jugendlichen mit Migrationshintergrund wird deutlich an einzelnen Aussagen in der schon genannten Studie der Alice-Salomon-Fachhochschule Berlin in Jugendeinrichtungen. Es zeigt sich hier, wie verbreitet der islamistische Judenhass auch in Deutschland ist (»Ich kenn viele Moslems, die sagen Scheißjude und so«, S. 75) und wie sehr dafür eine missratene Erziehung verantwortlich ist (»Aber bei vielen wurde das in die Köpfe schon so rein gehauen: Jude = Scheiße, Jude = schlecht«, S. 76). Dieser Judenhass scheint fast so etwas wie eine Selbstverständlichkeit zu sein (»Jeder Jude, der hier geblickt wird, wird gefickt. Das ist ein Sprichwort«, S. 128) – und hat offenbar auch handgreifliche Konsequenzen: »Einmal in unsere Schule kam ein Jude. Die ganzen Araber haben auf ihn gespuckt, geschlagen und gespuckt. Dann ist er auch von der Schule raus gegangen.« (S. 125)

427 Siehe dazu den Berichtsentwurf »Evaluation der Wirkung und Zielerreichung der Bildungsbausteine gegen Antisemitismus für das Bildungsteam Berlin-Brandenburg e.V.« vom Oktober 2005, erarbeitet von e-fect hoffmann + scheffler gbr (Trier), S. 4.

Mordechay Lewy: »Denn wer einmal uns versteht, wird uns auch verzeihen.«

428 Zitiert nach »Derb und Tüchtig« von Johann Wolfgang von Goethe, Westöstlicher Diwan, 1819.

429 Entnommen aus dem bemerkenswerten Nachruf auf Derridas Tod von Mark C. Taylor: »The real meaning of deconstruction«, in: *International Herald Tribune*, 15. Okt. 2004.

430 Ian Buruma/Avishai Margalit: Occidentalism – The West in the Eyes of its Enemies, Hammondworth 2004.

431 Samuel Huntington: The Clash of Civilizations and the Remaking of World Order, London 1997.

432 Dies geht aus Bin Ladens öffentlichem Angebot an die europäischen Regierungen nach dem Madrider Anschlag im März 2004 hervor.

433 Johann Wolfgang von Goethe: Torquato Tasso (1790), 2. Akt, 1. Szene, Zeile 1113.
434 Mordechay Lewy: »Nimm meine Schuld auf dich«, in: Michael Thumann (Hg.): Der Islam und der Westen, Berlin 2003, S. 87–96. Die Vollversion des Beitrages erschien unter dem Titel: Orient und Okzident: Schuldzuweisung gegen Schuldbekenntnis, in: Irene A. Diekmann/Thomas Gerber/Julius H. Schoeps (Hg.): Der Orient im Okzident. Sichtweisen und Beeinflussungen, Potsdam 2003, S. 21–39.
435 Johann Wolfgang von Goethe: Torquato Tasso, Zweiter Akt, Erste Szene, Zeile 1113.
436 Germaine de Staël: Corinne ou l'Italie, Buch 18, Kapitel 5.
437 Lew Tolstoi: Krieg und Frieden, Erster Band, Erster Teil, Kapitel 28.
438 Pierre Corneille: Cinna ou la clémence d'Auguste, Zweiter Akt, Zweite Szene.

Matthias Küntzel: Joschka Fischer, die »Road Map« und der Gaza-Abzugsplan

439 »Europa ist eine echte Macht«, Interview mit Joschka Fischer, in: *Die Zeit*, 8. Mai 2003.
440 Die Gründungserklärung des »Quartetts« ist dokumentiert in: *Internationale Politik*, 10/2002, S. 68ff.
441 Bushs Rede ist dokumentiert in: *New York Times*, 4. April 2002.
442 »Bundesaußenminister legt ›Ideenpapier‹ für Frieden im Nahen Osten vor«, Bundespresseamt-Artikel, 9. April 2002, sowie »Deutsche Nahostpolitik. Stand: März 2003«, Homepage des Auswärtigen Amtes (www.auswaertiges-amt.de).
443 Siehe *tageszeitung*, 10. April 2002. Siehe zur Deutung des Nahostkonflikts als eines Kampfs um die »soziale Frage« die ausgezeichnete Studie von Ulrike Becker: Der Diskurs über Israel in Deutschland seit Beginn der »Al Aksa Intifada«, Hamburg 2003, S. 11f.
444 »Israel darf keine Schwäche zeigen«, Interview der *Zeit* mit Joschka Fischer am 11. April 2002.
445 »Die Nahost-Krise wird ihre Lösung erzwingen – oder eskalieren«, Interview der *Frankfurter Rundschau* mit Joschka Fischer am 20. April 2002.
446 Vgl. *Archiv der Gegenwart*, 9. Nov. 2000, S. 44580.
447 Jasper von Altenbockum: »Danke, danke, danke«, in: *Frankfurter Allgemeine Zeitung*, 18. Feb. 2002.
448 Interview des US-Senders PBS mit Joschka Fischer in der Sendung »The Newshour with Jim Lehrer«, 30. April 2002.
449 Todd S. Purdum: »Bush to Set Out Broad Approach on Mideast ›in the Very Near Future‹, Powell Says«, in: *New York Times*, 12. Juni 2002.
450 Bushs Rede ist dokumentiert in: *New York Times*, 25. Juni 2003.
451 »Fischer rückt von Arafat ab«, in: *Frankfurter Allgemeine Zeitung*, 11. Juli 2002. Das vierseitige »Non-Paper« des Außenministers blieb unveröffentlicht. Die Homepage des Auswärtigen Amtes fasst seinen Inhalt so zusammen: »Eine erste Operationalisierung der Bush-Rede erfolgte durch eine deutsche Initiative von Anfang Juli 2002, welche erstmals versuchte, den von Präsident Bush vorgegebenen Dreijahreszeitraum 2002 bis 2005 weiter zu konkretisieren. Die Grundgedanken des deutschen Vorschlags waren die Ernennung eines palästinensischen Premierministers, ein von Sicherheitsfortschritten begleiteter Dreistufenplan, bestehend aus Demokratisierung der palästinensischen Institutionen einschl. Wahlen, provisorischem palästinensischen Staat und Endstatus-Abkommen, die Ernennung eines internationalen Beauftragten mit Befugnis zur Durchsetzung dieses Reformprogramms.«

452 »Staat für Palästinenser in drei Jahren«, in: *Frankfurter Allgemeine Zeitung*, 18. Juli 2002; »Arafats Lohn«, in: *Die Zeit*, 18. Juli 2002.

453 Die »Road Map« ist dokumentiert unter: http://www.auswaertiges-amt.de/www/de/infoservice/download/pdf/regional/roadmap_d.pdf.

454 »Arafat hält sich nicht an den Friedensplan«, in: *Frankfurter Allgemeine Zeitung*, 3. Mai 2003.

455 Philip Carmel: »Under pressure from France, E.U. decides against Hamas ban«, in: *Jewish Telegraph Agency*, 6. Juli 2003.

456 »Fischer fordert Ende der Gewalt«, in: *Frankfurter Allgemeine Zeitung*, 25. Juni 2003. Der Beamte der US-Regierung ist zitiert nach: Steven R. Weisman: »A Sense of Harmony Felt Within Diplomatic Circles«, in: *New York Times*, 27. Juni 2003.

457 »Middle East to dominate ministers meeting«, in: EUobserver.com, 6. Sept. 2003.

458 »EU places political wing of Hamas on terrorist blacklist«, in: EUobserver.com, 7. Sept. 2003. Die Umsetzung dieser Entscheidung wurde auf einen späteren Zeitpunkt verschoben. Zur Frage der Hamas-Ableger, die unter anderem Namen für die Kerngruppe tätig sind, erklärte Dominique de Villepin, der französische Außenminister, »dass die Erzwingung eines Verbots oder eines Einfrierens von Vermögenswerten im Hinblick auf verdächtige Hamas-Ableger eine ›freiwillige‹ Entscheidung der individuellen EU-Länder sei«. Vgl. Herb Keinon: »E.U. recognizes Hamas as terror organization«, in: *Jerusalem Post*, 6. Sept. 2003.

459 Vgl. Geoffrey Wheatcroft: »A trans-Atlantic role reversal on the Mideast«, in: *International Herald Tribune*, 24. Sept. 2003.

460 Ron Kampeas: »U.S. folds up ›road map‹, blaming the Palestinians«, in: *Jewish Telegraph Agency*, 28. Jan. 2004; Steven R. Weisman: »Mediators appeal to Israel and Palestinians to save peace plan«, in: *International Herald Tribune*, 27. Sept. 2003.

461 Susanne Knaul: »Bush: Bye-bye, roadmap«, in: *tageszeitung*, 16. April 2004.

462 »Any solution must be within the framework of the road map«, zit. nach Philip Carmel: »Bush backing for Sharon initiative worries European ›Quartet‹ partners«, in: *Jewish Telegraph Agency*, 18. April 2004.

463 Steven R. Weisman: »Gaza Pullout Is Endorsed, With Proviso, by Envoys«, in: *New York Times*, 5. Mai 2004.

464 »Palästinensisches Werben um die ›Road Map‹«, in: *Neue Zürcher Zeitung*, 3. April 2004.

465 »EU excluded from plans for Mideast peace talks«, in: *International Herald Tribune*, 22. Juli 2004; Greg Myre: »In Talks, U.N. Nuclear Chief Says, Israel Turns Focus on Iran«, in: *New York Times*, 8. Juli 2004.

466 Elisabeth Bumiller: »Bush Praises Palestinians, Tells Israel of Its Duties«, in: *New York Times*, 27. Mai 2005.

467 Vgl. *Jewish Telegraph Agency*, 22. Juli 2005.

468 »Friedensaufruf eines Fatah-Führers. Vernichtende Intifada-Bilanz von Abu Mazin«, in: *Neue Zürcher Zeitung*, 28. Nov. 2002; Yael Yehoshua: Abu Mazen – A Political Profile, Special Report Nr. 15 des Middle East Media Research Institute (MEMRI), 29. April 2003.

469 Vgl. Greg Myre: »Skepticism Lives on Scarred Jerusalem Street«, *New York Times*, 2. Juli 2003.

470 Vgl. Gil Sedan: »Hamas' role is diversifying as parliamentary elections draw near«, in: *Jewish Telegraph Agency*, 18. April 2005.

471 Vgl. Matthew Gutman: »Hamas gathers several thousand Gaza fighters and arsenal of Kassams«, in: *Jerusalem Post*, 27. Juni 2005.

472 Vgl. »EU-Diplomaten dürfen Kontakt zur radikalen Hamas aufnehmen«, in: *Die Welt*, 17. Juni 2005.

473 Elisabeth Bumiller: »Bush Praises Palestinians«, in: *New York Times*, 27. Mai 2005; »Ross criticizes E. U. on Hamas«, in: *Jewish Telegraph Agency*, 5. Juli 2005.

474 Khaled Abu Toameh, Hamas: »We met with senior German official«, in: *Jerusalem Post*, 19. Juni 2005.

475 »Europe and Hizbullah«, in: *Jerusalem Post*, 14. Feb. 2005.

476 Hermann Gröhe, (CDU), Christoph Moosbauer (SPD), Volker Perthes (Stiftung Wissenschaft und Politik), Christian Sterzing (Bündnis 90/Die Grünen): »Ausgewogen, nicht neutral. Eckpunkte einer deutschen Nahost-Politik«, in: *Frankfurter Allgemeine Zeitung*, 21. Aug. 2001.

477 »Iran-Sanktionen bedrohen lebhafte Geschäfte«, in: *Frankfurter Allgemeine Zeitung*, 11. Aug. 2005; Michael Laker: »Flexibel die Marktposition verteidigen«, in: *Frankfurter Allgemeine Zeitung*, 11. Aug. 2003; »Gute Geschäfte in Arabien«, *Frankfurter Allgemeine Zeitung*, 7. Okt. 2002.

478 Udo Steinbach: Der Nahe Osten in der deutschen Außenpolitik, in: *Aus Politik und Zeitgeschichte*, 12/1998, S. 25ff.

479 Felix Neugart: Europe, the Mediterranean and the Middle East. Discussion Paper presented by the Bertelsmann Group for Policy Research Center of Applied Policy Research, to the VII. Kronberg Talks, 17.–19. Januar 2002, S. 15; vgl. www.german-foreign-policy.com/de/news/article/1012518000.php.

480 »Die Nahost-Krise wird ihre Lösung erzwingen – oder eskalieren«, Interview der *Frankfurter Rundschau* mit Joschka Fischer am 20. April 2002.

481 Klaus-Dieter Frankenberger: »Im Strom der Weltpolitik«, in: *Frankfurter Allgemeine Zeitung*, 19. Okt. 2001.

Anmerkungen zu Abschnitt III

Ilka Schröder: Liaisons dangereuses

482 Vgl. EUobserver, 16. Okt. 2003.

483 Es ist ein antizionistisches Märchen, dass die USA schon immer der engste Verbündete Israels gewesen seien. In Wirklichkeit wahrten die USA bis zum Sechs-Tage-Krieg durchaus Distanz zu Israel, aus Angst, durch eine zu pro-israelische Politik die arabischen Staaten in die Arme der UdSSR zu treiben.

484 Der war ein Zugeständnis der USA an die arabischen Verbündeten des Zweiten Golfkriegs. Israel versuchte, einer US-Initiative zuvorkommend, durch Direktverhandlungen mit der PLO weiterhin die Kontrolle über den Friedensprozess zu behalten, während Arafat und die PLO, die durch ihre Unterstützung Saddam Husseins sämtlichen internationalen Kredit verloren hatten, die Chance nutzten, eine respektierte politische Kraft im Nahen Osten zu werden.

485 Vgl. www.europa.eu.int/comm/external_relations/gaza/news/ip03_607.htm, 30. April 2003.

486 Budgetlinie B 7-4200.

487 Der Gesamtbetrag von 33,2 Millionen Euro wurde 2000–2001 unter der Budgetlinie B 7-2000 (Lebensmittelhilfe) und B 7-2010 (Lebensmittelsicherung) bereitgestellt, 35 Millionen Euro waren für das Jahr 2002, 20,3 Millionen Euro für 2003 eingeplant.

488 Die EU zahlte 44,5 Millionen Euro über das Büro für humanitäre Hilfe der Europäischen Kommission unter der Budgetlinie B 7-2100 (ECHO) für die Jahre 2000–2001. Für 2002 wurden 35 Millionen Euro budgetiert, für 2003 immerhin noch 25 Millionen Euro.

489 In den Jahren 2000–2001 wurde die Gesamtsumme von 3,7 Millionen Euro aus den Budgetlinien B 7-6000 (Kofinanzierung von NROs), B 7-6002 (Entwicklungszusammenarbeit) und B 7-7050 (EIDHR) bezahlt. Diese Ansätze wurden für die folgenden Haushaltsjahre auf 0,00 Euro herabgesetzt.

490 MEDA ist das Programm zur Zusammenarbeit mit den Mittelmeer-Anrainerstaaten. Das Geld für die Palästinensische Autonomiebehörde (PA) beläuft sich auf über 3,4 Millionen Euro für die Jahre 2000–2001, die aus der Budgetlinie B 8-012/3 (CFSP) kommen. Für 2002 und 2003 wurden diese Ansätze auf 0,00 Euro herunter gestuft. Man sah wohl zu Recht keinen Grund mehr, der PA für »Counter Terrorism« noch länger Mittel zukommen zu lassen.

491 Die Gesamtzahlungen von 2000 und 2001 belaufen sich auf über 103 Millionen Euro unter der Budgetlinie B 7-4100 (MEDA). 2002 wurden 130 Millionen Euro eingeplant, aber nur 80,6 Millionen Euro ausgezahlt. Für 2003 wurden 95 Millionen Euro bereitgestellt.

492 Vgl. www.un.org/unrwa/finances.

493 »Die Beziehungen zu Israel sind nicht nur im Bereich der Forschung intensiv, auch die Handelsbeziehungen sind eng. 40% der israelischen Importe kommen aus der EU, rund 30% seiner Exporte werden in die EU geliefert. Israel und die EU haben sich verpflichtet, ihre öffentlichen Ausschreibungen gegenseitig zu öffnen (im Rahmen der Singapur-Verhandlungen der WTO). Damit werden mittelfristig Märkte im Bereich ÖPNV, Dienstleistungen, medizinische Ausrüstung usw. geöffnet. Im Bereich Telekommunikation gibt es ein bilaterales Abkommen zwischen der EG und Israel, das die entsprechenden Märkte für den jeweils anderen Partner öffnet.« Entwurf eines Berichts über den Vorschlag für einen

Beschluss des Rates über den Abschluss des Abkommens über wissenschaftlich-technische Zusammenarbeit zwischen der Europäischen Gemeinschaft und dem Staat Israel (KOM (2003) 568 – C5-0478/2003 – 2003/0220 (CNS), Ausschuss für Industrie, Außenhandel, Forschung und Energie, Berichterstatterin: Godelieve Quisthoudt-Rowohl.

494 So z. B. der syrische Verteidigungsminister Mustafa Tlass; vgl. C.S.S.: »Hate Industry«. Anti-Semitic, anti-Zionist and anti-Jewish literature in the Arab and Muslim World, Information Bulletin Nr. 5 (Okt. 2002), S. 33.

495 Siehe dazu C.S.S.: »Hate Industry«. Anti-Semitic, anti-Zionist and anti-Jewish literature in the Arab and Muslim World, Information Bulletin Nr. 4 (Sept. 2002) und Nr. 5 (Okt. 2002).

496 Am sinnvollsten lässt sich der neue arabische Antisemitismus als ein Export aus Europa analysieren, der zu der politischen Lage der arabischen Länder seit Mitte der 80er Jahre passt. Ganz wie der europäische Antisemitismus ist er die Verarbeitung kapitalistischer Modernisierung durch nationale Kollektive, die die unerfreulichen Wirkungen der Wertabstraktion auf eine auswärtige Macht projizieren und damit exteriorisieren.

497 Interview with Meir Litvak, in: Post-Holocaust and anti-Semitism, Nr. 5, Feb. 2003, S. 5.

498 Nach dem offiziellen Konzept ist das »palästinensische Volk« ein Teil der »arabischen Nation«. Eventuell handelt es sich bei dieser merkwürdigen Benutzung der Begriffe »Volk« und »Nation« auch um unglückliche oder unscharfe Übersetzungen.

499 Vgl. »UNRWA's Relationship to the Palestinians«, Fact Sheet No. 3, The Prism Group, Jan. 2003; www.theprismgroup.org.

500 Vgl. Nathan Guttman: »Israel accuses UNRWA of ignoring terrorism in Palestinian refugee camps«, in: *Ha'aretz*, 28. Juni 2002; www.NahostFocus.de, 11. Dez. 2002; Dina Shiloh: »Israel sees U. N. camps as hotbeds of revolt«, in: *San Francisco Chronicle*, 19. Mai 2002; www.sfgate.com.

501 Ebd.

502 Die EU gab laut Aufstellung der Kommission von 2000 bis 2001 über 94,5 Millionen Euro an die UNWRA weiter und zahlte 2002 weitere 57,1 Millionen Euro (Budgetlinie B 7-4210 Support to the UNRWA). Laut der Webseite des UNRWA scheint erheblich mehr Geld geflossen zu sein: Für die Jahre 2001 bis 2003 werden dort für die Europäische Kommission 244,3 Millionen US-Dollar angegeben; http://www.un.org/unrwa/finances.

503 Faisal el-Husseini erklärte am 16. Januar 2001 in einer Rede, die er nach Zeitungsberichten im Namen Arafats hielt: »In 2043, the Palestinians will account for 75 percent of the population of this land. Then we will tell the Israelis that we offer them an Israeli state and if they do not agree, it will be their loss.« Zit. nach Israel Information Center: Behind the Headlines. Incitement, Hatred and Trends from the Palestinian Press and Textbooks, Jerusalem 2002, S. 47.

504 So der hohe Fatah-Funktionär Dr. Mar'i Abd-el-Rahman (Direktor der Abteilung für nationale und internationale Beziehungen der Fatah) bei einem Vortrag vor palästinensischen Sicherheits- und Geheimdienstleuten am 22. November 1999. Er fügte hinzu, Israel müsse bereit sein, die »abolition of the Israeli national entity« zu akzeptieren. Zit. nach Israel Information Center: Behind the Headlines. Incitement, Hatred and Trends from the Palestinian Press and Textbooks, Jerusalem 2002, S. 39.

505 Ob Israel diese Ziele nicht besser umsetzen könnte, als es dies heute tut, muss hier nicht untersucht werden.

506 Vgl. EUobserver, 16. Okt. 2003.

507 Siehe dazu z. B. Äußerungen des palästinensischen Kommunikationsministers Imad Al-Falouji vom Dezember 2000; http://www.chaveer.de/faq000.htm#f1-1; ausführlicher:

André Anchuelo: Die »Al-Aqsa-Intifada« – Staatsgründungskrieg der Palästinensischen Autonomiebehörde und Europe's Hidden War Against The US?, unveröffentlichtes Manuskript, Bremen 2003.

508 Man sieht an diesem Beispiel, dass die Trennung von außenpolitischer Kalkulation und antisemitischen Wahrnehmungsmustern nicht weiterführt, weil eben das, was für die PA als sinnvolles Mittel und sinnvolle Etappe in ihrem Staatsgründungskrieg erscheint, von ihrer antisemitischen Lagebeurteilung abhängt. Zum Beispiel mag auch bei der Wahl des Mittels der Selbstmordattentate die Vorstellung vom eigentlich wurzellosen Juden, der kein ›Volk‹ darstellt und darum bei einer Verschlechterung der Lebensumstände Israel verlässt, eine Rolle spielen.

509 So der deutsche Titel des Naveh-Dossiers; Botschaft des Staates Israel: Wie Jassir Arafat und seine Behörden Terror finanzieren und fördern. Erste Ergebnisse einer Untersuchung von Dokumenten, die im Rahmen der Operation »Schutzwall« gefunden wurden, Berlin Juli 2002; http://berlin.mfa.gov.il/mfm/Data/11097.pdf.

510 Dani Naveh: The Involvement of Arafat, PA Senior Officials and Apparatuses in Terrorism against Israel, Corruption and Crime. Report prepared by a team headed by Dani Naveh, Minister of Parliamentary Affairs, Government of Israel, 2002; http://www.israel-mfa.gov.il/mfa/go.asp?MFAHolomo.

511 Vgl. OJ L 160/26, 18. Juni 2002.

512 Dan Ephron: »Cleanup times: Here comes the ›Un-Arafat‹«, in: *Newsweek*, 12. Aug. 2002.

513 *Die Zeit*, 15. Aug. 2002.

514 Statement to the Foreign Affairs Committee on EU budgetary assistance to the Palestinian Authority, Speech by Commissioner Chris Patten, 19. Juni 2002.

515 Brief von Außenkommissar Patten an MEP Armin Laschet, 21. Jan. 2003 (D(03) 61).

516 IMF: West Bank and Gaza – Economic Performance under Conflict Conditions [Offizieller Bericht des Middle Eastern Department des IWF über die Auswirkungen der »Al-Aqsa-Intifada«, 15. Sept. 2003], S. 8.

517 Der hochrangige IWF-Mitarbeiter Thomas C. Dawson in einem Leserbrief an das *Wall Street Journal*, 17. Juni 2002.

518 Brief von George T. Abed, Direktor des Middle Eastern Department des IWF an MEP Ilka Schröder, 25. Feb. 2003.

519 IMF: West Bank and Gaza – Economic Performance under Conflict Conditions. [Offizieller Bericht des Middle Eastern Department des IWF über die Auswirkungen der »Al-Aqsa-Intifada«, 15. Sept. 2003], S. 75.

520 Gespräch mit dem Europäischen Rechnungshof am 04. Feb. 2003 in Luxemburg.

521 Siehe dazu EUobserver, 1. Dez. 2003. Angesichts der allgemein beklagten Unfähigkeit von OLAF, auch nur die Betrugsfälle, die die Kommission wirklich stören, zu bearbeiten, und angesichts der Geschichte von OLAF und seiner engen Verbindungen zur Kommission, wäre es eher verwunderlich, wenn OLAF doch noch ein wirkliches Verfahren eröffnen würde.

522 Transkript des Redebeitrags, Punkt 7: »D'ailleurs, à un certain moment, entre nous, je dirais ›off the record‹, comme vous le savez, qu'un grand reproche à ce niveau là, ce que une partie de ces recettes et de ces dépenses étaient maîtrisé par une certaine Noriak qui tournait autour du Président de l'autorité palestinienne. Et probablement, ce qu'il était à craindre, c'était beaucoup plus la corruption que le fait que cet argent servait à des emplois nonconforme. Mais enfin, nous n'en savent rien puisque ça, ça nous échappe complètement, ce n'est pas sous le contrôle du ministère de finances, ce n'ai donc pas dans la partie budgétaire dont nous avons les chiffres, et pour lequel le FMI rend compte périodiquement.«

523 Statement to the Foreign Affairs Committee on EU budgetary assistance to the Palestinian Authority, Speech by Commissioner Chris Patten, 19. Juni 2002.

524 Selbst der überaus verständnisvolle IWF klagt über »excessive PA employment« und gibt an, dass die PA 56123 Personen in ihren Sicherheitsapparaten beschäftigt, also 42 Prozent der PA-Angestellten direkt Polizei- und Militäraufgaben wahrnehmen. Was die anderen 73933 Angestellten machen, ist angesichts der Tatsache, dass nicht nur das Gesundheits- und das Bildungssystem durch das UNRWA unterhalten werden, nicht ganz klar. Vgl. IMF: West Bank and Gaza – Economic Performance under Conflict Conditions [Offizieller Bericht des Middle Eastern Department des IWF über die Auswirkungen der »Al-Aqsa-Intifada«, 15. Sept. 2003], S. 91f.

525 Meine ehemalige Fraktion, die Konföderation der Vereinigten Europäischen Linken/Nordische Grüne Linke (GUE/NGL), hatte schon im letzten Herbst die Veröffentlichung von Anzeigen mit dem Spruch »Sponsored by EU? Gegen EU-Hilfen an antisemitische Terroristen« mit dem – für die Finanzierung der Anzeigen durch das Europäische Parlament notwendigen – Fraktionslogo verboten. (Siehe: »Konkret«, 1/03). Für den Rest der Legislaturperiode behinderte der Fraktionsvorstand, wo es ihm möglich war, meine Informations- und Aufklärungsarbeit; Publikationen, in denen die Fraktion für ihre Entscheidungen kritisiert wird, wurden einfach nicht bezahlt.

526 Auf die ironische Frage des MEP Armin Laschet, ob er dies für einen guten Beweis seines Aufklärungswillens halte, erwiderte Kommissar Patten: »My words have been totally ripped out of context to imply that the Commission has refused and continues to refuse to investigate allegations of misuse of EU funds. What I was seeking to underline was that it would not be appropriate to cast doubt on our actions in the Middle East at a moment when the EU together with the Quartet have become the main actors able to broker peace in the region, in particular thanks to its actions and aid packages delivered during the last years.«

527 Phebe Marr: The United States, Europe and the Middle East. Cooperation, co-optation or confrontation?, in: B. A. Roberson (Hg.): The Middle East and Europe. The power deficit. London/New York 1998, S. 82.

528 Vor sich selber und vor der Welt legitimeren die Akteure dieses Interesse damit, dass sie ja nur für Stabilität sorgen, indem sie Israel einen Verhandlungspartner erhalten.

529 http://www.auswaertiges-amt.de/www/de/aussenpolitik/regionalkonzepte/nahost/index_html#4.

530 Dass auch in aufgeklärten europäischen Köpfen weiterhin die Vorstellungen von der großen jüdischen Macht in den USA spuken, zeigen seine weiteren Bemerkungen: »Wir als Europäer sollten jetzt auch einmal eine Initiative ergreifen, zumal unsere amerikanischen Freunde ja durch den beginnenden Präsidentschaftswahlkampf in Anspruch genommen sind – und wir wissen, wie wichtig die Gruppen in Amerika sind, deren Unterstützung man braucht, um gewählt zu werden«. Europäisches Parlament 1999–2004, Ausführlicher Sitzungsbericht 09–10–2003, S. 6, Spalte 2.

531 In einer von EMNID erstellten Umfrage erklärten 65 Prozent der Befragten, die »kritischen Meinungen über Juden« nähmen wohl Anstoß an »der Politik Israels in den besetzten Gebieten« — die Übereinstimmung mit den 65 Prozent, die Israel für die größte Gefahr für den Weltfrieden halten, mag Zufall sein. 52 Prozent führten die »kritischen Meinungen« auf die »Wiedergutmachungsleistungen Deutschlands insgesamt« zurück. Die Fragestellung von EMNID lässt die Befragten immer nur über den Antisemitismus der anderen reden, man darf aber davon ausgehen, dass der Großteil der Teilnehmenden die eigene Meinung hinter der der anderen versteckt.

532 Flash EB Nr. 151: »Iraq and Peace in the World«, S. 81.

533 Die Studie »Manifestations of anti-Semitism in the European Union« (First Semester 2002) ist mittlerweile auf Grund der Veröffentlichungen jüdischer Organisationen von der EUMC ins Internet gestellt worden. Die vom EUMC ebenfalls auf seine Webseite gestellten Einwände schlagen sich selbst und sind übrigens genau das, was das EUMC dem Berliner Zentrum vorwirft: unfundiert; vgl. http://eumc.eu.int/eumc/FT-de.htm. Eine Alternativadresse zum Downloaden: http://www.crif.org/index.php (Exclusif: le rapport non publié sur l'antisémitisme en europe).

534 Der Großrabbiner von Frankreich hat jüdische Jugendliche aufgefordert, im Alltagsleben auf die Kippa zu verzichten und durch eine unauffällige Mütze zu ersetzen; vgl. Têtu Nr. 85, Jan. 2004, S. 86. Daran mag man den Ernst der Lage erkennen.

535 *Financial Times*, 5. Jan. 2004. Mittlerweile haben beide diese Aussage relativiert; wahr ist sie trotzdem.

536 Europa 2000, hg. vom Informationsbüro für Deutschland des Europäischen Parlaments und vom Presse- und Informationsamt der Bundesregierung, Berlin 2000, S. 8–11. Ihr Verständnis für die Liebe zur angeblich angestammten Scholle, das vermutlich die Palästinenser, aber nicht die Israelis einschließt, obwohl deren Ideologie sich ja immerhin auf ein Stück Weltliteratur beruft, formulieren die Autoren so: »Es ist vorauszusehen, dass viele Menschen angesichts der rasanten weltweiten Veränderungen zunehmend Halt in ihrem eigenen Lebenskreis, in ihrer Heimat und ihrer vertrauten Region suchen werden.« Ebd., S. 11.

Markus Löning: Kampf gegen den Antisemitismus

537 Bundespräsidialamt: Ansprache des Bundespräsidenten Horst Köhler vor der Knesset in Jerusalem am 2. Februar 2005; www.bundespraesident.de.

538 Werner Bergmann: »Alter Hase in neuen Kleidern«, in: *Der Tagesspiegel*, 23. Jan. 2005, S. 8.

539 Vgl. Wilhelm Heitmeyer: »Die gespaltene Gesellschaft«, in: *Die Zeit*, 50/2004.

540 Vgl. Dirk Schümer: »Duce-Rufe im Stadion«, in: *Frankfurter Allgemeine Sonntagszeitung*, 22. Mai 2005.

541 Vgl. Marlies Emmerich: »Antisemitismus gehört zum Alltag«, in: *Berliner Zeitung*, 1. Juli 2005.

542 Ignatz Bubis: Gedenkrede zur Pogromnacht am 9. November 1938.

Klaus Faber: Was ist zu tun?

543 Deutschland-Berichte der Sozialdemokratischen Partei Deutschlands (Sopade) 1934–1940, neu hg. von Klaus Behnken, 3. Aufl., Frankfurt a. M. 1980.

544 Siehe dazu Bernard Lewis: Semites and anti-Semites, New York/London 1999 (erste Publikation 1971), S. 140ff., 145ff.; Klaus Faber: Nach Möllemann: Antizionismus und Antisemitismus in Deutschland. Eine gefährliche Verbindung in Medien und Politik, in: Tobias Kaufmann/Anja Orlowski: »Ich würde mich auch wehren…« Antisemitismus und Israelkritik: Bestandsaufnahme nach Möllemann, Potsdam 2002; ders.: Die geleugnete Verbindung, in: *Berliner Republik*, 2/2003; ders.: Islamischer Antisemitismus, in: *perspektive 21 – Brandenburgische Hefte für Wissenschaft und Politik*, H. 27, Aug. 2005,

S. 71ff., 72f.; siehe dazu auch die Beiträge von Abraham H. Foxman und Eldad Beck in diesem Buch; zu der in diesem Zusammenhang wichtigen allgemeineren Islamentwicklung vgl. Bernard Lewis: What Went Wrong? The Clash between Islam and Modernity in the Middle East, New York 2003; Bassam Tibi: Die neue Weltunordnung: westliche Dominanz und islamischer Fundamentalismus, Berlin 1999; Klaus Faber: Drei Ringe. Der religiöse Faktor in den internationalen Beziehungen, in: *Die Neue Gesellschaft/ Frankfurter Hefte*, H. 7/8, Juli/Aug. 2001, S. 431ff.; ders.: Der Islam und der Westen, in: *perspektiven ds*, H. 4, 2001, S. 8–29; ders.: Achtzig Jahre auf dem Weg nach Westen, in: *Berliner Republik*, 3/2005.

545 Zur Konzeptionalisierung von »Antisemitismus« vgl. Lars Rensmann: Demokratie und Judenbild: Antisemitismus in der politischen Kultur der Bundesrepublik Deutschland, Wiesbaden 2004, S. 71ff.; zur Entwicklung des Antisemitismus im Islam vgl. Bernard Lewis: Semites and Antisemites, New York/London 1999; siehe auch in diesem Buch die Beiträge von Abraham H. Foxman, Bassam Tibi, Eldad Beck, Yigal Carmon, Cem Özdemir, Philipp Gessler sowie von Klaus Faber 2002, 2003 und 2005 (Fn. 544); zu judenfeindlichen Tendenzen im Koran siehe Yigal Carmon in diesem Band mit Angabe einschlägiger Koranstellen; zum Verhältnis von Antisemitismus, Antizionismus und Antiamerikanismus vgl. Andrei S. Markovits: Amerika, dich haßt sich's besser. Antiamerikanismus und Antisemitismus in Europa, Hamburg 2004, S. 173ff.

546 Vgl. dazu in diesem Buch den Beitrag von Mohammed Schams/Wahied Wahdat-Hagh; zu den atomaren Vernichtungsdrohungen der Islamischen Republik Iran gegen Israel vgl. auch Wahied Wahdat-Hagh: Die Islamische Republik Iran – Die Herrschaft des politischen Islam als eine Spielart des Totalitarismus, Münster u.a. 2003, S. 455ff.

547 Vgl. etwa die Beispiele in honestly-concerned: »If you believe that today's ARAB ANTISEMITISM is any different from the NAZI GERMANY'S one, think again«, Flugblatt, 2004; bei Yigal Carmon in diesem Band mit weiteren Belegen aus der MEMRI-Sammlung; bei Abraham H. Foxman in diesem Band sowie bei Robert S. Wistrich: Muslim anti-Semitism – A Clear and Present Danger, Broschüre des American Jewish Committee 2002, S. 15ff.; siehe zum Thema in diesem Buch den Beitrag von Sacha Stawski; zu antiisraelischen Kampagnen der palästinensischen Autonomiebehörde vgl. die Informationen von Palestinian Media Watch, www.pmw.org.il; Itamar Marcus/Barbara Crook: »Pedagogy of Hate«, in: *Jerusalem Post*, 4. Jan. 2004; vgl. auch den Beitrag von Dieter Graumann in diesem Buch; dazu neuerdings auch die Untersuchung des israelischen (in Marokko geborenen) Wissenschaftlers Raphael Israeli: The New Muslim anti-Semitism: Exploring Novel Avenues of Hatred, in: *Jewish Political Studies Review*, Herbst 2005; in dem Artikel wird auch Kritik an der israelischen Position geübt, welche, so die Kritik, die Auswirkungen des muslimischen Antisemitismus unterschätze und diesem in den Staatenbeziehungen zu wenig öffentlich sichtbare Aufmerksamkeit widme.

548 Vgl. zu Al-Manar auch Abraham H. Foxman in diesem Band sowie Klaus Faber 2005 (Fn. 544), S. 73.

549 Zum »neuen« (Schuldabwehr-) Antisemitismus und zum Zusammenwirken mit dem arabisch-islamischen Antisemitismus siehe in diesem Buch die Beiträge von Lars Rensmann, Yves Pallade, Esther Schapira/Georg M. Hafner, Rabbi Andrew Baker sowie von Klaus Faber, 2002, 2003 und 2005 (Fn. 544), von Werner Bergmann/Wilhelm Heitmeyer, in: Wilhelm Heitmeyer, Deutsche Zustände, Folge 3, Frankfurt a. M. 2005, S. 224ff., von Lars Rensmann: Demokratie und Judenbild, S. 88ff.; zum »Alt«-»Neu«-Verhältnis und anderen Aspekten der Antisemitismus-Varianten vgl. in diesem Buch die Beiträge von Doron Rabinovici und Gert Weisskirchen; zum spezifischen Zustand des deutsch-jüdischen

Verhältnisses siehe die Beiträge in diesem Band von Julius H. Schoeps, Klaus-Jürgen Scherer, Tobias Kaufmann und Anetta Kahane; zu den politischen Zielsetzungen und Positionen siehe die hier veröffentlichten Beiträge von Hildegard Müller, Yves Pallade, Gert Weisskirchen und Markus Löning; zur problematischen Rolle eines Teils der Print-Medien vgl. die Beiträge in diesem Band u.a. von Rolf Behrens, Abraham H. Foxman, Ulrich W. Sahm und Tobias Kaufmann; zur Medienkritik siehe auch den Beitrag von Johann Michael Möller in diesem Buch; zu Antisemitismustendenzen im europäischen Islam siehe die Beiträge von Cem Özdemir und Philipp Gessler in diesem Band.

550 Insbesondere zur hochproblematischen Spiegelberichterstattung, von deren antisemitischem Charakter Hellmuth Karasek heute ausgeht, vgl. Rolf Behrens in diesem Band (dort auch das Karasek-Zitat) sowie ders.: »Raketen gegen Steinewerfer.« Das Bild Israels im »Spiegel«. Eine Inhaltsanalyse der Berichterstattung über Intifada 1987–1992 und »Al-Aqsa-Intifada« 2000–2002; zur deutschen und europäischen Medienberichterstattung allgemein siehe Abraham H. Foxman, Ulrich W. Sahm und Tobias Kaufmann in diesem Band.

551 Siehe das Zitat aus der Jerusalemer Erklärung in honestly concerned: »Aufruf zum Kampf gegen den Antisemitismus – Erklärung einiger Nichtregierungsorganisationen zur OSZE-Konferenz«, Flugblatt, Berlin 2004; vgl. zur Debatten- und Medienentwicklung auch den Beitrag von Lars Rensmann in diesem Band.

552 Vgl. zu den Abgrenzungsansätzen auch Klaus Faber 2002, 2003 und 2005 (Fn. 544).

553 Vgl. zur Aussonderung Israels als Jude unter den Staaten Klaus Faber 2005 (Fn. 544), S. 78; zur Präzedenzlosigkeit der antisemitischen Judenverfolgung und der Shoah vgl. Yehuda Bauer: Die dunkle Seite der Geschichte, Frankfurt a. M. 2001.

554 Siehe dazu die in dem Beitrag von Ilka Schröder in diesem Band geschilderten Konstellationen, die auch Fälle unbegreiflicher Parteilichkeit zugunsten der Palästinensischen Autonomiebehörde umfassen.

555 Zu weiteren Vergleichsfällen siehe Klaus Faber 2005 (Fn. 544), S. 77f.

556 Vgl. dazu auch Yves Pallade: Germany and Israel in the 1990s and Beyond: Still a Special Relationship?, Frankfurt a. M. 2005, S. 22; zur deutschen Nahostpolitik siehe auch den Beitrag von Matthias Küntzel in diesem Band.

557 In: *Der Spiegel*, 41/2005, S. 134ff.; zu den Hintergründen derartiger Geschichtsinterpretationen vgl. auch die in diesem Band enthaltenen Beiträge von Mordechay Lewy und Klaus-Jürgen Scherer.

558 In: *Der Spiegel*, 41/2005, S. 134ff.; Annette Großbongardt zitiert in diesem Zusammenhang ohne Kommentar eine arabisch-palästinensische Stimme: »Aber hätten die Araber überhaupt etwas richtig machen können? Alles sprach einfach gegen uns. Was konnten wir schon gegen den Holocaust ausrichten, der die Juden zum kollektiven schlechten Gewissen Europas erhob?« (ebd., S. 138); eine ähnliche Position vertreten offenbar auch die im Beitrag von Matthias Küntzel zitierten Experten, die »Eckpunkte« für die deutsche Nahostpolitik formulieren sollten und in diesem Zusammenhang den kaum nachzuvollziehenden Vorschlag machten, Deutschland solle »Geburtshelfer und Pate des zukünftigen palästinensischen Staates« werden. »Deutschland soll deutlich machen, daß es den überwiegend arabischen Charakter des Nahen und Mittleren Ostens erkennt und die Beziehungen zur arabischen Welt nicht vom Erfolg des Friedensprozesses abhängig macht.« So zitiert Matthias Küntzel die Eckpunkte, die von ihren Autoren (zu Unrecht) als »ausgewogen«, aber (zu Recht) als »nicht neutral« bezeichnet werden; für die nicht-arabischen Völker des »Nahen und Mittleren Ostens« (!) u.a. iranischer oder türkischer Zuordnung vermitteln die »Eckpunkte« interessante Aufschlüsse über eine

mögliche deutsche Position; mit dem eher ungewöhnlichen Vorschlag, die »Beziehungen zur arabischen Welt« nicht vom Erfolg des Friedensprozesses abhängig zu machen, sollen diese Beziehungen offenbar, anders als diejenigen zu Israel, von Bedingungen freigestellt werden, die mit dem »Friedensprozeß« zusammenhängen.

559 »Südsyrien« war die jedenfalls bis 1919 vorherrschende arabische Bezeichnung für dasjenige Gebiet, zu dem auch das »Palästina« der christlichen Tradition gehört; vgl. Tom Segev: Es war einmal ein Palästina – Juden und Araber vor der Staatsgründung Israels, München 2005, S. 118.

560 Vgl. ebd., S. 546, zur Linienführung des UN-Teilungsvorschlags.

561 Vgl. dazu die Angaben in Fn. 545.

562 Vgl. Abraham H. Foxman in diesem Band; so auch die Position des in Fn. 551 (in honestly concerned) erwähnten Aufrufes.

563 Zur neueren Islamentwicklung siehe Bernard Lewis 2003, Fn. 544, Bassam Tibi, Fn. 544, S. 253, Abraham H. Foxman in diesem Band; zum Einfluß Hitlerdeutschlands und zur Sündenbockfunktion Israels in der arabischen Politik sowie zu den Zukunftsperspektiven im europäisch-islamischen Verhältnis mit provozierenden Thesen vgl. Bernard Lewis: »Europa wird am Ende des Jahrhunderts islamisch sein«, Interview in der *Welt*, 28. Juli 2004, S. 6.

564 Auf der im Vorwort erwähnten Tagung vom 1. April 2004 – (vgl. Anhang II in diesem Band) hat Sibylle Pfeiffer, MdB (CDU/CSU) vorgeschlagen, ausgerichtet am Modell der »Good Governance«-Prüfung für den Hilfetransfer auch das Antisemitismus-Verhalten der Empfängerländer zu überprüfen. Eine derartige Überprüfung wäre eine weitaus mildere Form der Beeinflussung als die ab und zu in der EU diskutierten, von EU-Mitgliedsstaaten verlangten und neuerdings vom spanischen Parlament geforderten Sanktionen gegen Israel oder die früher vom US-Senat durchgesetzten, in der Sache erfolgreichen Bedingungen zur jüdischen Auswanderung in US-Handelsverträgen mit der Sowjetunion. Vgl. dazu auch die in diesem Band enthaltenen Beiträge von Eldad Beck und Lars Rensmann; zu den übrigen Fragen und Forderungen vgl. den in Fn. 551 (in honestly concerned) erwähnten Aufruf sowie in diesem Band die Beiträge von Gert Weisskirchen, Hildegard Müller, Markus Löning und Cem Özdemir.

565 Vgl. dazu Yves Pallade: Germany and Israel in the 1990s and Beyond, S. 489.

566 Ein besonderes Problem besteht zudem im Bereich der politischen Bildung, deren zentrale Aufgabe es sein sollte, demokratische Werte zu vermitteln, auch die Akzeptanz der Menschenrechte einschließlich des unveräußerlichen Rechts auf körperliche Unversehrtheit. Die affirmative Darstellung von Terrorismus (auch gegen unbewaffnete Israelis) als »Widerstand« widerspricht diesen Grundsätzen. Eine derartige Beschreibung enthält z. B. mittelbar eine Broschüre zum Film »Paradise Now«, die von der Bundeszentrale für politische Bildung als Schulmaterial veröffentlicht wurde; vgl. http://www.bpb.de/files/8ROB5J.pdf; siehe dazu auch »Thema Nahost: Ist die Bundeszentrale für politische Bildung einseitig?«, in: *Jüdische Allgemeine*, 27. Okt. 2005, S. 11. Ludwig Watzal, »Nahost-Experte« der Bundeszentrale, publiziert antiisraelische Artikel, in denen er vor einer »Israelisierung der Welt« warnt (siehe Ludwig Watzal: Eine Israelisierung der Welt?, in: *International. Zeitschrift für internationale Politik*, 3, 2004, S. 11ff.) und das palästinensische »Widerstandsrecht« gegen die »wildgewordene Kolonialmacht« Israel verteidigt. Watzal ist u. a. im »antiimperialistischen« linksextremen Bereich mit Vorträgen aktiv und mit Publikationen etwa beim »Linksruck«, wo er für »Freiheit für Palästina« wirbt (siehe Lars Rensmann: Demokratie und Judenbild: Antisemitismus in der politischen Kultur der Bundesrepublik Deutschland,

Wiesbaden 2004, S. 296), und bei der in den USA verbotenen antisemitischen Website »antiimperialista.com« vertreten, die z. B. »Solidarität mit der Hamas!« fordert (http://www.antiimperialista.org/view.shtml?category=2&id=1063447151&keyword=+, 13. Sept. 2003, Campo Antiimperialista: Solidarität mit der Hamas!); vgl. Ludwig Watzal: »Steht den Palästinensern eine erneute Vertreibung bevor?«, in: *Intifada*, Nr. 11, www.antiimperialista.com. Staatliche und staatlich geförderte politische Bildung sollte künftig Mindeststandards bei der Beschreibung der Gefahren von Antisemitismus, Terrorismus und Gewaltverherrlichung einhalten. Zur Präzedenzlosigkeit und Singularität der nationalsozialistischen Verbrechen an den Juden vgl. in diesem Zusammenhang Yehuda Bauer: Die dunkle Seite der Geschichte, Frankfurt a. M. 2001.

567 Vgl. dazu die Angaben in Fn. 547; siehe auch Cem Özdemir in diesem Band; zu den in Deutschland verbreiteten antisemitischen Schriften gehörte auch die inzwischen verbotene türkischsprachige Zeitschrift *Vakit*; zur kritischen Bewertung einer Unterschätzung und Verharmlosung der Gefahren vgl. Bassam Tibi: Islamische Zuwanderung – die gescheiterte Integration, Stuttgart/München 2002, S. 20ff., 58ff.

568 Vgl. den in Fn. 551 (in honestly concerned) erwähnten Aufruf; siehe auch den Beitrag von Dieter Graumann in diesem Band; vgl. ebenso Klaus Faber: Globalisierung – nur ein anderes Wort für Verwestlichung?, in: *Die Neue Gesellschaft/Frankfurter Hefte*, H. 5/2000, S. 274ff.; ders.: Grundregeln einer künftigen Weltordnung, in: *Die Neue Gesellschaft/Frankfurter Hefte*, H. 11/November 2001, S. 663ff.; siehe dazu ebenso den Beitrag von Klaus-Jürgen Scherer in diesem Band.

Anhang

Anhang I

Podiumsdiskussion am 26. Juni 2003

Antisemitismus, deutsche Medien und der Nahostkonflikt

Einladung

Seit einiger Zeit steht die Berichterstattung von deutschen Medien über den Nahostkonflikt in der Diskussion. Antiisraelische Voreingenommenheit sei, so einer der Vorwürfe, häufig zu erleben. Nachrichtenagenturen und, ihnen folgend, andere Medien stellen oft Terroranschläge und israelische Gegenmaßnahmen auf eine Ebene. Israelische Militäraktionen werden nicht selten mit dem negativen Begriff »Vergeltung« belegt – eine Bezeichnung, die etwa beim Antiterrorkrieg in Afghanistan niemals verwandt wird. Sorgfältig vermeiden elektronische Medien bei der Beschreibung antiisraelischer Terrortäter und -organisationen das Wort »Terrorist«. Der wachsende arabisch-islamische Antisemitismus ist demgegenüber in der deutschen Debatte kein großes Thema. Der Fall »Möllemann« hat gezeigt, daß nicht nur im extremen Sektor von Politik früher beachtete Grenzen leichter überschritten werden.

Wie ist – berechtigte oder auch überzogene – Israelkritik gegenüber antisemitischen Positionen abzugrenzen? Welche Rolle spielen Medien und Politik bei der Vermittlung von Bildern und Bewertungen im arabisch-israelischen Konflikt? Welchen Stellenwert haben bei der Wahrnehmung der Gefahren- und Konfliktlage antisemitische Vorurteile?

Zu einer Diskussion über die damit zusammenhängenden Fragen laden wir Sie in das Paul-Löbe-Haus, Konrad-Adenauer-Strasse 1, 10575 Berlin (Eingang über Paul-Löbe-Allee 2 – gegenüber Reichstag Eingang Nord), Raum 2.800 (Raum des Auswärtigen Ausschusses), am 26. Juni 2003 (13.00 bis 16.30 Uhr) ein.

Gert Weisskirchen, Klaus Faber, Julius H. Schoeps,
Sacha Stawski, Klaus-Jürgen Scherer

Programm

am 26. Juni 2003, 13.00 Uhr,
im Paul-Löbe-Haus, Konrad-Adenauer-Strasse 1, 10575 Berlin
(Eingang über Paul-Löbe-Allee 2 – gegenüber Reichstag Eingang Nord),
Raum 2.800 (Raum des Auswärtigen Ausschusses)

12.30 Uhr Einlaß
13.00 Uhr Begrüßung
13.15 Uhr Podiumsdiskussion zum Thema Antisemitismus, deutsche Medien und der Nahostkonflikt mit:

PROF. GERT WEISSKIRCHEN, MdB (SPD), außenpolitischer Sprecher der SPD-Fraktion im Deutschen Bundestag, Vizepräsident der Parlamentarischen Versammlung der OSZE
SIBYLLE PFEIFFER, MdB (CDU), Stellvertretendes Mitglied der deutschen Delegation in der Parlamentarischen Versammlung der OSZE
CLAUDIA ROTH, MdB (Bündnis 90/Die Grünen), Mitglied der deutschen Delegation in der Parlamentarischen Versammlung der OSZE, Menschenrechtsbeauftragte der Bundesregierung
MARKUS LÖNING, MdB (FDP), Mitglied der deutschen Delegation in der Parlamentarischen Versammlung der OSZE
RABBI ANDREW BAKER, Director of International Jewish Affairs for the American Jewish Committee (AJC)
RABBINER DR. ANDREAS NACHAMA, Mitglied im Kuratorium des Moses Mendelssohn Zentrums Potsdam
SACHA STAWSKI, Gründungsmitglied von honestly-concerned.org, Frankfurt/Main
ULRICH W. SAHM, ntv-Nahostkorrespondent, Jerusalem
ELDAD BECK, israelischer Journalist, Deutschlandkorrespondent von Yedioth Ahronoth, Tel Aviv

Moderation: Staatssekretär a.D. KLAUS FABER, Geschäftsführender Vorsitzender des Wissenschaftsforums Berlin, Brandenburg und Mecklenburg-Vorpommern

Anschließend Diskussion Publikum/Podium

16.30 Uhr Ausklang mit Wasser, Wein und Brezeln *(auf Einladung des AJC)*

Kontaktanschriften:

MOSES MENDELSSOHN ZENTRUM FÜR EUROPÄISCH-JÜDISCHE STUDIEN AN DER UNIVERSITÄT POTSDAM

Am Neuen Markt 8
14467 Potsdam
Direktor: Prof. Dr. Julius H. Schoeps
Tel.: 0331 - 280 940
Fax: 0331 - 2809450
E-Mail: moses@mmz.uni-potsdam.de

KULTURFORUM DER SOZIALDEMOKRATIE

Geschäftsführer:
Dr. Klaus-Jürgen Scherer
Willy-Brandt-Haus
Wilhelmstr. 141
10963 Berlin
Tel.: 030 - 25991254
Fax: 030 - 25991324
E-Mail: kulturforum@spd.de

WISSENSCHAFTSFORUM DER SOZIALDEMOKRATIE IN BERLIN, BRANDENBURG UND MECKLENBURG-VORPOMMERN E.V.

Geschäftsführender Vorsitzender:
Staatssekretär a. D. Klaus Faber,
Rechtsanwalt
An der Parforceheide 22
14480 Potsdam
Tel.: 0331 - 624551
Fax: 0331 - 6004035
E-Mail: Klaus_Faber@t-online.de

HONESTLY-CONCERNED.ORG

Chefredakteur und Gründungsmitglied:
Sacha Stawski
Steinweg 10
60313 Frankfurt/M.
Tel.: 0172 - 6797744
Fax: 0721 - 151433263
E-Mail: info@honestly-concerned.org

Moses Mendelssohn Zentrum für europäisch-jüdische Studien an der Universität Potsdam

Wissenschaftsforum der Sozialdemokratie in Berlin, Brandenburg und Mecklenburg-Vorpommern e.V.

Kulturforum der Sozialdemokratie

honestly-concerned.org
Eine Gruppe besorgter Bürger, die sich für eine wahrhaftige Berichterstattung und gegen Antisemitismus einsetzen.

Anhang II

Podiumsdiskussion am 1. April 2004

Islamischer Antisemitismus in Nahost und Europa
Seine Auswirkungen auf alte und neue Konflikte

Einladung

Der wachsende islamische Antisemitismus ist in der politischen Debatte Deutschlands und Europas bislang kein großes Thema. Die Fälle »Möllemann«, »Karsli« und »Hohmann« haben gezeigt, daß nicht nur im extremen Sektor von deutscher Politik früher beachtete Grenzen gegenüber antisemitischen Positionen leichter überschritten werden. Europäischer und islamischer Antisemitismus gehen dabei in einigen Fällen neue Bündnisse ein.

Wie sind im Islam Israelfeindschaft gegenüber antisemitischen Positionen, wie sie etwa vom malaysischen Ministerpräsidenten Mahathir Mohamad geäußert wurden, abzugrenzen? Wo liegen im Islam die Wurzeln von Antisemitismus oder antisemitischem Antizionismus und welche Gefahren gehen von diesen Strömungen aus? Behindern sie die Konfliktlösung im Nahen Osten, erschweren sie das Zusammenleben von Muslimen und Nicht-Muslimen in Europa oder in Nordamerika? Wie reagieren Medien und Politik, z. B. in Deutschland, Frankreich, Ägypten, die EU oder die Organisation für Sicherheit und Zusammenarbeit in Europa (OSZE) auf die neuen Gefahren? Welche Rolle spielen bei der Wahrnehmung der Gefahren- und Konfliktlage antisemitische Vorurteile oder außen- und wirtschaftspolitische Interessen?

Zu einer Diskussion über die damit zusammenhängenden Fragen laden wir Sie in das Centrum Judaicum, Großer Saal, Oranienburger Straße 28–30, 10117 Berlin, am 1. April 2004 (13.00 bis 17.00 Uhr) ein.

Gert Weisskirchen, Julius H. Schoeps, Klaus Faber, Sacha Stawski,
Johann Michael Möller, Klaus-Jürgen Scherer, Klaus Ness

Programm

am 1. April 2004, 13.00 bis 17.00 Uhr,
im Centrum Judaicum, Großer Saal,
Oranienburger Straße 28–30, 10117 Berlin

12.30 Uhr Einlaß
13.00 Uhr Begrüßung
13.15 Uhr Podiumsdiskussion mit:

Yigal Carmon, Middle East Media Research Institute, Jerusalem
Prof. Dr. Julius H. Schoeps, Direktor des Moses Mendelssohn Zentrums an der Universität Potsdam
Mohammed Schams, Berlin/London, Association of Human Rights and Democracy for Iran
Deidre Berger, Managing Director, The American Jewish Committee, Berlin Office
Eldad Beck, Korrespondent Yedioth Ahronoth, Berlin
Sacha Stawski, Gründungsmitglied von Honestly-Concerned, Frankfurt/Main
Prof. Gert Weisskirchen, MdB (SPD), außenpolitischer Sprecher der SPD-Fraktion im Deutschen Bundestag, Vizepräsident der Parlamentarischen Versammlung der OSZE
Sibylle Pfeiffer, MdB (CDU), Stellvertretendes Mitglied der deutschen Delegation in der Parlamentarischen Versammlung der OSZE
Cem Özdemir (Bündnis 90/Die Grünen) Mitglied des Europäischen Parlaments
Markus Löning, MdB (FDP), Mitglied der deutschen Delegation in der Parlamentarischen Versammlung der OSZE

Einleitung und Moderation: Staatssekretär a. D. Klaus Faber, Geschäftsführender Vorsitzender des Wissenschaftsforums Berlin, Brandenburg und Mecklenburg-Vorpommern

Anschließend Diskussion Publikum/Podium

17.00 Uhr Ausklang mit Wasser, Wein und Brezeln

Moses Mendelssohn Zentrum für europäisch-jüdische Studien an der Universität Potsdam

Brandenburgische Hefte für Wissenschaft & Politik

Wissenschaftsforum der Sozialdemokratie in Berlin, Brandenburg und Mecklenburg-Vorpommern e.V.

DIE WELT Axel Springer AG

Kulturforum der Sozialdemokratie

honestly-concerned.org Eine Initiative besorgter Bürger, die sich für eine wahrhaftige Berichterstattung und gegen Antisemitismus einsetzen.

Kontaktanschriften

Moses Mendelssohn Zentrum für europäisch-jüdische Studien an der Universität Potsdam

Am Neuen Markt 8
14467 Potsdam
Direktor: Prof. Dr. Julius H. Schoeps
Tel.: 0331 - 280940
Fax: 0331 - 2809450
E-Mail: moses@mmz.uni-potsdam.de

Wissenschaftsforum der Sozialdemokratie in Berlin, Brandenburg und Mecklenburg-Vorpommern e.V.

Geschäftsführender Vorsitzender:
Staatssekretär a.D. Klaus Faber, Rechtsanwalt
An der Parforceheide 22
14480 Potsdam
Tel.: 0331 - 624551
Fax: 0331 - 6004035
E-Mail: Klaus_Faber@t-online.de

Die Welt – Axel Springer AG

Stellvertreter des Chefredakteurs:
Johann Michael Möller
Axel-Springer-Straße 65
10888 Berlin
Tel: 030 - 2591718 88
Fax: 030 - 2591719 29
E-Mail: moeller@welt.de

Honestly-Concerned.org

Chefredakteur und Gründungsmitglied:
Sacha Stawski
Steinweg 10
60313 Frankfurt/M.
Tel.: 0172 - 6797744
Fax: 0721 - 151433263
E-Mail: info@honestly-concerned.org

Kulturforum der Sozialdemokratie

Geschäftsführer:
Dr. Klaus-Jürgen Scherer
Willy-Brandt-Haus
Wilhelmstr. 141
10963 Berlin
Tel.: 030 - 25991254
Fax: 030 - 25991324
E-Mail: kulturforum@spd.de

The Middle East Media Research Institute Berlin

Direktor: Dr. Jochen Müller
Linienstraße 115
10115 Berlin
Tel.: 030 - 97893872
Fax: 030 - 97893975
E-Mail: memri@memri.de

Association of Human Rights and Democracy for Iran

Vertreter in Berlin:
Mohammed Schams
Bülowstraße 32
10783 Berlin
Tel.: 030 - 2155000
Fax: 030 - 2164045
E-Mail: schams@parsi.de

Perspektive 21 – Brandenburgische Hefte für Wissenschaft & Politik

Leitender Redakteur (ViSdP):
Klaus Ness
Friedrich-Ebert-Straße 61
14469 Potsdam
Tel.: 0331 - 2708534
Fax.: 0331 - 2708535
E-Mail: info@perspektive21.de

Anhang III

Hamas-Charta (englische Übersetzung)*

The Covenant of the Islamic Resistance Movement, 18 August 1988

* *Zitiert nach Document Information (127 Wall Street, New Haven, Connecticut 06520), The Avalon Project: Hamas Covenant 1988, in: http://elsinore.cis.yale.edu/lawweb/avalon/mideast/hamas.htm (last corrected for conversion errors or the markup was updated on: 12/03/2005)*

In The Name Of The Most Merciful Allah

»Ye are the best nation that hath been raised up unto mankind: ye command that which is just, and ye forbid that which is unjust, and ye believe in Allah. And if they who have received the scriptures had believed, it had surely been the better for them: there are believers among them, but the greater part of them are transgressors. They shall not hurt you, unless with a slight hurt; and if they fight against you, they shall turn their backs to you, and they shall not be helped. They are smitten with vileness wheresoever they are found; unless they obtain security by entering into a treaty with Allah, and a treaty with men; and they draw on themselves indignation from Allah, and they are afflicted with poverty. This they suffer, because they disbelieved the signs of Allah, and slew the prophets unjustly; this, because they were rebellious, and transgressed.«
(Al-Imran – verses 109–111)

»Israel will exist and will continue to exist until Islam will obliterate it, just as it obliterated others before it.« (The Martyr, Imam Hassan al-Banna, of blessed memory).

»The Islamic world is on fire. Each of us should pour some water, no matter how little, to extinguish whatever one can without waiting for the others.« (Sheikh Amjad al-Zahawi, of blessed memory).

Introduction

Praise be unto Allah, to whom we resort for help, and whose forgiveness, guidance and support we seek; Allah bless the Prophet and grant him salvation, his companions and supporters, and to those who carried out his message and adopted his laws – everlasting prayers and salvation as long as the earth and heaven will last. Hereafter:

O People:

Out of the midst of troubles and the sea of suffering, out of the palpitations of faithful hearts and cleansed arms; out of the sense of duty, and in response to Allah's command, the call has gone out rallying people together and making them follow the ways of Allah, leading them to have determined will in order to fulfill their role in life, to overcome all obstacles, and surmount the difficulties on the way. Constant preparation has continued and so has the readiness to sacrifice life and all that is precious for the sake of Allah.

Thus it was that the nucleus (of the movement) was formed and started to pave its way through the tempestuous sea of hopes and expectations, of wishes and yearnings, of troubles and obstacles, of pain and challenges, both inside and outside.

When the idea was ripe, the seed grew and the plant struck root in the soil of reality, away from passing emotions, and hateful haste. The Islamic Resistance Movement emerged to carry out its role through striving for the sake of its Creator, its arms intertwined with those of all the fighters for the liberation of Palestine. The spirits of its fighters meet with the spirits of all the fighters who have sacrificed their lives on the soil of Palestine, ever since it was conquered by the companions of the Prophet, Allah bless him and grant him salvation, and until this day.

This Covenant of the Islamic Resistance Movement (HAMAS), clarifies its picture, reveals its identity, outlines its stand, explains its aims, speaks about its hopes, and calls for its support, adoption and joining its ranks. Our struggle against the Jews is very great and very serious. It needs all sincere efforts. It is a step that inevitably should be followed by other steps. The Movement is but one squadron that should be supported by more and more squadrons from this vast Arab and Islamic world, until the enemy is vanquished and Allah's victory is realised.

Thus we see them coming on the horizon »and you shall learn about it hereafter« »Allah hath written, Verily I will prevail, and my apostles: for Allah is strong and mighty.« (The Dispute – verse 21)

nb«Say to them, This is my way: I invite you to Allah, by an evident demonstration; both I and he who followeth me; and, praise be unto Allah! I am not an idolater.« (Joseph – verse 107)

Hamas means *strength and bravery* – (according to) Al-Mua'jam al-Wasit: c1.

Definition of the Movement

Ideological Starting-Points

Article One:
The Islamic Resistance Movement: The Movement's programme is Islam. From it, it draws its ideas, ways of thinking and understanding of the universe, life and man. It resorts to it for judgement in all its conduct, and it is inspired by it for guidance of its steps.

The Islamic Resistance Movement's Relation With the Moslem Brotherhood Group:

Article Two:
The Islamic Resistance Movement is one of the wings of Moslem Brotherhood in Palestine. Moslem Brotherhood Movement is a universal organization which constitutes the largest Islamic movement in modern times. It is characterised by its deep understanding, accurate comprehension and its complete embrace of all Islamic concepts of all aspects of life, culture, creed, politics, economics, education, society, justice and judgement, the spreading of Islam, education, art, information, science of the occult and conversion to Islam.

Structure and Formation

Article Three:
The basic structure of the Islamic Resistance Movement consists of Muslime who have given their allegiance to Allah whom they truly worship, – »I have created the jinn and humans only for the purpose of worshipping« – who know their duty towards themselves, their families and country. In all that, they fear Allah and raise the banner of Jihad in the face of the oppressors, so that they would rid the land and the people of their uncleanliness, vileness and evils.

»But we will oppose truth to vanity, and it shall confound the same; and behold, it shall vanish away.« (Prophets – verse 18)

Article Four:
The Islamic Resistance Movement welcomes every Moslem who embraces its faith, ideology, follows its programme, keeps its secrets, and wants to belong to its ranks and carry out the duty. Allah will certainly reward such one.

Time and Place Extent of the Islamic Resistance Movement:

Article Five:
Time extent of the Islamic Resistance Movement: By adopting Islam as its way of life, the Movement goes back to the time of the birth of the Islamic message, of the righteous ancestor, for Allah is its target, the Prophet is its example and the Koran is its constitution. Its extent in place is anywhere that there are Muslime who embrace Islam as their way of life everywhere in the globe. This being so, it extends to the depth of the earth and reaches out to the heaven.

»Dost thou not see how Allah putteth forth a parable; representing a good word, as a good tree, whose root is firmly fixed in the earth, and whose branches reach unto heaven; which bringeth forth its fruit in all seasons, by the will of its Lord? Allah propoundeth parables unto men, that they may be instructed.« (Abraham – verses 24–25)

Characteristics and Independence:

Article Six:
The Islamic Resistance Movement is a distinguished Palestinian movement, whose allegiance is to Allah, and whose way of life is Islam. It strives to raise the banner of Allah over every inch of Palestine, for under the wing of Islam followers of all religions can coexist in security and safety where their lives, possessions and rights are concerned. In the absence of Islam, strife will be rife, oppression spreads, evil prevails and schisms and wars will break out.

How excellent was the Moslem poet, Mohamed Ikbal, when he wrote:

»If faith is lost, there is no security and there is no life for him who does not adhere to religion. He who accepts life without religion, has taken annihilation as his companion for life.«

The Universality of the Islamic Resistance Movement:

Article Seven:

As a result of the fact that those Muslime who adhere to the ways of the Islamic Resistance Movement spread all over the world, rally support for it and its stands, strive towards enhancing its struggle, the Movement is a universal one. It is well-equipped for that because of the clarity of its ideology, the nobility of its aim and the loftiness of its objectives.

On this basis, the Movement should be viewed and evaluated, and its role be recognised. He who denies its right, evades supporting it and turns a blind eye to facts, whether intentionally or unintentionally, would awaken to see that events have overtaken him and with no logic to justify his attitude. One should certainly learn from past examples.

The injustice of next-of-kin is harder to bear than the smite of the Indian sword.

> »We have also sent down unto thee the book of the Koran with truth, confirming that scripture which was revealed before it; and preserving the same safe from corruption. Judge therefore between them according to that which Allah hath revealed; and follow not their desires, by swerving from the truth which hath come unto thee. Unto every of you have we given a law, and an open path; and if Allah had pleased, he had surely made you one people; but he hath thought it fit to give you different laws, that he might try you in that which he hath given you respectively. Therefore strive to excel each other in good works; unto Allah shall ye all return, and then will he declare unto you that concerning which ye have disagreed.« (The Table – verse 48)

The Islamic Resistance Movement is one of the links in the chain of the struggle against the Zionist invaders. It goes back to 1939, to the emergence of the martyr Izz al-Din al Kissam and his brethren the fighters, members of Moslem Brotherhood. It goes on to reach out and become one with another chain that includes the struggle of the Palestinians and Moslem Brotherhood in the 1948 war and the Jihad operations of the Moslem Brotherhood in 1968 and after.

Moreover, if the links have been distant from each other and if obstacles, placed by those who are the lackeys of Zionism in the way of the fighters obstructed the continuation of the struggle, the Islamic Resistance Movement aspires to the realisation of Allah's promise, no matter how long that should take. The Prophet, Allah bless him and grant him salvation, has said:

»The Day of Judgement will not come about until Muslime fight the Jews (killing the Jews), when the Jew will hide behind stones and trees. The stones and trees will say O Muslime, O Abdulla, there is a Jew behind me, come and kill him. Only the Gharkad tree, (evidently a certain kind of tree) would not do that because it is one of the trees of the Jews.« (related by al-Bukhari and Moslem)

The Slogan of the Islamic Resistance Movement:

Article Eight:
Allah is its target, the Prophet is its model, the Koran its constitution: Jihad is its path and death for the sake of Allah is the loftiest of its wishes.

Objectives

Incentives and Objectives:

Article Nine:
The Islamic Resistance Movement found itself at a time when Islam has disappeared from life. Thus rules shook, concepts were upset, values changed and evil people took control, oppression and darkness prevailed, cowards became like tigers: homelands were usurped, people were scattered and were caused to wander all over the world, the state of justice disappeared and the state of falsehood replaced it. Nothing remained in its right place. Thus, when Islam is absent from the arena, everything changes. From this state of affairs the incentives are drawn.

As for the objectives: They are the fighting against the false, defeating it and vanquishing it so that justice could prevail, homelands be retrieved and from its mosques would the voice of the mu'azen emerge declaring the establishment of the state of Islam, so that people and things would return each to their right places and Allah is our helper.

»... and if Allah had not prevented men, the one by the other, verily the earth had been corrupted: but Allah is beneficient towards his creatures.« (The Cow – verse 251)

Article Ten:
As the Islamic Resistance Movement paves its way, it will back the oppressed and support the wronged with all its might. It will spare no effort to bring about justice and defeat injustice, in word and deed, in this place and everywhere it can reach and have influence therein.

Strategies and Methods

Strategies of the Islamic Resistance Movement: Palestine Is Islamic Waqf:

Article Eleven:
The Islamic Resistance Movement believes that the land of Palestine is an Islamic Waqf consecrated for future Moslem generations until Judgement Day. It, or any part of it, should not be squandered: it, or any part of it, should not be given up. Neither a single Arab country nor all Arab countries, neither any king or president, nor all the kings and presidents, neither any organization nor all of them, be they Palestinian or Arab, possess the right to do that. Palestine is an Islamic Waqf land consecrated for Moslem generations until Judgement Day. This being so, who could claim to have the right to represent Moslem generations till Judgement Day?

This is the law governing the land of Palestine in the Islamic Sharia (law) and the same goes for any land the Muslime have conquered by force, because during the times of (Islamic) conquests, the Muslime consecrated these lands to Moslem generations till the Day of Judgement.

It happened like this: When the leaders of the Islamic armies conquered Syria and Iraq, they sent to the Caliph of the Muslime, Umar bin-el-Khatab, asking for his advice concerning the conquered land – whether they should divide it among the soldiers, or leave it for its owners, or what? After consultations and discussions between the Caliph of the Muslime, Omar bin-el-Khatab and companions of the Prophet, Allah bless him and grant him salvation, it was decided that the land should be left with its owners who could benefit by its fruit. As for the real ownership of the land and the land itself, it should be consecrated for Moslem generations till Judgement Day. Those who are on the land, are there only to benefit from its fruit. This Waqf remains as long as earth and heaven remain. Any procedure in contradiction to Islamic Sharia, where Palestine is concerned, is null and void.

»Verily, this is a certain truth. Wherefore praise the name of thy Lord, the great Allah.« (The Inevitable – verse 95)

Homeland and Nationalism from the Point of View of the Islamic Resistance Movement in Palestine:

Article Twelve:
Nationalism, from the point of view of the Islamic Resistance Movement, is part of the religious creed. Nothing in nationalism is more significant or deeper than in the case when an enemy should tread Moslem land. Resisting and quelling the enemy become the individual duty of every Moslem, male or female. A woman can go out to fight the enemy without her husband's permission, and so does the slave: without his master's permission.

Nothing of the sort is to be found in any other regime. This is an undisputed fact. If other nationalist movements are connected with materialistic, human or regional causes, nationalism of the Islamic Resistance Movement has all these elements as well as the more important elements that give it soul and life. It is connected to the source of spirit and the granter of life, hoisting in the sky of the homeland the heavenly banner that joins earth and heaven with a strong bond.

If Moses comes and throws his staff, both witch and magic are annulled.

»Now is the right direction manifestly distinguished from deceit: whoever therefore shall deny Tagut, and believe in Allah, he shall surely take hold with a strong handle, which shall not be broken; Allah is he who heareth and seeth.« (The Cow – verse 256)

Peaceful Solutions, Initiatives and International Conferences:

Article Thirteen:
Initiatives, and so-called peaceful solutions and international conferences, are in contradiction to the principles of the Islamic Resistance Movement. Abusing any part of Palestine is abuse directed against part of religion. Nationalism of the Islamic Resistance Movement is part of its religion. Its members have been fed on that. For the sake of hoisting the banner of Allah over their homeland they fight. »Allah will be prominent, but most people do not know.«

Now and then the call goes out for the convening of an international conference to look for ways of solving the (Palestinian) question. Some accept, others reject the idea, for this or other reason, with one stipulation or more for consent to convening the conference and participating in it. Knowing the parties constituting the conference, their past and present attitudes towards Moslem problems, the Islamic Resistance Movement does not consider these conferences capable of realising the demands, restoring the rights or doing justice to the oppressed. These conferences are only ways of setting the infidels in the land of the Muslime as arbitraters. When did the infidels do justice to the believers?

»But the Jews will not be pleased with thee, neither the Christians, until thou follow their religion; say, The direction of Allah is the true direction. And verily if thou follow their desires, after the knowledge which hath been given thee, thou shalt find no patron or protector against Allah.« (The Cow – verse 120)

There is no solution for the Palestinian question except through Jihad. Initiatives, proposals and international conferences are all a waste of time and vain endeavors. The Palestinian people know better than to consent to having their future, rights and fate toyed with. As is said in the honourable Hadith:

»The people of Syria are Allah's lash in His land. He wreaks His vengeance through them against whomsoever He wishes among His slaves It is unthinkable that those who are double-faced among them should prosper over the faithful. They will certainly die out of grief and desperation.«

The Three Circles:

Article Fourteen:

The question of the liberation of Palestine is bound to three circles: the Palestinian circle, the Arab circle and the Islamic circle. Each of these circles has its role in the struggle against Zionism. Each has its duties, and it is a horrible mistake and a sign of deep ignorance to overlook any of these circles. Palestine is an Islamic land which has the first of the two kiblahs (direction to which Muslime turn in praying), the third of the holy (Islamic) sanctuaries, and the point of departure for Mohamed's midnight journey to the seven heavens (i. e. Jerusalem).

»Praise be unto him who transported his servant by night, from the sacred temple of Mecca to the farther temple of Jerusalem, the circuit of which we have blessed, that we might show him some of our signs; for Allah is he who heareth, and seeth.« (The Night-Journey – verse 1)

Since this is the case, liberation of Palestine is then an individual duty for every Moslem wherever he may be. On this basis, the problem should be viewed. This should be realised by every Moslem.

The day the problem is dealt with on this basis, when the three circles mobilize their capabilities, the present state of affairs will change and the day of liberation will come nearer.

»Verily ye are stronger than they, by reason of the terror cast into their breasts from Allah. This, because they are not people of prudence.« (The Emigration – verse 13)

The Jihad for the Liberation of Palestine is an Individual Duty:

Article Fifteen:

The day that enemies usurp part of Moslem land, Jihad becomes the individual duty of every Moslem. In face of the Jews' usurpation of Palestine, it is compulsory that the banner of Jihad be raised. To do this requires the diffusion of Islamic consciousness among the masses, both on the regional, Arab and Islamic levels. It is necessary to instill the spirit of Jihad in the heart of the nation so that they would confront the enemies and join the ranks of the fighters.

It is necessary that scientists, educators and teachers, information and media people, as well as the educated masses, especially the youth and sheikhs of the Islamic movements, should take part in the operation of awakening (the masses). It is important that basic changes be made in the school curriculum, to cleanse it of the traces of ideological invasion that affected it as a result of the orientalists and missionaries who infiltrated the region following the defeat of the Crusaders at the hands of Salah el-Din (Saladin). The Crusaders realised that it was impossible to defeat the Muslime without first having ideological invasion pave the way by upsetting their thoughts, disfiguring their heritage and violating their ideals. Only then could they invade with soldiers. This, in its turn, paved the way for the imperialistic invasion that made Allenby declare on entering Jerusalem: »Only now have the Crusades ended.« General Guru stood at Salah el-Din's grave and said: »We have returned, O Salah el-Din.« Imperialism has helped towards the strengthening of ideological invasion, deepening, and still does, its roots. All this has paved the way towards the loss of Palestine.

It is necessary to instill in the minds of the Moslem generations that the Palestinian problem is a religious problem, and should be dealt with on this basis. Palestine contains Islamic holy sites. In it there is al-Aqsa Mosque which is bound to the great Mosque in Mecca in an inseparable bond as long as heaven and earth speak of Isra' (Mohammed's midnight journey to the seven heavens) and Mi'raj (Mohammed's ascension to the seven heavens from Jerusalem).

»The bond of one day for the sake of Allah is better than the world and whatever there is on it. The place of one's whip in Paradise is far better than the world and whatever there is on it. A worshipper's going and coming in the service of Allah is better than the world and whatever there is on it.« (As related by al-Bukhari, Moslem, al-Tarmdhi and Ibn Maja).

»I swear by the holder of Mohammed's soul that I would like to invade and be killed for the sake of Allah, then invade and be killed, and then invade again and be killed.« (as related by al-Bukhari and Moslem)

The Education of the Generations:

Article Sixteen:
It is necessary to follow Islamic orientation in educating the Islamic generations in our region by teaching the religious duties, comprehensive study of the Koran, the study of the Prophet's Sunna (his sayings and doings), and learning about Islamic history and heritage from their authentic sources. This should be done by specialised and learned people, using a curriculum that would healthily form the thoughts and faith of the Moslem student. Side by side with this, a comprehensive study of the enemy, his human and financial capabilities, learning about his points of weakness and strength, and getting to know the forces supporting and helping him, should also be included. Also, it is important to be acquainted with the current events, to follow what is new and to study the analysis and commentaries made of these events. Planning for the present and future, studying every trend appearing, is a must so that the fighting Moslem would live knowing his aim, objective and his way in the midst of what is going on around him.

»O my son, verily every matter, whether good or bad, though it be the weight of a grain of mustard-seed, and be hidden in a rock, or in the heavens, or in the earth, Allah will bring the same to light; for Allah is clear-sighted and knowing. O my son, be constant at prayer, and command that which is just, and forbid that which is evil: and be patient under the afflictions which shall befall thee; for this is a duty absolutely incumbent on all men. Distort not thy face out of contempt to men, neither walk in the earth with insolence; for Allah loveth no arrogant, vain-glorious person.« (Lokman – verses 16–18)

The Role of the Moslem Woman:

Article Seventeen:
The Moslem woman has a role no less important than that of the moslem man in the battle of liberation. She is the maker of men. Her role in guiding and educating the new generations is great. The enemies have realised the importance of her role. They consider that if they are able to direct and bring her up they way they wish, far from Islam, they would have won the battle. That is why you find them giving these attempts constant attention through information campaigns, films, and the school curriculum, using for that purpose their lackeys who are infiltrated through Zionist organizations under various names and shapes, such as Freemasons, Rotary Clubs, espionage groups and others, which are all nothing more than cells of subversion and saboteurs. These organizations have ample resources that enable them to play their role in societies for the purpose of achieving the Zionist targets and to deepen the concepts that would serve the enemy. These organizations operate in the absence of Islam and its estrangement among its people. The Islamic peoples should perform their role in confronting the conspiracies of these saboteurs. The day Islam is in control of guiding the affairs of life, these organizations, hostile to humanity and Islam, will be obliterated.

Article Eighteen:
Woman in the home of the fighting family, whether she is a mother or a sister, plays the most important role in looking after the family, rearing the children and embuing them with moral values and thoughts derived from Islam. She has to teach them to perform the religious duties in preparation for the role of fighting awaiting them. That is why it is necessary to pay great attention to schools and the curriculum followed in educating Moslem girls, so that they would grow up to be good mothers, aware of their role in the battle of liberation.

She has to be of sufficient knowledge and understanding where the performance of housekeeping matters are concerned, because economy and avoidance of waste of the family budget, is one of the requirements for the ability to continue moving forward in the difficult conditions surrounding us. She should put before her eyes the fact that the money available to her is just like blood which should never flow except through the veins so that both children and grown-ups could continue to live.

»Verily, the Muslime of either sex, and the true believers of either sex, and the devout men, and the devout women, and the men of veracity, and the women of veracity, and the patient men, and the patient women, and the humble men, and the humble women, and the alms-givers of either sex who remember Allah frequently; for them hath Allah prepared forgiveness and a great reward.« (The Confederates – verse 25)

The Role of Islamic Art in the Battle of Liberation:

Article Nineteen:
Art has regulations and measures by which it can be determined whether it is Islamic or pre-Islamic (Jahili) art. The issues of Islamic liberation are in need of Islamic art that would take the spirit high, without raising one side of human nature above the other, but rather raise all of them harmoniously in an equilibrium.

Man is a unique and wonderful creature, made out of a handful of clay and a breath from Allah. Islamic art addresses man on this basis, while pre-Islamic art addresses the body giving preference to the clay component in it.

The book, the article, the bulletin, the sermon, the thesis, the popular poem, the poetic ode, the song, the play and others, contain the characteristics of Islamic art, then these are among the requirements of ideological mobilization, renewed food for the journey and recreation for the soul. The road is long and suffering is plenty. The soul will be bored, but Islamic art renews the energies, resurrects the movement, arousing in them lofty meanings and proper conduct. »Nothing can improve the self if it is in retreat except shifting from one mood to another.«

All this is utterly serious and no jest, for those who are fighters do not jest.

Social Mutual Responsibility:

Article Twenty:
Moslem society is a mutually responsible society. The Prophet, prayers and greetings be unto him, said: »Blessed are the generous, whether they were in town or on a journey, who have collected all that they had and shared it equally among themselves.«

The Islamic spirit is what should prevail in every Moslem society. The society that confronts a vicious enemy which acts in a way similar to Nazism, making no differentiation between man and woman, between children and old people – such a society is entitled to this Islamic spirit. Our enemy relies on the methods of collective punishment. He has deprived people of their homeland and properties, pursued them in their places of exile and gathering, breaking bones, shooting at women, children and old people, with or without a reason. The enemy has opened detention camps where thousands and thousands of people are thrown and kept under sub-human conditions. Added to this, are the demolition of houses, rendering children orphans, meting cruel sentences against thousands of young people, and causing them to spend the best years of their lives in the dungeons of prisons.

In their Nazi treatment, the Jews made no exception for women or children. Their policy of striking fear in the heart is meant for all. They attack people where their breadwinning is concerned, extorting their money and threatening their honour. They deal with people as if they were the worst war criminals. Deportation from the homeland is a kind of murder.

To counter these deeds, it is necessary that social mutual responsibility should prevail among the people. The enemy should be faced by the people as a single body which if one member of it should complain, the rest of the body would respond by feeling the same pains.

Article Twenty-one:

Mutual social responsibility means extending assistance, financial or moral, to all those who are in need and joining in the execution of some of the work. Members of the Islamic Resistance Movement should consider the interests of the masses as their own personal interests. They must spare no effort in achieving and preserving them. They must prevent any foul play with the future of the upcoming generations and anything that could cause loss to society. The masses are part of them and they are part of the masses. Their strength is theirs, and their future is theirs. Members of the Islamic Resistance Movement should share the people's joy and grief, adopt the demands of the public and whatever means by which they could be realised. The day that such a spirit prevails, brotherliness would deepen, cooperation, sympathy and unity will be enhanced and the ranks will be solidified to confront the enemies.

Supportive Forces Behind the Enemy:

Article Twenty-two:

For a long time, the enemies have been planning, skillfully and with precision, for the achievement of what they have attained. They took into consideration the causes affecting the current of events. They strived to amass great and substantive material wealth which they devoted to the realisation of their dream. With their money, they took control of the world media, news agencies, the press, publishing houses, broadcasting stations, and others. With their money they stirred revolutions in various parts of the world with the purpose of achieving their interests and reaping the fruit therein. They were behind the French Revolution, the Communist revolution and most of the revolutions we heard and hear about, here and there. With their money they formed secret societies, such as Freemasons, Rotary Clubs, the Lions and others in different parts of the world for the purpose of sabotaging societies and achieving Zionist interests. With their money they were able to control imperialistic countries and instigate them to colonize many countries in order to enable them to exploit their resources and spread corruption there.

You may speak as much as you want about regional and world wars. They were behind World War I, when they were able to destroy the Islamic Caliphate, making financial gains and controlling resources. They obtained the Balfour Declaration, formed the League of Nations through which they could rule the world. They were behind World War II, through which they made huge financial gains by trading in armaments, and paved the way for the establishment of their state. It was they who instigated the replacement of the League of Nations with the United Nations and the Security Council to enable them to rule the world through them. There is no war going on anywhere, without having their finger in it.

> »So often as they shall kindle a fire for war, Allah shall extinguish it; and they shall set their minds to act corruptly in the earth, but Allah loveth not the corrupt doers.« (The Table – verse 64)

The imperialistic forces in the Capitalist West and Communist East, support the enemy with all their might, in money and in men. These forces take turns in doing that. The day Islam appears, the forces of infidelity would unite to challenge it, for the infidels are of one nation.

> »O true believers, contract not an intimate friendship with any besides yourselves: they will not fail to corrupt you. They wish for that which may cause you to perish: their hatred hath already appeared from out of their mouths; but what their breasts conceal is yet more inveterate. We have already shown you signs of their ill will towards you, if ye understand.« (The Family of Imran – verse 118)

It is not in vain that the verse is ended with Allah's words »if ye understand«.

Our Attitudes Towards:

Islamic Movements:

Article Twenty-three:

The Islamic Resistance Movement views other Islamic movements with respect and appreciation. If it were at variance with them on one point or opinion, it is in agreement with them on other points and understandings. It considers these movements, if they reveal good intentions and dedication to Allah, that they fall into the category of those who are trying hard since they act within the Islamic circle. Each active person has his share.

The Islamic Resistance Movement considers all these movements as a fund for itself. It prays to Allah for guidance and directions for all and it spares no effort to keep the banner of unity raised, ever striving for its realisation in accordance with the Koran and the Prophet's directives.

»And cleave all of you unto the covenant of Allah, and depart not from it, and remember the favour of Allah towards you: since ye were enemies, and he reconciled your hearts, and ye became companions and brethren by his favour: and ye were on the brink of a pit of fire, and he delivered you thence. Allah declareth unto you his signs, that ye may be directed.« (The Family of Imran – verse 102)

Article Twenty-four:

The Islamic Resistance Movement does not allow slandering or speaking ill of individuals or groups, for the believer does not indulge in such malpractices. It is necessary to differentiate between this behaviour and the stands taken by certain individuals and groups. Whenever those stands are erroneous, the Islamic Resistance Movement preserves the right to expound the error and to warn against it. It will strive to show the right path and to judge the case in question with objectivity. Wise conduct is indeed the target of the believer who follows it wherever he discerns it.

»Allah loveth not the speaking ill of anyone in public, unless he who is injured calls for assistance; and Allah heareth and knoweth: whether ye publish a good action, or conceal it, or forgive evil, verily Allah is gracious and powerful.« (Women – verses 147–148)

Nationalist Movements in the Palestinian Arena:

Article Twenty-five:
The Islamic Resistance Movement respects these movements and appreciates their circumstances and the conditions surrounding and affecting them. It encourages them as long as they do not give their allegiance to the Communist East or the Crusading West. It confirms to all those who are integrated in it, or sympathetic towards it, that the Islamic Resistance Movement is a fighting movement that has a moral and enlightened look of life and the way it should co-operate with the other (movements). It detests opportunism and desires only the good of people, individuals and groups alike. It does not seek material gains, personal fame, nor does it look for a reward from others. It works with its own resources and whatever is at its disposal »and prepare for them whatever force you can«, for the fulfilment of the duty, and the earning of Allah's favour. It has no other desire than that.

The Movement assures all the nationalist trends operating in the Palestinian arena for the liberation of Palestine, that it is there for their support and assistance. It will never be more than that, both in words and deeds, now and in the future. It is there to bring together and not to divide, to preserve and not to squander, to unify and not to throw asunder. It evaluates every good word, sincere effort and good offices. It closes the door in the face of side disagreements and does not lend an ear to rumours and slanders, while at the same time fully realising the right for self-defence.

Anything contrary or contradictory to these trends, is a lie disseminated by enemies or their lackeys for the purpose of sowing confusion, disrupting the ranks and occupy them with side issues.

> »O true believers, if a wicked man come unto you with a tale, inquire strictly into the truth thereof; lest ye hurt people through ignorance, and afterwards repent of what ye have done.« (The Inner Apartments – verse 6).

Article Twenty-six:
In viewing the Palestinian nationalist movements that give allegiance neither to the East nor the West, in this positive way, the Islamic Resistance Movement does not refrain from discussing new situations on the regional or international levels where the Palestinian question is concerned. It does that in such an objective manner revealing the extent of how much it is in harmony or contradiction with the national interests in the light of the Islamic point of view.

The Palestinian Liberation Organization:

Article Twenty-seven:

The Palestinian Liberation Organization is the closest to the heart of the Islamic Resistance Movement. It contains the father and the brother, the next of kin and the friend. The Moslem does not estrange himself from his father, brother, next of kin or friend. Our homeland is one, our situation is one, our fate is one and the enemy is a joint enemy to all of us.

Because of the situations surrounding the formation of the Organization, of the ideological confusion prevailing in the Arab world as a result of the ideological invasion under whose influence the Arab world has fallen since the defeat of the Crusaders and which was, and still is, intensified through orientalists, missionaries and imperialists, the Organization adopted the idea of the secular state. And that it how we view it.

Secularism completely contradicts religious ideology. Attitudes, conduct and decisions stem from ideologies.

That is why, with all our appreciation for The Palestinian Liberation Organization – and what it can develop into – and without belittling its role in the Arab-Israeli conflict, we are unable to exchange the present or future Islamic Palestine with the secular idea. The Islamic nature of Palestine is part of our religion and whoever takes his religion lightly is a loser.

»Who will be adverse to the religion of Abraham, but he whose mind is infatuated? (The Cow – verse 130)

The day The Palestinian Liberation Organization adopts Islam as its way of life, we will become its soldiers, and fuel for its fire that will burn the enemies.

Until such a day, and we pray to Allah that it will be soon, the Islamic Resistance Movement's stand towards the PLO is that of the son towards his father, the brother towards his brother, and the relative to relative, suffers his pain and supports him in confronting the enemies, wishing him to be wise and well-guided.

»Stand by your brother, for he who is brotherless is like the fighter who goes to battle without arms. One's cousin is the wing one flies with – could the bird fly without wings?«

Arab and Islamic Countries:

Article Twenty-eight:
The Zionist invasion is a vicious invasion. It does not refrain from resorting to all methods, using all evil and contemptible ways to achieve its end. It relies greatly in its infiltration and espionage operations on the secret organizations it gave rise to, such as the Freemasons, The Rotary and Lions clubs, and other sabotage groups. All these organizations, whether secret or open, work in the interest of Zionism and according to its instructions. They aim at undermining societies, destroying values, corrupting consciences, deteriorating character and annihilating Islam. It is behind the drug trade and alcoholism in all its kinds so as to facilitate its control and expansion.

Arab countries surrounding Israel are asked to open their borders before the fighters from among the Arab and Islamic nations so that they could consolidate their efforts with those of their Moslem brethren in Palestine.

As for the other Arab and Islamic countries, they are asked to facilitate the movement of the fighters from and to it, and this is the least thing they could do.

We should not forget to remind every Moslem that when the Jews conquered the Holy City in 1967, they stood on the threshold of the Aqsa Mosque and proclaimed that »Mohammed is dead, and his descendants are all women.«

Israel, Judaism and Jews challenge Islam and the Moslem people. »May the cowards never sleep.«

Nationalist and Religious Groupings, Institutions, Intellectuals, the Arab and Islamic World:

Article Twenty-nine:
The Islamic Resistance Movement hopes that all these groupings will side with it in all spheres, would support it, adopt its stand and solidify its activities and moves, work towards rallying support for it so that the Islamic people will be a base and a stay for it, supplying it with strategic depth and all human material and informative spheres, in time and in place. This should be done through the convening of solidarity conferences, the issuing of explanatory bulletins, favourable articles and booklets, enlightening the masses regarding the Palestinian issue, clarifying what confronts it and the conspiracies woven around it. They should mobilize

the Islamic nations, ideologically, educationally and culturally, so that these peoples would be equipped to perform their role in the decisive battle of liberation, just as they did when they vanquished the Crusaders and the Tatars and saved human civilization. Indeed, that is not difficult for Allah.

»Allah hath written, Verily I will prevail, and my apostles: for Allah is strong and mighty.« (The Dispute – verse 21)

Article Thirty:
Writers, intellectuals, media people, orators, educaters and teachers, and all the various sectors in the Arab and Islamic world – all of them are called upon to perform their role, and to fulfill their duty, because of the ferocity of the Zionist offensive and the Zionist influence in many countries exercised through financial and media control, as well as the consequences that all this lead to in the greater part of the world.

Jihad is not confined to the carrying of arms and the confrontation of the enemy. The effective word, the good article, the useful book, support and solidarity – together with the presence of sincere purpose for the hoisting of Allah's banner higher and higher – all these are elements of the Jihad for Allah's sake.

»Whosoever mobilises a fighter for the sake of Allah is himself a fighter. Whosoever supports the relatives of a fighter, he himself is a fighter.« (related by al-Bukhari, Moslem, Abu-Dawood and al-Tarmadhi)

Followers of Other Religions: The Islamic Resistance Movement Is a Humanistic Movement:

Article Thirty-one:
The Islamic Resistance Movement is a humanistic movement. It takes care of human rights and is guided by Islamic tolerance when dealing with the followers of other religions. It does not antagonize anyone of them except if it is antagonized by it or stands in its way to hamper its moves and waste its efforts.

Under the wing of Islam, it is possible for the followers of the three religions – Islam, Christianity and Judaism – to coexist in peace and quiet with each other. Peace and quiet would not be possible except under the wing of Islam. Past and present history are the best witness to that.

It is the duty of the followers of other religions to stop disputing the sovereignty of Islam in this region, because the day these followers should take over there will be nothing but carnage, displacement and terror. Everyone of them is at variance with his fellow-religionists, not to speak about followers of other religionists. Past and present history are full of examples to prove this fact.

> »They will not fight against you in a body, except in fenced towns, or from behind walls. Their strength in war among themselves is great: thou thinkest them to be united; but their hearts are divided. This, because they are people who do not understand.« (The Emigration – verse 14)

Islam confers upon everyone his legitimate rights. Islam prevents the incursion on other people's rights. The Zionist Nazi activities against our people will not last for long. »For the state of injustice lasts but one day, while the state of justice lasts till Doomsday.«

> »As to those who have not borne arms against you on account of religion, nor turned you out of your dwellings, Allah forbiddeth you not to deal kindly with them, and to behave justly towards them; for Allah loveth those who act justly.« (The Tried – verse 8)

The Attempt to Isolate the Palestinian People:

Article Thirty-two:

World Zionism, together with imperialistic powers, try through a studied plan and an intelligent strategy to remove one Arab state after another from the circle of struggle against Zionism, in order to have it finally face the Palestinian people only. Egypt was, to a great extent, removed from the circle of the struggle, through the treacherous Camp David Agreement. They are trying to draw other Arab countries into similar agreements and to bring them outside the circle of struggle.

The Islamic Resistance Movement calls on Arab and Islamic nations to take up the line of serious and persevering action to prevent the success of this horrendous plan, to warn the people of the danger eminating from leaving the circle of struggle against Zionism. Today it is Palestine, tomorrow it will be one country or another. The Zionist plan is limitless. After Palestine, the Zionists aspire to expand from the Nile to the Euphrates. When they will have digested the region they overtook, they will aspire to further expansion, and so on. Their plan is embodied in the »Protocols of the Elders of Zion«, and their present conduct is the best proof of what we are saying.

Leaving the circle of struggle with Zionism is high treason, and cursed be he who does that. »for whoso shall turn his back unto them on that day, unless he turneth aside to fight, or retreateth to another party of the faithful, shall draw on himself the indignation of Allah, and his abode shall be hell; an ill journey shall it be thither.« (The Spoils – verse 16). There is no way out except by concentrating all powers and energies to face this Nazi, vicious Tatar invasion. The alternative is loss of one's country, the dispersion of citizens, the spread of vice on earth and the destruction of religious values. Let every person know that he is responsible before Allah, for »the doer of the slightest good deed is rewarded in like, and the does of the slightest evil deed is also rewarded in like.«

The Islamic Resistance Movement consider itself to be the spearhead of the circle of struggle with world Zionism and a step on the road. The Movement adds its efforts to the efforts of all those who are active in the Palestinian arena. Arab and Islamic Peoples should augment by further steps on their part; Islamic groupings all over the Arab world should also do the same, since all of these are the best-equipped for the future role in the fight with the warmongering Jews.

»..and we have put enmity and hatred between them, until the day of resurrection. So often as they shall kindle a fire of war, Allah shall extinguish it; and they shall set their minds to act corruptly in the earth, but Allah loveth not the corrupt doers.« (The Table – verse 64).

Article Thirty-three:

The Islamic Resistance Movement, being based on the common coordinated and interdependent conceptions of the laws of the universe, and flowing in the stream of destiny in confronting and fighting the enemies in defence of the Muslime and Islamic civilization and sacred sites, the first among which is the Aqsa Mosque, urges the Arab and Islamic peoples, their governments, popular and official groupings, to fear Allah where their view of the Islamic Resistance Movement and their dealings with it are concerned. They should back and support it, as Allah wants them to, extending to it more and more funds till Allah's purpose is achieved when ranks will close up, fighters join other fighters and masses everywhere in the Islamic world will come forward in response to the call of duty while loudly proclaiming: Hail to Jihad. Their cry will reach the heavens and will go on being resounded until liberation is achieved, the invaders vanquished and Allah's victory comes about.

»And Allah will certainly assist him who shall be on his side: for Allah is strong and mighty.« (The Pilgrimage – verse 40).

The Testimony of History

Across History in Confronting the Invaders:

Article Thirty-four:

Palestine is the navel of the globe and the crossroad of the continents. Since the dawn of history, it has been the target of expansionists. The Prophet, Allah bless him and grant him salvation, had himself pointed to this fact in the noble Hadith in which he called on his honourable companion, Ma'adh ben-Jabal, saying: O Ma'ath, Allah throw open before you, when I am gone, Syria, from Al-Arish to the Euphrates. Its men, women and slaves will stay firmly there till the Day of Judgement. Whoever of you should choose one of the Syrian shores, or the Holy Land, he will be in constant struggle till the Day of Judgement.«

Expansionists have more than once put their eye on Palestine which they attacked with their armies to fulfill their designs on it. Thus it was that the Crusaders came with their armies, bringing with them their creed and carrying their Cross. They were able to defeat the Muslime for a while, but the Muslime were able to retrieve the land only when they stood under the wing of their religious banner, united their word, hallowed the name of Allah and surged out fighting under the leadership of Salah ed-Din al-Ayyubi. They fought for almost twenty years and at the end the Crusaders were defeated and Palestine was liberated.

»Say unto those who believe not, Ye shall be overcome, and thrown together into hell; an unhappy couch it shall be.« (The Family of Imran – verse 12)

This is the only way to liberate Palestine. There is no doubt about the testimony of history. It is one of the laws of the universe and one of the rules of existence. Nothing can overcome iron except iron. Their false futile creed can only be defeated by the righteous Islamic creed. A creed could not be fought except by a creed, and in the last analysis, victory is for the just, for justice is certainly victorious.

»Our word hath formerly been given unto our servants the apostles; that they should certainly be assisted against the infidels, and that our armies should surely be the conquerors.« (Those Who Rank Themselves – verses 171–172)

Article Thirty-five:
The Islamic Resistance Movement views seriously the defeat of the Crusaders at the hands of Salah ed-Din al-Ayyubi and the rescuing of Palestine from their hands, as well as the defeat of the Tatars at Ein Galot, breaking their power at the hands of Qataz and Al-Dhaher Bivers and saving the Arab world from the Tatar onslaught which aimed at the destruction of every meaning of human civilization. The Movement draws lessons and examples from all this. The present Zionist onslaught has also been preceded by Crusading raids from the West and other Tatar raids from the East. Just as the Muslime faced those raids and planned fighting and defeating them, they should be able to confront the Zionist invasion and defeat it. This is indeed no problem for the Almighty Allah, provided that the intentions are pure, the determination is true and that Muslime have benefited from past experiences, rid themselves of the effects of ideological invasion and followed the customs of their ancestors.

The Islamic Resistance Movement is Composed of Soldiers:

Article Thirty-six:
While paving its way, the Islamic Resistance Movement, emphasizes time and again to all the sons of our people, to the Arab and Islamic nations, that it does not seek personal fame, material gain, or social prominence. It does not aim to compete against any one from among our people, or take his place. Nothing of the sort at all. It will not act against any of the sons of Muslime or those who are peaceful towards it from among non-Muslime, be they here or anywhere else. It will only serve as a support for all groupings and organizations operating against the Zionist enemy and its lackeys.

The Islamic Resistance Movement adopts Islam as its way of life. Islam is its creed and religion. Whoever takes Islam as his way of life, be it an organization, a grouping, a country or any other body, the Islamic Resistance Movement considers itself as their soldiers and nothing more.

We ask Allah to show us the right course, to make us an example to others and to judge between us and our people with truth. »O Lord, do thou judge between us and our nation with truth; for thou art the best judge.« (Al Araf – verse 89)

The last of our prayers will be praise to Allah, the Master of the Universe.

Autorinnen und Autoren

Rabbi Andrew Baker, Direktor der Abteilung für Internationale Jüdische Angelegenheiten beim American Jewish Committee (AJC); 1979 Mitglied des Mitarbeiterstabs im American Jewish Committee, zunächst Leiter des Washingtoner Bereichs des AJC; 1992 AJC-Leiter für europäische Angelegenheiten; Vertreter des AJC in der »Conference on Material Claims Against Germany«, Mitglied im Exekutiv-Komitee dieser Konferenz; Mitglied der nationalen historischen Kommission von Litauen und Mitglied der Regierungskommission für die Wiedergutmachung an Shoah-Opfern der Tschechischen Republik; Rabbi Andrew Baker war früher Präsident der Interfaith Conference von Washington sowie des Washingtoner Rabbinerkuratoriums und »Commissioner on the District of Columbia Human Rights Commission«.

Eldad Beck, geb. 1965; Studium der Islamwissenschaft und der Arabistik an der Sorbonne, Paris; seit 1983 Nahost- und Europakorrespondent verschiedener Medien in Frankreich, Österreich, Israel und Deutschland, u.a. für: (in Israel) *Yedioth Ahronoth*, *Maariv*, *Jerusalem Post*, *Jerusalem Report*, Channel 2, *Hadashot*, (in Österreich) *Der Standard* und (in Frankreich) *L'Arche*.

Rolf Behrens, geb. 1977; Studium der Kommunikationswissenschaft, Politik und Geschichte in Münster und Nahost-Studien an der Hebräischen Universität in Jerusalem/Israel; Autor des Buches »›Raketen gegen Steinewerfer‹. Das Bild Israels im »Spiegel«. Eine Inhaltsanalyse der Berichterstattung über Intifada 1987 bis 1992 und ›Al-Aqsa-Intifada‹ 2000 bis 2002«.

Yigal Carmon ist Präsident von MEMRI (Middle East Media Research Institute); von 1977 bis 1982 war er geschäftsführender Leiter der Zivilverwaltung des Westjordanlands und Berater für arabische Fragen der Zivilverwaltung; nach seiner Entlassung aus den israelischen Streitkräften war er von 1988 bis 1993 Berater für Terrorbekämpfung der Ministerpräsidenten Schamir und Rabin; 1991 und 1992 war er Mitglied der israelischen Delegation für die Friedensverhandlungen mit Syrien in Madrid und Washington.

Klaus Faber, Staatssekretär a.D. – Bildung, Wissenschaft, Forschung, Kultur, Religionsgemeinschaften –, 1994 bis 1999 in Sachsen-Anhalt; Jurastudium, Studium der Volkswirtschaft und orientalischen Sprachen in München, Saarbrücken und Heidelberg; 1971 bis 1990 Bundesministerium für Bildung und Wissenschaft, u.a. Gesetzgebung, Verfassungs- und sonstige Rechtsfragen in der Wissenschaft, Bund-Länder-Fragen, Bildungsplanung, innerdeutsche Beziehungen; 1972 Mitarbeiter der EG-Kommission in Brüssel; 1978 Autor des Berichts der Bundesregierung über den Bildungsföderalismus; 1990 bis 1994 Abteilungsleiter Hochschulen und Forschungseinrichtungen im Land Brandenburg; Rechtsanwalt und Publizist in Potsdam; Mitgründer und Kuratoriumsmitglied des Moses Mendelssohn Zentrums für europäisch-jüdische Studien an der Universität Potsdam; Geschäftsführender Vorsitzender des Wissenschaftsforums der Sozialdemokratie in Berlin, Brandenburg und Mecklenburg-Vorpommern e.V.; zahlreiche Publikationen zu juristischen, wissenschafts- und bildungspolitischen Fragen, zur Föderalismus- und EU-Politik, zu Nahost-, Islam- und Antisemitismusfragen in Tageszeitungen und Monatszeitschriften (u.a. *Tagesspiegel*, *Die Welt*, *taz*, *Neue Gesellschaft*, *Berliner Republik*, *Aufbau*, *Prawo europejskie i miedzynarodowe*); Mitautor eines Beitrages für ein Handbuch des Verfassungsrechts, eines Kommentars zur gesetzlichen Regelung zum Fernunterrichtsschutz sowie verschiedener anderer juristischer und politikwissenschaftlicher Buchpublikationen.

Abraham H. Foxman ist Nationaler Direktor und Vorsitzender der Anti-Defamation League (ADL) von B'nai B'rith; 1940 in Polen geboren, wurde Foxman vor dem Holocaust durch sein polnisches, katholisches Kindermädchen gerettet, das ihn römisch-katholisch taufen ließ und bis zum Ende des Krieges katholisch erzog; der größte Teil seiner Familie wurde in den Nazi-Konzentrationslagern ermordet; Abraham H. Foxman hat einen Schulabschluß der Yeschiwa Flatbush in Brooklyn, New York; er erwarb einen Bachelor of Arts in Politikwissenschaften am City College der City University of New York; Abraham H. Foxman hat außerdem Abschlüsse in Geschichte, in Jura (School of Law, New York University); er absolvierte ferner jüdische Studien am Jewish Theological Seminary of America sowie ein Studium der Internationalen Wirtschaft an der New School University New York.

Philipp Gessler, geb. 1967 in München und aufgewachsen in Hanau, studierte nach dem Zivildienst Geschichte, Journalismus, Theologie und Politikwissenschaften in Gießen und Leicester (England); danach Volontariat bei ddp und ADN in Bonn und Potsdam, anschließend Journalisten-Ausbildung an der Henri-Nannen-Schule (Hamburger Journalistenschule); seit 1998 Redakteur der *tageszeitung* in Berlin im Ressort »Schwerpunkt« (Reportage); Autor des Buches »Der neue Antisemitismus. Hinter den Kulissen der Normalität«, Freiburg 2004.

Dieter Graumann, promovierter Diplom-Volkswirt, Präsidiumsmitglied im Zentralrat der Juden in Deutschland (Finanzdezernent), Geschäftsführer der *Jüdischen Allgemeinen* und Vorstandsmitglied der Jüdischen Gemeinde Frankfurt (Dezernent für Kultur, Schule und Finanzen).

Georg M. Hafner, Dr. phil.; Georg M. Hafner leitet die Fernsehabteilung Politik und Gesellschaft beim Hessischen Rundfunk und ist Kommentator bei den ARD-Tagesthemen; für seine Filmdokumentationen erhielt er u.a. den Bayerischen Fernsehpreis (1990), den Grimme-Preis (2001) und den Prix Europa (2003); zu seinen Veröffentlichungen gehören u.a. »Die Akte Alois Brunner«, zusammen mit Esther Schapira, Frankfurt a.M. 2000; außerdem ist er Autor und Herausgeber der Reihe »Die Skandale der Republik« (1989) und »Neue Skandale der Republik« (1994).

Anetta Kahane, geb. 1954; Studium Lateinamerikanistik in Rostock; Arbeit als Übersetzerin bis zur Wende; 1990 Arbeit am Runden Tisch; Ausländerbeauftragte in Ostberlin; 1991 Gründung der RAA (Regionale Arbeitsstellen für Ausländerfragen, Jugendarbeit und Schule) in den ostdeutschen Ländern; seit 1998 Vorsitzende der Amadeu Antonio Stiftung (Stiftungsthemen u.a.: Kampf gegen Antisemitismus, Förderung von Bürgerstiftungen für demokratische Kultur und von Konzepten für eine neue Erinnerungskultur, von Projekten gegen Antisemitismus, Rechtsextremismus und Rassismus).

Tobias Kaufmann, geb. 1976; Studium in Politikwissenschaften, Neuerer Geschichte und Sport an der Universität Potsdam; Ausbildung zum Redakteur an der Berliner Journalisten-Schule; von 1999 bis 2003 Reporter für das Fernsehen des Rundfunks Berlin-Brandenburg in Potsdam und freier Autor für zahlreiche Zeitungen und Zeitschriften, darunter *Das Parlament*, *Der Standard* (Wien), *Kölner Stadt-Anzeiger*, *Die Welt*, *Berliner Zeitung*; seit Oktober 2003 Redakteur für Kultur und Wissen bei der *Jüdischen Allgemeinen*; 2002 erschien von Tobias Kaufmann und Manja Orlowski das Buch: »›Ich würde mich auch wehren...‹ Antisemitismus und Israelkritik – Bestandsaufnahme nach Möllemann«, Potsdam.

Katrin Kemmler, geb. 1962; Katrin Kemmler war Kreisvorsitzende und Europakandidatin der FDP, Gründungs- und Vorstandsmitglied der Liberalen Frauen Baden-Württemberg; sie nahm den Möllemann-Skandal zum Anlass, sich intensiv mit dem Antisemitismus und dem Nahostkonflikt auseinanderzusetzen.

MATTHIAS KÜNTZEL, geb. 1955, ist Politikwissenschaftler und Publizist; letzte Buchveröffentlichung: »Djihad und Judenhaß. Über den neuen antijüdischen Krieg«, Freiburg 2002; Matthias Küntzel ist Associate Researcher des Vidal Sassoon International Centre for the Study of Antisemitism (SICSA) an der Hebrew University of Jerusalem und Mitglied der US-amerikanischen Vereinigung »Scholars for Peace in the Middle East« (SPME); weitere Publikationen unter www.matthiaskuentzel.de; http://www.haaretz.com/hasen/spages/615341.htmlMatthias Küntzel.

MORDECHAY LEWY, geb. 1948 in Afula/Israel; mit Eltern nach Berlin gezogen, dort aufgewachsen in den Jahren 1958 bis 1963; Militärdienst 1966 bis 1969; Studium der Geschichtswissenschaften an der Hebrew University, Jerusalem (M.A.) 1970 bis 1976, Schwerpunkte: religiöse Bewegungen und Stadtentwicklung im Hochmittelalter, Utopien im Mittelalter; seit 1975 im diplomatischen Dienst des Staates Israels; Dienst in Bonn (1976 bis 1981), Stockholm (1985 bis 1989) und als Generalkonsul in Berlin (1991 bis 1994); Botschafter in Bangkok (1994 bis 1997); stellvertretender Planungschef im Außenministerium in Jerusalem (1997 bis 2000); seit Sommer 2000 Gesandter in Berlin; zur Zeit beurlaubt, Tätigkeit als Berater des Bürgermeisters von Jerusalem in Angelegenheiten der christlichen Religionsgemeinschaften; zahlreiche Publikationen, u. a. »Von Halle nach Jerusalem: Halle- ein Zentrum der Palästinakunde im 18. und 19. Jahrhundert«, hg. mit Hendrick Budde, Halle 1994; »To Jerusalem and back«, in: R. Sivan (Hg.): Body Lines – exhibition book, Tower of David Museum of the History of Jerusalem, 2002, S. 48–57; »Die Bedeutung Jerusalems – Stellenwert und Wahrnehmung in den drei Weltreligionen«, in: *Tribüne – Zeitschrift zum Verständnis des Judentums*, 42 (2003), H. 168, S. 120–128; »Orient und Okzident: Schuldzuweisung gegen Schuldbekenntnis«, in I. A. Diekmann u. a. (Hg.): Der Orient im Okzident, Potsdam 2003, S. 21–39; »Nimm meine Schuld auf dich«, in: M. Thumann (Hg.): Der Islam und der Westen, Berlin 2003; »Meilensteine – Vom Rettungsring zur Lebensversicherung«, in: *Tribüne – Zeitschrift zum Verständnis des Judentums*, 44 (2005), H. 173, S. 62–69.

MARKUS LÖNING, MdB; geb. 1960; Studium an der University of Kent at Canterbury (Großbritannien) und an der Universität Heidelberg, Abschluss M.A. Politikwissenschaft; Inhaber und Geschäftsführer der »Löning Werbeagentur«; Sprecher der FDP-Fraktion für wirtschaftliche Zusammenarbeit und Entwicklung; Vorsitzender FDP Berlin; Mitglied und Obmann im Ausschuss für wirtschaftliche Zusammenarbeit und Entwicklung; stellvertretendes Mitglied im Auswärtigen Ausschuss; Mitglied der deutschen Delegation in der Parlamentarischen Versammlung der OSZE.

JOHANN MICHAEL MÖLLER, geb. 1955; Studium der Geschichte, Germanistik und Ethnologie in Stuttgart und Frankfurt am Main; während des Studiums erst freie, dann fest-freie Mitarbeit im Feuilleton der *FAZ*; 1985 Gründungsredakteur der neuen Seite »Geisteswissenschaften« der *FAZ*; 1990 Wechsel ins politische Ressort der *FAZ* und Korrespondent für die Länder Thüringen und Sachsen; ab 1992 Hauptabteilungsleiter Fernsehen beim neugegründeten »Mitteldeutschen Rundfunk«, verantwortlich für den Programmbereich Fernsehen im Landesfunkhaus Thüringen; Moderation der eigenen Sendung »Erfurter Gespräch«; Oktober 1995 Wechsel zum ZDF als stellvertretender Leiter und Moderator des politischen Magazins »Kennzeichen D«; seit 1998 Redakteur bei *Die Welt*; seit 2000 stellvertretender Chefredakteur, seit 2003 Stellvertreter des Chefredakteurs; seit November 2006 MDR-Hörfunkdirektor.

HILDEGARD MÜLLER, MdB, Staatsministerin; geb. 1967; im Anschluss an eine Ausbildung zur Bankkauffrau Studium der Betriebswirtschaftslehre an der Heinrich-Heine-Universität Düsseldorf; Studienabschluss 1994 als Diplom-Kauffrau; von 1998 bis 2002

Bundesvorsitzende der Jungen Union (JU) Deutschlands; 1998 Mitglied des Bundesvorstands der CDU Deutschlands; seit 2000 Mitglied des CDU-Präsidiums; seit 2002 Mitglied des Deutschen Bundestages; seit 2005 Staatsministerin im Bundeskanzleramt, u. a. zuständig für die Bund-Länder-Koordination; seit 2003 Vorsitzende der Deutsch-Israelischen Parlamentariergruppe im Bundestag; seit 2004 Mitglied im Präsidium der Deutsch-Israelischen-Gesellschaft.

Cem Özdemir, geb. 1965 in Bad Urach; Sozialpädagoge; Mitglied des Deutschen Bundestages von 1994 bis 2002, dort ab 1998 innenpolitischer Sprecher der Fraktion Bündnis 90/Die Grünen; Vorsitzender der Deutsch-Türkischen Parlamentariergruppe; Mitgestaltung des neuen Staatsangehörigkeitsrechts; im Jahr 2003 – zunächst acht Monate in Washington und danach drei Monate in Brüssel – als »Transatlantic Fellow« beim US-Think Tank »German Marshall Fund of the US«; seit 2004 Mitglied des Europäischen Parlaments (Fraktion Die Grünen/Freie Europäische Allianz); Mitglied im Ausschuss für auswärtige Angelegenheiten sowie stellvertretendes Mitglied im Ausschuss für bürgerliche Freiheiten, Justiz und Inneres; Mitglied der interparlamentarischen Delegation EU-Türkei und der Anti-Racism and Diversity Intergroup.

Yves Pallade, geb. 1977, studierte Europäische Studien, Internationale Beziehungen und Politikwissenschaft in London, Cambridge, Berlin und Düsseldorf; er promovierte über die deutsch-israelischen Beziehungen; Schwerpunkte seiner Forschung sind sicherheitspolitische Fragen, politischer Extremismus, Antisemitismus und der Nahost-Konflikt; vor kurzem erschien von ihm »Germany and Israel in the 1990s and Beyond - still a ›special relationship‹?«, Frankfurt a. M.; Beiträge für Zeitungen und Zeitschriften (u. a. *taz*, *Jüdische Allgemeine*, *Frankfurter Jüdische Nachrichten*, *Tribüne – Zeitschrift zum Verständnis des Judentums*).

Doron Rabinovici, 1961 in Tel Aviv geboren, lebt seit 1964 in Wien; er ist Schriftsteller, Essayist und Historiker; Publikationen u. a.: 2004 gemeinsam mit Ulrich Speck und Natan Sznaider herausgegeben: »Neuer Antisemitismus? Eine globale Debatte«, Frankfurt a. M.; »Ohnehin. Roman«, Frankfurt a. M. 2004; »Credo und Credit. Einmischungen«, Frankfurt a. M. 2001; »Instanzen der Ohnmacht. Wien 1938–1945. Der Weg zum Judenrat«, Frankfurt a. M. 2000; Preise u. a.: Preis der Stadt Wien für Publizistik (2000), Clemens-Brentano-Preis der Stadt Heidelberg (2002), Jean-Améry-Preis (2002).

Lars Rensmann, geb. 1970, Dr. phil., Politikwissenschaftler, ist Wissenschaftlicher Mitarbeiter und Leiter des Forschungsbereichs Rechtsextremismus am Moses Mendelssohn Zentrum für europäisch-jüdische Studien an der Universität Potsdam, Lehrbeauftragter am Geschwister-Scholl-Institut für Politikwissenschaft der Ludwig-Maximilians-Universität München und Affiliate Professor an der University of Haifa; 1999 bis 2005 Wissenschaftlicher Mitarbeiter am Otto-Suhr-Institut für Politikwissenschaft der Freien Universität Berlin; 2003 bis 2004 Visiting Fellow am Yale Center for International and Area Studies und Department of Political Science der Yale University; weitere Gastdozenturen und Visiting Fellowships an der University of California at Berkeley und der University of Haifa; jüngste Publikationen u. a. »Populisten an der Macht: Populistische Regierungsparteien in West- und Osteuropa«, Wien 2005, hg. mit Susanne Frölich-Steffen; »Demokratie und Judenbild: Antisemitismus in der politischen Kultur der Bundesrepublik Deutschland«, Wiesbaden 2004; »Collective Guilt, National Identity, and Political Processes in Contemporary Germany«, in: »Collective Guilt: International Perspectives«, hg. von Bertjan Doosje und Nyla R. Branscombe, Cambridge 2004; »The New Politics of Prejudice: Extreme Right Parties in European Democracies«, in: *German Politics & Society* 21, 2003.

Ulrich W. Sahm, geb. 1950 in Bonn; aufgewachsen in London, Paris, Bonn, Moskau und Ankara; Studium der evangelischen Theologie, Judaistik und Linguistik in Bonn, Köln, an der kirchlichen Hochschule in Wuppertal und der Hebräischen Universität in Jerusalem; ab 1977 Nahost-Korrespondent, Berichte für deutsche Zeitungen, Rundfunksender, den Fernsehsender n-tv, die Katholische Nachrichtenagentur (KNA); zu den Höhepunkten der Berichterstattung gehörten mehrere Kriege, zweimal eine palästinensische Intifada und zwei Friedensverträge; mehrere Buchveröffentlichungen.

Mohammed Schams, Autor, Übersetzer sowie Menschenrechts- und Friedensaktivist; arbeitet seit der Machtergreifung der Islamisten im Iran und der Errichtung der Islamischen Republik Iran im Jahr 1979 gegen ihre Menschenrechtsverletzungen; Organisator von internationalen Konferenzen, die Möglichkeiten erarbeiten, unterschiedliche politische Oppositionsrichtungen in einer gemeinsamen Allianz zusammenzuführen.

Esther Schapira ist seit 1995 Redakteurin und Ressortleiterin für Politik und Zeitgeschichte beim Hessischen Rundfunk und Kommentatorin bei den ARD-Tagesthemen; ihre Filme wurden u. a. mit dem Rias Fernsehpreis (1995), dem New York Film Festival (2004) und dem Prix Circom (2004) ausgezeichnet; zu ihren Veröffentlichungen gehört u. a. »Die Akte Alois Brunner«, Frankfurt a. M. 2000.

Klaus-Jürgen Scherer, geb. 1956; Dr. phil.; Politikwissenschaftler; 1981 bis 1987 Wissenschaftler Mitarbeiter an der Freien Universität Berlin; 1991 bis 1998 Geschäftsführer des Wissenschaftsforums der Sozialdemokratie in Bonn; seit 1999 Geschäftsführer des Kulturforums der Sozialdemokratie im Willy-Brandt-Haus Berlin; Redakteur der *perspektiven ds* (Schüren Verlag, Marburg); Lehrbeauftragter am Otto-Suhr-Institut der FU Berlin; Veröffentlichungen u. a.: Jugend und soziale Bewegung, Zur Soziologie der bewegten Jugend in Deutschland, Opladen 1987; Politik und Biographie (mit S. Reinhardt, D. Richter), Schwalbach 2001; Wertewandel aus dem Osten? Zur kulturellen Debatte über die Zukunft der Berliner Republik, in: *perspektive 21*, 18/03.

Julius H. Schoeps, geb. 1942 in Djursholm (Schweden); seit 1991 Professor für Neuere Geschichte und Direktor des Moses Mendelssohn Zentrums für europäisch-jüdische Studien an der Universität Potsdam; Studium der Geschichte, Geistesgeschichte, Politik- und Theaterwissenschaft in Erlangen und Berlin; 1969 Tätigkeit als Verlagslektor (C. Bertelsmann); 1974 bis 1991 Professor für Politische Wissenschaft und Direktor des Salomon Ludwig Steinheim-Instituts für deutsch-jüdische Geschichte an der Universität Duisburg; 1993 bis 1997 nebenamtlich Gründungsdirektor des jüdischen Museums der Stadt Wien; außeruniversitäre Tätigkeiten: seit 1970 freier Mitarbeiter verschiedener Zeitungen (u. a. *Die Zeit, FAZ, Der Spiegel, Die Welt, Der Tagesspiegel*) sowie verschiedener Rundfunk- und Fernsehanstalten; Berater- und Herausgebertätigkeit für verschiedene deutsche Verlage; Ausstellungen; Gastprofessuren in New York, Oxford, Seattle, Tel Aviv und Budapest; seit 1984 Vorsitzender der Gesellschaft für Geistesgeschichte; Mitglied des P.E.N.-Zentrums; zahlreiche Publikationen.

Ilka Schröder war 1999 bis 2004 Mitglied des Europäischen Parlaments; seit 2002 kritisierte sie die europäische Nahost-Politik und versuchte vergeblich eine Untersuchung der Verwendung der EU-Beihilfen an die Palästinensische Autonomiebehörde im Parlament durchzusetzen; seitdem hat sie u. a. ein Buch zum Thema »Weltmacht Europa – Hauptstadt Berlin?«, Hamburg 2005, herausgegeben; sie wird 2006 an der Georgetown-Universität in Washington DC (USA) unterrichten und ihre Vortragstätigkeit zur EU-Politik im Nahen Osten und zum europäischen Antisemitismus fortsetzen.

Sacha Stawski ist Immobilienkaufmann im Bereich Verwaltung und Weiterentwicklung von größtenteils gewerblichen Immobilien im ganzen Bundesgebiet; er hat einen BA

(Bachelor of Arts) in Economics der Clark University und einen MBA (Master of Business Administration) der University of Chicago; er ist Gründer und Chefredakteur der Initiative Honestly Concerned e.V. (http://www.honestly-concerned.org), die sich seit Mai 2002 gegen Antisemitismus und für eine wahrhaftige Berichterstattung einsetzt und täglich sowie wöchentlich Pressespiegel zum Thema Innenpolitik und Nahost versendet; siehe auch Jüdisches Europa – Interview mit Sacha Stawski über Honestly-Concerned – http://www.honestly-concerned.org/Temporary/Juedisches-Europa_Interview-Stawski.pdf.

Bassam Tibi, geb. 1944 in Damaskus, studierte Sozialwissenschaften, Geschichte und Philosophie in Frankfurt am Main; seit 1973 Professor für Internationale Beziehungen an der Universität Göttingen und seit 1998 Bosch Fellow in Harvard; er ist Mitbegründer der arabischen Organisation für Menschenrechte; Veröffentlichungen u.a.: »Krieg der Zivilisationen. Politik und Religion zwischen Vernunft und Fundamentalismus« (1995), »Der wahre Imam. Der Islam von Mohammed bis zur Gegenwart« (1996) sowie »Political Islam and the New World Disorder« (1998).

Wahied Wahdat-Hagh, geb. 1957 in Ludwigsburg; Dr. phil.; Diplom-Soziologe und Diplom-Politologe; arbeitet als wissenschaftlicher Mitarbeiter beim Middle East Media Research Institute (MEMRI); er hat zum Thema der dritten Spielart des Totalitarismus promoviert; Veröffentlichungen zu diesem Thema u.a.: Die Islamische Republik Iran. Die Herrschaft des politischen Islam als eine Spielart des Totalitarismus, Münster 2003; »Die Herrschaft des politischen Islam als eine Form des Totalitarismus, in: *PROKLA*, Juni 1999; »Islamistisches Charisma und totalitäre Herrschaft«, in: *Vorgänge*, H. 4/2002.

Gert Weisskirchen, MdB, Honorarprofessor für angewandte Kulturwissenschaften an der Fachhochschule Potsdam (Fachbereich Kultureller und Sozialer Wandel); Studium an den Pädagogischen Hochschulen Heidelberg und Karlsruhe; Zusatzstudium an der Universität Heidelberg in den Fächern Erziehungswissenschaften, Politikwissenschaft sowie Wirtschafts- und Sozialgeschichte; außenpolitischer Sprecher der SPD-Bundestagsfraktion; in der OSZE Persönlicher Beauftragter des OSZE-Vorsitzenden zur Bekämpfung des Antisemitismus.